ヴォルフハルト・パネンベルク

組織神学

第一巻

佐々木勝彦［訳］

Systematische Theologie
Band 1
W. Pannenberg

新教出版社

Published by
Vandenhoeck & Ruprecht
Göttingen, Germany

Japanese translation by
Katsuhiko Sasaki

Shinkyo Shuppansha
Tokyo, Japan
2019

序

教義学という概念を避けようとしてキリスト教の教理の全体的記述を「組織神学」という表題で表すことがある。しかし本書ではそうではない。むしろこの表題は文字どおりに受け取られるべきである。つまり教義学の素材は、そのすべての部分においてキリスト教の神思想の展開として論じられる。そのため第一章は神学概念の論究から始められる。

長い間、わたしは次のように考えてきた。このような記述は、キリスト教の教理全体の体系的統一性をいっそう明確に浮かび上がらせるために、歴史的諸問題の混乱をもたらす多様性から解き放たれ、教義学的な諸々のテーマの実質的諸関連に完全に集中すべきである、と。不本意ながらわたしは、このような記述の形式は、キリスト教の教理の学問的研究にとって、望ましく、しかも到達可能な正確さ、区別、そして客観性に至りえないことを認めてきた。キリスト教の教理はたしかに徹底的に歴史的な形成物である。その内容は、イエス・キリストの史的（historsich）形態における神の歴史的（geschichtlich）啓示と、彼に関する原始キリスト教による宣教の告知の諸々の証言——同様に史的解釈を通してのみまさにその価値が認められるべき諸々の証言——に依拠している。キリスト教の教理は、使徒の時代以来、イエスの人格と歴史における神の行為の普遍的射程を言葉で的確に表現しようとする諸々の努力の流れのなかで展開されてきており、キリスト教の教理の術語も、この諸々の努力の歴史におけるその場から切り離して理解することはできない。このことはまず神学の概念それ自体に、そしてそのすべての根本概念に当てはまる。これらの概念の各機能が完全に理解できるようになるのは、その概念が導入される歴史的場が特定され、キリスト教の教理

における その用法とその特定の価値の変化が、そのための規準となる諸々の根拠と共に概観されるときであり、まさしくそのときだけである。このような批判的で鋭敏な意識をもたない教義学的術語の使用は、依然として比較的曖昧であり、素朴である。そのうえそれは、言葉の悪い意味で「ドグマ的」なままである。つまりキリスト教の教理の伝統的言語といつもすでに結びついている煩わしい諸問題を考慮しないままである。このような仕方で試みられた諸々の体系的構成は依然として恣意的であり、拘束力をもたない。なぜなら、それらの構成において部分的にどれほど正しい鋭敏な感覚――その真理内容は、他のレベルにおいて判定されるべきである――が明らかになるとしても、それらは批判的でないからである。同様に、キリスト教の教理に対する諸々の異論はしばしばあまりに単純なものとなっている。なぜなら批評家の目には、その史的人物像の複雑さと、それと結びついた解釈の可能性が十分に明らかになっていないからである。教義学的諸概念、キリスト教の教理の中心的な諸々のテーマの、それらと結びついた同一化、そしてその評価の歴史的場についての省察は、イエス・キリストの人格と歴史の普遍妥当性の表現としてのその有用性と限界を内容的に判断するうえで不可欠である。したがってキリスト教の教理の研究と記述の際には、それと共に掲げられる真理の諸要求を考慮しつつ、歴史的省察と体系的省察が絶えず結合され、貫徹されなければならない。著者の趣向ないしその時々の時代の流行に従った自由な体系化以上のものを提供するその内容の純粋に体系的記述は、すでに指摘された諸研究の結果の、事後になされた要約としてのみ考えることができる。それはまたまさに、キリスト教の教理の新たな定式化のための基礎づけの過程をそれに特有な主要問題から展開することも不可能である。

これらの所見（Bemerkungen）はあらかじめ、以下の章の論証形式の弁明として、また読者の準備のために提示される。たとえ歴史的な細部が問題になるとしても、論証過程の展開にとって中心的な事態は現行の本文のなかに姿を現す。しかし他方で、論証過程の概要を分かりやすくするために、注で取り扱われない場合には、個々の詳説ないし解説は、小さな文字で表記される。ところが歴史的事態の論究は決して歴史的な古い意味をもつだけではない。同時代の文献との取り組みと同様にその選択は、体系的論証の発展にとって必然的と思われるもの、あるいは少なくとも解明に資するとみなされるものに限定される。それゆえ考察される文献の完全性と、さらに文献に対する調和のとれた見通しは断念されなければならないであろう。したがって諸々の歴史的かつ内容的説明は体系的論証の展開にも役立つ。その時々の論証の目標は、各章の終りにいっそう明らかになるであろう。しかしながらそれらの結果は、もしもそれらがその根拠づけとの関連で相対的に評価される代わりに、命題それ自体として受けとめられるならば、誤解されてしまう。

哲学と神学の関係に関する一定の理解がキリスト教の教理のこの全体的記述を貫徹していることは、たしかに間違えようがない。特にそれは、同じ出版社から同時に、形而上学に関する講義をまとめた筆者の小さな書物が出版されていることからも明らかである。しかしわたしは、ここで提示されている記述には、たとえそれがわたし自身のものであれ、あれやこれやの哲学的体系との関連がみられる、と陰で非難したりしないように警告することができるだけである。むしろわたしの判断では、哲学的神学の課題は、神の歴史的啓示から初めてその思想的完結を見出すのである。

いずれにせよ、注意深い読者は、章ごとに対象に従って方法論が変わっていくことに気づくであろう。第二章は「神」という語の使用に関する近代の諸研究の議論から始まり、これに対し第三章は宗教概念の歴史を振り返ることから始まり、第四章は詳細な聖書釈義の説明から始まっている。このような区別は明らかにその時々の対象の特異性から生じており、したがってそれは形式ばった方法論的論究を必要としない。しかしながら、章から章へと移行する際に、特に第一章の終りと、第四章の始めと終りにおいて、読者は繰り返し記述の進め方に関する方法論的吟味に出くわすであろう。方法論的省察は、事柄それ自体とその記述の相互関係に基づく根拠づけを必要とする。それは、あらかじめ抽象的な仕方で提示されてはならない。特に、神学の中心内容に関し、またそれにふさわしい方法論に関し、普遍的一致がほとんど見られないような状況では、そうであってはならない。

神学の学問論に関するわたしの書物に精通しているひとは、ここで行われているよりもいっそう強力に他の諸々の宗教的立場と対決しつつ、キリスト教の教理を取り扱う記述をわたしから期待するかもしれない。この点に関して注目しなければならないのは、キリスト教は原則として諸宗教とその矛盾する諸々の真理要求の世界に組み込まれており、それは、第四章における啓示という主題の取り扱いが、宗教という主題の立て方に関する先行する詳論と接続しているとおりである。この点で論証の継続性が教義学的想定によって中断されることはない。それに続く章はもちろん、キリスト教の教理と、聖書の啓示の解釈としてのその諸々の真理要求の自己理解の定式化に焦点を合わせている。このような明確化は、他の諸宗教の諸々の主張とのあらゆる対比の際にいつもすでに前提とされていることである。しかしこの点で神学の主題が特に必要とするのは、第四章の終りに論究される方法論的方向転換である。その際、明確な宗教的比較は、ここで行われているよりもきっといっそう強く、キリスト教的啓示の内容の自己解釈に向かうであろう。世界の諸宗教の競合する諸々の理解の間の体系的比較の完遂は、おそらく組織神学が将来いっそう強力に取り組む諸課題に属するであろう。この点に関しては、特にきっと第三世界の諸教会によるキリスト教神学の重要な諸々の貢献も期待されるであろう。

本書で提示されるキリスト教の教理の記述の基礎になっているのは、明らかに、主としてキリスト教思想のヨーロッパにおける批判的受容の歴史である。しかしこのキリスト教の教理は、ヨーロッパ人にのみ関わっているわけではない。それはすべてのキリスト者の精神的遺産に属する。なぜなら、今日、特にヨーロッパ以外の大部分の教会の諸々の起源は、最終的にヨーロッパのキリスト教の歴史のなかにあるからである。この記述は、その地理的由来と同様にその教派的由来を否定するものではない。しかしながらそのなかで問題になっているのはルター派の教派的神学ではなく、（たとえば、ラテンアメリカの神学と対立する）ヨーロッパの神学でもない。そうではなく、問題になっているのは専らキリスト教の教理とキリスト教の信仰告白の真理である。それは、ひとりの主に対する信仰におけるすべてのキリスト者の統一に貢献するであろう。

原稿をまとめる際にたゆまず労を惜しまなかった秘書ガビィ・ベルガー女史に、校正の際に集中的に取り組み、索引を作成してくれた助手クリスティーネ・アクスト嬢とヴァルター・ディーツ氏に、特に引用箇所の全体を吟味するという骨の折れる仕事を引き受けてくれたマルクヴァルト・ヘルツォーク氏に、さらにフリーデリケ・ニュッセル嬢とオラフ・ラインムート氏に、感謝を申し上げる。最後に、種々の面であきらめかけながらも準備作業と執筆を続ける間、本書が誕生するまで忍耐強く見守ってくれた妻に、ここで改めて感謝の意を表しておきたい。

ヴォルフハルト・パネンベルク

一九八八年二月　ミュンヘンにて

目　次

装丁　桂川　潤

凡例

1 本書はWolfhart Pannenberg, Systematische Theologie, Band 1, Vandenhoeck & Ruprecht, 1988の全訳である。
2 原文の二重引用符は「 」で表した。
3 原文のイタリックは《 》で囲んだ。
4 原文の補説はポイントを落として二字下げとした。
5 原文の脚注は巻末注とした。
6 訳者による補いは〔 〕で囲んだ。〔ギ〕は原文ではギリシャ文字で、〔ヘ〕はヘブライ文字で表記されていることを示す。
7 聖書の文書名は以下のように略記した。**旧約聖書** 創世記(創) 出エジプト記(出) レビ記(レビ) 民数記(民) 申命記(申) ヨシュア記(ヨシュ) 士師記(士) ルツ記(ルツ) サムエル記上(Ⅰサム) サムエル記下(Ⅱサム) 列王記上(Ⅰ列王) エズラ記(エズ) ネヘミヤ記(ネヘ) ヨブ記(ヨブ) 詩編(詩) 箴言(箴) コヘレトの言葉(コヘ) イザヤ書(イザ) エレミヤ書(エレ) エゼキエル書(エゼ) ダニエル書(ダニ) ホセア書(ホセ) ヨエル書(ヨエ) アモス書(アモ) ヨナ書(ヨナ) ハバクク書(ハバ) ゼカリヤ書(ゼカ) マラキ書(マラ) **新約聖書** マタイによる福音書(マタ) マルコによる福音書(マル) ルカによる福音書(ルカ) ヨハネによる福音書(ヨハ) 使徒言行録(使徒) ローマ人への手紙(ロマ) コリント人への手紙一(Ⅰコリ) コリント人への手紙二(Ⅱコリ) ガラテヤ人への手紙(ガラ) エフェソ人への手紙(エフェ) フィリピ人への手紙(フィリ) コロサイ人への手紙(コロ) テサロニケ人への手紙一(Ⅰテサ) テサロニケ人への手紙二(Ⅱテサ) テモテへの手紙一(Ⅰテモ) テモテへの手紙二(Ⅱテモ) テトスへの手紙(テト) ヘブライ人への手紙(ヘブ) ヤコブの手紙(ヤコ) ペトロの手紙一(Ⅰペト) ペトロの手紙二(Ⅱペト) ヨハネの手紙一(Ⅰヨハ) ヨハネの黙示録(黙示)

組織神学　第一巻

第1章　組織神学の主題としてのキリスト教の教理の真理

1　神　学

「神学」という語は多義的である。今日の言語用法では、それはひとつのアカデミックな専門分野として、いずれにせよ人間の認識のひとつの努力として理解されている。ところがそのプラトン的起源においては、この語は詩人が語りと歌のなかで神性を告げるロゴスを指しており（Staat 379a 5f.）、たとえば哲学者たちによるそれらの省察的研究を意味していなかった。しかしすでにアリストテレスは、理論的哲学の三つの分野のなかのひとつを「神学的なもの」（Met 1026a 19, 1064b3）、つまり後のいわゆる「形而上学」と呼んでいた。なぜなら、それは神的なものを対象とし、この神的なものは、存在するすべてのもの、他のすべてのものを包括し基礎づける原理とみなされていたからである。さらにストア派の哲学者たちは、哲学者たちによる神性の本性にふさわしい「神学」を、詩人たちの神話的神学および国家祭儀の政治的神学から区別した。すなわちここでは、神学はもはや哲学的研究の単なる対象ではなく、哲学的研究それ自体である。

哲学的言語用法にならった、二世紀に現れたキリスト教の言語用法も同じく多義的である。アレクサンドリアのクレメンスがディオニュソスの神話学に「不滅のロゴスの神学」を対置したとき（Strom I.13, 57, 6）、それにより、ロゴスに関するひとつの教理だけでなく、ロゴスそれ自体である神の告知のことが考えられている（vgl. 12, 55, 1）。神学者とは、神的現実の、神によって霊感を与えられた告知者であり、神学はこの告知である。つまりこの考え方は、後のキリスト教の言語用法のうちにもなお生き続けた。この意味で聖書の記者はすべて「神学者」と呼ぶことができる。特に旧約聖書の預言者たちとイエスの神性の「神学者」であるヨハネ福音書記者、そして三八〇年に三一性に関する演説を行ったナジアンゾスのグレゴリオスのような教会の教師たち、さらに後には「新神学者」シメオンは、「神学者」と呼ぶことができる。たしかにすでにクレメンスにおいて、神的なものに関する哲学的知（Wissen）も「神学的」（Strom I, 28, 176）と呼ばれているが、このような知は、プラトンによれば諸々の神秘に数えられる霊的ヴィジョンとして理解される。ここではまた神学は単に、あるいはまず第一に人間の活動の産物として把握されずに、神的ロゴスに特有の、そしてこのロゴスを通して開示される神についての報知（Kunde）として特徴づけられる。人間にとってそれは、神御自身によって与えられた、神の真理のヴィジョンとしてのみ近づくことができるものであり、したがって啓示的霊感を通して起こるものである。しかしこれは次のことを排除するものではない。つまり、プラトンの場合のように神学が、区別の力を通して真の知恵へと通じ、そして「知識」（176）であるような「真の弁証法」（176f.）の技術と結びついているということを排除しない。しかしながらこのような諸言明（Aussagen）を理解するためには、すべての知の起源に関するプラトンの教理を、弁証法を通してのみ準備されうる照明に基づいて熟慮しなければならない。

非常に注目に値するのは、神学の学問的性格に関する最盛期のスコラ学の諸々の議論における神学と啓示の構成的相関性についての意識が、アウグスティヌス的-プラトン的諸見解（Auffassungen）とアリストテレス的諸見解のその他の対立点と無関係に、アリストテレスの影響を強く受けた多くの神学者たちにおいても依然として保持されていることである。神学を神の啓示に基礎づけることは、後に起こった自然神学と啓示神学の対決から推測されるような、神学の本質にとって皮相的な規定ではない。したがってむしろ神御自身を通しての、つまり啓示を通しての神認識の可能性は、すでに神学概念それ自体の根本的諸条件に属している(1)。さもなければ、諸々の神思想（Gottesgedanken）

それ自体に矛盾せずに、神認識の可能性というものを首尾一貫して考えることは決してできない。しかしこれにより、被造物はどのようにして神認識に到達できるのかということが、すでに決定されているわけではない。したがって、信仰をもつキリスト者のみが神学的認識に参与することができる、と主張されているわけでもない。すでにアレクサンドリアのクレメンスは、異邦人も、たとえ断片的でしかも歪曲された仕方においてであれ、神的ロゴスの真の神学に参与していることに言及している。しかしいずれにせよキリスト教教会の外部においても内部においても、いわゆる自然的神認識の場合にも、神御自身から出発しておらず、また神の霊の働きに基づかない神認識と神学というものは考えることができない。

古プロテスタントの教義学は、この事態が神学概念に与える影響力を自覚していた。ヨハン・ゲルハルトは、たとえ古ルター派正統主義の教義学にこの神学概念を導入しなかったとしても、そのための場を見出し、明確化しようとした。彼はその際、すでに一五九四年に改革派の神学者フランツ・ユーニウスによって再興されていた中世のスコラ学の命題を受容した。それは、人間の神学は神的《元型的神学(theologia archetypa)》の模造および再構成としてのみ可能であるとする命題である(2)。

この視点は、神学概念に関する後期ルター派の教義学の詳論において保持された。ただしそれは、同様にすでにゲルハルトによっても主張された見解と、つまり神学の対象は永遠の至福へと導かれうる人間であるとする理解と緊張関係にある(3)。「実践的学問」(4)としての神学という規定がゲルハルト自身におけるよりも狭く捉えられ、目標としての人間の至福に限定されるところでは、神学概念のなかに人間中心的傾向が現れ、その傾向は、人間のうちに賦与されている神認識への集中力と矛盾するようになる。古ルター派の神学は、永遠の至福へと導かれうる人間に集中しながらも、この集中は、神の救済の啓示に、したがって神御自身の救済意志に対応しているとの正当な意識をもっていた。しかしこの前提は、神学概念の規定の際に下位の序列に位置づけられず、それは、B・ケッカーマンによって基礎づけられた実践的学問としての神学の「分析的方法」の枠組のなかで起こったとおりである。この方法は、人間の至福を目指す実践を、その至福の神的起源、至福の目標それ自体、そしてそれへと導く手段という視点のもとで記述し、キリスト教の教理の諸テーマをそれにふさわしく配分する。ここではもはや神思想ないし神の啓示ではなく、人間の、至福を目指す実践が神学の統一性を基礎づける視点となっている。たしかにケッカーマンの場合、分析的方法に従って実践的学問として記述された神学は、まだ理論的「神智学」を前提としている。後にこの方法を採用したルター派の教理正統主義の神学者たちの場合、これにふさわしいのは、あらかじめ神の存在と諸属性について教える自然神学である。しかしこれは、「分析的方法」の救済論的に狭められた仕方でなされる貫徹により、神学が、その中心的対象として神認識の代わりに人間の救済の回りを人間中心的にまわることだけでなく、むしろさらに神学が神認識の他の形式へ依存してしまうことを意味する(5)。ここで神学は神論と宇宙論の「思弁的」な諸テーマから解放されているが、犠牲も払っている。つまりそれは、至福を目指すように人間を創造し規定した神の存在と、そこへと導く救済の啓示の創造者である神の存在についての、前提とされるべき確信に対する別種の確認に依存するという犠牲である。もちろんこのような誤った方向への発展は、「実践的学問」としての神学という理解（Auffassung）と必然的に結びついているわけではない。もしも神学的知の実践的性格をドゥンス・スコトゥス——彼は、神は神学の対象であり、すべての人間的（menschlich）神学は神御自身による神の知に基づいているということに固執していた——と同じように理解するならば、神学の実践的性格についての命題は、神の知と愛の統一性を、人間の振舞いにおいてもすべての知と信仰が愛へと方向づけられていることの基礎づけとして表現することに役立つ(6)。愛へと方向づけられている実践的なものとしての神的知の思想は、神論と神の歴史的救済行為の関連の解明にも役立つと考えるひともいるにちがいない。しかしドゥンス・スコトゥスは、彼の思想をこの方向に展開することができなかった。なぜなら彼は、まさに被造物による神の知は決して実践的なものではなく、理論的なものでありうるにすぎないことを容認しなければならなかったからである(7)。そのかぎりで神学の実践的性格に関する命題の有効性（Leistung）は、神論にとって依然として限定的なものであった。また次のような問いも生じてくる。つまり、理論的知と実践的知の、厳密なアリストテレス的区別を神論に適用することは、特に神御自身における神の永遠の愛にとって正当なことなのかどうか、あるいは、このような区別は被造物の存在の有限性という諸条件のもとでのみ行われうるのではないかという問いも提起される(8)。しかしもしも神御自身による神の知が実践的知として考えられてはならないとすれば、偉大なフランシスコ派の教師の諸前提のもとで、キリスト教神学をそのようなものとして記述することも困難になるであろう。なぜならそれは、神御自身による神の知に参与することとして考えられなければならないからである。

神認識が神の啓示に依拠しているということは神学の概念にとって根本的なことであり、このことは、アルベルトゥス・マグヌスとトマス・アクィナス以来そうであったように、神が神学の本来の、そして包括的対象として把握されるときに、最も明確に表現され、そして最も納得できるものになる。もしも神学が他の対象をもつならば、その認識は神の啓示を通してのみ可能になるということは、その対象にとって依然として皮相的なものにとどまる。しかし、もしも神御自身がその対象であるならば、神は、神が御自身からその本性を明らかにするときにのみ認識されうるということは、この対象の尊厳から明白になってくる。

もしも神に関する諸言明がまったくキリスト教の教理の内容であるならば、中心的事柄に関してそれ以上に難しいことは生じないであろう。しかし実際には、キリスト教の教理は人間と創造された世界についての言明、イエス・キリスト、教会、サクラメントについての言明も含んでいる。古代教会の神学はこれらのテーマをまとめて、「経綸」(Ökonomie)つまり神によって導かれる救済史に組み込んだ。それらはたしかにこの世における神と神の働きとの関連のうちにあるが、神御自身についての諸言明とは区別される。これらの諸言明には、救済の経綸と区別して「神学」という名称が留保されていた。古代教会のギリシア教父たちは時折すでにこの名称を拡大してキリスト教の教理全体に当てはめ、その試みはたしかにラテンのスコラ学において初めて貫徹された。しかもそれは、十二世紀の大学の誕生およびその専門分野としての神学と緊密な関連をもちつつなされた(9)。キリスト教の教理の全体が言葉のより広い意味における神学の対象として理解されるならば、相変わらず神を神学の唯一無二の、そして包括的対象と呼ぶことに対して疑念が生ずるにちがいない。アルベルトゥス・マグヌスとトマス・アクィナスも、被造物の現実として神から区別される多くのものが、キリスト教の教理に属することを認めなければならなかった。しかしトマスは、神と区別される所与性は、それが神との関連を有するかぎりにおいてのみ神学において主題になると主張した。それらの所与性は、神とのこのような関連において（sub ratione Dei）捉えるという視点のもとでのみ、神学のなかで論究される（S.theol. I, 1a7）。このかぎりで神は、神学のなかで取り扱われるすべての対象とテーマに統一性をもたらす基準点であり、この意味で端的に神学の対象である。

後に、この見解は、ドミニコ会修道士の学派においてだけでなくヘントのヘンリクスにおいても、またドゥンス・スコトゥス以来、フランシスコ会修道士たちの神学によっても受容された。その結果、盛期スコラ学全体がこの一致した結論に到達した。事実、神のみが、そのなかで神学の他のすべての主題と対象が関連する、統一性をもたらす根拠でありうる。しかしながら、トマスによって提示された論証は依然として諸々の困難を負わされている。そのひとつは、神の永遠の本質を把握できないことである。この異議に対し、つまり神学を神についての学問とみなす見解に対する古ルター派の教義学者の留保にとってなお決定的役割を果していたこの異議に対し、すでにトマス自身が本格的に取り組んでいた。彼の答えは、われわれはたしかに神をその本質において直接知ることはないが、しかし諸々の創造の業の起源および目的として知っているということを指摘する（S.theol. I, 2a2 vgl. 1a7ad1）。トマスは救済史の諸々の所与性をも数え入れることができた。今日われわれは、因果論に基づく異論ではなく、むしろ啓示神学に基づく異論に出会うことが多い。後者によると、神は、その歴史的啓示を通してその捉えきれない本質を認識させようとした。しかしここでも、トマス・アクィナスによる応答の場合とまったく同様に、それを通して神認識が媒介される被造物の諸々の事実〔所与性〕は、神御自身の神性とどのような関係にあるのかという問いが生ずる。その難点は次のことにある。つまり、たしかに神と異なるものはすべて、その被造的本性に従って、神に、すなわちその存在の起源および目標としての創造者に関係づけられているが、同じような仕方で神は被造的諸事物に関係づけられているわけではない。もしも神が、被造物なしにも永遠から永遠へと存在する方であるとしたら、被造的諸事物についての知はどのようにして神御自身の認識に貢献することができるのか。そのためには、被造物的諸事物の存在が神と結びつけられているだけでなく、神の存在も被造物の存在と結びつけられていなければならないであろう。キリスト教の教理によると、それは受肉の出来事において起こっており、今日の神学のキリスト論的集中は、提起された問いに対する答えをそこから探し出すように促す。中世の神学は、そもそも難点に気づくかぎりで、より直接的な仕方で、すなわち普遍的神論という手段を用いて、その難点に立ち向かおうとした。ドゥンス・スコトゥスは、神御自身と異なる諸対象は、どのようにして神についての学問としての神学という概念に属しうるのかという問いについて論じた。彼は、われわれの神学が参与する、神御自身についての神の知の彼の解釈という枠組のなかでこの問いについて論じた。彼は、神御自身についての神の知のうちに、他のすべての事物（その可能性に従って、また神の意志の諸対象として）が共に組み込まれていると主張した(10)。しかしながらこの回答は依然として不十分である。なぜなら神の知のうちにはまだ、ドゥンス・スコトゥスが説明したように、被造的諸事物が、神の神性に属するものとして共に組み入れられていないからである。これが起こるときに初めて、それらが神についての学問としての神学に属することが明らかになりうる。したがって初めて、（被造物が神と区別されるにもかかわらず）被造物が神性に属することが主張されるという視点の下において受肉を再び取り上げることが不可欠になる。被造物と神との交わりを目指す神の救済の行為というかぎりで、それらが神についての学問としての神学に属していることも主張される。こうして初めて、神についての学問としての神学の統一的概念の可能性が明らかになる。これについての決定は、神御自身における神の永遠の三位一体的生と、救済史、すなわちいわゆる経綸的三一性における神の現臨との関係に関する論究にかかっているであろう。

キリスト教の教理に関連する諸々の認識的努力を要約する名称としての神学概念は、多くの層から成り立っており、その層は、中世以後の神学の発展のなかで、種々の神学諸学科の自立によりますます厚くなっていった。それと共に神に関する学問としての神学という見解にとっても、困難がいっそう増した。歴史学的かつ釈義的神学の諸々のテーマ領域は、それがキリスト教の教理の伝承と告知を主張するかぎりにおいて、たしかに徹頭徹尾、神の歴史的啓示との諸関係のうちにある。しかし神の現実それ自体が、これらの諸学科において明確に主題となることはない。これは同じような仕方で神学的倫理にも当てはまる――特に、それが神の戒めに関する教理として展開されないとき。それゆえシュライアマハーは、多様な諸学科をもつ神学の統一性を記述するために新しいアプローチを探究し、彼は、そのために神学の種々の諸学科が形成され、誰もがそのために貢献しようとする「教会の管理指導」という課題のなかにそれを見出した(11)。こうしてシュライアマハーは、特に実践神学も神学諸学科の範囲に属することを神学概念から基礎づけることに成功した。しかしシュライアマハーの独自な説明における神学研究の実践的目的規定は、すでに神学概念の規定にとって不十分であることが明らかになっている。彼自身において、神学研究および神学諸学科の統一性は、他の主題設定のなかに、つまりキリスト教的宗教の統一性のなかに、そのより深い基盤をもっていた。しかしながらキリスト教会の存続と教会の管理指導の活動のための専門教育も、キリスト教的宗教の神的《真理》に対する確信によって初めて基礎づけられ正当化される(12)。キリスト教神学は単なる精神科学的学問ではない。したがって神学は神について正しく語っているのかどうか、そして神学はどのような権利をもってそれを行うのかという問いが再び提起される。

神学の概念において、神学的発言（Reden）の真理は、神御自身を通して権威づけられた神についての発言としていつもすでに前提とされている。ただ人間によって、人間の諸々の必要と関心に基づいて、神的現実に関する人間の諸々の観念の表現として基礎づけられた神についての発言は、神学ではなく、人間の想像力の産物にすぎないであろう。神についての人間の発言が、それが真に「神学的な」発言としてむしろ神的現実の表現であることに汲みつくされないということは、決して自明なことではない。神学的発言の深い両義性の本質はまさに、もはや真に「神学的」ではない単なる人間の発言が非常に問題になりうることにある。それゆえ、すでにプラトンが諸々の神学的発言に出会ったときに抱いたあの疑念が湧いてくる。すなわち「二種類の発言が存在する、つまり真実の発言と偽りの発言である」（Staat 376e 11）。彼にとって詩人たちの「神学的」発言は大部分（377d 4ff.）真実からかけ離れているように思われた。

現在、大学の学問として取り扱われているキリスト教神学の諸学科のなかで、すべてのものが、神についてのキリスト教的発言の真理をテーマとしているわけではない。歴史的諸学科の教えと研究においては、この問いは提起されない。同様のことは、釈義的諸学科が歴史学的・批判的方法という手段を用いて研究しているかぎりで、それらにも当てはまる。近代の初めまでは、まさに聖書の解釈――それが学問的なものであれ、教会の業であれ――は、キリスト教の教理の拘束的内容を神の啓示として確認するという課題を担っていた。教父たちの簡潔で含蓄のある言葉とその解釈において重要なのは、聖書の教えの内容の要約とまとめの記述だけである。このことは明らかに宗教改革の神学に当てはまる。古プロテスタントの教義学は、聖書解釈がその確定に権限をもつ聖書の教理内容の要約的記述として理解された。しかしながら近代の歴史学的‐批評的聖書解釈にとって聖書の諸文書は、基本的に、ある過去の時代の記録資料である。それゆえそれらの内容の現在的妥当性は、原理的に、もはや歴史学的聖書解釈の枠組において決定することはできない。こうして神についての発言の真理を問う問いの重みは、完全に教義学に移行した。その出発点は、これから示されるように、もちろんすでに神学の近代以前の展開のうちに存在する。しかしその結果は、まず神学の近代の問題状況と密接に関連している。そしてこの結果を甘受し、これと共にふりかかる重荷を自ら引き受けることは、教義学にとって今日に至るまで困難なことである。教義学は、その特別な課題を果すためだけでなく、同時に神学全体のために、奉仕としてこの重荷を担わなければならない。教義学の研究において重要なのは、その他の神学的諸学科の特有な神学的性格である。これらの神学的諸学科は、それらが神学の教義学的課題に参与するまさにその程度に応じて「神学的」になるのである。

しかし教義学は、どのようにして神についてのキリスト教的発言の真理を擁護することができるのだろうか。そもそも教義学はそれを行うことができるのだろうか。そして教義学が実際にそれを行うとしても、どんな権限をもってそれは行われ、そしてそれはどのようにして起こるのだろうか。これらのことを究明するためには、教義学の概念と、これらの諸学科の歴史のなかで展開された、教義学と教義の関係を問題にしなければならない。

2　教義の真理

教義学は一般に教義についての「学（Wissenschaft）」[13]あるいはキリスト教の教理についての「学」とみなされている。しかしどのような意味で、キリスト教の教理は諸々の教義あるいは端的に教義と関わりをもつのだろうか。

ギリシア語の「ドグマ（Dogma）」[14]は、保証された知と区別される主観的な「見解（Meinung）」と同様に、法的拘束力のある、発言された見解、つまり「決定（Beschluß）」を意味することができる。後者の意味でのその語は新約聖書にもみられる。ルカ二・一および使徒一七・七では、それは皇帝の勅令に関連し、使徒一六・四では、いわゆる使徒会議の諸決定を指している。アンティオキアのイグナティオスが主と使徒たちの「ドグメン〔ドグマの複数形〕」について語るとき、ドグマという語はキリスト教の教理の伝承に転用され、「決定」ないし「拘束力のある見解」と理解されている（Mag 13, 1）。そのさい内容的には、倫理的な「諸指示」のことが考えられている。アレクサンドリアのキリスト教の信仰教育学校の創立者であるアテナゴラスのような非常に「知的な」弁証家の場合にも、同じことが起こっている（leg.11, 1）。しかしながら二世紀の弁証学以来、「見解」の意味でのドグマという語の理解が前面に現れ、しかも哲学者の種々の学派の「ドグメン」に対応して、「学派の見解」という特別な意味で用いられるようになった。その語はストア以来、哲学者の諸学派に特徴的な教理を表示するために用いられた。したがってたとえばタティアノスはキリスト教を唯一の真の哲学の学派として理解し、その教理をドグメンと呼んだ。そのさい二世紀には、イエスの道徳的戒めの思想が前面に出てきたにもかかわらず、その後まもなくこの概念は、キリスト者の諸々の「慣習・道徳」と区別して信仰の諸教理と関係づけられた（オリゲネスにおいてすでにそうであった）。

ドグマのキリスト教的概念が哲学者たちの諸学派の諸教理と類比的関係にあるとすれば、それは他方で、「人間に起因するのではなく、神によって語られ、教えられたもの」（Athenagoras leg. 11.1）として、互いに抗争する哲学の教師たちの多様性と対比された。ディオグネートスの手紙は、信仰は人間の教理と見解に基づくものではない（5, 3）と語り、そこには内容的に同様のことが記されている。それゆえオリゲネスは、キリスト教の教理を《神の教義（dogmata theou）》と呼ぶことができた（in Mt XII, 23）。

このようにしてキリスト教の教理の真理要求が定式化され、同時にこの要求に関する決定がすでに先取りされている。もしもキリスト者の諸教義が真理であるとすれば、もちろんそれらにおいて問題になるのはもはや単に人間の学派的諸見解ではなく、神の啓示である。しかしこれらの諸教義は人間によって、つまり教会とその要職にある人びとによって定式化され、告知される。それゆえ、それらは人間の諸見解以上のものであり、人間の発案と伝統であるだけなく、神の啓示の表現であるのかどうかという問いが生ずることがありうるし、またきっと生じてくるにちがいない。このようにして教義の概念との関連で、より一般的な形で神学概念と結びつき、またプラトンが《神学（theologia）》に向けた、つまり詩人たちの神の告知に向けた問いが、反復される。

第三者にとってキリスト教の諸教義は、まず第一に教会の教理のように思われる。キリスト者の共同体にとってその諸教理は、古代の哲学者たちの諸学派のメンバーたちにとって学派の諸教義が拘束的であったのと同様の仕方で、拘束的であった。この考察法はキリスト者自身によっても受け継がれており、そのなかには、自らの諸教理を直ちに神御自身の真理と同一視しない知的謙虚さが表現されている。しかし、カイサリアのエウセビオス以来一般化した、「教会の」諸教義について語る言語用法（hist. eccl. 5, 23, 2, vgl. 6, 43, 2）は、たとえば、これらの諸教義の神的真理に対する、オリゲネスと他の初期の教会の著述家たちによって掲げられた要求を断念してはいないが、それを、この要求の担い手である人間つまりキリスト者の共同体に従って理解している。このようにして真理要求は放棄されず、しかしいずれにせよ教会が、担い手としてのみ、そしてそれと同時にこの要求の保証人ではないという仕方で登場するかぎりにおいて、それは保留されている。このことが起こった最初のケースはエウセビオスであり、彼は、諸教義というとき、内容的には公会議の諸決定のことを、しかし死者の復活についての信仰の教理のような他の共通の信仰の諸教理のことも考えている（hist. eccl. 3, 26, 4）。これを越える重大な一歩となったのは、その真理を前提とするというよりはむしろ確定する諸教義の教会法的（かつ帝国法的）拘束的固定化である。このような確定を通じて、教会の教導職（Lehramt）による教理の告知の継受のプロセスは閉じられ、沈黙させられてしまう。このような傾向はすでに四世紀に準備され、五四五年にその頂点に達した。つまりそれは、四五一年のカルケドン公会議の妥当性をめぐる長い争いの間に定式化された、最初の四つの公会議の《教義（dogmata）》には聖書と同じ権威が認められるとするユスティニアヌス皇帝の宣言である(15)。聖書とこれらの本文の序列の違いと、五世紀の公会議と四世紀の公会議の序列の違いも無視していることは別として、最初の四つの公会議の正統性に関する皇帝の神学的判断を共有する者でさえ、法的な固定化を通して真理についての問いを決定する試みは過ちである、と判断するにちがいない。法的な固定化と国家権力の手段を通して教会の教理の真理に対する合意を強制することができるようにしようとするこの試みのための基盤は、もちろんすでに、イエス・キリストにおける神の啓示の終末論的真理を、ひとつの同じく究極的で決定的な定式に表すことができるとする仮定のうちにある。教理の教条主義化と法的固定化および国家による強制との結びつきは、キリスト教の歴史において、まさに西欧のキリスト教においても、近代に至るまで長いあいだ致命的な役割を果してきた。それにより教義の概念の信用は失われた。しかしながら教義と信仰の強制は同じものではない。信仰の強制は、諸々の教義の真理をめぐる争いに決着をつけるためのひとつの手段にすぎず、しかも――すでに明らかになったように――退けられるべきであるだけでなく、その目的にふさわしくない手段である。

信仰の強制は、教義の真理に関する合意を強要することによりこの真理それ自体を確立しようとする試みである。すなわち合意は真理の特徴とみなされる。なぜなら真理の普遍性は判断形成の一致のうちに表現されるからである。信仰の強制により、真理のこのような一致が無理やり作りだされるべきであるということになる。しかしながら、いかなる強制からも独立した仕方で形成される合意だけが、真理の判断基準とみなすことができる。これは、レランスのヴィンケンティウスの《Commonitorium pro catholicae fidei antiquitate et universitate》（四三四年）の有名な定式において行われたことである。すなわち、カトリックの教理、したがって全教会の教義であるものを確立するために、ひとは、どこでも、いつでも、だれによっても信ぜられること（curandum est, ut id teneamus quod ubique, quod semper, quod ab omnibus creditum est, Kap. 2, 5）を固く保持しなければならない。そのさいヴィンケンティウスはすでに、重要なのは事柄における同一性であって、定式における同一性ではないことをはっきりと心得ていた。定式には進歩がありうる。そしてこのことが承認されるならば、次のことも予見される。つまり新しい定式は信仰内容の同一性を保っているのかそれとも保っていないのか、ということが争われるようになる。異端者たちの多種多様な人間的諸見解に対し神的教義を確立するための、合意というレランスの判断基準は[16]、したがって簡単に適用することができない。その定式の変更にもかかわらず、信仰の内容が同一であることを主張するには、再び、それを吟味して決定するための他の審級が必要になるように思われる。それゆえ十六世紀以来、ローマ・カトリック教会――その神学はレランスのヴィンケンティウスを証人として引き合いに出した――が[17]、合意の判断基準を、司教たちと教皇という教理の権威を通して補足したとしても、何ら驚くことはない。司教団あるいは教皇がひとりで全教会の代表者としてその機能のなかで語るとき、彼らは彼らの職務の力による信仰の合意を表明しているように思われる。さらに、司教たちと教皇の指導の権威（Lehrautorität）は、長い間、教会の教導職による教義の真理の権威的保証という意味で理解されてきた。まだ第一バチカン公会議のテキストでは、《fidei dogmata》（DS 3017）という表現は、神によって啓示されたものとして信じられている（DS 3011：《... tamquam divinitus revelata credenda proponuntur》）教会の、拘束的なものとして提示されている教理と関連づけられている。東方正教会の神学の場合と異なり、この関連で、教理の公的言明が全信仰者によって受容されるプロセスが、次のような判断基準として取り上げられることはなかった――つまり、教会の教導職が定式化することを要求する、教理への合意が実際に存在することを判断する基準として。しかし幸運にも、受容の必要性が明確に排除されることはなかった[18]。なぜなら、教皇が全教会の名においてその職務により《ex cathedra》定める教理に関する諸言明は、それ自ら、そして教会の合意に基づいて初めてではなく《ex sese, non autem ex consensu Ecclesiae》、有効であり、変更することはできない（DS 3074）という公会議の有名な確定が、おそらく非常に限定的に解釈された結果、このような諸言明は、他の決定機関によるいかなる形式的確認も必要としないからである。この場合、このような諸言明の受容の実際のプロセスが初めて、教会の生活および信仰意識におけるそれらの位置価値〔一定の秩序や組織内で人・事物などがもっている意味・価値など〕を決めるであろうという事実に対する眼差しは、依然として開かれたままであろう。

もちろん、教会の実際に存在する合意（Konsensus）も（それが一定の時代におけるものであれ、あるいはまた時代を橋渡しする連続的なものであれ）、信仰の教理の真理のただそれだけですでに十分な判断基準ではありえない。教義の真理の合意理論は真理一般の単なる合意理論の諸々の弱点を共有している[19]。合意は、真理の普遍性のための表現および印でありうるが、ある集団、ある社会、ある文化の構成員の間における単なる協定の表現でもありうる。宇宙の中心にある地球の位置は、近代の初めにこの観念が単に因習的なものにすぎないことが証明されるまで、神聖不可侵な真理とみなされていた。したがって宗教改革の世紀と十七世紀の初期にも、諸々の教派的な争いにもかかわらず、宗教の統一は社会の統一にとって絶対に不可欠なものとみなされていた。しかし後の時代になると、この理解は単に因習的確信にすぎないと思われるようになった。このような諸々の因習的基本的確信は、決していつもコミュニケーションの暴力的制約の表現とはかぎらず、むしろ人間の怠惰と、このような諸々の基本的確信を問いに付すうえで必要な諸々の挑戦が欠けていることの表れである。広範囲に及ぶ、あるいはまったく一般的な合意の場合にも、その合意はまだ真理の十分な判断基準ではない。そのうえ次のようなケースも考えられる。つまりある表象形式と確信があまりに深く人間本性のうちに根差しており、その結果、真理に対応しないにもかかわらず、それらは決して克服されないというケースである。種の諸々の遺伝的構造のうちに備わっているがゆえに克服しがたい、種全体の偏見というものもあるだろう。しかしこのような偏見は、あらゆる個々人の合意によってもまだ真理とはならないであろう。キリスト教の場合、諸々のキリスト教的な基本的確信のもっともらしさは、西欧の中世においてさえ、非常に高い段階の自明性には到達しなかった。他の点におけるキリスト者の世界教会的合意が非常に重要で追求する価値があるとしても、キリスト者同士の合意が真理の十分な判断基準とみなされることはますます少なくなっていく。

一致（Konsens）の視点は、教会の教理に関する宗教改革の理解においても重要な役割を果たしていた。アウクスブルク信仰告白によると、福音の教義の一致とサクラメントの執行の一致（CA 7《consentire de doctrina evangelii et de adminisratione sacramentorum》）は、教会の統一に必要不可欠なものの総体である。このような教理の一致は、ルター派の理解によると共通の信仰告白におけるその表現であり、教会の信仰告白は、教会共同体の基礎となる教理の一致の表現に他ならない。ルター派の信仰告白の理解において重要なのは、改革派の多くの信仰告白の機能であったような、地域教会の再編成の基礎としての単なる地域的な一致ではない。ルター派の信仰告白は、徹頭徹尾、福音の教理に関する全教会的一致とサクラメントの管理執行を目指している。それゆえそれは聖書だけでなく、古代教会の教理との一致、特にニケヤ・コンスタンティノポリス信条（CA 1）との一致を証拠として引き合いにだす。しかし教会の教理の真理の判断基準とみなされるのは、もちろん一致それ自体ではなく、福音の教理との一致である。教会の教理の一致は、福音の教理の一致《consensus de doctrina evangelii》として初めて重要になる。福音と聖書を証拠として引き合いに出すことにより、一致の思想が基本的に乗り越えられているのかどうかということが問われる。すなわち新約聖書の証言との一致は、たしかにいずれにせよこの聖書のなかで表現されている原始教会の教理と告知との一致でもある。聖書の証言との一致は、したがってそれ自体一致の思想の意味においても、しかも初めから教会の伝承との一致のすぐれた判断基準として理解された。この意味で、レランスのヴィンケンティウスの一致の概念も、まず第一に、新約聖書のなかにその痕跡がみられるように、使徒たちの宣教における教会の教理の伝統の起源との一致を重視した。福音の教理の一致《consensus de doctrina evangelii》というルター派の概念は、このところで疑いもなく他のことを考えている。すなわちそれは、福音と教会の聖書のうちに提示されている神の言葉の規範的機能である(20)。聖書と教会の対立、より正確に言うと、聖書のなかで証言されている福音と教会の教理および信仰告白との対立は、宗教改革の神学に特徴的なものである。すなわち教会の信仰告白は信仰の新しい条項を作りださず、聖書のなかで証言されている、福音に対する信仰のみを告白する（Luther WA 30/2, 420）[21]。

教会の教理に関する宗教改革の見解は、したがって純粋な合意理論という性格をもっていない。しかしながら福音と教会の対立という命題は次のことを前提としている。《第一に》福音は新約聖書の原始教会の証言から区別され、しかもこの証言としてあらかじめ与えられている。《第二に》統一的全体としての福音は新約聖書の著者たちの種々の神学的パースペクティヴと対立しており、それ自体新約聖書の諸文書から認識される。二つの前提は互いに緊密に関連しており、両者ともカトリック教会から批判され、異論が唱えられている。そのさい今日のカトリック教会は特に「聖書の神学的統一性」という前提に焦点を合わせる。それは、宗教改革が前提としたように、無造作に聖書それ自体から出てくるものではない。聖書の統一性はむしろ「最終的に解釈者の理解と精神のなかでのみ実現される」[22]。このことが承認されるならば、次のような問いがでてくる。つまり、このような解釈にとって基準となるのは個々の神学者の私的判断なのか、あるいはむしろ全体を代表する教導職としての教会なのか、という問いである。こうしてまたもや基準としての（教会の）一致という視点が現れてくる。

聖書の中心的内容（Sachgehalt）[23]に関する聖書の統一性は解釈という手段によってのみ探究され見出されるとのこの立論は、承認されなければならない。たとえば解釈なしに、また解釈学的パースペクティヴのそれと関連する相対性なしに、聖書の「中心内容（Sache）」に近づくことはできない。しかしながらいかなる解釈も、解釈されるべきテキストの中心内容が、あらかじめ解釈者の諸々の努力に先だって与えられていることを前提としている――その特徴は、解釈それ自体の経過のなかで初めて明らかになるにもかかわらず――という解釈学的普遍的根本命題が主張されなければならないであろう。このような前提がなければ、解釈者がそのテキストに拘束されているという制約関係は、もはや詩人による構成の自由と区別できなくなるであろう。テキストの著者によって意図されたものとして言葉に表現されているテキストの中心内容は、解釈の基準であり続けなければならない。

その際、より狭い意味での釈義的課題は、つまり著者の中心的意図の明確化は、今や解釈者の内容理解から完全に切り離すことはできない。両者が単純にひとつにされることはほとんどないとしても、テキストの内容言明と解釈者の内容理解の歴史的相違は、後者が取り除かれるときにのみ明らかになることはたしかである。テキストと解釈者のあらゆる相違にもかかわらず、解釈されるべきテキストにおいて大切なのは、解釈者にも認識可能で、彼の世界理解に関係づけることができる中心内容であるという仮定がなければ、いかなる理解も不可能である。この意味においても、内容の統一性は――解釈者にとってそれがもつリアリティという点からみて――、解釈者の精神においてのみ実現されうるということは正しい。しかし、次のこともまた重要である。つまり、そのさい個々人の私的判断が問題になっているのかどうか、それとも教会共同体を代表する教導職が問題になっているのかどうかにかかわらず、中心内容は解釈者の恣意に任されていないことである。むしろいかなる解釈も、それが私的なものであれ公的なものであれ、中心内容の真理を基準として測られる。いかなる解釈者も中心内容の真理を自ら決定したりせず、その真理は、その解釈をめぐる議論の進展のなかで決定される。

しかし中心内容の真理とは何か、そしてそれはいかにして主張されるのか。聖書の中心内容、つまり共通の内容――新約聖書の種々の文書におけるそれらの間のあらゆる相違にもかかわらず、そこにおいて問題となっている内容――は、差し当たり次のように言い換えられる。新約聖書の著者たちは、それぞれの仕方でナザレのイエスにおける神の行為を証言している。それは、新約聖書の諸文書において教会と個々のキリスト者の信仰の対象として証言され、したがってキリスト教信仰は初めから、ナザレのイエスと彼における神の行為に対する信仰を告白した。それはキリスト教の諸々の信仰告白と教義の内容である。そのかぎりで信仰告白と教義は、事実、聖書の中心的内容の要約である。しかしキリスト教信仰の対象としての聖書の内容は、このようないかなる要約によってもすでに汲みつくされたとは言えない。それは、いかなる要約的言明によっても暫定的に特徴づけられるにすぎない。聖書の解釈が進展するかぎり、その内容の輪郭線はまだ最終的に決定されてはいない。その認識は相変わらず進行中である。このことは、聖書の内容とキリスト教信仰の独自性のより正確な規定にも、また聖書によって証言されているナザレのイエスにおける神の救済行為の真理についてのこれと結びついた問いにも当てはまる。その内容との関連で、またその真理との関連で、教義は、カール・バルトが述べたように、「終末論的概念」(24)である。歴史の終りにおける神の究極的啓示によって初めて、ナザレのイエスにおける神の行為の内容と真理に関する究極的認識がもたらされるであろう。神御自身以外に、歴史における神の行為に関する究極的な教えを語る権限をもつ者はいない。これは、神は歴史におけるその行為を通して御自身に気づかせようとしておられるとの、なお吟味されるべき前提のもとで、それについての現在の認識が不可能であることを意味するものではない。しかしこのような認識はすべて、時間と歴史が前進するかぎり、したがってイエス・キリストにおける神の歴史的行為についての聖書の証言の解釈も前進するかぎり、暫定的なものにとどまるであろう。

それゆえ、教義の内容と真理を教会の意見の一致に基礎づけることはできない。むしろ聖書の中心内容の認識によって初めて、それに関する意見の一致が生みだされる。そのさい認識の共通性は、もちろん中心内容の間主観的同一性の確認へと通ずる。しかし意見の一致は繰り返し更新されなければならない。なぜなら聖書の解釈は、その中心内容の独自性と真理を顧慮しつつ進展するからである。その際、教会の信仰告白の教義学的諸定式と神学における諸々の定式化におけるその内容の諸々の暫定的な書き換えは、繰り返し吟味される。この吟味は、教会の信仰告白と教義に関する諸々の主張(25)が関わる中心内容の独自性と真理の規定に及ぶ。このような吟味は同時に教義の解釈である。なぜならそれは、聖書の中心内容を要約し、神の真理として言明するという教義の要求を真剣に受け止めるからである。この意味で教義の解釈と吟味は、教義学の解釈である。教義学は教義の真理を問う、したがって、教会の諸々の教義が神の啓示の表現であり、それゆえ神御自身の教義であるのかどうかを問う。また教義学は、教義を解釈することにより、この問いを問い続ける。

3　組織神学としての教義学

「教義学」という名称の発生について熟考することにより、教義学は教会の教理の内容を展開するだけでなく教理の真理についての問いも探求しなければならないということが、適切に立証される。以下の議論において、どのようにしてそれは起こるのかということが明らかになるであろう。

神学の特定の専門分野のために「教義学」という名称が用いられるようになったのは、ようやく十七世紀になってからのことである(26)。しかしすでに一五五〇年にメランヒトンは、聖書の諸々の証言の教理的内容を、その歴史的素材と区別してドグマーティシュ（dogmatisch）と呼んだ（CR 14, 147f.）。一六一〇年、ヨハン・ゲルハルトは、メランヒトンにならって《Loci theologici》（I, n.52）の第一版において聖書の内容を《dogmatica》と《historica》に分けて論じた。一六三五年、ヨハン・アルティングは、《theologia dogmatica》という名称を歴史神学に対抗する概念として用い、そしてすでにその一年前に、ゲオルク・カリクストゥスはこれを倫理学と区別していた。これに応じて、十七世紀の半ば以来、《theologia dogmatica》という表題をもつ書物はキリスト教神学の教理的内容を取り扱うようになった。キリスト教神学はずっと以前からこのために《doctrina》という概念を用いてきた。トマス・アクィナスはこの名称を好んだが、より厳密に《sacra doctrina》と呼んだ。メランヒトンは、《doctrina evangelii》という神学概念よりもこの名称を好んだ。アウグスティヌスも、すでにこの名称をキリスト教信仰の要約的記述の表題として用いていた。キリスト教的思惟におけるその起源は新約聖書に遡る。《didaskalia》は特に牧会書簡において使徒による教えの総括概念として出てくる（テト一・九、二・一。Ⅰテモ一・一〇、Ⅱテモ四・三を参照）。その他のところでは、《didache》という表現が支配的である（たとえば、ヨハ七・一六。ここではイエスの「教え」を指す）。特に《didache》の場合、教えるという主体的遂行は教えの内容と分離することができず（マル一・二七、マタ七・二八以下を参照）、教えの内容が徹底的に強調されることもある（ロマ六・一七。つまり原像的内容としてのキリスト――使徒的伝承の型）(27)。神によって全権を与えられた教えとしての教理という理解は、神学という概念の本来の意味として明らかになったものに近い。この神学という概念が教理にとって代わることはなく、それは教理の内容を明確にし、あるいはもともと、神ついて論ずる教理の内容つまり特定の「部分」を説明する（Athenagoras leg.10, 4f.）。これに対し教義学の概念は最初からキリスト教の教理の全体と関係づけられており、ドグマとしての教理は教義学の努力の《対象》となる。すなわち、教理の主観的かつ客観的契機は、教義、教理の告知、そして教義学という区別のなかに別々に現れる。そのさい教義学は、それが大学の神学という枠組のなかで（教理の内容としての）教義に関連づけられた学問的専門分野として、つまり《theologia dogmatica》として現れるということを通して、教会の教理の告知から区別される。教義学はそのようなものとしてまず第一に、聖書あるいは信仰箇条（《articuli fidei》）の教理の内容を要約し、さらにそれを理路整然としたものとして記述することを課題としている(28)。しかもこのことは「積極的」再現の意味においても、また「学識的」論証の意味においても確認されることである(29)。

キリスト教の教理を要約し、それを理路整然と記述するという課題のために、十八世紀の初頭以来、「組織神学」という概念が市民権を得るようになった。一七二七年、ヨハン・フランツ・ブッデウスはそれを次のように説明した。神学の記述は、二つの要求を満たすならば、「組織的」と呼ぶに値する。

つまりひとつは、（a）その素材を包括的に取扱うことであり、これはブッデウスにとって、救いに必要なすべてのことを顧慮することを意味した。しかしもうひとつは、（b）個々の内容をも説明し、証明し、確認することである（《explicet, probet, atque confirmet》）(30)。

そのさい特に体系的（systematisch）記述それ自体の形式を通して、つまりキリスト教的教理の諸言明の間の、しかしまたそれらの言明と、その他の「真理」とみなされているものすべての間の関連を指摘することを通して、「論証」と「確認」が行われる。したがってキリスト教の教理の内容の体系的記述は、それ自体すでにその真理要求との関連のなかにある。それは記述されたものの真理を吟味する。そしてもしも真理がただひとつしかありえないとすれば、真理とみなされるべきすべてのものに矛盾がないことと、そしてそれらが一致しうることが、真理を求めるすべての要求に含まれる基本的含意である。そのかぎりで信仰箇条の体系的記述の際に直接問題となるのは、その真理と、その真理の確認である。その内容の真理についての問いは体系的な記述形式に初めてつけ加えなければならないものではなく、体系的な記述形式それ自体と結びついている。組織神学がキリスト教の使信の告知に仕えるその業もこれと関連している。すなわちこの告知は、組織神学がその内容を真理として提示するという具合になされなければならない。もちろん告知の際の、キリスト教の教理の真理に対する関係は、組織神学の場合の関係とは異なる。その告知は、個々のキリスト教の教理の内容を真理として主張しつつ、その教理相互の関連と、真理であるすべてのものとの関連を暗に前提にしている。しかしこの関連は、組織神学における教理の内容の研究と記述の対象である。

もちろんこの意味における組織神学は、この名称が現れてようやく誕生したわけではない。内容的には、キリスト教の教理の体系的記述は、かなり古くから存在する。それは、二世紀のグノーシスの体系化の努力の対象であった。この時代のキリストの教弁証家たちと、リヨンのエイレナイオスのような反グノーシスの立場をとった教父たちの諸文書は、初期の体系化を暗示しているが、オリゲネスは、その起源に関する著書（『諸原理について』）のなかで、神に関するキリスト教の教理の、形式に従った体系的記述を提示した。その後、中世のカトリックのスコラ学においてこの体系的記述形式は、神学の学問性に関する諸々の議論の本来的対象となっている。もしもそれが、キリスト教の教理の独立した全体的記述であるスンマのなかにその最も適切な形態を見出したとすれば、その命題論集の註解の論証も、キリスト教の教理の諸言明相互の調和の可能性、また理性的認識の諸原理との調和の可能性を証明する役割を果している。神学の学問性の基礎づけ――十三世紀には、アリストテレスの学問概念が基礎とされた(31)――に関するあらゆる個々の論究以前に、この主題において問題となったのは、キリスト教の教理の体系的統一性と、同時に理性的知の諸原理とのその関係であった。このような問題設定は、教父たちの外見上矛盾するようにみえる諸言明を弁証的に調停しようとしたアベラルドゥスの挑戦、つまり彼の有名な『然りと否（《Sic et Non》）』以来、また方法論の面でアベラルドゥスに従ったペトルス・ロンバルドゥスの『神学命題集』以来行われてきたものである。その遂行のために必要な知的「専門分野」は、学問性に対する神学の要求という形で具体的に表現されるようになった。この要求の完遂の種々の形式は――アリストテレスの学問概念に依拠しているがゆえに――時代に制約され、今や時代遅れになっているが、キリスト教の教理の体系的統一性と、理性の諸原理とのその一致に対する基本的関心は、永続的妥当性を保持している。

これらの理由から、神学における理性の使用に関するスコラ的神学の詳論は[32]、その学問性のより専門的な問いにとって特別な意義をもっている。中世のスコラ学は、そして後の古プロテスタント神学も、神学における諸々の理性原理の妥当性をある程度制限する傾向をもち、後者は理性の規範的使用ではなく、道具的使用を支持した[33]。そのきっかけは、またもや理性と理性的認識のアリストテレス的理解という特徴によってもたらされた。すなわち厳密な理性的認識の本質が普遍的諸原理に基づく演繹にあるとすれば、キリスト教の教理の諸言明は、その歴史的起源のゆえにこのような仕方では導きだされないと言うことができる（vgl. Thomas von Aquin S.theol. I, 32, 1 ad 2）。神学における自然的人間の理性の誤った優位性に対するルターの多くの批判的判断の根底にも、理性と理性認識のアリストテレス的理解に対する反対がある。他方ルターも、信仰による理性の革新を教えただけでなく、神学のための理性の必要性も強調した[34]。特に彼は、いくつかの先鋭な定式化にもかかわらず、最終的に真理の統一性と論理的整合性の妥当性に固執した――その適用の際に、誤った結論と誤った判断を回避するために、神学の主題の立て方の特異性に注意が払われるとしても[35]。ルターと古ルター派の教義学において、実際の理性の使用は罪人あるいは信仰者としての人間のそのつどの全体的方向性に具体的に根差していることが、中世神学におけるよりもいっそう強調された。神学における理性の機能に関する適切な判断は、理性とその概念の種々の具体的規定を度外視することができない。しかし神学においても、同一性と矛盾の諸原理〔同一律と矛盾律〕が承認されなければ、いかなる論証も不可能である。これらの諸原理は、特にキリスト教の教理の体系的統一性を記述しようとする努力の際に、いつもすでに前提とされている。神学的研究の学問性はその首尾一貫した適用に依拠している――たとえその際、その具体的形態が、ある理性的演繹の形式というよりも諸々の慣習的論証の形式であるとしても[36]。つまりこの論証形式は、アリストテレス的な学問概念よりも、所与の諸現象の記述のために諸々の仮説と理論モデルを用いて説明する学問的論証という今日の理解に近い。したがってこう言うことができる。アリストテレスの意味における諸々の学問的論証を信仰論に適用することに対し神学が示す保留の態度は、学問的論証に関する近代において普遍的に承認されている見解をいくつかの点で先取りしていた。

したがって、カトリックのスコラ学以来、教義学、あるいは当時はまだ端的に《theologia》と呼ばれていたもののために要求された特別な学問性は、キリスト教の教理の体系的研究と記述に密接に関連していた。同時に、記述された内容の真理を問う問いとの関連が示されており、しかもそれを越えて、体系的研究と記述のなかに、真理に関するまったく一定の理解が含意されている。すなわち、あらゆる真理であるもの〔真なる命題〕の一致としての、つまり《整合性としての真理》が含意されている。その部分相互の関係に関する、しかしまたその他の知に対するその関係に関するキリスト教の教理の整合性の研究と記述を通して、組織神学はキリスト教の教理の真理を確認する[37]。

そのさい組織神学は、神の啓示の権威を通してであれ、教義の内容に関する教会の意見の一致を通してであれ、あらゆる体系的な確認の前に、そこにおいてキリスト教の教理の真理があらかじめしっかりと確立されている諸見解と緊張関係に陥らざるをえない。伝統的教義学は通例このような諸見解を自ら共有し、そして弁護してきた。こうして教義学それ自体のなかに、あの既述の緊張関係が現れる。古ルター派の教義学にとって、信仰箇条が聖書に由来することは、その真理のそれ自体で十分な根拠となっている。理性にふさわしいのは、この前提とされた真理の説明と記述という課題だけである[38]。しかしいずれにせよこの真理は、キリスト教の教理の体系的関連において表現される。このようにして出現する内的整合性は、教理それ自体にとって皮相的なものではありえない。たしかにそれは、体系的記述におけるこのような整合性が指摘される以前に与えられているが、それは、体系的記述に基づいてのみ知ることができるのである。

トマス・アクィナスにおいても信仰箇条の真理は、神学的記述の結果ではなく前提とみなされた。それらの信仰箇条は、啓示を通して神学の諸原理として伝えられている（S.theol. I, 1 a 2）。それゆえ神学的論証は、啓示の諸真理に基づく諸結論という形式で展開されることが期待された。後の教義学の記述において、実際にこのようなやり方が追求された。しかしながら注目しなければならないのは、トマス・アクィナスにおいてこのことが起こっていないことである。彼の『神学大全』の論証過程は、被造世界と人間の第一原因である神の思想に基づくキリスト教の教理の諸言明の体系的再構成として展開されている(39)。したがってトマスは、神学概念に関する彼の諸言明に基づいて推測されるよりも、カンタベリーのアンセルムスの神学的方法論、つまり信仰の真理の理性的再構成のプログラムに近づいている。それゆえ彼の『神学大全』は、キリスト教の教理の体系的記述が、記述それ自体の過程に左右されずにすでに確定している前提として、その真理を受容することと緊張関係にあるという啓発的な一例である。

事実、キリスト教の教理の体系的再構成において問題になっているのは、たとえキリスト教の教理の理論的「検証」にその感情的かつ実践的実証がつけ加わらなければならないとしても、その真理の証明と実証である(40)。キリスト教の教理の体系的（「思弁的」）再構成は、さらに吟味されるべき諸々の理由のゆえに、その真理の問いについて最終的な決定を下すことはできない。これは、教理の真理がすでにあらかじめ確かなものであるがゆえに、その再構成はこの問いに何の貢献もしないということを意味していない。むしろ実際に神学的省察と再構成の過程において、伝承の真理内容はそれ自体危機に曝される。神学的確認のこの側面は、十八世紀以来、近代の神学の特徴となったように、それが伝統的教理に対して明らかに批判的な立場をとったところで、特に際立っている。伝統的な教理の積極的な再構成でさえ、いつもすでに批判的契機を含んでいる。教理史と神学史の研究が明らかにしてきたとおり、キリスト教の思想のあらゆる発展段階において、すでに原始キリスト教において始まっていたように、神学的確認は、伝承の内容を単純に手つかずのままにせず、たとえ神学者たちが端的に伝承と同じことを語ろうとしたときでさえ、それを変更してきた。まさにそれゆえに、古い真理を教える新しい方法（マルティン・ケーラー）は、内容的に実際に、伝統の諸定式と「同じこと」を語ったのかどうかということが、繰り返し議論された。

伝承された真理の確認に関する二つの見解、つまり《一方で》、すでに前提とされた真理の単なる習得と解明という見解と、《他方で》、伝承の真理要求に関する決断という見解は、二者択一とみなされてはならない。事実、問題になっているのは、伝承の習得の際に互いに決して分離されてはならない二つの相である。すなわち伝承された教理のすでに前提とされた真理の主観的確認は、自らの認識がこの真理に到達するかぎりにおいてのみ、この真理を真理《として》把握し、主張することができる。反対に、伝承との自覚的で批判的な関わりも、その真の意味と内容を恣意的な構成の産物とみなすことができず、批判を通して発見されうる真の事態をその再構成に《あらかじめ差しだされた》ものとして把握しなければならない。真理は、その本質に従って主観的洞察に前もって与えられている。なぜなら認識しようとする努力は真の事態に出会うか、あるいはそれを逸するかのどちらかだからである。このことは伝承の諸々の真理要求との関係においてのみならず、自然秩序の認識にも当てはまる。もしもその事態が前もって与えられていなければ、それは逸することもできないであろう。これが、真理概念の認識論的観点にとって基本となる、対象ないし事態との「一致」の契機である。このことは、誰かが「真理を語っている」のかどうかという問いにおいて明らかであり、同様のことは、諸々の判断ないし主張の真理についての問いにも当てはまる。しかし他方で、真理認識それ自体の遂行のなかで初めて、何が認識の遂行に対しあらかじめ真理として与えられているのかが決定される。そしてこのところで、議論の余地のある諸見解のいずれが対象ないし事態に対応し、そしていずれが対応していないのかということが、それに基づいて認識されうる真理の判断基準についての問いが生じてくる(41)。判断形成における《合意》と解釈の《整合性》がこのような判断基準である、と主張されてきた(42)。いずれにせよ判断形成の過程において問題になるのは、諸々の真理要求を吟味することであり、そのかぎりでこの過程において、事柄の真理は危機に曝される。判断形成の諸々の結果は原理的にはたしかに修正可能なままであり、それらは未来のより良い洞察に対し、事実、開かれた状態に保たれる。しかしこれによっても、《前提された》真理は、その認識を媒介としてのみ真理《として》把握されうるという事実は何も変わらない。

神学の歴史においてこの事態に関する意識が貫徹されることは極めて難しく、今日においてもこれについての明白な意識はみられない。このことは、真理の主観的な確認において問題になる真理の先行性が、神学の場合、そしてその自己理解において、特別な重要性をもっていることと関連しているであろう。すなわちここで問題になっているのは、あらゆる人間の考えと判断に対する神とその啓示の先行性である。神学は権威に拘束された専門分野であるという中世と古プロテスタントの諸見解の真の核心はここにある。しかしあらゆる人間の考えと判断に対する神の真理の先行性は、そのなかに神学が、キリスト教の教理の、神の真理によって権威づけられた源泉を見出した人間の諸々の決定機関と、つまり聖書および教会の教理と、単純に完全に同一ではない。

すでに中世のスコラ神学はこれと結びついた問題性に気づいていた。ひとは、聖書の諸文書に捧げられた権威信仰を、本来神御自身に向けられた信仰の行為への単なる導き（《dispositio》）とみなすか、あるいは反対に、創造のうちに基礎づけられた、神つまり彼らの最高善と人間との関係を聖書の権威に対する合意の動機とみなした(43)。しかしドゥンス・スコトゥスは後者を、つまりトマス・アクィナスによって展開された解決を、すでに拒否していた。なぜなら合意は知性の問題であり、知性はそれゆえその特殊な対象によって合意へと動かされなければならないからである(44)。したがって聖書の諸文書の権威のための、信ずるに値する諸々の判断基準が最重要課題とならざるをえなかった。もちろんドゥンス・スコトゥスにとって、聖書は神の霊感によって成ったと証言する教会の権威は、アウグスティヌスの場合とまったく同様に（PL42, 176）、聖書の権威の信憑性のための決定的根拠であった(45)。したがって彼は、聖書の権威と教会の教理的権威の関係のなかにまだ何の問題もみていなかった。教会には、聖書がその霊感によって生まれた同じ聖霊が働いているのである(46)。問われたのは、教会の教理が実際にこの聖霊の働きのいっそう正確な表現となっているのかどうかということだけである。やがてまもなく、オッカムのウィリアムとパドヴァのマルシリウスにおいてこのような調和という仮定は疑問視され(47)、教会の教理と聖書の権威の間の、最初の諸々の衝突が生じた。宗教改革のなかでこの衝突は全面的なものとなり、その頂点に達した。ところが衝突した当事者の双方が、その神学的教理の起源をひとつの権威ある決定機関に求め続けた。つまり古プロテスタント神学では、それは、それ自体で神の啓示の証拠文書としてまったく自明な聖書であり、反対にローマ・カトリック側では、教会による解釈を必要とし、そして教会の教理を通して解釈される聖書であった。その後、双方とも、対立する相手の立場の不当性を説明しようと努力を重ねた。プロテスタント神学は、聖書から、教会の教理を批判する必要性があること、つまりその教理が聖書の証言から逸脱していることを指摘した。これに対しカトリック神学は、教理にふさわしく、無造作に統一化されるべきではない聖書の諸言明の多様性と、それと共に与えられる、権威的決定機関と解釈機関の必然性を指摘した。

そこで啓蒙主義による伝統批判は、二つの教派的立場の諸々の批判的要素を結び合わせた。それは、教会の教理に対するプロテスタントの批判を押し進め、さらにそれを、プロテスタント諸教会の、彼らの目からみると相変わらずあまりに伝統に規定された教理に拡大した。それは、同時に聖書の教理の統一性に関する古プロテスタントの命題に対するカトリックの批判を先鋭化し、聖書の諸文書の諸言明における多様な矛盾と対立を証明することにより、またそれらの著者に関する諸々の伝統的報告を批判することにより、そして最後に、聖書の多くの見解の時代的制約を証明することにより、古プロテスタントの聖書原理を破壊した。聖書と教会の教理に対する啓蒙主義のこの批判は、その後、今日に至るまで次のことを不可能にした。つまり、中世の神学や古プロテスタントの神学が行ったように、そして彼らの歴史的状況においてはまだ行うことができたように、キリスト教の教理の記述の際に、聖書や教会の教理を神の啓示を立証する決定機関として遠慮せずに設定することを、不可能にした。しかしながら反近代主義の時代の新プロテスタント神学もカトリック神学も、大部分、キリスト教の教理に関する真理問題はすでに決定されているとする立場に固執した。この時期、カトリック側では、その決定は完全に教会の教導職に集中しており、新プロテスタント神学では、それは信仰それ自体の行為に置き換えられた。この変化の過程は、プロテスタント側では、教義学のいわゆる「プロレゴメナ」の発展のなかに現れた。

4　教義学のいわゆる「プロレゴメナ」の発展と問題

直ちにテーマの展開から始める代わりに、テーマそれ自体と、その記述の際に遵守されるべき方法について、あらかじめ若干の所見を述べることは決して異例なことではない。キリスト教の教理の記述もこのような諸々の導入的考察から始められており、その例として、ペトルス・ロンバルドゥスの神学命題集のプロローグ、トマス・アクィナスの『神学大全』の第一問、メランヒトンの《Loci communes 1521》の序と、彼の《Loci praecipui theologici 1559》の序を挙げることができる。しかし十六世紀の終わり以来、古プロテスタント神学では、キリスト教の教理の本来的記述への導入、つまり《Praecognita》あるいは《Prolegomena》はますます包括的になり、主題もますます細分化していった。一五二一年、メランヒトンは、キリストの認識と彼の諸々の恩恵が依拠する《topoi（loci）》に集中した（《e quibus loci solis Christi cognitio pendet》: CR 21, 85）。しかし一五三五年以来、それまで後段で論じられていた神論が、再びキリスト教の教理の記述の最初の部分に置かれた。一五七三年、ヤーコプ・ヘールブラントは彼の神学概説を《principium theologiae》としての聖書に関する章で始めた。もちろんヘールブラントの場合、そしてヨハン・ゲルハルトの場合（一六一〇年）も、聖書の教理に関する最初の章はまだ導入部の性格をもたず、キリスト教の教理の全体的記述の出発点として理解されている(48)――この記述は、全体としてまさに聖書における神の啓示の要約的記述となっている。しかしながら一六二五年にLociに付された序文(49)のなかで、ゲルハルトは聖書論の前に神学概念に関する緒言を置き、後になると、聖書論が、神学概念に対してもつその構成的重要性のゆえにこの序に加えられた。

その結果、キリスト教の教理それ自体の記述は、今や再び――古い伝統に従って――神論から始められた。こうして、メランヒトンのLociの後の版においてもすでにみられるように、ルター派の傾向に逆らって、つまり神学概念を、神の本質についての諸々のいわゆる思弁とみなされているものから解き放ち、救われるべき罪人としての人間に集中するルター派の傾向に逆らって、明らかにキリスト教の教理それ自体の中心内容（Sache）のうちに基礎づけられている神論の優位性が貫徹された(50)。この傾向と関連しているのは、一六五五年のアブラハム・カロヴィウスの著作以来、真の宗教の源泉としての聖書が論究される前に、宗教の概念が神学の普遍的対象として取り扱われるようになったことである(51)。このようにして、古ルター派の教義学のプロレゴメナの主題目録が生まれた。その際、聖書の教えの内容の要約である諸々の信仰箇条についての教理と、神学における理性の使用に関する詳論が、聖書論の後に続いた。古プロテスタントの教義学のプロレゴメナは、その十分に発展した形態においては、次のような諸々の主題を包括している。1神学概念、2神学の普遍的対象としてのキリスト教的宗教、3神学の原理としての聖書、4信仰箇条、5理性の使用。

神学の原理としての聖書論は、この区切られた枠組のなかで最大の空間を占めた。それは、古プロテスタントの教義学のプロレゴメナの本来的中核部分を形成している。神学的課題のその特別な理解を基礎づけるために、古プロテスタントの教義学は、特にローマ・カトリック神学と対決して、権威についてのその理解と、神学にとって聖書がもつ決定的意味を詳細に説明しなければならなかった(52)。

古プロテスタントの聖書論の背景となっていたのは、中世における聖書の権威と教会の教理の分離であった。その出発点は、聖書の逐語的‐歴史学的解釈の優位性の貫徹にあった。こうして教会の教導職による聖書の頻繁な利用に逆らって、学校で行われる聖書解釈が独立した決定機関の役割を果すようになった。そしてこのことが、神学にとって最高で、他のものの上に位置づけられるだけでなく、唯一の規範的な認識原理としての聖書という宗教改革の見解の発端となった（vgl. Luther WA 18, 653ff.）。しかしながらこの命題に対するローマ・カトリック教会の批判――特にロベルト・ベラルミーノによる批判――は、プロテスタント神学に、聖書に関するその見解を、聖書を神の言葉として際立たせる諸々の特徴《affectiones》の教理の部分にまで拡大するように強く求めた。これらの特徴のうち、その神の霊感に基礎づけられた聖書の権威だけが、古代教会の教理の形成に遡るにすぎない。聖書の十分性ないし完全性、明晰性ないし明確性、救いのためのその有効性というその他の諸々の特徴は、全体として、宗教改革の聖書原理に対するローマ・カトリックの批判を避けるために古プロテスタントの聖書論が新たに作りだしたものである。自分の救いのために人間が知る必要のあるすべてのものとの関連における聖書の十分性と完全性という教理は、一五四六年のトリエント公会議の第四会期で定式化されたローマの伝統の原理に対向している（DS 1501）。公会議の判断によると、《salutaris veritas》は聖書の諸文書と記述されていない諸伝承との両者に含まれている（《in libris scriptis et sine scripto traditionibus》）。その定式は、その後、双方の側において聖書の諸言明の内容的補足の意味で理解され、さらにその後、聖書の証言を越えていく教会の諸教義の決定の妥当性として理解された。

公会議のこの定式の解釈は、一九五七年になって初めてフーベルト・イェディンと特にヨーゼフ・ルーペルト・ガイゼルマンによって疑問視された(53)。二人とも、公会議の記録から次のように論ずるための重要な諸々の根拠を見出すことができた。つまり、トリエント公会議の定式は、聖書の証言の形態においても、教会の口頭伝承においても《同じ内容》が生きていることを少なくとも排除せず、その結果、他の、公会議において提案されたが退けられてしまった定式（partim ... partim）と異なり、公会議によって最終的に受け入れられたテキストにおいては、聖書が救済の真理のための十分な内容を有することに異論が唱えられていないことである。そのうえ、第二バチカン公会議は聖書と伝統の統一性を強調し（Dei Verbum 9）、しかも聖書を、教会の教理の宣告とキリスト教的敬虔の源泉および規範として特徴づけた。つまり、《Omnis ergo praedicatio ecclesiastica sicut ipsa religio christiana Sacra Scriptura nutriatur et regatur oportet》（21）(54)。このことに関し古プロテスタンティズムに存在した対立は、それゆえ今日、その厳しさを失ってしまった。他方、聖書解釈に関する解釈学的諸問題における教派的相違は、まだ完全には克服されていない。

聖書解釈の問題における教派的対立の本質は次の点にある。つまり宗教改革の教理によると、聖書の本質的内容は聖書から明白に認識され、したがって聖書は自らその解釈の基準を形成する。ところがローマ・カトリックの見解によると、聖書は、その諸言明の多様性と部分的な不明瞭さのゆえに、多様な声の混じった聖書の諸々の証言から拘束的な啓示の真理を際立たせるための、解釈の権威ある決定機関を必要とする。すでに一五二五年、ルターは自らロッテルダムのエラスムスに対し、聖書の本質的内容に関するその明晰性の命題を提示していた（WA 18, 606ff.）(55)。古ルター派の教義学は、この命題を、ベラルミーノとその他のカトリックの論争神学者の攻撃に対抗して、聖書の明晰性の教義へと拡大した。この教理によって主張された聖書の明晰性はもちろんただその本質的内容と、つまり三一論、受肉論、キリストの救済の業というキリスト教の教義ないし信仰箇条（Luther WA 18, 606, 26-28）と関連するだけであり、そのさい問題になっているのは、古ルター派の教義学者がつけ加えたように、《evidentia reum》ではなく《claritas verborum》(56)である。そのかぎりにおいて聖書の内容は、古プロテスタントの教理によると、論理的かつ修辞的諸規則と古い諸言語の十分な認識によって、聖書の言明それ自体から取りだされる。つまり個々の言明の作用域、文脈、そして状況に着目した注意深い読み方と本文の比較を通して取りだされる(57)。各聖句にとってひとつしかない字義的な意味は、種々の伝統のなかのあるものからではなく、聖書それ自体から出てくる、と人びとは考えた。それは、《exactissima verborum et sensuum cohaerentia》から取りだされる(58)。聖書の解釈におけるその明晰性の命題と字義通りの意味の優先性の結合は、次のような結果をもたらした。つまり、聖書の諸言明の意味を確定するための決定的な機能は学派の聖書解釈に与えられるようになった。これが教派的対立の根本問題である。なぜならまさにカトリック側では、聖書解釈のためのこの決定的な機能は教会の教導職に帰されているからである。

トリエント公会議は、教会によって確定された意味に反対し、聖書を自分の興味に従って歪曲する人びと（《sacram Scripturam ad suos sensus contorquens》）を破門をもって威嚇した（DS 1507）。しかしながら教会の教導職の聖書解釈との関連で、方法論的に基礎づけられた学問的聖書解釈の意味を問う本来の争点は、この定式ではまったく触れられなかった。マルティン・ケムニッツはすでにこのことに気づき、公会議の諸言明のうちにこれと対応する表現がないことを指摘した(59)。この欠落は第二バチカン公会議を通して埋められた。トリエント公会議と比較すると、第二バチカン公会議は、《Dei Verbum》という啓示を取り扱う箇所で、聖書解釈の解釈学的規則と聖書解釈に対する神学的学問の貢献に大いに注目した。すなわちそれによると、その解釈は、聖書の記者たちによって意図された意味に固着しなければならない（DV12）。その際、文学的なジャンルと作成時の歴史的状況とに留意しなければならない。聖書解釈に属するものはすべて最終的に教会の決定に従属するにもかかわらず、直ちに、この決定は学問的釈義によって準備されていることも、あらかじめ言及されている。DV12のこの言明を、もしも他の二つの主張、つまり教会の教導職は神の言葉の上に立っているのではなく神に仕えている（DV10）との確認と、教会は、その信仰の最高の規範を聖書のうちにもっている（《supremam fidei suae regulam》: DV21）との説明によってまとめるならば、公会議の諸言明には暗黙のうちに、教導職の聖書解釈が、解釈のいかなる決定機関によってもいきなり調停されることのない聖書に固有の意味と結びつけられていることも語られている――その意味は学派による釈義の対象となる。こうして疑いもなく聖書の明晰性という宗教改革の教理へと近づいている。しかし相変わらず欠けているのは、聖書とその解釈の、伝統に対して批判的な機能に関する諸言明である(60)。

聖書の十分性と明晰性に関する論争の的となった宗教改革の二つの教理は、神の霊感に基づく聖書の《権威》の教理を前提としている。いずれにせよこのことは、古プロテスタント神学における聖書の十分性と明晰性の教理の特殊な形態にも当てはまる――これは、新約聖書の諸文書においてイエスの告知とキリスト教の発端の最も古い諸文書にのみ目を向ける観察方法と異なっている。もしも聖書の諸文書が人間の救いを目指す神の啓示の諸文書として神御自身によって生み出されたとすれば、それらがこの目的にとっても十分であるとの仮定は容易に推測することができる。同じような仕方で、これまで述べた前提から、聖書の内容が――神が著者であるという統一性と、神が御自身としっかり一致していることに対応して――統一的であり、その言葉と一致しつつ、統一的で矛盾のないものとして表現されるということが明らかになる。聖書の内容の統一性が受け入れられなければ、その言葉の明晰性はまったく役に立たなくなるであろう。

宗教改革の神学にとって聖書の権威は、それが人間の言葉ではなく神御自身の言葉であるということに基づいている。そのさい初期のルター派神学は、その口頭の形態と文書の形態における福音の神の言葉の同一性を強調した(61)。他方、カルヴァンは神の教理（《coelestis doctrina》）と、人間の記憶に留めるためのその文書的記載をいっそう厳密に区別した（Inst I, 6, 3）。しかしながら十六世紀の終り以来、神の言葉の表象の重心はますます文書的記載の行為それ自体の霊感へと移行した。十七世紀の初期においてもなおヨハン・ゲルハルトは、神は、預言者たちと使徒たちに神から受け取った言葉を書きとめよとの命令を与えたという意味で、聖書の霊感の、まったく普遍的に保持されていた見解を擁護した(62)。いずれにせよゲルハルトはすでに、一方においてローマ・カトリックの伝統的教理に対抗し、他方においてソッツィーニ主義者たちに対抗しつつ、すでに神の言葉と聖書本文を同一視していた(63)。改革派の側では、すでにアマンドゥス・ポラーヌス（一五六一―一六一〇）が神を、聖書の不謬性を保証するその本来の《著者》と呼んでいた(64)。しかしながらルター派の側では、十七世紀の中頃に初めて厳密な聖書霊感説が、アブラハム・カロヴィウスによって展開された。彼は、ゲオルク・カリクストゥスの「混淆主義的」見解に反対した。カリクストゥスは霊感の思想を聖書の本文にまで拡大適用せず、その内容に限定しようとした(65)。聖書が全体として、またあらゆる個々の聖句において、神の権威としていずれの人間の判断に対しても神聖不可侵な仕方で対抗するということがなくなるやいなや、宗教改革の聖書原理はまったく分解してしまうとの不安のなかに、ルター派の教義学者の多くが逐語霊感説という極端な観念へと移行していったより深い理由が見出されるにちがいない。アンドレアス・クヴェンシュテットはこの不安をはっきりと言葉で表現した。つまりもしも、聖書のなかの何かあるものが人間的な仕方で発生したということを一度容認するならば、その神的権威は失われてしまうと。たった一節でも聖霊の直接的な影響なしに書かれたということを認めるやいなや、サタンは直ちに、全章について、その文書全体について、そして最終的には聖書全体について同じことを主張し、それにより聖書の全ての権威を無効にしてしまう(66)。逐語霊感説という極端な理解に至るまで貫徹された聖書霊感説は、もしも、聖書は神学のあらゆる言明がそこから引き出されるべき神学の原理であるとのルターの見解と本当に真剣に取り組もうとするのであれば、事実、避けられない主張であった。もしも、聖書はその内容とその神的真理に従って人間のあらゆる判断形成に前もって与えられるべきであるとすれば――聖書の拘束的内容の定式化を、霊によって導かれる教会の教導職の課題として説明する見解に反対して――、聖書霊感説の客観主義という最終帰結は避けられず、ルター派の神学は、カトリックの敵対者を介して、また自らの陣営における伝統原理との妥協に向かう傾向を通じて、この極端な結論を信じるように強いられた。たしかに宗教改革の聖書原理から、まったく異なる見解へと通じる別の方向に向かう諸々の結論も引き出された。聖書の字義的かつ歴史学的解釈を優先させることから出発し、聖書の内容とその真理に関する諸々の結果を先取りせずに、神学をこのような解釈と結びつけることも可能である。ソッツィーニ主義者たち、アルミニウス主義者たち、そして後には啓蒙主義の神学者たちはこの道を歩んだ。しかしその場合、聖書はもはや、キリスト教の教理の内容とその真理がその言葉においてあらゆる人間の解釈にあらかじめ与えられ、そして前もって保証されているという意味での、神学の原理ではなかった。

古プロテスタントの聖書霊感説の客観主義に対応していたのは、聖霊の証言による聖書の神的権威の主観的確認という見解の根源的形態であった。そのさい問題となったのは、聖書につけ加わり、解釈者の主観性のなかで働き、そして聖書を認証する決定機関ではなく、むしろ、たしかに聖霊によって与えられる聖書の内容の自己明証性以外の何ものでもなく、したがって人間の心における聖書それ自体の「効力」である(67)。この教理の創始者であるカルヴァンは、言葉と霊の共属性を強調することにより、すでに同様のことを述べていた。カルヴァンによると、使徒は彼の告知を霊に仕える務め（Ⅱコリ三・八）と呼んでおり、それは、言葉によって表現される真理の霊が次のような仕方で内在することを語るためである。つまり、聖霊の栄誉と尊厳が言葉を通して承認されるところでは聖霊がその力を輝かせるという具合に(68)。すべての人間的判断に対しあらかじめ与えられた偉大なものとしての聖書の神的権威についての教理が色あせて初めて、聖霊の《内的証明（《testimonium internum》）》の教理は、聖書の真理要求と真理内容について決定しなければならない、外的な言葉に補足的な仕方で近づきうる主観的経験の原理と確信の原理という意味を獲得した。こうして霊の内的証言の教理は、人間のあらゆる判断に対する神の真理の所与性という宗教改革の命題から、信仰とキリスト教の教理の根拠としての主観的経験についての新プラトン主義的確信へと移行した方向転換の中心点となった。しかしこの発展への衝撃は、聖書解釈と聖書の本文批評の諸問題から出発した。

　聖書の様々な著者たちの言語と様式に相違がみられることは、すでに正統主義の教義学者たちも知らないわけではなかった。彼らはこのような個々の特徴を、聖霊がそのつど著者の言語と表現法に適応した結果であると説明した(69)。しかしながら適応の思想は、はるかに広範に理解された意味において、聖書の著者たちの時代に制約された表象様式に対する適応として用いられることもあった。すでにヨハネス・ケプラーとガリレオ・ガリレイは、ヨシュア一〇・一二以下の「日よ、とどまれ」「月よ、とどまれ」という聖書の言葉を説明するためにこの意味を用いていた(70)。改革派の神学では、一六五四年、クリストフ・ヴィッティヒが、聖書霊感説の教理を諸々の新しい自然科学的認識と調和させるために、このように拡大された適応思想を包括的に主張した(71)。ヴィッティヒによると、聖書の「スコープス〔テキストのもつ本来的意図〕」は、自然科学的ないし歴史学的諸伝達ではなく人間の救済に向かっている。したがって聖書の権威の現在的妥当性は特殊な神学的領域に限定されるべきである。しかしながらこれは、聖書の言明はすべて、付随的諸問題においても、またあらゆる矛盾の排除という点でも誤りのない真理であるという正統派の確信と一致しなかった。それゆえユトレヒトの神学者メルキオール・ライデッカーは、一六七七年、適応の思想のこの拡大に反駁した。ヴィッティヒと他の者たちの諸命題は(72)、神が誤ったことを教え、誤ったことを信ずるように要求し、そして聖書の証言それ自体が誤っていることを意味することになる(73)。聖書の信頼性はこのような諸仮定によって破壊され、ライデッカーがはっきりと予見したとおり、特に同じ根拠に基づいて、信仰箇条はそれ自体、時代に制約されたものであるという具合に説明されてしまう。しかしながら適応理論の勝利の行進は阻止されなかった。それは、聖書の神的真理を神学の目標とする代わりに、前提として扱う正統派の弱点を露にした。つまり霊感説の意味での前提としての聖書の神的真理は、キリスト教の教理の真理要求へと統合される代わりに、あらゆる新たな真理認識と矛盾せざるをえなかった。

適応の思想は、歴史的制約の洞察と、聖書の著者の諸見解における相対性の洞察に、したがって最終的にそれらの言明における諸々の対立と矛盾の出現にも余地を生みだすことにより、霊感論に直接反駁せずにその力を殺ごうとした。リシャール・シモンの旧約聖書の歴史学的批評（一六七九）(74)以来、本文批評と資料批判の展開は同じ方向に向かった。しかしながら適応の思想は、聖書の権威に関する古プロテスタントの教理の解体にかなり大きな影響を与えた。なぜなら、新しい物理学的、地理学的、歴史学的知識（特に新しい歴史学的年代決定）が浸透するなかで、聖書の諸々の情報は、この適応の思想を通して時代の新たな世界像のなかに組み込まれていったからである。この後、ヨハン・ザロモ・ゼムラーの言葉によると、聖書の二重の正典は、拘束力をもつ神の教理の全体ではなく、つまり《**totum homogenum**》でなく、《**totum historicum**》(75)を形成しているにすぎず、正典史に関するゼムラーの諸々の研究（一七七一―一七七五）は、すでにスピノザによって提示されていた要求、つまり聖書の解釈の基礎としての《聖書の歴史》に対する要求に答えていた(76)。こうして聖書の諸文書は全体として、現在に対し歴史的に距離のあるものとみなされた。そしてここから、それらのうちでそもそも今なお拘束性と真理を要求することができるものは何か、という問いが生じてきた(77)。

真理問題は今や解釈学の課題と結びついた。これは、キリスト教の教理の研究と記述においても、神の啓示としてのその真理についての問いに対する答えは、もはや前提としてではなくこのような研究と記述の目標として取り扱われるべきことを意味した。しかしながら実際には、聖書の権威の客観的拘束性の解体に直面しても、福音主義の神学は、あらゆる神学的研究と記述に対する啓示の真理の所与性に固執した。啓示の真理の所与性は、今やたしかに、もはや全体としての、またあらゆるその個々の総体としての聖書の神的権威に基礎づけられず、すでに中世の神学が、そして後に特にソッツィーニ主義者とアルミニウス主義者がその信頼性の根拠としてもちだした諸々の客観的判断基準にも基礎づけられなかった(78)。J・S・ゼムラーが、彼の諸々の歴史的洞察にもかかわらず、聖書の内容つまり神の言葉に関する聖書の神的権威に固執したとき、たとえその人間的形式の細目に関してではないとしても、彼はこの内容の区別と確認のために、霊の証言に関する古い教理を引き合いに出すことができたにすぎなかった(79)。今やここに、それにより主体的経験がキリスト教の真理の確実性の独立した基盤となるこの教理の、すでに言及された機能の変化が起こった。今や聖書の神的権威は、聖書に対するキリスト者の個人的信仰経験の事柄となった。

この経過は、教義学のプロレゴメナの展開のうちにもみられる。しかもそれは、十七世紀末以来現れた《二つの》影響力のある《変革》を通して起こった。両者とも、特にドイツのルター派神学において十分に追求されている。このルター派神学は、十七世紀末以来、オランダのデカルト主義と、その後イギリスにおける理神論論争を通して生じた急激な発展に後れをとった。その結果、それは、いっそう長い間、正統主義の教義学の概要に執着し、そしてそれゆえに西ヨーロッパにおけるよりもいっそうゆっくりと、そしてより継続的に諸々の新たな問題設定へと移行していった。

この変化の《第一》の本質は、神学概念に神学の主体としての神学者が導入されたことにある。すでにアブラハム・カロヴィウスは、一六五二年、その著《Isagoges ad SS. Theologiam libri duo》の第二巻において神学者たちに要求される諸々の適性について詳細に論じていた(80)。ヨハン・アンドレアス・クヴェンシュテットは、その著《Theologia didactico polemica sive Systema theologicum》の第一章の命題三七において、神学の主体としての神学者の取り扱いを神学概念と結びつけた。この章のさらに後の部分ではこう言われている。すなわち、個人的には敬虔であるとは言えず再生を経験していない人間も、神によって与えられる神学的認識の態度を身につけることが可能であると。たとえこの語の完全な意味においてではないとしても、彼らも神学者たちなのである(81)。クヴェンシュテットはこう述べることができたが、それは、彼がなお神学を完全にその対象から理解していたからであり、ダーフィト・ホラーツ（一七〇七）に至るまでその後のルター派の教義学者はクヴェンシュテットの理解に従った。ところがホラーツは、神学者の信仰は神学的認識と教理の条件であると主張する敬虔主義的主観主義に対し、この見解を弁護する必要性をすでに認めていた。そして十年後（一七一八）、ヨハン・ゲオルク・ノイマンを通して、再生を経験していない神学者は教えることができるのかという問いをめぐり論争は激化した(82)。同時にヴァレンティン・レシャーも敬虔主義に反対した。つまり彼も、神学概念に主体を導入することは啓示の真理を破壊することであるとして、主にこの導入に反対した(83)。しかしながら、一七二四年、すでにフランツ・ブッデウスは、敬虔主義の見解を正統主義の教義学と結びつけ、神学者の個人的信仰を神学概念の規範的条件として説明した(84)。しかしもちろんブッデウスは、神学に、聖書の教理を要約的に再現するという課題を指示する代わりに、神学を神学者の敬虔の表現および記述として理解するようなことはまだしなかった。神学の課題に関する徹底的に新しい見解が現れる以前に、まず、神学の理解における古プロテスタンティズムのなかですでに準備されていた第二の変化が決定的な影響を与えた。そしてその影響は教義学のプロレゴメナにも及んでいる。

この《第二の》変化の本質は次の点にある。つまり「神学」の理解にとって、聖書と並んで宗教の概念がますます基本的な意味をもつようになったことと、しかも聖書と神の言葉の古い方程式が解体されればされるほど、それはますます重要になったことである。すでにカロヴィウスとクヴェンシュテットが宗教の概念を神学の対象の普遍的記述として導入した後で、ヨハン・ムゼウス（一六七九）以来、それは《religio naturalis》と《religio reverlata》という亜種をもつ上位概念となった。その後、自然的神認識と啓示的神認識の関係は宗教概念に基づいて論じられ、さらにマシュー・ティンダル（一七三〇）の見解にまで拡大された。彼によると、福音の（適応思想の助けを借りてその超自然的内容から広範に解放された）啓示は、自然宗教の純化された更新である。十八世紀のルター派神学はそれほど極端な立場をとらなかったが、大多数の者は啓示による自然宗教の必然的補足の思想に固執した。ブッデウスは自然宗教の限界を次の点にみた。自然宗教はたしかに神の存在とその戒めを知り、人間がその諸々の罪を通して陥る神との対決をも知っているが、神との和解の手段を知らない(85)。半世紀後、ヨハン・ザロモ・ゼムラーはティンダルを思い起こしつつ、こう書いた。ティンダルが「初めから直ちに、このように《完全な自然宗教》を想定したとき、《啓示》に内容を与えるもの、したがって人間の幸せがすでにそれを必要としていたがゆえに、重要な《付加》を提供できるものは何も残されていない。こうして多くのことが、証明されるというよりも前提されている」。すなわちどこにおいても、「初めは完全性から区別されている」(86)。

しかしすでにブッデウスの場合、宗教概念は神学概念と結びあわされ、教義学のまったく最初の部分に置かれ、しかも神学概念の上位に位置づけられている(87)。こうしてここではすでに、神学者は単純に神認識の主体としてではなく、宗教の教師として理解されている（§48）。なぜなら神学者たちとその他の信仰者たちとの区別の本質はこの機能にだけあるからである。これにより、宗教と神学に関するゼムラーの思想のその後の展開の方向性が決定された。すなわちゼムラーの場合、神学――公的制度的形態をとった「アカデミックな」神学――は、教会の「正式の教師になるための準備」であり(88)、しかも一定の教派教会に奉仕するための準備である。したがってこの公的神学の課題は単純に神認識ではなく(89)、このアカデミックな神学が提供しなければならない教会の信仰箇条ないし基本箇条は、キリスト教信仰の諸々の基本箇条と同一ではない。なぜならそれらはむしろ一定の教派教会のための特殊なものにすぎないからである(90)。神学の教派的相違のためにゼムラーは、クリストフ・マテウス・プファフ（一七一九）によって展開された思想、つまりひとつの、そして同じ宗教に基づく「教授法の」多様性の思想を適用した(91)。教会の諸々の基本箇条と「教理概念」は、キリスト教信仰の共通の諸々の基本箇条、この信仰それ自体、そして聖書の諸教理とまったく異なっており、ゼムラーによると、「神学」は、キリスト教信仰の普遍性と対照的に、「教師と学者にのみ属する」としても驚くに当たらない(92)。しかしながら、異なる教会の諸々の教理概念の場合には、それらが、キリスト教信仰それ自体の内容を定式化するように要求していることを見逃してはならないのではないか。「教授法」

の多様性に対する単なる省察だけでは、それらの間にある争いはまだ解決されない。なぜなら対立する諸々の教授法において問題になっているのは、キリスト教信仰それ自体の内容とその真理だからである。事実、神学と宗教の関係に関するゼムラーの規定は、次のような修正を伴ってのみ効力を発揮することができた。つまり神学は、たしかに一定の教会の教理概念を記述しなければならないが、そのような要求によって、キリスト教信仰それ自体の内容を記述しなければならないのである。カール・ゴットロープ・ブレトシュナイダーは、その著『教義学の手引き』（一八一四）――このプロレゴメナも宗教概念から始まり、その関連で神学概念に言及している――のなかで、教派的教会の公的「宗教論」を記述するという課題を教義学に割り当てた。すなわち教義学の源泉はしたがって聖書の諸文書ではなく当該教会の諸々の信仰告白文書である(93)。ブレトシュナイダーがはっきり述べているように、聖書は「教会の教義学の源泉ではなく、むしろその批判の原理である」(94)。すなわち教会の教理の記述には、批判的部分が続かなければならない。それは、教会の教理を聖書に対する諸々の信仰告白文書それ自体の要求にしたがって吟味し、しかしまたさらにその内的整合性と理性の諸々の真理とのその関係を調べる。それゆえブレトシュナイダーは、教義学的、歴史学的、そして哲学的批判を通して教会の教理体系を三重の視点から吟味することを要求する(95)。したがってゼムラーと異なり、ブレトシュナイダーによると教義学は、「教会の教義学的体系が根拠と真理を有する」(96)のかどうかを徹底的に確かめなければならない。こうして教会の教理の特殊性とキリスト教信仰の普遍性の間のゼムラーの峻別が再び持ちだされるが、教会の教理の真理性に関する判断のための基準は一義的には決定されない。すなわち聖書それ自体の権威に対する理性による吟味はたしかに容認されているが、原則として聖書の信憑性とその著者たちについての普遍的問いに限定されている。それは、すでにソッツィーニ主義者たちとアルミニウス主義者たちによって論じられ、古プロテスタントの教義学によって、聖書の神的権威の確信のためではなく《人間の信仰（fides humana）》のためにのみ十分なものと判断された(97)。

シュライアマハーは、宗教概念に基づく方向づけを主観的経験の判断基準と結びつけることにより、この点で画期的な影響を及ぼした。彼の信仰論は教義学の方法論的基盤を宗教の概念あるいは（シュライアマハーの表現によると）敬虔に置いた。その際キリスト教は、普遍的宗教問題の特別な表出として記述される。さらにシュライアマハーは「ある特定の時代に、キリスト教の教会社会において通用した教理」(98)のなかに教義学の対象を認めており、この点で彼は、ゼムラーに遡る観察方法を採用したということができる。しかし彼はゼムラーのように公的神学と私的神学を区別せず、またもちろん、ブレトシュナイダーなどのように、教会の教理概念の記述の後に、批判的省察、つまり聖書と理性の諸々の尺度に基づく吟味を置くことにより、両者を結びつけることもしなかった(99)。むしろ彼は、キリスト教の信仰命題それ自体を語り（Rede）の形式における「キリスト教の敬虔な心情状態」の表現として捉えることにより(100)、公的神学と私的神学を結合した。その結果、教義学も神学者の宗教的主観性の表現として捉えられた。なぜなら教義学は、まさにこの点でキリスト教の信仰命題の根源に対応しているからである。「敬虔な心情状態」の表現としての信仰命題および教義学という解釈により、次のことが理解できるようになる。つまりシュライアマハーは信仰的態度と神学的認識を区別する正統主義の立場を、それと結びついた《非再生者の神学（theologia irregenitorum）》の可能性――これは、たしかに不信仰者に対する偏愛ではなく、敬虔な主体性に対する教義学の対象の優位性を表している――と共に、断固として拒否したが、しかし他方で教義学の記述が正統主義と異端を結びつけて展開することを要求した(101)。この結合は教会の信仰的意識の個々の変化に活動の余地を与えるだけでなく、同時に、教会の教理概念がまだ完結せず、生き生きとした発展の経過のうちにあるという視点も考慮している。このようにして公的神学と私的神学というゼムラーの二元論は今や現実に破棄された。他方で、ブレトシュナイダーの場合に、その論理的、聖書的、そして哲学的吟味に対する要求のなかで言及されている教会の教理の真理性についての問いは、信仰の意識における教義学的記述という前提へと再び押し戻された。すなわち実際、シュライアマハーは、教会の教理の極めて徹底した変更を提案したにもかかわらず、そのための方法的基盤をその真理要求の吟味のうちに求めず、ただ信仰内容の逸脱しうる「固有な」定式化の権利を引き合いに出した――この定式化が、「諸々の信仰告白文書の文字よりもよりいっそうよく福音主義教会の精神に」一致するかぎりにおいて、そしてこのようなケースのその定式化もやがて「時代遅れなもの」とみなされるかぎりにおいて(102)。そのための判断基準は、たとえばやはり聖書の文字ではない。なぜなら聖書に適応した教義学の場合でさえ、シュライアマハーによると、「たとえば共通にプロテスタント的なものとみなされているものは、聖書のなかで局部的で一時的にすぎないもの、あるいは逸脱した解釈のためにまったく犠牲に」されるべきではないからである(103)。したがってシュライアマハーにとって教義学的記述の判断基準は信仰意識だけであり、教会の教理はその表現として解釈されるべきである。この前提のもとでは、真理問題はいつもすでにあらかじめ決定されており、しかもそれは、古プロテスタントの教義学の霊感論において起こっていたことと類似した仕方で決定されている。ただしシュライアマハーの場合、聖書原理の代わりに、それ自体ひとつの信仰共同体の信仰意識と結びつけられた主観的な信仰意識が現れている。それは、この信仰共同体の信仰意識を個々に明確化したものである。

教義学の基盤としての主観的信仰というシュライアマハーの新しい規定は、敬虔主義の信仰主観主義、教会共同体およびその教理的伝統との関係、そして伝統の批判的習得の原理としての個性という視点をひとつに結びつけた。このようにして同時に彼は、神学に、聖書の証言の真理性および教会の伝統的教理についての批判的問いから独立したひとつの確実性の基盤を開示したようにみえた。ここから、十九世紀と二十世紀に、信仰意識の表現および記述としての教義学という彼の理解が――それは、古プロテスタントの、聖書原理によって基礎づけられた神学理解とたしかに決別したにもかかわらず――広く影響を与えた事実がよく説明される。当然のことながら、それらを仲介しようとする試みがなかったわけではなかった。特にユリウス・ミュラーの覚醒神学と、後にグライフスヴァルトとハレで受け入れられたマルティン・ケーラーの聖書神学は、信仰の原理と聖書の権威を再び相互に緊密に関連づけようとした。しかしながらそこでは依然として主観的信仰経験が基盤となっていた(104)。エアランゲン学派のルター派の神学も、信仰経験、教会の教理、そして聖書と救済史に基づくその根拠をシュライアマハーよりもいっそう緊密に相互に結びつけようとしたが、その際その基盤として信仰経験を前提としていた(105)。しかもイザク・アウグスト・ドルナーによると、「キリスト教の《経験》ないしキリスト教の《信仰》」は倫理学と教義学の「認識源泉」でさえあり(106)、彼は、これにふさわしく教義学のプロレゴメナを信仰の教理（Pisteologie）に作り変えた。その際ドルナーは、信仰へと通じる歴史的媒介を信仰の概念それ自体のなかで有効に活かそうと試み、そして当然のことながら、回心の経験のなかに本来の宗教的確実性の基盤を見出した。その場合、「キリスト教の真理の学問的確実性」はまたもやこの基盤とは区別されるべきであると考えられている(107)。

神学を、そして特に教義学を、あらかじめ有する信仰の確実性あるいは信仰の経験に基礎づける作業は、覚醒の敬虔の影響を受けなかった十九世紀の神学者たち、特にアルブレヒト・リッチュルにもみられる。リッチュルはその著『義認と和解』の第三版の序において、次のような命題を展開した。つまりひとは、「イエスに対するキリスト教団の信仰に基づいてのみ」彼の歴史的活動の「完全な範囲」に到達することができる。そしてそれゆえキリスト教の教理の各構成要素は「キリストに救済された教団の視点から」捉えられ、判断されなければならない。その際リッチュルは、《再生者の神学（thologia regenitorum）》を求めるスペンサーの関心を受け入れることを公言していた(108)。この線に沿って、一八九二年にヴィルヘルム・ヘルマンによって提起された問い、つまり信仰の《根拠》としての歴史的キリストについての問いを徹底的に貫徹することは不可能であった。なぜならここではいつもすでに、信仰が論証の前提であることが強調されたからである(109)。この状況は、ヘルマンの学生であったカール・バルトとルドルフ・ブルトマンによって推し進められた弁証法神学に至る変革の後も変わらなかった。一九二九年、ブルトマンはキリスト教の教理について、それは《わたしの隠れた現存在理解を明らかにする》と述べた。そしてこれとまったく対応する仕方で彼は、一九五三年にその著『新約聖書神学』のなかで、神学は「信仰のうちに含まれる認識の展開でなければならない」と述べた(110)。一九二七年、カール・バルトは、神学のこのような理解は自明でないことを明らかにした。彼は、教義学を信仰に基礎づけるというシュライアマハー以来の慣行に、教義学を神の言葉の自己明証性に基礎づけるという要求を対置した(111)。したがって彼は、「人間の自己確信を神の確実性から理解することを要求したのであって、《その反対ではない》」。彼はたしかに他方で、「神の言葉の現実を考慮に入れるという敢行」について語り、このような敢行では、論理的に、「規則的な《論点先取（petitio principii）》という形式」が問題になることを認めていた(112)。しかしながらこのようなやり方では、人間の敢行が、「神の言葉の現実を考慮するための」まさに出発点となるのではないだろうか。それゆえバルト自身も再び教義学を、たとえ「経験」としての信仰ではないとしても、《事実上》信仰に、したがって「敢行」としての信仰に基礎づけたのではないだろうか。一九三二年、教会教義学のなかで、教義学は「キリスト教《信仰》」を前提としており、それ自体が「信仰の行為」であるとはっきり述べられている(113)。こうしてバルトはこの問いにおいて、シュライアマハーから始まった方法、つまり神学を信仰に基礎づけるやり方――一九二七年、バルトはこれを批判した――へと再び方向転換したのだろうか。だが教義学を「信仰の行為」として捉える見解は、一九三二年、教義学を遂行するのは（分離された個人ではなく）教会であるということによって基礎づけられている。こうして、教義学が《論点先取 petitio principii》を伴う敢行の行為から始まるという、一九二七年の定式のうちにあった問題は、明らかに回避されている。しかしながらこの問題は、バルトによるとやはり教義学の初めに取り上げられる、信仰の行為の基礎づけと信仰の前提に関する不可避的問いのなかに相変わらず突き刺さっているのではないだろうか。バルトは、神と神の言葉の現実は一方で信仰に先行し、他方で教義学にとって最初から確実であるという二重の仮定に固執しようとした。しかしながら後者は信仰の行為の概念を通してのみ導入されうるのであり、不可避的に次のような結果を招いた。つまりバルトによって意図された、信仰の行為に対する神と神の言葉の優位性は、今や明らかに主題として取り扱われることはなくなった。もしもバルトと共に、信仰の行為と信仰経験に対する神の優位性に固執しようとするならば、教義学においては、神の現実は初めから前提として確実であるという仮定は不必要になるのだろうか。

一九二七年、バルトは、教義学を神の言葉の代わりに信仰に基礎づける新プロテスタントの方法における神学的問題を的確に捉え、鋭くこう特徴づけた。「教義学の意味と可能性そしてその対象は、キリスト教信仰ではなく、神の言葉である。なぜなら神の言葉は、キリスト教の信仰のうちに基礎づけられ包含されるのではなく、キリスト教信仰が、神の言葉のうちに基礎づけられ包含されるからである。二つのことは別の事柄である――たとえどれほど強く、絶えず信仰のいわゆる客観的内容について語られるとしても。この関係を反対にするならば、あらゆる点で歪曲に歪曲を重ねる結果となり、しかもそれは必然的なものとなる」(114)。バルトの言葉は、神学の可能性を信仰的主体と結びつけた敬虔主義に対するヴァレンティヌス・レッシャーの批判を反映しているようである。新プロテスタント神学の歴史は全体としてこの批判を確認している――バルトは（彼以前には、すでにエーリヒ・シェダーは）、誤った、つまり神についての真剣な語り（Reden）の諸々の含意と矛盾するがゆえに誤った人間中心主義の概念に対し、この批判を向けている。もちろんこの診断が正しいからといって、古プロテスタントの教義学のアプローチに戻ることができるわけではない。聖書の霊感に関する古プロテスタントの見解が再び回復されるわけでもない。バルトもこのことを理解していた。彼は、神の言葉の優位に関する見解の古プロテスタントの形式を、宣教、聖書、そして啓示における言葉の三つの形態に関する彼の教説に置き換えた。しかしすでに述べたように、この新しいアプローチの出発点は、敢行、勇気、そして《敢行の行為・論点先取（petitio principii）》についての諸々の省察を含み、バルトが逃れようとしていた信仰の主観主義となお深く結びついたままであった。教義学の主体としての教会を引き合いに出すことにより、一九三二年、この問題はまさに解明されるというよりもむしろ隠蔽されてしまった。なぜなら教会の概念はそれ自体、そこで問題になっているのが他人同士のなかにあるひとつ宗教共同体のそれ自体拘束力のない現象でないかぎり、まず教義学の過程において展開されなければならないからである。教義学の新プロテスタント主義的基礎づけ、つまり信仰の主観主義から逃れ、神学のために神の言葉の優位性を新たな形で更新しようとする者は、まず、十八世紀の方向転換以来、シュライアマハーと共に入ってきた教義学の基礎づけにおけるあのパラダイム・シフトへと至る諸々の理由について釈明しなければならない。バルトは彼のやり方でこれを行った。つまりバルトは、彼の神学史のなかで近代神学の人間中心的方向転換を、十八世紀の文化史および社会史においてまったく普遍的に認識されうる人間中心主義との関連で捉えた。バルトによってこの経過に与えられた価値評価と、そこには神に対する人間の反抗という動機がみられるとする記述には、議論の余地がある。この事態そのものは議論の余地がない――たとえそれが、宗教改革以後の時代における諸々の教派的対立の絶望的状況と、特に十七世紀の宗教戦争の終りにみられた教派的行き詰まりから生じた諸々の強制によって説明されなければならないとしても。しかしながら神学および教義学の基礎づけにおけるパラダイム・シフトは、一般的文化的諸変化の機能としてだけ、そしてまずそのようなものとして説明することはできない。すなわちこのような見解は、宗教をひとつの随伴現象および他のプロセスのひとつの単なる反響とみなす宗教批判的な見解を前提としている。神学的パラダイム・シフトの根拠は、神学的議論それ自体の展開のうちに、より正確には霊感説のなかで定式化された古プロテスタントの聖書原理の信憑性の解体のうちにある。その際よくみると、キリスト教神学をその内容の規範としての聖書に基礎づけることが支持されなくなったわけではなく、逐語霊感説の観念によって聖書全体の神的真理を《前提》として措定する試みが不可能になったのである。そしてその後、この観念について神学的（および教義学的）議論が展開されることはなかった。この前提は、新しい自然科学的・歴史学的・地理学的な諸々の認識に直面して結局保持できなくなり、聖書の個々の言葉はいずれも神に由来するという仮定を弁護するために導入された適応の思想は、そのいっそうの空洞化へと行き着いた。

今や原理的には、聖書を起源的キリスト教の歴史的文書として、また聖書を――その内容のあらゆる歴史的相対性にもかかわらず――この意味でキリスト教信仰の同一性の永続的尺度として理解することも可能になった。ゼムラー以来ますます貫徹されるようになった聖書と神の言葉の区別は、事実、この方向に向かって進んだ。問題は、神の言葉はどのようにして歴史学的に理解されうる聖書から引きだされるべきか、そしてそのためにどのような判断基準が用いられるべきか、ということだけであった。すでにゼムラーにおいて、また特にシュライアマハーにおいて、聖霊の《内的証明（testimonium internum）》という主観主義的見解および信仰経験の引証がその答えとなっていた。この思想の新たな布置から生ずる魅力は、この思想が、キリスト教の信仰とキリスト教の教理のあらゆる内容をあらかじめ再び保証し約束してくれるように思われたことにあった。すなわち、かつてその保証は正統主義の霊感説と結びつけられたが、今やそれは経験という主体性に係留された。

その際、古い霊感説の客観主義と権威主義に対して経験を主張する立場はそれ自体誤ってはいなかった。事実、われわれは、われわれの経験に実証されるものだけを真理とみなし、自らのものとすることができる。むしろすでに問題であったのは、敬虔主義とリヴァイヴァリズムの影響で経験の原理をひとつの特定の経験、つまり回心の経験に限定する傾向であった。しかし特に、重大な結果を引き起こすことが明らかになったのは、キリスト教の教理の諸々のテーマを個々に論ずる以前に、ある先行する保証機関を通してそのキリスト教の教理の真理を確かなものにしようとしたことである。それは、かつて霊感説の助けを借りて行われたように、再びこの経験を引き合いに出すという仕方で行われた。古プロテスタントの聖書論はすでにこの試みに失敗し、またキリスト教の教理を信仰者のためにその真理をあらかじめ保証する信仰の行為という主体性に基礎づける新プロテスタントの試みも、ここで挫折せざるをえなかった。しかし残念ながらそれは、このようなやり方は神の真理の主権と一致しえないという神学的プロテストに躓くことはなかった。カール・バルトの例は、この点における神学の悲劇的な混乱を示している。すなわちキリスト教信仰の真理を、その内容を考察する以前にあらかじめ何としても保証しておこうとするかぎりにおいて、教会の教理に関する職務の担い手の誤ることなき権威に背を向けた後で、そして古プロテスタントの霊感説が崩壊してしまった後で、残された道は、それが経験であれ「敢行」であれ、信仰の行為を引き合いに出すことだけであった。福音主義神学に対し、キリスト教の真理意識を自己保証しようとするこの試みは支持できないとの洞察が、かつての霊感説の場合と同様に、今日も外側から押しつけられている、つまりこのような論証は経験の判断基準それ自体と一致しないという事実を通して、強制されている。個々の経験は決して絶対的、無制約的確実性を媒介せず、せいぜい、経験の継続するプロセスのなかで説明と確認を必要とする確実性を媒介するにすぎない。たしかにこのような主観的確実性においてすでに真理とその無制約性の臨在が経験されるが、それは、経験の継続的なプロセスにおけるその確認と証明を先取りすることによってのみ行われる。あらゆる主観的確実性のこのような制約は、人間の経験の有限性に属している。すべてのより広範な吟味と証明から独立した無制約的確実性の主張は、そのなかで信ずるわたしが自分自身を絶対的真理の場として措定する主体的参与の暴力的行為としてのみ可能になる。この現象が、キリスト者たちの間にのみ現れるわけではない非合理的な熱狂のヴァリエーションと同一視されるとしても、それは不当なことではない。この種の諸現象はもはや合理的なものではありえなく、単に心理学的なものとして解明されうる。それゆえ信仰の主観主義つまり「参与への逃亡」(115)は、キリスト教信仰を、その非合理性に直面して信仰の欲求の起源をこの世的な諸々の根底に還元する無神論的宗教心理学に事実上引き渡してしまう。バルトもこの関連を鋭くしかも適切に認識していたが、彼の洞察の命中率は、なお彼自身がキリスト教の真理意識を信仰の主観主義という袋小路と、無神論的宗教批判に対するその脆弱性という袋小路から連れだすことができなかったという事実によって、いたずらに下がってしまった。

キリスト教の信仰意識と教義学にとって、その真理意識の先行する保証を断念するということは、何を意味するのだろうか。いずれにせよこれにより、キリスト教の教理の真理要求それ自体が断念されるべきではない。むしろ大切なのは、まさにこの要求をテーマとして取り上げることである。

5　組織神学のテーマとしてのキリスト教の教理の真理

キリスト教の教義学は、まさにそのごく最近の歴史においてさえ、キリスト教の教理の真理性をその研究のテーマとして解明するよりも、形式的に前提として措定してきた。プロテスタントの教義学の場合、この事態は、十六世紀以来の教義学のプロレゴメナの発展のなかで表現されてきた。ここではキリスト教の教理の真理性についての問いも、教義学の個々のテーマが論じられる前に、あれやこれやの仕方で、その教理の源泉ないし原理に関する決定によってすでにあらかじめ決定されていた。その際に問われたのは、それらがかの源泉から取りだされたのかどうか、そしてそれはどのようにして為されたのかということだけであった。「キリスト教という宗教の真理」についての問いを主題として投げかけることは、依然として弁証学に委ねられた。いくつかの例外を度外視すると、教義学はその内容にのみ取り組んだ。カトリック神学においても同様に基礎神学と教義学の区別が推奨された。前者がキリスト教の啓示の信憑性を確認しなければならないとすれば、後者はその内容を展開しなければならなかった。しかしながら課題のこのような分離は事柄からみて正当化されるのだろうか。もしもキリスト教の教理が、歴史学的貴重品展示室の財産目録としてだけでなく神の啓示として提示されているとすれば、その真理とその真の意味についての問いは、キリスト教の教理の内容の記述と必然的に結びつかなければならないのではないだろうか。事実、教義学的記述と真理についての問いの完全な分離はどこにも存在しなかった。通例、教義学から期待されたのは、教義学が、それによって展開された教理の内容を論証的に弁証し、そして真理として確認することであった。教義学は、事実、すでに記述の体系的形式を通していつもすでにこの課題を知覚していた（3節を参照）。つまりそれは、創造から終末論的完成に至る世界の現実を包括するその内容の、神思想において基礎づけられた普遍性との結びつきのなかで、この課題を知覚していた。この世における罪と悪に直面しながらも、創造と救済史の統一性が記述されることによって、同時に世界の創造者、和解者、そして救済者としての神の統一性と、それと共に神の真理性つまり神の神性が実際に確認される。

反対に、教義学における個々の議論はすべて、それが神の行為に関係づけられることにより、同時に全体としての世界にも関係づけられる。このことは特にキリスト論において明らかになる(116)。しかしそれは、その他のあらゆる個別的なテーマと、イエス・キリストおよび彼のうちに現れた神的ロゴスとの関係にも同じように当てはまる。神思想のうちに基礎づけられ、教義学的記述の包括的思想的体系のなかに表現される教義学的テーマの普遍性は、したがって明らかにキリスト教の教理の真理要求と、教義学によるその知覚と関連している。さらにこれに属しているのは、人間、世界、そして歴史についての神学以外の知識と、特にこれらのテーマに関する哲学の、全体としての現実についての問いとたしかに関連している諸言明を、キリストの啓示の光に照らして捉えられた世界、人間、そして歴史に関する教義学の記述に取り入れることである。すなわちここでも問題になっているのは普遍的整合性、したがってキリスト教の教理の真理性である。しかしながら、教義学がたいてい形式的にはキリスト教の教理の真理性をテーマとせず、それを前提としていることは、何を意味するのだろうか。それは、キリスト教の教理の真理要求が、明らかに、そしていずれにせよその問題のなかで体系的に論じられることなく、おおむね実定的に認められていることを意味する。このやり方には、教義学の神中心的方向づけと関連し、したがってここでの記述にも受け入れられなければならないモチーフが入っている。すなわち、世界、人間、そして歴史は、神によるその肯定的規定の光に照らして論じられる。それは、神思想それ自体の独自性を通してあらかじめ規定されている。しかしそれは、教義学のなかで「この世」を通してキリスト教的啓示と神御自身の現実でさえ問いに付されることを排除しない。神の現実と、この世におけるその啓示の現実が議論の余地のあるものであることは、教義学のなかで神の世界として考えられるべき世界の現実に属している。もしもキリスト教の教理の諸々の主張が、この世による神の現実の疑問視、その異論、そしてそこからの離反を、自らのキリスト教的真理意識の疑問視として自らのうちに受け入れなければ、それらは世界の現実に到達せず、その上を漂うだけであり、したがって真理ではないことになる。しかもこの世における神の現実に関する異論は、神がこの世の創造者であるとすれば、神のうちに基礎づけられなければならない。それゆえ、キリスト教の教理の記述はその真理性という前提から出発すべきではなく、――その自己理解においても（なぜなら、いずれにせよそれは実際に行われるので）――神の現実とこの世における神の啓示の現実が疑問視されることに身をさらさなければならない。

キリスト教神学は無前提でありえないということは、たしかに正しい。したがって教義学も種々の前提をもって研究する。すなわちまず第一に教義学はキリスト教の教理の事実を前提とする、また同時に、その歴史におけるキリスト教の多岐にわたる現実、そこから出てきた諸々の文化的影響、特に教会の宣教と礼拝生活を前提とする。教会と神学の教理のキリスト教的同一性の基準点および判断基準として、キリスト教の歴史においてすでに早い時期に聖書に課せられた機能が前提とされている。これらすべては神学的省察に先行しており、それらと結びついた諸々の真理要求を含めて、歴史的現実としてあらかじめ与えられている。しかしながら、キリスト教の教理的伝統が要求する神的真理もすでに前提とされているわけではない。すなわちこの要求は神学のなかで記述され、吟味され、可能であれば確認されるべきであり、しかしまさにそれゆえに未決で、すでにあらかじめ決定されてはいないものとして、取り扱われなければならない。この要求の権利がその思考と論証の過程で危険にさらされるということが、まさに神学への関心を構成している。

キリスト教の教理の諸問題に対する個々人の主観的関心は、たいていすでに、キリスト教信仰それ自体が、キリスト教の使信とキリスト教の教理の伝統の真理性に対する放棄しえない関心を有することに根ざしている。神学に関わるキリスト者は、神学的研究に向かう前に、信仰を通してすでにその使信の真理性に巻き込まれている。たしかにキリスト者になるための神学の機能というものも存在するが、ここでは考慮に入れないでよいであろう。通例、信仰はすでに神学的省察に先行する。しかしキリスト教の教理の真理性の神学的確認は、信仰の確信を通じて単純に余分なものとなるわけではない。それがキリスト教の歴史のなかでこの信仰それ自体にとって重要な機能を果たしてきたことはまったく明らかである。このことについては、後段でもっと正確に論じられるであろう。信仰の真理の個人的確信は、相変わらず経験と省察による継続的証明を必要とする。そしてその際それは、その本性に従って、信じられている真理の普遍的拘束性がそこで問題となる論証の場における実証に対しても開かれている。いかなる真理も単に主観的ではありえない(117)。真理の主観的確信は、ここに存在しうる諸々の緊張がたとえどれほど大きくても、原則として真理の普遍性と普遍妥当性を拒絶することができない。すなわちわたしの真理はわたしだけのものではありえない。もしもそれが少なくとも原則としてすべての者にとっての真理として主張されえないとすれば――他のひとがもしかするとそのことをほとんど知りえないとしても――、それはわたしにとっても必然的に真理であることを止めてしまう。

神学において問題なのは啓示の真理の普遍性であり、啓示と神御自身の真理である。これが、上述の意味でいつもすでに起こっていたことであった――たとえ神学が権威の学問として理解されたり、主観的ないし共同体的信仰の視点からみた自己記述として理解されたりしたとしても、したがって、あたかも真理の問いがすでにあらかじめ決定されているかのごとく振る舞ったとしても。しかしキリスト教の真理意識に対する神学の貢献は、その課題を規定する際のこのような諸制約によって著しく傷つけられる。したがって神学的論証の合理的形式は、事柄の中核つまり信仰にまったく触れない何か外的なもののようにみえるにちがいない。そしてこのような論証はふまじめなものとなってしまう。なぜなら結果の開放性と、真理にのみ責任を負う熟慮のリスクが欠けているよう思われるからである。このことに関連して、それに対する諸々の結果がすでにあらかじめ確定されている「弁護的思惟」ということが言われた(118)――それは諸々の論拠の重要性から独立しており、その結果、納得させるという修辞学的機能、つまり合理的仮象を生みだすことにより説得するという修辞学的機能しかもっていない。神学的論証に関するこのようなイメージが一般の意識における神学の信用喪失に非常に貢献したこと、そしてさらに貢献し続けていることは、特別な立証を必要としない。これに続いて、いわゆる「神の死の神学」の極端な形式において起こったように、対象それ自体の省察が無意味になってしまった「神学」という大仕掛けな見せ物が現れ、勝ち誇っただけであった。

カンタベリーのアンセルムスは、神学的論証の分野において主観的信仰は《理性によってのみ（sola ratione）》探究されること、したがって主観的信仰という前提が論証の出発点として主張されてはならないことを要求した。すなわち諸々の論拠の重みそれ自体が重要なのである(119)。このような諸々の論証の可能な、そして適切な形式と、特に、論理的必然性という強制力がそれらに帰されうるのかどうかということに関する諸々の見解は、アンセルムスの時代以来変化してきた。しかしながらそのために信仰がすでに前提として主張されるならば、端的に、納得できる合理的理由を目指す論証も不可能になる。それが、自らの内容の普遍妥当的真理に関する信仰の合理的確信に至ることができるのは、それに関する論究が完全に開かれた仕方で導かれるときだけであり、しかもたとえば、諸々の論拠が出てくる際に、私的な関与が保証されるようなことが生じない場合だけである。まさにキリスト者はその信仰の内容を大いに信頼すべきであり、その結果、その神的真理はこの内容それ自体から明らかになり、それに先行する保証を必要としない、とされてきた。

しかし、もしもキリスト教の教理の理路整然とした記述としての教義学において、その真理がすでに前提とされずに、論争の余地のある論究のテーマとされるならば、合理的論証それ自体が信仰の真理に対する賛否を決める場とならないであろうか。この真理は合理的判断形成の諸規準に、そして結局、その思惟の主体としての人間自身に依拠するようにならないであろうか。

すべての判断と同様に、真偽の判断は、たしかに主観に制約されている。しかしながら人間はその諸々の判断において真理を自由に支配することができず、それを前提として、そしてそれに対応しようとする。真理は、すべてのものにとって拘束力のある普遍性において、人間の諸々の主観的判断に先だって与えられている。この洞察は、真理の神性に関するアウグスティヌスの議論において決定的な一歩となった（De lib. arb. II, 10 ; vgl. 12）。ここはまだ、神の存在を証明するその力に関して論拠を展開すべき場ではない。ここでまず興味深いのは、アウグスティヌスが、次のような理由で真理の観念と神概念を結びつけていることである。つまりそれは、主観的判断が真理を自由に支配することができないことを確認しているからであり、そのさい同時に、この事態の特に神学的意味が明らかになるからである。すなわち、神御自身を自由に処理することができないこと、そしてそれゆえ《神のドグマ》としての教義の真理を自由に処理することができないことが明らかになるからである。

真理の観念と神概念のアウグスティヌスによる結合に反対し、繰り返し、判断の真理という真理理解、つまり判断の行為における真偽の区別の場としての真理という見解が主張された。アウグスティヌスが、あるように思われることと異なる何ものかである偽りと区別して、真理を《あること（id quod est）》（Solil II, 5）として定義するとき、真理の概念において判断の関係が、したがって《知性（intellectus）》と《こと・もの（res）》の対応が度外視されている。これは、パルメニデスの存在論的真理概念においてすでに起こっていたことであり、ここでは、真理の統一性におけるすべての真なるものの一致の自己同一性のみがその概念を構成している。トマス・アクィナスはアウグスティヌスの真理概念に関し、そのさい本来の《ratio veri》が、すなわち《correspondentia》あるいは《adaequatio rei et intellectus》（De ver. I, 1 resp.und ad 1）》が指摘されていないことに気づいた。真理概念を判断行為から規定する者は、事実、このように判断するにちがいない。しかしながらこれで十分なのかどうか、これについては、真理概念と真理理論に関する今日の議論においても論争が続いている(120)。たしかに一致の思想のこの議論においても判断の真理が強調されている。そして種々の真理理論は、明確性を通して一致の思想の不確定性を取り除こうと試み、どのような諸条件があるときに、そしてどのような諸条件のもとでこのような一致が与えられ、したがって、ある言明が真理であるのかどうかを判断するための基準を挙げようとしている。ニコラス・レッシャー（一九七三）の真理の整合性の理論の元来の本文は、（一致の意味での）真理《概念》と真理の《諸々の判断基準》の区別を目指していた。すなわち、その他の、真理と主張されるすべてのものとの一致は、その対象との一致の意味における諸々の主張の真理の判断基準となるべきである。しかしながら判断基準と真理概念との区別には異論が唱えられている。すなわち真理の判断基準は、その概念にも属していないものでありうるのか(121)。レッシャーはこの異論を受け入れた(122)。しかし、もしも真なるすべてのものの整合性ないし無矛盾な統一性が真理それ自体の概念に属するとすれば、判断と事態の「一致」は、このこととどのように関係するのかという問いが生じてくる。少なくともまず心に浮かぶのは、（とにかく、競合する判断者の「合意」の場合と同様に）この「一致」のなかに整合性の特別な形式をみるということである。その結果、整合性の思想は、真理概念における本来的基礎ないし基盤として記述される。判断と事態の一致という判断の観点は、判断する者たちの間の合意と同様に、真理概念の演繹された契機となる。もしも真理が整合性から理解されうるとすれば、この真理概念それ自体が不可避的に存在論的なものへと振り向けられる。すなわち諸々の事物それ自体における整合性は、まずそれらについての諸々の判断においてではなく、われわれの判断の真理にとって構成的である。しかしこれは、パルメニデス的、そしてまたアウグスティヌス的真理観念の重要性が、つまり、真理観念と存在概念との共属性、また真理観念と、絶対者でありすべてを包括する者としての神の思想との共属性が、再び新たに主張されることを意味する。すなわち、神のみが、真なるすべてのものの統一性としての整合性の意味における真理の統一性の存在論的場でありうる。

神は真理それ自体であるとのアウグスティヌスの思想（De lib. arb. II, 15）は、真なるすべてのものの整合性および統一性の視点に依拠している。神はこの統一の場である。神は、真なるすべてのものを包括し、そしてそれを自らのうちに含む真理、つまり（「不変的」であるかぎりにおいて）自らと同一的真理である（ebd. II, 12）。整合性を獲得しようとする人間のあらゆる努力は、常に不完全で完結することのない後からの遂行であり、真なるすべてのものの、神のうちに基礎づけられた統一性の後からの思考でありうるにすぎない――あるいは、真なるすべてのものの、神のうちに基礎づけられた統一性それ自体が歴史の形式をもつ場合には、そしてその結果、それが時間のプロセスのなかで初めてその完成に至る場合には、その先取りした構想でありうるにすぎない。教義学におけるキリスト教の教理の体系的記述にも、次のことが当てはまる。つまり、それは、神のうちに基礎づけられた世界と歴史の統一性との関連における、端的に神の啓示の後からの遂行と、先取りの構想でありうるにすぎない。教義学は神の真理それ自体をがっちりと捉えて、いわば諸々の定式でそれを包装して紹介することはできない――その努力がどれほど真剣に真理を把握し、それを記述することに向けられていようとも、また神の真理に対するその可能な対応が、われわれの神学は人間の認識の努力に拘束され、そしてそれ自体、有限性の諸制約に捉われているという意識にどれほど結びつけられたままであるとしても。

神学的知の有限性は、伝承全体が保証する無限な「対象」に関する情報の制約と、その消化吸収の制約だけでなく、特にこれらの知の時代的制約にも根拠づけられている。すなわち聖書の証言によると、神の神性は、あらゆる時間と歴史の終りにおいて初めて最終的かつ明白に啓示される。時間のなかにあるいずれの位置にとっても、真に持続的で、それゆえに頼りになり、この意味で「真なる」ものは、将来において初めて判明するということが当てはまる。聖書の真理理解は、ギリシアの思想とまったく同じく真理（das Wahre）を、自己自身との同一性のゆえに恒常性および信頼性として考えた。しかしそれは真理の自己同一性を、時間の流れの背後にある永遠の現在としてではなく、時間それ自体の経過のなかで持続的に実証され証明されるものとして捉えようとした(123)。時間は、存在するものの経験とその真理から切り離されない。このような観察方法は、観念論以後の近代の思惟にみられる経験を重視する方向性にも対応しており、特に歴史性の意識と結びついた相対性、つまりそこにおいて経験が得られる歴史的場におけるあらゆる経験の相対性にも対応しているといってよいであろう。このような相対性は、絶対的なものは存在せず、それゆえそれ自体常に絶対的である真理も存在しない、ということを意味するわけではない。相対性それ自体は絶対の思想に対して相対的なのであり、その結果、この思想と共にその相対性も消滅するであろう。しかし少なくともわれわれにとって真理の絶対性は、われわれの経験と省察の相対性においてのみ近づくことができるものである。これは、ディルタイが述べたように、経験の歴史性を考慮に入れるならば、歴史の進行が続くかぎり、われわれはわれわれの世界の諸々の事物と出来事の真の意味を最終的に規定できないことを意味する(124)。しかしながらわれわれは、事物や出来事の意味に関する主張を提示することにより、それらの意味を事実上規定する。しかしこのような意味の諸々の指定と主張は先取りに依拠している。しかもこれは、ほぼ同じ形式で繰り返される自然の諸事象の領域にも当てはまる。もしも天体の諸々の運動のこの単調な繰り返しを先取りすることができなければ、日と年を数えることには何の意味もなく、しかもこれらの言葉それ自体が意味を失ってしまうであろう。われわれが、われわれの生涯の諸々の事件と社会史の諸々の出来事に認める意味は、歴史のなかで展開されるこの形成物全体の先取りに、したがってその将来の先取りにいよいよ依拠することになる。そしてこのような先取りは、経験の地平が先へと広がっていくがゆえに、経験の進行と共に絶えず修正されていく。そのさい時間の進行のなかで、われわれの初めの世界において恒常的で「真なる」ものとして証明されるものと、またこれと反対に、たとえ堅固で持続的にみえるとしても信頼できないものとして証明されるものとが、明らかになる。人間の経験の歴史性と共に与えられる諸制約は、特別な仕方で神経験に当てはまる。なぜなら神は、人間が共に住む世界のなかでいかなるときにも同一化しえない対象であり、その現実は、世界と歴史に対する、しかもその歴史における世界の全体に対する、神に帰される力の経験と極めて緊密に結合されているからである。それゆえ世界とその歴史の最後の将来が初めて神の現実を、最終的に、そして異論のない仕方で実証することができる。これにより、神の現実の暫定的経験と、歴史の進行におけるその恒常性の暫定的経験の可能性が排除されてしまうことはない。しかしそれに関する諸言明はすべて、神に関する人間のあらゆる語りに特有な仕方で、世界全体の先取りに、したがってまだ完結していない歴史のまだ現れていない将来の先取りに基づいている。人間の経験と省察の歴史性はまさにまたわれわれ人間の神認識の最も重要な限界を形成している。しかしながらたしかにその歴史性のゆえに、神についての人間の語りはすべて不可避的に神の真理の完全で究極的な認識には到達しないままである。このことは、後段でさらに詳細に検討されるように、神の歴史的啓示に基づく神認識にも当てはまる。まさにキリスト教神学の知も、神の国の将来における神の究極的啓示と比べると、依然として「一部」（Iコリ一三・一二）にすぎない。キリスト者は、神学的知の有限性を心に留めるために、経験の歴史性と共に与えられるわれわれの知の有限性に対する近代の諸々の省察によって啓蒙される必要はまったくない。キリスト者はこのような教えをたしかに、神の前にある人間の状況に関する、またまさに信仰者の状況に関する聖書の記述から獲得することができる。神に関する人間のあらゆる語りの有限性と不適切性についての知は、神学の冷静さに属する。こうして神に関する諸言明の内容が無意味化するわけではなく、それはまさにこのような諸言明の真理条件である。このような知において神についての語りは頌栄となり、そこにおいて、語る者は自らの有限性という限界を越えて無限なる神の思想へと高められる(125)。そのさい思想的輪郭線も不明瞭なものへと溶けてしまう必要はない。頌栄も、あらゆる点で体系的省察の形式をもつことができるのである。

キリスト教の教理の体系的記述においてその真理が危険にさらされると言われるとき、それは、教義学者自身がこの真理を決定する存在であることを意味していない。キリスト教の教理の整合性と、この世、その歴史、そしてその将来の完成の統一性を神の統一性の表現として考えようとする教義学者の試みは、神的真理それ自体の整合性の後からの再構成と前もっての事前構想にすぎない。それらは、イエス・キリストの歴史における終末の先取りを再構成しており、また神との関連では頌栄の機能をもつ諸々の先取りの企てに基づいている。その真理に関する決定は神御自身にかかっている。それは究極的に、神の創造における神の国の完成と共に下される。そしてそれは、有罪を立証する神の霊の働きを通して、人間の心のなかで暫定的に下される。

この点に関し、教義学の諸言明が、それを通して記述されるキリスト教の諸々の教理も、学問論的には仮説の状態にあるとみなされるとしても、これは奇妙なことであると考えるべきではない(126)。二つのケースおいて問題になっているのは、自明ではなく、また自明な諸命題から論理必然的に演繹される諸々の結論を記述するわけでもないような諸命題である。それらは、形式的には真ないし偽とみなされうる主張であり、それゆえそこでは、それらは適切であるのかどうか、したがって真理であるのかどうかと問うことができる。これは意味のある問いである。そしてそれらの主張の真理は、主張それ自体と共にすでに与えられてはいない諸条件に依拠している。したがって、イエスはポンテオ・ピラトの下で十字架に架けられたという命題はひとつの歴史的主張であり、その真理要求は通常の諸々の歴史的判断基準に従って判断することができる。イエスが死者たちからよみがえったという主張は、それが一種の死者の甦りの出来事の可能性を前提としているかぎりにおいていっそう複雑である。すなわちこの前提は、死者たちが復活することが普遍的経験となるときに初めて、もはや異論のないものとなるであろう。しかしイエスが神の子と呼ばれることは、死者たちからの彼の甦りと、彼の地上への出現をそれによって確認することを前提としている。したがってこのような主張のすべてに当てはまるのは、その真理が、多様な意見の対象となりうる、そして事実そうである諸条件に依存していることである。これらの諸条件は、イエスの神の子性に関わるすべてのことにおいて、現実一般の理解全体に触れ合っている。それらの諸条件が当てはまるとき、これらの主張は真理である。それについて疑うことが可能であるかぎりにおいて、その真理妥当性は、この語のより広い意味において「仮説的」である(127)。しかしながらこれにより決して、このような諸々の主張をする者はその真理を決定せずにそのままにしている、と言われているわけではない(128)。事実、それは信仰的諸言明の性格に反するであろう。それはたしかに主張一般の論理的構造とも一致しないであろう。つまりある主張が提示されると共に、語られたことは真理であることが要求される。しかしまさにこのゆえに、聞き手や読者が、その主張が実際に適切なのかどうか、したがって真理へのその要求は正しいのかどうかという問いを投げかけることができることも、諸々の主張の論理的構造に属している。主張はまさに真理への要求と結びつけられ、そして単なる心情の表出ではないがゆえに、それが適切なのかどうかということが問われうる。聞き手ないし読者の主張の「命題」が（省察のレベルにおいて）まずなお吟味され、そして必要とあれば差し当たり本当であると仮定されうるものとして、まさに「仮説」として取り扱われうる可能性は、まさにある言明（Äußerung）が、その言明およびそれを語る主体と区別される事態についての主張として真剣に受けとめられうるための条件である。したがって、もしも信仰の諸言明が省察のレベルにおいて仮定として取り扱われるとしても、それはその断言的性格とまったく矛盾しない。反対にこのようにして、その断言的性格は真剣に受けとめられる。信仰の言明の主張が本当に正しいのかどうかということが、もはや意味深く問われなくなるならば、その性格は無視されているとと言ってよいであろう。すなわちその場合には、信仰の諸言明は「認識論的」真理をもない諸々の主観的状態の言説として取り扱われるだけであろう。

諸々の主張の真理要求の仮説的様相は、まず（聞き手あるいは読者の）省察のレベルにおいて意識される。これは主張しているひとそれ自身の問題ではない――彼が、その諸々の主張の、他者による、もしかすると懐疑的な受容をすでに共に省察していないとしても、いずれにせよ彼自身の問題ではない。主張の行為においては、主張されていることの真理が、たいていまったく省察されないままに要求される。まず聞き手ないし読者は、主張と、それがはたして真理なのかどうかという問いを区別する。彼にとって、もしもその真理が単純に「本当であると仮定されて」いないとすれば、それはなお吟味されるべき「単なる主張」であるということになる。しかしこれによりその主張が反駁されているわけでなく、その真理の意図は真剣に受けとめられている。このことは、信仰の諸々の主張とそれらとの神学的関わりにも当てはまる。それらが主張として価値があると認められるのは、それらの言い分が無分別に正しいと認められることによってではなく、まさに吟味するというその真理要求が価値のあることとして認められることによる。これは、信仰の言明と神御自身の真理との区別にも対応する。この神御自身の真理は、それらが言明しようとしているものであり、真の信仰者が自らの言葉と理解を無限に凌駕するものとしていつも目の前にしているものである。

神の真理は主張とその受容の間に立ち、それはこのような受容の最終的尺度となる。つまり神の真理は、神は誰にとっても自由に処理することのできない方であるがゆえに、われわれがそれを用いて人間を測ることのできない尺度となる。

神学的省察のレベルは、次のことにより信仰告白の言明のレベルと区別される。つまりそのレベルでは、信仰的諸言明、神学的諸命題、それらのなかで主張されている現実、特にそのなかで最も重要な神の現実には、論争の余地のあることが共に考慮されうるのであり、事実、共に考慮されるべきである。なぜならそれ〔論争の余地のあること〕は、教義学のなかで神の世界として——神によって創造され、和解され、そして救済された世界として——記述されるべき世界と歴史の現実に属しているからである。これにより同時に神の神性が記述され、それは、創造された世界とその歴史を通して賛美される。これは、この世における神の存在と本質に関して論争の余地のあることも、神御自身のうちに基礎づけられたこととして理解されうることを意味する——もしもそれが、神の無力の表現として、しかも最終的に神の存在に反対する異論として考えられるべきではないとすれば。

キリスト教の教理の体系的記述において、世界、人間、そして歴史は、神の神性の表現および証言として要求される。そのさい人間と世界の歴史は、神と対立し、しかも神の神性を証言するものへと変革されていく過程にある。これが、キリスト教の教理における救済史としての歴史の意味である。キリスト教の教理の素材は、創造、罪、和解、そして完成の順に、いつもすでに、人間の救済と被造世界の更新を目指す歴史のパースペクティヴのなかで捉えられ構成される。しかし今や、この神の救いの経綸の諸テーマにおいて問題になっているのは、神と並ぶ何か付加的なものではない。この歴史とその神学的記述のなかで中心となっている問題は、神の神性である。この歴史の記述が神学的であるかぎりにおいてのみ、それは、神の神性についての証言であることにおいてその統一性を見出す。世界、人間、そして歴史についての論究の際にも、教義学において問題になるのは神の現実である。まさにだからこそ、そしてただそれゆえに、その際に問題になるのは人間と世界でもある。神は、信仰と同様に神学の包括的でしかも唯一無二のテーマである。両者はそれ以外のテーマをもたない。しかし神について語ることは、世界と人間について、その和解と救済について語ることも要求する。神を神学の唯一無二のテーマとして説明することは、被造物および人間と、神と並ぶその存在の権利をめぐって争うことではなく、神が授ける存在の権利を彼らに容認することである。世界と人間の存在のなかに、そしてそれらの完成のなかに、神の神性が顕示される。しかし反対に、世界と人間は、彼らの創造者を賛美することによってのみ彼ら自身の存在をもち、そしてその完成を見出すことができる、と言うこともできる。

キリスト教の教理の記述としての教義学はしたがって体系的神学でなければならない。つまりそれは神についての組織的教理でなければならず、他の何ものでもない(129)。キリスト教の教理が、すべての個々のテーマを神の現実に関係づけることを通して体系的に、したがって組織神学として記述されることにより、キリスト教の教理の真理性もテーマとなる。なぜならキリスト教の教理のあらゆる言明は、その真理性をただ神のうちにもつからである。神の現実は、何といっても世界が存在することからみて、世界の創造者、保持者、和解者、そして完成者としての神の栄誉に依拠している。それゆえ神のうちに基礎づけられ、和解され、完成されるものとしての世界、人間、そして歴史についての体系的記述の際に問題になるのは、神御自身の現実である。この記述において、神の存在と、それと同時にキリスト教の教理の真理性は危険に瀕する〔立ちも倒れもする〕。しかもそれは、神の存在、本質、属性についての特殊な教理において生ずるだけでなく、終末論にいたるまでの教義学のテーマの一つ一つにおいて起こることである。

組織神学としての教義学は、世界、人間、そして歴史についてのモデル――それは、筋の通ったものであるとすれば、神の現実とキリスト教の教理の真理性を「証明する」、すなわち記述の形式を通して首尾一貫して考えうるものとして立証し、確認する――を神に基礎づけられたものとして構想することにより、断言的であると共に仮説的なものとして論じられる。教義学はキリスト教の教理の真理要求をこのように解釈する。教義学は、この教理が真理として受容されるためには、それがこの関連でどのように理解されなければならないのかを示さなければならない。世界、人間、そして歴史を神のうちに基礎づけられたものとして解釈する教義学の解釈の確実性という条件は、たしかに、教義学的構想の証明力と真理に関する決定が、その構想それ自体と共に与えられているわけではないことを示している。それは、世界、人間、そして歴史が――われわれがそれらを知っているように、そしてわれわれがそれらを知るかぎりで――このモデルのなかで再び認識されうるのかどうか、したがってそれは、本当にこのモデルのなかで神によって規定されたものとして説明される世界、人間、歴史の現実であるのかどうかということに依拠している。他方でそれは、教義学が記述していると主張するキリスト教の教理の引証が正しいのかどうかということに依拠している。二つの問いはともに批判的論究の対象である。双方とも、キリスト教の教理のかつての諸々の記述に対する批判、キリスト教の教理の諸々の意図に忠実で、世界、人間、そして歴史の現実に適したよりよいモデルを展開しようとするすべての新たな試みに対する批判を引き起こす。かつての、またより新しい教義学的モデルの確実性に関する進行中の論争のなかで、創造を通して、また歴史の進行のなかで、実際に立証される神の現実と、モデルとの相違が意識されるようになる。神学者にとって慰めとなるのは、たしかに次のことが正当に評価されることである。つまり彼自身の洞察が制約されているだけでなく、彼の批評家たちの洞察も制約されており、その結果、キリスト教の教理の種々のモデルは、その諸制約にもかかわらず、信仰がこの世においてその究極的啓示を待ち望む神の現実を先取りして記述するという機能を保持していることである。

キリスト教の教理の教義学的記述は、常に同時に、これまでのその真理志向の何らかの点で不適切な諸々の表現様式に対する批判である。もちろん教義学的記述の形式をとらないキリスト教の教理の批判も存在する。このような批判はキリスト教の教理の形式を修正の必要なものとみなすだけでなく、その真理要求それ自体を無効とみなす。もちろんこのような批判も、それが全体（das Ganze）を目指すのであれば記述の形式をとらなければならず、キリスト教の教理の再構成――この教理を、純粋に人間学的で世界内的な諸々のモチーフと要因の表現として十分に説明することができるようにとの要求を提示する再構成――を試みなければならない。もしもこのような批判が確かなものであるとすれば、その対象は、将来もはや議論されることはないであろう。極端なケースの場合、このような批判は、神の現実一般と関係が切れていると信じている。このような批判の諸々の論拠は、教義学にとっても重要である。それらは、明白にあるいは暗示的に自らの立場を記述することにより、教義学に対し、神の現実とキリスト教の教理の真理性について明確に証明するように強く求めている。

教義学は、それが《神理〔神の立脚点〕の下で（sub ratione Dei）》他のあらゆるテーマを神によって規定されたものとして、したがって神思想の展開の特質のなかで論ずるにもかかわらず、直接に神の現実から始めることはできない。さらに正確に言うと、神の現実はまず第一に人間の表象、人間の言葉、そして人間の観念としてのみ与えられている。神は、表象と観念のなかで意図された、しかしそれらとはやはり区別される現実として考慮されるということ、そしてそれはどのような仕方で行われるのかということは、論争の対象となる。もしもこれを無視しようとするならば、高い代償を支払わねばならなくなるにちがいない。すなわちその場合、皮肉にも神は人間的表象にすぎないということが残り続けるであろう。それを超えようとする者はこの争いに巻き込まれるにちがいない。たしかに、ひとはそもそもどのようにして神を現実として考慮するようになるのかという問いは、慎重な明確化を必要とする。そのさい問題になるのは、聖書の諸文書のなかで証言されている、現実一般としての神の現実が公の議論となることができ、その結果、本来の意味で教義学的な記述の出発点が獲得されるようになるアプローチである。

以前は、論究のためのこのような諸々の準備作業は《信仰の序（praeambula fidei）》と呼ばれた。今日それは、教義学のための基礎を明らかにしなければならない「基礎神学」に割り当てられることが多い。その際われわれは、このような諸々の論究はせいぜい方法論的な意味で「基礎的」であることをはっきりと捉えておかなければならない。なぜなら神学では、出来事の核心（Sache）からみて、基礎的なのは神御自身あるいはイエス・キリストにおける神の自己啓示だけだからである。「イエス・キリストという既に据えられている土台を無視して、だれもほかの土台を据えることはできません」（Ⅰコリ三・一一）。したがって神思想、神の証明、そして宗教に関する諸々の導入的論究は、教義学の展開のなかで神論に取り入れられ、それ以上の詳論はすべて神の啓示における神の現実の発展として提示される。こうして基礎づけの関連は逆転される。しかしながら神論に続くものはすべて、依然として、神思想と宗教に関する諸々の詳論によって表現し直される対決の領域と関係づけられたままである。それは、神の現実について論争する場であり、そのなかには教義学だけでなくキリスト者の存在と教会もそれらの場を占めている。

第2章　神思想とその真理についての問い

1　「神」という語

近代以前の諸文化において「神」と「神々」という語は、文化的生活世界との関連で、また人間の言語世界のなかでも、多かれ少なかれまさに一定の場を占めてきた。すなわち、社会秩序と宇宙秩序の諸々の究極的基盤が問題となり、またそれらを保証する諸々の最終決定機関――それらには、当然それらにふさわしい栄誉、注目、そして配慮が捧げられた――が問題となるところでは、首尾一貫してそうであった。近代の世俗的諸文化において「神」という語はこの機能と意味をますます失ってきた。いずれにせよ一般的意識においてはそうである。

こうしてまず第一に、この語によって指示された現実は不確かになってしまった。宗教から解放された一般的意識の文脈において、神に関する諸言明が有する命題としての性格は、それらの言明が言明としてその対象の存在を前提するかぎりにおいて(1)、いっそう疑わしくなった。このことは、哲学的神学の伝統の諸言明と、キリスト教の伝承と宣教の諸言明にも当てはまる。このような言明は、純粋に世俗的になった一般的文化の文脈においては、まずその真理がまだ決定されないままである諸々の単なる主張として記述される。すなわち、このような言明あるいはその単なる（命題的）中核内容の真理は、たとえあらゆる論争を超越しているわけでないとしても、納得できるものとして、あるいは信用できるものとして、もはや何の吟味もされずに受け入れられることはない。個々人は主体的に決断するかもしれないが、世俗文化の一般的意識はこのような単なる諸々の主張の諸々の真理要求を、それらが世俗的事態を内容とし、たとえばそれらが社会学者や心理学者の場合のように諸学問の権威をよりどころとしているときには、たしかに喜んで承認する。しかし神に関する諸々の主張の場合にはそうはいかない。しかもそれらが、ときおり人文学者たちの当世風の諸命題のケースにおいて起こるよりもいっそう聡明な仕方で提示されるとしても、そうはいかない。神に関する諸々の主張は一般的意識においては「単なる」主張にとどまり、それらは語り手の主観性の問題とされてしまう。これは、その真理要求が、よく考えた上で肯定される以前に、一般に吟味が必要であるとみなされるという意味においてだけでなく、このような吟味は無駄骨に終りうる、したがって神に関する諸言明の真理要求については、公的に真剣に議論する価値がまったくないと初めから仮定されているという、さらにはるかに広い意味において言われていることである。

さらに決定的なのは、たしかに最初に言及されたものの結果として理解されうる第二の変革である。すなわち人間の世界にとって神思想の機能が色あせ、宗教に無関心になった文化世界の一般的意識において、神の存在が問題になっているだけでなく、神思想の内容が不明瞭になっている。カール・ラーナーは、その著『信仰の基礎』の序において「神」という語に関するメディテーションのなかで、この語は今日の人びとにとって「無表情な顔」(2)のように謎めいた感じを抱かせると語った。まさにそれゆえにこの語は、人類の歴史的諸文化における神思想の意味を知っているひとには、「熟考する価値」があるように思われるかもしれない。しかしながら現代の醒めた世界にはもはや適さない「ちんぷんかんぷん」な呪文のようにもみえる。

ここから、キリスト教の伝統的な言語の他の諸構成要素と並んで、神学者にとってさえ「神」という語がキリスト教の告知にとってひとつの重荷のように思われたことがよく理解できる。なぜならそれは、世俗の人間がこの告知を理解する可能性を邪魔するように思われるからである。ただしこの言葉がなければ、ナザレのイエスに対する信仰への呼びかけはあらゆる根拠を失ってしまう。つまり、他の人びとと並ぶひとりの人間を、すなわち彼の教えと生涯のあらゆる特異性にもかかわらず、他の人びとと同じひとりの人間にすぎない者を、われわれは原始キリスト教の告知の意味において信ずることはできず、とりわけ他の人びとに彼を信ずるように要求することはできない――特に、彼によって伝承された言葉の多くが、そして彼の自己理解も、大げさなもの、そして歴史の過程によって凌駕されたものと判断されるにちがいないときに。それゆえキリスト教の告知とキリスト教信仰は、イエスが彼の「父」について具体的に語る言葉の根底にある「神」――その結果、「神」という語がなければこの父を理解できなくなってしまう――という語を断念することはできない。しかしながら、ではこの語の「無表情な顔」が覆い隠しているものに近づく道はどのようにして新たに獲得されるのだろうか。

この問いに対し、「神」(3)という言葉の新しい規定の源泉として、経験、宗教的経験に対する要求をもって答えることは、今日、特に自然なことであろう。これは、経験論的に反応する時代精神に対応している。その答えはもちろん、一見そう思われるほど自明ではない。すでに信仰と経験の関係に対する眼差しがそのことを指し示している。両者は、特にルター以来の宗教改革の伝統において相互に緊密に結びつけられてきたにもかかわらず、決して同一ではない。信仰は、教会の告知と教理を通して媒介される神の啓示であるイエス・キリストに向けられている。ルターによると、このような信仰は律法に対する絶望の経験と関連している。しかしながら福音の使信は――したがってそれに対する信仰も――何か新しいものとして良心の経験につけ加わる。福音の使信がどれほど慰めと確信の新しい経験を基礎づけるとしても、それはその良心の経験から演繹することはできない(4)。信仰と良心の経験の結びつきは、福音主義の敬虔の歴史のなかで、敬虔主義と信仰覚醒運動を通して持続的意義を保持し続けた。たしかにこの展開のなかで信仰を罪責意識の経験に基礎づける傾向が強くなり、ニーチェとフロイト以来、それは極めて破壊的な批判の対象となった。その結果、キリスト教信仰の人道的重要性を説明しようとするこの方法はほとんど通用しなくなった(5)。しかし現代の問題提起というテーマにとってもっと重要なのは次のことである。つまりこの伝統において、神思想はまさに良心の経験に基礎づけられず、すでにその解釈のための前提とされていることである。

神思想それ自体を説明するために宗教的経験に遡ろうとする者は、宗教的経験に関するより広範に理解された概念をもって研究しなければならない。このような概念は特に近代英国の宗教哲学によって練りあげられた。一九五九年、H・D・ルイスは、宗教意識の出発点としての驚き（Sichwundern : wonder）について語った。この宗教意識は、他のあらゆるものが依拠する神秘に満ちた現実のあらゆる出現と事実の《背後に》、あるいはそれらを《越えて》知覚される(6)。このような記述は、ウィリアム・ジェイムズとルドルフ・オットーによる諸々の古典的詳論に近い。その二年前（一九五七年）に出版され、そしてそれ以後さかんに議論されたイアン・T・ラムジーの叙述もこの記述によく似ている。彼は、神学の挑戦に対して言語分析的哲学によって答えた。つまり彼は、宗教的経験の概念を、ひとが「やっと分かった」とか「解決の糸口をつかんだ」という言葉で表現するような(7)、そのなかで誰にでも突然何かが出現する（露になる）「諸々の状況」に関連づけることによって答えた。ルイスはラムジーよりも、宗教的経験の突発性と、主体的参与と結びついた洞察としてのその性格を強調した。すなわちそれによって生活全体が変化するのである(8)。このことから思い起こされるのは、一七九九年のシュライアマハーの『宗教論』における直観と感情の結合であり、これはおそらく偶然ではない。特にラムジーも、シュライアマハーと同様に宗教的経験に「全宇宙」との関連を与えている(9)。

このように記述された宗教的経験は、今や、神思想のより明確な規定へと近づく扉を開くのだろうか。ラムジーの場合、――シュライアマハーにおいてもすでにそうであったように――むしろ状況は反対である。つまり、神思想はこのような経験の《解釈の手段》として機能している(10)。この事態は、分析的宗教哲学のその後の諸々の議論においてよりいっそう明白になった。宗教的経験は、《神との》（あるいは《ひとりの神との》）「出会い」として、神思想を用いるある解釈のなかで初めて記述されうる(11)。特にジョン・ヒックは、宗教的経験は、他のすべての経験と同様に、初めて「何ものかとして」知覚されたものを知覚し、そして理解する解釈と結びついていることを強調した(12)。そのさい個々の経験の解釈は、印象の瞬間性と特発性を乗り越え、より広範な理解の諸関連へと位置づけられる諸々の普遍的特徴に依拠している(13)。われわれはこの解釈のプロセス全体を経験の概念に算入することができる。ただしそのさい問題になるのは、二次的につけ加わる諸解釈に対し、経験を神についての発言の「根拠」として際立たせ、そしてそれらに対置することである。このことに納得がいくのは、次の場合だけであろう。つまりそれは、われわれが経験の概念を、後に加工されたものとは異なる知覚に限定し、しかし「ゲシュタルト知覚」としての知覚はそれ自体ですでにひとつの解釈であるがゆえに、まさにこの種の諸見解は維持できないということが判明する場合である――この解釈は、すでに広範に把握され、そして歴史的かつ社会的に媒介された理解の諸関連を含意しており、さらにこの諸関連は、経験の諸関連への組み入れを通して解釈学的に解明され、しかも修正されるのである。

　これまで明らかになったのは、「神」という語はたしかに宗教的経験の関連のなかでひとつの機能を果しているが、それはある「開示状況（Erschließungssituation）」における知覚に基づいて自ずから導きだされるのではなく、そのなかで出会うものの解釈と把握に役立つことである。ただし、問題になっているのは、このような諸々の状況の内容に対する唯一の解釈の可能性と理解の可能性であると想定することはできない。今や、開示状況のなかで自らを開示するもののどのような種類の解釈と理解が、「神」という表現と結びつけられているのかをより正確に説明することができる。ここでまず確認されるのは、次のことである。つまり、この表現の使用により、開示状況のなかで経験される対向者が指示されていることである。もっと正確に言うと、この開示状況は、それとの結びつきのなかで「神」について語るひとによって、ある対向者との「出会い」として経験される。したがって「神」という語は、この対向者の特徴づけに役立つ(14)。しかしながらどのような意味でそう言えるのだろうか。その語は、固有名詞として機能しているのだろうか、それとも同定する記述として機能しているのだろうか。この問いについてはいまだ議論の余地がある(15)。そのさい背後にあるのは、神学的神概念と形而上学的神概念の関係でもある。「神」のために、唯一の適用例をもつ、ひとつの独自な存在論的カテゴリーが要請されるときでさえ、哲学的分析は、記述的特徴としての「神」について語るのに対し(16)、神学的言語用法には、固有名詞としての「神」という語の機能を優遇する傾向がみられる。

しかしながら神学的言語用法もこの機能に限定されない。この語のやはり述語的用法を仮定しなければ、たとえばイエス・キリストの「神性」について語ることはできなくなるであろう[17]。しかし特に聖書の神理解の発展は、ヤハウェとエローヒームという名称の二重性によって特徴づけられている。その際ヤハウェはもっぱら固有名詞であり、しかしエローヒームは――同じく固有名詞として頻繁に用いられているにもかかわらず――元来は普通〔種属〕名詞である。「神」という普通名詞が唯一なる者の名前となることは一神教的諸宗教の言語用法に特有なことである。しかしながらこれによっても、「神」という語においてまず問題になるのは、ある普通名詞ないし普遍的特性表示〔特徴づけ〕であるという事実は何も変わらない。この語の述語的用法は、ここからのみ理解することができる。しかしこの基盤に基づいてのみ、一神教的要求も、つまり神性のカテゴリーをこの唯一なる者に限定するようにとの要求も理解することができるようになる。神という語が「キリスト教以前の、そしてキリスト教以外の、ひとつの明白な用法」[18]をもっていることは、イエス・キリストの神性についてのキリスト教の発言と同様に、ヤハウェを神と呼ぶことを理解することができるための条件である。それは、ヤハウェの「唯一の神性」、イエス・キリストの父、三一の神、という主張を理解することができるための条件である。すなわち、その主張の内容は、まさにある普遍的カテゴリーをその現実化の唯一のケースに限定することのなかにある。そのなかにはたしかに、キリスト教以外の言語用法の修正が含まれている。しかしこれは、次のことを意味してはいない。つまりここでは、同じ表現の使用が「同じものが話題になっている」[19]ことの兆候として受けとめられてはならない、ということを意味していない。まったく同じもの、すなわち端的に「神」が問題とされている、ただし他の仕方で、つまり根本的な修正を加えるという仕方で問題とされている。

　普遍的特徴づけとしての「神」という語の特性は、神に関する聖書的かつキリスト教的発言の起源史的物語にとって重要であるだけでなく、神に関する発言を理解する可能性の条件として永続的意義を有している。固有名詞は普通名詞との結びつきのなかでのみ理解できるものとなるのであり、このことは、普通名詞をひとつの唯一の現実化に制限するという特殊なケースにもあてはまる。「神々」を表す普通名詞としての「神的なもの（das Göttliche）」の概念は、もちろんキリスト教神学においては、形而上学的神概念にとって代わられた。この神概念は、すでにそれ自体のうちに、ひとつの宇宙（Kosmos）のひとつの起源としての神的なものの統一性を含んでいる。形而上学的神概念は、それが同じように普遍的記述の形式をもっていたがゆえに、キリスト教神学において「神」（エローヒーム）という普遍概念と同様の機能を果すことができた。この普遍概念は、聖書の神理解の初期にみられたものであり、また特にこの普遍概念により、ヤハウェの唯一の神性という主張が理解できるものになった。すなわちキリスト教神学のなかで形而上学的神概念は、神に関するキリスト教的発言を理解するための普遍的条件として機能する。つまりすでに哲学が、多神教的民間信仰の神々の多様性に反対して、ひとりの存在として考えた神は、聖書のひとりの神、イエス・キリストの父なる神のなかに現実に存在している。いずれにせよ神の統一性に関して、民間の神々に対抗する唯一の神としてヤハウェを対置したときのように、聖書以外の言語用法はもはやここで極めてラディカルに修正される必要はなかった。あらゆる修正にもかかわらず、イエス・キリストにおけるひとりの神の啓示を告知するキリスト教の宣教の使信が、以前にも「神」という名称のもとですでに知られていた「同じもの」について語っていることはいっそう明らかになった。神学においては「何か他のあるものではなく、キリスト教の神が問題に」なっているという理由で、今日、もしもキリスト教神学が、神を統一性として考えてきた哲学的神学の神思想を退けるならば[20]、それは、たとえ望んでいないとしても、そのもとで神についてのキリスト教の発言が、他の神々の間におけるひとりの神としての、この特定の、聖書の神を今まさに引き合いに出す、神々の多様性の状況に後退してしまう。しかしながらこのような仕方で論証する者は、同時に神思想を一神教に限定する哲学的議論に依拠しつつ言語分析的に基礎づけられた神の唯一性のために行われる論証を要求することができない。反対に、もしもこのことを行うならば、そのひとは「神」という語の用語法のこのような記述が含む諸々の形而上学的含意をも告白しなければならなくなる。キリスト教神学は、その初期の段階以来、十分に理解しつつ自らの関心のなかでこのことを行ってきた。なぜならそれによりキリスト教神学は、民間信仰の多神教と国家に保護された祭儀に対抗してひとりの神に関する聖書の発言の普遍妥当性を主張することができたからである。現代において神に関するキリスト教の発言を理解するうえでぶつかる諸々の困難は、少なくとも次のことにより先鋭化される。つまりキリスト教神学は、近代の文化意識のなかで遂行された哲学的神学の伝統における「形而上学」からの離反におそらくあまりに軽率に従い、そして神に関する神学的発言の拘束性に対するその諸々の帰結をあまりにわずかしか考えなかった。そのさい問題になるのは、時代精神に対する性急な適応の多くのケースのひとつであろう。これにより福音主義神学は、神に関するキリスト教の発言の理解に何らよい貢献をすることはなかった。

明らかになったのは、神に関する発言を解明するために宗教的経験に遡ることは、問題の解決にほとんど役立たないということである。なぜならこの言葉は、むしろ反対に宗教的経験の内容に関する了解のための最も重要な解釈の手段だからである。宗教と宗教的経験を引き合いに出すことの重要性は別のところにある。つまり、その現実性は神思想に対応しているのかどうか、そしてどのような現実性が神思想に対応しているのかという問いある。これについては、後段でさらに詳細に論ずる予定である。神思想は、宗教的経験の解明にとってすでに前提とされており、いずれにせよ、より正確な規定に近づくひとつの普遍的な形式においてすでに前提とされている。神思想のこの普遍的内容にとって、哲学的神学の伝統は他の何か特別な諸経験に立ち戻るよりもいっそう有益である。すなわちここで問題になっているのは、世界の理解である。哲学的神学は宇宙の統一性の起源としてひとりの神を考えた。このようにしてそれは、神々に関して宗教的諸伝承が語ったことにただ条件つきで反対した。諸宗教も神々に、宇宙の秩序の内部における諸々の勢力範囲とそれを基礎づける際の諸機能を認めている。哲学的神学は宗教的諸伝承に批判的に対応したが、それは、宇宙の統一性が、最終的にその神的起源の統一性——たとえこれが二次的に多様な諸々の観点のなかで記述されるとしても——を必要とするかぎりにおいての話である。類比的な仕方で、世界およびその統一性との関連は、イスラエルのその神に対する信仰の発展、つまり創造思想を越えてヤハウェの唯一の神性についての確信に至る発展にとって決定的な重要性をもっている。それは第二イザヤにおいて完全に明らかになっているとおりである（イザ四〇・一二以下。四五・一八―二二）。したがって哲学的神学が、この世界との関係、しかも全世界との関係を神思想の判断基準としたことは、神についての聖書の発言とも決して対立しない。初期のキリスト教神学も、イエス・キリストのうちに啓示された神は、世界の創造者、したがって端的にひとりの、そして唯一の神以外の何ものでもないということに固執した。まさにこれが、キリスト教神学における神に関する発言の根本機能である。すなわち世界の創造者はイエス・キリストにおいて人間に臨在し、そして啓示された。「神」という語のこの内容はもちろんいかなる個々の経験からも、いかなる個々の宗教的経験からも取りだされない(21)――後段でさらに論及されるように、宗教経験の特性は、特別な仕方でこの言葉による解釈に対応するにもかかわらず。つまり、神思想の関連がそのなかで展開された古代の諸文化の諸々の世界解釈も、宗教的起源と性格をもつにもかかわらず。イアン・T・ラムジーが述べたように、まさに独特な用法で用いられる「神」という語は、宗教的に基礎づけられた世界理解の「キーワード」である。その語は、まず第一に個々の知覚の内容記述ではなく、このような諸記述の関連のうちにその機能をもっているわけでもない。その語は、たとえば創造に関する言明を通して、全体としての世界の存在のための「究極的解明」を可能とし、そして同時に、宗教的経験と結ばれているあの無制約的参与の表現であり、また基礎づけである(22)。

この機能の記憶は、近代の世俗主義の文脈においてもなお「神」という言葉と結びつけられている。たとえその言葉が「無表情な顔」のようにわれわれをみつめるとしても、それは、その奇異性を通して、そのなかでその統一性および全体性のテーマが放棄され、そして人間の現存在の全体性が答えのない問いとなってしまう近代の生活世界の意味喪失を思い起こさせる。もしもこの言葉が完全に消滅してしまったら、どうなるのであろうか。カール・ラーナーはこう答えたが、それは正しい。つまり、「その場合、人間はもはや現実のひとつの全体それ自体の前に、そしてその現存在のひとつの全体それ自体の前に、立たされることはないであろう。なぜなら『神』という言葉がまさに他ならぬこのことを行うのであり、それだけがまさにそのことを行うからである」(23)。おそらくそれは、必ずしも「神」という言葉の機能ではなかった。人びとが神々の複数性を考慮にいれたかぎりにおいて、神々の存在によってたしかに無造作には答えられない特別な問いとしての、世界のひとつの全体についての問いが提起された。その問いはその答えを、宇宙の秩序のなかに現れ、そして人間世界の社会的秩序の基礎になっている神々の世界の秩序に関する諸見解のなかにまず見出した。しかしながら神々の多様性が世界の起源としてのひとりの神の思想に還元されて以来、「神」という語は、事実、全体としての世界の意識および人間の生活の全体性の意識のためのキーワードになった。その先駆となったのは、イスラエルの信仰にみられる拝一神教つまり唯一の神のみの《崇拝》から、このただひとりの神の《存在》の確信としての一神教へという発展と並んで、ギリシャの哲学的神学であった。特にそれは、ユダヤ教徒でない者にとって、イエス・キリストのなかにすべての人間のひとりの神が啓示されたとするキリスト教の使信（Ｉテサ一・九以下。ロマ三・二九以下参照）を了解し、そして納得する条件ともなった。そのかぎりにおいてここで問題になっているのは、異邦人キリスト教会のキリスト教がそれからあまりにも無造作に距離をおくことができるような遺産ではない。もしそうしてしまうならば、その影響は大きく、しかも重大な諸々の帰結を招くであろう。アルブレヒト・リッチュルとその学派以来、福音主義神学においてこの事態はしばしば誤って評価され記述されている――カール・バルトもこのリッチュル学派から出てきており、彼は「自然神学」を拒絶した。ヘレニズムの精神と特にギリシャの哲学的神学を、福音の純粋に道徳的と称する使信を崩壊させる外的要因として、キリスト教の理解から無造作に追放することはできない。この事態をあまりに画一的に判断するならば、少なくとも異邦人キリスト者と異邦人キリスト教会は、すべての人のひとりの神としてのユダヤ人の神に自ら関わることの諸前提を破壊してしまう。しかしもちろんこれによっても、キリスト教の神理解の関連においてこのような哲学的神学ないし「自然」神学に認められる機能に関しては、まだわずかのことしか語られていない。特に哲学的神学と、神の歴史的啓示を通して仲介されるキリスト教信仰の神認識との間の関係は、ここでひとは単なる二者択一によって間に合わせることはできないという単純な確認によっても、決して解明されない。この確認はまた、神の啓示と並んで、神なしの神認識つまり神御自身から出ていない神認識のようなものが存在しうるということを意味していない(24)。つまりすでに前述のところで明らかになったように、このような仮定は、神思想それ自体を無効にしてしまうであろう。「自然神学」がそのようなことを主張したのかどうかは、なお解明されるべきであるが、しかし初めから想定されるべきではない。他方、やはり初めから排除されるべきではなく、むしろ想定されるべきなのは、伝統的神学の神論における「自然神学」の影響に反対する、この二世紀の間に起こった福音主義の著名な神学者たちの戦いのうちに、注目に値する真理契機が含まれていることである。その際さらに明らかになったのは次のことである。つまり啓示神学から区別されうる「自然神学」それ自体という概念は、事柄にふさわしくなくまた適切でないものとして放棄されるが、もしそうだとすると、神証明と、神思想の実定的規定のためのその諸々の判断基準をもつ哲学的神学の伝統は、キリスト教の神論の枠組におけるあらゆる妥当性を剥奪されてしまうにちがいない。しかしこれらの問いのいくつかに関して幾分根拠づけられた判断が獲得されうる前に、まず自然神学の概念と、神についての伝統的教義学的教理におけるその諸機能を解明しておく必要がある。

2　自然的神認識と「自然神学」

古プロテスタントの教義学は、それが神学概念の詳細な論究に向かって以来――したがってルター派の教義学においてはヨハン・ゲルハルト以来――、《旅人の神学（theologia viatorum）》の概念のなかで自然神学と啓示神学を区別してきた(25)。このよう区別はすでにカトリックのバロック・スコラにおいて試みられたが、十三世紀の盛期スコラにはまだみられない(26)。ところが、ロマ一・一九以下のパウロ的確認の意味で、神の自然的知識ないし認識《cognitio》または《notitia naturalis》について語ることは、まったく一般的であった。この聖句によると、「世界が創造されたときから」神の永遠の力と神性は人間の認識に明示されている(27)。

キリスト教神学のその初めから、神に関するこのような普遍的知識の事態が強調されるか、あるいは少なくとも自明なこととして取り扱われた。それはもちろん様々に解釈されたが、これについてはさらに後段で論ずる予定である。しかし福音主義神学においては二十世紀の初めまで、ここで問題になっているのは、イエス・キリストにおける神の歴史的啓示と区別される神認識の形式であるということに、まったく異論が唱えられなかった――キリスト教の使信は、その形式を、キリスト教の使信が告知する同じひとりの神に関する人間の暫定的知識として要求することにより、その形式と関わっている。この意味でトマス・アクィナスは、神の歴史的啓示によって媒介された《cognitio supernaturalis》と区別される《cognitio naturalis》について語った(28)。このような知識の、実際に人間において常に遂行される曲解に対するさらに先鋭な批判にもかかわらず、ルターも使徒の言明から、すべての者は――まさに「偶像崇拝者」として――真の神に関する知識をもっており、彼らは真の神ではなく彼らの偶像たちに仕えるがゆえに、まさに許しがたいという論点を引きだした(29)。カルヴァンにおいても事態は同様である(30)。他方、後の古プロテスタントの神学は、ルター派の側においても改革派の側においても、メランヒトンの影響を受けて、特に神の本質に関するキリスト教以前の哲学者たちの諸言明に目を向けつつ、キリスト教以前の、そしてキリスト教以外の神認識をむしろ肯定的に評価した(31)。シュライアマハー以来始まった自然神学の概念に対する批判も、カール・バルト以前には、キリストの啓示に先行する、神についての「自然的」知識に異論を唱えることはなかった。すなわちバルトはロマ一・二〇以下の解釈においてさらにこう述べている。「人間は神を――人間自身からではなく、神の啓示の力により――創造から、非常によく知っている。したがって人間は、神に対し罪があることを知っている」(KD I/2, 1938, 335)。しかし神の啓示に基づくこの知識(Wissen)の由来を、バルトは今やキリストの啓示の出来事に関連づけた(KD II/1, §26, bes.124, 131ff.)。「すべての責任は異邦人たち自身に関する真理として彼らに帰され、負わされ、そして転嫁される――つまり、イエス・キリストにおける神の真理のなかで、またそれと共に、人間の真理も啓示されているということに基づいて」(133)。したがって問題になっているのは、たとえ隠蔽され、偶像崇拝へと歪曲されるとしても、人間が自分自身のうちにもっている知識(Kenntnis)ではなく、ただ外側から人間に帰される知識である。ロマ一・一八の神の怒りの啓示の告知が、同じ神のその告知に《先行する》知識に基づき人間に語りかけているということを、バルトは認めなかったと思われる。なぜならそれは、神の唯一の啓示としてのキリストの啓示という彼の理解と一致しなかったからである。しかしもしかするとここに、バルトの、まさにキリストの啓示の独自な理解の欠陥が現れているのではないだろうか。それゆえ、その啓示は、世界と人間が、福音によって告知された神と知識――たとえこの知識とこの所属性が啓示の概念によりひとつのまったく新たな光のなかに置かれるとしても――に属していることをすでに前提にしていることは、この理解の特質に入るのではないだろうか。しかしヨハネ福音書によると、神の子は、人間となったとき、異国の民ではなく「自分の民」（一・一一）のところへやってきた。さらにもちろんこれは、彼の民が彼を受け入れなかったことを意味し、しかしこの事態の切り刻むような鋭さの本質は、彼を受け入れなかった人間が異国の民ではなく、初めから彼の民であることにある。もしもそうであるとすれば、彼らの存在としたがって彼ら自身についての彼らの知識にとっても、それがまったく外的なものに留まりえないということもありうる。なぜなら、むしろ被造物の存在は――そして罪人の存在も――、彼らにおける、神の、神のロゴスの、そして神の霊の創造的臨在によって構成されているからである。いずれにせよパウロは、「世界が造られたときから」（ロマ一・二〇）神御自身によって開示された神の神性の知識、したがってイエス・キリストにおける神の歴史的啓示のずっと以前の知識について明確に語っている。ギュンター・ボルンカムが正しく強調したように、この知識は、たとえば人間の諸々の努力によって初めて実現される人間の《可能性》ではなく、人間にとりつき、そして人間が偶像礼拝に向かうことに弁解の余地がないことを示す、神によって基礎づけられた《事実》である(32)。したがって、神は造られた諸々の事物に基づき万物の起源および目標として認識され「うる」（《certo cognosci posse》）(33)という第一バチカン公会議（一八七〇）の定式は、少なくとも誤解であると判断されなければならないであろう。この定式は、問題になっているのは単純に神についての知識の事実性ではなく、人間理性の可能性と能力である（《naturali humanae rationis lumine》）(34)ことを示唆している。神についてのこのような事実的知識には、たしかに言葉のより普遍的な意味でその可能性も含まれているが、たとえ人間がこのような「可能性」についてまったく何も知ろうとしなくても、その可能性は人間の身近にある。すなわち人間は、自分自身のもとにある神の臨在から逃れられない。この定式に対するカール・バルトの批判は、人間が自由に処理できる可能性としての神認識に関する発言に反対しているが、これには理由がないわけではない（KD II/1, 86）。なぜなら彼はそのなかに、「神は神によってのみ認識されうる」（ebd.）という根本命題の毀損をみたからである。事実、パウロと異なり公会議のテキストは、創造の諸々の業に基づくあの神認識を明確に神の布告の結果として記述しなかった。他方、バルトが想定したように（KD II/1, 91f.）、神によるこのような認識の基礎づけを排除すること、あるいは「神思想の分解」を弁護することは、明らかに公会議の意図ではなかった。創造の諸々の業に基づく神の「自然的」認識の事実を人間の理性の光を通して確認することが問題であるかぎり、そしてこの事実がその根拠を神御自身――この神は、人間に創造から自分の神性を悟らせようとする方である――のなかにもっていることが常に前提とされているかぎり、われわれは新約聖書に基づく公会議の言明に反対することができない。第二バチカン公会議が啓示憲章（DV 6）を通して第一バチカン公会議の言明を再び受容したとき、事実、自然的神認識は、神の啓示の決定を通して与えられた救済史的枠組のなかに組み入れられた。

パウロの意味での神の「自然的」知識、つまりすべての人間のもとにある事実が論題とされる一方で、「自然神学」という表現が非常に一般化することは決してなかった。ここで問題になっている複雑な事態の理解のために必要なのは、人間の「自然的」知識を、たとえそれがどれほどより正確に記述されようとも、「自然神学」の現象と厳密に区別することである。この現象は、たしかにその知識と何らかの仕方で関連しているが、それと同一化することはできない。「自然神学」というテーマに関する近代の議論が絶望的な混乱状態に陥った責任の一部は、この事柄における明確な区別がなされなかったという欠陥にある。そのきっかけは、すでに古プロテスタント教義学の言語用法にあった。この教義学は、《theologia naturalis》という概念のもとで、神についての、被造物である人間に特有な知識（cognitio insita）と、神について獲得された知識の最も重要なケースとしての哲学的神認識（cognitio acquisita）を関連づけた。もしも最も普遍的な意味で、古プロテスタントの教義学の術語を用いていずれの神認識をも一種の「神学」とみなすならば、それによりまさに「自然神学」において概念史的に証明しうる事態が曖昧にされてしまう――この事態は「自然神学」が歴史的に特殊な現象であることを明示している。この現象において実際に問題になっているのは、人間のまったく特別な「可能性」つまり哲学者たちの論証的に展開された神論である。「自然神学」という表現が最初に現れるのは、中期ストアの創立者パナイティオスの作品である。彼と若きスキピオのサークルとの諸々の繋がりを通して、紀元前二世紀の後半にストアの思想はローマに到達した。パナイティオスは哲学的神論を、一方で詩人たちの「神話的神学」と区別して、また他方で国家権力によって整えられ、そして国家によって保持された祭儀の「政治神学」と区別して、「自然神学」と呼んだ(35)。この表現の意味は、ソフィストの哲学を通して提起された「生来(von Natur aus)」についての問い、すなわち、その妥当性が――それが、慣行と血統を通してであれ、あるいは政治的制定を通してであれ――人間の措定(《thesis》)にのみ基づいているものと区別された、おのずから(von sich aus)真なるものについての問いと関連している(36)。したがって「自然」神学は、次のような神についての発言として理解することができる。つまりそれは、自然つまり神的なものそれ自体の本質に対応し、そして国家的諸文化と結びついた政治的諸関心によって歪められることのない、しかし詩人たちの詩的表象つまり「諸々の捏造」によって生ずる歪曲からも自由な、神についての発言である。したがって哲学的神認識は「自然的」である。なぜなら、たとえばそれは人間の自然、つまり人間理性の諸原理と理解力に適合しているからではない。むしろそれは、神的なものの「自然」、つまり神御自身の真理に対応し、人間の措定に依拠する「実定的」(positiv)形態における宗教の歪曲に反対するからである。

ストアの言語用法は、初期のミレトス学派の自然哲学以来すでに哲学的神論の目標であったものを概念化した。ヴェルナー・イェーガーの指摘によると、世界の神的起源の真の形態についての問いは、しかも「物理学者」(37)としての最古の哲学者たちの、アリストテレスに遡る記述と対照的に、ソクラテス以前の哲学の発展における促進的動機であった。

このような問題設定の思想的諸前提は《第一に》次のことにある。つまり、ギリシャ人の神理解により、類似の機能をもつ見知らぬ神々を当該の自分たちの神々と同一のものとみなし、そしてその名前で呼ぶことが明らかに可能になったことである(38)――なお、ギリシャ諸都市の交易上の諸々のつながりを通して得られた異なる諸文化の知識との関連で、また小アジアに対するペルシャの支配の拡大との関連で、その問題設定の諸々の歴史的理由が挙げられているが、それらはまだ決して確かなものではない。それは、諸々の機能ないし属性を神の名前から切り離して神的なものとして命名するための条件であったと思われる。《第二に》すでに世界内の諸々の出来事に対する創始者の機能に集中していた神理解が(39)、明らかに、宇宙全体の起源に関する古代オリエントに由来する宇宙進化論的かつ神統系譜学的諸観念と結びつけられた(40)。なぜなら《第三に》万物の起源であるものはそれ自体始めも終わりもなく、したがって不死で、すべてを「包括」していなければならず、それゆえ神々の諸属性をそれらよりも多くもち、したがって神性という点で独自な神話的伝承の神々に勝っているからである(41)。

初期の「自然神学」は、そもそも神が存在することを証明するための議論を展開しなかった。神的起源の存在は議論の余地のないものとして前提されていた。哲学的神学の対象となったのは神の存在に対する懐疑ではなく、神的なものの特性に関する問いであった。神的起源に関するイオニア学派の「自然哲学者たち」の諸々の異なる命題はこの問いに関連していた。その際これらの相違は、次々と為される解決の試みからひとつの関連する問題史が再構成されるという性質のものである(42)。神話的伝承に反対する批判的方向性のなかで、直ちに、神的起源の統一性と霊性（Geistigkeit）に関する、しかしまたその不死性と初めのない永遠性に関する高次の一致が生じた。さらにあらゆる変化の最高の根拠としてのその機能から、その根拠それ自体は直ちに変化することのないものと考えられ想定された(43)。もちろん神的起源の《特性》の解明を目指す論証のなかの少なくとも若干のものは、そのような性質をもつ神性の《存在》を証明するために用いられるということもありえた。クセノファネスの報告によると、すでにソクラテスは、自然的世界のなかで出会いうる秩序に基づいて、神的起源の精神性（Geistigkeit）のためのアナクサゴラスに遡る論証を、すべてのものを非常にみごとに配置した「賢くて友好的な職工長」の《存在》についての確信を根拠づけるために用いた（Memorabilien I, 4, 2ff.）。さらに、諸々の身体的運動を説明するためにひとつの精神的（seelisch）原理が要求されるということを証明するための諸々のプラトン的努力のなかに、またアリストテレスによるこの論証の修正のなかに、さらに運動に基づく神証明の発端がみられる(44)。したがって神的起源の特性についての問いは、その存在のための諸々の論証に移行することができた。しかし、その特性についての問い、神的なものの「自然（Natur）」についての問いが、哲学者たちの「自然神学」の中心にあったことは重要である。なぜならこの視点のもとにおいてのみ、神話的伝承に対する彼らの批判的関係が理解できるようになるからである。

ここから、初期キリスト教の神学が哲学者たちの「自然神学」の諸成果を自らのものとして受け入れたことが理解できる。このような受け入れは、哲学者たちの素行と偶像崇拝に対するあらゆる批判にもかかわらず、キリスト教の教父たちにおいていたるところで《事実として》起こったことである(45)。しかしもしもこの出来事を、そのなかでキリスト教の福音が今や告知されるべき文化世界の精神的風土に対する適応としてのみ捉えるとすれば、この出来事はまだ適切に理解されてはいない。問題はいわゆる教育学的「結合」をはるかに越えている。その際、キリスト教の神がユダヤ民族の神であるだけでなく、すべての人間の唯一の神であるかぎり、問題になったのはその神の真理性であった(46)。哲学者たちの「自然神学」はそのための諸々の判断基準を定式化した。つまりそれは、どのような諸条件のもとで、その主張されているある神が全宇宙の創始者として真剣に考えられうるのかを判断する基準であり、またキリスト教の告知は、イエス・キリストにおいて人間を救済する神は天地の創造者であり、したがってすべての人間の唯一の真の神であるとのキリスト教の主張が真剣に受けとめられることを望むのであれば、これらの判断基準に向き合わなければならなかった。哲学的神学の諸々の判断基準に対応するために、それらの定式の批判的修正を排除する必要はなかった。そして教父たちの場合このような批判的修正はそれほど徹底されず、ほんのわずか部分的になされたにすぎなかった。その結果、この点であまりにひどすぎるとの訴えは起こらなかった(47)。しかしこのような修正は、そのなかでひとりの唯一の神の真理が明らかになるあの普遍性を要求することができるための権利を、哲学的論拠に基づいて証明しなければなかった。

キリスト教神学においてこの課題はすでに使徒パウロを通して暗黙のうちに提起されていた。彼は、ガラテヤの人びとが回心する前に崇めていた神々についてこう述べている。「あなたがたはかつて」——キリスト教の使信と対照的に——「もともと神でない神々に（physei mē ousin theois〔ギ〕）奴隷として仕えていました」（ガラ四・八）と。この言明は、パウロの福音がその啓示を告知する聖書の神が、ただひとりの真実な神、つまり「その本性からして（seiner Natur nach）」神である方だということを含意している。パウロのこの定式は、ここで言葉の元来の意味での「自然神学」の哲学的問い、すなわち「その本性からして」神的であるものについての問いと厳密に重なっている(48)。したがってキリスト教的思惟にとって、世界の起源として考えられなければならない真に神的なものの、哲学者たちによって定式化された諸々の判断基準との対決が避けられなかった。すなわち、キリス者たちによって告知される神はこれらの判断基準に対応している（もしくは哲学者たちによって定式化された諸属性を所有している）こと、あるいはこれらの判断基準が適切に定式化されていないこと、つまりひとりの神についての発言にとって欠くことのできない創始者の機能を十分に記述していないことが、明らかにされなければならなかった。

キリスト教の教父たちはこのように提起された課題を実際に引き受けたにもかかわらず、「自然神学」の概念が明確に論じられることは比較的少なかった。それは、テルトゥリアヌス（ad Nationes 2）、カイサリアのエウセビオス（Praeparatio Evangelica IV, 1）、そして特にアウグスティヌスの『神の国』に時折みられるだけである。アウグスティヌスは、プブリウス・ムキウス・スカエヴォラによって与えられ、マルクス・テレンティウス・ヴァロによって伝承された様式にみられる神学概念のストア的三分法を知っていた——この様式のなかでその三分法は「国家宗教を弁護するために」造り変えられた(49)。アウグスティヌスは、その学識のゆえに讃嘆されたヴァロを、神話的神学がみられるとして批判した。ただし彼は政治神学を批判せず、哲学者たちの自然神学を学派間の議論に限定しようとした（Civ.Dei VI, 5）。アウグスティヌス自身は、彼によって正当にも神話的神学と緊密に結びついているとみなされた政治神学に特に反対した（VI, 7）。しかし彼は、基本的に、哲学者たちの自然神学を肯定的に評価した。なぜなら真の哲学者は神の恋人だからである(50)。もちろんこれはすべての哲学者に同じような仕方で当てはまるわけではない。哲学の種々の学派を見渡すと（VIII, 2ff.）、それらすべてのなかでプラトン主義者たちが、特に神のその霊的（geistig）理解のゆえにキリスト者に最も近いことが明らかになる（VIII, 5）。ローマ一・一九のパウロの言葉はそれゆえ特別な仕方で彼らに当てはまる。なぜなら彼らは目に見えない神の力と神性を認識したからである（VIII, 6）。しかしながらこのような近さにもかかわらず、アウグスティヌスはプラトンとプラトン主義者たちをまったく批判しなかったわけではなかった。彼の批判は人間論と霊魂論に集中したが(51)、神論にはほとんど向けられなかった。すなわちアウグスティヌスによるとプラトン主義者たちは三一論も知っている――三一論に関する彼らの表現に異論がないわけではないが（X, 23と29）。ただし彼らは依然として受肉だけは知らなかった（X, 29）。

アウグスティヌスにとって、キリスト教の神論がそのプラトン的形態における哲学者たちの「自然神学」と原理的に異ならなかったことは明らかである(52)。したがってこの自然神学は決してキリスト教神学の前段階を形成するものではなく、アウグスティヌスにとってキリスト教の神論は、「自然の」すなわち神御自身の本性（Natur）にふさわしい神学――彼の確信によるとこの神学は、聖書の諸証言のなかにその最も明白な表現を見出した――の純化された形式と一致していた。

聖書の神の啓示と自然神学の概念との関係に関するアウグスティヌスにおいて認められる理解は、中世のローマ・カトリック教会のなかで変化した。十二世紀以来、特にギルベルトゥス・ポレターヌス以来、理性的認識に近づくことができるのは神の統一性だけであり、その三一性ではないという理解がますます広がっていった(53)。プラトンに代わってアリストテレスがこの時代の規範的哲学者になると、哲学的神学のこの限界はいっそう厳密に捉えられるようになった。トマス・アクィナスにおいて、理性的認識（《cognitio naturalis》）に近づきうるものは、信仰の条項（《articuli fidei》）と鋭く区別され、そしてそれは後者について論ずるための序（《praeambula》）に組み入れられた（S.theol.

I,2 ad 1)。他方でトマスもなお彼の『神学大全』のなかで、三一論を含めた神論を、世界の第一原因としての神という概念に基づく一貫した論証過程のなかで展開することができた。自然神学と超自然神学という二つの認識秩序はまだ鋭く切り離されていなかった。比較的後のトミズムつまりバロック・スコラと新スコラが、自然神学と超自然神学という「二階建ての図式」を初めて完成させたのであり、今日これはカトリックの神学者たちによっても批判的に評価されている(54)。

バロック・スコラと古プロテスタント神学において、自然神学の概念が啓示神学の反対概念として再び現れたとき、その意味は徹底的に変更された。その「自然的」とは、もはや「神の本性（Natur）にしたがって」という意味ではなく、むしろ「人間の本性（Natur）にしたがって」という意味であった。この呼称によって想起されたのは、まず第一に、神の超自然的現実との関係における人間の本性の諸限界、特に人間の理性の諸限界であった。しかし他方、そのように理解された「自然神学」は、人間に、つまり人間の本性にふさわしい神認識の形式としても推薦されるようになった。十七世紀と十八世紀になると、このような視点のもとでフュシス（physis）とテシス（thesis）の古い対立、つまり自然の無拘束性と人間の伝統および措定の実証性の古い対立の新たな局面が生じてきた。諸々の宗教戦争の破局の後、キリスト教の諸教派によってなされた啓示に関する互いに矛盾する諸要求は伝承の単なる諸々の措定にすぎないと思われ、そして相互に信用を失わせる諸々の宗教的真理要求と比べると、新しい社会秩序と文化の基盤としては、人間にとって自然的なものが思い起こされるようになった。そのさい啓蒙主義は、もしも神が人間とその理性の創造者であるとすれば、人間の本性に対応するものはたしかに神にも対応していることを確信していた。

啓蒙主義の人間像においては人間の現実の破れがせいぜい第二義的なものにすぎないと人びとは批判してきたが、この批判は正しい。特に理性に対する信頼は、これによっても依然としてゆるがない。ここで取り組むべき問いにとってこの事態がもつ影響力は、しかしながら限られている。なぜならまさに非同一性の意識は、同一性についての知識、したがって真理についての知識という引き立て役に基づいてのみ可能になるからである。曲解という罪が強調されるとしても、人間がもはや神の被造物として語りかけられなくなるほどに神学的に強調されてはならない。そのかぎりで、人間の本性とその創造者の間の対応も依然として存在する。このことは、もしも創造者が存在するとすれば、そのときにのみ真実である。そして人間とその本性に基づいてこれについて確信がえられるかどうかは神証明の問題であり、この神証明は自然神学の近代的形態におけるいわば分岐点となった。

3　自然神学の神証明と哲学的批判

神認識が、理性の省察と論証によって獲得されなければならないという意味で「自然神学」の問題であるとすれば、それは最終的に神証明に依拠している。たしかにこのような自然神学は単なる神証明以上のものを含んでいる、すなわち、神のものであると認められる諸属性の論究と、このような特性に関する諸言明がどのようにして形成されうるのかという問いの解明を含んでいる。近代においては、いずれにせよ自然神学の概念が自然宗教の思想と明確に区別されない場合には、神を崇敬するという人間の義務と、これと関連する他の諸々のテーマもこの自然神学の概念に算入された。しかしこのような個々のテーマの妥当性は全体として神の存在という前提にかかっている。そしてもしもあらゆる神認識が獲得されるものと考えられているとすれば、それは最終的に神の存在のための論証にかかっている。これは、すでにトマス・アクィナスの見解であった。ただし彼は、彼の合理的神論のためになお「自然神学」という表現を用いることはなかったし、また彼は、人間が最高善としての神に関係づけられている存在であることを知りつつそれをテーマとすることはなかった。すなわちトマスによると、人間はいずれにせよこの現在の生における世界経験を通して（über）のみ神の知識と認識、神についての表象に到達する。たしかにトマスによると神認識についてのある形式は常に人間の本性に属するが、この地上の生において人間は、物質的世界の認識を通して、つまり感性的に知覚可能な諸事物の経験を通してのみそれに到達する(55)。このような見解はアリストテレスの経験主義の帰結であった。それゆえボナヴェントゥーラやヘントのヘンリクスのようなアウグスティヌスの伝統に立つ神学者たちと異なり、トマスにとって世界経験は神認識に至る唯一の入り口であった。それゆえ彼の場合、世界経験から出発する神証明は神認識一般にとって根本的な重要性を獲得した。

全体的にみると、諸々の神証明の根本的機能は近代の哲学的神学にとっても依然として特徴的なものである。ただし、それらの神証明に対する関心は、トマスの場合のように世界から出発する証明にもっぱら集中しているわけではない。ほぼ二百年の間、議論の中心にあったのはむしろ存在論的神証明であった。それは神の存在を、その本質概念と必然的に結びついたものとしてこの概念から演繹する(56)。デカルトは、カンタベリーのアンセルムスによって定式化され、しかしトマス・アクィナスによって退けられた存在論的証明を新たに基礎づけた(57)。しかも彼は、人間の精神に生まれつき備わっている神観念の主張と密接に結びつけてそのように行った(58)。存在論的証明の負担能力に関する特に十八世紀に非常に活発になされた議論は、もちろん直ちに、宇宙論的証明への遡及がなければ、その出発点は十分に基礎づけられないことを明らかにした。他方、人間の精神のあらゆる活動と思想にとって本来構成的な神観念というデカルトの命題は、背後に退いた。

世界の諸事物の偶然性からその存在の起源——この起源は、そこに存在するために決して他のものを必要とせず、それ自身を通して存在し、その結果その存在は必然的にその本質概念に属する——を推測する宇宙論的証明は、デカルトの存在論的証明に関する議論のなかで重要になった。なぜなら、それは必然的に存在する本質（《ens necessarium》）の概念に通じるからである——この概念は、いずれにせよ生産的な形態におけるこの証明の遂行ための鍵概念となっていた。宇宙論的証明は、カントが感覚世界の境界を越えて因果的な考え方を適用することは理性に反すると述べるまで、《ens necessarium》の思想に客観的妥当性を与えることができた。

すでにライプニッツは、そのモナドロギー（一七一四）のなかで存在論的証明を宇宙論的証明と結びつけた(59)。これはもちろん、ライプニッツが存在論的証明を、すでに論じられていた宇宙論的証明の結果に基礎づけようとしたことを意味しない。むしろ、両者は異なる仕方で必然的に存在する存在（ein notwendig existierndes Wesen）へと通ずる、と彼は考えた。すなわちライプニッツは、ひとは絶対的に完全な存在（Wesen）の思想からもこの概念に、したがって純粋にアプリオリ(60)に、つまりあらゆる経験から独立して到達しうると信じた。カンタベリーのアンセルムスの場合、絶対的に完全なものの思想（《aliquid quo maius cogitari nequit》）は存在論的証明の出発点であったし(61)、デカルトの場合も初めはそうであった。なぜなら彼にとって、われわれのすべての表象の基礎となっている無限なものの観念は絶対的完全の思想と同じ意味をもつとみなされたからである(62)。しかしデカルトは、存在論的証明の彼の新しい定式化の議論を展開するなかで、彼の証明の的確性にとって決定的重要性をもつのは絶対的完全の契機としての必然的存在の思想であることを認識した(63)。その結果、本来、必然的存在（Dasein）の概念は証明の核ないしさらに基盤を形成しているが、そのさい次のことが前提とされている。つまり、この思想において問題になっているのは主観的想像の産物ではなく、客観的存在（Wesen）の概念である。若干の批判者たちは、絶対的に完全なものの思想のためのまさにこの前提に疑念を抱いた。しかしながら必然的に存在するもの（Existierendes）の場合、この思想の客観性は、有限な事物の偶然性からひとつの必然的に存在するものへと通ずる宇宙論的証明によって保証された。ライプニッツ自身は、必然的に存在するものを絶対的完全の思想に基礎づけることの利点を知っていたにもかかわらず、この道を選択しなかった。すなわち彼は、ひとつの絶対に存在するものという仮定を他の純粋に概念的方法によって導きだそうとした(64)。しかしクリスティアン・ヴォルフの場合、宇宙論的証明は今や実際に彼の自然神学の基盤となった（一七三六／三七）(65)。完全な存在としての神という思想は、二次的に初めてつけ加わったものである。アレクサンダー・バウムガルテンもこの理解に従った。内容的には、カントも『純粋理性批判』（一七八一、A 584-587）のなかで、思弁的神証明に対する批判への序において同じことを行った。もちろんバウムガルテンはその伝統的形態における宇宙論的証明を、つまり単に偶然に存在する諸事物からそれ自身で存在するひとつの起源を単純に推測する論証を決して一義的な神証明とはみなさなかった。なぜなら必然的に存在するものも物質でありうるからである(66)。サミュエル・クラークもすでに同様の諸見解を論じていた(67)。そしてこれらの見解は現代にもみられる(68)。必然的に存在するものという概念は、それと共にあらゆる完全を喜ぶ存在（Wesen）

が存在する（existiert）という必然性であるためには、絶対的完全の思想によってさらに厳密に規定される必要があった(69)。存在論的証明のためのより確かな出発点を獲得するために、デカルトは反対に、必然的に存在するものの思想による絶対的完全のより厳密な規定を不可欠なものとみなした。そしてライプニッツは、必然的に存在するものの思想はすでに神思想と同一であると考えた(70)。後にヘーゲルも同様に判断した。つまり、ひとは次のことをまったく承認することができるであろう。「もしもこの規定が、いわゆる自然神学のあの形而上学的規定よりもさらにいっそう深いものをも、事実、自らのうちに含むキリスト教の表象を極め尽くすことがないとしても、神、そしてただ神のみが絶対的必然的存在（Wesen）である」(71)。ではカントは、この点で、偶然的なものから必然的に存在する存在を推論することにより「《何かひとつの》必然的な存在の現存在」へと至るというバウムガルテンの考えにまったく無批判に従ったのだろうか(72)。いずれにせよここから、神証明としての宇宙論的証明は、ひとつの必然的存在の概念に至る第一歩を越えて、「あるひとつの存在の無制約的必然性からその無制約的現実性」を推測し、そのようにして最高の現実性とその絶対的必然性との結合」（A 604）――この最高の現実は存在論的証明の特色である――を含む、というカントの理解は納得できるものとなるであろう。カントの批判はこの証明のいわゆる第二歩に向けられており、こう述べている（A 606ff.）。絶対的完全から現存在へと至る存在論的証明はすでにその証明の基礎となっている(73)。しかしながらその際なお問題になっているのは、宇宙論的証明ではないのか。ヘーゲルは、宇宙論的証明は存在論的証明に依拠しているとのカントの主張を退けた。なぜならこの論証過程にはすでに必然的に存在するものの思想と共に（偶然的諸事物の存在の条件として）その存在も含まれているからである。それゆえ、そこらから《必然的存在（ens necessarium）》の現存在を初めて推論するために、絶対的完全（もしくは無制約的現実）の思想へと向かう必要はなかった。すなわち、「しかし宇宙論的証明においては、この存在はすでに別の場所で前提とされている」（a.a.O. 142）。

カントの場合に宇宙論的と呼ばれた証明は、神証明の歴史において、世界からその起源としての神に遡る決して唯一の証明ではない。それはむしろ互いの間で非常に異なる多様な論証のひとつの全体的区分に属している。カント自身は彼の「宇宙論的」証明と並んで「物理神学的」証明を取り扱った。この証明は、自然の秩序からこの秩序のひとりの知的創始者つまりひとりの知的「職工長」を推論しており、そしてそのかぎりでいずれにせよ「宇宙論的」性格をもっている。この証明は、トマス・アクィナスが彼の『神学大全』のなかで当時議論された比較的多くの論証から選び出した、神の存在証明の「五つの道」の最後のものに対応する[74]。神の存在のための諸々の論拠のこの古典的集成のなかで、有限な諸事物の偶然性から、世界の存在（Dasein）の起因として、それ自体を通して、またそのかぎりで必然的に存在するものへと通じる論拠は、第三番目の論拠となっている。ただし、たしかにそれは、カントの場合に前提とされているライプニッツの偶然性の証明とは非常に異なった形態となっている。しかしこれらの「五つの道」の残りの三つもすべて宇宙論的性格をもっている。すなわち第四の道は、事物において出会いうる種々の完全性の段階から、最も完全でその他すべてのものの完全性の基準として機能しうる何ものかが存在するにちがいないということを推論する。したがってこの第四の道は絶対に完全なものの概念に通じている――この概念は、存在論的神証明の歴史のなかで非常に重要な役割を果たしたが、トマスの場合には世界経験から基礎づけられた。この論証は、自然の秩序からひとりの神的職工長を推測する推論と同様に、ギリシャ哲学にまで遡る[75]。このことは、トマスによって「五つの道」と呼ばれたものの最初の道、つまりアリストテレス（と、すでにプラトン）[76]に遡りうる、運動に基づく神証明にも当てはまる。トマスは、この証明には、つまり動かされるものはすべて他の何ものかによって動かされるとの確認から、ひとつの最初の動かすものを推論するこの証明には、特に説得力がある《manifestior via》と考えた[77]。神証明に関する近代の議論のなかで、それが、諸々の作用因の出現に基づきひとつの最初の作用因を推論する第二の道というよく知られた論証と同様にほとんど役割を果さなかったことは、なおさら特異なことである。この代わりに近代では、トマスの第三の道、つまりいわゆる偶然性による証明が、もちろん変形した形においてではあるが、端的に宇宙論的証明となった[79]。このことはどのように説明すればよいのだろうか。

この問いは諸々の歴史的研究を要求するが、ここでそれを行うことはできない。しかしわれわれは、運動に基づく証明も、一連の諸々の作用因における最初の部分の証明も、近代の思惟にとって無用なものになったことの諸条件を挙げることができる。双方の証明とも、ひとは、一連の諸々の原因のなかで、最初の部分に至ることができなければ、無限なものに遡ることはできないという仮定に基づいている。その基礎づけは、最初の部分がなければつながり全体それ自体が崩壊し、したがって運動も作用因も起こりえないということにあった。このことは、書き続けるかぎり動かすことを止めてはならないペン軸を動かす手のように、もしも系列の最初の部分に端緒の機能が与えられるだけでなく、それを越えて系列のそれに続くすべての部分の運動と作用のための持続的作用が必要であるとすれば、明白である。これについてすでにウィリアム・オッカムは次のことに気づいていた。つまり、最初の原因は発生の系列において不可欠ではなく、惹起されたものの保持の場合にのみ必要である。すなわち産出の系列において、産出されたものは産出するものがすでにもはや存在しないときにもなお存続することができる。それは世代の継続の例が示すとおりである。しかしながら存在が保持されるためには、最初の保持する原理が必要である。なぜなら保持作用の持続は、すべての中間原因と共にその原理の活動に依存しているからである(80)。しかしながら存在における有限な諸事物の保持の原理としての神の存在という仮定は、それらの諸々の運動と活動における保持の原理としての神の存在という仮定と同様に、デカルトによる慣性の原理の導入と、アイザック・ニュートンによる《vis insita》としての）そのより詳細な規定の導入によって、すべての事物に、それが休止の状態であれ運動の状態であれその状態に留まる傾向があるとみなされて以来、余分なものになった。こうして力学的世界像の枠組においては、自然の出来事を理解するための神思想は無用にならざるをえなかった(81)。

自然の力学的説明に基づいて、運動の最初の原因という推論と、諸々の作用因の系列の最初の部分という推論は、説得力を失った。そしてその程度に応じて、世界経験から神の存在を証明しようとする諸々の努力は、一方で、自然の合目的的な配置と、他方で、すべての有限な存在の偶然性という視点へと移行しなければならなかった。前者は、啓蒙主義の時代の物理神学が体験した昂揚期に起こった(82)。そして後者は、端的に宇宙論的神証明として、偶然性の証明に焦点を合わせた。

トマスの場合、第四の道で、段階の証明から明らかになった絶対的に完全な存在としての神という思想は、ライプニッツにおいても、「われわれが神についてもつ、最も広く用いられている、そして最も特徴的な概念」(83)とみなされた。しかし彼にとってそれはもはや、より大きな、またよりわずかな完全性の、世界において出会いうる諸段階に基づいて宇宙論的に根拠づけられるものではなかった。それは、充足理由率に基づき世界の諸事物の偶然的存在から必然的存在の概念へと至る偶然性の証明によって根拠づけられた(84)。デカルトは、最も完全な存在一般としての神の思想を世界経験から演繹せず、人間に植え込まれた無限なものの理念と直接結びつけられたものとみなした(85)。彼はカテルスに対する返答のなかで、「感覚世界の目にみえる秩序に基づく」神証明に反対する理由をも認識するように勧めた。つまり、原因の系列を無限に遡ることが不可能であることを省察する諸々の作業は不確実であることを認識するように勧めた。彼によると、そこには最初の原因がまったく存在しなかった、諸々の原因の無限の連続性という観念を概念的にとらえることはできず、したがってそのなかのいずれかが最初の原因であったにちがいないという結論を引きだすことはできない。「それゆえむしろわたしは、諸々の原因の連鎖に依存せず、知られているものが何も存在しえないという具合にわたしに知られているわたし自身の存在を、わたしの証明過程の出発点にしたいと考えた。……」(86)。この所見において神証明の宇宙論的基礎づけから人間学的基礎づけへという方向転換が表明されており、それはデカルトと共に始まった。

デカルトは、この人間学的方向転換によって神思想の客観性が危うくされることをまだ理解していなかった。たしかに彼は、神の理念は人間の精神を無限に凌駕するがゆえに、それを人間精神の産物として理解することはできないと考えていた(87)。しかしデカルトの討論の相手の多くは、すでにこの論証の説得力に疑念を抱いていた。デカルトも、絶対的に完全な存在としての神の理念はわれわれ自身によって形成されうることを認めていたが、まさにこのような可能性は、その理念の客観的内容にふさわしい原因をもつにちがいないと考えた(88)。この結論の不確実性により、サミュエル・クラーク(89)とライプニッツが、神思想の客観性を確保するために、宇宙論的証明に戻って考えた理由が分かってくる。そのさい注目すべきなのは、ライプニッツによって提示された形式における偶然性の証明が、原因の系列を無限に遡及することには見込みがないとデカルトによって判断された反論を伴わずに、行われていることである(90)。しかしライプニッツに由来する充足理由率は世界経験から生ずるのではなく、人間の理性のうちに根拠づけられており、その結果、ライプニッツによる偶然性の証明は簡単に世界経験との関連における理性の欲求の表現とみなされてしまう。こうして、理性の説明欲求を通して要求されたものの客観的妥当性についての問いが新たに生じてくる。たしかに、充足理由率の客観的妥当性ではなく、理性の欲求が説明されうることにより、まさにライプニッツは意図せずに宇宙論的証明の人間学的解釈にも決定的に貢献し、そして合理主義神学はすべて理性的欲求の表現であるが、客観的妥当性をもたないというカントによって提示された批判主義的解釈にその基盤を備えた。

『純粋理性批判』のなかでたしかにカントは、最高存在の現存在（das Dasein eines höchsten Wesens）のための「思弁的理性の証明根拠」（vgl. A 583ff.）を破壊したが、彼が同時にこのような最高存在の理性的理想の必然性を主張したことは簡単に見逃されている——「すべての経験的現実性のその最高かつ必然的統一性はこれに基づき、それは、理性の法則によるとあらゆる事物の原因であるひとつの現実的実体のアナロギーとしてのみ考えることができる」（A 675）。ひとはたしかにこの観念の形成を止めることはできないが、このような中止は「われわれの認識における完全な体系的統一性の意図と両立することができない」（ebd. vgl. A 698f.）。したがって神思想は、「わたしがその最高の完全性の内的可能性についても、またその存在の必然性についても最小の概念ももたないにもかかわらず」（A 675）、理性にとって依然として断念しえないままである。まさに問題になっているのは、経験的現実の統一性をその根拠から考える理性の不可避的欲求である。道徳法則は「最高存在の現存在を前提とするだけでなく、……端的に必然的であるがゆえに、正当にも、しかしもちろん実践的にのみ、それを要請する」（A 634）というカントの証明——『実践理性批判』において展開された証明——も、人間学的論証の同じ線上にある。こうしてカントは、神思想の宇宙論的基礎づけから人間学的基礎づけへというデカルトにおいて導入された方向転換を完結させた。ヘーゲルによる神証明の更新も、この結果の背後に遡ることはなかった。なぜならヘーゲルはもはや神思想を、神の存在（Dasein）を証明する孤立した理論的構成としてではなく、人間の精神が感性的所与と有限なもの一般を越えて無限なものの思想と概念の普遍性へと高揚すること（Erhebung）の表現として理解したからである。「いわゆる神の諸々の存在証明は、《思考する者》であって感性的なものを思考する《精神》の、それ自身における《歩み》の《諸々の記述》と分析とみなされうるにすぎない。感性的なものを越えていく思考の《高揚》、有限なものを越えて無限なものへと出ていく思考の《超出（Hinausgehen）》、……これらはすべて思考それ自体であり、この移行は《思考》にすぎない」(91)。

したがってカントと共に、ヘーゲルも神思想を理性のひとつの必然的観念（Gedanken）と理解した。しかしカントと異なり彼は、理性を単に主観的なものとして捉えず、まさに主観と対象それ自体との分離を、理性的認識を通して克服される悟性のひとつの主観的思惟形式とみなした。しかしながら、神証明の形式が有限な諸事物を固定的出発点として取り扱い、神の存在がこの出発点に依存する推論であるようにみえるかぎりにおいて、ヘーゲルもこの神証明の形式を批判した(92)。実際ヘーゲルによると、事態はその正反対である。「偶然性が存在するからではなく、むしろそれが非存在であり単なる現象であるからこそ、その存在は真の現実ではなく、絶対的必然性が存在する。そしてこれがその存在であり、その真理である」(93)。諸々の神証明のなかで遂行される有限なものを越えていく高揚は、その論証の論理的形式に逆らって、有限なものは最終的に自立的存在を所有しないことを意味している。

ヘーゲルによると諸々の神証明は、人間の精神が有限なものを越えて無限なものの思想へと高揚することの表現として、宗教の生命に対応している。それらは、神的現実に参与する宗教的高揚を思想的に濃縮したものである。ただしそれは悟性的思惟の形式で表現されている(94)。したがってヘーゲルは、神証明の種々のタイプを宗教の発展段階に応じて分類しようとした。つまり、宇宙論的証明を自然宗教に、物理神学的証明を精神的主体性の諸宗教に、存在論的証明を神の自己啓示の表現として啓示宗教に、それぞれ分類したのである(95)。このようにして彼は、哲学的神学が宗教のその時々の具体的歴史的形態に依存していることを洞察し、それを表現しただけでなく、諸々の神証明の歴史に関する近代の諸研究の成果を先取りした。それによると、諸々の神証明のその都度の形態は宗教的伝統の神理解と関連しており、他の諸々の宗教的文化の伝統的関連に移行する際には、徹底的に変革される。つまり、アリストテレスによる運動の最初の作用因の証明は、イスラム哲学と中世のキリスト教の思惟において創造者なる神の証明となった(96)。もちろんこれらの関連のより詳細な研究は、ヘーゲルが自然宗教に分類したこの神証明の修正も含んでいる。つまり、有限なものの偶然性から出発するまさに宇宙論的証明の、ライプニッツによって展開され、カントによって批判された形式は、イスラムの哲学においてもユダヤ教の哲学においても、そしてキリスト教においても、最終的に聖書に基礎づけられた創造信仰に基づいて初めて可能になった。

しかしながら、神証明と神思想一般の人間学的解釈は、神思想を諸々の単なる主観的欲求の表現として、また人間的・この世的な観念形式を無限なものの思想へと投影した産物として記述する無神論的論証の根拠ともなりえた。この論証形式はルートヴィヒ・フォイエルバッハによって初めて展開されたものではない。それはすでに無神論論争に関するヨハン・ゴットリープ・フィヒテの著作のうちにみられる。すなわち彼は、実体としての神および人格としての神の観念を、それは無限なものの思想に不適切であるがゆえに矛盾に満ちたものとして証明しようとした(97)。われわれはこの例から、神思想の内的無矛盾性についての古典的形而上学によって擁護された要求が断念されるとき、どのような結果が生ずるのかを学ぶことができる。すなわちその場合、その存在の諸契機は、なお心理学的にのみ解明されうるだけでなく、異質なものから成るものとして構成されうる諸々の根拠に基づいて、疑われてしまうにちがいない。フォイエルバッハの心理学的宗教論と彼の近代の後継者はすべてこの道を辿った。まだカントの場合のように、神思想がもはや理性の《誤りのない理想》（Kr. r. V. A641）でなくなるやいなや、それはもはや人間理性それ自体の本性の表現でもありえず、その原則の誤った適用の産物として、したがって原則として克服されうる錯覚と判断されるにちがいない。

これに対して人間学的「神証明」の機能の本質は、次のことを指摘することにある。つまり、神思想は、人間理性を考慮してであれ、人間実存の他の諸々の根本特徴を含めてであれ、人間の適切な自己了解の《本質的》構成要素であることを立証することにある。認識する意識は、意識それ自体に由来しない真理の光に依拠しているというアウグスティヌスの指摘は、すでに明らかに人間学的に論証しようとする神証明のグループに属している(98)。デカルトの第三省察にみられる、有限な諸事物のすべての表象に先行して、そしてその根拠になっている無限なものについての知識（Wissen）における、人間の意識にとって生得的な神の理念の指示もこれに属する。さらに実践理性批判におけるカントの道徳的神証明、またフィヒテの比較的後期の学問論において説明された、絶対的なものに基礎づけられている存在、つまり絶対的な存在による自由(100)としての自己意識の自己観察(99)、さらに、人間の自己意識の基盤としての絶対的依存の感情というシュライアマハーの指摘と(101)、自己意識と無限なもの及び永遠なものとの構成的関係というキルケゴールの命題(102)も、これに属する。まさにこのような試みの系列は現代に至るまで継続されている。一例として次のようなカール・ラーナーの命題を挙げておこう。つまり人間の自己超越において、存在のその先取りにおいて、神の存在がいつもすでに「共に肯定されて」(103)いる。エリク・H・エリクソンによって指摘された個々人の成長にとって基本的信頼がもつ構成的意味に関して、ハンス・キュングの神学的解釈も同様の議論を展開している(104)。

このような人間学的論証のいずれも、厳密な意味では神の存在を証明することができない。たいていの場合、このような要求は提示されず、人間と世界を超越し、いずれにせよ探究不可能な現実に人間が関係づけられていることだけが主張される。その結果、宗教的伝承にみられる神の名において、人間の自己経験の現実の根拠が保証される(105)。そのうえ、神の存在は、人間との関連においてだけでなく、特に世界の現実との関連で証明されなければならないがゆえに、すでに神の存在の本来的証明が問題になっているとは言えない。ここに、現代の思想においても諸々の宇宙論的証明方法とそれらに対する関心が持続的重要性をもつ理由がある。神について、特に、複数形を欠く単数形名詞

（Singularetantum）としての神について意味深く語ることができるのは、その神が世界の起源として考えられ、そして世界の現実がその存在の基礎づけ――この基礎づけは世界の現実それ自身のうちに見出されず、しかもその諸条件は諸々の宇宙論的証明において定式化される――に依拠していると考えられるという条件が満たされるときだけである。もちろん諸々の宇宙論的証明も、世界の存在のための究極的解明を求める人間理性の欲求がそれらの基礎になっているかぎりにおいて、人間学的に基礎づけられる。それゆえライプニッツの偶然性の論証も神の存在の最も厳密な証明には至らず、人間の思惟はあらゆる有限なものの偶然性を越えて、自己自身によって存在する起源の観念へと高められなければならないという必然性の確証に至るだけである。したがって宇宙論的証明は、まず、世界の諸事物の非独立性に直面して人間の理性が求める意味について何ごとかを語る。しかしこの指摘を通してそれは、少なくとも神に関する発言を知的に理解する可能性に貢献する(106)。同時にそれは、カントが「原存在（Urwesen）」についての理性概念のために要請したように、次のような重要な機能を維持している。つまりそれは、神に関する他の仕方で形成された諸言明を「《訂正し》……、特に、原存在の概念に逆らうものすべてに関する諸言明を《訂正し》、そして経験的諸制約の混入から純化する」(107)機能である。

これは、そこからもちろんすでに古代において哲学的省察という基盤に基礎づけられた哲学的神学が展開された宗教的伝承に対する古い自然神学の根源的機能であった。初期キリスト教神学もその批判的機能を認識していたが、神認識は哲学的省察という基盤にのみ基礎づけうるという要求は認識していなかった。神は神御自身を通してのみ認識されうる(108)。それゆえ神認識は神的現実の啓示を通してのみ可能になる。このような啓示がすべての人の前ですでに世界の事実のなかでたしかに起こったと主張することは、まさに神の存在を証明しようとする諸々の努力のなかに現れているように、神の存在に議論の余地があることに直面して困難になる。諸々の神証明とその証言力をめぐる議論の歴史の結果は、神の存在に議論の余地があるという事態はこのような諸々の論証によっても決定的には変えられないことを示している。しかしながらこれらの諸々の論証は、神についての発言にその知的認識の可能性を保証し、そしてそれによって神についての発言の諸々の判断基準を基礎づけることも可能にする人間と世界の現実の記述として、意味をもっている。この意味でキリスト教神学は、哲学とまさに哲学的神学にも、神についてのその独自な発言のための批判的機能を承認しなければならない(109)。しかしこのような結論は、最近の福音主義神学においてなされている「自然神学」の概念と方法に対する批判にもちこたえられるのだろうか、それともこの批判に見舞われるのだろうか。

4　自然神学の神学的批判

すでに述べたように、古プロテスタント神学は自然的神認識と自然神学を区別しなかった（九四頁以下を参照）。自然神学と自然宗教の区別もなされなかった。この状態は、部分的には、自然的神認識と自然神学の概念がロマ一・一八—二〇とロマ二・一四の組み合わせに基づいて根拠づけられたことから理解することができる。すなわちそれによると、神の律法の知識（Kenntnis）は神についての知識（Wissen）と神崇拝の義務も含んでいなければならなかった(110)。したがって問題になりうるのは、チャーベリーのハーバートが主張したように、神についての自然的知識に対応する神崇拝は人間の救済にとって十分かどうかということだけである(111)。ルター派の後期正統主義はこの問いを否定した。なぜならたしかに神崇拝にふさわしい形式ではなく、神崇拝の戒めが、神についての自然的知識によって知られているからである(112)。ハーバートの理神論的信奉者たちは、それなりの理由をもってこれを嘲笑した。すなわち、恵み深い神は人間に神崇拝の義務を課したが、どうしてその適切な形式についての知識を与えなかったというのだろうか。それゆえヨハン・フランツ・ブッデウスは、自然的神認識は、罪の状態にある人間にとって神の怒りの和解に至るいかなる手段も準備しないことを指摘するにとどめた(113)。これに対し理神論者たちは、神は、神がわれわれから要求している悔い改めがみられるときには、ゆるしを与える用意があるという論拠をもって、神の怒りをなだめる必然性に異論を唱えたという点でもチャーベリーのハーバートの見解に従った(114)。いずれにせよブッデウスも、サミュエル・クラークと同様に（Boyle Lectures）、来るべき和解と来るべき救済への希望はすでに自然的神認識のうちに基礎づけられていることを仮定した(115)。彼によると、その希望はアダムから純粋なまま族長たちに受け継がれ、他方、異教徒の諸宗教においては、この根源的神認識は迷信によって覆い隠されている(116)。

これらすべての理解の根底にあるのは、啓蒙主義の自然宗教は人類の根源的宗教でもあったとの仮定である。この仮定は、一七五七年、デイヴィド・ヒュームが彼の『宗教の自然史』のなかで説明した次のような命題によって、決定的でたしかに初めて長期にわたって完全に影響を及ぼす衝撃を与えた。すなわち人類の宗教史の初めにあったのは「自然宗教」の一神教ではなく、自然の諸力に対する無知と恐れと希望から生じた多神教的崇拝であった(117)。人間の精神は不完全なものからより完全なものへと段階的にのみ高まっていく。したがって有神論の純化された神観念は人類の宗教的発展の終りに初めて現れることができる(118)。ヒュームはなお、理性がその歴史の初めに存在することができたと想定することは難しく、その神観念は原則として理性に対応すると信じていた(119)。彼によると、一神教はむしろ、廷臣が領主に卑屈な仕方で捧げるような名誉心と追従から成る諸々の情念から生じた。すなわち、アブラハム、イサク、ヤコブの神のような個別的神性が最終的に唯一の神に高められた(120)。

人びとがヒュームの諸々の説明に従ったとき、宗教の現実とその歴史についてのそれまで支配的であった理解は、徹底的に変革された。それはいわば頭から足に至る徹底的なものであった。つまり今や、もはや理性ではなく人間の諸々の情熱が宗教の起源とみなされた。実定的諸宗教はもはや、啓蒙主義の自然宗教と一致する根源的一神教の堕落した形式としてではなく、反対に、その終りにようやく一神教を生み出した発展の前段階として、しかも理性的宗教の諸々の根拠とまったく異なるものから生じたと考えられた。

宗教の歴史的現実に関するヒュームから出発した完全に新しい意識の方向づけがなければ、シュライアマハーによる実定的諸宗教との関連における「自然宗教」の評価はほとんど理解できない。多数のしかも多様な宗教を扱った一七九九年の『宗教論』の最終版において、シュライアマハーはまた「自然宗教」の概念に基づいて次のように語り、主張した。つまり、自然宗教は実定的諸宗教と比較して、「それ自体、本来決して存在しえない無規定的で貧相な、そして、つまらない理念にすぎない」(121)。一八二一年の信仰論においてはこう述べられている。つまり、自然宗教は、「決して宗教共同体の基盤としては」存在「せず」、最高の秩序をもつすべての敬虔な共同体の教理から、すべてのもののうちに存在し、ただし各自が異なる仕方で規定されているものとして、バランスのとれた仕方で抽象化されたもの」を含んでいるに「すぎない」(§10、補遺)。

『宗教論』においてシュライアマハーは、自然宗教の価値を低く見つもる際に、彼が啓蒙主義の時代の支配的見解に対立するものを意識していたことを示唆している。しかしながらヒュームの名前はあげられていない。もちろんシュライアマハーは、内容的に神学のために、宗教史のヒュームによる記述によって変革された状況から諸々の帰結を引きだした。そのさい彼自身の宗教概念はヒュームのものとまったく違っていた。シュライアマハーはヒュームと異なり、実定的諸宗教の、個性の思想によって媒介された肯定的価値評価を提示することができた。これに対応していたのは、ヒュームの場合にはこの形式をとっていない「自然宗教」の彼による評価であった。しかしながら彼の理解は内容的にヒュームの理解に非常に近い。なぜなら彼も、歴史的には一神教は理性宗教の産物ではなく、他の諸々のモチーフから生じたことを強調したからである。ヒュームは、啓蒙主義の理性宗教は、最高に発展した実定的諸宗教から《抽象化》されたものであるとは言わなかった。なぜなら彼は、啓蒙主義の理性神学の論証を条件つきで受け入れたにもかかわらず、原理的にこのような概念に固執し、しかも彼は、あらゆる実定的宗教の迷信に反対し、哲学に賛成する選択をしたという意味で、こう言うことができるからである。他方で、シュライアマハーの宗教論の業績は実定的宗教の概念を復権したことにあった。これにより今や彼は、宗教史の新しい像に基づき自然宗教それ自体の概念のために、自然宗教は、最高に発展した諸宗教に共通なものを抽象的に省察した産物にすぎず、したがって実定的諸宗教に依存しているとの結論を引き出すことができた。ここには哲学的神学の歴史的（すなわち宗教史的）相対化われ続けたからである。

もみられた。この相対化は理性それ自体の歴史性も含んでいた。それはもちろんシュライアマハーよりもヘーゲルによって考え抜かれている。なぜならシュライアマハーは哲学者としてヘーゲルよりも超越論的哲学の問題設定にとらわれ続けたからである。

自然宗教の概念に対するシュライアマハーの批判は決して神学的要請の表現でなく、彼の時代の宗教論の進歩した——当時はまだ決して一般に知られていなかった——発展状況（とこれに対する彼自身の貢献を含めた状況）の結果として生じた。キリスト教の神論の発展のなかに自然神学が混入したとの、ほぼ百年後にアルブレヒト・リッチュルによって発表された批判については、同様のことは主張されない。まず注目に値するのは、この批判がリッチュルの論難書『神学と形而上学』（一八八一）のなかで初めて比較的大きな役割を果したことである(122)。そのなかでリッチュルは、その内容があまりに宗教と道徳の関係に集中してしまったキリスト教の教理に関する彼の叙述に対する攻撃に抵抗しようとした。神概念に対して主張された形而上学的基盤を、リッチュルは「啓示宗教のなかに形而上学があつかましく混入している」として退けた(123)。そのさい彼はまず第一にギリシャ的、特にアリストテレス的かつ新プラトン主義的形而上学と古代教会の神学におけるその受容を視野に入れていたが、異教徒がユダヤ教の神をすべての人間の唯一の神と信ずることに対し、また異邦人教会一般の歴史的可能性に対し、哲学からなされる神への問いがもっていた根本的な重要性を弁明することはなかった。リッチュルにおいては、形而上学的神論の古代教会による受容は拒否された。なぜならそれは、「精神（Geist）と自然の種類および価値の区別に無関心」であったし、「神を一般的世界の哲学的評価の相関概念」として取り扱ったからである(124)。リッチュルによると神の自然的啓示の思想により、キリスト教神学に形而上学的思想が混入されるようになった。この神学は、キリスト教の教理の他のすべての部分と同様に神についての教理を「キリストの救済された教団の視点から捉え、評価している」(125)。彼の判断によると、諸々の形而上学的神証明と共にこの思想は、そのなかで昔から形而上学的神認識が育成される巣」(126)を形成している。リッチュルによると、福音神主義神学のなかで、神理解におけるキリスト教的モチーフと形而上学的モチーフを混合し続けたことに責任があるのはメランヒトンの記述である。そしてシュライアマハーも「この教え方の根本的欠陥」を克服しなかった。なぜなら彼は、キリスト教に特有な信仰理解ではなく、敬虔な自己意識の普遍性から出発したからである(127)。

自然的神認識もしくは自然神学に関するリッチュルの概念は、シュライアマハーと比べると混乱していた(128)。彼はキリスト教の神論における形而上学の役割に反対したが、シュライアマハーの場合と同様に、彼の批判は啓蒙主義の自然宗教と神学だけでなく、古代教会が古代の哲学的神学を受容したことにもすでに向けられていた。そのさいリッチュルは、この批判によってユダヤ人でない人びとがイスラエルの神をすべての人間の唯一の神として受け入れるための最も重要な歴史的前提を疑問に曝すことをよく考えなかった。ユダヤ人でない人びとは自らユダヤ人とならずに、一体どのようにしてイスラエルの神を唯一の神として信ずるようになったのだろうか。この問いの重みは、古代教会の神学史と教理史をヘレニズム化つまり福音の激しいヘレニズム的変容の歴史としてとらえるアドルフ・v・ハルナックの記述においても十分に評価されることはなかった。古代教会が古代の哲学的神学を受容したことに対するリッチュルの批判は、ハルナックのこの記述のうちにも影響し続けている。しかしながらこの批判におけるリッチュルの関心は、最終的に現実的なものにあった。つまりそれは、その時代の自然科学的実証主義にとって時代遅れのものと思われる形而上学と神学の結びつきから神学を解放しようとする護教的関心と、それと同時に、機械論自然科学によって刻印された彼の時代の物質主義的世界像から道徳的‐宗教教的意識を独立させようとする関心であった。まさにもしもこの関心がキリスト教信仰の当時の事態に適した解釈として評価されるとすれば(129)、古代の形而上学に対する戦いという彼の装いは不適切な影響を及ぼすにちがいない。なぜならこの形而上学は、いずれにせよプラトン的形而上学は、感性的に経験されうる世界を越える精神の卓越性を内容としていたからである。精神と自然の区別に対するその無関心を非難することは、まったく完全に誤った判断としてのみ特徴づけられる。この特徴のもつ暴力性は、事実、学問的に啓蒙された時代にとってほこりをかぶったようにみえた形而上学から神学を解放する目的にのみ役立った。そのかぎりでリッチュルは時代精神に適応した――しかしその適応は同時に時代との暗号化された対決ともみなされた。その際おそらく彼は、彼の批判が異邦人教会の成立とその存続の歴史的基盤をどれほど掘り崩しているかということをはっきりと自覚していなかった。皮肉な仕方でこの事態は見逃された。なぜなら啓蒙主義以来、いずれにせよヨハン・ザローモ・ゼムラー以来、イエスの神の告知がユダヤ教に依拠していることが低く評価され、人びとはイエスをユダヤ教からまったく独立した新しい宗教の創設者とみなしていたからである。

しかし「自然神学」に反対するリッチュルの戦いの根底にあるこのすでに十分に複雑な状況は、いまやすでに、リッチュル自身にとってもともと決定的だったと思われるより広範な論証スタイルによって補足されている。つまりそれは、キリスト教に特有なものが何らかの仕方で他の諸々の事態と統合され、たとえば普遍的人間学のように、キリスト教的なものと非キリスト教的なものとの区別に「無関心な」普遍的諸概念に組み込まれることに反対する論争によって補足されている。いずれにせよその普遍的人間学とは、メランヒトンやシュライアマハーにおいて神意識の基盤として説明されているものである。たしかにリッチュルは、この点でメランヒトンとシュライアマハーの間にある類比を越えて、メランヒトンと異なりシュライアマハーの宗教論は、言葉の古代の意味においても近代の意味においても「自然神学」と呼ぶことができないことを見逃してしまった。このところでリッチュルは、彼の適応のあらゆる歴史的に明白な輪郭線を破壊してしまう概念を拡大してしまった。もしもキリスト教に特有なものを普遍的諸概念に、特に人間学に分類するあらゆる試みが将来「自然神学」と呼ばれるとすれば、その表現は、神学的境界設定の試みのほとんど恣意的に取扱われうる道具となるにちがいない。一体どんな神学が、キリスト教に特有なものを普遍的諸概念によって記述することを避けることができるというのだろうか。このようにしてひとは、自分の神学を厳密に啓示神学的なものとみなしつつ、他のすべての人の神学のうちに「自然神学の」諸々の痕跡を見出すことができる。神学史の視点からみると不幸なことに、キリスト教の神論に形而上学が与えた影響に対するリッチュルの厳しい批判よりも、彼の論証のまさにこの流れの方がいっそう影響力をもった。リッチュルの神学のように、道徳と宗教の関係に関する諸々の普遍的考察と非常に緊密に結びついた神学は、直ちに「自然神学」と判断されざるをえなかった(130)。「自然神学」に対するリッチュルの戦いは、二十世紀になると特にカール・バルトによって再び受け入れられ、引き継がれた。彼はヴィルヘルム・ヘルマンの弟子であり、リッチュル学派の出身であった。カール・バルトが啓示神学に対立するものとして措定した「自然神学」に反対したのは、比較的遅く、ようやく一九三〇年頃になってからであったという指摘はもちろん正しい(131)。しかし、すでにそれ以前にカール・バルトに、内容的に「自然神学」という名称のもとで彼の批判の対象となったものと闘っていなかったわけではなかった。

『教会教義学』第二六節における「自然神学」というテーマとのバルトの最も徹底した対決のなかで、その概念は、《そこから生来の人間が生まれる神学》として規定されている（KD II/1, 1940, 158）。神とその恵みに対する「自己防衛と自己主張」(150) の表現として、それは人間の「自己解釈と自己義認」(151) である。こういった言明に現れている対決姿勢は、ローマ書註解の第二版以来バルト神学を特徴づけていたものである。それは、神に対立する人間の可能性としての宗教について述べられていたことに対応している(132)。一九二七年になると、「たとえば人間が自ら神について語りうることすべて」に対して神の言葉が「対立する」(133) という、これと同じ対決姿勢が現れる。同じ年にバルトはこの対決の立場を、「神学がシュライアマハー以来人間学に転向した」(134) 近代の神学史に対する彼の関係に関連づけた。しかしながら相変わらず敵は「自然神学」ではない。《神学》《啓示》《自然宗教》(135) という諸概念に対する、当時のまだ不安定に思われる態度から、彼の神学のあの根本的対決姿勢と自然宗教の関係に関する決定的決断はまだ下されていなかったことが認識される。一九二九年の春、その判決は下された。「『自然的』神認識と啓示的神認識は調和的に補い合うという神人協力説の観念」に対し、人間学に基礎づけられた神認識に対する神の言葉の神学のこの対決姿勢を調整し平均化しようとしているのではないかとの嫌疑がかけられた。すなわち今や「自然神学」は人間の自己正当化の表現とみなされた(136)。ここには、その後バルト神学を特徴づけた、あらゆる「自然神学」に対する妥協なき拒絶のための基盤が存在する。そして数年後に起こった、フリードリヒ・ゴーガルテン(137) およびエーミール・ブルンナー(138)との対決もこれに基づいていた。後年、際立った対決姿勢の調子が、バルトの創造論と和解論においてキリスト論的に基礎づけられた普遍主義のために創造の「光」も要請するという具合に変化したとしても、内容的にバルトがその基盤を修正することは決してなかった(139)。

では、神とその啓示に対抗する人間の自己主張を表すために「自然神学」という名称を用いることは、内容的に正しいのだろうか。まず第一に、バルトの記述が古代の「自然神学」と、また真に神的なものについてのその問いと何の関係もないことは明らかである。バルトはおそらくこの現象の特質をまったく視野に入れていなかった。ところが古プロテスタントの教義学と啓蒙主義の神学において、「自然神学」と呼ばれた人間の理性の本性に適した神認識に対する関係がたしかに存在する。しかしここでも、啓示の神に対する対立は問題になっていなかった。理神論における理性宗教の高い評価もまだ次のような前提に基づいていた。つまり、神によって創造された理性に対応する神認識は、この理性の創造者にもふさわしく、いずれにせよ偏向した順応による歪曲の危険にさらされた宗教的伝統よりもふさわしいものである。自然宗教とキリスト教の一致を強調することより、まさにそれゆえにキリスト教の啓示の権威も強化された。理神論的論争の対象は、それによって真理の極めて人間的な諸々の歪曲を覆い隠すために自ら神的権威を不当に我がものとする人間の宗教的伝統だけであった。啓蒙期の自然宗教の先駆者たちは、したがってまさに互いに不寛容な姿勢で戦っている宗教的諸伝統の担い手たちのうちに神に対抗する人間の反抗をみた。教義学的正統主義の擁護者たちにとっては、このような諸々の理解は当時すでに神の超自然的啓示の真理の否認のように思われたが、この啓示の真理はいずれにせよ、啓示の神と創造の神との一致が固執されるという具合にのみ証言された。それゆえ理神論は、伝統の神的権威にしがみつくことによって克服されるのではなく、宗教の現実と理性に対するその関係の変革された理解によってのみ克服された。

カール・バルトがまず宗教一般を、そして自然宗教と自然神学をも、神なしに、そして神に逆らって生みだされた人間の産物と解釈したとき、シュライアマハー及びヘーゲルに対向してもう一度変革された宗教の理解を前提としていた。それは、ルートヴィヒ・フォイエルバッハの心理学的宗教論であった(140)。バルトの場合、以前に自然神学によって果されていた啓示神学の「基礎および前提」としての機能がフォイエルバッハの宗教批判に割り当てられていると言われてきた(141)。もちろんバルトはフォイエルバッハの宗教批判を吟味せずに受け入れたわけではない。彼はその人間学的基盤に反対し、ハンス・エーレンベルクと共に、フォイエルバッハは《死を知らず》また《悪を誤認している》と異論を唱えた(142)。もっと重要なのは、現実の人間はフォイエルバッハが言うような虚構的無限性をもつ「類的存在」ではなく、個人であり、しかもそれ自体で邪悪で死すべき人間であるという第二の異論である(143)。しかしフォイエルバッハは、ひとりの無限な神の表象の形成を投影のプロセスとして説明するために、人類の無限性の思想を必要とした。この投影は、人間の本性に属する特質を人間と異なる存在として出現させるものであり、人間の自己疎外の表現である。すなわちそれは、自らの類的存在を異なる超人間的存在としてとらえる観念の表現である。バルトの批判は、人間の自己誤認に基づいてこのように神思想を推論することには及んでいない。フォイエルバッハは、もしも彼にとって「あの人間一般の虚構的性格が……色あせていたならば、おそらく神と人間の同一化を中止していた」(144)であろうというバルトの前提は、神に関するキリスト教的発言の真理要求に対するフォイエルバッハから出発した宗教批判による挑戦を、正しく評価していないと言えるであろう。類的存在としての人間というフォイエルバッハの理解は、マルクスの場合には、宗教的疎外のなかに反映されているとされる人間の社会的疎外によって、そしてニーチェとフロイトの場合には、罪の意識を伴う神表象は神経症的自己意識に由来するという命題によって置き換えられている。バルト自身の論証が示しているとおり、神に関するすべてのキリスト教的発言は、人間学の分野においてこれと結びついた挑戦と出会わざるをえなかった。しかしその際、諸々の神表象と宗教を人間学的‐心理学的に導きだすことに触れずにおくことは許されず、ひとは自らに、神思想——すべての神思想——は、人間の誤った自己理解の産物として証明されるのかどうかと問わなければならない。人類のその他の諸宗教に対し、フォイエルバッハによる宗教の演繹的推論を妥当なものとみなし、しかしキリスト教の宣教および神学の発言をそこからはずしてしまうバルトのやり方は、軽率であると言わざるをえない。一方にある聖書の宗教史と現在のキリスト教の宣教と神学を含めたキリスト教、そして他方にある非キリスト教的諸宗教におけるその継続との間にみられる諸々の起源的関連と構造的類比はあまりに緊密なので、結局このような戦略は説得力をもちえない。人間とその神意識に集中した近代の福音主義神学の発展全体は、結果として、宗教的諸観念をその人間学的基盤に解消してしまうフォイエルバッハの立場を受けついでいるとのバルトの誹謗は、おそらくさらに不十分なものであった(145)。もしも新プロテスタントの神学者たちとシュライアマハーが神学者になる代わりにフォイエルバッハの意味での人間学者に《なろう》としたことを彼ら自身のせいにしようとするならば、それは彼らへの不当な非難となることをバルトはたしかに確認している(146)。しかしこれによって事態が改善されたわけではなかった。なぜならシュライアマハーたちの思考内容は宗教を人間の産物とするフォイエルバッハの解釈に近づく傾向があったともたしかに述べているからである(147)。バルトは、シュライアマハーとフォイエルバッハの間には分水嶺のような問いが立っていたことを知らなければならなかった。つまりそれは、ひとは《本質的に》宗教的なのかどうか、――したがってひとが望もうと望むまいと――宗教的意識が関連するある別の、あの他のものに「絶対的に依存している」のかどうか、それとも宗教の神意識は人間の解決しうる誤った自己理解なのかどうか、という問いである。ここで問題になっているのは、意図の良し悪しではなく、何が人間についての真理なのかという問いである。

もしもバルトと共にフォイエルバッハの宗教理論を承認するならば、当然のことながら「自然宗教」と「自然的神認識」はいよいよ単なる人間の空想の創造物ということになる。しかしもはやそれらは、バルトが望んだように、神に対向する人間の自己主張の反乱の証拠とはみなされない。なぜならその場合、神に関するあらゆる発言の真理要求から、またキリスト教の告知の真理要求から、その基盤が奪い取られてしまうからである(148)。ところが人びとはバロック時代と啓蒙主義時代の自然神学に対し、あらゆる批判にもかかわらず、次のような栄誉を与えなければならない。つまり彼らの論証は、まさに反対に、神の存在を前提としなければ人間（と世界）の存在は不可能であることを示すことを目指していた。これはまさにデカルトの第三省察の命題（III, 26ff.）であったが、バルトは不当にもこれを激しく批判した。いずれにせよあの時代の自然神学は、神に関するキリスト教の発言が普遍妥当性を要求しうることを保証していた(149)。ところがバルトは、このところでレトリック以上のことはほとんど語らなかった。もちろん十八世紀の終り以来、啓蒙主義の合理的神学の説得力はすでに失われていた。いずれにせよ、神の存在を厳密に合理的に証明しうるという要求に関する説得力は失われていた。カントとヘーゲル以来の人間学的に解釈された諸々の神証明は、自分の存在と世界の諸事物の有限性を越えて自らを無限なものと絶対的なものの思想へと引き上げる強制力、つまり《人間》に対して、またその理性に対して働く強制力に関してなお何ごとかを語るにすぎない。それゆえそれらは、実定的諸宗教から独立しつつ自立的神認識を基礎づけることはもはやできない(150)。神思想は諸宗教において初めて現実性をもつ。しかしながら有限なものを越えて無限なものと絶対的なものの思想へと高まっていく人間学的必然性を指摘する可能性は、神に関するすべての宗教的発言の真理要求と、イエス・キリストにおける神の啓示の行為に関するキリスト教の告知にとっても意味をもっている。すなわち神に関するすべての発言は、経験の世界をその力の証拠として要求することができるような仕方で実証されなければならない――その結果、経験の世界は「われわれの日常の諸経験《において》あるがままのものとして立証されなければならない」(151)。このことは、諸学問による日常的諸経験の到達距離の拡大と哲学におけるその省察にも当てはまる。そしてそれゆえすべての宗教的使信は、人間存在と宗教の関係についての哲学的省察においてもその諸々の真理要求を実証しなければならない。無限なものと絶対的なものの思想へと高められる人間学的必然性についての哲学的省察は、それ自体もはや神の存在の理論的証明に到達しないにもかかわらず、宗教的伝統のあらゆる形式に対して古代の自然的神学がもつ批判的機能、つまりそれ自体真剣に受けとめられることを求める神に関する発言のための最小限の諸条件を主張する機能を保持している。この意味で、「神」と呼ばれるに値するもののための哲学的《枠概念》は、依然としてたしかに可能である(152)。この可能性が承認されなければ、神に関するキリスト教的発言の普遍妥当性に対するいかなる基礎づけられた要求も不可能である。したがってキリスト教神学は、神に関する発言のための批判的諸原理を定式化するという課題が、哲学の側においてもずっとおろそかにされることのないように願わなければならない。

今日、もはや哲学的神学から神の存在と本質の独立した認識を期待することはできない――それは、実定的諸宗教の諸々の真理要求に対する宗教哲学的省察に拘束されない。それゆえこの認識はもはや「自然神学」と呼ばれるべきではない。そのように呼ばれれば、もっと重要な諸々の区別が消えてしまうだけであろう。しかし純粋に合理的に基礎づけられた神学が不可能であることによって、キリスト教の使信が告知する神に関する、人間それ自身にいつもすでに特有な《事実的》知識の意味での自然的神《認識》の可能性と事実性についての問いは、まだ答えられていないことになる。古プロテスタントの教義学の術語を用いると、それは《後天的神認識》つまり《cognitio Dei naturalis acquisita》と異なる《先天的神認識》つまり《cognitio Dei naturalis insita》の主張である。なお、古代の自然神学も啓蒙主義の理性神学および理性宗教も、後天的神認識に属している。

5　神に関する人間の「自然的」知識

本来すなわち創造以来、神は、しかも使徒的福音の神（ロマ一・一九以下）は、すべてのひとに知られている。これは、「自然神学」の言明ではなく、イエス・キリストにおける神の啓示の光のなかでなされた、人間に関する主張である。それは、パウロの場合、ロマ一・一八以下と二・一五の諸々の名称からストア的宇宙論と自然法の教理が想起されるにもかかわらず、人間がそれ自身とその世界経験のなかでその内容が実証されているのを何の苦もなく見出すことができるような主張ではない。それは人間に関するひとつの主張である。つまり、人間が自ら神について、いずれにせよキリスト教の使信が告知するひとりの真の神について、まったく知ろうとしないところでも、そしてまさにそのところで妥当性を要求するような主張である。そのかぎりで、カール・バルトの考えによると、この認識は福音によって——事実に反する仕方で——人間の「責任」(KD II/1, 133)とされているが、これには根拠がないわけではない。しかしそれは、キリスト教の使信が、真の神から離反してしまった人間それ自身を引き合いに出すことができないほど非常に皮相な仕方で人間の「責任とされた」わけではない。キリスト教の使信は人間に、自らに逆らって証人となるように呼びかけることができる。それはどんな権利によって起こるのかということは、人間に生まれつき備わっている神についての知識(cognitio innata)についての教理が答える問いである。

人間の魂に生来備わっている神についての知識という思想は、テルトゥリアヌス(153)以来西欧のキリスト教神学に周知のものである。それは、アリストテレス的感覚論によって背後に押しやられたにもかかわらず、中世神学のアウグスティヌス的伝統においては決して消滅することがなかった。しかもトマス・アクィナスは、世界の感覚的に知覚される諸事物による神認識の媒介を強調しているにもかかわらず、次のことを認めた。つまりわれわれには、ある形式の神認識が、混乱している《sub quadam confusione》にもかかわらず、生来植えつけられている《est nobis naturaliter insertum》(154)。他の人びとは、生来植えつけられた神についてのこの知識に、より広範な意義を認め、それを《良心(Synderesis)》のなかに位置づけた。トマス・アクィナスの比較的後期の文書によると、この良心は、人間の本性に植えつけられた実践的な理性の諸原理を含んでいるだけであるが、他の人びとによると、自然法と共に宗教の諸基盤も、したがって神についての知識も含んでいる(155)。後者は明らかである。なぜならロマ二・一五によると、人間に生まれつき与えられている、アベラルドゥス以来良心によって知られているとされた神の律法についての知識(Kenntnis)(156)は、十戒の第一の板の戒め、特に神崇拝の戒めも、そしてそれと共に神の存在についての知識(Wissen)も必然的に含んでいたからである。

一五一五/一六年、ルターもローマ書の講義のなかで後者の解釈に従いつつ、ロマ一・一九以下の創造以来の普遍的知識に関する使徒の言明を、人間の「心に記されている」神の律法の知識に関するロマ二・一五の言明と結びつけた(157)。メランヒトンも彼の《ロキ(Loci communes 1521)》のなかでこの解釈に従った。そこでは、キケロも証言しているように(158)、神が人間の魂に「刻み込んだ」律法に関する章のなかで、神の「自然的」知識が取り扱われている。しかしこれに属しているのは、まず第一に神崇拝の戒めであり、メランヒトンは、神についてのこれと結びついた先天的知識は、ローマ書第一章の使徒の諸言明の基礎になっている、とはっきり説明している(159)。

神に関する後天的知識と区別される先天的知識の強調は、ルターと初期のメランヒトンの場合、堕罪後「囚われて惑わされて」（《capta occaecataque》）しまった（CR 21, 116）理性に対する不信と緊密に結びついていた。ルターによると偶像崇拝への転向は、人間の心に与えられた消しがたい（《inobscurabilis》）神の知識から理性が引きだす誤った諸々の結論と共に生じた。すなわち理性は神思想を、神と同じであると考える他の何ものかと誤って結びつけている(160)。したがって神認識の内容という点で《理性》は信頼できない。しかしメランヒトンは、この解釈により、ローマ書一・一九以下において神に関する知識が明らかに世界経験と結びつけられているという困難に遭遇した。一五三二年に出版されたローマ書註解のなかで彼は、ここで問題になっているのは、推論によって獲得されうる論証的認識であることを容認した。しかしながらこの認識は、世界経験を機会に、その創造者としての神の認識に至る先天的知識が原則としてその認識の根底になければ、不可能であろう(161)。その後、神に関する人間の根源的知識を解釈する際に、《後天的知識》が排除されることはもはやなくなっている。それゆえロキの後の版では、神証明が受け入れられている(162)。しかしながらそのための基盤は依然として《先天的知識》である。

ルターとメランヒトンの場合、ロマ一・一九以下およびロマ二・一五のパウロの二つの言明の組み合わせは、釈義的に確認しうることを疑いもなく越えている。したがって使徒の思考のなかでこれら二つの言明は、互いにどのような状態にあったのかと問うのは当然である。また、双方を包括する根本思想が推論されるという仮定もありうる――しかし純粋に釈義的検討によってその詳細を確認することは困難である。パウロの双方の発言が影響を受けた、ストアの思想と同じ根源に遡る《先天的知識》の思想は、しかしながら二重の長所をもっている。ひとつは、それらの間の可能な関連を生み出すという長所である。もうひとつは、ロマ一・一九以下の諸言明の、神に関する可能な知識だけでなく実際の知識を目指す指導的地位を守るという長所である。ここから、たとえパウロのテキストが理性的省察による《後天的知識》に対する反対の姿勢をほとんど認めていないとしても、宗教改革者たちが《先天的知識》を好んで選んだのは当然と思われ、それは内容的に正しい。古プロテスタントの、特に古ルター派の教義学は、努めて双方の観点のこの結合に固執しようとした。《先天的知識》の基本的重要性を語るために、人びとはロマ一・一五と並んでキケロを引き合いに出した(163)。しかしながらヨハン・ムゼウス(164)以来、《後天的知識》との結合のゆえに、《先天的知識》において問題になっているのは神認識への性向、一種の態度(Habitus)、あるいは《自然本能》にすぎなく、いずれにせよ事実的認識(《現実の知識》)ではないとする見解が貫徹された。すなわちこのような知識は、有限な諸事物と《最初の存在》である神の区別が遂行されることにより、世界経験の関連のなかで初めて獲得される(165)。これにより神に関する人間の普遍的知識についての教理の重要性は、今や《先天的知識》から《後天的知識》へと移行していく。そしてルターと初期のメランヒトンがロマ一・一八以下のパウロの論証過程から獲得した洞察、つまり神に関する事実的知識は直ちに偶像崇拝に変わるという洞察は、背後に退いてしまった(166)。

宗教改革の神学にとって、ローマ・一九以下とロマ二・一五の関係を念頭に置きつつなされるパウロの釈義によって提起された中心問題の論究は、良心の現象に取り組まなければ、今日においても内容にふさわしく展開されることはない。この現象に関して今日到達されうる諸々の認識は、良心と神に関する知識の関係を新しく定式化することを許すであろうか。ゲルハルト・エーベリンクは、良心の概念に関するある重要な論文のなかで、良心の経験における神と世界と人間の共属性を強調した(167)。これは、良心についてのひとつの理解を示唆している、つまり道徳的規範意識に限定されずに、初期ルターにおける《良心》と同様に、知性と意志を根底において結びつける良心という理解を示唆している。しかし良心を道徳的善や悪に対する感情として受けとめる、あるいはまったくその時々の社会的規範意識の内面化としてのみ受けとめる広範に流布している観念に対して、このような良心の解釈はどのようにして正当化されるのだろうか。

「良心」という語の概念史によると、紀元前六世紀のギリシャにまで遡ることができるこの表現の諸々の端緒は、自己意識一般のもともと概念的な把握と重なり合っている。自己意識は、最初、人間が彼の諸々の行為を共に知る者を自らのうちにもつという経験のなかで把握された(168)。この発見の単に道徳的重要性だけでなく、より普遍的な重要性は、ストアが《良心》を、魂の《Hegemonikon》つまり人間のうちに現臨する《ロゴス》と同一視するなかで明らかになった。後に、実践的自己意識としての良心が理論的自己意識から切り離されたことは、この概念の狭隘化を意味しただけでなく、次のことに対しても責任がある。つまり、自己意識に関する近代哲学の発展は良心の概念に豊かな実りをほとんどもたらさなかった――良心において問題なのは明らかに自我の同一性であるにもかかわらず。ただしそれは、社会的世界と現実一般のより広い文脈における話である。

良心の自己関係は自己感情のグループに近いが、その明確性によりこのグループのなかで「特別な地位」を占めている。「なぜならそこでは、生の全体が積極的な気分ないし抑圧的な気分のなかでぼんやりと現れるだけでなく、同時に自分の自我が」、たとえ自我のありうる積極的な同一性との関係を含む否認の様態のなかで切迫した仕方で起こるとしても、「意識の対象となるからである」。「それゆえ良心は、その内容の否定性により、自己感情から、明白な自己経験と自己認識というより狭義の意味での自己意識への移行を生みだす」(169)。

良心において、良心がそのなかに根ざす感情の生から、そのなかで主体と客体――世界、神、そして自己――がまだ互いに切り離されていない生の全体との、主題とならない関連が生じてくる。感情と諸感覚のこの特徴は、またもや、子供が母親からすでに切り離されていることをまだ知らない状態のままに、生後一週間の間に子供を母親と（そして世界一般と）結びつける「共生的領域」における子供の個人的発育の開始の脱自的愛着に対応している。個人の生の開始にみられる世界との共生的結合は、感情生活のなかで幾分継続される(170)。しかし最初はまだ分離されなかったものが、神、世界、そして自己の諸次元に分化することは、諸感情の快と不快の特質のうちに主題とならない自己関連がすでに早くから備えられているにもかかわらず、子供の認識が発達し、世界を経験し、したがってそれらを吸収した結果である(171)。良心の経験は、そのなかでこの自己関連が初めて主題化される形式である。神学の伝統と哲学の伝統において《先天的知識》の意味での神の自然的知識の主張が結びつけられている諸言明の大部分は、今やこのように言い直された主題に関連している。

まず第一に、ここでもう一度ルターの名前を挙げておかなければならない。すなわちルターによって主張された《良心》における神の自然的知識は、信仰とどのような関係にあるのかという問いが生じてくる。まさに若きルターにとって《信仰の知性》としての信仰は、たしかに真の神認識の形式であった(172)。しかし明らかにルターは、《良心》における神の知識は信仰――その際、信仰という語は真の信仰、つまりスコラが常に《神的信仰》と呼んでいた真の信仰の意味で用いられている――と同一ではない(173)ことを強調している。しかしルターはより広い意味でも「信仰」について語ることができた。その最もよく知られた例証は、一五二九年の『大教理問答』における第一の戒めの有名な説明である。すなわち「心の信頼と信仰だけが神と偶像の双方を生み出す」(174)。「正しい唯一の神」に対応する「正しい信仰」と並んで、ここには誤った信仰、つまり偶像に対する信頼がある。どちらの場合にも、「あなたが今（わたしは言う）あなたの心を傾け、そして頼りにするもの、それが本来あなたの神である」。しかしこれによっても、誰が真の神であるかということはまだ決定されていない。ルターによるとこの問いにとって決定的なのは、天と地を創造する聖書の神の能力である。使徒信条の第一項に関する説明において、父なる神に対する信仰についてこう述べられている。「この唯一のお方の他にわたしは何ものも神とはみなさない。なぜならこの方を除いて、天と地を創造できる方はいないからである」(175)。これと対照的に第一戒に関する説明は、誰が真の神であり、したがってまた何が正しい信仰であるのかという問いに対する答えを提示していない。しかし、人間はいずれの場合にも何ものかを信頼しなければならず、その結果、人間はそれに心をかけ、それをあてにするということが前提にされている。ここに含まれているのは、われわれが今日人間の「脱中心的な生の形式」と呼ぶものである。すなわち人間は、自らを自分自身の外側にある何ものかに基礎づけなければならない。彼はこの状況を選択できない。彼が選択できるのは、自らを何に基礎づけるのかということだけである。もしもこれを、人間の心のうちに失われることのない仕方で与えられている神認識とその乱用（一二六頁以下参照）に関するルターの諸言明と結びつけるならば、次のことが分かってくる。つまり、この乱用の本質は、誤った神々を信頼することにあり、神に関する失われることのない知識は正しい信仰と取り違えられず、この知識の本質は、人間に与えられている、彼の生の遂行一般の信頼しうる根拠に頼ることにのみある、つまり、彼が信頼できる根拠に頼ることにのみある。なぜなら人間はそのなかで、ひとりの神をもつということが何を意味するのかを「知る」からである。もちろん「信頼」は、すでに我（Ich）と世界の相違のいずれにせよ未発達な意識を前提としている。その相違の意識の形成と、したがってこの信頼の形成に先立って、個人が共生的生の関連のなかにはめ込まれるということが起こっている。この生活関連は、そのなかで個人が自分自身へと至り、そして（まず快と不快の感覚のなかで）自分自身を意識する程度に応じて、同時に今その意識のなかで、自分の存在を無制約的に凌駕するものとして感じられるようになる。認識の発達と分化のプロセスによって初めて、信頼の可能な諸々の対象が区別されるようになり、したがってそれらの間の選択も可能になる。

この事態は、今や、デカルトが神についての直接的知識として記述した認識する意識の根本状況とは反対のものである。ここでは共生的生の関連の無規定性に対し、無限なものの理念が対応している。デカルトによるとこの理念は、自分自身の自我を含めたある有限な諸々の対象を理解するための条件である（Med.III, 28）。なぜなら無限なものの制約によってのみ、ある有限なものが考えられうるからである。人間にとって彼自身の存在も、世界の現実の全体も、また有限なあらゆるものの神的根拠も、無限なものの開かれた地平のうちに置かれている。ただしその状態は漠然としてとしており、必ずしもすでに主題となってはいない。すなわち、無限なものの直観はすでにそれ自体神意識ではない――完全に分離独立した経験的知識の立場からわれわれが省察するとき、たとえわれわれにとってもそれが含まれているよう思われるとしても。すでにカテルスはデカルトに反対して、われわれは無限なものを混乱した仕方で捉えるだけで、はっきりと明確に把握することはないと異論を唱えていた。デカルトはこれに答えて次のように述べている。つまり、われわれはもちろん無限なものを把握しているのではなく、われわれがそのなかで「いかなる制限にも気づかない」[176]かぎりにおいて、それによって考えられていることを理解する。しかしながらわれわれは、有限なものの把握に対する省察を通してのみ制限というものを知る。したがって無限なものそれ自体の意識は――デカルトによって記述された方法においても――すでに有限な諸事物を知り、そしてその有限性を省察する者にのみ初めて可能になる。したがって無限なものそれ自体の意識は、有限なものの限界の否定を通してのみ獲得され、そして有限なもののあらゆる把握にすでに先行しているわけではない。第三省察において主張された、有限なもののあらゆる把握に対する無限なものの理念の優先性は、そのなかで世界、神、そして自我がまだ分かれていない、主題とならない知覚の形式を取りうるにすぎない。ただしこれはまだ、有限なものと異なる、無限なものそれ自体という明白な思想と結びつけられていない。それゆえあの直接的意識を神意識として、また主題として規定することはまだできない。経験と省察という後から獲得された視点に基づいて、言葉の本来の意味での無限なものが唯一のものであり、唯一の神と同一であるということが生ずるときに初めて、無限なもののあの主題とならない意識が、本来すでに神についての意識であったと言うことができる。すなわち経験のプロセスのなかで初めて有限な諸事物の明確な意識と、自分の自我の有限性の明確な知識が生じ、神々と神についての明白な意識が同時に生ずる。すなわち、このような意識の形成はしたがって人生に、言葉の最も広義の意味での経験のプロセスに属する、つまり、世界の経験と、宗教史の、そのなかで働き、世界の諸事物を凌駕する諸々の力の経験に属する。ただしこの意識はすでに本源的な意識であるというわけではない。

それにもかかわらず、次のように言うことは正しい。つまり、人間は、そもそもの初めから彼を凌駕する「秘密」のうちに置かれ、しかも「秘密としての現実の、自由に処理できず沈黙している無限性が絶えず彼のもとに送られてくる」[177]。この秘密は、各人がその生涯の初めに、最初の関係者へと向かうこと、つまり通常は次のような母の姿において具体化される。すなわちこの母により、子供は、世界一般と、つまり人生と、そしてそのなかで同時に彼の創造者であり保持者である神と信頼をもって深く関わることが可能になる。このさい問題になっているのは《神に関する主題とならない知識》であるということは(178)、もちろん後に獲得された明白な神の意識から回想するなかで初めて、つまり後になって初めて主張される。

この事態に直面してあの本源的意識をあらゆる経験に先行する明白な神意識の意味での「宗教的アプリオリ」と呼ぶことは不適切であろう。「絶対的なもの」についてのこのようなアプリオリな意識という命題は、カントの術語に依拠しつつエルンスト・トレルチによって提示された(179)。ルドルフ・オットーとアンデシュ・ニーグレンはそれを種々の方向へと展開し、そして修正した。しかし本源的意識はまだオットーの意味での「全き他者」と「聖なるもの」の意識ではない(180)。たしかにオットーは無限なものの「感情」について語り、それは正しかった(181)。しかしこの感情それ自体は主体と客体の鋭い分離をまったく知らず(182)、したがってそれは「全き他者」と「永遠なもの」意識ではありえない。客体に関係づけられた諸感情はいつもすでに対象の知覚によって媒介されている。それゆえ聖なる対象ないし対向の経験は聖なるものそれ自体の感情に先行している。より以前にあるのは、客体関係のない純粋な存在（Befindlichkeit）としての感情だけである。したがって「宗教の超越論的根本範疇」としての「永遠なもの」(183)というアンデシュ・ニーグレンの理解も退けられる。永遠なものと同様に聖なるものにおいて問題になっているのは、日常の有限なものと時間的なものの諸経験をすでに前提としている諸思想――この諸思想はこれらの諸経験に反発する。しかもそれは一般化された形式で行われる――、したがって決して直接的経験にではなく省察に属している諸思想である。

人間の根源的状況に属しているが、しかしそれ自体において主題にならないものとしてすでに《神に関する知識》ではない、神に関する《主題とならない知識》は、それにもかかわらず現実性の形式をもっている。それは人間における単なる性向ないし資質ではない。それは神を問う単なる「問い」でもない。人間それ自体が神を「問う」存在であるとの思想は、第一次世界大戦後、福音主義神学のなかで非常に広まった。そしてそれは、神証明の理論的証明能力が疑わしくなったが、そのなかで表現された人間の高揚、つまり人間を神の思想へと高めることに固執しようとする時代のなかで、古い「自然神学」の機能をある程度代理した(184)。同じ思想は、カトリック神学にも、もちろん人間の現存在構造の特徴としての存在の問いの一般化された形式のうちにもみられる(185)。事実、問いの現象は、人間が自分自身を越えた、自分の生を担う根拠に差し向けられ、そしてそれに依拠していることを表すメタファーとして特に役立つ。しかし人間は、決して問いの恒常的開放性のうちに存在しているわけではない(186)。それはおおげさな抽象にすぎない。現実に人間はいつもすでに、その実存の「諸々の問い」に対する暫定的な「諸々の答え」に基づいて生きている。つまりそれらは、根本的信頼に、信用できるよりどころを与える力があるものとして実証されるかぎり、非常に長い間保持される答えである。たしかに神に関する主題とならない「知識」はこの形式をもっている。しかしながらこれにより、それは少なくとも暗黙のうちに神についての問いなのか(187)、すなわち世界経験の有限な諸事物に対する不満足なのかという問いが生じてくる。経験の諸々の内容が互いに、そして自分の自我とはっきり異なり、そしてその有限性が自覚されるやいなや、このような諸々の問いが生じてくる。そしてしかも、宗教的意識の、それに対応する発達と方向づけが生まれないと、やはりこのような問いが生じてくる。しかしここで再び次のように言うことができる。つまり有限なものに対する不満は、神についてすでに別なところで獲得された知識という前提のもとでのみ、《神についての》問いの形式を受け入れることができる、と(188)。

しかしながらこのような状況のもとで、あの本源的意識一般は、たとえ主題とならない仕方ではあれ、どのようにして《神》についての知識と呼ばれうるのだろうか。したがってパウロは、どのようにしてすべての人は神を知っているると彼らに言うことができるのだろうか。もしも次のことをよく考えるならば、それは理解できることである。つまり、それ以前に経験されたことは、さらに後の諸経験の光に照らしてみるならば、異なる意味をもつようにみえてくるのであり、いずれにせよこれは日常生活において経験されることである。祭司資料である出エジプト記六章の、モーセの前にヤハウェが顕現する記事においても、ヤハウェは彼の祖先たちに「全能の神」（エル・シャダイ）として顕現している。「しかしわたしは彼らにわたしのことをヤハウェという名前で彼らに認識させようとはしなかった」（出六・三）。モーセ以来、イスラエルは出エジプトと土地の取得において、祖先たちは神をヤハウェとしてまだ知らなかったとしても、ヤハウェはすでに彼らの神として顕現したことを知っている。したがってすべての初めから、ヤハウェはすべてのひとに現臨しており、たとえ彼がまだ神として知られていないとしても、各人に知られているのである。

パウロによると「世界の創造以来」存在する、「その働きによる」（ロマ一・二〇）神の知識は、しかし今や感情のあの漠然とした無限性のうちにのみありうるのではない。ロマ一・二〇において問題になっているのは決して（ロマ二・一四以下のように）《先天的知識》ではなく、《後天的知識》つまり世界経験と結ばれ、そしてそれを通して習得された知識であると言われてきたが、これは正しい。メランヒトンも、一五三二年、しぶしぶこのことを承認せざるをえなかった（前述参照。一二六頁以下）。しかし彼は、正当にも、そのさい《先天的知識》がその基礎にあると主張した。すなわち漠然とした無限なものの直観、人間の生を凌駕し、かつそれを担う存在の秘密――人間に信頼への勇気を与える存在の秘密――の直観は、世界経験の経過のなかで初めて有限な諸事物と区別される。しかし今や、世界経験と、それを通して生ずる神についての意識のこのプロセスにおいて問題になっているのは、まず哲学者たちの「自然神学」ではなく、創造の業において神性の働きと存在の意識へと至る諸宗教の神経験である(189)。「世界の創造以来」たしかにまだ哲学的自然神学は存在しない。しかしながら人類の歴史においていつもあれやこれやの仕方で、創造の業の経験と結びついて生ずるひとつの明白な神意識が形成されてきた。したがって創造の業に基づく神認識に関するパウロの言明を諸宗教と関連づけると、諸宗教は初めから偶像崇拝としてのみ判断されてはならないということになる。「世界の創造以来」それらのなかには真の神の認識が生じている。ただし同時に不滅の神は諸々の被造物とくりかえし取り違えられてきた（ロマ一・二三、二五）。ロマ一・一九以下のパウロの諸言明にみられる、ただ哲学者たちの自然神学に基づく一面的解釈は、キリスト教神学の歴史において、キリスト教以外の諸宗教の同じく一面的に否定的な評価に貢献してきた。今日、われわれはこの誤った発展を修正し、そして諸宗教の世界のきめ細やかな評価に到達しなければならない。

第3章　諸宗教の経験における神と神々の現実

1　宗教の概念と神学におけるその機能

近代の福音主義神学において、神の言葉としての聖書の権威を基礎づけた逐語霊感説の教理が衰退して以来、宗教の概念が神学的体系化の基礎になった。もちろん宗教の概念はこの目的のために導入されたわけではなかった。しかし改革派の神学では、宗教改革以来、宗教の概念はすでに広く用いられていた。十六世紀および十七世紀初期のルター派神学は、教派的対立との関連でそれを知るようになった。しかしアブラハム・カロヴィウス（一六五五）以来(1)、ルター派の教義学のなかで広く行われていたような、宗教の概念を原則として神学の対象の一般的呼称として用いる方法は、聖書原理ないし霊感の教説と競合せず、神それ自体（an und für sich）ではなく神学の対象としての神との関係における人間を論じた「分析的方法」の表現に他ならなかった。この枠組においても、霊感を受けた聖書は依然として神学の原理のままであった。霊感の教説をはじめて完全に展開したのは、まさにカロヴィウスであった。しかしこの教説の解消と共に、必然的に神学の対象の呼称としての宗教の概念に、もちろん別の、そしていっそう重い役割が課されなければならなくなった。キリスト教的宗教つまりキリスト教の概念は、聖書の諸文書の内容のなかで何が拘束力のある「真理教説（Lehrwahrheit）」とみなされるのか、何が時代に制約された、そして現代にもはや妥当性をもたないものとみなされるのか、それを判断する基準となった(2)。その際、クリスティアン・アウグスト・クルジウスとヨハン・ゴットリープ・テルナーによると、重要なのは、「宗教における本質的なものである」――それは、ヨハン・ヨアヒム・シュパルディングとヨハン・フリードリヒ・ヴィルヘルム・イェルザレムにおいて「キリスト教の本質」についての問いとなったものであり、このキリスト教はイェルザレムによるとまたもや「最も本質的な宗教」一般である(3)。

しかし宗教の本質的内容が何であるのかを判断するための基準とは、何なのか？　そのための尺度は宗教それ自体のなかにあるのだろうか？　それともそれは宗教と異なるのだろうか？　宗教は人間の本質の現れであるがゆえに、その尺度は、たとえば人間学のなかにあったのだろうか？　宗教の概念がそのなかで展開されてきた伝統にとって、この尺度は、宗教に先行すると考えられた神の啓示と認識のうちにあった。これは霊感の教説という特別なケースにも当てはまる。この教説によると、神の啓示の産物である聖書の諸文書はキリスト教的宗教の基礎であって、たとえばこのキリスト教的宗教のひとつの意見の表明ではない。ところが近代の諸条件の下で、この関係は逆転してしまった。神認識は宗教のひとつの機能になった。この経過は、その広範囲に及ぶ諸々の帰結のゆえに、より正確な記述と論究を必要としている。

(a)　宗教と神認識

古代の宗教の概念は祭儀的神崇拝を指していた。それゆえキケロは《宗教（religio）》を《神の祭儀（cultus deorum）》と定義した(4)。その際に問題になっているのは、神々に捧げられるべき尊敬の念の表明である。したがってこの表現は、ある人びとにそれに匹敵する敬意が示さなければならない場合、時おり人間との関係にも適用された。キケロは道徳的義務としての《宗教》を《迷信（superstitio）》であるタブーへの恐怖から区別しており(5)、この境界設定によりラテン的宗教の概念は、ギリシャ語の《threskeia》と区別される。後者は、祭儀的崇拝のおびただしい、しかも不適切な形式をもすべて含み、そして新約聖書では祭儀的崇拝の意味での「宗教」を指している(6)。キケロの意味での《宗教》にいっそう近く立っているのは、祭儀と比較的わずかしか結びついていなかった《敬神（theosebeia あるいは eusebeia）》である(7)。キケロの場合、「敬虔」《pietas》は、祭儀的崇拝の行為のなかで神々に対して示される魂の心構えを意味する(8)。しかしながらキケロの場合、敬虔が《宗教》と同一視されることはない。この後者の表現はむしろ依然として儀式とその遂行に関連している(9)。同様に神認識はまだ《宗教》と呼ばれていない。キケロは法律に関する彼の書物のなかで神についての知識（das Wissen）を人間と動物の区別の目印として強調したにもかかわらず（leg.I, 24）、彼はこの事態をまだ「宗教」と呼ばなかった。しかし彼は、神々の本性についての知識を、祭儀的崇拝の諸々の表示を「制御する」うえで必然的なものとみなした（《ad moderandam religionem》: De natura deorum I, 1）。

キケロと異なりアウグスティヌスは、《De vera religione》という彼の書物（三九〇年頃）のなかで、宗教において神認識と神崇拝は分離できないことを強調した。それゆえアウグスティヌスにとって、宗教と哲学の間には緊密な関連も存在する。すなわち、教理と神礼拝は共属し合っている(10)。その証人としてたしかにアウグスティヌスはプラトンを引き合いに出したが(11)、彼は教理と祭儀の結びつきが特に教会のなかで実現されていることを見出した。すなわち、真の宗教は、魂が、造られた諸々の事物ではなく、永遠の、唯一の、そして変わることのない神を崇拝するところで見出される。彼の時代において（《nostris temporibus》）この《完全な宗教》は《キリスト教（Christiana religio）》――全能の神御自身がその諸々の教理を明らかにした（per se ipsum demonstrante）(12)――と同一である。つまりそれらの教理は、預言者による予告と、人類を更新しようとする神の救いの摂理の、諸々の遂行に関する歴史的報告のうちにある(13)。

当然のことながら、アウグスティヌスは、神認識を宗教概念に含める際に、その神認識を人間の宗教的行為の機能として捉えていなかった。反対に彼にとって重要であったのは、宗教を真の神認識に、つまり神御自身によって啓示され、すべての誤りを排除する真理に結びつけることであった（注12を参照）。アウグスティヌスにとってこの関係の逆転は、宗教的認識と哲学的認識の結合のゆえに、すでに排除されるべきものであった。

神認識を宗教概念に含めるというアウグスティヌスの考え方は、キリスト教の中世において、さらにこれについて熟考するきっかけとはならなかったようである。四世紀まで諸々の教父文書のなかで一貫して使用されていたこの宗教概念は、その次の時代になると、めったに現れなくなった。ルネサンスになってようやく、それは再び比較的大きな役割を演ずるようになった。W・C・スミスは、この異様な事態を次のように説得力のある仕方で説明している。つまり宗教の概念は、ある文化の意識が諸々の祭儀ないし宗教の多元性によって規定されるときにのみ、明白になってくる。たとえば、四世紀までの古典古代がそうであり、またルネサンス以来、再びそれが起こった(14)。全面的にキリスト教によって規定された中世の文化は、キリスト教に共通なものを表示するために主に《信仰》と《教義》の概念を必要とした。トマス・アクィナスの場合、《宗教》という表現は、たしかに神に帰すべき崇拝を表すために一般的にも用いられたが（S.theol. II/2 m81）、それは特に、世俗に生きるキリスト者と異なり神への完全な献身に生きることを現すために用いられた（S.theol. II/2, 186, 1）。外的、身体的振舞いにおいても表現される神への完全な献身という意味で（すでにII/2, 81, 7において）、トマスは《神の祭儀》としての《宗教》の意味に遡って考えている(15)。その際、宗教の統一性ないし「諸宗教の」多元性についての問いは、宗教的諸秩序の多元性を考慮してのみ、提起されている（II/2, 188, 1）。トマスが、《宗教》という語により、教会とその特別な諸々の実践の内部におけるキリスト教的な生き方のことを主に考えているということを、これ以上明白に示すものはないであろう。

二百年後に生きたニコラウス・クザーヌスの場合、まったく異なる言語用法がみられる。すでに一四四〇年、《De docta ignorantia》のなかでは、人びとを諸々の異なる考えと判断へと導く「諸宗教」、諸分派、そして諸国（《regiones》）の相違が論じられている(16)。一四五三年のトルコによるコンスタンティノポリスの征服の後に書かれた対話《De pace fidei》は、一致――真理の統一性に対応するただ《ひとつの》宗教を知っている、しかし神礼拝の異なる諸形式（《religio una in rituum varietate》）を知っている一致――を目指す諸宗教の対立の克服というプログラムを展開している(17)。ここでは宗教の概念が祭儀的実践、儀式から解き放たれ、しかもそれと対置されている。宗教とは、ニコラウス・クザーヌスによると、なお非常に異なるあらゆる儀式において前提されている純粋に霊的な神崇拝ということになる(18)。クザーヌスのこの最終的定式により、次の二つの思想が思い起こされるのはおそらく偶然ではない。つまりひとつは、人間には生まれつき神について独自な知識が備わっているとするキケロの思想であり、もうひとつは、今やキリスト教がそう呼ばれている唯一の宗教が、人類のうちに最初から存在していたとするアウグスティヌスの理解である。神についてのすべての人間に共通に備わっている知識は、今やたしかに真の宗教の尺度、したがってキリスト教の真理の尺度ともなる。そのためにアウグスティヌスは、神御自身によって歴史的に啓示された真理を引き合いに出したが、今やその重心は自然的神認識とキリスト教の教理の一致に移行している(19)。これらの諸条件のもとで、神認識を宗教概念に含めるアウグスティヌスのやり方は、宗教による神認識の隷属化のパースペクティヴを切り開いた。その結果、神認識は、宗教の根拠である代わりに、たとえその産物ではないとしても、その機能となっている。

このような展開の出発点は自然宗教の思想にあった。なぜならここではいずれにせよ人間の神意識に対する神とその啓示する行為の独立性が、特に生来の知識（《notitia insita》）の場合、キリスト教信仰におけるよりも明らかになることはなかったからである。このキリスト教信仰は、自分が、信ずる主体に先行する神の歴史的な啓示の行為に基礎づけられていることを知っており、そして信仰者の意識に向かってくる聖書の諸文書の証言のなかにその働きの結果を見ている。これと反対に自然宗教の場合には、神意識に対抗する、そしてその根源である神の自立性は、自然宗教それ自体の主体である人間によって実践される自然神学の諸帰結の負担能力にのみ依拠していた。ここでもしも宗教の主体性による神認識の地位の剥奪（Mediatisierung）が突然起こったとすれば、それはキリスト教的宗教の理解に影響を与え、しかもその範囲は、神の救済の啓示についての理解が神の現存在と本質に関する自然宗教の意識に根拠づけられているその程度にかかっている。

十九世紀の変わり目に福音主義神学のなかで突然起こったこのような展開は、しかしながら十八世紀まで、二つの要因によって阻止されていた。第一の障害の本質は、キリスト教の神認識が聖書の権威に基礎づけられていたことにあった。宗教改革の神学にとってそれは、真の宗教と誤った宗教の相違を見分ける尺度とみなされた。しかもそれは、異邦人、ユダヤ人、そしてイスラム教徒との関連においてだけでなく、まさにキリスト教界それ自体においても当てはまることであった。ダーフィト・ホラーツは、一七〇七年においても、真の宗教は神の言葉に一致すると述べている(20)。このことは、古プロテスタントの教義学において自然宗教にさえ当てはまるとみなされた。このテーマに関する諸々の詳論は聖書の諸言明に根拠づけられ、そして第二に、哲学の諸論証によって説明された。しかしながら自然宗教それ自体の理解のうちにも、神意識が宗教のひとつの機能に解消されることを阻止していたひとつの要因があった。この第二の阻止要因の本質は、自然宗教の概念と理性の自然神学との結合にあった。この結合により自然宗教の主観的神意識の普遍妥当性だけでなく、宗教的実践における、あるいはそれに対向する神認識の優位性も保証された。こうしてヨハン・ヴィルヘルム・バイアーは、ラクタンティウスを引き合いに出しつつこう説明した。つまり宗教と知恵は、神が崇拝されうる前に、一度、神を知ることがまず必要とされるがゆえに、知恵が先行し、宗教がそれに続くという仕方で共属し合っている(21)、と。しかしながらバイアーは、至福に到達するためのその他のあらゆる手段と共に、神認識を言葉のより広範な意味で宗教に含めていた。これは、すでにアウグスティヌスにおいて起こったように、神認識を宗教の概念に含めることに対応していた。大部分の古プロテスタントの教義学者たちの場合、自然的神認識と自然宗教を明確に区別することに失敗したその原因は、このアウグスティヌスの方向転換にあった。ブッデウスも神の認識を神崇拝の前提として宗教の概念のなかに含めた(22)。そしてそれゆえにのみ彼はその教義学を宗教の概念に関する章で始めることができた。事実、この章は、直ちに、理性によってすべての人に知られている神の現存在の主張から始まっている。この後で初めて、宗教の概念それ自体が論じられている。

したがって神認識を宗教の概念に還元することを阻止したのは、古プロテスタントの聖書原理と、自然宗教と理性の神認識の結合という二つの障害物であった。この二つの障害物うちの最初のものは、古プロテスタントの聖書霊感説の教理の解消と共に無くなった。啓示の宗教であるキリスト教およびその「本質的」内容の理解にとって、今や次のことに関する諸々の検討がその判断基準となった。つまり、人間の救いにとって自然宗教はどの点で依然として不十分であり、そして補充を必要としているのかということが問われた(23)。それゆえ人間の罪と、イエス・キリストの贖いの死に関する教理は、啓示宗教であるキリスト教の本質的内容であるように思われた――たとえ人びとが、キリスト教という宗教（die christliche Religion）を理神論者たち一般と共に単に自然宗教それ自体の純化された、そして完全な記述として理解する準備がまだできていないとしても。しかしながら自然宗教の優位性に関する諸見解に対する、また自然神学の理論的普遍妥当性に対するヒュームとカントの批判と共に、自然宗教それ自体の概念のうちに根ざす障害物、つまり神認識を人間の宗教的態度に還元することを邪魔してきた障害も無くなってしまった。神意識を包含する宗教は、今や、理性的存在である人間の諸々の実践的必要性の表現のように思われた。カントの影のなかでかすんでしまった合理主義者たちと超自然主義者たちにとって、この形式における宗教的テーマは、たしかになお理性的普遍性を保持していた。そしてこの変化した基盤に基づき、人間の救いにとって理性宗教はそれ自体だけで十分であるのかどうか、あるいはさらに、自然を越えた啓示が仮定されるのかどうかということに関して、もう一度論争が起こりえた。しかしこの議論の基盤は、宗教の人間学的観点に対する神認識の独立性が今やまったく問題になりえないというかぎりにおいて、理神論者たちと反理神論者たちとの論争の場合と異なっていた。むしろその議論は、超自然的啓示の単なる可能性を越えて、このような啓示を実際に想定する、人間にとって正当な宗教的欲求というものが存在するのかどうかという問いに集中しなければならなかった。

この状況のなかでシュライアマハーの『宗教論』は宗教の自立性を新たに基礎づけた。今や形而上学と道徳哲学からの宗教の独立性は、もはや、神の真理の権威によって成り立つ自立性ではなく、「心情のうちにひとつの独自な領域」を要求する人間学の基盤に基づく自立性であった(24)。今や神思想は宗教の産物のように思われ、しかも必然的な仕方で宗教に属しているわけではないひとつの直観のように思われた(25)。後にシュライアマハーは、宗教（あるいは「敬虔」）と神思想の関連をより緊密なものとして理解した。彼の『信仰論』によると、絶対依存の感情はたしかにそれ自体で与えられているものであり、たとえば神への信仰の働きとしてではなく、むしろ神表象・観念は、反対に依存感情に対する「最も直接的な省察」として理解され、したがってこの感情と最も緊密に結びついている(26)。神表象は、この感情のなかに言外に含まれる、依存性つまり「何に」を明確に意識させる。しかし『宗教論』においても『信仰論』においても神意識は、宗教ないし敬虔の表現とみなされているのであって、その反対に後者は神認識の結果であるとはみなされていない。

宗教を理解するために神思想に当然与えられる機能について、その後も論争が続いた。ある人びとは神思想のなかに宗教の理解のための出発点を認め、他の人びとは、宗教の意識それ自体に対する神思想の内容的優位性に異議を唱えずに、宗教的意識に基づいてその心理学的起源を立証しようとした。しかしながら全体として、宗教的意識にとって神思想がもつ優位性が貫徹された――この優位性は、ヘーゲルと思弁的神学によって、たとえばカール・シュヴァルツとオットー・プフライデラーに反対したアロイス・ビーダーマンによって擁護された(27)。特にイザーク・アウグスト・ドルナーは、信仰の宗教的確かさに対し神についての知識がもつ基本的重要性を強調した(28)。しかし宗教心理学に関する初期の諸々の詳述によってさえ、エルンスト・トレルチは、宗教における優位性は「神表象」に属するという命題に到達した――その際、宗教心理学は、「宗教の自立性」とその真理要求にとって決定的に重要であり、また宗教史の論述にとって基本的な決定機関である(29)。しかしながら今やこの論証はすべて、人間の自然に属する現象としての宗教という基本的理解に基づいていた(30)。宗教の現象にとって神表象がもつ地位が、まずそれに基づいて証明される確実な基礎となったのは、この人間学的基盤であった。

「方法論的に神の現実を宗教の現実に従属させる」このやり方全体に対し、それにより神の現実が「取り返しのつかない仕方で」放棄されるがゆえに、カール・バルトが激しく抵抗したことはよく理解できることである(31)。事実、キリスト教信仰のみならず他の諸宗教の宗教的自己理解も、あらゆる人間の神崇拝に対する神的現実とその自己告知の優位性から出発している。このことは特に、宗教の概念それ自体の歴史の、古代の諸々の出発点から証明される。この事態は、エルンスト・トレルチのような十九世紀の神学者たちによっても把握されていた。バルトの判断は、彼にとって決定的なこの点で、彼が戦った神学者たちによって完全に否定されることはなかった。さらに、宗教に対する神の現実とその啓示の優位性と共に神の神性は立ちも倒れもするという点でも、バルトは正しい。しかしながら近代の幕開けとなった精神的状況のなかで、この優位性を突然主張することはできない。つまり、もしもそれを行おうと試みるならば、たとえ「教会」教義学という公の名称で登場しようとも、このような試みは初めから諸々の単なる主観的主張にすぎないものとして性格づけられてしまうからである。このような諸々の主張の絶対性を、諸々の内容の異なる熱狂主義と区別することは困難である。あらゆる人間的宗教に対する神の神性の優位性を確実な論拠に基づく仕方で主張するためには、突然もちだされる主張の代わりに論証的な仲介が必要である。バルトが『教会教義学』I／2、第十七章のなかで宣言した、神の啓示への宗教の「止揚」は、たしかに教義学的主張および厳しい対立という仕方で達成することはできない。そのために必要なのは、啓蒙主義以来、教義学の基礎づけにおける宗教の概念の優勢へと通じていた諸々の問題状況に論証的に関わることである。その発生の諸条件、霊感論の解体、自然神学の破滅ないし人間学的還元についてはすでに言及したとおりである。それを越えてさらに必要なのは、近代になって宗教の概念が優勢になったことにおける諸々の真理契機を評価することである。これらは、まさにバルトによってただ論争的に知覚された次のような事実と結びつけられる。つまりそれは、十八世紀から十九世紀への変わり目以来、人間学が、神についてのあらゆる発言の普遍的拘束性ないし純粋な主観性に関する諸々の決定が、少なくとも諸々の予備的決定が、それに基づいてなされる基盤となったことである。この全体状況はバルトによっても変革されていない。この全体状況を考慮すると、バルトが「啓示と宗教の関係の」、正当にも疑わしいと判断されたあの「逆転」の根拠を、次のことに見出したことは適切であるとは言えない。つまりそれは、「宗教改革者の場合には非常に明確であった認識と承認に関して、すなわちイエス・キリストにおいてたった一度、そしてすべての点で、人間に関する決断がなされたという認識と承認に関して」プロテスタント神学が「ためらった」(32)ということである。バルトは、「新プロテスタントの神学者たちもやはりそのように語ったこと」を非常によく知っていた。しかし彼らも、「実際にそのような事情にあることを考慮に入れたのだろうか?」バルトは十分な根拠もなしにこのことを疑った。ブッデウスやドルナーのような人びとは、そしてまさにシュライアマハーも、彼らの時代の諸条件の下でこの事態を主張することを全力で支持し、知的に解決しようした。たしかに解決のための彼らの諸提案は批判を必要としている。しかしこのような批判は、それらの諸提案が打ち勝とうとしている課題に同時に立ち向かうときにのみ、説得力をもつ。その課題とは次のようなものである。つまり、今や神についてのあらゆる発言が主観性に還元されてしまう時代――それは近代の社会史と、神証明および哲学的神学の近代における運命が示しているとおりである――に、神学は、どのようにして神と、イエス・キリストにおけるその啓示の優位性を理解できるものと為し、そして真理への要求をもちつつ、それを主張することができるのだろうか?　という課題である。

次の諸段落において、宗教の概念に関する近代神学のアプローチの諸々の人間学的真理契機を確認する予定である――そこには、それらの真理契機を、神とその啓示の優位性に基づいて方向づけられた神学のパースペクティヴへと「止揚」しようする関心が働いている――が、その前にまず近代における宗教概念への集中にみられる別の様相を検討しておく必要がある。

(b) 宗教の概念、宗教の多元性、そしてキリスト教の「絶対性」

古プロテスタントの教義学にとって、宗教の多元性から、キリスト教の真理に触れるような問題はまだ何も生じていなかった。霊感によって記された聖書の神の言葉という尺度に基づき、真の宗教と偽りの宗教が区別され、キリスト教以外の諸宗教は当然のことながら《偽りの宗教》とみなされた。初期啓蒙主義の理神論者たちと反理神論者たちにとっても、ここにはまだ何の問題も存在しなかった。今や真の宗教の尺度として機能したのは《自然宗教》であった。そしてキリスト教の啓示宗教と自然宗教の、どっちみちそのようにして基礎づけられた一致は、キリスト教の真理要求に対する証明書とみなされた。たとえばブッデウスは、自然宗教と、アダムから族長たちへのその伝承について論じた後で、《異邦人の宗教》(33)におけるその腐敗をごく短く取り上げ、そして直ちに、《キリスト教の宗教》がそれに続く《モーセの宗教》へ向かった。後にゼムラーの場合には、キリスト教の宗教はモーセの宗教からいっそう鋭く区別され、そして独立した偉大なものとして論じられた。そのうえゼムラーの場合にも、さらに多数の諸宗教を体系的に概観し、そしてそれらの間でキリスト教が占める場を規定しようする神学的欲求はまだ存在しなかった。ヒュームが、まったくの抽象にすぎない所謂自然的宗教と比較して、実定的諸宗教の方が根源的であることを説得力のある仕方で論じた後に、初めてその状況は変わった。その時でさえ、直ちに、キリスト教の場の規定のための予備条件として、諸宗教の世界を方向づける必要性はまだ感じられなかった。むしろまずキリスト教の真理のための判断基準としての自然宗教の機能のみが、カントの実践哲学の意味における理性宗教によってとって代わられた。理性宗教の妥当性が初期フィヒテの無神論によって激しく揺り動かされて初めて、そして哲学的構成が疑われて初めて、諸宗教の多元性はキリスト教の自己理解にとって意味のあるものとなった。これは、シュライアマハーの場合とヘーゲルの場合では、異なる仕方で起こった。

シュライアマハーの場合、理性宗教は、もはやすでにキリスト教の真理のための判断基準として機能することができなかった。なぜなら『宗教論』の発言は、道徳および形而上学に対して宗教の自立性を擁護していたからである。しかし第五講が実定的諸宗教の個性を諸宗教の具体的現実として捉えるように教えているにもかかわらず、その他の諸宗教の間におけるキリスト教の特異性と、もしかするとその優位性は、諸宗教間の比較ではなく宗教の概念の省察によって確かめられた。これは、そのなかでキリスト教が「諸宗教の宗教」として記述されるパースペクティヴである。すなわちその特別で明確な内容は、宗教一般の概念を構成しているもの――つまり、有限なものと無限なものの仲介――である。そしてその際、このような仲介のまだ不十分な諸形式が問題になっているかぎりにおいて、まさにそれゆえに他のすべての諸宗教と「宗教におけるあらゆる現実的なもの」一般が、キリスト教にとって「論争」(と伝道)の対象になる(34)。

諸宗教の世界におけるキリスト教の特別な位置を確認するためのシュライアマハーのこの方法には、しかしそのために今や宗教のある普遍的概念が基準となったかぎりにおいて、ひとつのある矛盾がみられる。つまりこの概念は、その本性において宗教的というよりもむしろ哲学的であったのではないのか? それを判断基準として用いることは、宗教の独立性という命題にうまく適合しなかった。おそらくこれが、後にシュライアマハーが諸宗教の世界におけるキリスト教の位置を規定するために別の道を選んだ理由、あるいは諸々の理由のなかのひとつの理由である。一八二一年、信仰論は、諸宗教の普遍的体系という枠組のなかで個々の諸宗教を比較研究し、そして分類する方法の概略を示している。そのなかでキリスト教は、一神教的諸宗教のグループに、そしてこれらのなかで再び――ユダヤ教と共に――倫理的に特徴づけられた(「目的論的」)宗教類型に属する。さらにユダヤ教と異なる特異性は、救済者であるナザレのイエスを引き合いに出すことから生じてくる(35)。この方法においても、倫理的かつ審美的に刻印された信仰様式と区別されるなかで、決定的な重要性を与えられているのは、もちろん宗教体系という枠表象、混乱した意識から多様に分割された意識(多神教)への発展という思想、そして混乱した意識から一神教の統一への発展という思想である。諸宗教の世界を比較検討するとき、宗教の普遍的概念のこの実際に支配的な役割は、根本的に疑問に付されるべきではないのだろうか?

ヘーゲルは、多数の宗教をその概念の現実化の歴史として理解することにより、その他の諸宗教のグループにおけるキリスト教とその真理の特異性を規定する際に、まったく綱領的に宗教の概念から出発した。その際カントと異なりヘーゲルは、具体的諸宗教に対し、その判断基準の尺度として単に理性宗教という抽象的表象を持ちだすことはなかった。むしろ彼は、ある事態・出来事(eine Sache)という概念から、把握されるべき現実に対するその適合性の証拠を要求した。こうして彼にとっても、諸宗教の全体を体系的に概観することが必要になった。宗教の普遍的概念は、このような叙述つまりその現実性の実証によって初めて正当化される。ヘーゲルの宗教哲学においては、シュラアマハーの第五講の場合と同様に、もちろんキリスト教は、宗教のこの普遍的概念の完成された現実化として規定されている。つまりそれは、そのなかで宗教の本質一般すなわち宗教的意識の内容が「明らかに」なっている「啓示宗教」として規定されている[36]。しかし今やヘーゲルの宗教哲学の枠組において、この思想は、シュライアマハーの第五講の場合と異なる機能を有している。なぜならヘーゲルにおいては、あらかじめ他の諸宗教は、宗教の概念の、個々の特徴ないし契機の諸々の現実化として叙述され、今やキリスト教においてその完全で、完結した叙述を見出すこの概念の諸々の一面的な現実化として叙述されているからである。

十九世紀の神学において、シュライアマハー及びヘーゲルによる、諸宗教の体系化――それは、キリスト教の特性と真理要求に関する判断を形成するための条件である――のための諸々の努力に従った者は、わずかであった。福音主義神学が、歴史批判によって問いに付された聖書の権威を、信ずる主体にとっての主観的信仰経験を引き合いにだすことにより再生することができると信じたかぎりにおいて、さらにこの主観的確信の普遍的根拠を、信仰経験と道徳的な生活問題との関連を通して証明することができると信じたかぎりにおいて、宗教を比較しつつ検討する必要はなかった。しかし伝承されたキリスト教の教理の諸々の内容は、その諸条件としての回心の経験に基づいて現実に確認され、そして正当化されたのだろうか？　反対に覚醒の敬虔ないしその変形のひとつは、ナザレのイエスという歴史上の人物の特別な働きとして説明されたのだろうか？　いずれにせよキリスト教信仰の真理に関する確信を単に回心の経験という基盤に基礎づけようとしなかった者は、少なくともイエスの歴史的人物像と彼の使信に対する省察と、人類のその他の諸宗教の間におけるキリスト使信の位置に対する省察を補足的に必要とした。そのさい宗教としてのキリスト教の真理は、他の諸宗教に対するその「絶対性」の説明によって確認された。このようなやり方には、キリスト教と《自然宗教》の唯一無比の一致を証明しようとする比較的初期の神学の諸々の努力が、相変わらず幾分残っていた。ただし《自然宗教》を宗教の概念と交換するには、この概念が現実性も有すること、つまり宗教の現実性を実際に含むことを証明する必要があった。もしもこれを証明することに成功するならば、キリスト教と宗教の概念の一致はその完全な《現実化》として解釈されるであろう――この現実化は、以前に、自然的宗教と異なる啓示宗教のためにそれが要求されたのと同様の仕方で、《単なる》概念を越えていく。

その他の諸宗教のグループのなかで宗教としてのキリスト教の完全性ないし《絶対性》を繰り返し証明しようとしたのは、特に思弁的流れに属する神学者たちとそこから生まれ自由主義的流れに属する神学者たちであった。その際キリスト教以外の諸宗教に関する研究を最も詳細に行ったのは、オットー・プフライデラーであった。彼の諸研究は彼の時代の宗教学者たちによっても繰り返し注目された。プフライデラーの思想の発展のなかにも、普遍的宗教概念と個々の諸宗教の多様性の関係から生じた諸問題が、特に印象的な仕方で現れている(37)。

一八六九年に出版された彼の最初の著作のなかで、プフライデラーは、宗教の本質の普遍的概念から宗教史の流れを、いずれにせよその根本的特徴を演繹することができるとまだ考えていた(38)。カール・シュヴァルツにしたがって、彼は、アロイス・E・ビーダーマンと同時期に、宗教の本質の心理学的記述をその形而上学的記述と区別した。すなわち、心理学的記述は人間における宗教的意識の起源を取り扱うのに対し、形而上学的記述は神とその啓示における宗教の基盤について論ずる(39)。宗教心理学の優位性は、一方でフォイエルバッハの心理学的宗教批判によって引き起こされ(40)、他方で自由主義神学に、諸概念にのみ基づいて構成する宗教哲学に対する卓越性の意識を与えた(41)。しかしながらこの心理学は、たとえそれが人間の本性の概念的構成であって、絶対的なものの概念的構成ではないとしても、それ自体概念的構成であった。それゆえ事実、宗教の本質の形而上学的（あるいは教義学的）論究による補足が必要であった。なぜなら宗教の対象としての神の現実性は、宗教の人間学的起源から引きだされなかったからである。

宗教の神学的記述と形而上学的記述の関係に関しては、非常に特徴的な不確かさ――普遍的宗教概念と歴史的宗教の具体的多種多様性との、問題を含む関係に同時に光を投げかける非常に特徴的な不確かさ――というものが存在した。すなわちビーダーマンによると、心理学的記述はすでに宗教を「人間的自我が人格的に神へと引き上げられること」として特徴づけなければならなかった。そして形而上学的省察は、人間のこの高揚の根拠が人間と異なる絶対的なものの現実性のうちにあることを確かめる、あるいは保証するだけである(42)。これと反対にプフライデラー（と、リプシウス）によると、宗教心理学は、自己意識の本性のなかに存在する緊張関係、つまり人間の（自然的存在としての）依存性と自由の緊張関係――神思想がこの緊張関係を《解消する》――を特に記述しなければならない(43)。しかしプフライデラーとリプシウスも、神的なものの観念（Idee）はすべての宗教に共通しており、しかもこの神的なものはすでに統一的な現実として想定されていると信じており(44)、したがってゴーダーマンとの相違は、一見そう思われるよりも小さい。事実、一神教的神観念――より正確に言うと、（プフライデラーの意味での）キリスト教的神観念――のみが、依存と自由の統合の根拠として理解されうる。そのかぎりでプフライデラー（と、リプシウス）の場合、宗教の「心理学的」普遍概念は、すでに規範としてひとつのまったく規定された宗教とその神理解を前提としている。つまりそれはキリスト教、あるいはシュライアマハーとヘーゲル以後のドイツ福音主義神学のキリスト教であり、この神学はこれら二人の思想家の宗教概念の諸々の根本的規定を相互に結びつけようと努力した。したがって、宗教史のこのような宗教概念に基礎づけられた区分と記述がキリスト教の絶対性という結論に至ることは、もはや特に驚くべきことではない(45)。

プフライデラーは、宗教哲学のその後の記述のなかで経験的宗教研究の重要性をますます強調するようになり、彼の著作の第三版（一八九六）においては、宗教の歴史的展開の記述の後で初めて宗教の「本質」を取り扱った。その要点は、「宗教の本質は、われわれがまず自分自身の体験を通して，さらに他者によって体験されたものの追体験を通して知る内面的経験の諸々の事実、つまり霊的生命の諸々の出来事と状態に属する」ということにある。したがってそれらを解明するために、心理学的分析が不可欠になる。それ以前に記述された宗教史的展開は、それゆえ宗教の本質概念にとってなんら構成的意味をもたないようにみえる(46)。これは、次のことから完全に明らかになる。つまり、我（Ich）と世界の対立を越える統一性の根拠という仮定の必然性のなかで、神観念は「理性に由来する」というプフライデラーの理解は、そのなかで彼の理解が宗教史的素材の記述の前におかれているその著作の第一版以来、変更されることがなかった(47)。他方プフライデラーは、当時（一八七八年）すでに、宗教の普遍的本質概念を宗教史の記述のための規定的原理として用いることを断念していた(48)。しかしながら彼は、この、そして特に神表象の発展を、マックス・ミュラーとパウル・アスムスによって提起された思想、つまりアーリア的（インド、イラン、そしてギリシャによって代表された）宗教類型とセム的宗教類型がキリスト教において統合されているとする思想と結びつけた(49)。宗教の心理学的本質概念と、宗教史の今や経験的探究に基づいてなされた(50)記述は、したがって互いに独立して基礎づけられたが、収斂を目指していた。そのかぎりでビーダーマンがプフライデラーに異論を唱えて批判したこと、つまりだれも、宗教の本質と真理に関するある考えをあらかじめすでにもたずに、宗教史と取り組むことができないということは、プフライデラーの後期の宗教哲学にもあてはまる(51)。ただしプフライデラーの論証は様々なニュアンスを含んでいる。普遍的宗教概念はすでにある一定の宗教の視点を、すなわちプフライデラーの場合にはキリスト教の視点をすでに前提としているということのなかにある反対の問題は、今も解決されないままである(52)。

宗教史のプロセスの理解と宗教の普遍概念の実現としてのキリスト教の真理の理解は、特に歴史的一回性と個別性は諸々の普遍概念から演繹できないということによって、一九〇二年、エルンスト・トレルチによって決定的な批判にさらされた(53)。たしかに歴史には間違いなく普遍妥当性が存在したとトレルチは考えたが、そこで問題になっているのは、人間精神による理想形成から生ずる諸価値と諸規範であり、それらは歴史的起源を有し、その妥当範囲は歴史的衝突の原因となっている(54)。すべての個々人における人間精神の同質性のゆえに、諸々の多様な価値形成はたしかに共通の内容と目標に向かっているが、しかしまさにそれゆえに多様なものとして必然的に衝突し、その結果、歴史が続くかぎり、絶対的究極的成果は達成されないことになる(55)。

トレルチにおける宗教史の観点の新しさは、絶対性の命題と、概念から歴史のプロセスを構成することを決して断念しなかったことである。というのはこの二つの点に関し、プフライデラーは彼の最後の研究段階においてトレルチの諸々の理解の準備をし、さらにそれを先取りしていたからである。他方で新しかったのは、普遍妥当性を獲得しようと努力するなかで、歴史的に生じた多様な諸規範と諸価値の間の対立にトレルチが割り当てたその圧倒的な重要性であった。トレルチは、現在の宗教世界の状況におけるキリスト教の高次の妥当性という命題を自ら徹頭徹尾支持したにもかかわらず、ここから、開かれたプロセスというイメージがおのずと生じてきた(56)。

ところがトレルチの議論の最大の弱点は、「理想を求める価値感情」を形成する精神の「根本機能」という仮定の枠組のなかで、宗教の本質に関する詳論が展開されていることであった――ひとは「精神を高め、そして導くその力」に献身し、そしてその価値感情のもとで宗教は、「無限な、つまりわれわれの理解の尺度によれば無限な力との関係」をその内容としている。「宗教の実践的性格は、いつもひとつの最高善を求める努力として、その無限な力との関係のうちに根絶し難く措定されている」(57)。トレルチは、一八九五年にはまだこの心理学的「原事実」のなかに、神意識としての宗教的意識の真理のための保証も存在すると信じていた(58)。後にトレルチは、単なる心理学はそのための証明の責任を負えないことを洞察し、この目的のために、宗教へのアプリオリな資質という超越論的哲学的命題によってそれを補足した(59)。最後に再び、彼は、そのための形而上学的基礎づけが不可欠であるとの仮定にますます近づいていった。プフライデラーとビーダーマンは、ずっと以前に、宗教の本質の心理学的記述はその形而上学的記述によって補足されるべき必然性を説明していた。他方トレルチには、個人の宗教的意識と、世界意識および社会のシステムとの内的関連に対するプフライデラー（と、リプシウス）の諸々の洞察に反対する見解は見当たらない。しかしプフライデラーの場合、特にその最初の著作における心理学的記述それ自体は、トレルチの場合よりもかなり詳細になっている。たしかにトレルチは、始めから宗教的意識を、人間を高める「無限の」《力》として記述した。しかし彼はこの力を当然のごとく唯一のものとしてとらえ、そして一九一二年には、ウィリアム・ジェイムズが宗教的経験の心理学のなかに一神教的な諸々の特徴よりもむしろ多神教的な諸々の特徴を見出したことになお驚いていた(60)。

宗教の本質概念の定式は、ある一定の歴史的宗教におけるその際すでに前提とされている立場によって制約されているという問題は、したがってトレルチの場合にも解決されていない。この問題の論究により、人間学的基盤と具体的宗教は区別されなければならないことが明らかになる。この区別は、神および神々の現実と宗教の関係についての問いへと通じている。そして宗教史の神学的妥当性についての問いは、これに連なっている。

2　宗教の人間学的本質と神学的本質

近代初期には、神々の諸形態と諸祭儀のあらゆる多種多様性（Verschiedenheit）にもかかわらず、宗教の主題の統一性は、ひとつの《自然宗教》という仮定によって表現された。諸国民の諸宗教は、宗教のこの統一的、人類の原初状態の表象と結びついた起源の、堕落した異なる種々の形態と思われた――キリストの啓示はその純化された再生とみなされた。このような理解は、近代の初頭に現れた次のような確信によって無用になった。つまりそれは、宗教の起源的かつ具体的現実は、普遍的人間的自然宗教のなかにではなく、諸国民の実定的歴史的諸宗教のなかに探し求められうるという確信である。この多種多様性の共通の絆となっているのは、宗教の普遍概念、つまりその共通の「本質」という概念だけであった。今や宗教のその共通性は、かつて「自然宗教」の形態のなかで考えられたように、もはや諸宗教の歴史的多種多様性に先行せず、それはまた「理性的宗教として」あの経験的多種多様性の超越論的起源でもなく、それは諸宗教の具体的多種多様性のなかに、そしてそこにおいてのみ見出される。しかしこのような本質概念によってのみ(61)、ひとつの統一的現象としての宗教について語ることができるようになる、そして宗教的諸現象の歴史的多種多様性それ自体を、それを宗教の共通の本質の現れとして捉えることにより、宗教的なものとして同一化することができるようになる。

このようにしてシュライアマハーは、彼の『宗教論』第二版（一七九九年）のなかで宗教的諸現象の多種多様性の共通の根拠としての「宗教の本質」について論じた。それらはすべて「宇宙」の諸々の直観と感情に依拠している。宗教の本質概念は、この記述により神思想への束縛から解放された(62)。『宗教論』において、神は、他の諸々の直観の間におけるひとつの宗教的直観にすぎないとみなされた。これは、宗教の概念を普遍概念として定式化するという課題に対応していた——この宗教の概念は、単に一神教的諸宗教に共通のものを指し示すだけでなく、これらを一神教ではない諸宗教と、諸宗教として結びつけるものを指し示している。

この課題は、今日に至るまで宗教の概念に関する諸議論を取り扱ってきた。そのさい神思想との結びつきから解放されたことは、結局、宗教の概念を規定するという試みが無限に広がっていく理由となっている。なぜならその解放は、この試みが繰り返し不満の残るものと思われるにちがいないその理由も含んでいるからである。

宗教の概念を神思想から解放する必然性の基礎づけとして参照するように指摘されているのは、諸々の神表象の多元性、特に諸々の一神教的理解と諸々の多神教的理解の間の神表象の多元性だけでなく、特に原始仏教のように神表象をもたない宗教である(63)。そしてその結果、頻繁に登場してきたのが、宗教の概念の純粋に人間学的規定である。たとえば、人間の生命のひとつの次元という概念である——たとえそれが、その究極的次元(64)、無制約関与の表現、ないし包括的で最も集約的な評価の表現であるとしても(65)。

宗教の概念のこのように純粋に人間学諸規定は、たしかに単純にまちがっているとは言えない。それらは、宗教的な諸々の内容との結びつきのなかで現れる人間の諸々の心構えと体験様式を記述している。同様のことは、宗教の概念の「機能的」諸規定にも当てはまる——それは、宗教の本質を、社会ないし文化の統一性にとってそれがもつ機能から「偶然性の克服」として、あるいはまったく一般的に人間の自己意識の起源として、あるいは世界と社会を包摂する意味意識の起源として捉えている(66)。宗教は事実この諸機能を満たしている。個人と文化の意味意識の基礎づけ、またそれと緊密に結びついた社会と世界の統一性の基礎づけは、高次な段階における、諸宗教の諸々の社会的影響に特徴的なものである。しかしながら宗教のそれに合わせた機能的定義は、このような働きがどこから出てくるのか、そしてどこから出てくることができるのかをまだ明らかにしていない。それゆえ、機能的記述を越えて、宗教の概念の内容的（実質的）規定を提示することが求められており、これはもっともな要求である(67)。

一九一七年、ルドルフ・オットーは、敬虔を絶対依存の感情と規定するシュライアマハーに対し、すでに次のように異論を唱えていた。そのさい問題になっているのは、その原因を推論するという手段によって間接的にのみ神思想と結びついている単なる「《自己》感情」にすぎない。しかし宗教的意識は《まず第一に》そして《直接的に》《わたしの外にある対象》に向けられている。自己感情による宗教の概念の規定は、したがって「完全に霊的状況に反して」(68)いる。「後に続く作用」としてのみ、つまり「自分の自己に関して、体験しつつある《主体》の価値を切り下げる」という仕方でのみ、依存感情ないしより良い被造感情はヌミノーゼの体験と結合される(69)。

オットーは、『宗教論』にみられるシュライアマハーの宗教論の元来の形態にこの批判を向けることができなかった。なぜならそこにおいて宗教感情は、たしかに「わたしの外にある」他のものの働きとして考えられているからである。つまりそれは、人間に向かって行動する「宇宙」の作用として把握されているからである。その行動は、諸々の宗教的直観と感情の原因であり、また対象である(70)。事実、オットーが、シュライアマハーの信仰論の宗教理解よりも『宗教論』の宗教理解を好んだことは明らかである(71)。その際もちろん彼は、シュライアマハーの、宗教的対象の普遍的名称として機能している宇宙の概念を聖なるものの概念と取り換えた。すでに一九一五年、N・ゼーデルブロームはこの概念を、「原始的社会から最高の文化に至るまでの」宗教における共通なものを発見するための、神表象よりいっそう優れた「魔法の杖」と呼んだ(72)。しかし聖なるものの概念は、シュライアマハーにおける宇宙の概念と共に次のような欠点をもっていた。つまり、この概念は、宗教経験の具体的対象ではなく、その対象が省察を通してそれに帰属するとされる普遍的領域を指している。オットーの場合、それは、宗教的な世界観と自然主義的世界観の対立という意味における、世俗的世界経験との対置のなかで起こった(73)。

これに対してシュライアマハーの「宇宙」は、日常的経験と対抗する特別な世界を表さず、無限なものとの関連で有限なものを捉えることにより、有限な現実それ自体のより深い理解を開示した。なぜなら有限なものは、いつもすでに無限なものに基づいて切り取られており、それゆえそれは依然として無限なものにも関連づけられているからである(74)。シュライアマハーの宗教の概念の偉大さは、特に、宗教とその内容は、人間とその世界のその他の現実に付加された何ものかではなく、このひとつの生活現実のより深く且つより自覚的な理解であることにある。ところが宗教の概念を、世俗的なものと対立する聖なるものに基礎づけることには、言外に、宗教的な世界理解と非宗教的な世界理解の二元論が含まれている。しかしこの相違を度外視するならば、オットーの記述は、宗教的経験の対象の代わりに宗教的対象の普遍的《領域》を省察しており、この点でシュライアマハーと同じである。宗教的経験のまだ規定されていない対象も、なおそれから区別されている。すなわち、その経験はあるヌーメン（神霊）と関わっており、したがってなお無規定的な偉大さの特性と関わっているが、その対象は決して「ヌミノーゼ」ではない。

宗教的対象の普遍的領域は、人間の主観性とそれに対応する世界地平の宗教的次元として適切に記述されており、したがって神と出会って驚くという具体的宗教にはまだ属していない。この疑念はオットーにもシュライアマハーにも当てはまる。しかしながらその際、宗教に関する第二講演におけるシュライアマハーの記述は、主観性のこの宗教的次元の基本的な要素を、オットーの聖なるものの概念よりもいっそう正確にとらえていた。この聖なるものの概念は世俗性の世界の意識を前提としている。この意識は、この世界に聖なるものを対置するためにその世界から離れてゆく。もしもわれわれが宗教の基本的かつ包括的テーマとしての聖なるものにこだわるならば、宗教的意識は、容易に世俗的世界意識に二次的に付加されるもののようにみえてくる(75)。これと反対にシュライアマハーの宇宙の概念は、この表現が無限なものの概念と同等であるかぎり、有限な諸対象の意識にとって構成的な条件と、したがって世俗的な世界意識それ自体にとっても構成的な条件を含んでいる。世俗的世界理解は、有限な諸対象がその「切除」によって、つまり無限なものから切り取られているというその「定義」によって制約されていることを知らないがゆえに、まさにそれゆえに、宗教的意識は世俗的意識に対抗する。シュライアマハーの宗教の概念においても、このところで、聖なるものと世俗的なものの対立が起こっている。ただしそれは、演繹された従属的要因となっている。したがってシュライアマハーの宗教論は、オットーのそれと異なり、《なぜ》聖なるものが、宗教意識のなかで人間の世俗的生活現実にとっても構成的なものとして理解されるのかということも説明することができる。すなわちそれは、まさに有限なものそれ自体の真理を明るみにだす。その真理は、世俗的世界意識の表面的な方向づけによって、つまり有限な諸事物を力によって支配し、そして利用することに基づく方向性によって覆い隠されている。その真理とは、有限なものはそれ自身のうちに基礎づけられておらず、無限なもの全体から「切り取られている」ということである。

有限なもののあらゆる把握の条件である無限なものの明確な知覚は、デカルトの第三省察のなかで、各人に生まれつき備えられている神に関する根源的知識（Wissen）という仮定のためになされた証明の決定的論拠であった。すでに明らかにされた通り、無限なものの、意識の他のすべての内容に先行する直観は、ただ後からだけ、一神教的諸宗教の明白な意識によって《神についての》知識として要求されうる。そしてこのことは、次のことの例証となりうる。すなわち人間は、いつもすでに、その自覚的生活のあらゆる表現のなかで、宗教が人間に彼の創造者として告知する神に関連づけられている。しかし主題として取り扱うということがはっきりしていないために、そこで問題となっているのは、まだ神意識ではなく、そもそもまだ明白な宗教的意識ではない。シュライアマハーによると、それがはっきりするのは、人間にとって次のことが明らかになるときである。つまりそれは、この有限な対象は、無限なものの地平においてのみ現在の姿になっていること、すなわち無限なものは、有限なもの——「定義」上、それは特異性をもつ——によって限定されていることである。若きシュライアマハーは、このような意識の生成の結果を、無限なものの「行為」として記述した、つまり今やそこにおいて無限なものが「直観」される有限な対象を手段として、人間の意識において自らを貫徹する宇宙の「行為」として記述した。有限なものの世俗的把握から宗教的把握への移行は、それ自体有限である世俗的意識を用いて説明することはできない。有限なもののなかに無限なものつまり「宇宙」が現れるということは、したがって宇宙それ自体の行為として理解されなければならない。

一七九九年のシュライアマハーの宗教論の弱点のひとつは、疑いもなく次のことにあった。つまり今や、宗教的に覚醒された意識にとって有限な対象のうちに現れる現実が、その特殊な宗教的形態——この形態は、有限な対象つまりその出現の媒体と区別されるだけでなく、無限なものないし「宇宙」の普遍的地平とも区別される——において主題として取り扱われなかったことである(76)。有限な媒体と区別され、しかしそのなかで出会うこの形態だけが、近代の宗教学が一般に「力」と呼んだ具体的宗教的対象である(77)。一定の有限な諸対象、しかし一定の人びとをも満たす「力」は、今日もちろんもはや宗教史の「アニミズム以前の」起源的段階――ここから神表象が初めて発展した――の独立した中心思想として取り扱われることはない。むしろそれは、ファン・デル・レーウがすでに「力と意志」という形式で要約していた神経験それ自体の部分的様相として取り扱われる(78)。知られざるこの力は、人間が、一定の仕方でその力に襲われていることを感ずることによって、「意志」として経験される。それゆえ力と意志の諸経験は、その起源において共属しあっている(79)。

純粋に人間学的現象としての、つまり人間の意識の表現と創造としての宗教理解に反対して、近代の宗教学は正当にも宗教を「両開きの偉大さ」として記述した。すなわち「それは神性と人間を包含している」。しかしその場合、この関係において神性は「好意あるもの、ぞっとするもの、絶対に妥当するもの、神聖不可侵のもの」として現れる(80)。同様に、すでにルドルフ・オットーは、シュライアマハーが『信仰論』において宗教の概念を人間学に還元したことに反対していた。しかし、この問題が認識されているとしても、宗教学の記述においてこの還元を克服することは決して容易ではない。たとえばユナータン・ゼーデルブロームは、宗教史概説の表題を編集する際に、宗教を「人間と、人間が信じ、そして人間が依存していると感ずる、人間を越えた諸力との関係」と定義したが(81)、彼の詳論は、そのさい内容的に問題になっているのは人間の側からの神性に対する関係であることを示している。同様に、ウィリアム・ジェイムズは、宗教の概念を「個々の人間の諸々の感情、行動、そして経験の関係」と書き換えた――「人間がたとえどれほどある神的力を身近に思い浮かべるとしても、人間がその力との関係のうちにいることを知るかぎりにおいて」(82)。したがって諸々の感情、行動、そして経験を有する人間自身が、宗教学的諸研究の基盤である。宗教学は、この方法によって諸宗教それ自体の諸々の意図と対立してしまうことを、ファン・デル・レーウはあからさまに語った。つまり「宗教においては、神が人間との関係における動作主体であり、学問は神との関係における人間の行為について知るだけであり、神の行為については何も物語ることができない」(83)。ファン・デル・レーウはこの異論を明らかに不可避なものと考えて、受け入れた。しかしこれと共に次のような疑念が生まれた。つまりそれは、宗教学はすでにその方法論により、フリードリヒ・ハイラーが正当にも強調したように、神性の先行性によって特徴づけられているその対象を捉えそこなっているのではないとの疑念である。もちろんハイラー自身も、彼の本を執筆するなかで、そして特に宗教の本質に関する最終章のなかで、神の行為ではなく、「聖なるもの」と人間の「ダイナミックな交わり」について語り、宗教を要約して「神秘的なものの崇拝と、これへの献身」と書き直した(84)。崇拝と献身はしかし疑いもなく人間の行為である。「すべての宗教学は、それが彼岸の諸々の現実の体験と関係しているかぎりにおいて、究極的には《神学》である」(85)とのハイラーの命題は、依然としてひとつの要求に留まっていた。それは、諸宗教の多種多様性を神秘的経験の同一性へと還元することにより、おそらく彼自身の著作が引き受けた要求である。その際まさに、その都度の宗教的経験の歴史的特異性は、諸宗教の生活における他の、より制度的な諸観点のもとで、依然として過小評価されている。

宗教の概念一般を避け、その代わりに信仰と信仰様式について語ることによっても、われわれはこの問題から逃れられない。信仰の概念はたしかに神性との人格的関係の要素を強調するが、これは少なくともそもそも《宗教》の概念においても生じたことであり、信仰も、宗教と同様に人間のひとつの行動様式である。そのさい信仰は、「宗教」よりも容易に、世界における人間の普通の生活現実になお付け加わるもの、多かれ少なかれ周辺的なもの、すなわち単なる主観的関与とみなされてしまう。宗教の概念が、信仰の概念よりも、個人の人格的神関係を越えて、宗教的振舞いにみられる連帯性（Gemeinschaftlichkeit）をいっそう明確に主題としていることも、宗教の概念を支持している。全人類を包含する宗教のテーマの普遍性にも同様のことが当てはまり、この普遍性は宗教という語の単数形の使用のなかに表現されている(87)。

単数形の宗教の概念は、宗教的な振舞いの多様性を念頭に置きつつ批判されるが、この批判に反対する次のような発言は正しい。つまりこの宗教の概念は、多数の宗教的諸現象における人間的に共通なものを指示しているがゆえに、まさに普遍的概念として断念することができない(88)。宗教的諸現象、まさに諸々の神表象は多種多様で異なっており、他方、人間の経験と人間の振舞いは、人間本性の統一性のゆえに、この多様性に対し統一的な評価の基準（Bezugsebene）を形成することができる。いずれにせよそのように見えるのであり、また古典的宗教現象学はそのように捉えてきた。これと関連しているのは、宗教学的問題設定を宗教的諸現象の人間的観点に限定する傾向である――この傾向が、単純に近代の世俗主義的文化と、それに対応する学問概念の諸々の先入観から生じていないかぎりにおいて。このような観察方法と、宗教的現実の優位性に基づく宗教的意識それ自体の方向づけとは対立しており、この事実はこのようなやり方に反対している。もしも宗教学がこの当然の疑念にさらされ続けることを望まないのであれば、すでにその方法論の最初においてそのテーマを捉えそこなうことはないであろう。しかしでは、宗教学の側に立って、宗教的経験における神的現実の優位性はどのように考慮されるべきなのだろうか？　この事態がはっきりと認識されるようになって以来、この問いは繰り返し考慮されてきた。いかなる解決にせよ、そのひとつの条件は次のことであろう。つまり、神的現実の側における個々の諸現象を越える統一性が、人間の側における宗教的諸現象の統一性に対応しているだけでなく、すでにその基礎となっていることである。その際、もしも宗教学的諸言明の通用範囲が初めから一神教的諸宗教に限定されるべきではないとすれば、当然のことながら諸々の一神教的神表象の意味において、神的現実の統一性が直接取り込まれてはならない(89)。

ヴィルヘルム・デュプレは、原始的諸文化の宗教に関する研究のなかで、このような諸文化の神理解は、いつもすでに神話的意識の統一性との関連、つまり象徴的諸関係の厳密に捉えられた普遍性の統一性との関連のうちにあるという興味深い命題を展開した――ただしその普遍性は、文化的プロセスそれ自体のひとつの様相にすぎない、すなわちひとつの統一的全体としての文化の、起源の様相にすぎない(90)。それゆえ個々の神々の間には、明確な鋭い分離はみられない。それらは、同時に遍在する絶対的超越の力の場の、諸々の具体的出現である。この意味において、神の諸形態の多元性に関わりなく、原始的諸宗教の神理解における統一性が語られる。つまり「原始的宗教の神は、遍在する無名の神である」(91)。その多かれ少なかれ固定的で限定された諸々の具体的出現は、一定の神々という形をとる。したがって原始的な諸文化におけるアンドルー・ラング（一八九八）によって観察された創始者なる神々の共属性は、納得のゆくものになる。この共属性により、彼は、また特にヴィルヘルム・シュミット（一九一二年以来）は、原始的諸文化における他の神の諸形姿の多元性を認めつつ、原一神教（Urmonotheismus）へと導かれた。すでに一九一五年、ナータン・ゼーデルブロームは、純粋な一神教か、それとも多神教かという二者択一はこの現象にふさわしくなく、神思想の起源についての問いにとっても、それは排除されなければならないことを把握していた(92)。この二者択一は、宗教史の比較的後の発展に属している。ふたつの観点が根源的に共属し合っているという主張を受け入れることができる理由、つまりその説得力は、今や、デュプレよって明らかにされた、初期の諸文化における意識構造——その神理解の枠組を形成している意識構造——の「神話性」のうちに見出された。

したがって神の諸形姿（Gottesgestalten）はそれらの場を、神々の働きによって基礎づけられる文化的世界——自然的秩序と社会的秩序——の統一性の、神話的に刻印された理解の関連のうちにもっている。ヤン・ヴァールデンブルクは、正当にも、宗教の現実は「人間による諸々の意味の付与、方向づけ、そして秩序の究極の根拠」(93)であることを強調した。宗教的意識にとって問題になっているのは、まさに《人間による》意味の付与ではなく、世界の意味の統一性の神的根拠である。

神の諸形姿の多元性と文化世界の統一性との関係によって、神性の理解における統一性と多数性の対立は相対化される。しかしながらこの対立は、それによっても解決されない。特に、神理解それ自体に基づいて、統一性と多数性の対立が克服されることはない。たしかに諸々の神性のひとつの多神教的体系へと発展する出発点も、また一神教へと——対立する方向のなかで——発展する出発点も認識することができる。しかしこれらのいずれの解決も、デュプレによって記述された諸文化の関連において、すでに形成されていたわけではなかった。このようなアンビバレント（両面価値的）な状況にあって、文化世界の統一性を神的現実の統一性に基礎づける試みも、依然としてアンビバレントである。問題になっているのは、神々の諸形姿（Göttergestalten）の間の、そして場合によっては、神々がその都度特に結びつけられている諸々の祭儀場の間の、潜在的な、そして少なくとも一時的に公けになる競合なのだろうか？　つまり文化とその政治的秩序の内部における優位性なのだろうか？　一九二八年、ヘルマン・キースは、エジプトの高度な文化を念頭に置きつつ、同一の諸機能――たとえば特に世界の発生の諸機能――と、異なる神々および祭儀場との結びつき――ヘルモポリスの九柱の神々、ヘリオポリスのアトゥム、メンフィスのプタハ、あるいはテーベのアメンとの結びつき――を説明した(94)。事実、まずプタハと王国の結びつき、次に太陽神ラーと王国の結びつき、そして最後にアメンと王国の結びつきは、種々の神々と、彼らと結びついた祭儀場の間の競合の結果と判断されるであろう。そしてここから、エジプトの宗教史が、これらの神々相互の融合へと向かう傾向も理解できるようになるであろう。しかし誤ってこれが結論であると思われている場合にも、もしかすると根本的な事実は問題になっていないのだろうか？　つまり、神々がいずれにせよ互いに厳密に分離されずに、互いに移行するがゆえに、神々の名前を交換することができるエジプト宗教の特質は問題になっていないのだろうか？(95)　もしそうだとすれば、ひとりの神を他のすべての神々の上に昇格させるいわゆる単一神教（Henotheismus）は、エリク・ホルヌンクによると、崇拝の瞬間に限られている主観的信仰にすぎないであろう(96)。その場合には、一神教へと発展する何らかの端緒は発見されないであろう。ホルヌンクによると、「思想のラディカルな変革」によってのみ、アメンホテプⅣ世の一神教は達成された(97)。この結論は、神理解の諸々の根本的変革の宗教的動機を明らかにすることができないことを認めており、これはホルヌンクの見解のひとつの弱点である。もうひとつの弱点は、ホルヌンクの記述によると、一定の神性によって世界秩序とその統一性を基礎づけるという宗教的意識は、まさにこの神性の崇拝にふさわしくないように思われることにある。しかしたとえそうだとしても、文化的世界の統一性を基礎づける機能という面での、神の統一性と多数性の関係における解決しえない緊張関係は、キースの場合よりもいっそう明確に現れている。その結果、エジプト文化の統一性のための説明は、少なくともわれわれからみると、社会的かつ政治的プロセスのレベルへと戻っている、したがってエジプトの宗教それ自体の神話的－宗教的自己理解と異なり、この文化生活の人間的側面へと戻っている。

神の形姿の多種多様性と文化意識の統一性との関連は、したがって神性の多数性と統一性の対立をたしかに和らげることはできるが、解消することはできない。このことは、多種多様な文化の間の諸関連にますます当てはまる。たしかに旅行者たちは、異なる民族の神々をしばしば自分の文化の一定の信頼する神々と類比的に理解した。この点でギリシャ人たちは最も進んでいた。そしておそらくそれは、古代ギリシャの宗教とその神理解の特殊性に基礎づけられている。しかしもしもこのような諸々の類似性の観察においてすでに神的なものの同一性と統一性の意識を見出すならば、それは、個々の神々の形姿の歴史的に成長してきた個性を過小評価することになる。ギリシャ人の場合、初めてこの事態に至ったのは、自分の神々の、そしてまた他の神々の哲学的解釈であり、彼らはその神々の現実をそれらの哲学的意味内容に還元した。

しかしながら神性の理解における統一性と多数性のアンビバレントな状態は、神々の形姿の発展の可能性にとって、特に諸々の付加的影響領域を一定の神的形姿に結び付ける傾向にとって、ひとつの出発点を含んでいる。多神教的諸体系は、ある傾向——つまり、個々の神性を主にある特殊化された諸機能によって確認する傾向——を展開することができるにもかかわらず、ひとつの神性が唯一の機能に固定されるということは、ほとんど、あるいは決して起こっていない。通例、そのなかの多くが他の神々の諸管轄権に触れうる、あるいは重なりうる多かれ少なかれあまりはっきりとしない諸機能の複合体全体が、歴史的に生じたある神に属するものとみなされる。このような神の形姿の成長は、次のようにして起こると考えられる。つまり、そのなかに現れ、またそのように呼ばれるようになった力は、かつてそれが権限をもつとはみなされなかったその諸領域においても働いていることが経験されるという具合に。したがってイスラエルの神は、中核メンバーの移動の終了と文化的領域への定住のあと、以前にはバールに帰されていた耕地の豊かな生産性の創始者として新たに発見された(98)。すでにかなり早い時期から、イスラエルが葦の海において エジプトの迫害者たちから救われた際に、歴史を導く神は「戦いの神」(出一五・三)として発見されたことが報告されている。ヤハウェの形姿は、疑いもなくその創造信仰との結びつきにより、その勢力範囲の最も重要な拡大を経験した。この創造信仰はおそらくもともとその形姿に属しておらず(99)、ウガリット－カナンの神エルと結びついていた。そしてこのエルは、多分すでに王国時代以前に、しかしいずれにせよエルサレムのダビデ王国との関連でアブラハムの神と、したがってヤハウェと同一視されている(100)。

ひとつの特別な神の形姿に帰される力の領域のこのような諸々の拡大は、イスラエルの宗教史だけにみられる特異性であると言うことは難しい。イスラエルの場合、それらは、「拝一神教(Monolatrie)」の神関係――イスラエルにおいては、ヤハウェの「熱情」への古い直観のうちにその基礎を有する(101)ただ唯一の神の崇拝――から、一神教――そもそもただ唯一の神が存在するという確信としての一神教――への移行のための、枠組をも形成している。第二イザヤにおいて初めてイスラエルの神は一神教的性格をとり、第二イザヤは、ヤハウェの唯一性の証明のために特に創造信仰をそのよりどころとした(102)。

個々の神の形姿の歴史は、いつも、競り合う神々および真理の諸要求との対決の歴史でもあった。これは、排他的な崇拝の要求のゆえに、たしかに特にイスラエルの神にも当てはまる。しかしこれによって、いずれの神の形姿も、原理的にこのような対決のプロセスのなかでその複雑な輪郭を形成することが排除されてしまうというわけではない。イスラエルの神の場合、この道は唯一神論という結果へと通じている。このことは、この基盤から生じた諸宗教の拡大を念頭に置くとき、神々の間の諸々の対決の歴史は、神的現実の統一性を形成するための道であったことを意味するのだろうか？　――その統一性は、諸々の一神教的世界宗教の伝道活動により最終的にすべての人間を包括する宗教的世界状況の幕開けとなり、この世界状況はたしかに神的現実の同一性を獲得するための戦いをまだ終わらせていないが、多種多様な諸文化の多かれ少なかれ結びつきのない並存状態を解き放った(103)。したがって神的現実の統一性は、宗教史にみられる格闘の本来の対象なのだろうか？　その場合、いわゆる原始的諸文化の特色であるその具体的諸形態の多元性との緊張関係のなかで、神的なものの不明瞭な統一性に対し、ひとりの神の形態のうちにそれらの顕現の具体的諸形式を統合した一神教的諸宗教における神の最終的かつ明瞭な統一性が対立しているということになる。

諸宗教の自己理解に従うと、宗教一般の基礎は神々の業のうちにあるのと同様に、宗教の問題の統一性も神性の統一性のうちにその根拠と起源を有していなければならない。今日の知識水準によると、その諸々の顕現の多数性を支配する神性の統一性に関する意識は、いずれにせよ人類の文化史の発端においては明確でなく、せいぜい暗黙のうちにひとつのものと多くのものの緊張関係のうちにおかれていたので、宗教史を神の統一性の顕現史として捉えることはもっともなことである――この統一性は、ひとりの神の存在の啓示へと至る道として、そのひとりの神自身によって引き起こされる。このような観察方法は、たしかに一神教的諸宗教の立場を前提としている(104)。それはもちろん諸宗教の全体を考慮に入れ、そしてこれを宗教の理解に共に含めている。一神教的諸宗教の立場との密接な関係が、たとえそれが直接的に且つ排他的に主張されていないとしても、このような観察方法に反対する異論とみなされることはほとんどありえない。なぜなら神々と諸々の信仰様式の、取り除きえない多数性と競争を念頭に置くとき、それ自体宗教史における一定の立場によって特徴づけられていないある宗教の概念を定式化しようと望むことは、依然としてひとつの幻想だからである。宗教の概念のある適切な規定が、人間に自らを告知する神性の崇拝と、その崇拝を実行する際のその神性との交わりの関係に対する、その神性の優位性を認めることを要求するとすれば、宗教の概念を定式化する際に、神々と諸々の神表象の多様性および対立関係も度外視することができない。しかしこの事実は、実際にひとつの統一的宗教の概念が存在することを語っているわけではない。しかし秘密にしておくことが許されないのは、このような統一的宗教の概念はどっちみち宗教史的な場を有し、しかもそれは一神教的宗教の基盤の上に初めて形成されるという形をとることである。

前の段落で取り扱った宗教史の概念の歴史は、この事態を一義的に例証している。キケロと異なりアウグスティヌスにみられるように、宗教の概念に神認識を含めることによって初めて、諸々の神表象を包括する近代の宗教の概念が可能になった。アウグスティヌスが主張した命題、つまり人類の歴史の初めから「真の」宗教は統一的であるとの命題は、しかしその基準点としてひとりの神を前提としていた。同様のことはクザーヌスの宗教の概念と近代初期の《自然宗教》の概念にも当てはまる。近代の開始と共に初めて宗教の統一性は、神表象の形態を考慮せずに人類の統一性に基礎づけられた。しかしその場合にも、人類の統一性の表象は依然として神の統一性に関連づけられている――たとえ言わばその臨時代替者として、宇宙、聖なるもの、あるいは「究極的現実」が機能するとしても、あるいはこの統一性が諸宗教の「発展」のなかで初めて明らかになるとしても。

事実、自分の文化世界の範囲を超えた人類の統一の思想は自明なものではない。古代エジプトのような高次の文化において「人間」とは、エジプトに生活している者たちのことであり、その場所において神々によって基礎づけられた生活秩序に参与している者たちのことであった(105)。人間についての古代メソポタミアの諸表象、つまり神々のこの世における労働のために造られた奴隷という表象も、同様の意味を有しているように思われる。すなわち人間は、神によって基礎づけられた秩序のメンバーとして考えられている。古代の高次な諸文化の、エリク・フェーゲリンの言ういわゆる「宇宙的王国」の他の国々にも、同様のことが当てはまる。いずれにせよ自分の、宗教的に規定された文化世界の諸々の境界を越えた人間の同一性という思想の出現は自明なことではない――たとえその思想が、聖書的伝統とヘレニズム的伝統によって刻印された文化世界の相続人にとって、どれほど自明であるとしても。人間の規定に関して、あらゆる文化、国民、そして人種の構成員は原理的に平等であるという意味での人類の統一性は、それ自体宗教史的諸前提を有する思想である。それは諸々の一神教的理解の形成と緊密に関連しているであろう。イスラエルの場合、問題になっているのは、民と神との特別な関係が宇宙論的にではなく、神の選びによって基礎づけられていること、つまり創世記第一〇章の諸民族表が示しているように、すべて神による人間の創造に遡る多くの諸民族のなかからの選びの行為によって基礎づけられていることである。ヘレニズムの場合には、人間の基本的平等は、その理性的本性によって、つまりその際に諸民族の種々の神表象の共通の形態として前提されていた神的ロゴスへの参与を通して与えられた。いずれにせよ、イスラエルの信仰とギリシャの思想に根差す文化的伝統のなかで、人類の統一性の理念はひとりの神の思想に基礎づけられている。

人類の統一性の思想は、もちろん近代において、つまり近代文化の世俗化のプロセスにおいて、その諸々の宗教的根底から解き放たれている。その際この思想は、最終的に人類自身の理念が、種々の文化におけるその様々な現実化にもかかわらず、宗教の統一性の思想の基盤となることができるまで、依然としてなおまず自然宗教のひとりの神に結びついていた。この発展のなかで、近代の宗教学はその独自な宗教史的場を占めている。しかしながらさらにそれと結びついているのは、次のような問いである。つまりそれは、人類の統一性の思想は、その諸文化と諸宗教の多種多様性のための判断基準として、相変わらず言外に一神教を前提としていないのかどうかという問いである。それに代わるものは多神教的宗教ではなく、あらゆる人間の自然的平等に基づく人類の統一性の思想という無神論的理解である。その場合、神々の多様性は、あれやこれやの根拠に基づいて神々の像を作り出す人間の幻想（ファンタジー）の産物にすぎないということになるであろう。しかしそもそも人類の統一性と人間の平等を無神論的に根拠づけることは可能なのだろうか？　あるいはそれらは見たところ問題のない所与としてのみ、なお前提とされうるのだろうか？　いずれにせよこの基盤に基づいて研究する宗教学は、依然として、諸宗教それ自体――これらの諸宗教は、それら自身の諸経験と諸慣行だけでなく、全体としてのそれらの文化的世界を神性の働きから導きだしている――の証言と彼らの諸々の説明が矛盾しているという重荷を負わされたままであった。神の統一性の思想によって、宗教の世界が統一的なものとして理解されるところでは、この宗教的自己理解に矛盾するものは存在しない。初期の諸文化の思想を特徴づけている、神性の統一性と多数性のアンビバレンツ（両面価値）は、あの多数性を自らのうち止揚した統一性の意識へと転換されるだけである。

3　宗教の真理に関する問いと宗教史

宗教の真理に関する問い、あるいは種々の諸宗教のなかで信じられ、そして伝承される諸々の主張の真理に関する問いは、宗教の本質の規定によってもまだ答えられていない。宗教の概念の純粋に機能的な諸記述には、もちろんこのような問いはまったく生じてこないか、あるいはその答えは、個人ないし共同体の告白の問題として前提されている(106)。個々人と社会の生活にとってこのような告白（と、それに対応する宗教的実践）がもつ諸機能が問われうる以前に、いずれにせよたしかにある宗教の告白者が存在しなければならない。もしも宗教の理論がその諸々の研究の基盤として、実際に宗教を告白し、そして実践する個々人が存在することで満足するならば、それはこのような告白と実践の諸々の内容と機能を問う問いへと向かうことができる。その場合それは、もちろん宗教的な告白とそれと結びついた実践の特殊な諸条件を解明することを断念しなければならないであろうし、あるいはせいぜい、宗教的意識と行動の問題にとって外面的なものにとどまっている心理的ないし社会的諸条件を名指しすることができるだけであろう。すなわちその場合、宗教は、還元された形態においてのみ、個人的ないし共同体的表象と振舞いの主観的表現として考慮されるだけである。そして宗教の神学的本質と結びついた諸々の真理の要求――それによると宗教的な告白を行う者は、彼自身の生涯と、世界の存在と本質は、彼の告白する神性によって規定されていると信じている――は、諸宗教それ自体の自己理解とまったく反対に、二次的なものとして取り扱われる。そのかぎりにおいて、このような諸々の記述は、宗教の固有な本質を初めから体系的に捉えそこなってしまう。

宗教に関する諸々の宗教批判的な記述の場合には、状況が異なっている。それらは、諸宗教の権利ないし根拠に明確に反対しつつ、諸宗教の諸々の真理要求を真剣に受け止めている。すなわちそこでは、神ないし神々の現存在と業の代わりに、むしろ人間が、また諸々の一定の欲求、願望、補償、自己誤認ないし神経症が、宗教的諸表象の形成に責任があるとされている。そのさい通常、宗教の真の本性は、諸宗教それ自体の告白者が真理と主張するものとまったく異なっていると仮定されている。この仮定をもっともらしくするために、宗教の批判者たちは、もちろん、表向きは純粋に世俗的であるとされる非宗教的な基盤に基づいて、宗教的諸表象の産出へと至るメカニズムを再構成しなければならない(107)。その際フォイエルバッハにおいてなお問題になっているのは、個々人の虚栄心と利己心である――彼らは、彼ら自身の有限性を人間的なものとして受け止め、その類にふさわしい無限性を異質な本質とみなしている。フォイエルバッハの後継者は、この構成の内的不可能性（ありそうもないこと）のゆえに、宗教的諸表象の産出のメカニズムについて別の記述を企てた。マルクスは、それらを社会的疎外の真の惨めさ対する補償の表現とみなした。しかしそれは、この惨めさに対する「抵抗」の機能をも持ちうる補償である。しかしながら空想的なこの補償は、どのようにしてまさに諸々の神表象と結びつけられるのだろうか？　ニーチェはこの問いに対して、良心において内面化された規範意識と、そこから結果として生ずる罪責感情に対する神表象の機能を指摘することによって答えた。フロイトによると、罪責感情と神表象の結合の起源は、ひとりの原父の、仮説として受け入れられた殺害――個人の発達においては、エディプスコンプレックスがこれに相当する――に遡る(108)。フロイトはこれにより、罪責意識の固定化ではなくその加工に役立つ、宗教意識のこのような諸形式をも包摂する余地を獲得した。その加工は、父の権威との同一化によりエディプスコンプレックスを解消することに対応している。ところが、宗教意識のこのような諸々の再構成にとって、世界の統一性と神信仰の関連を、しかも自然的宇宙とそれに対応する社会的秩序の統一性と神信仰の関連を理解することは、依然として困難である。心理学的宗教批判は、宗教意識のこの「神話性」を、二次的なものとして、つまり世界の認識に至ろうとする、似非自然科学的ではあるが、なお不十分な手段によって企てられた努力の表現として取り扱うか、あるいはその大部分が父親の権威と保護によって完全に支配されている全体との関連において、守られていることを求めるナルシシズム的な願望の幻想的な実現の表現として取り扱うにちがいない。

宗教哲学および神学の側に立つ宗教の擁護者たちは、神と神々、そして世界と人間に対する神的行為に関する宗教的発言の真理に異論を唱える宗教批判に対し、頻繁に、宗教的経験と信仰に立ち返ることによって対向する。宗教の本質を記述する際に、人間の宗教意識に対する神的現実の優位性を強調する宗教学者たち、宗教哲学者たち、そして神学者たちも、宗教的な諸々の主張の真理が問われる際には、宗教的経験や信仰経験を、したがって宗教意識の主観性を当てにすることが少なくない。その場合、信仰者、あるいは自ら宗教的経験を有する者にのみ、この真理が開示されるというわけである。比較的最近の福音主義神学に関して言えば、すでに第一章において、信仰経験と信仰的決断に訴えることにより、その内容を正当化する傾向がみられる（五八頁以下を参照）。言語分析的宗教哲学において、このやり方に対応しているのはイアン・T・ラムジーの「諸々の開示状況」である。比較的最近の宗教哲学では、たとえばハインリヒ・ショルツのうちに同様の理解がみられる。彼はフォイエルバッハの宗教批判に対して一貫して異論を唱え、宗教は「《諸々の欲求》からではなく、《諸々の体験》から」生ずるとした。しかし後に彼は、その対象が「体験する主体にとって端的にそのようなものとして」(109)存在することを容認した。宗教がたくさんあるにもかかわらず、特に、その諸々の内容が「宗教的人間たちにとって現実である」という理由で、《宗教的な諸々の真理要求を真剣に受け止めること》が前提とされるところにおいても、宗教的真理の主観性が前提とされている(110)。つまりその際、「真剣に受け止める」とは、明らかにその掲げられた諸要求を吟味することではなく、「それを理解しつつ」承認することである(111)。このように宗教的体験という事実を再び引き合いに出すことは、事実、わたしにとって「根本的アポリア」であり、重荷である。つまりそれは、宗教意識の創始者として主張される神性は、どうしてもむしろこの意識が措定したもののように思われるというアポリアである。しかしこのアポリアは決して宗教意識それ自体の特徴ではない(112)。なぜならこの意識にとって、その主観性をその対象の現実性のための保証人と称するなどということは決して思いつきえないからである。宗教を主観性の問題として、したがってその内容をも、主体に依存している特殊なことととして説明したのは、ヨーロッパ近代の世俗的文化が最初である。事物のこのような見方をわがものとしている諸々の宗教理論は、公的文化の世俗的真理意識と一致しているという利点を有している。しかしそれらは、ある実定的宗教の真理、つまりある一定の神の啓示の真理についての確信を、主観的体験と主観的立場の関心事として取り扱うとしても、人間の人間性にとってそれが有する構成的意味を、宗教それ自体に帰することを断念することはめったになかった。人間の宗教的資質のその都度の現実化は、たしかに信仰者ないし体験者にとってのみ確かなものとして取り扱われるが、この資質それ自体は、普遍的記述が近づきうる事態として把握されている。

人間の人間性に属する宗教的資質という仮定と共に、通常、宗教的意識とその諸々の表明のための、たとえ個々にではないとしても、真理が要求される。この真理はもちろん宗教それ自体の真理ではなく、その対象——つまり、ある宗教によって主張される神とその啓示——の真理ではなく、まず、宗教は人間の現実にとって構成的であるという意味においての真理にすぎない。宗教の真理をこのように理解した古典的な人物はシュライアマハーであった。彼は宗教のために人間の「感情における独自な領域」を要求することにより、次のことを求めた。つまり、宗教は人間の本質に手離しがたく属しており、二次的な、他の根源から演繹された、そしておそらくまったく余分な現象ではないということを求めた。たとえひとがどれだけシュライアマハーの宗教の概念に異論を唱え、それは宗教の対象の優位性から考えられていないと言ったとしても、彼にとって宗教それ自体は（そしてそのかぎりにおいてその内容も）、人間の意識の単なる「措定」にすぎなかったという非難は当たっていない。たしかにその場合、人間の意識は、宗教がなくてもすでに完全であることが前提されているであろう。つまりこの前提のもとでのみ、宗教は、意識によって遂行されるが、中止されることもありうる「措定」として説明される。

この点でシュライアマハーの宗教理解と、彼にならって、人間の人間性にとって「宗教的資質」は手離し難いと主張したすべての人々の宗教理解は、フォイエルバッハ、マルクス、ニーチェ、フロイト、そして彼らの後継者たちの宗教理解と、根本的にちがっている(113)。徹底的宗教批判は、次のような主張と共に立ちも倒れもする。すなわちそれは、宗教は人間の人間存在に構成的に属しているわけで《なく》、むしろ宗教は、人類とその歴史に対するその持続的影響にもかかわらず、過ちと判断されるか、それともせいぜい人間の現実理解の未熟な形態——それは、ヨーロッパ近代の世俗的文化によって、あるいはなお初めて新しく創造されるべき社会によって原理的に克服され、そして最終的に消滅してしまう人間の現実理解の未熟な形態——と判断されるという主張である。ところが、もしも宗教が人間の人間存在にとって構成的であるとすれば、宗教なしに、全面的に展開された無傷な人間の生というものは決してあり《え》ないことになるであろう。世俗的文化生活の公的意識からこの事態を排除し、抑圧することは、したがってその文化世界の存続にとって潜在的な危機のように思われるであろう。

　人類のそもそもの初めから宗教が普遍的に広がっていることは、何らかの形の宗教が人間の人間存在にとって構成的であることの兆候とみなされる。特に、すべての古い文化とおそらく言語の起源にとっても、それは基本的な重要性を有していた(114)。近代の世俗文化は宗教への依存性を抑圧しただけであって、克服したわけでなかったことは、特にその公的諸制度が妥当性を失ったことにおいて明らかになっている(115)。人類の歴史のなかで宗教のテーマが実際に普遍的に広がっていることは、人間の振舞いの構造の特徴、つまり世界開放性、脱中心性、あるいは自己超越として記述される特性に対応している(116)。この特性の具体化は、個々人の成長のなかにみられる、つまり、人格形成のプロセス、自己同一性の構成にとって、いわゆる基本的信頼がもつ重要性がそれである(117)。これとの関連で、人間の人間性と分離し難い宗教に対する人間の「資質」について語ることができる。ところがもちろん宗教に対するこのような資質から、神ないし神々の現実と業に関する諸々の宗教的主張の真理はでてこない。そしてたとえ宗教の概念の純粋に人間学的諸規定と対照的に、宗教にとっていつもすでに神的現実との関連が構成的であるとしても、宗教に対する人間の資質から神の現存在を推論することはできない(118)。この根拠に基づいて、次のことを排除することはできない。つまりまさに宗教に対する資質は、人間を自然的幻想に巻き込むことができるのである。その場合、宗教は、人間が現実に対してふさわしく振る舞う諸可能性のひとつとは言えないであろう。しかしそれは、いかなる宗教にも依存しない構成的意識に帰される「措定」(119)ではないであろう——その構成的意識は、このような措定を貫徹することも、やめることもできるのである。

人間の本性に属する宗教的資質の場合、たとえ宗教的意識の諸対象がまったくの幻想であるとしても、人間は「救いがたく」宗教的なままである。神的現実の宗教的意識において問題なのは人間の本性に属する幻想であるという可能性は、しかしながら、人間の宗教的資質のゆえにのみたしかに神の現実を主張することを認めない。

それゆえに、宗教に対する人間の資質という仮定との組み合わせにおける諸々の宗教的経験ないし体験を、神的現実および神的業に関する諸々の宗教的主張が真理であるとの証拠として主張することは許されない。いずれにせよ、神々とその業に関する諸宗教の多様な、そして時々対立する諸々の主張は、人間は聖なるものの領域に根本的かつ普遍的に関係づけられているがゆえに、すべて同じ程度に真実であると主張することはできない。しかし宗教的対象の、つまり神的なもの一般の中核的要素の真理も、もしも、宗教に対する資質の普遍性が、まだ、ある神性の現実を証明しているわけではないということが正しいとすれば、それによりまだ保証されているわけではない。

宗教は人間にとって構成的であるとの所見は、それにもかかわらず、神的現実に関する諸々の主張の真理にとって、しかしとりわけひとりの唯一の神に対する唯一神教的信仰の真理にとって、いずれにせよひとりの神が世界の創始者と考えられている時には、たしかに十分ではないが、不可欠な条件となっている。すなわちもしもひとりの神が人間の創造者であるとすれば、人間は自らを意識する存在として、何らかの形で、なお非常に不適切な形においてであれ、この自分の起源を知らなければならない。人間としてのその現存在は被造性の特徴を担っているはずであり、自己自身に関する人間の意識に、それが完全に隠されたままであることはありえないであろう。もしも宗教が人間存在にとって構成的なテーマではないとしたら、宗教がないところでも、人間の生の統合性に欠けるものは何もないであろう。しかしそれにより、神の現実に対する信仰の真理に反対する、重大な異論が唱えられることであろう。それゆえキリスト教神学も、人間には本性的に宗教に向かう資質が備えられているのかどうかという問いに関心をもたなければならない。もしもそうでないとしたら、そしてもしも宗教的意識の発生が、あらゆる宗教的テーマに依存せずに存在する主観性の産物として、たとえばその自己理解の諸々の病理学的錯誤の表現として説明されるならば、神的現実に関するいかなる主張も、キリスト教の主張も、その説得力の根拠を奪われるであろう。このことは、近代の西欧文化の文脈において特別な仕方で当てはまる。なぜならここでは、一方で、宗教は主観性とその個人的自己理解の問題として政治的かつ社会的に説明され、他方で、自然科学的世界像が宗教的諸前提から切り離された結果、人間学が神の現実の確認の基礎となったからである(120)。

唯一の神への信仰は、もちろん、それが人間の現存在を基礎づけ且つ完成する力であることだけでなく、この神を世界の起源と創造者として考えることも含んでいる。信仰者の自らの実存だけでなく、人間一般の本性も、神によって規定されているものとして認識されることにより、そしてその唯一の神はむしろ世界を規定し且つ完全に支配する力であることが判明することにより、宗教的人間中心主義の限界が突破される。これにより、諸々の宗教的神表象を、いずれにせよその救いと安全を約束するという側面から、一括してナルシスティックな願望の産物として説明する可能性はなくなる。なぜなら主観的な願望の世界と、世界の経験に基づく方向感覚および現実意識との対立は、ナルシスティックな退行にとって構成的なものだからである。宗教の神が、世界を規定し且つ完全に支配する力として認識されるかぎり、神思想は、たしかに人間によって「措定された」幻想ではないとしても、人間の本性と結びついた幻想でありうるという疑惑のもつ魔力も打ち破られる。絶対的なものの思想はそれ自体において考えられているということによっても、この魔力はまだ消えない。なぜなら絶対的なものの思想も、依然として――まさに抽象的に考えられたものであるという点において――人間の思想だからである(121)。世界は、人間によって信じられ且つ考えられた神により規定されていることが判明することによって、初めて、宗教の神意識はその真理を確信することができる(122)。したがってルターの『大教理問答』においても、信仰箇条の第一条に関する問い、つまり第一戒の意味における神とは誰かという問いに対する答えは、天と地を創造した父なる神であると言われている。すなわち「この唯一の方の他に、わたしは何ものをも神とみなさない。なぜならその他の誰も、天と地を創造したと言われていないからである」（WA 30/1, 183）。

したがって神に関する諸々の宗教的主張の真理に関する問いに対する答えは、世界が――人類とその歴史の影響と共に――神によって規定されていることが判明することにより、世界経験の領域のうちに見出される。それは、世界からの、特にあらゆる有限なものの偶然性からの帰納的推論のなかで、世界のおのずから存在するひとつの起源ないし創始者を要請する宇宙論的神証明という仕方で起こるのではない。宗教の神信仰にとって神思想はむしろすでに世界経験へと向かう出発点であり、その世界経験は、宗教的神思想のなかでいつもすでに要求されている真理、つまり神はすべてのものを規定する現実であるとの真理を実証したり、実証しなかったりする機能をもっている(123)。世界経験によるこの要求の実証と確認という実証的ケースおいて問題になっているのは、世界経験という媒体における、信じられている神の自己証明である(124)。反対に実証できないケースでは、その信じられている神は、単なる人間の思想、人間の単なる主観的表象のように見えるにちがいない。

同じことは基本的に多神論的神表象にも当てはまる。多神教的宗教の諸々の神表象の場合にも、問題になっているのは、人間の経験に対して力に満ち且つ現実的であることが証明され、そして繰り返し実証されなければならない諸々の力の崇拝である。もしもこのような力の証明が為されないままであれば、それは、その神性の一時的無為・怠慢ないし不興とみなされるであろう。しかしもしもその証明がずっと起こらなければ、その神性に対する信仰それ自体が激しく揺り動かされてゆく。その神性は無力であり、したがって非現実的であるように思われてくる。諸宗教が、神々の現存在と働きに関する自らの諸々の主張と共に掲げる諸々の要求の吟味は、したがってまず第一に諸々の学問的研究と評価においてなされるのではなく、宗教的生それ自体のプロセスのなかで生ずるのである。このような吟味の尺度は、やはり神性にとって決して外的な判断基準ではない。神性をそれとは異質な諸々の尺度の法廷に引き出し、それによって判定することは、神の尊厳にあまりに近づき、そして神性の概念それ自体を止揚してしまう非宗教的な行為であろう。神は、御自身が措定する尺度によってのみ測ることができる。まさにこのことが起こるのは、神的現実ないし神的行為に関する諸々の主張が、世界の有限な現実の理解にとってそれがもつ諸含意によって吟味されるときである。その際、神は、人間の経験のなかで、実際に、主張されているような力として証明されるのかどうかということが問われる(125)。

一神教の場合にも、多神教の場合にも、唯一の決定的行為(Akt)という形式において、世界の経験によって諸々の宗教的神表象が真実であることが確認されることはない――唯一の神の力と現実に対する信仰を激しく揺り動かすか、あるいはそれを持続的に根拠づける諸々のまったく一定の出来事と経験が現れることはありうるにもかかわらず。イスラエルの神への信仰の場合には、出エジプトの出来事、そして特に葦の海における民の救済(出一四・一五以下、特に一四・三一)が後者のケースであった。宗教的崇拝の対象となる神々は、瞬間的に偉大なものであるだけでなく、繰り返し一定の力の諸々の作用がそこから期待されるような諸々の力である。今や個々の人間における、また諸民族の歴史における経験のプロセスは、いまだ未知の将来に向かって開かれており、世界の現実は、おのずから繰り返し異なる仕方で、また驚くべき仕方で現れ、しかも近代の見解によると、それは自らまだ完結しておらず、生成のなかで捉えられる。それゆえに、神性の力についての問いが繰り返し新たに提起される。ひとりの神は、時を越えた同一の力として信じられる。その神が、その神に帰される力を現実に有するのかどうかということは、繰り返し新たに証明されなければならず、それゆえ議論の余地がありうるのである。

世界の経験が部分的であることは、その経験が未完結であることと関連しており、ひとつの同じ世界の現実の、経験の諸々のパースペクティヴにみられる多元性も同様である。この同じ地上に、様々の異なる文化の人間が住んでいる。彼らの居住地域はおそらく同じこれらの海に接している。彼らの天には、この同じ太陽と月が回っている。しかしそのなかに現れる諸々の力は、様々な名称で呼ばれるだけではない。それらは、他の諸現象との異なる諸々の結びつきのなかで体験される。しかも星座の神々、異なる諸文化の太陽と月の神々は、単純に同一ではなく、単にその名称が違うということよりも多くの違いがみられる。諸文化が出会うなかで、これらの神々のなかで誰がより強力なのかという問いが提起される。これらの諸現象の背後にあって、しかもそれらのなかで明らかになる力、この力にふさわしい本来の名称とは何であろうか？　そもそも問題になっているのは、自立的な力の諸領域なのか、それとも諸々の現象形態を完全に支配する唯一の力の異なる現象形態にすぎないのか？

たとえば紀元前三千年のエジプトの王国統一ないし紀元前二千年の中国の王国統一のような、高次の諸文化の基礎づけのなかに現れた宗教的動機と衝動は、どのような種類のものであったのだろうか？　メソポタミアにおけるある町から他の町への支配の移行は、シュメールの神話では嵐の神エンリルに帰されている。しかし紀元前二千年の初期にバビロンの守護神マルドゥクがエンリルを排除し、それに取って代わったとき、そもそも何が起こったのだろうか？　このような広い範囲に及ぶ排除と古代バビロニアの帝国建設へと駆り立てる衝動は、そもそもマルドゥクの神像それ自体の特徴とどのような関係があったのだろうか？　紀元前二千年後期以後のアッシリアの軍事力の興隆と拡大の背後に、どのような宗教的諸要求があったのだろうか？　紀元前七世紀以後のペルシャの世界帝国の興隆と伸展の背後に、どのような宗教的諸要求があったのだろうか？

おそらくこの種の問いはまだ詳細には検討されていない。宗教的諸変革はたいてい自明のこととして、諸文化の歴史と相互作用における政治的かつ経済的諸変革の単なる随伴現象ないし帰結現象と解釈されてきた。したがってたとえばマックス・ウェーバーは、宗教的日常生活における神々の競争について次のように記述している。「ひとりの政治的地方神が存在するところでは、支配権は当然しばしばこの神の手の内にある。したがって諸々の地方神の形成を育んだ多様な定住共同体のなかで、征服によって政治的連合の周辺が拡大されると、通常、次のような結果を招いた。つまり、融合された諸々の共同体の種々の地方神たちは、ひとつの全体へと社会化されていった。……最高の統治者ないし祭司として祭られていた地方神、たとえばバビロンのマルドゥクやテーベのアモンは、最上位の神々の地位へと登りつめたが、それは、首都・宮殿の一時的崩壊ないし移転と共に再び消え去った」(126)。しかし、古代の諸文化の、宗教によって規定された生活のなかで、政治的かつ経済的諸変革は純粋に世俗的な諸々の動機から生じた、そして宗教的諸変化は諸々の単なる続発現象にすぎかったなどということが本当にあったのだろうか？　反対に、政治的かつ経済的行為は、通常、ある宗教的動機づけを必要としたことを考慮しなければならないのではないだろうか？　そしてその動機づけの起源は、この諸文化において崇拝された神々の諸々の特性に遡るのではないだろうか？　したがって宗教史は、宗教的に基礎づけられた文化史の記述の形式を受け入れる必要はないのだろうか？　――なおその記述は、人々によって崇拝された神々の、諸々の要求の間の衝突との関連における、重大な政治的かつ経済的諸変革を含んでいる。

宗教的諸変革は、通常、政治的かつ社会的諸変革の諸機能として把握されるとするウェーバーの仮定に反対しているのは、マルクス主義者たちの歴史的唯物論に対抗して、カルヴァン主義者たちの予定論のような宗教的動機が近代の諸々の社会的発展に対して与えた影響力を証明した彼の資本主義の研究の結果だけではない。ウェーバーが特に『経済と社会』のなかで引き合いに出した古代オリエントの宗教史の幾つかの特異性は、同じ方向を指し示している。すなわち古代バビロニア帝国が没落したのち、バビロニアの神マルドゥクは、シュメールの嵐の神がシュメールの崩壊後に生き延びたよりも、はるかに長く持ちこたえた。紀元前一五三一年、ヒッタイトたちによってむりやり運び去られたマルドゥクの立像は取り戻された。明らかにこの立像と特別に親しい関係にあった知恵の神の要請の声があまりに大きかったので、アッシリアの王トゥクルティニヌラ一世は、バビロンを破壊した後、一二三四年、その立像をアッシュルに持ち帰った。しかしおそらくアッシリアの住民の一部が、知的で寛容なマルドゥクの祭儀にすっかり魅入られたので、アッシリアの王は、帝国の神アッシュルによってこの神を排除しようとしたが、無駄であった。すなわち王は、一一九八年、彼自身の息子によって殺害され、そしてそのさい明らかに宗教問題が関係していた。なぜならその冒瀆的な仕方で乗っ取られた立像は、即刻、バビロンに返却されたからである。その後、この経過はもう一度繰り返された。六八九年、センナケリブはバビロンを破壊し、その場所を洪水によって耕作も建築も不可能にした。六八一年、センナケリブは、アッシリアの宮廷においてバビロニア派に属していた彼の息子エサール・ハドンによって暗殺された。彼はバビロンに対する父の所業を恐ろしい冒瀆行為と判定し、マルドゥクをなだめるために、まず第一にその町とその神殿を建設させた。

古代バビロニア帝国の終焉以後のマルドゥク崇拝の歴史は、どうしても、諸々の経済的‐政治的発展の単なる続発現象として理解することはできない。むしろ反対に、それはアッシリアの政治史に大きな影響を与えた。政治史の進行に宗教的動機が与えた影響のもうひとつの例は、それまでの王国の神テーベのアモンの祭儀に反対し、それを日輪であるアトンの祭儀に取り換えようとしたファラオ・エクナトンの戦いであり、それはむなしく終わった。おそらくエクナトンの宗教政治の根拠のひとつは、日輪の崇拝がエジプトに限定されず、その前任者たちが征服してきたまさに西南アジアの地域においてもよく知られていることにあった。より正確に言うと、これらの地域はトトメス四世以来アトンの名において支配され(127)、エジプト新王国の勝利に輝く拡張はたしかにアトンの神聖な力を物語っていた。アトンのなかにエジプトの世界帝国形成の補足的象徴だけを見るのはまちがいであろう。同時代の人びとの経験にとって、アトンは、現実に「世界の神」（エーバハルト・オットー）であることが証明されているように思われた。アトン信仰がその一神教的排他性によって失敗に終わったことの責任は、まず第一にアメンの司祭たちの陰謀にではなく、むしろこの神が死および彼岸の主題と何の関係もなかったこと、特にヒッタイトの力が興隆すると、アトンが最も受け入れられていた領域でその以前の輝きを失ったことにある(128)。決定的だったのは、アトン神と次のような解釈の可能性が関連づけられていなかったことである。つまりそれは、一方で死および彼岸の諸々のテーマを、他方で、西南アジアにおけるエジプトの政治的かつ軍事的後退と悪化を、消化吸収することを許す解釈の可能性である。神の崇拝者の世界経験におけるその確証ないし非確証を決定するのは、世界経験それ自体の領域における諸変革ではなく、それらを解釈するその神に特有な可能性であるように思われる。

最後の例として挙げられるのは、古代ユダヤ教の王国の没落とバビロンへの追放という変革の時代におけるイスラエルとその神の経験である。王国時代の古代イスラエルは、他の諸民族と同様に、王国の、この場合には、神によって選ばれたダビデ王朝の保持と強化のために、彼らの神の力強い援助を通して、その神の神性が証明されることを期待した（詩二・八以下、一一〇・一以下を参照）。預言者イザヤは、紀元前八世紀、アッシリア人によって大いなる苦境に追い込まれたとき、イスラエルの神によるダビデとシオンの選びは破られることがない、と宣言した。紀元前五八六年のバビロンによるエルサレムの征服と、士師記一一・二四の意味におけるダビデ王国の終焉は、バビロニアの神々に対しヤハウェが無力であることの証拠のようにみえなかったのだろうか？　もしそうだとすれば、それはウェーバーによって展開された宗教社会学の諸々の根本命題の論理に対応していたであろう。ところがヤハウェ信仰は、イスラエルの預言者の歴史のなかで次のようなひとつの解釈の可能性を獲得した。つまりそれは、これによりエレミヤが、すでにあらかじめ、バビロニアによるエルサレムの破壊を、イスラエルの神が無力であることとの表現として解釈する代わりに、神の裁きの力ある行為として解釈することができた解釈の可能性である。もちろん破局が起こった後で、バビロニアに追放されていた第二イザヤは、イスラエルの屈辱により、諸国民の間でヤハウェの名がどれほど「冒瀆される」（イザ四八・一一）のかを知っていた。それは、疑いもなく、彼がバビロンの征服者として期待し、そして宣言したペルシャ王キュロスによって、諸国民全体の間でヤハウェの神性が明らかにされるという彼の期待の背景となっていた（イザ四五・六。四八・一四―一六も参照）――ただしキュロスはイスラエルの神の名において彼の国を基礎づけなかったので、もちろんこの期待は成就されなかった。

もしもある宗教の真理についての問いに関する決定が、核心において、その神性に関する諸々の主張の真理に依拠しているとすれば、しかもその決定が、その神性を崇拝する共同体の世界経験との関連で為されるとすれば、まず第一にこのような諸々の出来事はその普遍的諸条件の解明を必要とするであろう。たしかに、世界経験の領域における諸変革は、それに対応する宗教的諸変革を自動的に引き起こすわけではなく、このことはそれほど自明ではない。それらはむしろ、このような結果に、あるいは別の結果になりうるひとつの答えに対する宗教的意識を誘発するように思われ、そしてこの答えに基づいて初めて、当該の信仰の真理と持続性が、その時々の状況との関連で決定される。

より正確には、これはどのように理解されるのだろうか？　そもそも諸々の宗教的主張は世界経験の内容――その際に問題になっているのは、任意の交換可能な、世界経験それ自体にとって依然としてどうでもよい、純粋に主観的な諸解釈だけではない――と、どのように関係づけられるのだろうか？　これは、次のような条件の下でのみ可能であるように思われる。つまりそれは、宗教的諸言明のレベルでのみ明確に主題となりうる、しかしこのような諸言明によっても捉えられない諸々の含意が、世界経験それ自体の諸々の内容に備わっているという条件である(129)。

宗教的諸言明は、世俗的世界経験の意味の諸含意を主題としているという視点は、すでにシュライアマハーの『宗教論』のうちにみられる。有限なものはすべて、その特異性を構成するその全体と共に、無限なものから「切り取られている」と言われるとき(130)、それが意味しているのは、すべての世俗的経験はいつもすでに有限なものの経験として考えられていること、この有限なものは無限なものつまり宇宙のひとつの記述であるということである。しかしこれは世俗的経験の意識においては主題とならない。宗教意識が初めて有限なもののなかに無限なものと全体を熟視し、それ自体においては明瞭にならない世俗的経験の「意味の含意（Sinnimplikation）」を主題として取り上げる。もちろんシュライアマハーはそのさい諸言明ではなく、諸々の宗教的「直観」について語った。それゆえ彼は、言明ないし主張の形式と結ばれている真理の要求と取り組むことはなかった。したがって彼は、諸々の宗教的「直観」が世俗的経験の「意味の含意」をどの程度捉えているのか、それとも捉えそこなっているのかを問わなかった。しかし彼は、第五講において、他の諸宗教のなかに見られる有限なものと無限なものの仲介の、不十分な形式に対する、キリスト教と結びついた批判の機能について語った(131)。これは、宗教的諸言明のあの他の諸形式が、無限なものと有限なものの真の関連を捉えそこなうこと、いずれにせよ不十分にしか把握していないことを意味していないだろうか？

シュライアマハーの『宗教論』にみられる宗教理論の直観概念に対するヘーゲルの批判は、ここでその直観自体が「なにか主観的なもの」とされていることに向けられている(132)。彼によると、シュライアマハーはその表現を「確立することと」に失敗した、つまり直感を、ヘーゲル自身が「フィヒテとシェリングの相違」に関する彼の論文のなかで以前に簡潔に記述したように、省察連関の統合として捉えることに失敗した。このような省察は、有限なものと他の有限なものとの関係、しかし有限なものと無限なものとの関係をもテーマとしている。したがってそれはまさに、シュライアマハーが、有限な存在は無限なものの連関から切り取られた存在であるという内容豊かなイメージによって示唆したにすぎないことである。ヘーゲルによると、この省察の連関の、直観のなかで完遂されうる統合（Synthese）は、「省察によって要請され」、しかもそこから「演繹され」なければならない(133)。これは、まずその都度一面的形態――それは、さらなる省察のきっかけとなる――のなかで起こる。ヘーゲルは、そのなかに思弁的直観の代わりに、概念という用語が登場する彼の後期の諸々の大著においてこのことを説明した。ここでまず関心をもたなければならないのは、思弁的直観が有限なものと無限なものを結合する省察連関の統合（Synthese）として省察によって「要請」されるだけでなく、その都度の形態において、それがすなわち一面的で、それゆえ不十分な統合として明らかになるかぎりにおいて、明らかに再び批判されることである。しかしここから、その都度続いて現れる構成要素は、その前にあるものよりもいずれの点においてもより高次の序列の統合を表すという仕方で、一連のすべてのこの統合が現れるという結論はでてこない。さらにまた、その前にあるもののあらゆる一面性を克服する直観――それは、事柄それ自体、つまりここでは絶対という思弁的概念であろう――によって、その一連の統合の終結の可能性が要請されるという結論もなおさらでてこない(134)。

シュライアマハーの「直観」は省察に関連づけられるべきであるというヘーゲルの要求は、宗教的生とその歴史のプロセスにおける諸々の宗教的直観には議論の余地があり、その議論はより詳細な分析を受け入れるというシュライアマハーの思想を明確にすることに役立っている。もしも諸々の宗教的直観が有限な経験の内容と無限なものの暗示的関係を主題としているとすれば、それらは、この諸関係の完全な複雑さを正しく評価しているのかどうかが再び問われる。もしもこの諸々の意味連関の複雑な全体をひとつの表現で表すことが宗教的直観の機能であるとすれば、これはいずれにせよ意味のある問いである――その表現は、それがその都度の個々の経験との関連において、したがってその時々の具体的観点のもとで、宇宙の「全体」を表明しており、その結果、シュライアマハーが述べたように、有限なもののなかに無限なものを直観することができるかぎりにおいて、「象徴的である」と言われる。さらに宗教的直観は、シュライアマハーによると個々の有限なものがそこから「切り取られる」全体を代表しているにちがいないことは、統合としての直観というヘーゲルの理解において、シュライアマハー自身の場合よりもいっそう明確に捉えられていた。しかしこのこと——宗教的直観は、シュライアマハーによると個々の有限なものがそこから「切り取られる」全体を代表しているにちがいないこと——は、ある宗教の信奉者の経験のその他のすべての内容がそれに関連づけられるべき、その宗教の「中心的直観」ないし「基本的直観」に関する、『宗教論』第五講の詳論において、暗黙のうちに前提とされている。したがって諸々の宗教的直観は、それが、有限なものにおいて無限なものを直観するその機能を適切に果たしているのかどうかという問いにさらされている(135)。

換言すると、諸宗教の神々は、人間の経験において、それらが要求する諸力として実証されなければならない。それらは、世界の経験それ自体に含まれる諸々の意味において論証されなければならず、その結果、その都度の形態は神の力の表出として理解されるようになる、そしてその無力さの現れとは思われないようになる。このような諸解釈は恣意的に可能になるわけではない。それらは、一方において、ある神性の独自性と共に与えられる解釈の可能性に依存している。したがってイスラエルの歴史の場合、預言において展開された神の理解により、ユダの没落をこの神自身の民に対する神の裁きの行為として解釈することが可能になった。他方、世界の経験の諸解釈はその暗黙のうちに示された意味内容に合っていなければならず、それを捉えそこなうことは許されない。したがってエルサレムの陥落を神の裁きの行為とみなす解釈に反対しているのは、この出来事は、一見、イスラエルの神が無力であることを表現しているように見えるに違いないことである。それゆえ預言者第二イザヤは、一方で、預言者たちがヤハウェの名においてこの出来事を告知したことを参照するように指示したが（イザ四二・九。四八・三—六も参照）、他方で、追放された者たちをバビロニアへの追放から連れ戻し、そしてエルサレムを再興するという来たりつつある救いの行為から初めて、諸国民の世界のなかでヤハウェの名が経験した不名誉が抹消されることを期待した（イザ四八・一一）。

ある宗教の真理に関する、つまり、その信奉者たちによって主張された神々が神々として論証されるのかどうかということに関する決定は、したがって世界の経験のプロセスのなかで、またその解釈のための戦いにおいて下される。この事態をより正確に理解するには、今や三つの事柄に注意する必要がある。

1　諸々の宗教的な主張、特に神々の現存在と働きに対する信仰が真実であると確認されたり、あるいは否定されたりすることは、まず、当該の宗教共同体に属する者たちによって、つまり当該の神性の崇拝者たちによって自ら経験され、そして確認される。その際、ある神の力の期待された確認がまだなされていないとしても、直ちにその神性から離れたりせずに、まずその事態は、その神性に対する信仰の単なる試練として体験され、忍耐される。しかしいずれにせよ信じられている神の真理は、まず信仰者自身にとって、信仰と経験の間の緊張関係のなかで危機にさらされる。その上、問題になっているのは、より古い世代によって告白され、そして崇拝された神が、より若い世代にとってもその神性が明白であることであるとすれば、このような緊張関係は宗教の伝承の過程において現れてくる。おそらくここに、世界の経験を神性とその働きに対する信仰に統合する過程における、諸々の信仰の表象の変革のおそらく最も重要なきっかけがある。そして最後に、ある神に対する信仰が、その時までその信奉者の集団に入っていなかった人びとに、理解できるように伝えられるところでは、伝承の解釈に、また共通の世界経験の解釈に必要な同じ緊張関係が現れてくる。

2　ある神に対する信仰を実証すること（Bewährung）、あるいは実証できないことについての問い、したがって同時にその神自身の神性の真理ないし非真理についての問いは、多くの場合、世界の経験の同じ領域をその神性の証明として要求する他の諸々の神性の真理要求との競合関係に巻き込まれている。古代イスラエルの宗教史におけるヤハウェとバールの間の諸々の対決を思い起こしてみよう。ある神の管轄権限が、他の神とその代わりとなる解釈の可能性によって疑問視されることは、どこにおいてもというわけではないが、おそらく宗教生活と宗教的伝統においては日常的に起こっている問題である。特にそれは、多様な諸文化の接触、混合、あるいは衝突のなかで、しかしまたひとつの同一文化の内部における諸々の位置の移動の表現として現れてくる。後者の例は、多神教的諸文化にみられる。つまりある神が、それまで他の神々の領域に属していた新しい諸々の管轄権限を自らに引き寄せようとする場合である。

3　ある神への信仰が示す挑戦、つまり変化する世界の経験に直面してその力を実証しようとする挑戦は、その神の自己主張が積極的なケースにおいては、自らの特性と働きの理解を変革しようとする姿勢へと通じている。神話的諸宗教においては、このような諸変革は神話の原初の時へと引き戻される。起源は破りえない規範的なものであるとする神話的意識においては、神話とその神的起源の根源的秩序を変革するという発想は成り立ちえない。神の理解それ自体の歴史的諸変化がテーマとなるところにおいては、神話的生の方向づけは破られてゆく。それはイスラエルの宗教史のなかで起こったことである(136)――イスラエルとキリスト教の諸伝統のなかに、新しい諸機能を課せられた諸々の神話的素材の、つまり個々の神話的モティーフと思考様式の、多層から成る後の歴史が確認されるにもかかわらず(137)。イスラエルにとって、すでに族長時代からの諸伝承において、そしてさらに出エジプト伝承において、ダビデと彼の王朝の選び、また神礼拝の場としてのエルサレムの選びを想起することにおいて、そして最後に預言者たちの使信において、歴史的変革の経験それ自体が神意識の媒体となっている。しかしまたこれと共に、歴史的な状況における神信仰の各証明も、神の新たな行為の各経験も、いずれもそれ以前のあらゆるものをその都度の新たな光のなかに置くだけでなく、それ自体再び、暫定的であることが判明するという意識に至るにちがいない。こうして神の神性の来たるべき究極的自己証明についての問いが生じてくる。つまりそれは、イスラエルにおいて特に捕囚時代の預言のなかで引き起こされた、そして後に黙示文学によって終末の出来事の待望のなかへと受容された問いである。

イスラエルにとって自らが経験した歴史は、世界と人類の将来を含むそのまだ未完結の将来と共に、神の顕現の歴史となった。歴史的経験を神の力の現れ、神の行為とみなす諸解釈は、神理解それ自体にはね返り、その結果、歴史を媒体として、神の神性とその諸々の属性はますます明確になってくる。ただしそれは、――諸々の出来事の経過は、諸々の暗い時代も知っているので――たしかに同じように前進するというわけにはいかないが、そのなかでイスラエルの神の栄光が究極的に明らかになる、そしてすべての人間にとってその神の歴史的行為から明らかになる将来に向かっている。

もしも歴史を神の顕現の歴史とみなすイスラエルの解釈が、次のことに基礎づけられているとすれば、つまりその周りの世界の神話的諸宗教と異なり、世界の経験のその新しい各諸状況において神の神性を実証することが主題となることに、そしてその結果、これらの諸状況は神の新しい各行為として理解されるということに基礎づけられているとすれば、宗教史の過程のなかで遂行される、諸宗教の世界における神々の実証と自己主張の歴史的形式は、まさに神々自身の顕現の歴史と呼ばれなければならない。ひとりの神への信仰がその崇拝者の世界の経験において真実であることが確認されるところでは、その神を信ずる人びとの行う解釈について語ることができるだけでなく、――たとえ暫定的なものに過ぎないとしても――神自身が彼らに自らの神性を証明する。諸宗教とその神々を人間の諸表象として取り扱うだけでなく、それらと結びついた真理の問いを真剣に受け止める宗教史の観察は、宗教史的な諸変革――それによって探求され、そして記述される宗教史的諸変革――という視点から簡単に逃れることはできない。もちろん、このプロセスのなかには、その無力さが明らかになったがゆえに、消えてしまう神々も存在する。長い時を越えて、世界の経験の諸々のいつも新たな挑戦に対抗して自らを主張する神々の神性でさえ、歴史の進行においては依然として議論の余地がある。それはイスラエルの神にも当てはまる。旧約聖書の信仰の証言は、それが神の神性の来たるべき究極的証明について語るとき、同じことを語っている。一神教的信仰は他の神々の現実性に異論を唱え、そして聖書の一神教とギリシャ哲学が結合して以来、キリスト教の影響を強く受けた文化世界においては、他の神々が存在しないことが文化的に自明のことになった。しかし宗教の世界状況をみるならば、明らかに、宗教史のこの歩みの不可逆性は、まだあらゆる異論から解放されているわけではない。一神教の信仰の多様な諸形式の間における、またそれらと、神的現実の人格的理解を疑問に付す無神論的宗教性との間における、神的現実の究極的形態については、もちろんもっと議論の余地がある。

諸宗教の批判としての宗教史と、それらのうちに隠されている神的秘密(138)、つまり神の真の現実の「顕現史」という理解は、表面的にみれば、一神教的視点から教義学的に構想された見方のように思われる。神的秘密が統一として把握されていること、つまり神々の力の諸要求とそれらの間の具体的な諸々の衝突は、最終的に、そのなかに現れる神的現実の統一性に関係づけられるということは、しかし今や宗教の概念の統一性にのみ対応する。しかもそれは、そのなかに含まれている仮定、つまりその宗教的規定における人類の統一性と、それと結びついた、あらゆる宗教の多様性にもかかわらず存在する宗教史の統一性の理解という仮定にのみ対応する。また次のことも付け加えることができるであろう。つまりある神の神性に対する信仰の真理が、世界の経験と、他の神々の競合する諸々の真理要求に直面して危険にさらされるかぎりにおいて、神々と諸宗教に異論を唱えるなかで問題になる、世界の統一性および真理の統一性との関連も存在する。宗教と宗教史の統一性という仮定が、一神教の事実によって制約されている文化史的な場を有するということは、すでに言及したとおりである。しかしそれと共に、一神教的パースペクティヴが独断的に取り込まれているわけではない。宗教史が人間の諸表象と人間の行動の単なる歴史ではないこと、むしろそこにおいて問題になっているのは、諸宗教の神々における神的現実それ自体の真理であること、それは次のことに基礎づけられている。すなわち、宗教史は神的現実の顕現史として読むことができるのであり、それはまた神的現実についての人間の諸々の不十分な理解に対する批判のプロセスとしても読むことができる。諸宗教の歴史における宗教の、あらゆる多様性にもかかわらず仮定されうる統一性は、この歴史のなかでその諸々の変化と断絶を通して現れる神的現実に対応している。しかしこれは結果として与えられるものではない。むしろその形態については、諸宗教の諸々の真理要求の間で依然として議論の余地がある。

諸々の宗教的かつイデオロギー的真理要求の衝突がまだ解決されないただなかにおいてさえ、神的現実が顕現すること、これが啓示の意味である。啓示概念とその神学的問題を明確にすることにより、この概念は諸宗教の歴史における神の顕現史に合致することが明らかになる――ただしもちろんその場合、キリスト教信仰、この信仰によって告白された神についての解釈、さらに諸宗教の世界のただなかにおけるその場についての解釈も行われている。神の啓示についてのキリスト教の発言と共に、神性の真の形態を求める諸宗教の戦いのなかに現れる神的現実の顕現史に、何か異質なものだ付け加えられることはない。むしろ、宗教史それ自体の展開のなかで啓示の概念は、歴史的経験における神の自己証明の結果を指す名称となった。しかし歴史が神の神性の自己証明の領域であることは、イスラエルが発見したことであり、キリスト教はその遺産を引き継いだ。

神の自己証明は、神と人間の関係に、したがって神崇拝に、言葉のより狭い意味での宗教にさえ影響を与えた。神と人間の宗教的関係は、その歴史的自己証明を通して明るみにだされる神の神性にいつもすでに対応しているわけではない。神との宗教的関係は、むしろ神的真理の自己証明による修正を必要としている。この意味で、まさに神的真理に対する人間の関係の形成における不釣り合いな状態は、この神的真理は歴史のプロセスにおいて初めて人間に証明されうるという事実に貢献しているのである。

4　宗教的関係

もしも神および神々に関する知識が宗教の前提としてこの宗教から区別されずに、アウグスティヌス以来行われているように、その概念に組み入れられるとすれば、宗教の真理に関する問いにおいてまず第一に問題になるのは、神性に関するその諸々の主張の真理である。人間の宗教生活においては、それらが優先されなければならない。なぜなら、神の現実はそれ自体であらゆる人間の崇拝に先行して存在し、そしてまさにそれゆえに宗教的崇拝が求められるからである。他方で、神性に関する知識が宗教の概念に含められることにより、アウグスティヌスが行ったように、人間の神意識はすでに神崇拝の一形式とみなされている。事実、神崇拝はすべて、人間はそもそも神のことを考え、神を意識するようになるということと共に始まらなければならない。神崇拝としての宗教はもちろん人間の行動の他の諸形式をも含んでいる。神についての知識は決して宗教的崇拝の最高の形式ではないが、他のあらゆる形式にとって基本となる。したがって神崇拝としての宗教の真理は、それが真の神とその啓示に対応することに依拠している。この意味で、宗教ないし「真の宗教」の真理という思想は、神の真理（したがってまた、神に関する諸々の主張の対象的真理）をすでに前提としており、また人間がその行動において、つまり彼の神崇拝の諸形式において神に対応し、たとえば神から逃れたり、あるいは自分自身の諸々の目的のために神を利用しようとしたりしないことに関連している。

この事態の最も妥当な記述は、宗教の概念に関するヘーゲルの諸々の講義において取り上げられた近代の宗教哲学の歴史のうちにみられる。一八二一年の講義のなかで宗教の概念について述べる際に、ヘーゲルは直ちに、宗教はいずれにせよ「神一般についての意識」であるということから始めた。彼によると、形而上学（《自然神学（theologia naturalis）》）の哲学的神論におけるこの意識の客観化する形式と異なり、「本質的要素の主観的側面」(139)は宗教の生（Leben）のうちにある。これによりヘーゲルは、諸々の神表象の彼にとって自明な主観的制約を非常に強調したのではなく、神的現実の意識と結びついているのは、神から分離されている——後に用いられた表現によると(140)、人間は隔離され、無価値である——という宗教的人間の自らの有限性の意識であるとの事態を強調した。自らの主観性の意識のこの形式は、すなわち宗教的意識それ自体に属しているのであって、まずその宗教的意識に対する批判的省察に属しているのではない。ここでヘーゲルは、近代の宗教現象学がルドルフ・オットー以来、「ヌミノーゼ」の経験を伴う「被造物感情」として記述してきたことを先取りしていた。しかしヘーゲルは、「ヌミノーゼ」のような抽象的なものについて語る代わりに、神意識について語ったという点で、宗教的経験の具体性へといっそう近づいている。さらに、宗教的人間の意識における神意識と結びついた知識、つまり自分が神から離れていることについての知識は、ヘーゲルによると、宗教的生の中心テーマを形成するものを理解するための出発点となっている。すなわち、それによって神性からの人間の分離が止揚される《祭儀》ための出発点となっている。このかぎりにおいて、宗教の概念のヘーゲルによる解釈は、主知主義的なものとはまったく別なものである。神についての意識、つまり神性の表象はたしかに基本であるが、宗教の概念は祭儀において初めて頂点に達する。このようにしてヘーゲルは《神の祭儀》としての宗教という宗教の古い概念を受け入れ、そして祭儀を、人間の神からの分離を克服するものとして捉えることにより、その古い概念を更新した。これによりヘーゲルは、再び祭儀の概念を非常に広く捉えることが可能になり、人間が神性に参与することを可能にするための、神と人間の無限の隔たりを仲介するあらゆる形式が、諸々の犠牲と儀式を伴う公的礼拝という外的行為から、祈りと信仰の実践における祭儀の内面化された諸形式に至るまで、祭儀の概念に含まれることになった(141)。しかしその際、祭儀は決して人間の行為としてのみ考えられたわけではなかった。ヘーゲルは、自らを根拠とする人間の行為は、有限なものの無価値さを神から切り離してしまう深淵に橋をかけることができないことをはっきりと理解していた。そのために必要なのは、神から切り離された者の和解が神から出てくるだけでなく(142)、信仰を媒体とした祭儀の遂行に関するキリスト教の理解のなかで明らかになるように、神を通してそれが完全に遂行されることである(143)。ここにおいて、祭儀に関するヘーゲルの概念のうちに、ルター派特有の強調点を見出すことができるであろう。もちろんそれと同時に、ここには同一哲学的構想がみられる。この構想にとって聖霊の統一は、神的自己意識と人間的自己意識の運動がその相互的自己譲渡・放棄を通して交差することから生じてくる。

ヘーゲルによると祭儀は、宗教的人間がそのなかで神性に対抗している隔たり（Abstand）を克服する。ヘーゲルにとってこの隔たりに関する知識は、祭儀を通して神的現実に結びつこうとする人間の努力のなかで、神的現実を捉えそこなってしまうことを主題として取り上げるきっかけをもたらすこともできた。ヘーゲル自身の記述によるとこのような過ちは、神への人間の高揚（Erhebung）が神の真理に対応せず、有限な世界の和解のためのその好意あるへりくだり（Herablassung）によって支えられないところでは、避けられないことである。しかしヘーゲルによると人間の宗教的高揚と神の啓示の完全な対応は、絶対的宗教の段階において初めて起こるのであり、それゆえ祭儀と神的現実の関係は、先行するすべての段階でなお破れたものであるにちがいない。ヘーゲルはこの事態を主題として取り上げなかった。なぜなら彼は、宗教史のいずれの段階の祭儀をもそれに対応する神理解にのみ関係づけ、絶対的宗教の段階で初めて啓示される神的啓示に関係づけなかったからである。

　その後の宗教学において、このような問題提起のための出発点はすでに失われてしまった。宗教の概念に関するヘーゲルの記述に見られる三分割――客体、主体、祭儀におけるそれらの交わりの遂行――の反響は、たしかにファン・デル・レーウにおける宗教現象学の古典的記述にはまだみられた[144]。しかしヘーゲルにおいて宗教は、神の絶対的現実と人間の有限的主観性の緊張関係によって特徴づけられていたが、ファン・デル・レーウの場合、すべては人間学に移行されている。宗教の「対象」は、聖なる力に関する人間の諸表象という視点のもとでのみ取り扱われる――宗教的人間は、この対象を行為する主体として捉えると言われているにもかかわらず。宗教的関係の対象が問題であるこのところで、すでに宗教的人間が叙述の基盤となっている。これは、宗教の有限な「主体」が、まだオットーの場合のように、神性からのその隔たりとその分離という視点のもとでではなく、諸宗教の領域への参与という視点のもとで捉えられていることに関連しているのかもしれない。すなわち「聖なる人間」は聖なる力に対応している[145]。こうしてヘーゲルによって強調され、オットーによってもまだ捉えられていた、宗教の基本的関係における緊張関係は失われてしまった。それはもはや祭儀の遂行による解消をまったく必要としない。しかしながらファン・デル・レーウの場合においてさえ、第三部として、「相互作用における客体と主体」の諸関係についての記述が続いている。しかしそれは、神の行為と人間の行為の組み合わせ（交差）ではなく、参与する人間の外的かつ内的行為を知るにすぎず、しかも儀式の挙行による生の獲得という視点のもとで知るにすぎない[146]。

　こうして体系的宗教学としての宗教現象学は宗教的行動の人間学に貢献しているようにみえる[147]。しかしこのような人間学の体系化は、諸々の経験的所見によってのみ基礎づけられるわけではない。現象学の経験的にみえる手続きによって、諸現象の構造的秩序の根本にある諸々の根拠が明らかにされることはない。ここでは、人間の行動の諸々の一般的所与および構造と、宗教的行動との諸関連に対する明白な省察が助けとなるだけである。したがって宗教的行動の諸々の経験的なデータの体系的秩序を得ようとする努力によって、例証の形式が獲得され、しかしまた人間の行動の基本的諸形式に関する一般的諸仮定の差異についての認識も得られる。

その際すでに、宗教的行動の対象連関が前提とされている。その詳細は、宗教現象学においては、特に多種多様で有限な諸々の媒体の視点のもとで展開される——そこには、それが太陽と月、河川と海、嵐と雨のような自然現象においてであれ、愛、正義、支配と戦争、知恵と独創力といった諸々の力が働く人間の共同生活においてであれ、人間にとって神的な力が現れる。しかしもしも、これらの諸々の力が、いわゆる創始者なる神々や高きにいます神々と並んで宗教的崇拝の諸対象になるならば、もともと何が起こっているのかが問われる。そしてまたそれは、もしもその対象が初めから神性に関する人間の諸表象の視点のもとで主題として取り扱われるならば、宗教的行動の人間学に属する問いである。諸々の宗教的表象はその対象と緊張関係のなかにありうる。このことは、諸々の宗教的神表象の真理に関する問いと、諸々の宗教的真理要求の吟味としての歴史的経験の意味に関する問いについて言及した、前段の熟考によって示されたとおりである。神表象と神的現実の間のこのような諸々の緊張関係の一般的諸条件についての問いは、少なくとも一部は宗教的行動の人間学の課題に属する。宗教現象学のケースおいて起こっていることと異なり、さらにもちろん、その宗教的行動がそれに関連する神的現実という仮定が前提とされているであろう。このところに、宗教的諸現象のなかに単に人間の行動の諸々の表出を発見することができる現象学と異なり、ヘーゲルが行ったように、宗教的関係の宗教哲学的記述の優位性がある。

人間の宗教的諸表象と区別されうる神的現実という仮定は、ある一定の宗教的神表象を独断的によりどころとすることはできない。すなわちこれにより、すべての宗教的神表象の背後に遡る省察が行われているのではなく、その他のすべての神表象よりも《あるひとつの》神表象が好まれ、そして選ばれているにすぎないであろう。この歩みは、ただ宗教哲学的に、有限なもののあらゆる経験の条件としての絶対的なものという形而上学的概念に遡ることよって、結果として起こりうるにすぎない。絶対的に無限なものという形而上学的概念には、それが、人格的に出会う力を有する人格的なものという性格をもたないかぎり、諸宗教の神と比べて依然として欠陥がみられる。しかしそれが、その初期に、神々の本質と働きに関する宗教的伝承の諸々の主張に対する批判的省察から展開されたように、それはまた諸宗教の解釈にも適用される。この適用において、真の有限ならざるものつまり絶対的なものの概念は、諸々の宗教的表象において志向され、しかしそれらから批判的に区別されるべき神的現実を指し示している。その際この現実は、多神教的諸表象に反対する批判的用法において、唯一の現実として把握される。そのかぎりにおいて絶対的なものの哲学的概念は、一神教的諸宗教の神思想と一致する。もちろん絶対的なものの形而上学的思想の場合、この収斂は、神的力の具体的出会いと経験のあらゆる特異性からの抽象の結果であり、この抽象性は一神教的宗教のひとりの神の人格性との違いも引き起こす。宗教の神の具体性と比較すると、絶対的なものの形而上学的概念は依然として不十分である。そのうえ「神」という名称でさえ、一方でその起源が宗教的伝承の諸々の神表象に対する批判的省察に基づいていることを考慮し、他方でその宗教哲学的適用について考慮するならば、宗教とのその関係に基づいてのみ、絶対的なものの概念にふさわしいと言うことができる。それゆえ形而上学の絶対的なものは、諸々の宗教の諸々の神表象において志向されている現実への接近として、もちろん理性的普遍性の視点のもとでの接近として、評価されるぜい非常に一般的で、それゆえに限定された形式における神の特性であり、そのうえ絶対的なものの形而上学的思想――それは、それに対応する世界現実についての究極的理論も有していない――は、人間の省察の単なる主観的欲求の表現のように見えうるがゆえに、形而上学は神の現存在に関しても確定的な判断を下すことができない。形而上学は、その神理解の真理に関する諸宗教の論争のなかで調整的機能を果たすにもかかわらず、この判断を最終的に

(148)。このことは神の現存在に関する問いにも当てはまる。形而上学的省察にとって近づくことができるのは、せい

その争いに委ねなければならない。しかし神性の特性も、またそのように規定された神性の現存在も、相変わらず諸宗教間の諸々の対決のなかで論じられ、そして未解決のままである。それゆえ絶対的なものの形而上学的概念は、たしかに宗教哲学を通して、哲学的省察のその都度の歴史的位置に対応する具体化を経験することができる。しかしそれは、世界経験の開放性に直面して、宗教哲学においても最終的完成に到達することはできない。

いずれにせよ絶対的なものの哲学的概念は、諸々の宗教的真理要求の争いにおける神的現実の自己啓示に基づく未決の暫定性を、つまり諸宗教の諸々の神表象を、それらのなかで志向されている現実から批判的に区別することを承認する。それゆえ宗教哲学は、神性と人間の宗教的関係のアンビバレントな状態をも視野に入れることができる。このアンビバレントな状態の本質は、たしかにひとは、一方で世界の経験の関連のなかで、いつもすでに彼のすべての生の表現の根底にある神の秘密を参照するように指示されていることに（《生来の神認識》という意味で）明白に気づき、この秘密を、彼の世界の経験のなかで彼に出会い、そして彼に要求する力として経験することにある。しかし他方でその本質は、神的現実の無限性がその具体的顕現の制約された諸形式に拘束されていることにある。

宗教的関係のこのアンビバレントな状態は非常に異なる仕方で捉えられ、また評価されることもありうる。宗教的表象による絶対的なものの無限な現実の有限化は、世界経験の諸々の有限な内容と不可避的に結びついているように思われる。いずれにせよ宗教の発展のプロセスの出発点においては、そうである。したがって有限なものを越えていく宗教的高揚に関するヘーゲルの記述は、自然の諸対象における絶対的なものの出現と共に始まり、そして諸宗教のなかで、つまり精神的主体性のなかで、絶対的なものは自然世界とは異なるという意識へと進んで行く。神の諸表象と世界経験の有限な諸々の内容との結びつきは、次のような宗教批判の出発点ともなりうる。つまりその宗教批判は、神性の神人同形同性説的諸表象にみられるように、有限な諸表象は絶対的なものの現実に適さないことを指摘している。その際に問題になっているのは、単に知的に制約されていることではない。人間は、世界との関わりのなかで、その生の諸制約に対する支配を獲得しようとしてきたように、世界の諸力のなかで具体的に出会う、その現存在を越える神的力との関わりのなかでも、神的力を支配しようとしてきた。そしてそれは、まさに世界の現実に属する諸々の有限な現象を手段として用いることにより行われる。ファン・デル・レーウは、あらゆる祭儀的実践の起源のなかに、生を我がものにしようとする傾向を見出した――それは正しいことである（注146を参照）。そのさい彼は、他の側面を、つまり人間に自らを示す神的力を崇拝し、それに献身する衝動をおそらくあまりに後退させてしまった。しかし崇拝への衝動が、我がものとする傾向と解きがたく結びついていることに異論を唱えることは難しい。

ファン・デル・レーウが、そのなかで宗教的人間がこのような行動に巻き込まれる神的現実との対決を強調しなかったことは、奇妙なことである。神学的宗教批判は、宗教的行動のこの様相にさらに光を当てた。すなわちカール・バルトは、宗教を、神の啓示に反対し《抵抗する》人間の自分勝手な言動として特徴づけた（KD I/2, 329）。この自分勝手な言動は、それゆえ結果として「偶像崇拝と業の義認」となる（KD I /2, 343）。後にたしかにバルトは、宗教の事実を、人間が神によって神とその契約関係から排除されないこと、つまり「神によってあの関係から解消されない」（KD IV/1, 1953, 537f.）ことの「確認」と呼ぶこともできた。しかしながらこれにより、次のことが妨げられるわけではない。つまりバルトは、今もなお、宗教的人間は、人間との神によって基礎づけられた契約関係に反抗して「争っている」だけであるとみなしている（ebd. 538）。彼は、フォイエルバッハの、宗教の起源の無神論的再構成に依拠しつつ、宗教を、福音を欠く人間の「不安」の表現として特徴づけることができた（IV/3, 924）。バルトは、キリスト教をもこの否定的判断に含めたので（I/2, 357ff.）、自分の宗教に味方して、他の諸宗教を単純に排斥しようとしているわけではないように思われる。しかしもしも仮にバルトがやろうとした宗教からの啓示の分離を堅持することができないとすれば、この外見は当てにならない。なぜなら神の啓示は、それを受け入れる人間に対するその優位性にもかかわらず、それが人間によって受入れられ、したがって宗教を媒体として受け入れられるところでのみ、明らかになっているのであり、また明らかになるだろうからである。

あたかも他の諸宗教は神についてのその知識の起源を大部分神的啓示に求めないかのごとく、神的啓示を引き合いに出すことによりキリスト教を他の諸宗教から区別するという短絡的な自己区別によって、バルトの神学的宗教批判における真理契機を受け入れることが妨げられてはならない。すなわち宗教は、たしかにただひたすらそうだというわけではないが、いつも、人間がそのなかで神の秘密に対し「頑迷で独断的」（I/2, 329）な態度をとることによっても特徴づけられている。宗教がそのなかで消滅してしまうことはない。なぜなら宗教はどこにおいても、使徒が述べているように（ロマ一・二〇）、神はその永遠の力と神性を創造の業において人間に公に知らせたことに基づいているからである。このことは、人間の誤った行為により、つまり人間が不滅な神の栄光を有限な諸事物の模像に変えてしまうという本末転倒（一・二三）により、だいなしにされてしまうことはない。人間は、創造の業のなかで明らかになった神に感謝せず、この方を神として崇拝せず（一・二一）、諸々の移ろいやすい事物の模造にその栄光を帰したという判定の普遍性は、次のことを排除しない。つまり、ロマ八・一九以下において創造全体について語られていること、すなわち人間は、移ろいやすさの重荷から解放されるために、神の子の啓示を「憧れ待ち望んでいる」ことは、異教の諸宗教の関連のうちに生きている人びとにも当てはまる。パウロはロマ一・二一以下において、再びユダヤ人自身に対してこの判決を指し向けようという意図をもって、異教の諸宗教に対するユダヤ教の論駁を取り上げ、そして採用している(149)。したがってパウロの場合、異教の諸宗教は有罪であるとの判決を下すことが、その論証の独立した目的ではない。もちろんこれによっても、使徒がこの関連でユダヤ教の論駁にみられる判断を自らのものとしたことは何も変わらない。しかしいずれにせよ、この文章をキリスト教以外の諸宗教の現象の、あらゆる点で委曲を尽くした評価として読むことができるのかどうかは疑わしくなる。この問題に対する聖書の見解全体はかなり複雑である。これは、このテーマに関する使徒言行録の比較的寛大な諸々の発言のゆえにだけでなく（使徒一四・一六以下、一七・二三以下）、特に、ユダヤ教の信仰は、他のあらゆる神々に対していつも完全に拒否する態度をとってきたわけではないという事実に直面しての話である。すなわちヤハウェの唯一性に対する信仰告白は、次のような仕方でも生じた。つまり、イスラエルの神はカナンの創造の神エルと、そして後にはペルシャの天の神と同一視された（エズ五・一一、六・九以下、七・一二以下）。しかもバールの排除は、次のような仕方でのみ成功することができた。つまり、大地の豊穣性のための、バールに帰せられていた諸々の機能それ自体は承認され、しかしながらそれらはヤハウェのために要求された。イスラエルの信仰の視点から見ても、他の諸宗教の神信仰と関連するものすべてが明らかに退けられたわけではなかった。

パウロが「ローマの信徒への手紙」のなかでその判断を受け入れた、他の諸国民の神信仰に対するユダヤ教の論駁は、不滅の神をうつろいやすい事物の模造に変えてしまったことを一面的に強調している。この局面は今や諸宗教の現実にも属している。単純にこれを否定してはならない。パウロが再び、異邦人の神なき状態に対するユダヤ人の判決をどれ程ユダヤ人に向けることができたとしても、その局面は人間の宗教的行動に属しており、バルトがキリスト者をこの判決のなかに含めるときも、パウロの論証の意図に完全に従っている。これにより宗教のすべての現象が十分に特徴づけられるわけではないにもかかわらず、少なくともそのアンビバレントな状態は明るみに引きだされている。

このアンビバレントな状態の本質はどこにあるのだろうか？　一般的に言うと、つまり宗教哲学の言語を用いると、それは次のことに遡る。すなわち、絶対的なもの、真に無限なものに対する人間の宗教的関係は、その無限なものが世界の経験を媒体として、したがってこのような経験の常に有限な内容を媒体として人間に出会うことと結びついていることに遡る。この事態をこの言語で記述し、そして論ずることは、キリスト教神学にとっても重要である。このようにしてのみ、次のような誤解は克服される。それは、あたかも記述的把握を要求する宗教的生のこの事態が問題なのではなく、聖書の啓示宗教を他のすべての諸宗教から区別する自己区別の表現だけが問題であるかのごとく捉えるという誤解である。言及されたこの事態が対応しているのは、まず、神は創造の業において人間に自らを知らせた、すなわち無限なる神は、有限なる諸事物を媒体として自らを知らせたというパウロの確認である。これは、人間が、有限な諸事物のイメージにしたがって、人間に現れる神的力を表象することができるための前提である――この諸事物のなかで神的力は人間に現れるのである。

パウロの批判が、神の不滅な力が一般に創造の構成物において知覚されるということに向けられていないことは注目に値する。このことは使徒によっても確認される。彼の批判は、神の力がうつろいやすい諸事物のイメージにしたがって記述され、そして神が諸々の被造物と取り違えられることにのみ向けられている（ロマ一・二五）。

このことについて、諸宗教は、一般にたしかに、そのなかで神の力が示される世界の現実のなかにある諸事物と、神自身を区別してきたと言うことができる。聖なる石あるいは樹木、火あるいは水は、聖なる力の担い手であり、その出現の媒体であるが、神的力それ自体と同一ではない[150]。同様のことは、星辰、太陽と月、そしてすべてを包括する天の広がりにも当てはまる[151]。それにもかかわらず、その顕現の一定の領域を通してなされる神的力の確認と共に、常に、世界の経験の一定の局面への制約が生ずる。しかもこれは天の神々にも当てはまる――この神々は、天の広がりとのその結びつきを通して、たしかにすべてを包括する者として、全知の者として、そしてしばしば世界の創造者として考えられる、ただしこの神々は、まさにその普遍性を通して、自然と人間の生を規定する諸々の特殊な力と区別されたままであり、それゆえに諸宗教の歴史のなかで簡単に「背景の神々」となっていった。その顕現のその時々の領域は限定されているがゆえに、ひとつの無限な力は、その顕現の媒体からその特性に関わろうとする人間にとって、多くの力に分割されていく。しかしこれらの諸力は、その多数性のゆえになおひとつの無限なものの特別な局面にすぎない。しかしながら人間は依然として神的なものの統一性を知っている。この意識は、その他の神々に対する、最高の、しばしば天の神々ないし星座の神々の支配という表象が形成されていくことのうちに現れている。エリク・ホルヌンクが、エジプトにその例がみられるとして示したように、各個の神も、その崇拝者にとって、しばしば統一的な神性一般を表している。ここから、もともとはそれらに結びついていなかったより広い勢力圏へとその管轄権を拡大しようとする、非常に多くの神々の歴史のなかで観察される傾向を理解することができる。

ひとりの神の不滅な力と神性を有限化しているとの非難は、今やすでに、神的な力の特性をその顕現の種々の領域から特殊化しつつ把握することに反対しているのだろうか？　それともそれは、まず祭儀の像を、神性の記述を、被造物の現実のイメージにしたがって記述することに反対しているのだろうか？

パウロがロマ一・二〇以下において受け入れた異教に対するユダヤ教の論駁の中心にあったのは、たしかに両者のうちの後者であろう。これは十戒における偶像崇拝の禁止の戒め（出二〇・四）から当然のことと思われる。しかし諸宗教の諸々の崇拝対象において現実に問題になっているのは、そのさい目に見えない神と取り違えられる被造的本質の模造なのだろうか？　このことを疑う重要な諸々の根拠がある。フーベルト・シュラーデが示したように(152)、まさに神の祭儀像は、神的力の顕現の日常的諸形式のうちに隠されている、神性の独自な形態を目にみえるようにしようとする。祭儀像の神人同形論的な諸々の特徴は、特にこのことに役立つ。すなわちそれらは、まず第一に神と人間の類似性を表現するのではなく、特に神性の働きとその独自な形態との相違を表現する。神性の働きは、しばしば、神の像を飾る諸々の持物（属性）において認識される。神性の諸々の人間的特徴は、二次的にのみその人格的近さを、人間へのその志向を、神性への人間の近さを表現する。すなわち、聖書の神理解にとっても異質ではないモチーフを表現する。祭儀像を「うつろいやすい人間の模造」として理解することは、疑いもなく、それと結びつけられている宗教的意図を論争のなかで誤解することである。それは、偶像に仕える者は彼ら自身の手の業を崇拝している（イザ四四・九―二〇）という第二イザヤの啓蒙的な感じを抱かせる批判が、異教的諸宗教の自己理解を無視して通り過ぎてしまうのと同様である。神は像のうちに臨在すると信じられているにもかかわらず、神は単純にその像と同一であるとはみなされていない(153)。神像を人間の模造としてその人間同形論的な諸々の特徴において捉える誤解に関して言えば、神人同形論的諸要素と獣神（獣の姿をした神）的諸要素を結合しようとする古代の諸々の記述の傾向のなかに、また神々の像の人間的形態を非人間的な怪物にゆがめてしまう様式化の他の諸形式に向かう古代の諸々の記述の傾向のなかに現れているのは、人間に対向する神性の超越の感情である。神が純粋に人間的形態で表現されているところで、むしろ問題になっているのは、うつろいやすい人間の単なる模倣ではなく、人間を越えたものを人間の尺度としてみえるようにすることである。

聖書の偶像の禁止は、事実、まず第一にその表示それ自体の形式に向けられたものではなかったであろう。むしろこの禁令は、神の名の「乱用」（出二〇・七）と同様に、特に、（名前によって、と同様に）像によって神が自由に処理されてしまうことに対して向けられていた(154)。像に対する信仰の核心は、たしかに、模写されたものの臨在――それを表示するだけでなく、たとえそれと同一ではないとしても、それを表す像における、模写されたものの臨在――にあった。それゆえ祭儀の像を通して次のことが可能になる。つまり、人間が神性とのその関係を、神性が臨在する一定の場所に集中させ、そしてその神性に捧げられた祭儀を通してその好意を獲得することが可能になる。それは、世俗的諸目的のために神性を「魔術的に」自由に処理するという仕方では起こらないにちがいない(155)。しかしながら祭儀的崇拝（敬意の表明）の遂行における人間の敬虔な献身のうちには、すでにアンビバレントなものが存在する。その裏面は、神の名の魔術的乱用と、あたかもそれが写し取られた神御自身であるかのごとく祭儀像を倒錯した仕方で崇拝することのうちに現れてくる(156)。

十戒において語られている祭儀像の禁止との関連で展開された、そしてロマ一・二〇以下におけるパウロの論証もその伝統のなかに立っているユダヤ教の宗教批判は、したがって創造の業において神の力を宗教的に知覚することに対してではなく、また決して神性それ自体を描写する美学に対してでもなく、神性を魔術的に自由に処理しようとすることにみられる宗教的関係の歪曲・倒錯（本末転倒）に対して向けられている。このように言う場合にも、もちろん直ちに次のことがつけ加えられなければならない。すなわち聖書の神信仰の視点からみると、神性を自由に処理しようとするこのような振舞いは宗教的生の単なる付随現象ではなく、宗教的行動のすべての表現形式のなかに次のような具合に浸透している。つまり論争的に極端な言い方をすると、神関係の逆転は、そもそも宗教的行動の実践にみられる特徴のように思われる。預言者の伝統においては、このような批判は、ユダヤ民族の宗教的行動と、それと結びついた自信に反対してその内面にも向けられている。使徒パウロは、次のような仕方でこの伝統をさらに前進させた。つまり彼は、異邦人の神関係に対するユダヤ教の論駁を、律法のしるしのもとにおける神とのユダヤ教の関係に拡大して当てはめた。そしてこの批判は、その機会があるところでは、キリスト者の宗教的行動にも同じように適宜適用される。さらにもちろん忘れてならないのは、このような批判の根底にある態度がユダヤ教およびキリスト教の敬虔の本来の意味と対立していることである。人間の自己防衛を目的として神を意のままにするために、神関係を乱用することは、常に信仰の曲解であり続ける。ロマ一・二〇以下において要約され、そして表現されている批判の正当性にもかかわらず、このことは、キリスト教以外の諸宗教においても当てはまるにちがいない。この批判がどれほど宗教的関係それ自体に、またすでにその根底に備わっているアンビバレントな状態の構造に当てはまるのかは、今やもっと正確に説明される必要がある。

祭儀の本来の意味は神性を崇拝し、神性の包括的要求に直面して人間の特殊性を断念することにある。祭儀の本質は、人間が自分からまったく目を離し、神性とその行為のみが人間にとって価値があるときにのみ、実現される。これが、神話が報告していることの祭儀的表現と想起の意味である。すなわち人間は神性の行為へと引き込まれ、彼は、神性の手から更新された純粋な彼の現存在を受け取る。犠牲は、人間が神性に捧げる単なる奉仕に成り下がってしまうことがありうるにもかかわらず、たとえばその犠牲において問題なっているのは、神性に対する人間のこのような献身である。神性へのこの献身は、祭儀的舞踏、黙想、そして祈祷における宗教的エクスタシーの要点でもある。しかし宗教的振舞いのこの諸形式はすべて同時に両義的なままである。すなわちそれらのいずれも、神の力を意のままにする手段として、神の力の要求に対し人間の安全を獲得するための技術として、あるいは人間の現存在の安全のために、神の力を利用することができる。

宗教的関係のこのような倒錯の出発点は、すでに、無限なものは有限なものにおいて、創造者はその業において明らかになるという宗教的知覚の根本形式のうちにある。この事態により、未知の神性を、世界の現実におけるその現象形式の特異性を通して確認することが可能になる。このような同一化（確認）が排他的になるとき、したがってその現象のその特別な媒体を凌駕する超越的神性の現実が、その特性をその出現のこの特別な形式に固定しようとして、薄れてしまうとき、すでに倒錯が始まっている。その倒錯は、たしかに顕現の有限な媒体を単純に神性と取り違えたりしないが、それをその特性の規定根拠として主張し、その結果、この特別な媒体（たとえば太陽）のうちに出現する神の力は、もはや、世界の経験の他の諸々の局面のなかで出会う神性と同一のものとして捉えられず、したがって神性の統一性は多様な神的諸力に分かれてしまい、これらに共通な世界の背景は、もう一度自らの神性をその他のものと区別して定義しようとする。したがって神性の業におけるその顕現の媒体から神性の特性を規定しようとする歩みは、すでに倒錯へと至りうる。その結果、この倒錯は、ある意味で神性自身の代わりに現象の有限な媒体を登場させてしまう。

祭儀像における神性の表示は、その祭儀像が、神性の顕現の領域と異なる神性の独自な形態を表示することにより、その業の媒体との同一化を阻止する。しかし他方で神性は、祭儀像を通して、その祭儀的臨在の、および語りかける可能性の、あるひとつの場と結びつくことにより、今や局限される。たしかに敬虔な畏怖と聖なる祭儀規定の厳格なルールにより、神性の祭儀的臨在のこの場は世俗世界から締め出される。それは、人間が神性の臨在を世俗的に意のままにしないためである。特別な、厳格に守られるべき諸規定のもとでのみ、人間はそれに近づくことを許される。その聖性の侵害は、その結果として冒瀆者の死を招くであろう。しかしまた世俗世界から聖なる区域を除外することにより、聖なる区域の外側にいる人間は、比較的安心して彼自身の諸目的を追い求めることができるという結果がもたらされる。これと類比的なことは、諸々の聖なる時間の制定にも当てはまる――それは、ひとが神性について特別な仕方で考え、そしてそれを崇拝すべき諸々の聖なる時となる。神性と神性への奉仕は、諸々の一定の聖なる場所と、特別な聖なる時間に割り当てられることにより、そのように除外された生活領域へと限定されてしまう。

聖なる区域の除外により、その他の生活世界と日常的行動は世俗的なものとなる。しかし聖なる生活領域と世俗的生活領域は互いにどのように関わるのだろうか？　一方で、祭儀の場は諸々の宗教的な特徴を帯びた社会の生活世界の中心となり、諸々の祭儀的祝祭は一年の頂点となり、その経過を構造化し、区分していく。宗教的人間の生活全体は、それらからその意味を受け取る。しかし他方で、これにより聖なる祭儀的生活は、世俗的生活領域のためにひとつの機能を満たし、神々をそれら自身のゆえではなく、国家の存続と個人の無事息災のためのその機能のゆえに、崇拝することが可能になる。

祭儀のなかで崇拝されている聖なる力の助けにより、その関係が宗教的に規定されているかぎりにおいて、人間の自己主張と自己保全は、もちろん依然として主題とならずに、副次的問題に留まる。たしかに宗教的人間は、世俗的日常生活においても、祭儀のなかで挙行され、そして祝われる神の真理から生きようとする。その宗教的人間の行動において、実際に反対のことも行われるとすれば、つまり聖なるものが世俗的生活に仕えるものにされるならば、それは宗教の基本的意図にそむくことである。聖なるものを世俗的諸目的のためにまったく意図的に利用し、したがって聖なるものをこの諸目的に従属させるのは、魔術に他ならない。それゆえ魔術的振舞いは宗教の堕落形態である。なぜならそれにとって神性は、崇拝の行為の場合のように、もはや自己目的ではないからである。しかし諸々の移行過程は流動的である。そして宗教と魔術の間の諸々の移行過程のなかで、宗教的生に関わる諸々のぞっとするものが生じてくる。つまり、過剰な犠牲、過剰な宗教的熱狂、祭司たちによる権力の不遜な要求と権力の乱用が生じてくる。崇拝におけるエクスタシーと、その魔術的な影響を及ぼす儀式への倒錯は、しばしば互いに避けがたく絡み合っている。少なくとも宗教が魔術へと転落する危険性は、いつどこにでもある。このことはキリスト者の宗教的行動、つまり教会に行って、祈ることにも当てはまる。崇拝が、果たされるべき業へと、またある魔術的行為へと正反対のものに変わってしまう誤りは、世俗的生活領域の自立を通して、特にこのような発展の初期には歓迎される。しかし生活世界の、神なき世界へのラディカルな世俗化は、それに反発する神への方向転換の出発点ともなりうる。

宗教的関係は、常に両義性に脅かされている、つまり、人間にとって神性との関係において特に問題になるのは自分自身の自我である。その出発点となっているのは、そのなかに神性が現れ、そして他の支配的な諸々の生活連関に組み込まれ、そして位置づけられる領域ないし形態の有限性である。その際、実際には、神性それ自体の無限性ないし絶対性はなおざりにされてしまう。それは、その顕現の有限な形式と「交換されて」しまうのである。

このように無限なものを有限化することは、神表象と祭儀においてだけでなく、この二つのものの関連を媒介する領域、つまり神話においても生ずる。一方で神話において、神々の行為について語られ、また他方で祭儀において、神話のなかで報告されていることが演じられる。神話は、今や自然と人間世界の諸秩序がそこに根拠づけられている、考えられないほど古い原初における神々の行為について報告している(157)。神話が物語る、神々の、原初において成し遂げられた行動は、祭儀の遂行により、現在生きている者たちにとって有効なものになる。彼らの生活の諸秩序と彼らの生それ自体が、これにより更新される。その際それらは、その歴史的変化の可能性においてではなく、基礎となる原初の時から確定している秩序の永続性においてのみ、主題となる。そしてここにみられるのは、神話的意識に固有な視野の狭窄化である。これに合致しているのは、祭儀の遂行を通して、基礎づけとなる原初において出来事となったことに基づき、神々とその行為を呼び求め、確認する行為である。ここに現れるのは、神話的思惟において、またそれと結びついた祭儀的行為を通して起こる、神の力の働きを意のままにしようとする行為である。すなわち現在と将来は、それ自体完成された、そして見通すことができる原初の完全なものによって一面的に克服され、片づけられてしまう。一九五三年、ミルチャ・エリアーデが指摘したように(158)、人間は、すべての出来事の神話的創始者に依拠することにより、将来の不確かさに対して身を守ろうとする。将来がもたらす偶然的な新しさは、異常なものとして抑圧されるか、神話的原初のイメージの修正を引き起こす。したがってそれは、神話的原初に遡るものとされてしまう。

聖書の信仰伝承において、神話的意識の基本形式との関連で徹底的な変化が生じた。それは、もしかするとイスラエルの導き手である神の諸々の遊牧的由来と性格から出発し、しかし創造信仰との結びつきにより、世界の理解全体に革命的な仕方で影響を与えた変化である(159)。たしかにイスラエルにも諸々の聖なる場所と時代が存在したし、それと結びついて聖なるものと俗なるものの区別が生じた。たとえば、出エジプトの出来事は、過ぎ越しの祭りと種入れぬパンの祭りと結びつけられて、諸々の神話的起源と規範の授与との関連を思い起こさせる仕方で描かれている。同様のことはシナイにおける律法の受領にも当てはまる。イスラエルにおいても、後の諸々の経験は原初の像と結びつけられ、それにしたがって理解されている。その場合、原初の像の権威は、不変で且つ追い越し難いものとみなされている。しかしながら他方で、民の起源が歴史的偶然的選びの出来事に由来することは、ずっと記憶されていた。そして預言は、イスラエルの歴史のなかで、しかしまた世界の強国の興隆と没落のなかでも、イスラエルの神を、同時代の人びとの経験する諸々の出来事において歴史的に行為する方として理解するように教えた。神の行為の歴史性は、最終的に、神の民に対する神の裁きの行為を経験するなかで、それ以前のすべてのものを凌駕する約束に満ちた将来を目指している、もろもろの古い救いの業を越えるものとして理解された。これにより、神話的意識の、原初へと向かう方向性は突破された。捕囚後の数世紀の間に現れた終末論的セクトのなかで起こったように、特にマカベア時代に、しかしまた洗礼者ヨハネの使信とナザレのイエスの使信のなかで起こったように、最終的に規範的な重要性は、神話の、基礎となる原初に代わって、神の支配する将来にあるとみなされた。

神話的意識の、原初へと向かう方向性が、終末論的期待における神の将来の優位性へと方向転換されることにより、人間の生と共同生活の持続的に妥当する秩序への関心が簡単に放棄されてしまうことはなかった。そのかぎりにおいて聖書の終末論は、エリアーデが判断したように、世界からの逃避の一形式ではない(160)。このことを判断するためには、神話の諸々の特徴が、救済史的意識の関連において、たとえ異なる機能においてではあれ、ずっと保持されていることに注目しなければならない。イスラエルにおいては、祭儀と王国は歴史化され、このようにして救済史的意識の諸々の関連枠のなかに組み込まれた。イスラエルにおいてもこの枠組のなかで、国民にとって基礎となる救済の出来事の定期的な挙行と、新たな即位による王国の更新が行われた。しかしながら救済史への組み入れにより、祭儀と王国の諸制度も基本的に時代おくれのものになった。終末論的希望の内容は、これらの諸制度の救済的意義の無制約的実現を目指した――これらの諸制度は、これまでの歴史的経験の諸制約のもとで、破れた仕方でのみこの意義を実現することができた。キリスト教においては、それは最終的に次のような要求と結びついていた。つまりそれは、ナザレのイエスと共に、終末論的完成は現れ始めたという要求である。それは歴史的出来事の形態をとっており、この出来事は教団にとって直ちに過去となった。ある意味において、宗教的生の神話的諸形式の復興（ルネサンス）が起こった。すなわち、キリストの出来事は神話的原初の機能へと挿入され、それはキリスト教の祭儀、つまり洗礼と主の晩餐のうちに現臨するものとされ、そして祝われた。しかしながら諸々の疑似神話的構造は、言わば、まったく異なる諸力から成長した有機体の建築資材となった。ここでは、基礎となる原初の機能は、歴史内部の出来事と歴史の一定の時代に割り当てられるだけでなく、キリスト教会とそのメンバーにとってもまだ到来していない終末論的将来と歴史の完成の先取りに基礎づけられている。それゆえ教会暦において、原初の諸々の措定の疑似神話的反復の諸要素は、実際に何か違ったものになっている。なぜならそれは、もはや神話的関連枠ではなく救済史的関連枠を有しているからである。しかしながら、キリスト教においては、神話は単純に排除されずに、統合され、止揚されていることを知ることは重要である。これは次のような神理解に対応している。つまりそれは、神の特性を、専ら世界秩序の原初的基礎づけに対するその機能から規定せず、しかしまたその機能と対立させず、神を、世界の創造者、和解者、そして救済者として、生の現実のすべての次元を包摂する方として、聖なるものと世俗的なものの分離を終末論的完成から止揚する方として、信ずる神理解である。しかしながらキリスト教の神理解にとって基準となるのは、もはや神話の意識形式ではなく、啓示の出来事、つまり救済史の過程における神の神性の自己証明である。

明らかにされなければならないのは、神と人間の宗教的関係を特徴づけている無限なものの有限化は、キリスト教においては、たしかにキリスト者の祭儀的行為によってではなく、神の啓示の出来事において止揚されるということである。宗教の神理解において起こる倒錯のこの克服が、信仰の意識を通して、キリスト者と教会の生にも影響を及ぼすその程度に応じて、人間の神理解は信仰を通じて整えられる。その際もちろんキリスト教会のメンバーも、彼らの歴史の諸経験が教えているように、宗教が魔術に代わってしまう歪曲・倒錯から守られているわけではないのである。

第4章　神の啓示

1　啓示概念の神学的機能

神の現実は人間の神礼拝の前提であるがゆえに、宗教は神認識を出発点とする。しかし人間の神認識は、それが神性それ自体のうちにその起源をもつという条件のもとでのみ、神的現実に対応する真の認識でありうる。神は、神が自らを明らかにするときにのみ、認識することができる。もしも神的現実が自らを明らかにするのでなければ、神的現実の卓越性のゆえに、人間にとってそれは到達できないままである。神と神々が、常に人間にとって比類なく卓越した聖なる力として理解されるか、あるいはすべてを包括し、そしてすべてを規定する唯一の力として理解されるところでは、神認識は神御自身によって開示された知識としてのみ可能であることも、すでに自明のことであった。もしも人間の神認識が、人間が自らの力で神性からその本質の秘密を奪い取るような仕方で考えられるならば、神の神性は初めから失われてしまうであろう。いずれにせよこのようにして理解された認識は、決して神の認識ではないであろう。なぜならその概念はすでに神思想と矛盾するからである。それゆえ神認識は、啓示によるものでないかぎり可能ではない。

もちろんこれによっても、それにより神（あるいは唯一の神）が自らを明らかにする啓示がどのような種類のものであるのかということは、まだ決定されていない。神性の特性は、その力の諸々の働きの媒体のうちに極めて明白に臨在するものとして経験されるので、それを越える特別な啓示は不必要である。W・F・オットーに従うなら、それは古代ギリシャで起こったことである(1)。卓越性にもかかわらず人間に似ており、それゆえ人間の理解にとっても近づきうる存在としての神々という理解は、もちろん神話の仲介なしに表象することはできず、次のことを前提にしていたように思われる。つまりギリシャの神話学の発生のプロセスはその諸々の基本的特徴の面で完成されていた、ということを前提にしていたように思われる(2)。

これと対照的に、通例、聖書の神は、特殊な啓示を通してのみ知られうる隠された神々に数えられる。しかしこの印象は、厳密化と、そのかぎりにおいて修正を必要とする。ロマ一・一九以下においてパウロは次のことを考慮に入れている。つまりすべての被造物は、神を知るべきであり、しかも創造の諸々の業から唯一の神の不滅の力と神性を正しく認識すべきである――それらは、実際にはこの認識を否定し、被造物の諸々の力を崇拝することによりこの認識を抑圧してしまうにもかかわらず。このような見解は、最終的に旧約聖書の創造信仰に遡るユダヤ教の伝統に対応していた。旧約聖書の原初史と父祖たちの歴史は、どこにおいても、アブラハムとその子孫に特別な仕方で現れた創造の神は、他の人びとにはまったく知られていなかったということを示唆していない。カイン（創四・六）とノア（創六・一三）も、特別な儀式なしに神によって語りかけられている。ここから、神は彼らにすでに知られていたと推測することができる。ノアの契約（創九）の物語と祭司資料である民族表（創一〇）において、元来は異なる諸々の伝承断片（JとP）が互いに結合されていたが、創世記の現在のテキストにそれらを結びつける際に、次のことに問題を感ずる者はいなかった。つまり、創一〇章によると、すべての民族の始祖であったノアの息子たち――セム、ハム、ヤフェト――は、神とノアの契約締結の際にそこにおり（創九・八）、ノアと共に神によって語りかけられていた。しかし他方でこの神は、特別な仕方でアブラハムとイスラエルの神である。すなわち、神は諸々の特別な約束を通してアブラハムと彼の子孫たちを御自身と結びつけ、モーセに彼の名前と彼の法意志を知らせた。

イスラエルの諸伝承におけるこの状態に対応しているのは、次の事実である。つまりイスラエルが、アブラハムの選びと出エジプトの神のために《エローヒーム》という普遍的かつ特徴的な用語、すなわち他の神々をも表すことができる表現を用いた事実である（たとえば、士八・三三、一一・二四、詩八二・一）。この表現の使用は、イスラエルの神に関する発言を理解可能にする普遍的根拠が存在するという前提を含んでいる。しかしもちろんそれは、そのなかで父祖たち、モーセ、契約の民に自らを明らかにしたイスラエルの神の特性が、イスラエルの信仰の証言は別として、すでに他の諸民族にも知られていたことを意味していない。契約の民に開示された神の特性は、神ないし唯一の神的なものに関する一般的知識から推定することはできない。イスラエルにとって近づくことができた神の特徴についての知識は、それゆえ普遍的知識によって取り換えられることも、そのために余分なものになることもない。そしてもちろん反対に、イスラエルの神に関する知識から、無造作に、彼と彼のみが神一般と同一であるという結論も出てこない。まず第一に神は、外部の者に対し、他の諸民族の神々と並ぶこの民の特別な神としてのみ現れる。契約の民にとって、この唯一の神と並んで、他のいかなる神々も考慮されてはならないということは、十戒の第一戒を通して確言されている（申五・七、出二〇・三）。しかしこの神がイスラエルにとってのみならず、そもそも一般に唯一の神であることは、イスラエルの信仰意識にとっても必ずしも自明なことではなかった。それは、第二イザヤの使信のなかで初めて断固として主張されたひとつの要求、したがってバビロニア捕囚の状況において注目すべき仕方でなされたひとつの要求である。この状況のなかで捕囚の民たちは、イスラエルの神の要求と競合する他の神々の諸々の権力の要求に直接さらされた。

しかしながら唯一の神性に対するイスラエルの神の要求はどのようにして確認されるのだろうか？　捕囚の状況において啓示の思想に、イスラエルを変革し、そしてイスラエルを最終的にまったく新しいものに作り直す新しい機能が与えられたということが明らかになるであろう。この啓示の思想は、ここで、イスラエルの神の決定的で排他的な真理についての問いのための、つまりこの神は唯一の真実な神であるという真理についての問いのための、ひとつの機能を獲得した。しかし啓示の思想にはいつも、そしていたるところで、すでにひとつの匹敵しうる機能が結びつけられているわけではない。啓示を受け止める、つまりその他の隠されているものの覆いが取り除かれることを受け止める決定機関（Instanz）が、啓示体験一般の内容のうちに共に含まれているとすれば、啓示の受領の出来事におけるその現実性は、たいてい問題なく前提とされてしまう。これにより次のことが排除されてしまうわけではない。つまりそれは、このように前提された知（Wissen）も神性の自己表明に基づくこと、しかし啓示の諸体験に関する宗教的諸伝承が報告していることは、まさにその大部分は、神々と神的なもの一般についてのあらゆる知識（Kenntnis）の始まりに関連していない、ということである。啓示の体験のなかで「覆いをとられる」ものは、通常、啓示する神性と異なっており、そしてさらにそこにおいて神性それ自体が啓示の受領者に「顕現する」諸々のケースにおいてさえ、神性がそれによりその現実性を証明するのではなく、受領者に伝えられるもの、あるいは委託されるものがそれにより特に印象的な仕方で権威づけられることは、通常、このような顕現の目的ではない。そもそもこのような身に降りかかる経験の外側で初めて、そしてむしろそれが、神話によって説明されるような神理解の内容に関連するかぎりにおいて、神性の現実性についての問いが生じてくる。しかしまさにそれゆえに啓示の体験の事実は、まだ神の神性を立証していない――その啓示の体験はこの神から受け取られる、あるいはたとえば夢の場合のように、その起源はこの神に求められる。むしろ覆いを取り除くこと（啓示）の重要性は、啓示の受領者が、彼に明らかにされたものはそのおかげをこうむっていると考える神性の、すでに前提された等級を基準として測られる。しかし特に重要なのは、啓示体験のなかで覆いを取り除かれたもの、あるいはそこから出てきたものが、経験の領域において他の仕方でも確認されることである。すなわち、前兆は的中するか、あるいははずれるかである。夢は、神託の、最初は理解しがたい暗号化された意味が経験の過程において解明されるときに、正夢となる。同様のことが、体験の内容の起源がそこに求められる神性の、啓示体験において前提とされている現実性にも当てはまる。このような諸々の体験において前提とされている神性それ自体の現実性が啓示思想の対象となるときに初めて、この啓示思想は、一定の神理解の真理と普遍妥当性に関する問いのための、ひとつの機能を獲得する。そのときに初めて、啓示の思想は、啓示する神の神性に関する確信の基盤となることができる。

第二イザヤの諸々の言葉のなかにその反映がみられるヤハウェの神性をめぐる捕囚時代の諸々の対決のなかで、少なくともこのような歩みへの道が開かれた。ところがこのように理解されうる「特殊な啓示」がすでにイスラエルの信仰の歴史の初めに存在していたことを支持する論拠は存在しない。遡ってわれわれの知りうるかぎりでは、むしろこの初期の諸段階において、神的なものに関する既存の知は、そのつど人間の特別な諸経験によって修正されている。これは、基本的には他の諸宗教の状態にも当てはまることである。そこでも諸々の啓示体験の機能は、主に、啓示する神性のための現実性の証明にあるのではない。イスラエルの外部において、このような歩みがそもそもなされたのかどうか、それはここで決定される必要はない。このような問いは、依然として諸々の宗教学の経験的諸研究に委ねられている。しかしながら、次のように言うことは許されるであろう。つまり諸宗教における神々の現実と力に関する確信は、通例、別の方法に基礎づけられている。すなわち、神話を通して、またある文化の神話学的世界解釈の内部における個々の神性の位置づけを通して基礎づけられている。たとえそのさい神話が霊感によるものとみなされたとしても、その特殊な真理要求は、その神話が卜占術的経験の他の諸形式と分かち合っているこのような霊感的起源よりも、むしろ世界解釈のその機能と結びつけられた。古代イスラエルにおいて、一方で、つまり社会秩序が問題になっているかぎりにおいて、神話の、世界を基礎づける機能に対応していたのは神の法であり、他方で、それは神の救済史的な選びの行為である。後者は、民に対する神の法の拘束性の基礎である契約関係を根拠づけている（出二〇・二を参照）。その社会の法秩序は、――古代の高度な諸文化の「宇宙論的諸王国」（E・フェーゲリン）の場合のように――宇宙的秩序に直接的対応しているわけではなかった。一方で、世界とその秩序の創造と、他方で、神とイスラエルの契約関係の特殊性の間を仲介しているのは、むしろ選びの諸伝承であり、したがってイスラエルがそれにより神の民となった歴史の意識である。その際たしかに種々の「啓示体験」が関わっているが、それらはこの歴史の構成要素としてのみ関わっている。少なくとも申命記以来、したがってユダの民の後期王国時代に（七世紀）、ヤハウェの神性の認識をひきおこす機能（申四・三五。四・三九と七・八以下を参照）は、民の同一性を基礎づけるこの歴史の諸々の出来事に帰された。しかもおそらくこの思想はかなり古いものである（出一四・三一を参照）。この思想が特殊な「諸々の啓示体験」とどのような関係にあるのか、それはこれから言及されるが、しかし疑いもなくここで、すでにこのような意見の内容に関して語られたことと異なり、特別な仕方でここにおいて問題になっているのは、《イスラエルのための》ヤハウェの神性の自己表明である。そのさい議論されているのはヤハウェと創造者なる神の同一性でも、他のすべての神々と区別さるその唯一の神性でもない。それは、第二イザヤのケースが最初であるが、今や出エジプトの出来事を振り返るのではなく、イスラエルの神を、世界の創造者である唯一の真の神として諸民族の世界にさえ実証する、将来の神の行為を先取りするなかでの話である。

バビロン捕囚という危機的状況のなかにいる第二イザヤにとって、イスラエルの神としてのヤハウェの神性も、彼によって告知された将来の救済の行為に、つまりヤハウェをすべての民の前で、ひとりの唯一の神、世界の創造者として実証する将来の救済の行為にかかっているように思われる。ペルシャの王たちによるエルサレムにおけるユダの祭儀共同体の再興を体験した、あるいはこの出来事を振り返ったさらに後の諸世代にとって、その事態は異なる仕方で記述されるにちがいない。すなわち、すべての民族がヤハウェの唯一の神性を認識するようになったわけではなかった。しかしたしかにヤハウェは、民族の再興とその祭儀の所在地を通じて新たにイスラエルの神として実証された。イスラエルの神としてのヤハウェの神性についての確信は、もはや諸民族の世界によるその唯一の神性の認識と結びつけられなかった。第二イザヤの捕囚の観点には存在しなかった、神の古い諸々の救いの行為との連続性が回復された。その際ヤハウェの唯一の神性についての確信は、今や創造信仰との結びつきのうちにしっかりと固定された。これは捕囚後の知恵文学の基盤となっている。しかし、諸民族によるヤハウェの唯一の神性の普遍的承認――それがなければ、ひとりの唯一の神としてのヤハウェに対するイスラエルの信仰は、依然として疑問に付されたままであるちがいない――は、さらに遠い終末史的将来の問題となった。

第二イザヤ以来、啓示の概念は術語的にも神の自己証明の将来と結びつけられた。すなわち「ヤハウェの栄光は明らかにされ、すべての肉は共にそれを見るであろう」(イザ四〇・五)。ここでは、ヤハウェの栄光、したがってヤハウェ御自身、その神的栄光は、「覆いを取り除くこと」の対象として規定されている。黙示文学にとっても、神的自己証明の将来、神の栄光の啓示の将来はさらに先へとのばされ、この世界の時が終わる将来と融合した。そして神の栄光、したがって神御自身の神性の将来の披瀝・暴露(覆いを取り除くこと)の思想は、終末の出来事の開始としっかり結びついていた(bes. syr. Bar 21, 25 u. ö)。それゆえ悪人であれ義人であれ、人間の規定も神の栄光の光のなかで認識される(Ⅳエズ七・四二)。終末の出来事と、そのなかで預言の言葉や黙示文学的幻を通して告知されたものが実現する将来との結びつきは、しかしながら旧約聖書の啓示の術語の他の諸領域には当てはまらない。それゆえ当然のことながら、これらの諸言明は、純粋に量的に躊躇なく旧約聖書の啓示の諸表象を代表するものであるとは思えない。他方、さらに専門用語で「啓示」と呼ばれている諸体験の多くから、無造作に次のように推測することもできない。つまり、少なくとも中世以来、神学の伝統によって啓示というテーマに基本的妥当性が認められてきたように、啓示というテーマに、神学にとって非常に根本的な妥当性が認められるにちがいないと推定することはできない。さらに付け加えるならば、新約聖書にも、その神学的重要性が異なる啓示の種々の表象がでてくる。さらにイエスの使信と使徒のキリスト使信の中心内容を記述するために、あるいは根拠づけるために、啓示の表象が現実に必要なのかどうかということも疑われるかもしれない。信仰の認識の形式原理として、啓示の思想が主張されることは本当にめったになく、おそらくマタ一一・二七(ルカ一〇・二二)だけである。使徒たちのキリスト使信において啓示の諸表象は、基礎づける機能よりも解釈する機能をもっていたように思われる。教父たちの文献も同様のイメージを提供している。

しかしこのような諸々の状況から次のような結論は出てこない。つまりそれは、啓示の思想がすでに中世の神学において現れ、そして神学一般の原理の機能に関する近代の神学的議論において、それがますます盛んになったのは誤りであった、という結論である。聖書には異なる見解がみられるにもかかわらず、差し当たり、もしも神が自ら御自身を明らかにするのでなければ、神は認識することができないという論証は、依然として重要である。それはたしかに聖書のあらゆる啓示表象の中心ではない。しかしそれは、明らかに、あるいは暗黙のうちに、神と神々に関するあらゆる宗教的発言と、しがって聖書の諸々の証言の根底にあるひとつの前提である。それゆえこの前提は、いつも主題とならなければならないわけでなく、むしろそれはたいてい自明なこととして前提されている。中世と特に近代の神学にとって、この前提は、さらに言及されるべき諸々の理由から、もはや自明なことではなくなった。それゆえそれはここで明確に主題とされなければならず、しかもそれは近代において、中世および近代初期とは異なる仕方で主題とされなければならなかった。すなわち、それゆえ近代においては、啓示概念のより正確な規定が神学のひとつの中心テーマとなった。

神学的諸言明の諸々の真理要求の神的起源を再び取り上げることは、弁証的であると言われるかもしれない(3)。しかしいずれにせよそこで問題になっているのは、恣意的に強調されたり、あるいは中止されたりする弁証的努力ではなく、むしろキリスト教の告知を可能とする条件である。キリスト教の告知は、それが神によってそのための権限を与えられていることを知るときにのみ、その諸々の主張に責任をもつことができる(4)。さもなければこれらの主張は、直ちに、他のこのような諸々の発言と並ぶ人間の主観的発言、さらに非常に不遜な発言とみえるにちがいない。キリスト教の諸々の主張の真理要求も依然として議論の余地があるとすれば、要求の提示と、それなしにはキリスト教の告知が無用になってしまうその諸々の主張の提示は、すべてのキリスト教的言明が最終的に引き合いにだす神御自身による権限の付与という意識がなければ、実行できないであろう。この事態が中世において初めてすべての神学的言明の原理として主題とされた事実は、説明を必要とする。それは、ヘレニズム的－ローマ的文化世界におけるキリスト教的論証と比べると、中世神学の状況は別種のものであることをしっかりと指摘しなければならない。

しかしながら啓示のテーマを宗教哲学的にだけでなく神学的にも基本的なものとして証明するには、このような諸々の検討だけでは不十分である。もしも啓示の思想が、まさに聖書の神の要求、つまり唯一の真の神であるとの要求にとって基本的なものとして主張されるならば、この事態はやはり聖書の諸々の証言に基礎づけられていなければならない。それゆえそれは、まだいたるところで明白に主張される必要はない。それは聖書の諸言明の含意として主張されうるということで、一般には十分であろう。しかしながら、もしも聖書の諸文書が聖書の啓示の規範的証言であるべきであり、そしてたしかに考慮されるべきその著者の人間的制約が、この事態がその意識にとってまったく隠されたままであるほどに広がりうることはほとんどないとすれば、聖書の諸々のテキストにおいて啓示の思想は明白に強調されているにちがいない。

今や、多様な術語と表象様式においてではあれ、聖書の諸々の証言のなかで神的啓示について明白に語られていることに議論の余地はない。われわれは、神性の初めての知識を伝える伝達のみが啓示とみなされうるという観念・表象から解放されなければならない(5)。われわれは、神は単に著者であるだけでなく、啓示のいずれの形式も神御自身を内容としていると期待すべきではない。そして最終的に考慮しなければならないのは次のことである。つまり聖書の神が御自身を知らせるところでも、したがって神御自身の認識を伝えるところでも、その神性は、広範囲にわたって、イスラエルの神のたしかに力に満ちた卓越的神性としてのみ実証されることである。しかもその唯一の神性は、すべての人間一般に対してではなく、民自身とそのメンバーの認識に対してだけ実証される。それだけにいっそう重要になるのは、少なくとも旧約聖書の啓示の諸表象のひとつの線は、すべての民に対するイスラエルの神の神性の自己証明を目指していることである。

われわれは、ユダヤの啓示思想のこの線が、新約聖書において異邦人伝道に移行する際に、しかしまたすでに、イエスの登場と結びついていた終末論的な真理要求に対しても中心的意義をもっていたと期待するかもしれない。事実、一連の新約聖書の諸言明は、黙示文学的に基礎づけられた啓示思想を明白にイエスの人格と歴史に適用した。比較的頻繁にみられるのは、このような思想が暗黙のうちに前提されていることが証明されたり、その可能性が想定されたりするケースである。新約聖書にはこれと並んで、もちろん啓示の別様に構造化された諸言明がみられるが、それらは、決してどこにおいても啓示の概念によって明白に論証されているわけではない。

この事態のゆえに必要になるのは、聖書の啓示に関する諸言明の多層性をより詳細に評価し、その個々の形式の位置価値（Stellenwert）を規定することである。さもなければ、キリスト教の教説の諸々の主張を基礎づけるために聖書の神の啓示を神学的に引き合いにだすことは、聖書的根拠を欠くことになり、このような根拠の存在は少なくとも疑わしいままとなる。この研究において記述されうる聖書の啓示の諸表象の発展は、同時に、宗教の世界における例証によって豊かに証明されている諸々の啓示体験の現象学から、すべての人間の唯一の神としてのイスラエルの神の神性の啓示というテーマへの移行を承認するであろう。重要なのは、このような移行が宗教史それ自体のなかで起こったことであり、それは単に今日の神学の省察に属することではないということである。

このような研究の結果、そのなかで神についてのキリスト教の使信に関する真理問題のより広範な説明がなされるべき形式にも、変化が生じた。すなわちその叙述は、まず人間の言語使用つまり人間の思想形成の事柄としての神思想から始まり、そして諸宗教の世界における神的現実の主張に出会う、つまりたしかに世界と人間の現実を根拠づけ、そして説明するための権限を得ようとする神々の争いと関連する神的現実の主張に出会う。他方、聖書の啓示の諸表象の展開は次のような点へと導く。つまりそこにおいて、人間の歴史的経験が神々の力と神性の証明として明白にテーマとなり、またそれとの結びつきで、聖書の神は、たとえばすでにイエス・キリストにおいて唯一の神として証明されたように、すべての人間の唯一の神として証明されるべきであるとの要求がなされる。キリスト教の使信の真理についての問いは、それゆえこの点で、この要求は首尾一貫して貫徹されうるのかどうかという問いの形態をとらなければならない。そしてこの要求の吟味は、その時以来、キリスト教の教説によって主張されている、神の歴史的啓示におけるその出発点に関するキリスト教の教説の体系的再構成の形式のなかで遂行されている。真理問題を主題とする組織神学は、直接このような再構成から始めることはできない。それはむしろキリスト教の教説の真理要求の再構成の出発点を、それが歴史的にそのなかに埋め込まれている諸宗教の現実によるその仲介のうちに獲得しなければならない。しかしそれは同じように、神思想と、それが人間の自己理解一般に対してもつ妥当性に言及することにより、まず第一に、神的現実の証言としての宗教というテーマに近づかなければならない。差し当たりわれわれは、神的啓示というテーマが、ある宗教伝承の形成過程において、またユダヤ教の歴史においてどのように形成されたのかを記述し、確認し、そしてその後で同時に、真理問題を吟味するなかで、キリスト教の教説の伝承における神に関する発言の再構成へと向かうことにする。

この方法は、他の諸宗教においてもその独自性のなかにそのための諸条件が整っているかぎり、それらにも原理的に適用される。その第一の条件は、神的現実の一体性がその宗教の一体性に対応しており、そしてそのなかで主題となっていることであろう。第二の条件は、歴史の経験のプロセスにおける――宗教的真理の諸要求をめぐる、宗教史のなかで実際に起こる諸々の対決の場と同一化される歴史の経験のプロセスにおける――神の神性の証明が、当該の宗教のなかで主題となることであろう。その場合、神性の歴史的自己証明は、今日の宗教哲学の省察としてのみならず、当該の宗教の伝承のなかで証言されてきた、神性の自己表明の構成要素として証明されなければならない。これと関連しているのは、これからさらに示されるように第三の条件である。つまり、歴史のプロセスにおける神の神性の、実際に確認されうる議論の可能性は、その自己表明の内容と形式の点でも避けがたいことを、たとえそれが現れるのは時間的にかぎられているとしても、あらかじめ考慮に入れておくことである。すなわち神性の自己証明の真理に対する異論が単に外的なものにすぎないとすれば、次のような要求に対して、すでにひとつの偏見が強く働いているのであろう。つまりそれは、そこにおいて問題になっているのは、すべてを、したがってそれ自身の未解決な状態を含む世界の状況をも根拠づける現実であるという要求である。

したがってもしも以下の節が、宗教的啓示の諸体験の一般的現象学から神の自己証明の主題化へという歴史的移行を取り扱うとすれば、それとの関連で、キリスト教神学の歴史における啓示概念の概念史について詳述しておく必要がある。このような諸々の概念史的論究は、前章までの諸章においてもすでに、その都度のテーマをより厳密に規定するうえで重要な機能を果たしていた。それらは、さらに組織神学における言語用法の客観化に役立ち、さもなければこの分野で容易に蔓延してしまう恣意的用法を制約する。ある教義学的概念の歴史的場に関する問いは、神学者の独自な言語用法を諸々の二者択一的概念規定から（根拠のある仕方で）区別する場合にも、組織神学から当然要求されるその厳密性（Genauigkeit）にとって方法論的に不可欠である。しかし叙述の体系的進行のなかで、この概念史的明確化がいつも同じ地位を占めることができるとはかぎらない。宗教の章も、序章における「神学」および「教義学」の概念規定の場合と同様に、概念史的概観をもって始めた。しかし神思想に関する章では、「自然的神学」と「自然的神認識」の概念の歴史に関する節は最初に置かれていない。なぜならまず神思想の論究に対するその位置価値が重要だったからである。それゆえその章は、「神」という言葉、宗教的経験に対するその機能とその関係に関する諸々の詳論から始まっている。「神」という言葉の意味論を各個々の宗教経験――その解釈は、したがってその中心的諸機能のひとつとなるであろう――の前に置くことにより、哲学的神学を神思想に関する問いの貫徹として取り扱うことが正当化される。宗教の章を振り返りつつ、次のように言うことができる。つまり、哲学的神学は、世界を説明するその機能のなかにおそらく神思想の起源的意味論的場が探し求められうる神話の遺産を知覚している、と。今や、啓示という主題の場合にも、そのなかで啓示概念の神学的概念史がその場を見出しうる枠組がまず獲得されなければならなかった。その際、宗教の章との関連が維持され、しかし同時に、以下の章で展開されるキリスト教の教説の体系的再構成に対して啓示のテーマがもつ移行の機能も明らかにされた。

啓示概念の歴史の記述に続いて、最終的に、啓示理解の互いに排除し合うように見える二者択一的諸概念の体系的論究が来なければならず、啓示のテーマに関する神学的省察の歴史の記述はこの諸概念の対決ということになる。すなわち、神の言葉を通して、神の自己啓示について神学的に語ることができるのだろうか？　それとも歴史における神の行為を通して、神の自己啓示について神学的に語ることができるのだろうか？　これら二つの概念は互いに必然的に排除しあわねばならないことはない、ということが示されるであろう――一方で、神の言葉の聖書の異なる諸表象が、神の歴史的行為を通しての神の自己啓示という思想における構成要素として取り扱われ、他方で、「神の言葉」という表現が、啓示の出来事の包括的特徴にもなりうるかぎりにおいて。

2　聖書の啓示表象の多層性

啓示概念に関する近代の諸議論に従うならば、この概念は、そのなかで人間が初めて神性の認識に至る出来事ないし諸々の出来事の型を指している。一目でこれに対応していることが分かるのは、たとえばイアン・T・ラムジーが「開示」の諸々の状況を宗教的経験の出発点として記述したこと(6)、そしてすでにシュライアマハーが、一七九九年に、「宇宙のすべての根源的で新しい直観」は啓示と呼ばれると説明したことである(7)。もちろんその場合、神性のある認識をすでに前提として、それに単に新しい要素をつけ加える諸経験も問題になりえた。啓示の諸体験の機能のこのような理解は、次のような事態にいっそう適切に対応するであろう。つまりそれは、神概念の意味論はいかなる個々の宗教的経験にも還元されえず、反対にその解釈に役立っているという事態である(8)。その元来の起源的座(Sitz)は、宗教意識の神話性のうちに探し求められるであろう。

啓示の諸体験において問題になっているのは神性に関する最初の知識の受領であるという推測に反対しているのは、やはり諸々の経験的状況である。たしかに多くの民族は、その諸々の宗教的直観において諸々の啓示に関する諸表象を展開してきた。しかしその諸々の内容において問題になっているのは、一般に、直接に神性を対象とする諸々の伝達ではない。むしろ前面に現れているのは、通常、人間には隠されている世俗内的諸事態の開示である。そのさい特に問題になっているのは、彼自身の将来に関わる諸々の事態である(9)。神性は啓示の体験の内容というよりも、日常生活のなかで隠されているものに関する諸々の情報の源泉である。しかしそれは決してこのような唯一の源泉ではない。それゆえイスラエルでは、死者の諸々の霊と預言による相談を禁止する必要があった（レビ一九・三一、二〇・

六、申一八・一〇以下）。重い刑罰の威嚇と結びついたこのような禁令は、隠されたもの一般への関心に対してではなく、イスラエルの神と異なる他の諸決定機関のもとでそれに関する解明が求められることに対してだけ向けられていた。しかし、くじによる託宣、夢、預言者たちを通して「主に尋ねること」は完全に許されているとみなされていた（Ⅰサム二八・六）。異様なのは、将来について尋ね求める正しい三つの方法のなかに、くじおよび夢と並んで、預言者の言葉も、明らかに託宣の機能をもつものとして挙げられていることである。将来について尋ね求めるこの三つの方法の正当性は、疑いもなく、それらにおいてイスラエルの神は依然として将来のものに対する唯一の主であると認識されていることに基礎づけられていた。すなわち、諸々の夢の内容も、祭司たちを通して行われたくじによる適切な決定も、その原因はイスラエルの神御自身にあるとされ、そして預言者たちの回答は神御自身の言葉とみなされた（ヨブ三三・一四以下を参照）。

くじによる託宣、夢、預言による託宣と共に、われわれは卜占の世界のうちにいる。それは、他の諸宗教においても、鳥の飛翔の観察、腸卜、前兆の解釈形式――決闘、火あるいは水による神明裁判のような前兆の解釈の形式――をも包含している。旧約聖書においては、卜占の技術（いわゆる帰納的卜占）のこれらすべての形式のなかで、くじによる託宣だけが認められている。他方、夢の経験と預言的霊感（したがって「自然的」ないし「直観的」卜占）は、どうやらあまり不信をもたれていないようである(10)。しかしいずれにせよイスラエルの場合にも、啓示の諸々の表象の諸起源は卜占の世界にあるように思われる。

キリスト教においては、将来のことを尋ねようとする人間の占いの行為に対する判決は、古代イスラエルのケースにおけるよりもさらに拒絶的なものになった。くじによる託宣も、必要がなければ、行われるべきでなかった。なぜならそれは、ともすれば、神を試みることを恐れない傲慢の表現のようにみえるからである(11)。それは、将来の隠されていることに、したがって神御自身が自ら留保している領域に、侵入しようとすることである。すなわちあらゆる卜占的技術に対する拒絶的な姿勢は、キリスト教においては、神に向けられる「しるしの要求」を拒絶したイエスの態度と内的に関連しているであろう。神は御自身で奇跡を引き起こし、しかも人間を通してもそうするにもかかわらず、原始キリスト教では、このような諸々のしるしを神から要求することはすでに僭越であると考えられた（マルコ五・七を参照）。しるしを要求することは、すでに神を「試みること」のようにみなされている。それは神の自由という高次な領域への侵入のようにみなされている。旧約聖書の律法にとって、いかなるしるしの要求もすでに神を試みることの禁止（申六・一六、出一七・七）に該当するわけではなかった。しかしイエスは、彼に対してなされた、彼の派遣の正当性のための神に対するしるしの要求を退けた（マタ一二・三八以下、一六・一―四 平行記事）(12)。

しるしの要求の問題性とイエスによるその拒絶は、啓示というテーマにとって啓発的である。なぜなら「しるし」の複合体――それが前兆としてであれ、あるいは確認としてであれ――は、託宣の他の形式と同様に、さもなければ隠されているものの認識と関連しているからである。したがってそれは「諸啓示」の媒体とみなされるにちがいない。そして啓示のその他の諸体験を考慮に入れつつ、通常、それらは神御自身を内容としていない、と言うことができた。旧約聖書では、神に由来するしるしはまさに神の自己伝達の形式となる。ヤハウェは、イスラエル人たちが彼を「知る（erkennen）」（出一〇・二）ように、したがってモーセとアロンの背後に立つ彼の力に気づくように、エジプトにおいて「しるし」を引き起こした。

出エジプトの出来事は「しるしと奇跡」（申七・一九。四・三四、六・二二、二六・八を参照）(13)を伴っていた。神の裁きの行為――それは、イスラエルが神の戒めの道からそれていく場合に、イスラエルを威嚇する――も、その後に続くすべての世代に対する警告のための「しるしおよび奇跡」として予告された（申二八・四六）。災いを告げ知らせるイザヤは、すでに自分自身と彼の弟子たちをイスラエルの民のための「しるしおよび奇跡」として、神の前兆と目印として理解した（イザ八・一八）。同様にエゼキエルも、彼の妻の死をめぐる苦しみのなかで、民へのしるしとなった（エゼ二四・二四、二七）。イエスも、形式的には同じく、彼自身の出現を神によって民に与えられたしるしと呼んだ（ルカ一一・三〇）。この場合、もちろん問題になっているのは神の国の接近、しかもたしかにその臨在である。

しるしによって自分自身を正当化するようにとの要求を拒絶したにもかかわらず、イエスは、神の諸々の意図とその歴史計画の表明の媒体としてのしるしを単純に拒否していない。あなたは来たるべき方なのかという洗礼者ヨハネの問い合わせに対し、彼は、到来しつつある救いのときに期待された、彼の出現に伴う諸々のしるしを指摘し、格言風の言い回しをもって答えた（マタ一一・四以下、ルカ七・二二以下）(14)。双方のケースにおいて問題になっているのは、神によって与えられるしるしであり、人間によって行われた、あるいは神に強要して手に入れたしるしではない。この区別により、なぜイエスは、他方で神へのしるしの要求を拒絶しているにもかかわらず、ここでしるしの機能を肯定しているのかが明らかになる。

もしも啓示の現象のための宗教現象学的土壌が卜占の環境のうちにあるとすれば、いずれにせよ差し当たり帰納的あるいは人為的卜占ではなく、直観的卜占のことを考えるべきである。すなわち、夢、預言者的直観、神が自ら引き起こす「しるし」がそれである。諸々の霊感と「しるし」は神認識にとって重要である。しかしながらたとえば神についての知識は、それによって初めて根拠づけられるわけではない。「啓示」のこれらの種々の形式は、むしろすでに神についてのある知識を前提としている。他の宗教的に形成された諸文化の場合と同様に、イスラエルにおいてもそのことが起こっていた。したがって、諸々の夢と霊感の起源は、すでに人々が知っている神々に求められる。神は、まず第一にこのような「啓示」の創始者とみなされることにより、それらと結びつけられる。

もしも神は啓示の創始者であるとの意識が、同時に「啓示」の内容と結びついているとすれば、啓示の意識はすでに省察の契機を含んでいる(15)――しかも、啓示の内容が、たとえば夢のなかで起こるように（創二八・一二以下）、神御自身によって伝えられるのではないとすれば、の話である。伝達の事実とその内容は、神御自身が体験の内容と対象でないとしても、神のイニシアティヴの表現として、また神の意志の表明として受けとめられる。啓示の出会いの諸体験に関するこのような仕方で省察された理解は、特に《預言の言葉の受領》、つまり隠されているものの開示――特にまだ将来的であるものの開示――の聖書の基本形式を、神の意志の表現として特徴づけている。

古代イスラエルにおいて言葉の受領の出来事は、神の霊によって捉えられること、あるいは神の「手」によって捉えられることとして記述されている（エズ三・一二以下、八・一以下では、両者が結びついている）。そのさい問題になっているのは、トランスの状態のようである。民一二・六―八では、それは夢と同等のものとみなされており（申一三・二も参照）、他方エレミヤは、それと夢を区別している（エレ二三・二五）。しかしその際おそらく体験の形式というよりも内容のことが、つまり重要な神の「言葉」のことが考えられている。このことは、主として神の民に対する神の差し迫った行為と、またそれと並んで個々人と他の諸民族の将来と関連している。言葉の受領を理解するために、言語形式があまりに強調されるようなことがあってはならない。すなわちヘブライ語の《dabar》は、言葉とそれによって指示される事柄を意味し(16)、言葉の受領の際に問題になるのはこの内容である。預言者に開示され、そして預言者によって伝達される《dabar》は、預言者がその結果のなかでその諸々の働きを目でみる、将来の神の行為それ自体である。若干のケースにおいては、どのようにして日常的な諸々の印象が、預言者によってその深い幻において変換され、そして神の民に対する神の行為として期待されるべき出来事というテーマと関連づけられたのかを、なお明白に認識することができる。

預言者アモスは、塀の「下げ振り」をみて、突然イスラエルに対する神の行為を幻視した。すなわち、神は民を吟味し、その欠陥を暴露する（アモ七・八）。他のケースでは、言葉の二重の意味、つまりそのきっかけと深い幻の間の言葉の二重の意味が伝達されている。預言者アモスにとって、彼の見たひとつの収穫かごは、到来しつつある裁きを指し示している（アモ八・一以下）。またアーモンドの枝をみて、エレミヤは次のようなメッセージを伝えている。ヤハウェは「わたしの言葉を成し遂げようと見張っている」（エレ一・一一以下）と。「煮えたぎる鍋」をみたとき、再び彼を襲ったのは、到来しつつある不幸のイメージである。それは、北からこの民に突然バビロンが侵入してくるという幻であった（エレ一・一三以下）。

通例、預言の言葉は、神が、その見られた内容の創始者とみなされるかぎりにおいて、神御自身に間接的にのみ関係づけられる(17)。そのためにまたもや神に関する別の知識がすでに前提とされている。しかしまさに預言の諸伝承は、すべての比較的後の言葉の受領と異なる預言者たちの諸々の基本的神経験――それらは預言者と神との親しさを基礎づけている――についても報告していないのだろうか？　預言者たちのこれらの召命体験は、それらにおいて神御自身が自分は誰であるのかを明らかにするかぎりにおいて、より狭い意味で啓示の体験と呼ばれないのだろうか？

事実、預言者の言葉の受領は、預言者が特別な仕方で民に対する神の諸々の意図を知っており、そしてその証言のために召されていることを前提としている。預言者は、ヤハウェの言葉を告知することができるようになるために、ヤハウェの主催する会議の場に立たねばならなかった（エレ二三・一八、二二）。それゆえイムラの子ミカヤは、偽預言者たちの甘言に対するヤハウェ御自身の主催する会議の決定を報告することにより、彼らの仮面を剥ぐことができた（I列王二二・一九以下）。イザヤも、エルサレム神殿における礼拝の間に忘我の状態に陥り、ヤハウェの主催する会議のなかで、派遣の委託を受けた（イザ六章、特に六・八以下）。同様にエゼキエルも神御自身の玉座から召しを受け、そしてその委託を引き受けている（エゼ一―三章）。このような根源的経験に基づいて初めて、この預言者にとって、彼の身に起こった別種の諸々の出来事は深い洞察のきっかけとなる。それらは、このような諸々の機会のなかにヤハウェによって決定された将来の出来事を、つまり彼の言葉をはっきりと見出す。預言者のこの恍惚状態は、その方法のいくつかの点で、古代ギリシャの詩人たち及び吟遊詩人たちが、自分たちはミューズに捉えられ、そして霊感を与えられたことを知っていたことと比較することができる。しかし預言者の霊感は、この詩人の霊感と次の点で異なっている。つまりそれは、ヤハウェが、このような恍惚のなかで伝えられた事柄の創始者であり、また依頼者であることを知っていた。

イスラエルの諸伝承は、モーセという人物と神のこのような親密な関係と、彼に対する助言を最も高く評価している。すなわちヤハウェはモーセとだけ直接向き合い「口から口へと」語っている。モーセについてだけこう語られている。つまり神は、預言者たちには幻のなかで自分が誰であるのかを明らかにし、諸々の夢を通して彼らに語るのに対し（民一二・六）、モーセは、神の姿、神の顔をみる（民一二・八）、と。しかしながらモーセでさえ、まず神とのこのような近さへと召されなければならなかった（出三・四以下）。後の預言者たちの召命についての記事は、エレミヤの場合と同様に、一連のステレオタイプな諸々の特徴の点で、モーセの召命に関する物語と合致する（エレ一・四以下。ギデオンの召命（士六・一五以下）も参照）。申命記は、預言者たちの出現のなかにモーセの預言者としての派遣の継続をみている（申一八・一五）。ヤハウェの主催する会議へと強制連行する記事は、民一二・六以下の記事が容認するよりも、預言者たちと神とのはるかに広範な親密さを認識させる。それにもかかわらず、モーセほど神と親密な関係にある預言者はいなかったとされている。預言の歴史のなかで、その距離の感覚は広がっていった。イザヤはまだヤハウェ御自身をみて、その玉座からの諸々の助言の言葉を聞き取っているが、エゼキエルは神から発せられる栄光をみるだけであり(18)、黙示文学の見者たちに対してはもはや神御自身ではなく、神の天使が語るにすぎない。モーセと比較できるだけでなく、彼をはるかに超える神との近さ、つまり父との子の近さをあえて要求しているのは、イエスが初めてである。

預言者の諸々の召命体験は、その受領者たちにとって疑いもなく極めて重要なものであった。しかしそれらはまったく新しい神認識を基礎づけることはなかった。召しだす神が、召命の受領者たちにとって、そもそもあらかじめだ知らない方であったという具合にはなっていない(19)。このような諸経験の解釈は、むしろ神についての、伝承に基づく知識によって初めて可能になる(20)——たとえ反対に、このような諸経験が、伝承された神理解を修正することがあるとしても。

しかも同様のことは、族長たちに与えられた諸々の神顕現にも当てはまるように思われる。父祖たちの伝承において、イサクとヤコブに与えられた神顕現はすべてアブラハムに遡ると記されている。出現する神性は、「あなたの父アブラハムの神」（創二六・二四）あるいは「あなたの父アブラハムとイサクの神」（創二八・一三以下。三二・一三を参照）と同一化されている。伝承は、アブラハム自身にとって根本的に異なる事態を想定するきっかけを決して与えていない。なぜなら創一二・一は、神は自明のごとくアブラハムに語っていると伝えており、それは、あたかもアブラハムにとってこの神は決して見知らぬ存在ではなかったかのごとく報告しているからである。モーセに対しても、彼に現れた神性は自らを、「あなたの父の神、アブラハムの神、イサクの神、ヤコブの神」（出三・六）と同一視している。したがってやぶのなかでの神の顕現も、それ自体で存続する孤立した啓示体験として、つまりこの孤立した出来事にのみ基づいて明らかになる神の本質告知として捉えられておらず、父祖の諸伝承に遡ることを通して同一視される必要があった。これが、顕現する神性の「自己表象」の意味である。すなわちその際まさに問題になっているのは基本的自己告知ではなく、その出会った者にとって伝承に基づいて知られている他の出来事を引き合いにだしつつ、同一化することである(21)。

独自な仕方でこれと対照的なのは、モーセ伝承が、明らかにモーセと神の、父祖たちの神理解を越えた親密さを主張しようとしていることである。これは、それによるとヤハウェの名前が初めてモーセに伝えられたとする祭司文書において特に明らかになる（出六・三）――ただし、モーセの召命の比較的古い物語の最初の人物像は、この名前がすでに父祖たちにおいて知られていることを前提にしていた。さらにその後の、物語（E）の、出エジプト記三章の今日のテキストをまだ規定している人物像においては、たしかにモーセは、彼の父祖たちの神として彼に自己紹介した（出三・一三）神の名前についての問いを、また神の本質に関するいっそうの説明についての問いを必要としている。父祖たちの前でのヤハウェの「出現（Erscheinen）」は、それゆえ決して神認識の最高の形式ではないように思われる。神の名前の伝達による神の自己表明は明らかに顕現（Theophanie）を越えていく。しかし出三・一四の伝達は、名前についての問いのうちにみられる押しつけがましさに対する抵抗も感じさせる。この抵抗は、その名前を知っている者にとって、あるひとや事柄は意のままに処理しうるようになることに関する古代オリエントの諸表象と関連しているのかもしれない。いずれにせよ出三・一四（「わたしはある。わたしはあるという者だ」）の神の名前の説明は、その歴史的行為のなかで明らかになり、そしてすべての人の影響を拒絶する神の自己同一性を指し示している(22)。たしかにまったく意図的な仕方で、このようにして神の名前についての問いは、モーセが受け取り、そしてその遂行のために神――この神はすでに彼の父祖たちの神であった（三・一五）――の助けが約束される（三・一二）委託と再び結びつけられている。したがって神認識に対する要求は、神の名前の伝達を越えて、将来において経験する、歴史のなかにおける神の行為を参照するように指示されている。すなわち神の名の伝達は、最終的で凌駕しえない自己啓示という意味をまだもっていない。

出エジプトの出来事とヤハウェの神性の認識（申四・三九。七・九を参照）を目的の視点から関連づけるパースペクティヴの起源は、諸々のより古い預言の「証明の言葉（Erweisworte）」（Ⅰ列王二〇・一三、三八以下。Ⅰ列王一八・三七、三九を参照。）――それは、ヤハウェの神性の認識を、その名前において預言された出来事の実現と結びつけている――に遡るのかもしれない。この結合――これにより、預言者の預言のゆえに神の行為として同一化されうる出来事は、神の自己証明の媒体となる――は、以前の預言を新しく構成した結果であり、また二次的に、エジプトにおけるモーセの奇跡の遂行に関する出エジプト記の伝承のなかに侵入してきたのかもしれない（出七・一七、八・六、一八、九・一四、一〇・二）。あるいは、事情はその反対なのかもしれない。いずれにせよ申命記の出来事の経過によると、祭司文書は、その出エジプト伝承の記述のなかで、出来事がヤハウェの力の証明とそこから生ずる神認識を目指していることを受け入れており（出一四・四、一八。六・七、七・五を参照）、他方で、後の預言の証明定式は、民の現実的かつ将来的歴史経験と関係づけられていた。ヤハウェの古い救済の約束の確固たる継続に対する信仰と結びついていた古典的な災いの預言が崩壊した後で、捕囚期の預言は、それによって告げられた新しい出来事のためにその証明定式(23)を用いた、しかもそれは神の民に対する神のなお完成されるべき裁きの行為（エゼ五・一三、六・七、一〇、その他、一二・一五以下。エレ一六・二一も参照。）と、その後に期待される新しい行為（イザ四一・二〇、四五・

三、六、四九・二三、しかしエゼ一六・六二、二〇・四二、四四、三四・三〇、三七・一三）のために用いられた。

将来に約束された神認識の本質は、まず、彼の名前において預言された諸々の出来事に反映されているヤハウェの力と神性の認識にある。それらは神の名前において予告されていたがゆえに、神の行為と、したがってその力の表現として捉えられた。神の意向は、同時にそれらにおいて、神の選ばれた民であるイスラエルに対する神の裁きの行為と、神の新たな配慮のうちに表現されている。この両者に基づいてイスラエルだけでなく諸国民も、イスラエルの神を真の神と認めなければならない。すなわち、神の諸々の裁きにおいて――なぜならそれらに基づいて、神の法と正義の番人としての神の力と神性が認識されるからである。しかしまたイスラエルに対する救いの行為において――なぜならそれを通して、ヤハウェの「名前」は諸国民の世界においてイスラエルの契約の神として称賛されるからである（エゼ三六・二三以下。イザ四八・九以下を参照）。

「啓示」(24)に関する旧約聖書の発言の多層性を思い起こすなかで、いずれの場合にもそのさい受領者の側において、神についてのある知識（Wissen）がすでに前提とされていることが確認される(25)。この前提とされた知識（Kenntnis）はしかし「啓示」の経験（Widerfahrnis 見舞われること）によって修正される。このような経験の特性を考慮して、《第一に》諸々の夢と預言的トランス状態のような直観的卜占の体験が区別される――それは、神御自身を見たり聞いたりすることを内容としていないが、神の諸々の霊感として理解される。《第二に》、族長たちの神との諸々の出会いの場合のように、あるいは預言者の諸々の召命経験のなかで、同時に神をみるということが起こる諸々の体験がある。《第三に》モーセに対する神の名前の伝達が挙げられる。「諸啓示」のこれら三つの形式は、内容的に区別される。ところが啓示の受領の体験の諸形式は、直観的卜占の同じ体験の型に属するように思われる。そしてこれに対応する諸経験は他の諸宗教にもみられる。《第四に》このことは、伝承がシナイ山における民の滞在と結びつけている神の意志の啓示の核心にも当てはまるであろう。預言の証明の言葉の類型にみられる「啓示」の《第五の》形式の場合には、事情が異なっている。すなわち諸々の証明の言葉はたしかに同じように預言の霊感の形式をとっているが、それらにおいて啓示の機能は伝達の形式ではなく、歴史の預言された諸々の出来事と結びつけられている。もしもこれとの諸々の類比を捜そうとするならば、それらは諸々のしるしとそれらの解釈の世界のうちに最も容易に見出されるであろう。その際、神が自ら引き起こす「諸々のしるしおよび奇跡」と、神の行為として預言される歴史の諸々の出来事は、再び区別されるであろう。両者の場合「しるしおよび奇跡」において問題になっているのは、人工的あるいは帰納的［占］のいかなる関与もなしに、ただ神御自身によって引き起こされる歴史的な諸々の出来事である。それらはもちろんイスラエルの宗教的伝承との関連でのみ、神の行為として同定される(26)。若干のケースにおいて、そのための根拠は、イスラエルの神の名においてなされる、当該の諸々の出来事の預言者による予告によって与えられている。しかしそれらの出来事のためにこのような予告が前提とされていないところでさえ、それらはイスラエルの信仰伝承との関連のなかで、歴史において行為する神――この伝承の対象である神――の行為として理解される。

「啓示」のこれらの五つの諸形式のうち、第二番目、第三番目、そして第五番目は、神を創始者としてのみならず内容として捉えている。族長たちに与えられた諸々の神顕現（Gotteserscheinungen）の際に、情報の内容、つまりその都度の伝達の新しさは、顕現それ自体によってというよりも、それと結びついた諸々の約束によって、すなわち土地、祝福、数多くの子孫という約束によって与えられている。ここで神関係のなかに新しい要素をもたらしているのはこれらの伝達である。伝承それ自体の理解によると、神関係の新しい段階は、モーセにおける神の名前の啓示において初めて基礎づけられる。他方でまさに神の名前の啓示は、神のただ暫定的な自己表明として特徴づけられる。なぜならその名前は、神の将来の歴史的行為を通して初めてその内容を獲得するからである。もしも自己啓示の概念と、自己自身の究極的で凌駕しえない開示（Eröffnung）が結びつけられるならば、われわれはこう判断せざるをえない。つまり、出エジプト記三章が報告する神の名前の伝達は、この正確な意味での自己啓示ではない――族長たちの諸々の神顕現において疑いもなくすでに問題となり、そして神の名前の啓示においていっそう問題になっているのは、より普遍的な意味での神の諸々の自己表明であるにもかかわらず。しかも夢やトランスという脱自的状態において受け取られる諸々の霊感、つまり創始者としての神に起因する諸々の霊感は、それらが間接的にそれらの創始者に関して何事かを認識させるかぎりにおいて、自己表明の要素を含んでいる。しかしながらそのさい問題になっているのは、自己自身を開示することを目指す伝達という意味での《自己啓示》ではなく、決定的な自己開示（Selbsterschließung）という意味での《自己啓示》でもない。捕囚期の預言者たちによって神の将来の救済行為の目的と呼ばれた神認識の場合に最も問題になるのは、この《自己啓示》である。

イスラエルの民のその後に続く諸世代はたしかに捕囚からの帰還を経験したが、それ以前のすべてのものを光で覆う救済の時、つまり預言者の約束した救済の時は経験しなかった。その代りに、世界帝国の交代する諸々の支配形式を経験するなかで、次々と続く世界帝国が終わるときに現れる神の国の究極的実現という終末論的期待が形成されていった。そしてこれと結びついて生じたのは、次のような期待である。つまりそれは、この地上の生を越えて、個々人において神の正義が、正しい者たちのよみがえりを通して、また悪事を働く者が、死後に向かっていく裁きを通して実現されるという期待である。黙示文学の見者に対し幻において「露にされる（enthüllt）」（エノ一・二。八〇・一、一〇九・一九を参照。）のは、このアイオーンの終わりに初めて世界全体の前で明らかになること、すなわち「地上で起こるべき、天の隠されたすべての事物」（エノ五二・二。五二・五も参照。）である。

神のもとに隠されており、すでに神のもとに現臨する、世界の究極的将来という黙示文学的視点は、預言者の言葉——選ばれた民に関する神の決定の光に照らしてみると、すぐ目前に迫っている世界的な事柄を対象としている預言者の言葉——と区別される。しかし言葉——神の力と神性の自己証明である将来の出来事をあらかじめ指し示す言葉——における予告（Ankündigung）の形式は、黙示文学にも当てはまる。すなわち「なぜなら、この世において起こるすべてのことは、その始めと周知の終わり《cosummatio in manifestation》を言葉のうちにもっており、諸々の最高の時代も同様だからである。つまりその始めは言葉と兆候のなかにあり、しかしその終わりは諸々の行為と諸々の奇跡のなかに《in actione et in miraculo》ある」（Ⅳエズ九・五）。

黙示文学の諸テキストにおいて、「啓示」は二重の形式で語られている。つまり一方において、見者（Seher）に与えられる幻を通して終末論的将来（と、それに至る道）が「露にされること」を視野に入れつつ、語られている。この側面は、直観的卜占の諸々の啓示体験に、特に預言者の言葉の受領に対応している。しかし他方において、見られたことが将来起こること（Eintreffen）も、つまり今はまだ神のもとで隠されているものが終末時に現れ出ること（In-Erscheinung-Treten）も「啓示」と呼ばれている。これと関連して、預言者の証明の言葉のなかで表現されている期待と類比的に、神認識も生じてくる。すなわち今はまだ神のもとで隠されているものが、神御自身の「栄光」が現れ出ることと結びつけられている（シリア・バル二一・二三以下。イザ六〇・一九以下、Ⅳエズ七・四二を参照）。内容からみると、ここでも、将来の出来事を通しての神の自己啓示の思想が基本になっている。もちろんこの思想は、黙示文学の諸テキストにおいて明白に主題となっているわけではない。おそらくこれは次のことと関連している。つまり、イスラエルの古典的預言の場合のように、歴史の諸々の出来事と終末の出来事も、その都度神の新しい行為として捉えられず、永遠なる神のもとに固定された計画の実現として理解されたことと関連している。

黙示文学的啓示理解は、新約聖書の啓示に関する諸々の言明の理解のための基準枠となっている。このことは、黙示文学的諸表象が修正されるところでも妥当する。すなわちまさにこの修正において、啓示に関する新約聖書の発言の特殊性が読み取られる。しかしその際まったく別の全体概念が黙示文学の啓示理解に対抗しているのではなく、原始キリスト教の諸言明の特質の輪郭は、黙示文学的諸表象の修正、もちろん結果として神的啓示の新しい全体理解へと通ずる修正となっている。まず第一に、旧約聖書においても新約聖書においても、啓示の統一的術語が欠けていることが確認されなければならない。ここでも術語の多様性(27)に対応しているのは、諸表象の多様性である。しかしこの諸表象の大部分は、多かれ少なかれ明らかに、現在的かつ将来的‐普遍的披瀝（覆いを取り除くこと）という二重性をもつ黙示文学的啓示図式と関連している。このルールには、もちろん諸々の例外もある。そのなかで最も重要なのは、創造の業における神の力と神性の啓示であり、これについてパウロはロマ一・一九において語り、その起源は、ユダヤ教の知恵文学および諸々の詩篇の対応する諸言明に遡る。

マタ一〇・二六／ルカ一二・二の言葉には、明らかに啓示の黙示文学的言明に近いものがみられる。つまり「覆われているもので現されないものはなく、隠されているもので知られずに済むものはない」（エノ五二・五を参照）。マル四・二二（ルカ八・一七を参照）も、別な術語（phaneroun〔ギ〕）を用いて終りの出来事における啓示（Offenbarwerden：「明らかになること」）を指し示している。そこで考えられているのは、神の裁きにおいて誰が敬虔な者であり、誰が悪事を働く者であるのか、ということが明らかになることである（ロマ二・一六、Ⅰコリ三・一三、四・五、Ⅱコリ五・一〇を参照）。ここには、主イエス・キリストが裁きを行うために再臨する際に明らかになる、主イエス・キリストの将来の啓示も属している（Ⅰコリ一・七〔apokalypsis〔ギ〕〕、Ⅱテサ一・七）。別の術語を用いて、キリストの再臨（parousia）、つまりキリストが「顕現し」臨在することについて語られている（Ⅱテサ二・八。Ⅰテモ六・一四、Ⅱテモ四・八を参照）。キリストの再臨は、彼の栄光の啓示と結びつけられている（Ⅰペテ四・一三。テト二・一三を参照）。信仰者たちもこの彼の栄光に預かるであろう（Ⅰペテ五・一。ロマ八・一八以下を参照）。彼らがイエス・キリストに与る彼らの救いの将来の啓示（Ⅰペテ五・一）は、新約聖書において一貫して終末論的意味をもつ「遺産」の概念によっても特徴づけられている（同一・四）。

最後の審判における《将来の》啓示に関する諸言明が――そのキリスト論的関連は別として――、広範に黙示文学的表象様式の枠組のなかで保持されているのに対し、将来露にされるべきものの《現在の》開示に関する諸言明の場合には、この枠組がより強力に修正されている。もちろんここにも、黙示文学の見者にとって、神のもとにおいて隠されているものは終末時に初めて、先取りという仕方で、露にされるという黙示文学的思想に広範に対応する諸言明がみられる。神はパウロに神の子を啓示した（ガラ一・一六）[28]という使徒パウロの言明と、マタ一六・一七によるとペテロの信仰告白に対してなされたイエスの応答も、これらに数えられる。それは、「あなたにこのこと（つまり、将来において初めて普遍的に啓示されるイエスのメシア性）を「露にした」のは、天の父である」という答えである。しかしながら双方のケースにおいて、終末の出来事に関する、黙示文学の見者たちに開示された諸々の伝達と比較すると、特異なのはそのキリスト論的集中である。すなわちこのひとつだけが、つまり将来のメシアと世界の裁き主の同一性だけが、露にすること（覆いを取り除くこと）の内容である(29)。

終末の出来事において普遍的に明らかになることの暫定的（予定より早い）披瀝（覆いをとること）に関する、黙示文学のテキストの諸表象のより徹底的な修正は、イエスのこの世への登場をすでに「啓示」と呼んでいる諸言明のうちに見出される。このような諸言明は特にパウロにみられる。ロマ三・二一によると、キリストの贖罪の死（三・二四以下）において、律法と預言者を通して「証言されている」神の義が、つまり将来に明らかになるべきもの（ロマ一・一七において、福音を通して神の義が明らかになった（apokaluptetai〔ギ〕）と書くこともできる。しかしこれは、福音が、黙示文学的直観のなかで終末の出来事の予定より早い披瀝を通して、使徒に伝えられたことを意味せず、福音は、キリスト使信として、律法と預言者たちによって証言された神の義の「啓示」である出来事を、その内容としている(30)。そのさい、黙示文学的な啓示理解の二つの観点が独特な仕方で組み合わされている。つまりそれらは、終末時に、また現在において見者に与えられる「披瀝（覆いを取り除くこと）」という二つの観点である。すなわち律法と預言者たちの証言は究極的完成を目指している。しかしながらこの意味を解読することは、人間の能力を超えている。それゆえ夢の解釈の場合と同様に、神によって与えられる解釈の賜物が必要とされる（ダニ二・二八）。預言者の諸言明の秘密の意味を認識するためにも、神の霊感によるこの意味の「披瀝・暴露」が必要になる。その霊感は、すでにダニエル書において、バビロンの支配する七十年に関するエレミヤの預言（エレ二五・一一以下、二九・一〇）を解読するために授けられている（ダニ九章）。さらに一般化して言うと、それは、預言者たちの諸々の言葉のうちに神の歴史計画が暗号の形式で伝えられていることを意味する。それゆえ終末の出来事の予定より早い披瀝・暴露は、視覚的形式の他に、預言者たちの諸々の言葉の隠された終末論的意味に関する教えを通しても起こりうる。したがってクムラン諸文書においては、神は、義の教師に、神の僕である預言者たちの言葉のあらゆる秘密を伝えたとされている（1QHab 7, 4-6）。しかしロマ三・二一によると、これらの秘密は、たとえば使徒にのみ個人的に露にされているのではなく、その内容は、ひとつの歴史的事実、つまりイエス・キリストの十字架を通して、すでに実現されている。すなわちそれは神の義である。律法と預言者たちはその義の歴史的実現を歴史的必然性として告知している。パウロによるともちろんこの実現は、彼が直ちに付け加えているように、信仰者たちにとってのみイエス・キリストにおいてすでに始まっている（ロマ三・二二）。なぜなら、イエス・キリストと、彼のうちにすでに起こった終末論的出来事がすべての者に及ぶイエス・キリストの「啓示」は、たしかに裁きのために彼が再臨するときまでまだ起こらないからである（Ｉコリ一・七）。そのかぎりで福音が伝える啓示には独自な要因として暫定性もまだみられ、それは、黙示文学の見者に与えられた終末の出来事の先行する啓示にふさわしいものである。イエスの登場においてすでに現れ始め、しかしまだ将来的なものに留まっている神の国についてのイエスの使信をすでに特徴づけていたのは、究極性と暫定性のこの結合であった。死を克服するよみがえりの命の究極的救いの現実を、すでにイエスにおいて始まり、しかし同時にわれわれにとってまだ到来していないものとして告知するキリスト教の復活の使信を特徴づけているのは、暫定性と究極性のこの同じ結合である。その結合は、パウロ書簡にみられる、救済の現臨の「すでに」とその完成の「いまだ」の間の緊張関係のなかで繰り返されている(31)。パウロによるとまさにこの緊張関係と関連しているのが次の事態である。つまり、イエス・キリストにおける神の義は信仰者にとって近づくことができるものであり、その結果、罪びとたちにも、最後の審判が始まる前に悔い改め、そして救いに与るチャンスが開かれていることである(32)。

使徒パウロによって、すでにＩコリ二・七―九において神の知恵の救済計画のために用いられた黙示文学的概念、つまり「神秘」(33)の概念は、彼の信従のなかで、複雑な言明全体のための啓示の概念と結びつけられた。釈義家たちによって完全にパウロ以後のものと判断されている、ローマの信徒への手紙の頌栄論的な結びの言葉（一六・二五―二七）のなかで、それはこの上なく多様なニュアンスを含んだ仕方で起こっている。そこでは、キリストの説教についてこう語られている。つまりそのなかで、諸々の永遠の時代を通して語られないままであった神の救済計画の「秘密」が、しかし今や——すなわちイエス・キリストを通して——明らかにされている(34)。コロサイの信徒への手紙（一・二六以下）、エフェソの信徒への手紙（三・五、九以下）、牧会書簡（Ⅱテモ一・九以下、テト一・二以下）、ペトロの手紙（一・二〇）にも、類似の諸定式がみられる。イエス・キリストにおいて（しかもⅠペト一・一九によると、またロマ三・二一以下によると、キリストの贖罪の死を通して）明らかにされている神の救済計画の主題は、これらすべての言明によると、またパウロによると（ロマ一一・二五）、すべての者を信仰による救済に取り込むことにある。エフェソの信徒への手紙はこのことを特に強調している。ペトロの手紙一（一・一〇以下）では、ローマの信徒への手紙の結びの定式の場合と同様に、旧約聖書の預言者たち(35)によるこの救いの予告（Vorauskündigung）について語られているが、ロマ一六・二五—二七は、イエス・キリストにおいて起こった救済計画の《啓示》を非常に注目すべき仕方で預言者たちの諸文書と関連づけている。この預言者たちの諸文書によって、この啓示の出来事はすべての民に知られるようになるのである（二六節）。たしかに預言者たちの諸文書による《告知（Kundmachung）》はイエスキリストにおいて起こった《啓示》と区別されるが(36)、イエス・キリストにおいて神の救済計画の啓示が起こったことは、まさに預言者たちの諸文書に基づく預言の証明によって初めて認識される。たしかに啓示の焦点は、ケリュグマが証言している（ロマ一六・二五）イエス・キリストであるが、彼の運命は、その秘密の意味が今や「露にされている」預言者たちの諸々の予告（Ankündigungen）との関連でのみ、神の救済計画の啓示である。このように原始キリスト教は、キリスト使信のための聖書による証拠として、また同時にキリスト論的諸言明と称号の源泉として旧約聖書を用いた——そしてその定式は簡潔であるが、もちろん非常に複雑なものとなった。

イエスはその人格において神の啓示であるということは、新約聖書ではこの「啓示図式」との関連においてのみこのように明確に語られた(37)。さらにⅠテモ三・一六の讃歌も挙げておかなければならない。すなわち神の救済計画(38)は「肉において現れた」、と記されている。後の時代になると、おそらくもはや理解できない言明は、テキストの伝承過程においてただちに先在のキリストあるいは神とさえ関連づけられた。しかし神は「御自身を」御子イエス・キリストにおいて「啓示した」という明確な定式は、アンティオキアのイグナティオスにおいて初めて現れ（Magn 8, 2）、ここでもなおその背景には、ロマ一六・二五―二七の「啓示図式」がある。それは、このイエス・キリストは「沈黙から生じた」神の「言葉」であると語っているその付言から明らかになる。イグナティオスの場合、この関連でもちろん預言者たちの諸々の預言の引用が欠けていただけでなく、神の救済計画の代わりに今や「言葉」が登場していた。

新約聖書にも、たとえ啓示という明確な術語がなくても、内容的にはもちろんそれに相当する諸言明がみられる。たとえば、ヨハネ福音書のプロローグ（一・一四）に出てくる神のロゴスの受肉についての言明やヘブライ人への手紙の冒頭の句がそれであり、後者は、預言者たちを通して過去に語られた神についての多様な発言と、御子を通して「われわれに」語られた彼の終末論発言を対比している（ヘブ一・一以下）。このような諸言明は、それ自体、キリスト使信の独立した要約とみなすことができる。特にロゴスの受肉に関するヨハネの思想はこの意味で理解され、圧倒的な影響を及ぼした歴史をもっていた。しかしヘブ一・一以下とヨハ一・一四は、神の啓示の行為に関する新約聖書と聖書全体の証言との関連においても読まれなければならない。それらは、――これはイグナティオスのMagn 8, 2にも当てはまることであるが――約束と預言として読まれた旧約聖書の諸文書の光に照らして展開された、原始キリスト教のキリスト論の発展の結果を要約した諸定式であることが明らかになる。同様のことは、キリストの贖罪の死における神の義の啓示（ロマ三・二一）に関するパウロの諸言明と、ロマ一六・二五以下の「救済の図式」およびその他の同じような諸言明にも当てはまる。

聖書の諸々の啓示表象の歴史を振り返るならば、預言者の証明の言葉と、特に第二イザヤにおけるその適用がこの歴史の転換点であるように思われる。そこでは、決定的「啓示」は将来へと移行されている（すでにイザ四〇・五において）。黙示文学的啓示概念は、より古い言語用法において優勢であったモチーフつまり啓示の体験のモチーフを、従属的要素として、すなわち将来において初めて普遍的に啓示されうるものの披瀝（覆いを取り除くこと）の先取りという意味で受け入れることができた。このようにして啓示体験は、その真理が、神の真理の自己証明が起こる将来に依拠する何か暫定的なものになる。しかしこれにより次のことが妨げられるわけではない。つまり反対に、黙示文学の見者が、預言者と同様にすでに自分が、将来において啓示されうる真理の光のうちにいることに気づくことが、妨げられるわけではない。彼らは、現在において究極的真理がすでに彼らに開示されているという意識のうちに生きていた。彼の告知と彼の業において、到来しつつある神の国それ自体がすでに現実に始まっていることを要求したのは、もちろんイエスが初めてであった。キリスト教の復活の使信はその内容をこの要求の確認として理解し、そしてそれゆえにイエスと彼の運命を神のすでに公布された終末の啓示として、また現在、救いに与ることの源泉として告知することができた。しかし同時にそれは、イエス・キリストの再臨のときまで神の啓示がまだ完結していない状態にあることを知っており、まさにこの緊張関係を、終末論的救いに、現在、近づくための条件として捉えた。

黙示文学の啓示思想と、原始キリスト教のその改造および更なる展開は、少なくとも暗黙の裡に神の現実の未解決性を考慮に入れ、しかも同時に今、その神性の終末論的真理を要求する。これは、互いに異なりそして対立する宗教的な諸々の真理要求が衝突するなかで、神の現実に関する問いに対しこの事態が妥当性を有することを意味する。今日の議論にとって、ここには、まさにその真理能力をうかがわせる兆候がある。すなわち、それらは、宗教的な諸々の真理要求の未解決性を自らの真理理解に取り込むことにより、それらがわれわれの経験にとって明らかであるかぎりにおいて、世界の現実において実証される。キリスト教の使信の場合、これはその形式のみならず、その内容にも当てはまる。なぜならまさにイエスの掲げた真理要求は、彼を十字架へと追いやり、使徒の福音は、イエス・キリストにおける神の啓示についての使信として、いつも十字架についての言葉でもあるからである。

3　神学史における啓示概念の機能

教父神学において啓示概念は、キリスト教の教理を記述するための基本的な機能をまだ獲得していなかった――中世ラテンの世界と特に近代神学では、この機能は啓示概念に割り当てられていた。それにもかかわらずこの事態を説明するための諸々の理由と、教父神学においてこの概念が実際に使用されている事実は[39]、まさに啓示概念の近代的問題と機能を判断するうえでも有益である。

使徒教父たちにおいてもなお、黙示文学的言語用法が部分的に継続されている――特に『ヘルマスの牧者』において。特に幻の受領はここでは《アポカリュプシス》と呼ばれ（vis. II, 2 ; II, 4 ; III, 1 その他）、それはこの文書の預言内容の披瀝（覆いを取り除くこと）とも結びついている（II, 2）。その他のところでは、顕現ないし顕現させること（phanerousthai〔ギ〕）という表象が多くみられ、しかも将来の裁きにおいて、現在隠されているものが明らかになることが考慮されているのみならず（1.Cl. 50, 3 : 敬虔な者たちについて）、宇宙の秩序の現在の，あるいはすでに起こった顕現（1.Cl. 60, 1）[40]、また主御自身と肉における主の教会の顕現（Barn 5, 6 und 6, 7 ; II.Cl. 14, 3）も考慮に入れられている。

顕現としての啓示の思想は、それまで隠されていたものが終末時に啓示されることに関する黙示文学的テーマの特に教父学的発展のさらなる展開を表現している。そのさい新約聖書において、イエス・キリストの人格と運命の意味を記述するために、終末時の啓示の表象が用いられていることがその媒介となっている。すなわちこのように先取りされた啓示の独自な逆説は、顕現の思想にとってもはやいかなる難点でもなかった。それゆえ神の御子を通しての神の自己啓示に関するこの言い回しは（Ign Mag 8, 2）、受肉の表象のひとつの解釈手段となることができた。そのきっかけを提供したのは、御子のみが父を啓示することができる（マタ一一・二七）というイエスの言葉と、肉における御子の出現との結合である。エイレナイオスにおいてはこう言われている。御子は、自ら人びとに現れることにより、父を啓示する（adv. haer. IV, 6, 3：マタ一一・二七の解釈として）、と。その少し後で、父は、彼自身が御子を通してすべての者に知られるようになるために、御子を出現させた、と言われている（adv. haer. IV, 6, 5）。ユスティノスによると、すでに先在の御子が父を啓示していた。なぜなら旧約聖書がそれについて報告している神との諸々の出会いにおいて、族長たちに現れたのは彼だったからである。すなわち父御自身は依然として目に見えず、言い表すことができないままである。その結果、その代わりに御子が父を人びとに知られるようにしなければならない。しかも彼はさらになんとかして人びとに見えるようにならなければならない（Dial 127, 3-128, 2）。それは、彼が肉をとって現れたことにより決定的な仕方で起こっている。クレメンスの第二の手紙によると、やはり御子は、われわれを救うために（14, 2）肉のなかに現れた（14, 3）。彼において、唯一のそして目にみえない神は「われわれに、救い主であり、不滅なものの創始者である方を送られた。神は彼を通して真理と天の命をわれわれに啓示した」（20, 5）。なぜならわれわれはキリストを通して「真理の父」（同）を認識したからである（3, 1）。同じ根本思想はアタナシオスにおいてもみられる。すなわちわれわれが目にみえない神の認識に至るために、ロゴスは身体のうちに現れた（c.Gentes 54, MPG 25, 192）。

受肉と関連づけられたこの顕現の諸言明において、イエス・キリストの出現の啓示機能のための根本的関連は、省略されているだけで暗黙のうちに前提されているのだろうか？　それともまったく別の、神性が人間の形態で現れる顕現に関する諸々のヘレニズム的表象と類比的な思想が存在するのだろうか？　引用された諸定式の幾つかに、ヘレニズム的顕現の諸表象の名残があることは明らかである。さらに、ヘレニズムの教養世界においてロゴス思想はよく知られていたことから、次のことが明らかになるであろう。つまり、イエス・キリストにおいてその成就が明らかとなった神の歴史計画に関する原始キリスト教の黙示文学的思想が背後へと退き(41)、もちろん別の関連で神の知恵の「神秘」と結びついている、すなわち神の歴史および救済の計画と結びついているとみなされたロゴスの直接的啓示機能を省察することが優先された。『対話』におけるユスティノスの諸言明の影響は特に啓発的であった。すなわちロゴスが目にみえない父の認識の仲介者として考えられるやいなや、人間に理解してもらうために、父はどのような形態をとらねばならないのかという問いも引き起こされた。こうして啓示思想と受肉の言明は収斂していく。しかしながらこれによって旧約聖書による証明が余分なものになることはなかった。ユスティノスやエイレナイオスのような神学者たちの全著作におけるその重要性は、受肉の啓示の出来事に関する諸言明をそれとの結びつきから切り離すことを防いでいる。もちろん旧約聖書に基づく証明は、エイレナイオスによると特にユダヤ人において必要であった(adv. haer. IV, 23)。そしてこれによって使徒の宣教活動は容易になり、異邦人たちは「聖書の教えなしに神の言葉を受け入れている」(adv. haer. IV, 24, 3)——異邦人たちにとっても旧約聖書は、教会において現実となっていることの諸々の予備的記述を含んでおり、「それによってわれわれ自身の信仰が固くなる」(adv. haer. IV, 32, 2)(42)がゆえに必要であるにもかかわらず。ユスティノスの弁証論においてこの思想はさらに強調して語られた。すなわち彼の場合、キリスト教の教理のための決定的な真理証明は諸々の預言の成就に依拠している(Apol 30-52)。「もしもわれわれが、肉における彼の到来の前に知られていた諸々の証言を手元に見出さないとしたら、そしてまたわれわれが、その証言が確認されていることを知らないとしたら」(54)、イエス・キリストに対する信仰は根拠を失うであろう。

ユスティノスとエイレナイオスにおける旧約聖書の証明の評価の違いは、おそらく、後者にとって使徒の諸文書はすでに独立した権威として固定した形態を有していたことと関連している。しかしオリゲネスも旧約聖書の証明の重要性をユスティノスと同様に高く評価しており、ロマ一六・二五―二七との関連でこれをイエス・キリストにおいて起こった啓示と結びつけた。もちろんその場合、ロマ一六・二五と比較すると、キリスト教神学の歴史において影響の大きかった強調点の移行がみられる。

オリゲネスは、彼以前の古代教会の他の多くの神学者たちと同様に、マタ一一・二七を引用しつつ御子を通しての父の啓示を教えたが、彼は、この啓示が聖霊によって仲介されていることを付け加えている(43)それはおそらく次のことに関連しているであろう。つまり彼は、神の秘密の啓示に関するロマ一六・二五―二七の言明を、ここで名指しされている「預言者の諸文書」と関連づけ、そして聖霊によって満たされ、霊感を与えられたこの諸文書を、御子において起こった啓示の仲介として理解した（De princ. IV, 1, 7）。たしかに彼は、ロマ一六・二六における預言者の諸文書への指示に、啓示の出来事における御子と聖霊の結合というまったく彼の表象の意味において、「イエス・キリストというわれわれの主なる救い主の出現」の指示を付け加えている。しかし彼がそうせざるをえなかったのは、ただ次のような理由があったからである。つまり彼はロマ一六・二六の《phanerōthentos〔ギ〕》という語を預言者の諸文書と関連づけたが、「今や」（イエス・キリストにおいて）起こった神の秘密の「啓示」について語るテキストは、預言者の諸文書を通してのその「告知・暗示」（gnōristhentos〔ギ〕）を際立たせているからである(44)。諸々の預言文書を啓示の出来事に含めることは、霊の働きと聖書の証言の共属性という見解に対応している。それは、オリゲネスが、彼の著作の第四番目の本の第一章において詳述されている聖書の霊感に関する教説の説明のなかで述べたものである。この章の最後にロマ一六・二五—二七が引用されていることは、偶然ではないように思われる。イエス・キリストの出現を預言する聖書は神の霊によって導かれていることを、オリゲネスはⅡテモ三・一六に基づいて推定することができた。しかし彼は、イエス・キリストの到来が初めてこの聖書の神的霊感を証明したことに注目した（IV, 1, 6）。オリゲネスにとってそれは、啓示の出来事における御子と聖霊の共属性の表現であった。そしてそれゆえに彼は反対に次のように結論づけることができた。つまり「彼の到来と彼の教えを告知する諸々の記録も、全力と全権をもって作成されており」（ebd.）、したがって諸々の使徒文書は、古い契約の文書と同様に霊感によるものとみなされなければならない。もしも御子の啓示が聖霊によって仲介され、そしてこの仲介が、神の霊によって吹き込まれた諸文書のうちに反映されているとすれば、いずれにせよ新約聖書の諸々の使徒文書は、旧約正典と同様に霊感によるものとみなすことができる。

したがってオリゲネスにおいて、聖書の諸文書の霊感を啓示として理解する啓示理解がすでに始まっている。しかし他方でオリゲネスは、啓示概念を聖書の霊感に限定することから遠く隔たっていた。中世において初めて、そして特に古プロテスタンティズムにおいて、啓示理解の重心、あるいはいずれにせよ啓示概念の神学的機能の重心は聖書の霊感へと移動した。教父たちの諸言明において、啓示思想はいつもまずキリストと関係づけられたままであり、特にマタ一一・二七の影響が大きかった(45)。このことは、教理の啓示という思想に対する初期のアプローチにも当てはまる(46)。マタ一一・二七は依然として受肉の思想と結びついたままであった。これと並んで、ロマ一・二〇との関連で、創造の業における神の神性の啓示という視点も影響を与え続けた。そして最後に、救済史的（かつては黙示文学的）視点、つまり以前には隠されていたものがその後の時代に、特にキリストの出現以来、「覆いを取り除かれた」という視点も影響を与え続けた(47)。

教父たちにおいて、キリスト教の教理の体系的説明にとって基本となる機能は、まだ啓示概念に割り当てられていなかった。なぜそうなのかをよく考えてみることには価値がある。キリスト教の使信は、すでにこの世にとって異質な教理と共に、ヘレニズム的‐ローマ的文化世界にも入ってきた。それは、実際に、ひとつの啓示の出来事ついての使信として、つまり父について教えるために神の子が肉において顕現したという顕現の使信として描写された。しかしそれはその論証の根拠ではなかった。ヘレニズムの教養にとって、ひとりの神の思想も、また世界を完全に支配する神的ロゴスに関する表象も、すでによく知っているものであった。それゆえキリスト教神学は、この神的ロゴスはナザレのイエスにおいて人間の形態をとったということを直接キリスト論的に論証し、主張することができた。啓示思想も、その中心的キリスト論的本文においてまさにこのことを述べている。まさにこれゆえに啓示の思想は、この箇所で必要な基礎づけを為さずに済ませることができた。たしかにユスティノスは、父の啓示者としてのロゴスの本質に基づいて、ロゴスが人間の姿で現れたことを基礎づけようと試みた。しかし彼は、まず旧約聖書の諸々の預言を用いて、事実そのような状態にあることを「証明」しようとした。エイレナイオスの『使徒たちの使信の説明』（Epideixis）においても、救済史の不十分な記述の後に、旧約聖書の預言に基づくその中心的な諸言明の証明が続いている――たとえキリスト教内部の対決においてさえ、彼において使徒的諸文書の権威はいっそう強くなっているとしても。預言の証明の論証力は、諸文書の霊感に対する、そのために前提されうる信仰ではなく、諸々の預言とイエス・キリストにおけるその成就との一致にのみ依拠している。オリゲネスが語ったように、旧約聖書の預言者の諸文書の霊感に対する信仰は、それ自体、イエスにおけるその諸々の預言の成就を通して初めて根拠づけられた。いずれにせよこのことは、ユダヤ人でない者たちにも当てはまった。他方、ナザレのイエスにおけるこの預言者の諸々の告知の成就は、彼が神の子であるとの信仰と、したがって御子の受肉を通して彼のうちに神が啓示されているとの信仰の根拠となった。そしてそこから再び、使徒的諸文書の神的霊感に対する信仰も生じた。したがって啓示思想は論証の根拠というよりも、むしろ論証の目的であり、聖書の霊感に対する信仰は、その帰結として初めて生じた。

それはヨーロッパ中世において変化した。この時代の国民にとって教会は、長い間、権威の諸基盤の確かさを保証する権威となった。教会は使徒たちの教理とその諸文書の権威を自らのよりどころとした。ラテン中世において支配的になった権威の思想は、すでにアウグスティヌスによって準備されていた(48)。一方で神の啓示に根拠づけられた権威と他方で理性および経験との対立を通して形成された近代の状況において、基本的な神学の機能が、聖書の権威との緊密な結びつきのなかで、啓示概念に割り当てられることはなかった。トマス・アクィナスにおいてはこう言われている。つまり、神の救済の真理は、人間の理性を凌駕するがゆえに、啓示によって伝えられなければならない(49)。このような啓示は預言者たちと使徒たちを襲い、そして聖書のうちに見出される、と(50)。

ラテン中世の神学における啓示概念の機能のこの変化は(51)、啓示と聖書の権威の関係に関する宗教改革の諸見解にとっても依然として決定的なものであった――それと並んで特に、聖書の言語用法に刺激されて、啓示の比較的古い諸表象が見出されたにもかかわらず(52)。メランヒトンと古プロテスタント正統主義の教義学者たちによって定式化された、啓示と聖書の霊感説との結合は(53)、すでに前掲のトマスの引用が教えているように、伝統的なものであって決して新しいものではない（注50を参照）。神学的に激論となったのは、まず拘束的な聖書解釈の権限についての問いと、聖書を、教会の伝承と教会の役職者たちの諸々の権威の要求に対する批判のための尺度として用いることであった。

啓示概念の再度の根本的変化は啓蒙主義の権威批判によって引き起こされた。聖書諸文書の逐語霊感説――それは、聖書の理解は、神の霊を通して預言者たちと使徒たちに与えられた啓示が沈殿したものであることを保証する――の破壊は、近代神学における啓示概念の議論の出発点となった。クリストフ・マテーウス・プファフ以来、この議論は聖書霊感説の表象とその問題から解き放たれ、フィヒテの『あらゆる啓示の批判の試み』（一七九二）以来、独立したテーマとなった。今や、言葉による啓示と行為による啓示が区別された。啓示のテーマに関するゼムラー、レッシング、そしてカントの思想は、霊感による伝達としての啓示という表象の影響圏のなかに留まっていた――彼らはその位置価値を新たに評価したにもかかわらず、つまり（レッシング、しかしカントも）神の摂理に導かれた、人類の教養・文化の歴史に貢献したものとして評価したにもかかわらず。

フィヒテによって引き起こされた議論のなかで特にカール・ルートヴィヒ・ニッチュは、後の時代の指針となった啓示概念の新しい定義を提示した。啓示概念に関する一八〇五年に行われた彼の講義のなかで、彼は「内的かつ私的」啓示と神の「外的かつ公的」啓示を対比した。それは、聖書の著者たちが受け取り、そして正しい霊感と呼ばれたものである(54)。ニッチュの諸々の詳論は、彼はフィヒテを引用していないにもかかわらず、フィヒテによって提案された必然性のテーゼ、つまり感覚界において神を道徳的律法の授与者として表明する啓示の必然性のテーゼと触れ合っている(55)。そのさいニッチュも、フィヒテおよびカントと同様に、啓示の内容を《道徳的宗教》(56)と同一視していた。しかしながらニッチュは、啓示のこの《素材》から、それを知らせる《形式》を区別し、救済者の歴史の「諸事実」をこれに含めた。それと結びついていた奇跡と、彼の到来の準備をする諸々の預言もこれに含まれた(57)。ただしフィヒテは、奇跡と諸々の預言を啓示の内容から排除した。なぜなら彼は、それらが「本当である可能性」はないと考えたからである(58)。ニッチュにとっても、奇跡と諸々の預言の機能の本質は、道徳的律法の授与者としての神を指し示すことにのみあった。この実践的機能を考慮しつつ、彼は、両者に反対してなされる理論的疑念を無視することができると信じた(59)。もちろん歴史的な諸々の事実は直接神を啓示することができず、道徳的意識に対するそれらの諸々の影響を媒介としてのみ、神を啓示することができる(60)。ニッチュは、啓示を、聖書の著者の霊感あるいはこの聖書それ自体と同一視するという古い理解を越えた、啓示概念のこの新しい理解の卓越性を強調した。彼によると、もしもこの聖書が、あるただひとつの箇所で明白に誤ったことを報告しているとすれば、その同一視はすでに崩壊していることになる。ところが聖なる歴史の諸事実を通して公布された外的啓示は、歴史的批判が暴露する聖書の諸々の証言の不完全性のゆえに不要になることがない(61)。しかし内的啓示としての使徒の霊感も、外的啓示との関係を通して初めてその確固たる外的基盤を獲得する。それは、すでにこのなかに存在しなかったもの、あるいはその関係から想定されなかったものを何も含んでいない(62)。

次のような区別と分類は、つまり、外的啓示、歴史の諸々の出来事における神の公的表明・顕現（Manifestation）、そして聖書の証言者の主観性におけるあの諸々の出来事の作用と解釈としての霊感との、区別と分類は、十九世紀および二〇世紀初頭の福音主義神学における啓示概念の広範な議論ための基本となった。一八二六年、アウグスト・デトレフ・クリスティアン・トヴェステンは「表明・顕現」という表現を外的啓示の名称に固定したことにより、後の時代にとって基準になった術語を提供した(63)。その際、今やすでに啓示概念(64)に関する超自然主義的立場からの諸々の寄稿にみられたように、奇跡の概念がよりいっそう強調されるようになった(65)。自然と霊の一体性という根源的根拠に基づいてのみ説明されうる諸々の出来事の出現は、神の現存在を指し示しているとされた。奇跡の思想のこのような強調は、次の事実によって説明される。つまり、もはや啓示概念には、フィヒテやその後継者の場合のように、理性理念の、外的で、感性界に現れる予告と確認の機能、つまり道徳的宗教の機能は割り当てられなかった。特にシュライアマハーの学派において啓示の内容は、理論理性に対しても、実践理性に対しても、自立していると考えられた(66)。それは人格的神という宗教的意識に関係づけられ、そしてこの意識の基盤とみなされた(67)。それゆえ神の啓示は、人間の自己経験および自然界の諸現象において、両者において神性が「人格的に臨在することが示される」(68)ことにより、実証されなければならない。

この点で、歴史の諸々の出来事における、霊感の現象と区別されうる「外的」啓示の論究は、啓示は神を主体としているだけでなく、神を排他的内容および対象としているという思想に出会う。言葉のこの厳密な意味での神の自己啓示の概念は、フィロンとプロティノスにまで遡りうる長い前史をもっている(69)。このモチーフは、教父たちのテキスト、スコラのテキスト、そして宗教改革のテキストにおいて様々な響きを奏でている。その際、そもそも神御自身がその啓示行為の唯一の内容であるという排他的意味をもつことはなかった(70)。内容からみると、ロゴスの顕現(と、ヨハ一章およびヘブ一・一における諸々のその聖書的な出発点)という教父の思想には、自己啓示の思想が含まれている――たとえすでにエレミヤと第二イザヤにおいて、預言の証明の言葉の包括的適用がみられるとしても。しかしそこにおいてその事態は、術語の意味で神の自己啓示とは呼ばれていない。ロマ一六・二五―二七のいわゆる啓示図式においても、それはまだ起こっていない。なぜならここでは神御自身ではなく、神の救済の御旨の「神秘」が啓示の内容と呼ばれているからである。

啓示の主体と内容の厳密な同一性という意味での神の自己啓示の思想を最初に考えたのは、ドイツ観念論の哲学である。シェリングはすでに一八〇〇年に、「いたるところで自らのみを《啓示》しうる」(71)絶対的なものの自己啓示(Sich-Offenbaren Absoluten)について語った。シェリングにおいて(72)、そしてヘーゲルの場合にはもっと明確に、神の自己啓示は、まず第一に自己意識のモデルに従って考えられた神的霊の自己啓示(Sichselberoffenbarsein)である。神は、人間の意識が神の自己啓示に与るかぎりにおいてのみ、人間の意識に啓示される。ヘーゲルによるとキリスト教の概念を絶対的宗教として構成している(73)この思想は、直ちに啓示の唯一性を含んでいる。すなわち神は、神が自己自身にとって明らか(offenbar)であるように、自己自身として明らかであるか、あるいは明らかでなく、いずれにせよこの思想の正確な意味では明らかでない。神の自己啓示の思想とその唯一性の主張のこの結合は、後に――もしかするとマルハイネケの仲介により――カール・バルトによって引き継がれ、神認識の第二の源泉というあらゆる仮定に反対して、主張された(74)。

しかし今やどこにおいて、人間がその受領者となり、神はそのなかで自己自身にだけでなくすべての人間に明らかになるという仕方で、神の自己啓示は起こるのだろうか？　ヘーゲルによると、それは絶対的宗教としてのキリスト教において起こる。初期シェリングは、むしろ歴史の全体経過(75)、あるいはもっと包括的に人間において頂点に達する世界の創造のことを考えていた(76)。したがってシェリングの場合、啓示ないし自己啓示の概念は、神から有限な諸事物の世界が出現する過程全体と関連づけられたが、ヘーゲルの場合にはさらに、人間の神認識におけるこの経過の結果と関連づけられた(77)。しかしながら十九世紀の神学にとって、これら二つの見解は疑わしく思われた。それら二つのうちには、世界のプロセスと神との「汎神論的」同一化が現れているように思われた。したがって福音主義神学はたしかに歴史における神の自己啓示の思想を展開したが、依然として諸々の特定の歴史的出来事へとより強く方向づけられたままであり、それにより歴史の全体経過を神の自己啓示と同一化する代わりに、奇跡の概念を強調するように促された。

十九世紀の変わり目に、自己啓示としての神の啓示の思想が神学と観念論的宗教哲学にとって中心的な意味をもつようになったが、これには説明が必要である。おそらくその説明は、次のような崩壊の二重の事実のなかに探し求めることができる。つまりそれは、神的霊感としての啓示の思想と結びついていた聖書の権威に関する古プロテスタントの教理の崩壊と、啓蒙主義の自然神学の崩壊である。霊感説の歴史的-批判的解体が、神的啓示の直接的表現としての聖書の権威に対する信仰からその基盤を奪い取ったとすれば、啓蒙主義の合理主義的神学に対するカントの批判によって、神の現実という仮定がそもそも疑わしくなった。たしかにカントは、神の現存在に関する確信を実践理性の要請として新たに基礎づけた。そして初期フィヒテは啓示の概念を、感性界における諸々の出来事を通してこの神思想に基礎づけられた道徳的宗教の歴史的導入として新たに定義した。しかし直ちに、神思想の道徳哲学的基礎づけの許容能力は、またもや疑わしくなった。今や神の現実の確認は、形而上学的省察、《あるいは》その根拠としての神を指し示す宗教経験の自立性、《あるいは》最終的にこれらの二つの道の結合に基礎づけられた――この形而上学的省察は、その歴史のプロセスにおける人間の経験の全体を主題とし、神の確実性からの人間の疎外を契機として含み、そして自らにおいて完結する。どっちみち今や神の啓示の思想、つまり神の自己啓示の思想が、神の現実の主張の基盤とならなければならなかった。

さてもしも神の確実性の媒体として宗教経験を引き合いにだすことが、完全に宗教的人間の主観性に戻ってしまうことを意味してはならないとすれば、神学にとって神の自己啓示の思想と、フィヒテによって提起された、諸々の一定の歴史的出来事を通してなされる神の啓示の「外的かつ公的」啓示に関する諸論究との結びつきは、自明のことであったにちがいない。しかしもしもこれが、もはや感性の経験に基づく人間の意識を、道徳的世界秩序の創始者としての神という内容的に実践理性に基礎づけられた神思想へと向けることに役立つのではなく、神の現実一般に関する確信の基礎となることに役立つべきであるとすれば、神を啓示する歴史的出来事を引き合いにだすことは、フィヒテや中期のニッチュの場合よりも、はるかに重い重荷を引き受けることを意味した。ここから、シュライアマハーの学派のなかで啓示概念の議論が継続される際に、フィヒテが拒否した奇跡の概念が新たな現実性を獲得した理由が明らかになる。すなわち、自然の出来事のより厳密な文脈に基づいて説明できない出来事としての奇跡は、高次の、世界に働きかける力、つまり自然の主としての宗教の神を指し示している。

霊感の思想と対立する「外的」啓示に関する、カール・ルートヴィヒ・ニッチュによって展開された思想のさらなる展開は、リヒャルト・ローテによって最も印象的に定式化された。ローテによると、もしも聖書それ自体の証言に従おうとするならば、神の啓示は聖書の霊感として考えることはできず、「それ自体で絶えず関係を生み出す一連の歴史の驚くべき諸事実と歴史の諸制度」として捉えることができる(78)。この一連の「歴史の諸事実」は、人間の神認識の純化による人間の救済を目指している。ここでローテは、神の啓示する働きはその救済の活動との結びつきのなかで考えられるという、シュライアマハーの影響を受けつつ、カール・イマーヌエル・ニッチュによって定式化された命題に従っている(79)。しかしながら救済は「人間における神意識の強化としての純化」(80)と共に「始まる」がゆえに、啓示は、まさにその救済の機能を考慮しても、神の自己啓示でなければならない。すなわち「神は、自らを明示しつつ、御自身を啓示する。そして神と神のみが、神的啓示が啓示する対象である。それは神であってその他何ものでもない」(81)。この啓示は――すでにフィヒテが論証したように――人間は感性的存在であるがゆえに、感性界の「外から」由来しなければならない。そしてもしも人間は変えられるべきものであるとすれば、啓示は「新しい諸事実」と共に始まらなければならない。この諸事実は次のような「状態である」にちがいない。つまり人間の意識は、「純粋に自然の心理的諸法則に従って、それらから神の理念を、しかも正しい理念をたしかに生み出すことができる。……したがってこの諸々の外的出来事は、一方でただ神の理念の力によって説明されるようなものでなければならない。なぜならそれらはこの世（言葉の最も広い意味で理解されたこの世）から《因果論的に》演繹されないからである、つまり一言で言えば、《超自然的なもの》として証明されなければならないからである。他方でそれらは、神の《正しい》像を反映しなければならない」(82)。後者は《一連の》出来事を通してのみ可能になる。この連続のなかで神の行為は、目的を措定し、また目的を実現するものとして認識することができる。なぜならそこからだけわれわれは神の「性格」を推論することができるからである。

したがってローテは、顕現（Manifestation）としての神の啓示の思想を個々の驚くべき出来事ではなく、このような出来事の恒常的な連続の表象、つまり「超自然的歴史」の表象に基礎づけている。しかしながらこの歴史はすべての出来事一般を含んでいるわけではない。それゆえその概念は、歴史の通常の進行から外れた出来事である奇跡の概念に依拠している。ローテによるとまさにそれゆえに、外的出来事につけ加わる解釈、つまりそれなしには例外的出来事が「影響を与えることのない稲光」のままである霊的解釈が必要になる(83)。カール・ルートヴィヒ・ニッチュの場合――彼によると、内的啓示としての霊感は、外的啓示から演繹できないものを何も含んでいない（注62を参照）――と異なり、ローテの場合には、霊的解釈が外的顕現に補足的につけ加わらなければならない。これは、奇跡の変革された評価の結果である。ローテによると、顕現と霊感は救済者の人格において初めて一致するのである(84)。トヴェステン、カール・イマーヌエル・ニッチュ、リヒャルト・ローテによって展開された、超自然的歴史を通しての神の啓示という思想の問題性も、例外的な出来事として構想された顕現が《補足的につけ加わる解釈》に依拠しているという事実のなかにある。この思想は、次の時代に大いに議論され(85)、カトリック神学にも影響を与えた(86)。そのさい通例、正当にも、顕現と霊感の共属性、行為の啓示と言葉の啓示の共属性が強調された。問題は、このような関連が存在することではなく(87)、それがどのように捉えられるのかということにある。カール・ルートヴィヒ・ニッチュの場合のように、もしも霊感が外的啓示の内容を明確にするだけでなく、ローテの場合のように、それに補足的につけ加わるとすれば、啓示の媒体としての外的顕現の強調にもかかわらず、霊的解釈もしくは――ルートヴィヒ・イーメルスと共に(88)――「言葉による啓示」は、諸々の歴史的事実の啓示の性格にとって必然的に決定的なものとなる。このようにして、啓示概念にとって客観的出発点がもつ利点と、この概念それ自体の内的整合性は失われてしまう(89)。

マルティン・ケーラーは、この論争のなかで、改めて神の言葉の概念によって啓示概念の統一性を表現することを決断した。ローテは、この神の言葉の概念は不適切であると判断していた。なぜなら聖書の神の言葉の概念は、啓示概念がもつ明瞭性と明確性を欠いているからである(90)。ケーラーは、神の言葉としてのイエス・キリストというヨハネ的名称を次のようなきっかけとした。つまり、この概念を、霊感の言葉の思想を越えて、啓示の出来事の歴史的諸事実の側面と関連づけるきっかけとした。このように捉えられた神の言葉の概念において、顕現と霊感の相違は止揚される。それは双方の相互関係の「永続的歴史的結果」であり、しかもそれにより「顕現の地位を、顕現それ自体よりも影響力があるものとして主張することが可能になる」(91)。

このようにしてケーラーは、カール・バルトの神の言葉の三重の形態の教説の道備えをした。すなわち、神の言葉は、一方で福音の告知だけでなく、他方で聖書だけでもなく、すでに神の啓示としてのイエス・キリストの人格である(92)。神の言葉のこのように拡大された概念のための前提は、バルトも語っているように、神の言葉は「神の発言（Rede）」であるだけでなく、「神の行為」でもあることである(93)。しかしバルトにおいてそれは、神の発言《として》(94)のみ、神の発言の力の表現としてのみ、神の行為である。その行為の観点は、神の言葉の理解が発言の行為の人格主義的視点に従属する契機となった。

しかしながら神の啓示を神的発言の視点に還元するならば、聖書の啓示証言の複雑な多層性と特に次のような事態は正しく取り扱われないことになる。つまり、旧約聖書の啓示の諸表象のなかで神の決定的自己啓示の思想に一番近いのは、預言者の証明の言葉に対応するような、神の歴史的行為による神の神性の間接的自己証明である。たとえば出エジプト記三章の物語における神の名の伝達は、暫定的性格をもつにすぎない。なぜなら神の名の意味のための物語は、神の将来の歴史的行為を指し示しているからである。イエス・キリストの人格と歴史との繋がりにおける神の啓示に関する新約聖書の諸言明も、ユダヤ教の黙示文学を仲介として、神の歴史的行為を通しての神の神性の啓示という根本思想によって、つまり歴史の終わりにおいて終末論的に初めて完結しうる啓示という根本思想によって徹底的に影響を受けており、そしてそれらはこの基盤に基づいて初めて理解できるように思われる、すなわちイエス・キリストの出現と運命における終末の啓示の先取りとして理解されるように思われる。

それゆえ、一九六一年に、『啓示としての歴史』という表題で、聖書の諸々の証言にみられる多様な術語と内容に関する所見に基づき、また十九世紀の啓示というテーマに関する議論を振り返りつつなされた、啓示概念の新しい理解が試みられた(95)。その際、本章の前段において行われたような、新約聖書の啓示の術語に関する厳密な検討はまだ行われていなかったにもかかわらず、イエスの出現、および十字架にかけられた方の復活に関する原始キリスト教の使信と、預言者の証明の言葉に遡る黙示文学的啓示思想との内容的関連が、中心問題とされ、さらにイエスの使信と原始キリスト教のケリュグマにおけるその改造も強調された。そしておそらく、その時まで、聖書の資料の多層性が、啓示のテーマを考慮に入れつつ、体系的‐神学的概念形成に至るほどまでに包括的に検討されたことはなかった、と言うことができるであろう。しかしながらこの書物は、弁証法神学の陣営にとって、したがってバルト主義のみならずルドルフ・ブルトマンの学派にとっても、ひとつの挑戦となった。なぜならそれは、その神学に対し神の言葉がもつ基本的機能を、したがってあらゆる形式の弁証法神学に共通な基盤を、疑問に付すように思われたからである。それゆえ多くの側面から激しく浴びせられた批判は、おそらく次の誤った二者択一、すなわち神の言葉か、それとも歴史か、という二者択一の周りを巡っていた(96)。今やたしかに実際に異論が唱えられたのは、神の啓示の思想が、聖書の用法では非常に異なる仕方で用いられている神の言葉の概念と無造作に同一視されることに対してであった。しかしこれにより、両者のより正確な関係についての問いが解決されたわけではなかった。人びとは、『歴史としての啓示』の第七命題において提示されたような、神の言葉の、聖書の諸々のテキストにおいて証明しうる諸機能――預言、指示、そして報告――を列挙するだけでは不充分であるとみなすであろう。しかしこの書物の諸命題とまったく無関係に、神の言葉の概念と、聖書の諸々のテキストのなかで出会う啓示の他の諸表象との関係を新たに規定することが必要である。啓示概念の歴史神学的な新しい解釈に対する批判は、この課題を引き受けなかった。なぜなら――いずれにせよプロテスタント内部の議論においては――批判者たちは、あまりに自明なこととして、神の言葉としての啓示の理解に従ったからである(97)。

他方で、『歴史としての啓示』の構想は、啓示に関するフィヒテの文書以来の、啓示概念の近代の問題史との関係において議論されることがほとんどなく、むしろ内容からみて不当にも神学的ヘーゲル主義に分類された。序文における諸定式の幾つかの部分が、このような誤解を助長したのかもしれないが、内容として問題にしたのは、啓示の概念を顕現および霊感として規定したローテの定式におけるアポリアを、神の啓示としての全体史という観念論的命題に遡ることによって解決することであった。しかしその際、歴史の観念論的概念は、イエスの教えと運命の終末論的特徴のなかにみられる、歴史の終わりからその歴史の全体を先取りするという思想によって決定的に修正された(98)。すなわち唯一の神の支配はすべての出来事を包括すると考えられるがゆえに、歴史の経過における世界の出来事はその終わりから初めて全体としてみえてくるのであり、したがって全世界に対する神の王としてのその神性は、イエスにおいて歴史の終末が先取りされた仕方で現在化されているという条件のもとでのみ、イエスにおいて明らかになりうる。聖書の終末論との関係を通しての、つまりその全体性の条件である歴史の終わりとの関係を通しての、普遍史の観念論主義的思想の改造によって、神の歴史的自己証明を奇跡に満ちた諸々の例外的な出来事に限定することを断念することができた。このようにして顕現としての啓示と、補足的に付け加えられるべき霊感の対立を克服することも可能になった――イエスの出現と運命における終末論的現実の開始が、次のことを言外に含んでいるかぎりにおいて。つまり、歴史の終末論的将来と結びついた期待、すなわち全世界に対する神の神性の究極的啓示の期待は、なお先取りという仕方においてではあれ、すでにイエスにおいて成就されている、ということを暗に含んでいるかぎりにおいて。

顕現と霊感の相違によって特徴づけられている問題状況――マルティン・ケーラーが神の言葉の概念に立ち戻る前に存在していた問題状況――のアポリアの、『歴史としての啓示』において提示された解決が、本当に維持できるのかどうか、それは別の問題である。これに関する判断は、二つの判断基準に基づいていなければならない。先ずは、聖書の啓示の異なる諸表象の統合は成功するのかどうかという問いであり、次に、提案された解決が依拠する諸前提の体系的な説得力である。双方のケースにおいて、問題の二者択一的な諸解決との比較が、特に神の言葉としての啓示という理解との比較が行われなければならない。

4　歴史としての啓示と神の言葉としての啓示

ゲルハルト・フォン・ラートとアーネスト・ライトは旧約聖書の諸伝承における歴史神学を強調し、オスカー・クルマンはさらにそれを越えて救済史の神学を展開したが、一九六三年、ジェイムズ・バーはこれらを厳しく批判した。

特にクルマンにおける救済史の神学と啓示のテーマとの結合を強く批判した(99)。バーは、初め、旧約聖書において歴史を通しての神的啓示という思想がひとつの役割を演じていることに異議を唱えていなかった。彼によると、それは旧約聖書のすべての領域において起こっていることではなく、聖書の諸々の証言にはそれと並んで他の、それに劣らず重要な諸々の伝承の流れ（「軸線」）が、特に「特定の機会になされた神と特定の人びととの間の言葉による直接的コミュニケーションの軸線」が存在する(100)。数年後、バーはさらに厳しい形で彼の批判を繰り返した。すなわち、聖書の諸々の物語は「歴史」という概念によって要約されるべきではない。なぜなら旧約聖書には、われわれの「歴史」という言葉に対応する術語が存在しないからであり、また歴史（Geschichte oder Historie）という今日の概念は、旧約聖書の物語のなかの若干のものに当てはまるにすぎないからである。旧約聖書の場合、実際、これらすべての物語は同じレベルにあり、しかしそれは、歴史（Geschichte）の概念よりもむしろ「物語（story）」の概念によって特徴づけられる(101)。

この二つの論拠のうちの最初のものに関して、他の人びとも論じたように、古代イスラエルは「歴史（Geschichte）」を表す術語を全くもっていなかったとする主張は、この形式においては不適切である。たしかにその歴史概念は、主として人間の行為（Handeln）に基づいて方向づけられるヨーロッパ近代の世俗的歴史理解と一致しない。古代イスラエルは、術語としては、歴史を神の諸々の行為（Taten）としてのみ理解した。彼らは「神の諸々の行為」あるいは神の諸々の行為の「全体」について語った。ヨシュ二四・三一によると、選ばれた長老たちは、「ヤハウェがイスラエルに行われた行為をことごとく」知っていた人びとであった。したがって彼らは出エジプト、契約の締結、土地の取得の全歴史を知っていた（士二・七、一〇も参照）。預言者イザヤは、民はヤハウェによって引き起こされた歴史（ma'asä〔へ〕）に注意をはらわなかったとして、彼らを非難した（イザ五・一二）(102)。これに対し詩篇三三・四は、神をほめたたえることを要求している。なぜなら神はその行為（Handeln）において誠実（treu）だからである。すなわち神の全歴史はその誠実さのなかで生起するからである（emunah〔へ〕：確かさ、真実）。これらの箇所において、神の個々の行為を越えて、神の諸々の行為を全体として捉える概念が形成されている。しかもそれはたしかに神的行為一般の抽象的表象としてではなく、そのシリーズあるいは連続を考慮しつつ、まさに神の諸々の行為の「歴史」として捉えられている。

もちろん歴史のこの概念は、人間、社会の諸制度、すべての国家、あるいは人類を、歴史の行動する主体として説明する近代の歴史理解と決して同一ではない。それゆえクラウス・コッホは、古代イスラエルの歴史理解を念頭に置きつつ「メタヒストリー（Metahistorie）」(103)について語った。近代の、世俗的歴史理解に基づく観点から、事態は、事実、そのようにみえるかもしれない。しかしながら「メタヒストリー」という表現によって、あたかも《古代イスラエルにとって》問題であったのは、「本来の」歴史の背後に立っている背後史であったかのごとく理解するように誘惑されてはならない。むしろイスラエルにとって神御自身の諸々の行為（Taten）の歴史は、人間のあらゆる行為（Handeln）を包摂する本来の歴史である。歴史のこの概念に基づいて、たとえば人間のあらゆる行為は排除されるのではなく、むしろそれらは徹底的に取り込まれる。ただし、それらが出来事の統一性と関連を基礎づけることはないのである(104)。

旧約聖書それ自体の歴史概念のなかで要約されているものは、われわれが今日、他の、たとえ世俗的観点からであっても「歴史」と呼ぶものと、その諸々の構成要素の点では同一なのだろうか？　これは、ジェイムズ・バーによって投げかけられた第二の問いであり、それはかなり重要な問いである。事実、今日、歴史批判は、旧約聖書の諸々の物語の多くの構成要素を非歴史的なものと判断している。旧約聖書の諸伝承それ自体が、それらの物語を、われわれにとっても歴史的とみなされる出来事と同じレベルで捉え、そして神の歴史的行為によって同じく包摂された出来事として捉えている。このことから考えて、旧約聖書の歴史的素材の統一性は、歴史の概念によるよりも、「物語（Erzählung）」（story）の概念によって、いっそう正しく特徴づけられるのではないだろうか(105)？　しかし歴史（Geschichte）と区別される「ストーリー」のカテゴリーを選択するならば、物語の現実性に対する関心は少なくとも二次的になるであろう。ところがこれは旧約聖書の――そしてまた新約聖書の――諸伝承の現実主義にまったく対応していない。神学が聖書の諸々の物語の現実主義的な意図にしっかりと固着できるのは、次のようなときだけである。つまり神学が、人びとにふりかかり、そしてその一部が彼らによって伝えられた、現実の諸々の出来事における神のひとつの行為に関する証言を真剣に受け止めるときだけである――そのさい今日でも、あの歴史の現実性における神の行為は、今日の判断にとっても明らかになるような仕方で、問いに付され、聖書のテキストのいくつかの個々の特徴と物語全体の歴史性に関して、批判的な判断をしないわけにはいかなくなるであろう。すなわちもしも神学が、聖書の諸々のテキストによって証言されている一連の出来事のなかに、今日の歴史的判断にとって明らかで、歴史的-批判的諸研究という基盤に基づいて再構成されるような仕方で、歴史における神の行為を探求するならば、神学は、それがあのテキストを、報告されたことの事実性が副次的なこととみなされる資料としてのみ取り扱うときよりも、聖書の諸伝承の精神にいっそう近いところに立っている。聖書の諸報告の根底にある実際の出来事（Hergang：「経過」）の歴史的再構成は、そのかぎりで、その諸報告と対立せず、単純にそれらのところに、あるいはそれらと並んで無関係に現れるのではない。なぜならこれらの諸報告は、たしかにむしろそれ自体、イスラエルと原始キリスト教の歴史のすべての記述の構成要素でなければならなかったからである[106]。聖書の諸伝承を「物語（story）」として取り扱うことにより、歴史的批判の諸問題とその諸報告の事実性についての問いを回避することは魅惑的であろう。しかしそれは、伝承の諸々の真理要求を犠牲にしてのみ起こりうることである。もしも神学が、神の歴史的行為、また事実性の水準を、証拠として引き合いにだすことに固執しなければならないとすれば、それは歴史の概念を放棄してはならない[107]。イエス・キリストにおける神の啓示に関する発言の現実的内容はこのことに依拠しており、したがって聖書の神御自身に対する信仰の冷静さと真剣さも、このことにかかっている。

　しかし一九六六年、ジェイムズ・バーは、啓示の概念をも、一九六三年になされたものよりも鋭い批判に委ねた。聖書の諸々のテキストにおける啓示の術語の登場は、彼にとって今や周辺的なことのように思われた。それゆえ彼は、神についての、あるいは人間に対する神のあらゆる伝達ついての、人間のあらゆる知識の源泉の呼称として、啓示概念を使用するための、聖書的根拠はほとんど存在しないと判断した(108)。この判断は、啓示概念とは神についてのあらゆる人間の知識の出発点を指すという前提に基づいている。啓示のこのような理解を念頭に置きつつ、バーは、聖書にそのようなケースはみられないと主張したが、それは大筋において正しい(109)。聖書の啓示の術語は、それと結びついた諸表象の多種多様性にもかかわらず、通常、すでに啓示の出来事に先行する神についての知識を考慮に入れている。もちろんこの原則には例外がある。つまりそれは、パウロの、すべての人は神の永遠の力と神性に通じている、なぜなら神は彼らにそれを知らせたからである（ロマ一・一九）、との言明である。この言明は、疑いもなく、神から出ていない神認識は存在しないことを意味する。しかしまさにこのパウロの言葉は、伝統的教義学的術語において「特殊」啓示と呼ばれた啓示に属するのではなく、「一般」啓示に属する。ロマ一・一九において指示されている事態は、パウロが他の箇所で、たとえばロマ三・二一、あるいはその前のロマ一・一七以下で直接に（言葉の終末論的意味における）啓示と呼んでいるものと同一ではない。通例、聖書の諸言明において問題になっているのは、神に関する他のところで知られている知識がすでに先行している啓示である。それゆえ、バーの場合のように、この概念をひとつの出来事、つまりすべての神認識の源泉であるひとつの出来事に限定することは、事態を正しく取り扱っていないことを意味する。ところがこの限定が、啓示の概念に対して「コミュニケーション」という概念をバーが優遇するための唯一の実質的根拠となっている(110)。この論拠は確実ではなく、それゆえバーによる啓示概念の拒絶は無用になる。聖書諸文書おいて啓示の諸表象は周辺に現れるにすぎないという彼の主張は、このテーマに対する彼の非常に大雑把な諸見解に基づいてのみ理解できるようになる。本章の第二節において企てられたようなより詳細な研究は、特に聖書諸文書における啓示の諸表象の発展にふさわしい重要性を明らかにする。さらにバーの比較的初期の論文の読者は、彼自身における《言葉によるコミュニケーション》の概念は、元来、神の歴史行為による神の啓示の思想の補足として提示されていたことを容易に認識することができる(111)。彼の後期の諸々の発言における啓示概念の原則的拒絶は、今やバーは、歴史としての啓示という理解を言葉の啓示という古い表象によって単に《補足する》代わりに、《交換する》ことを決断した事実を隠しているにすぎない。バーは啓示概念一般をラディカルに拒否したが、これに同意する者は少なかった。しかし人間との神の「言語的コミュニケーション」の思想に対する彼のこだわりは、そのさい問題になっているのは、あたかも、考慮されるべき唯一の啓示観念であるかのごとく、言葉の啓示の表象を論ずるように人びとを勇気づけたことは疑いがない。同僚のモーリス・ワイルズと異なり、オックスフォードの宗教哲学者バズル・ミッチェルはこの見解の明確な弁護者となった(112)。ミッチェルはもちろん聖書の啓示の諸表象の複雑な多様性とその重要性の問題を取り扱っておらず、単にこう主張しているだけである。つまり、聖書の証人たちは「無視できない一致をもって」それらの諸々の洞察の源泉として「聖霊による導き」を引き合いにだしており、そしてこれは、明らかに彼らと神の、言語によるコミュニケーションとして理解される(113)、と。

その後、ウィリアム・J・エイブラハムは、聖書の啓示の他の諸表象を、特に歴史の出来事を通してなされる神の行為に関する諸表象を、人間との神の会話の意味における言葉の啓示としての、啓示の基本表象に組み込もうとした(114)。そのさい彼は、人間と神との言葉によるコミュニケーションを、受肉を含めた、歴史における神の行為に関するあらゆる主張の不可欠の基盤とみなした(115)。ミッチェルの対応する諸命題に、モーリス・ワイルズはすでに異議を唱え、聖書は、決して、人間が受け取った神的諸伝達について語る宗教史の唯一の本ではないと述べている(116)。したがってこのような諸伝達の真理と、対応する諸表象の実際の成立に関する問いは、いまだ決着がついていない。このことは、まさに、本章の第二節で取り扱われた多種多様な卜占的諸経験に関する諸々の所見に対応している。すなわち諸々の夢、霊感、あるいは託宣の真理（あるいは真の意味）は、人間の正常な世界経験および自己経験との関係に基づいてのみ決定される。このことは、その真理が（そしてその神的起源の主張も）、その諸々の預言が的中することに基づいて判断されるかぎりにおいて、預言者の言葉にも当てはまる。霊感の体験を引き合いにだすことによっても、その内容の真理についてはまだ何も確認されていない。特にエイブラハムも、そのようにして伝えられた情報は、言語音に尽きるものとしてではなく、テレパシーのような体験に従って考えられる――その結果、人間の言語という媒体におけるこのような諸経験の解釈がさらにつけ加わるにちがいない――べきことを認めなければならない(117)。しかしこのような解釈は常に経験の文脈によって仲介されており(118)、また本章の第二節において聖書の例に基づいて説明された通り、神についての他の知識もすでに前提とされている。ただしその場合、これらの諸経験は、そもそも創始者としての聖書の神に由来するとされている。他方、通例、このような諸経験の内容は、神の現存在や本質ではなく、別種の隠されたものである。それにもかかわらず、聖書の神はどのようにしてその神にまちがいないと確認されるのか、またその唯一の神性はどのようにして認識されうるのかという問いは、まだ決して言及されていない。霊感や言葉による啓示の普遍的表象によって、エイブラハムが正当にもキリスト教にとって中心的なものとみなした受肉の思想との広い隔たりに橋を架けることはますます不可能になってくる(119)。われわれは、本章の第二節において論究された中間段階の議論によっても、決してそれを飛び越えることができない。しかしもしも対応する聖書の諸々の実質的内容がその複雑な多様性と共に考慮されるならば、「直接的な神の語り（speaking）」がそのための基本的基盤であると、主張することはもはやなくなるであろう。

　最近、話題となっている言葉の神学の英国の形式と、ドイツ神学の議論において信頼をえている言葉の神学の形態は非常に異なっている。後者における「神の言葉」の理解は、初めからキリスト論的に規定されている。バルトにおける神の言葉の三つの形態は、次のような仕方で提示されている。つまり神の言葉を伝えるという要求は、キリスト教の宣教から聖書へと遡り、そして聖書から、神の啓示された言葉としてのイエス・キリストへと遡るように指示するという仕方で、提示されている。彼のみが、神の啓示として直接的な「神の言葉」であり、聖書と教会の宣教は「導き出された、間接的な神の言葉」にすぎない。したがってそれらは、イエス・キリストを証言するなかで初めて「その都度」神の言葉とならなければならない(120)。

イエスは直接的な神の言葉であり、そのことにおいて神の啓示であるというバルトの命題のために、彼が選んだ聖書の根拠づけは、彼の教義学的アプローチにとってこの命題がもつ根本的な影響力のことを考えるならば、驚くほどわずかである(121)。人びとは、ここでヨハ一・一以下の箇所が挙げられていると期待することであろう。しかしこの言明が欠けていることは(122)、おそらく偶然ではない。なぜならまさにヨハネ福音書のプロローグが、ロゴスそれ自体を、その後の箇所（一・一四以下）で初めてテーマとなる啓示（Offenbarwerden）からたしかに区別しているからである。バルトにおいては、ヨハネのプロローグの代わりに、ヨハ三・三四―三六が引用されている。しかしここでは、神の言葉の《仲保者》としての御子について語られており（マタ一一・二五―二七参照）、御子自身は神の言葉と呼ばれていない。これと並んで、イエス・キリストは《神の語るペルソナ》として神の啓示であるという命題を基礎づける聖句として挙げられたのは、神的神秘の啓示に関する、すでに論評された「啓示図式」の諸言明のみである（ロマ一六・二五、コロ一・二六、エフェ三・九）。しかしこの神秘は、その個所の釈義が示す通り、異邦人たちをも救いに含めようとする神の救済計画である。ところがバルトにおいては、これについて何も語られていない。その代りに、「啓示された言葉」はこの神秘である、と語られている。このように最初に語ったのはイグナティオス（Ign Magn 8,2）であり、彼においても、前述のとおり、おそらくイエス・キリストを通して啓示された神の救済計画の思想が背後に潜んでいる。もしかするとバルトもこの意味で理解していたとみなすべきなのだろうか(123)？　もしもそうだとすれば、もちろん啓示の概念はもはや神の言葉に遡りうる概念ではなく、直接的な神の言葉としてのイエスの呼称は、反対に、彼における神の救済計画の終末論的啓示のための表現として理解され、またそこから解釈されるであろう。

バルト自身は、彼の『教会教義学』を書き進めるなかで、神の「発言（Rede）」としての「神の言葉（Wort）」という表現の表象内容にこだわった。すなわち神の言葉は神の発言であり（§5,2）、そのようなものとして「神の行為」（§5,3）でもある。それは「歴史を作り出す」（KD I/1,148）発言である。バルトは、この神秘の性格を神の言葉の第三の本質契機として強調した（§5, 4）。しかしそのさい彼は、新約聖書の神秘の概念を（KD I/1, 171）、釈義的に正確に、イエス・キリストを通して啓示された救いにすべての者を含む神の歴史計画として説明することはなかった――それはバルトの神学の諸々の意図と決して矛盾しないにもかかわらず。むしろバルトは、この概念に対して、神の発言のこの世的形態を通して語る神の啓示と隠蔽の弁証法に関する諸々の熟考を提示した。それは、ロマ一六・二五、コロ一・二六、エフェ三・九における「啓示」と「神秘」という言葉の結びつきに関連してたしかに連想されるものであるが(124)、その釈義については意見が分かれている。

啓示としての神の言葉と、神の言葉としての啓示に関するカール・バルトの教理のこのような基礎づけの諸問題は、ユンゲルのバルト解釈――それは、神の啓示における神の自己解釈の思想を通して、バルトの三位一体論における彼の啓示概念の展開を説明している――においては、論じられていない(125)。われわれはおそらくこれを要求することができない――聖書的な根拠づけをもたずにユンゲルによって再構成されたバルトの思想は、容易に、（概念の創作と呼ばれた形而上学とは異なる）一種のメタファーの創作とみなされるにもかかわらず。さらに奇妙なのは、神論に関するユンゲルの著作においても、神の言葉としての啓示の理解のための聖書的‐釈義的根拠づけの諸問題は包括的に取り扱われていないことである。ユンゲルは正当にもこう述べている。「そもそも神は、神が自らを《啓示する》神として考えられるときにのみ、神として《考えられる》」と(126)。神認識は、神から出てくる認識としてのみ考えることができる。ユンゲルが述べているようにこれは、事実、「理性的」なことである。しかしこれにより、神の自己啓示としての啓示という近代の思想の根底にあるこの洞察が、啓示および神の言葉についての聖書の発言とどのような関係にあるのかということが、すでに語られているわけではない。もしも通常「神の言葉」は神御自身ではなく、神についての様々な事態を内容としているとの聖書の見解から出発するならば、次のことは自明ではない。つまり、ヨハ一・一のロゴスの概念と、ヘブ一・二の、預言者たちを通して、そして最後に御子を通して神が語ったとする概念は、神が、「自分自身を伝えるために語る」(127)ことを意味しているということは、自明ではない。さらにヘブライ人への手紙の冒頭の文は、たしかに語る神について述べているにもかかわらず、それが何の苦も無くヨハネのプロローグのロゴス概念に当てはまるわけではない。啓示の機能は、ここではまだロゴスそれ自体および世界の創造における その諸々の役割と結びつけられておらず、まず受肉の出来事と結びつけられている（ヨハ一・一四）。しかもそれは、その受肉に基づいてロゴスの栄光をみることが、啓示の術語を示唆するものとして理解されるときにのみ、ここでも明らかになる。その場合にも、まず問題になっているのはロゴスの栄光であって、直接、父の栄光ではなく、父と御子の相互的な栄光化によって仲介されるただ間接的な栄光である（ヨハ一七・一以下を参照）。ヘブライ人への手紙の冒頭の句が語っている御子における神の語りは、いずれにせよ直接無造作に神御自身を《内容》としてはいないであろう。ヘブ二・三以下によると、むしろこの内容はまずイエスの救済の使信のうちに、そして次にそれを証しする神の諸々の力ある行為のうちにある（二・四）。

しかしこのような諸々の確認によって、その言葉において自らを啓示する神に関するこの表現方法は、聖書の諸々の見解にふさわしくないと言っているわけではないが、いずれにせよそれは異なる弁明を必要としている。ヨハ一・一とヘブ一・一以下を指摘することで十分であるとは言えない。聖書の諸伝承のなかには、神の言葉についての表象と並んで啓示の他の諸々の表象も存在するのであり、したがって神の言葉の表象とそれらの関係と取り組むことも絶対に必要である。

ユンゲルは、啓示のカテゴリーを、語る方としての神についての神学的省察に組み込んだ(128)。ところが後になると彼は、反対に、語る方としての神の表象を次のような「《出来事》の結果」として正当化した。つまりそれは、そのなかで神が神として言語的に近づくことができる方となり、そして「聖書が《啓示》と呼ぶ《出来事》である(129)。いずれも誰もが知りたいのは、ここでユンゲルは、極めて多様な諸表象と結びついた聖書の啓示に関する諸言明のなかの、いずれの言明を念頭に置いているのかということである。この引用文の読者が推測しうる非常に画一的な見解は、「聖書が啓示と呼んでいるもの」ということであるかもしれないが、たしかにそうではない。われわれは、本章の第二節において詳述された多様な見解を思い起こす必要がある。おそらくユンゲルは、バルトによっても引用されたロマ一六・二五―二七、コロ一・一六、エフェ三・九を念頭に置いていると想定されるが、もしそうだとすれば、それらにおいて要約されている複雑な事態が、語りを通して自らを伝える神についての表象のための基盤になっていることになる。しかしこれは次のことを意味するであろう。つまり、歴史における神の啓示が、すなわちイエス・キリストの人格と運命において人間の救済を目指す神の歴史的計画（神秘）の啓示が、御子における神の「語り」を通しての、神の自己啓示の表象のための基盤となっているということである。次のことを条件とするならば、わたしはこのことに異議を唱えないであろう。つまり、神の歴史的計画の終末論的啓示の表象が、神の歴史的行為が神の神性の認識を目指しているという預言者の思想によってより厳密に規定されるならば。しかしこれが、ユンゲルの考えていることなのだろうか？

聖書の啓示の諸表象の多層性と、神の言葉の表象とのその関係を、解明を必要とする問題のひとつとして取り扱った現代の数少ない教義学者のひとりが、ゲルハルト・エーベリンクである。聖書の啓示の諸表象の多様性は、もちろん、「啓示の担い手たち」(130)としての異なる諸々の対象との結びつきのなかで非常に要約的に言及されているに過ぎない。エーベリンクは、啓示の「最も近い対象」は「人間とその世界」(131)であることを強調しているが、それは正しい。このことは、本章の第二節における確認に、つまり、通常、問題になっているのは、将来のうちに隠されているものに関する啓示的伝達であるとの確認に対応している。もちろんエーベリンクの場合、それは非常に厳密に論じられているとは言えない。エーベリンクが主張しているように(132)、啓示の内容が救済論的性格をもつということは、エーベリンクがここで特別に考えているキリストの啓示にたしかに当てはまるが、それはまた、啓示の諸体験を通して基礎づけられた旧約聖書の諸々の待望の大部分にも当てはまる。捕囚後のイスラエルが予期し、そしてその待望がイエスの使信の出発点となった神の神性の終末論的啓示は(133)、もちろん裁きの局面をも含んでいる(134)。この終末論的啓示において問題になっているのは、人間と世界だけなく、徹頭徹尾神の神性の啓示、すなわち神の「栄光」である。諸々の預言において告知された出来事がヤハウェの認識を目指していることは、エーベリンクにおいては言及されないままである。神に関する啓示の様々な内容を念頭に置くならば、たしかに「神を啓示の内容と呼ぶことは条件つきでのみ正しい」(135)。しかしエーベリンクは、啓示の受容において告知される出来事が、神の神性の認識、したがって神の《本質》の認識を目標としていることを考慮せずに、啓示の多様な内容が神の《意志》(136)の表現であるかぎりにおいてのみ、自己啓示一般を考慮に入れている。特にエーベリンクは、旧約聖書の啓示のその他の諸表象の間における預言者の証明の言葉の特別な地位についてまったく取り組まなかった。その特殊な地位の本質は、まさに、神の神性の認識のために、告知された出来事がもつ機能が強調されていることにある。エーベリンクは、この事態と、啓示についての新約聖書の発言にとってそれがもつ影響力を取り扱わなかったので、啓示の概念についての彼の論究は、一九六一年の『歴史としての啓示』がそれによって根拠づけられている論証の議論のレベルに達していない。

その代わりにエーベリンクは、啓示概念の「厳密化」に必要なのは神の言葉の概念であると主張している(137)。かつてリヒャルト・ローテはこれと反対の判断を下した、つまり聖書における神の言葉の概念は、その多義性のゆえに啓示の概念によって「置き換えられる」べきであると判断した(138)。このことを思い起こす者は、この判断の逆転のエーベリンクによる理由づけを期待するであろう。ところがエーベリンクによる理由づけを捜しても、無駄である。単にこう述べているだけである。つまり啓示思想に関する諸々の詳述において、神の言葉の概念はすでにその厳密化に役立っているが、「このことは明確に強調されていない」と。そしてここから、神の言葉の概念は「啓示理解の厳密化に役立つ」がゆえに、「教義学的には当然こちらを優先させるべきである」(139)との結論が引きだされている。この結論の前提の根拠は示されないままである。いずれにせよそのさい問題になっているのは、神学の諸々の根本的な争点のひとつについての決定である。エーベリンクは、啓示と神の言葉の概念を相互に対抗させてはならないと要求しており、それは正しい。しかし彼が提案しているように、結果としてまさにそれらが互いに関係づけられるという具合にはなっていない。読者は依然として、なぜエーベリンクは、啓示の概念は神の言葉の概念による厳密化を必要としているると考えるのか、そしてその厳密化の本質はどこにあるのかという問いについての答えを、あれこれと推測するだけである。すでに啓示の「救済論的性格」に関して述べられたことは、神の言葉の概念による「厳密化」のおかげをこうむっているのだろうか？　それとも多数の啓示表象は統一される必要があり、その統一化は「そこにおいて神の顔が輝く、明白で分かりやすく、きわめて単純な言葉」(140)のうちに見出されるのだろうか？　まさに聖書における神の言葉の諸表象は、決して極めて単純ではなく、すでにローテが強調したように（前述参照）、まったく種々様々であることにエーベリンクは言及していない。それはおそらく次のような理由からである。つまりまず彼はケリュグマの言葉――パウロ（Iテサ二・一三）が神の言葉と呼ぶことができ、事実、使徒が他の箇所で（IIコリ一・一九以下）、エーベリンクが主張しているのと同様の一義性をそれに帰したケリュグマの言葉(141)――のことを考えていたからである。しかしエーベリンクには、これについての明白な発言がみられず、これは依然として推測に留まらざるをえない。

エーベリンクは、神の言葉に関する聖書の諸表象の広範なスペクトルに選択的に関わることによってのみ、神の言葉の概念は啓示概念の厳密化に役立つ、と主張することができる。そのさい福音の言葉は慰めの言葉であるという宗教改革者の理解が、指導的視点となっているように思われる。聖書の啓示の諸表象はこの語の理解に適合するのかどうかということがさらに探求されることなく、そしてその結果、初めから型にはまった要約的な記述が提示されているる。したがって神の言葉の概念が啓示の概念を抑圧して、その地位を強奪するとき、その神の言葉の概念は、エーベリンクによって提示された要求とは反対に、啓示の概念に対して漁夫の利を占めているのではないだろうか？　神の言葉の概念が、啓示の諸表象において意図されていることを自らのうちに統合していることが明らかになるとき、あるいは神の言葉の概念が、この統合の機能を果たすことができるような仕方で識別されるときにのみ、このような印象は避けられるであろう。厳密化というエーベリンクによってそれに割り当てられた機能が、還元として理解されるようなことがなければ、おそらくこのことが起こるに違いない。さらに、神の言葉のこのようにして用いられた概念が、この表現の聖書の用法に対応しているのかどうかも明らかになるであろう。

ここに存在する諸問題の広く行き渡っている過小評価は、神の言葉の表象が、キリスト者の意識にとって、諸々の異なる理由に基づき、特にプロテスタンティズムにおいて、高度の信頼性と自明性を獲得していることと関連している。この神学以前の納得は、次の事柄に基づいている。

1　聖書における神の言葉の概念がたしかにもっている偉大な意義（Bedeutung：「重要性」）――たとえ、より厳密な観察によると、これと結びついた諸表象は多様であるとしても、また聖書における「神の言葉」は、直接、神の自己開示ないし自己啓示の意味を決してもっていないとしても、そしてヘブ一・一以下においてもそのような意味をもっていないとしても。

2　その言葉に依拠する信仰の宗教改革的理解、すなわち約束と慰めの言葉（Verheißungszuspruch）として理解された福音の言葉に対する信仰の宗教改革的理解。たしかに宗教改革者たちは、福音の啓示の機能よりも、罪の赦しの慰めの言葉に関心を抱いていたが、いずれにせよルターは福音を、もしくはその対象であるキリストを、《隠された神》と区別される《啓示された神》（WA 18, 685）に関連づけた。

3　聖書を「神の言葉」とみなし、尊重すること。これは古プロテスタントの霊感説の根底にあるものであるが、この霊感説は今日の言葉の神学において徹底的に修正され、改変されている。

4　人格的コミュニケーションの具象性。近代の人格主義的思惟はこれを、その言葉を通して御自身を伝える、語る神の表象と結びつけている(142)。

神の言葉としての神の自己啓示という理解にとって最強の《論拠》は、反対に、エーバハルト・ユンゲルによって正当にも繰り返し強調された事態、すなわち神が自から御自身について気づかせる（つまり、名乗る）ときにのみ、神認識は可能であるという事態にある。こうしてそれは言葉と語りという仕方で起こることが容易に推測できる。さもなければ、目に見えない霊なる神は、どのようにして人間とコミュニケーションを交わすというのだろうか(143)？

しかし、もしもこのような伝達は神人同形説的に考えられるべきではないとすれば、したがって言語による発表なしに、一種のテレパシーによるコミュニケーションに従って表象されねばならないとすれば、「言葉」という名称はなお適切なのだろうか？　そのうえ、聖書における神の言葉の概念が直接的自己啓示の機能をまったくもたないとすれば、語りつつ御自身を伝える神という表象は、むしろ実際の事態を覆い隠すみせかけの具体性を生みだすであろう。神の言葉としての神的自己啓示の表象を、突然、いわば素朴に主張することに対して、次のような一連の重要な疑念と異論が提起されている。

1　強力に働く神の言葉の表象の神話論的‐魔術的起源、特に宇宙、社会的秩序、あるいは祭儀的諸制度の起源としての神の言葉の表象の神話論的‐魔術的起源(144)。今日一般に、言葉の魔術的理解のための諸条件はもはや存在しないので、今日の言葉の神学は、聖書の相当数のテキストのなかでなお影響を与えている神の言葉の魔術的理解から撤退しなければならない。

2　論証するために神の言葉を引き合いにだすことは、歴史的な重荷を負わせることとである。つまりそれは、歴史的‐批判的聖書研究の発展によって破壊された神学的論証の権威的モデルを思い起こさせるからである。二十世紀の神学原理として神の言葉の教理が再興されている事実は、この二十年間の諸々の議論における権威主義的拘束の諸々の新たな形式へと向かう傾向と結びついており、これはほとんど疑いようのない事実である。しかしながら権威に対するこのような諸々の要求は、近代の諸条件の下では不可避的に信仰の主観主義へと戻っていく。したがってもしも神学において、神の言葉の概念のなかにある、もしくは「神をひとりの語る方として真剣に受けとめる」(145)という要求のなかにある「強い期待と共に《始められる》」べきであるとすれば、そこには何か暴力的なものがあることになる(145)。むしろまさに言葉と、ひとりの語る神についての諸々の表象は、高次の解釈を必要としている。そのようにして伝達されたものの最高の権威に対する、その際おそらく避けがたい要求をもって、それらを《突然》主張することは、教会の発言がすでに根をおろし、合意形成の見られるつながりの外側では、権威的な過度の期待――その主体は、徹頭徹尾、このような言葉を用いる人間である――として理解されるに違いない。他方、近代の諸条件のもとでは、このような諸々の過度の期待は、《それ自体》幸運にも拘束力を失っている。

3　神の言葉に関する聖書の諸表象の多元性――神の行為（Handeln）を告げる預言者の言葉としての神の言葉、人間に行動すること（Handeln）を命ずるトーラーとしての神の言葉、創造者なる神の直接的な言葉としての神の言葉、キリスト教の宣教の使信の呼称としての神の言葉、そして最後に、イエスの人格のうちに現れたロゴスとしての神の言葉、という聖書の諸表象の多元性――は、神の言葉についての神学的発言によって飛び越えられてはならない。

4　同様に、神の言葉の神学のいずれの更新も、神の言葉に関する聖書の異なる諸表象は神御自身を直接内容としていないという事実と取り組まなければならない。神の言葉に関する聖書の諸表象は、その内容と神御自身との関連の間接性を、聖書のなかで出会う啓示の他の諸表象と共有している。すなわち、神の言葉の著者はたしかに神であるが、ヨハ一・一――ただしそこでは、ロゴスは、受肉と初めて結びつけられる啓示の機能をすでに直接もっているわけではない――を除いて、その内容は、直接、神と同一ではない。通例、聖書の神の言葉が直接神御自身を内容としていないということは、神の自己啓示の思想のために聖書における神の言葉の諸表象を要求する際に、よく考えておかなければならないことである。もしもそれが為されるならば、神の自己啓示は神の行為によって仲介されるものとして考えられるべきである。なぜならそれは、今や創造の行為であれ、預言者の言葉において告知された神の歴史的行為であれ、原始キリスト教のケリュグマが遡って引き合いにだすナザレのイエスにおける神の行為であれ、徹頭徹尾、神の言葉に関する聖書の諸表象の内容だからである。ここで例外となっているのは、人間の行為を目指す律法の言葉だけである。しかし人間の行為は再び、特に律法の要求に対するその不適切性により、神の行為のあっという間に広がる関連のなかに取り込まれたままである。

まさに聖書において伝承されている啓示の種々の異なる諸体験は、預言者の言葉の受領、しかしまたシナイにおける律法の啓示も含めて、神御自身を直接内容としていないという事実、つまり、一見、神の自己啓示という啓示理解にとって妨げとなる事実は、今や、啓示の出来事の統一的な理解を可能にする。この理解は、聖書の啓示の諸体験の多様性に、それらにふさわしい活動の余地を与える。すなわちそれらはすべて、神がその神性において自らが誰であるのかを明らかにすることに貢献する――それらはすべて、神の行為の歴史における、次のような要因であるかぎりにおいて、つまり預言者の証明の言葉にしたがって、イスラエルだけでなく諸々の民がヤハウェの神性の認識に到達することを目指す要因であるかぎりにおいて。神の自己啓示の間接性に関するこの命題は(146)、したがって聖書がそれらについて証言している種々の異なる啓示体験を統合する体系的機能をもっている。もしも神が、諸々の異なる形式で、異なる受領者たちおよび諸々の出来事と共に、まさに特定の伝達法を通して御自身を直接明らかにするという意味で、直接的な自己啓示が報告されているとすれば、これらの諸々の主張が互いに競合状態に陥ることは避けられないであろう。つまり、神御自身は、他の伝達法とは異なるひとつの特殊な伝達法のなかで自らを明らかにするか、あるいはその逆であろう。これと反対に、諸々の神的表明はたしかに徹底的に神からの直接的伝達という形式をとるが、ただ間接的にのみ（それらがすなわち神を創始者としているかぎりにおいて）神御自身について、その本質とその神性について、何かを認識させるとすれば、啓示の諸々の種々の出来事は、神の自己啓示の、それらすべてを包括する出来事の諸々の構成要素として理解することができる――それらのひとつひとつは、この出来事のために特別な仕方で貢献する。これにより、特に、旧約聖書の啓示証言と新約聖書の啓示証言の競合も避けられる。

もちろん、これが事実であることを《アプリオリ》に確認することはできない。ゲルハルト・エーベリンクも確認しているように、啓示の受領の直接的内容は、神御自身ではなく人間とその世界に関わりをもっているという聖書の諸々のテキストそれ自体における発見は、神の自己啓示は間接的であると考えるきっかけを提供している。しかしこれは、本当に例外なく当てはまることなのだろうか？　旧約聖書は、神の固有な本質がそれと分離できない諸々の神顕現と神の名前の伝達(147)について報告していないのだろうか？　父祖たちの前に神が現れたことに関する諸報告が、その出現において神の本質が知らされるという要求と結びついていないとすれば、モーセに対する神の名の伝達は、事実、この事態に近づいていく。しかしまさに出エジプト記三章の物語は、神の行為的臨在の、将来において起こる諸経験をあらかじめ指し示すことにより、神の本質の総括概念としての名前について問うあつかましさを回避している(148)。これに対応しているのは、出三三・二〇以下の、神の栄光をみたいというモーセの強い願いに対する答え、つまり神の栄光が彼のかたわらを通り過ぎた後で、彼はそれを後からみることになるという答えである。神の啓示の間接性を通してのみ、神性の啓示における神の卓越性の秘密は守られるのである。

神の認識は、後ろを振り返ることによって初めて生ずるという事実は、つまり神の認識は、神の栄光がモーセのかたわらを通り過ぎた後で初めて彼がそれをみたときのように、歴史における神の行為を振り返ることによって初めて生ずるという事実は、啓示の間接性と緊密に関連している。イスラエルの基本的神認識は、ある個別的な神の行為に基づいているのではなく、出エジプトの出来事を越えて約束の地を手に入れるまでの、父祖たちに対する諸々の約束に関する一連の神の告知に基づいている。したがってそれによって伝達される神の認識は、その神性を啓示する一連の出来事の終わりにおいて初めて可能になる(149)。これにより、父祖たちへの諸々の約束の場合に生じているように、すでにこのような一連の出来事の初期の段階で、卜占的啓示体験の意味で、この将来を先取りした諸々の開示が存在しうるということが、排除されるわけではない。しかし約束する神の神性は、約束されたものの力強い開始を通して初めて証明される――たとえ反対に、約束は、諸々の約束の成就において、約束する神の行為が認識されうるための条件であるとしても(150)。

このような啓示の出来事の旧訳聖書のパラダイムは、出エジプトの出来事である、より正確に言うならば、父祖たちの歴史からパレスチナの占有までの連続する出来事全体である。申命記が言うように、すべてのことは、「ヤハウェのみが神であり、他に神はいない」（申四・三五）ということを民が知るようになるために生じている。古代イスラエルにとってそれは、ヤハウェがそれを通して御自身をその神として表明した基本的な啓示の出来事である。ヤハウェにのみ神崇拝が捧げられるべきであるという要求（出二〇・二以下）は、この歴史に基づいていた。とりわけ土地の所有は、たしかに民の持続的生活基盤であった。パレスチナにおける定住と共に終結したイスラエルの起源史は、彼らの生活秩序に対するその機能の点で、「近隣の諸宗教における基礎となる原初」(151)に相当する。したがってそれは、古代の高次の諸文化の、宇宙的秩序の表象に基礎づけられた社会秩序に対する神話の、世界を根拠づける機能に相応している。

古代イスラエルにおける救済史の、神話と比較しうる機能を考慮に入れるときに初めて、われわれは、諸々の救済史的思惟様式を世界政治における諸々の変革――後期ユダ王国と、特にペルシャ帝国の興隆と共に起こったバビロン捕囚時代の諸々の変革――に適用した預言者たちの十全な視野の範囲も推定することができる。イスラエルの歴史のみならず、世界の諸々の民が今やヤハウェの歴史的行為の対象となった。エゼキエルによると（三六・三六）、このまだ完結していない歴史の終わりに、諸民族もヤハウェの神性を認識するようになるであろう。「したがって歴史は、もちろんその終わりにおいて初めて神の歴史として証明される」(152)。これに対応しているのが、捕囚期の預言者エゼキエルと第二イザヤによって期待されていた歴史の完成において、イスラエルの神が、イスラエルによって崇拝されるべき唯一の神としてのみならず、そもそも唯一の神として実証されることである。イスラエルの基礎づけの歴史（創設史）は、ヤハウェをこの民の神として明らかにすることができたが、すべての民の唯一の神として明らかにすることはまだできなかった。第二イザヤが期待した世界史の来たるべき完成は、イスラエルの神の唯一の神性を実証するであろう(153)。捕囚期の諸々の預言において、イスラエルの出エジプトと土地の取得と結びついたヤハウェの過去の諸々の救いの行為から、新しい究極の救済史の将来へと向かう方向転換だけでなく(154)、それとの結びつきのなかで、神理解の普遍化、つまり一神教への突破も生じた。終末論への、しかも世界史の終末論的将来への預言者による方向転換は、単なる一神崇拝（Monolatrie）と区別されるユダヤ教の一神教のための条件である。それは、キリスト教の一神教の、したがってキリスト教の宣教の、そしてユダヤ人と異邦人からなる人類の教会の発生の前提でもある。

人間のすべての支配秩序を解体し、そしてすべての人間の不義に対する裁きと、また同時に現在の被造物の変革および死者の復活と結びついた神の国の到来による世界史の来たるべき完成は、「すべての肉なる者」(155)の前で神の神性、つまり神の神的栄光を究極的に明らかにするであろう。他方、直観的卜占術（予言術）の諸形式における、特に預言者による言葉の受容における、そして黙示文学的見者における、まだ将来に隠されている最後の出来事を先取りする「諸々の啓示」が存在する。すなわち、この世のすべてのものはその初めを言葉のうちにもち、その完成を、啓示される現象のうちに見出す（《initium in verbo et consummatio in manifestatione》）のであり、神の将来の世界も同様である（Ⅳエズ九・五以下）。神の国は近づいたと宣言するイエスの告知は、その先取りの形式を、終末時の出来事のこのような先駆的披瀝（覆いを取り除くこと）と共有している。しかしイエスの出現と業において問題になっているのは、将来の先駆的披瀝だけでなく、ユダヤ教の将来待望の核心的構成要素である神の国の到来が、すでにそれ自体現在を規定する力となっていることである。この事態のより正確な論究はキリスト論の課題であろう。しかしすでにここにおいて多くのことが語られている。すなわち、イエスの出現において神の将来があらかじめ明らかにされているだけでなく、それはすでに、それが将来であることを止めることなく出来事となっている。そのなかで神の将来はすでに始まっている。キリスト教の復活の使信は独自な仕方でイエスの告知のこの構造に対応している。つまりこの復活の使信は、復活の生命に与る救いの将来を、すでにイエスにおいて到来し、そして彼においてわれわれのためにもすでに開始されているものとして告知している。

この特別な意味で、イエスの人格と歴史において、来たるべき神の国においてすべての人の目の前で明らかになる神の神性の、先取りされた啓示が問題とされている(156)。そこにおいて、イエス・キリストにおける神の救済計画の啓示「のみ」が話題になっているかぎりにおいて、この言明は新約聖書の「啓示図式」(157)を越えていく。しかしそのさい問題になっているのは、その終末論的実現を通して明らかになる、人類の救済を目指す神の歴史行為一般の計画である。すなわち、神の歴史計画が目指すこの終末論的完成はすでにイエス・キリストと共に始まっており、そのかぎりにおいて神の神性の終末論的啓示でもある。それは、ユダヤ教の希望が、終末の出来事との関連でその究極的出現を待ち望む神の栄光の啓示である。そのかぎりで、アンティオキアのイグナティオス（Magn 8, 2）は、正当にも新約聖書の啓示図式を、イエス・キリストにおける神の終末論的自己啓示の明白な言明へと向けてさらに展開した。それは、内容的にヨハネの受肉の言明のうちにもあるものであり、そのさらなる展開は、教父たちのこれと結びついた顕現の諸言明のうちにみられた。

終末論的将来待望の現実主義（Realismus）は、原始キリスト教の啓示理解の基本である(158)。それは、すでに神の支配の到来に関するイエスの告知の前提でもあり、使徒のキリスト使信の関連枠であった。近代の世界理解の枠組のなかで問われたのは、この原始キリスト教の終末待望はなお「受け継がれる」のかどうか、それは、なお真実なこととして確認されうるのかどうか、それとも時代に制約され、そして歴史の進行によって追い越された見解として放棄されねばならないのかどうかということである(159)。これに対するひとつの答えは、キリスト教の啓示理解の教義学的展開および証明との関連で与えられなければならず、あるいはいずれにせよ探求されなければならない。それは特に終末論の問題になるであろう。しかしこれらの問いに答えるための諸基盤は、すでに神の創造としての世界の教理において獲得されなければならないであろう。問題になっているのは、キリスト教の神理解の現在における実証という中心的テーマのひとつであるが、次のことに対する疑念はありえない。つまりキリスト教の独自性、その啓示理解と神理解の独自性、そしてそのキリスト論の独自性は、世界全体の将来に関係づけられた終末論から、たとえそれが個々においてどのように解釈されようとも、分離しえないことである。ヨハネス・ヴァイスの釈義上の諸々の発見以来、そしてブルトマンの、原始キリスト教の脱時間化の試みが新約聖書の諸々のテキストにとって不適切であることが証明された後で、このことに対して提起されるもっともらしい疑念は、もはや不可能であろう。

またその他、諸々の点において、たとえばキリスト教の復活の使信の評価を顧慮して、キリスト教の啓示理解と結びついた真理への問いは、その内容の教義学的説明の過程で初めて取り扱われる。それに対して啓示認識の形式についての問いは、なお啓示概念それ自体に属しており、ここでもう一度、啓示と神の言葉の関係に立ち帰ることにする。『歴史としての啓示』の命題のなかで最も激しく論じられたテーマに属していたのは、疑いもなく、神によって引き起こされた歴史の諸事実に基づく神の啓示は、「見る目をもつすべての者にとって開かれて」おり、何ら付加的霊的解釈を必要としないとの主張である(160)。この命題は、リヒャルト・ローテによって定式化された理解に反対している――それによると、歴史の諸事実を通しての神の顕現は補足的霊的解釈を必要としており、これによりまず第一に、歴史の諸事実を神的行為の表現として、したがってまた神の神性の証明として理解することが可能になる。この見解――神の顕現に外側から付加されうる顕現の解釈という要求を通して、神を啓示する機能を再び獲得するこの見解――のアポリアは、『歴史としての啓示』においては、イエス・キリストにおいてすでにあらかじめ出来事となっているその終わりから歴史の全体を省察することを通して、回避された。将来の終末論的救済の出来事において初めて、比較的後の預言の場合にも、たしかにあの自明な確実性（Evidenz）――この出来事を通して神の神性が「すべての肉なる者の前に」明らかにされるあの明証性――が要求される。もしもこの終末の出来事がイエス・キリストの人格と運命のうちすでにあらかじめ現臨していたとすれば、キリストの出来事にもすでにあの終末論的明証性が備わっていたにちがいない。Ⅱコリ四・二における使徒パウロの詳論はこのことを確認しているように思われる(161)。ここで話題となっている使徒の告知の言葉は、それ自体で、無言で冴えない出来事に補足的につけ加わるのではなく、また救済の出来事にその輝きを初めて与えるのではなく、キリスト御自身の栄光から出てくる輝きを広げ、それゆえ神の、生命を創りだす霊――使徒のケリュグマの内容となっている十字架にかけられた方の復活の出来事が、それによって満たされる神の、生命を創りだす霊――をも仲介する（vermitteln：「伝える」「仲介する」）。この理解の包括的基礎づけは、聖霊論において行われる。その要点は、使徒的使信の言葉の内容が聖霊に満たされ、それゆえその言葉が聖霊をも分かち与えうる（mitteilen：「伝える」「分かち与える」）ことにある。

特別な付加的霊感がなくても終末論的啓示を認識することができる可能性についての命題は、イエス・キリストの人格と運命における救済の出来事に対する信仰にとって言葉がもつ機能、使徒的ケリュグマがもつ機能に反対しているわけではなく、言葉と霊の共属性に反対しているわけでもない。むしろそれは、霊がこの言葉に属していること、しかもその内容のゆえにそうであることを前提としている(162)。それは、次のような諸見解に反対しているだけである。つまりそれらは、あたかも使徒的ケリュグマの内容がすでにそれ自体霊に満たされていないかの如く、言葉の内容に対し霊を補足し、そして外側から付加している。顕現としての神の終末論的啓示は、解釈原理として外部から付加される霊感を必要としない。なぜなら復活した方自身の現実は、彼を神の諸々の約束の成就として認識させる霊を発しているからである。もちろんイエス・キリストの人格と運命における神の終末論的啓示は、差し当たり先取り的に現臨するだけであり、それは、キリスト教的実存の「まだ、ない」と共に、啓示認識の破れをも含んでいる。つまりそこでは絶えず議論の余地があり、信仰者も再三再四疑いに悩まされる状況にある。『歴史としての啓示』の第三命題はこの観点を十分に考慮しなかった(163)。すなわち、イエスの歴史に関する諸資料の事実性と重要性をめぐり論争が展開されるなかで、信仰を基礎づける認識にとって使徒的告知の言葉のもつ機能が、第六および第七命題に関する詳論によって認識されるものよりもいっそう強烈な個性（Profil）を獲得している。

啓示の出来事の関連における神を通して権威づけられた言葉の機能は、『歴史としての啓示』においては三重の機能として、つまり「預言（Vorhersage）、予知（Weissagung）、報告」として記述されている(164)。この命題は、あたかもそのさい問題になっているのは初めから統一的な事態であるかのごとく、「神の言葉」の概念を明確に区別していない、当時支配的であった用法に反対して、神の言葉に関する聖書の諸々の表象における最も重要な諸区別を、それらが啓示のテーマと関連しているかぎりにおいて、考慮しようとしている。したがって直接に効力を発揮する創造的神の言葉に関する表象と、すでにそれ自体としてではなく、受肉の出来事を通して初めて啓示の機能をもつようになるヨハネのロゴスの概念は除外されている。

預言者の言葉（Dabar）は、預言された出来事とのその関連を通して本質的に特徴づけられており、神の言葉としてのその性質の点でその実現に依拠しているという命題は(165)、相当数の批判にもかかわらず、論駁されていない。父祖たちに与えられた諸々の約束の真理もその成就において初めて決定されるのであり、それから独立していない。アブラハムが約束を信じたとき、彼は、約束と共にその成就を保証した神を信じた（創一五・六）がゆえに、そうしたのである。キリスト教会にとって旧約聖書の預言全体がもつ権威も、イエス・キリストにおけるその成就に基づいて正当に基礎づけられる(166)。キリスト教は、まさにそれ自体、信仰者にとって再び約束となる、成就された約束の宗教である。

生活の指南、戒め、あるいは律法としての神の言葉という表象は、『歴史としての啓示』の諸命題との関連ではほとんど議論されなかった。ところが特に、新約聖書の神の言葉の、つまり福音の、「報告（Bericht）」としての特徴づけは、言葉の神学の擁護者たちにとって、特にそのブルトマン的な特徴の点で不適切であると思われたにちがいない(167)。事実、新約聖書の福音のこの特徴づけは、そこにおいて使徒的福音の根拠と内容が広範に度外視されうる決断の呼びかけとしてのケリュグマという理解に向けられている(168)。ところが報告の概念は、報告者により報告された事柄に対する報告者の主体的参与を排除せず、報告された内容それ自体から生ずる強制力――報告しつつ手渡すようにとの強制力、またそれが受領者の関心を要求しうることを期待するようにとの強制力――も排除しない。もちろんこれらの諸契機は、『歴史としての啓示』の第七命題との関連で、特に詳しく述べられているわけではない。その命題の関心は、聖書の神の言葉の理解にとって言葉の内容がもつ優位性に完全に集中している。

しかし言葉の形式において伝達するようにとの、使徒的告知の内容から生ずる強制力は、より正確にはどのように理解されるのだろうか？　そして言語的形態をもつ使徒的使信は、この内容によってどのように特徴づけられるのだろうか？　二つの問いに対する答えは、キリスト論および和解論との関連で初めて個々に可能になる。しかし啓示の内容の伝達にとって、「報告」としての言葉がもつ機能のための原則は、ここですでにより詳細な論究を必要としている。

ゲルハルト・エーベリンクは、「神の言葉」の概念を言語と言葉（Sprache und Wort）の本質から解明しようとする彼の諸々の努力のなかで、この問いの明確化のための重要な出発点を獲得した(169)。エーベリンクによると、言葉は、隠されたもの（50f.）を、特に過去のものと将来のもの（39f.）を臨在させる能力によって特徴づけられる。言葉は、「手許にないものを臨在させる」ことにより、人間を手許にあるものへの拘束から解放する（60）。エーベリンクによると、「神の」言葉は言語のこの「深い次元」を指し示している（58）。

エーベリンクは、ここで、啓示の内容の伝達（Vermittlung）における言語の機能についての問い、つまりイエスの人格と運命における神の臨在の伝達における言語の機能についての問いにとっても重要な、言語の本質に関する諸々の観察を定式化している。『神と言葉』におけるエーベリンクの諸々の詳論を完全に見通すためには、もちろん、エーベリンクがこの関連で特に強調しなかったが、他のところで説明した思想を付け加えておく必要がある(170)。すなわちそれは、神について語ることにおいていつも問題になっているのは、神御自身の存在と同様に世界全体であるという思想である。この事態は、言語における過去のものの臨在化と、将来のものの臨在化の地平となっている。そしてこれにより、世界と同様に人間の現存在全体が依存し、そしてそれらがそこから自らの全体性を受け取る神が、そこで同時に問題になっていることが初めて理解できるようになる。過去のものも将来のものも、次のような仕方で、命名する言葉を通して臨在する。つまり、その言葉が少なくとも暗黙のうちにそれらを、語られた言葉がそれ自体と共にもたらす内包的諸関連を通して、人間の生活およびその世界の全体と関連づけることにより、その命名する言葉を通して臨在する(171)。

命名する言葉――そしてより正確に言うと、真理の主張であることを要求し、したがってすべて真実なものの整合性を含む命題――は、現実の、実際にはまだ完成していない全体を先取りすることに基づき、いつもすでに到来している。そして（行為としてではなく、したがって言語行為としてではなく）出来事としての語られた言葉は、《もしも》世界の全体と人間の現存在全体はそれらの根拠を神のうちに有すると言うことができるとすれば、それゆえいつもすでに何らかの仕方でこの全体の根拠としての神を言外に含んでいる(172)。

言葉が、それが命名する諸事物の重要性を指摘することにより、諸々の事物と出来事を互いに結びつける隠された意味連関は、その言葉を通して明確に表現される。このような明白な表現は、的確であることもありうるが、諸々の事実、出来事、そして事物を互いに結びつける意味連関を捉えそこなうこともありうる。諸々の言葉は諸々の文において機能するのであり、それらは諸々の主張として真実であるか、それとも誤りであるか、そのいずれかである。しかどっちみち、諸々の事物、事実、そして出来事の、同一性と重要性は、出来事と歴史の関連におけるそれらの意味と同様に、言語によってのみ明白に表現される。

手許にあるものを越えて、諸々の言葉の意味が指し示す意味の全体へと手を伸ばすことにより、言語において、隠されているものが臨在化されるという時間的構造は、現実とその経験の時間性のゆえに、将来において初めて完成される、現実の全体の先取りとして理解される。ここから次のことが理解できるようになる。つまり、言葉と言語による伝達は、イエスの出現における神の将来の先取りの本質的要素であったこと、そして彼の人格と彼の運命の啓示の意味も、その明確化の媒体として言葉を必要とすることである。言語の先取りの形式は、使徒の福音の場合、その内容の独自性に相応している。それゆえイエス・キリストの歴史についての「報告」において、この出来事は、過去のことについての各報告の場合のように、発言の形式のゆえに現在のことであるだけでなく、イエス・キリストの歴史についての報告は、聴衆にそれを現在の出来事として提示する。なぜならそれは、ここで報告されている出来事のなかに神の将来が出現していることをその内容としているからである。

言語および言葉（Sprache und Wort）の本質のエーベリンクによる神学的分析は、使徒的福音のケースにおいて「報告」が意味しうることを説明するのに役立つこと、しかも『歴史としての啓示』のなかで第七命題に関して詳述されたことを越えて説明するのに役立つことが判明する。もちろんそれにもかかわらず、聖書の、異なるニュアンスをもつ神の言葉の概念はまだ捉えられていない。まず《人間の》言語の神学的に深められた理解が獲得されているだけである。しかしもしも人間の言語の言葉（das Wort menschlicher Sprache）が、示唆的な仕方で現実全体、つまりあらゆる現実の意味関連、その真理の整合性という枠組と関連づけられるとすれば、したがってまた神と関連づけられるとすれば、特に多くの文化において当該の言葉が神的霊感によるものとみなされうることは、当然のことと思われる。もしも当該の人間の言葉が、諸々の事物と出来事の「意味」を正しく名づけることにより、それらをそれらの真理へと導き、それらを霊感によるものとみなしうるとすれば、神は、このような人間の言葉において現実全体の起源として言葉へと到来する。人間の言葉は、それが的確で真実であるかぎりにおいて、もはや人間に属するだけでなく、神の言葉である。

このような諸々の考察により、われわれは、もちろんまだ決して神の言葉の聖書に特有な理解ではなく、差し当たり神話の側にいる(173)。すなわち神話は、世界とその秩序の神的基礎づけについて物語っている。神話は、諸々の事物に命名することにより、それらをこの秩序へと位置づけている。その際、神話の言葉は神的言葉として、諸々の事物とその秩序を現存在へと呼びだす言葉——神々の魔術的に作用する言葉——と一致することがありうる。

聖書における神の言葉の理解には、多く点で、なお神話的な言葉の理解に由来するしるし（Zeichen）と、魔術的な作用を引き起こす神々の言葉の表象に由来する特徴がみられる。後者は、創造的な神の言葉（詩三三・九）と結びついて、特に、まさに不幸の告知として間違いなく作用する、預言者たちによって告知された神の言葉の表象（イザ九・七）(174)のうちにみられる。しかし聖書に特有なのは、言葉が神の自己証明を目指していることと並んで、神は悔いることがありうるとの思想——この思想は、捕囚期の預言においていずれにせよ諸々の裁きの脅迫との関連で、神の行為に関わる例外的なものから（aus）その普遍法則と（zu）なった(175)——により、間違いなく作用する言葉という表象がまさに修正されていることである。預言の言葉（Dabar）は、その歴史的実現によって初めて神の言葉として証明されるにもかかわらず、それは今や神の自由に委ねられている。

神話の言葉は歴史の報告へと変更された（注151を参照）。より適切に言い換えると、それは次のようになる。つまり、現在の世界の秩序と生活の秩序を基礎づけた原初の出来事に関する物語としての神話の言葉の機能は、受容され、そして神がその選びの行為において救済の歴史を措定したことに関する報告と交換された。他方、神話の言葉は神の知恵に取って代わられた。この神の知恵は、世界の秩序をもはや原初の出来事のイメージとしてではなく、いつも規則的な出来事として捉え、そしてそこから訓戒と規則としての神の言葉の表象も受け入れることができる。そのうえその知恵は、歴史の経過を規定する神の《計画》という表象において歴史に関わることができた(176)。ここでは、歴史神学と知恵によって神話の言葉を修正するという聖書の二つの方法が結びついており、その結果、世界を基礎づける神話の言葉の代わりに、今や、神の歴史計画の啓示の思想が、つまり神の「秘密」の啓示の思想が現れることができた。

最終的にフィロンのロゴス概念とヨハネのプロローグのロゴス概念(177)は、神の知恵の表象と緊密に関わりつつ、聖書の、言葉の理解の様々な観点をまとめている。そのさい黙示一九・一三には、預言的な言葉の理解の構成要素が、ヨハネ福音書のプロローグにおけるよりも、いっそう明確に現れている。すなわち白い馬に乗った騎手、イエス・キリストは、次のような、預言された約束の言葉の成就者として「神の言葉」と呼ばれている。つまり彼の名は、「誠実」および「真実」と呼ばれている（ヨハ一・一四cと一七を参照）(178)。イエス・キリストのうちに現れた世界秩序は、したがって歴史的なもの、つまり世界を救おうとする、彼のうちに啓示された神の救済計画の秩序であり、その実現も諸々の歴史的な出来事を通して起こる。

黙示一九・一三では、ヨハネのプロローグの場合と同様に、もちろん今やすでに「神の言葉」という概念における言葉の布告（Kundgabe）が共に考えられていたわけではない。その布告は、ヨハネ黙示録の見者に開示された直観的把握（Schau）を通してさらに神のロゴスの概念に付加されており、それは、ヨハネのプロローグにおいて、言葉の受肉の思想を通して付加されているのと同様である。伝達のこの要因は、アンティオキアのイグナティオスによって初めて、言葉の概念それ自体に、神の秩序の歴史的現実化として持ち込まれたように思われる――それは、神がそのなかで御自身の沈黙を破った言葉という表現法にみられる(Magn 8,2)。もちろんこの定式においては、認識のモチーフが一方的に前面に現れている。ロマ一六・二五—二七の、伝承史的に近い関係にある定式と異なり、次のことは明白に述べられていない。つまり、神の言葉による神の自己伝達は、同時にイエス・キリストにおける諸々の預言的救済の約束の成就を通してなされた神の歴史計画(世界秩序)の歴史的実現であること、すなわちヨハ一・一四においてさらに強く強調されている事態であることは、明白に語られていない。

イグナティオス(Mag 8,2)において、神のロゴスの概念は、啓示の出来事を要約する名称となった。まさにそれゆえにこの概念は、啓示概念による解明を必要とする。事実、イグナティオスの言葉は、ロマ一六・二五—二七の「啓示図式」の伝統のなかに立っている。神の言葉に関する聖書の諸々の表象も、聖書諸文書の啓示の諸々の表象と啓示の術語も、極めて多層的である。そのかぎりにおいて両者は、組織‐神学的に用いる場合には、「厳密化」を必要とする。しかし啓示概念の場合には、この厳密化は神の言葉の概念を通してではなく、次のことを通してなされた。つまり、預言者たちと黙示文学の見者たちによって告知された《将来》の《出現》——この《出現》は、預言の証明の言葉を通して神の自己証明の思想と結びつけられていた——が「啓示」と呼ばれたことを通してなされた。この「啓示」は、終末時の、現在は隠されている諸々の内容の啓示であり、また神の「栄光」の啓示である。そこから啓示の卜占的体験は、終末時に啓示されうるものの前もっての披瀝(覆いを取り除くこと)として規定された。預言の言葉の理解の「厳密化」も、これと結びついていた。その際、預言者の預言の総括概念として中心になったのは、神の歴史計画という知恵と預言の思想であった。終末時の啓示が神のこの歴史計画と関連づけられるかぎりにおいて、その内容は、ロゴスの概念——アンティオキアのイグナティオスの場合には、結局、啓示の出来事それ自体へと拡大されたロゴスの概念——によっても表現された。

この複雑な事態を考慮して、むしろ啓示概念による神の言葉の表象の厳密化(179)について語る方が、その反対よりも適切であろう。啓示概念において要約された聖書の歴史神学がなければ、神の言葉の表象は、神話的カテゴリー、および立証しえない権威の諸要求の道具に留まるであろう。啓示概念は、聖書の神の言葉の表象の様々な観点を、特に預言の言葉の理解を、その結果が預言者ないし黙示文学の見者にあらかじめ披瀝される神の歴史的行為による神の自己証明の思想に統合する。他方、啓示の出来事それ自体は、神の歴史的計画の実現の先取りされた開示として、そしてそれと関連する、歴史の終末における神の栄光の証明の実現の先取りされた開示として、神の言葉の包括的表象の内容となることができる。すなわちまさにこの啓示の出来事が、そしてそれのみが、完全な意味で「神の言葉」と呼ぶことができる。したがってイエス・キリストは「神の言葉」である。すなわち神の創造の計画と歴史の計画の、また彼の終末時の、しかしまたすでに先取りされた啓示の総括概念として、「神の言葉」である。この言葉それ自体が神の神性と一致しているという条件のもとで、この彼の言葉とその啓示による神の自己啓示について語ることができる。神の言葉による神の自己啓示の思想のこの含意は、三位一体論によって説明される。しかし三位一体論だけでなく、キリスト教の教理のあらゆる部分がイエス・キリストにおける神の自己啓示の説明として理解され、そして展開されうる。そして反対に、啓示の思想は神の行為の要約的記述となり、他の諸宗教においては神話が占める地位につく。

今や、神の歴史的行為における神のあらゆる啓示は、歴史の完成というまだ到来していない将来を先取りしているが、唯一の神――世界の創造者、和解者、そして救済者である唯一の神――の神性を啓示するというその要求は、まだ完成していない歴史においては、依然として、将来において実証される未決の事柄であり、したがってその真理についての問いにさらされている。この問いに対する答えは、神の啓示が信仰者たちの生の諸経験に対してもつ解明する力を通して、彼らの生活においてその都度与えられる。したがって神学的思惟における神の啓示の真理についての問いは、その時々の暫定的な答えを次の確認のなかに見出す。つまりそれは、人間と世界の現実は啓示の神によって規定されていると考えられる、という確認である。キリスト教の教理が存在するかぎり、このような試みはすでに企てられていたのであり、したがってキリスト教の啓示の真理要求の神学的吟味とその確認は、キリスト教の教理の組織的再構成という形式のなかで遂行される。それは、神理解――聖書の諸文書を通して証言された神の啓示の出来事のうちに含まれている、そして三位一体論の形成へと通ずる諸々の神学的議論のなかで明白に主題とされた神理解――から出発する。

第5章 三一論的神

1 イエスの神と三位一体論の始まり

イエスの使信の中心点にあるのは、神の支配が近づいたという告知である。しかし、その神——イエスは、この神の支配は近い、いやそれどころか、彼の出現においてそれはすでに始まっていると告知した——を、イエスは（天の）父と呼んだ(1)。神は、そのすべての被造物のことを配慮しているので、「父」であることが判明する（マタ六・二六。ルカ一二・三〇を参照）。そのさい神は、善人にも悪人にも等しくその太陽を昇らせ、雨を降らせる（マタ五・四五）。その点で神は、イエスが教えた愛敵の手本である（マタ五・四四以下）。また神は、悔い改め（ルカ一五・七、一〇、一一以下）、赦しを請い（ルカ一一・四）、自ら他者を赦す者（マル一一・二五。マタ六・一四以下、一八・二三—三五も参照）を、喜んで赦そうとする。神は自らを父と呼ばせ、地上の父たちと同じように——しかも彼ら以上に——、彼らの子供たちにその願いに答えて、善きものを与えるであろう（マタ七・一一）。事実、イエスが彼の弟子たちに教えた父への祈りは、地上で必要なものすべての典型である日用の糧を求める願いを、赦しを請う願いと結びつけている。ここでもこの赦しを請う願いは、祈る者の赦しの覚悟と結びつけられている（ルカ一一・二以下）。それと同時にイエスの祈りは、父としての神の善を告知することと、神の支配が近づいたという彼の終末論的な使信とが、共属し合っていることを示している。なぜならその祈りは、父なる神の支配の到来を目指す三つの願いによって始まっているからである(2)。後段において、つまりキリスト論のところで、神の父としての愛に関するイエスの使信は、イエスにおいて神の支配が近づいたという告知が受け入れた特殊な形式に基礎づけられていることが、さらに詳しく説明される。

イエスの神は、旧約聖書が証言しているように、ユダヤ教信仰の神にほかならない。イエスの神は、アブラハム、イサク、ヤコブの神であり（マタ二二・二六以下）、イスラエルが申六・四の「シェマ（聞け）」によって告白する神である（マル一二・二九）。たしかに旧約聖書においてイスラエルの神が「父」と呼ばれることは、比較的少なく、より古い伝承では、何よりもナタンの約束（Ⅱサム七・一四）において、「父」と呼ばれている。その約束によりイスラエルの神は、ダビデとその家を選ぶという行為を通して、その養子とされた息子である王の父として説明された（詩二・七を参照）。諸預言書では、父であるというこの関係は民族に転用されているように思われる。それは、差し当たり、父的な配慮の特徴と母的な配慮の特徴の間で交替するより具象的な話のなかで（ホセ一一・一―四）(3)、しかしまた捕囚期の預言、つまりエレミヤ書（三一・二〇）のなかで、より固定された形式において起こっているようにみえる。第三イザヤ（イザ六三・一六、イザ六四・八以下）では、父という呼称は神への祈りの言葉のなかにでてくる。同じことはイエスの時代のユダヤ教にも当てはまる。とりわけファリサイ派の運動において、父としての神との関係は、個人化および内面化へと向かったように思われるが、それは、父としての神についてのイエスの諸言明のうちに、また彼の祈りの言葉のうちにもみられる(4)。《アッバ》という言葉で、父としての神に呼びかけることにみられる親密さは、たしかにイエスの神との関係に特徴的なものであるが、しかしこれを当時のファリサイ派の敬虔に対立するものとして解釈してはならないだろう(5)。

イスラエルの預言において、神は父と呼ばれるようになった。この発生は、たしかにユダヤの家族の家父長体制との連関において捉えられなければならない(6)。家父長体制の基盤は、特に部族の首長としての父の立場のうちに、またそれと共に課される、部族のすべてのメンバーを保護する義務のうちにある。神がイスラエルに対して父親として向き合うことに関する旧約聖書の諸言明において、神理解へと転用されたのは、特に父親的な保護というこの特徴である。それに対し、父親の役割の性に関わる規定は完全に後退している。イスラエルの信仰は、たしかにその始まり以来、父祖たちの選びの、出エジプトの、そしてシナイ伝承の神に、いかなる女性のパートナーも決して組み込まれなかったことによって特徴づけられている。性差を神理解に転用することは、いずれにせよ言外に多神教を含むことを意味し、それゆえイスラエルの神にとって、それは、相変わらず排除されなければならないことであった。おそらくこの理由から、父としての神という表象は、その神についてのイスラエルの発言のなかでも、比較的遅い時期にようやく採用されるようになった。契約の神のその民に対する保護は、母の愛の諸々のイメージにおいても、また父性のイメージにおいても記述することができたが、この事実は、いずれの神理解であれ、それをひとつの性的規定に固定することに対し距離を置くことを、明らかに、そして十分に表明している。それゆえジークムント・フロイト(7)によるイスラエルの宗教史の想像力豊かな記述も、真面目に取り上げられるべき基盤を欠いている。すなわち、すべての性的に規定された差異化に対し旧約聖書の神が超越している事実は、フロイトのエディプス・テーゼのように、人間の家族の結びつきにおける性的に規定された諸々の緊張関係に基づく叙述にとって、神を近づきがたいものにしている。多神教的諸宗教において広まった、神の家族の家父長的首長としての父なる神々という表象は、旧約聖書にとって奇異なものであり続けたにちがいない。ここでは、父としての神という表象は、その被造物たちとの関係にのみ関わることができた。その際、父のイメージの諸々の規定された特徴だけが、契約の神のその民に対する保護という事柄を分かりやすくするために、適用された。

このことは何よりもまず、そのなかで、父としての神の表象が決して任意に交換可能な像ではないような伝承系列に当てはまる。すなわちナタンの預言と、それに基づいた、ユダの王たちはイスラエルの神の息子であるとの見解に当てはまる。つまりここでも、神を父と呼ぶことの基盤は、選びの行為のうちにある。イスラエルの信仰は、王は神によって養子にされるという表象を、古代オリエント（環境世界）の王のイデオロギーから受け継ぐことができた。

なぜならその表象は、神の選びの行為という基本的見解に組み込まれたからである。養子縁組の行為と結びついた、王との関係における神の父性は、父としての神の表象に整合性を与えた。この整合性により、その表象は単なる比喩的発言と区別されるが、しかし同時にそれは、家父長的な家族の首長というモデルに対しても、さらに大きな距離を置くことになった。しかし、さらにイスラエル民族へも広がっていった養子縁組の表象こそが、祈りにおいて神に父と呼びかける前提となったのであろう。

したがって、父としての神というユダヤ的表象と家族の家父長制的諸形式との諸々の結びつきは一貫して存在するが、しかしそれらの影響力は限定されている。それらの結びつきは、父という名で表現される神表象の基盤を形成しているわけではない。むしろこの基盤は神の選びの行為のうちに、もしくはイスラエルと神の契約関係のうちに与えられている。主権をもって選び出し、契約を授ける神は、家族の首長が世話をするという義務に対応する諸々の義務を自ら引き受ける。このような表象の社会史的出発点は、たしかに時代の制約を受けていた。しかし、この出発点において神理解に決定的な影響を与えた家父長制的な諸関係のこの時代的制約により、次のような要求が正当化されることは決してない。つまりそれは、特に性の関係を考慮して、その間に起こった家族構造と社会秩序の諸変革のゆえに、父としての神表象の修正を求めるという要求である(8)。このような要求が認められるのは、その神表象がその時々の社会的諸関係の鏡像として捉えられる場合だけであろう。それは、最終的にフォイエルバッハ的な、宗教的神表象の投影理論を前提とする理解である(9)。諸々の宗教史的所見は、ここでは特にユダヤ的神理解の場合であるが、これと異なる理解を提示している。なぜならここでは、特定の神理解、すなわちイスラエルにおける選びと契約の神という経験が、家父長制的な諸々の生活様式の諸特徴を選別するための前提および判断基準としてすでに機能していることが認められるからである。これらの特徴は、ダビデとその子孫つまりイスラエルの民と、神との関係を分かりやすく説明することに役立つ。そしてこれらの特徴は、人間の父子関係の変化する像に対し規範的なものとして対抗しうる神理解のなかにも入り込んでいる（エフェ三・一五を参照）。しかしその前では、いかなる人間的父性も色あせてしまう（イザ六三・一五以下）。まさにそれゆえに、諸々の家父長制的生活様式が衰退した時代においても、それどころか父親という役割一般の独自性が家族関係のなかでその輪郭を失うことになっても、それは発言力を保持している。その場合、神の父性はますます、神の包括的配慮の総括概念となることができるのであり、この包括的配慮は、人間の父性によってはもはや授けられないものである。

イエスの口において、「父」という神の名称は固有名詞となった。それにより、その名称は、神の他の名称のなかのひとつではなくなった。今やそれは、イエスの使信のなかで明らかになる神理解のあらゆる特徴を含んでいる。それは、イエスが自分自身をそこから理解し、そしてイエスが彼の弟子たちと聴衆たちに、向き合うように指示した神的対向者の名前となっている。神の創造者としての活動も、特に神の被造物に対する神の摂理的な配慮のうちにみられる神の活動（マタ六・二六、マタ六・四五）も、神の、父としての親切心というイメージのなかに取り込まれた。そのための出発点はすでにマラ二・一〇〔原書（S.286）にはこれと並んで申三六・六が挙げられているが、明らかに誤植〕にある。そこでは、選びの思想と結びつけられた、神を父とする理解が拡張され、その結果、選びと、選ばれた者の創造が同時に起こっている。イエスの使信においては、創造者の父としての配慮は、もちろんいつもすでに終末論との連関で、つまり神の支配の完成が近づいたという観点に基づいて語られている。この二つの主題の範囲の結びつきについては、比較的後段でさらに詳しく論ずる予定であるが、まさにこの結びつきがイエスの使信の特性であり、イエスが神に対して父という名を用いたことにみられる特性でもある。

天の父としての神を、イエスの使信から除去することはできない。それは、「神」と「父」という言葉が、イエスの使信の特有な内容がそこから切り離される、時代的に制約された諸表象にすぎないということではない。ヘルベルト・ブラウンはこの事態をそのように記述した。彼の理解によると、神を指し示すことは、「徹底的な服従」と、回心という「完全な恩寵を表現すること」に他ならず、イエスの権威を表現しているにすぎない(10)。したがってブラウンによると、イエスが言う意味での神への愛は、イエスの隣人愛の要求に対する服従の表現にすぎない(11)。神への愛と隣人愛は一つに重なっている。この命題には真理の核心が入っている。なぜならこの二つの愛は、実際、最も緊密に共属し合っているからである。これについては、さらに後段で言及されるであろう。しかしそれらは、決して単純に同一であるというわけではない(12)。むしろ「神の愛に見舞われること」が、イエスの隣人愛の要求の出発点と根拠である(13)。イエスを「神」とまったく同一視することは、被造物を神格化するという結果につながる。イエスが自分自身をそのように理解し、それゆえ自らを神と等しいものとしたというのは、ヨハネ福音書によると、彼の敵対者たちの訴えであり、誤解であった（ヨハ一〇・三三。ヨハ一九・七も参照）。明らかにイエスは、神を父として自らと区別していた。すなわちヨハネ福音書のキリストだけが、父を自分よりも「偉大な方」と呼んだのではない（ヨハ一四・二八）。マル一〇・一七以下によると、イエスは「唯一の神以外に、善い者はだれもいない」ということを根拠にして、「善い先生」という呼びかけさえ拒否した。これに対応していたのは、神の支配の将来を、イエス自身の出現のうちにそれが現在化していることから区別したことである。すなわち《バシレイア（basileia）》の止揚しえない将来性は、イエスが自分自身と唯一の神との間で保持した差異の表現である。父へのイエスの祈りにおいて、神からのイエスのこの自己区別が最も明白に表現されている。

「父」としての神をイエス自身の人格から区別することが、イエスの使信と振舞いにとって構成的なことであるとすれば、イエスは、彼の業において父と極めて緊密に結びついていることを同時に知っていたことになる。しかしイエスは、神の支配の優位性に関する彼の使信のためにひとつの権威を要求した。それは、すべての人間的な権威をはるかに凌ぐ権威、すなわち第一の戒めの権威である(14)。父への服従にもかかわらず、イエスが次のことを要求したことは疑いえない。すなわち神は、イエスが天の父として告知した神以外のものとして理解されてはならない。そしてイエスは、父の国を近くに差し迫ってきているものとしてのみならず、イエス自身の業においてすでに現れ始めているものとして告知したので、たとえば、今後、神について語られる発言がイエスの語りに勝るという可能性は残されていなかった。イエスが告知した天の父は、イエス自身の出現と業に極めて緊密に結びつけられているので、《このことにより》間違いなく父として確認される。この事態は、イエスを「子」と呼ぶことの基礎になっているが、すでにイエス自身が父との関係において自らをそのように呼んだかどうか(15)、あるいは彼の弟子たちとその後の教団が初めてそのように呼んだかどうかということは、どちらでもよいことである。父の王国が近づいたという彼の使信において、また父の意志への彼の服従において、しかしまったく特別に、神の愛の啓示としてのイエスの派遣の機能において、この神が父として認識されうるかぎり、イエスは「子」である。すなわち「子と、子が示そうと思う者のほかに、父を知る者はいない」（マタ一一・二七）(16)。

このような事態のなかに、原始キリスト教のキリスト論の歴史と三位一体論のひとつの出発点がある。それらの始まりはキリスト論から成長してきた。イエスの復活が、イエスの地上における業のうちに含意された要求の神による確認として理解されたことにより、今やイエスは、イースターの光のなかで、彼によって告知された父の「子」として現れなければならなかった。しかしそのような者として、イエスは「神の子」であり、メシアでもある(17)。キリスト教団は、世界の完成のときに彼が再臨することを待ち望んでいる。ロマ一・三以下によると、イエスは死者たちからの復活を通して神の子としての尊厳を与えられた(18)。しかし他方で、神の子はすでに永遠の昔から神の側に属している。イエスの「先在」という表象は、イエスが神の子であるということが終末において初めて明らかになる、あるいはある歴史的な出来事においてすでに啓示されているということと、矛盾しない。この歴史的な出来事は、イエスの復活と同様に終末論的な完成を先取りしている。つまり終末論的に啓示されることはすべて、神の隠された世界、すなわち天においてすでに現在のものとなっており、このことは、黙示文学的な表象様式の一般法則に合致する。そこからのみ、原始キリスト教における先在の表象は非常に古いものであることが理解される。すなわち、イエスの復活を、彼が神の子の地位に就くこととして告白することから、神のもとにおける彼の先在という表象に至るまでの道は、極めて短かった。なぜならこの表象は、すでにパウロにおいて前提されていたからである。そして先在の思想への歩みは、神の知恵の先在（箴八・二二以下）、メシアの先在（Ⅳエズ一二・三二）、人の子の先在（エノ四六・一以下。

エノ四八・六を参照）というユダヤ教の諸々の表象と簡単に結びつけられた(19)。先在の思想に基づき、イエスの地上における業と生涯は、この世への子の「派遣」の表現として描写された。そしてすでにパウロの場合、まさにこの結びつきにおいて、先在の思想が前提されている（ガラ四・四、ロマ八・三）(20)。

もちろん先在の表象と、子の十全な（voll 完全な）神性という後代の教会の理解が結びつけられる必要性は、まだ決して存在しなかった。まずもって先在の表象においては、「単なる「理念的な」先在――すなわちある意味で、神の思惟のなかでのみ成り立つ先在――から、「現実的な」先在へという移行が流動的に生ずることもあった(21)。しかしさらに、先在の思想は、知恵の場合、たしかに被造性の表象を排除しなかった（箴八・二二以下）。それゆえ、子の十全な神性は、それによってはまだ与えられていなかった。

しかしながら、原始キリスト教のキリスト論的諸言明のなかには、子の十全な神性の思想へと通ずる別の出発点がある。それは、メシアへと高められたイエスにキュリオスという称号を適用することである。その決め手となったのは、復活した者が高められたことに基づいて、詩一一〇・一以下を解釈したことであった(22)。それにより、旧約聖書のギリシャ語訳のこの言葉――そのなかではキュリオス〔ギ〕が一義的に神の名称である――も、高挙のキリストに関係づけられた(23)。今や、祈りにおいてキュリオスも、請い求められた（Ⅱコリ一二・八。Ⅰコリ一・二、ロマ一〇・一二以下なども参照）。聖餐の場面における、アラム語の言語形式において伝えられた、主の到来を願う祈り（Ⅰコリ一六・二二）も、そこから新しい内容を獲得することになった。

キュリオスという称号は、子の十全な神性を含意している。そのことは、ヨハ二〇・二八のトマスの告白における、「神」と「キュリオス」という名称の並置により明白に語られている。しかし子は、父と競合するキュリオスではなく、むしろ父への「敬意」を表すキュリオスである（フィリ二・一一）。イエス・キリストをひとりの唯一のキュリオスとして告白することは、ひとりの神への告白を狭めることにはならない。むしろ前者は後者と緊密に結びついているので、すべてのことはひとりの神である父に由来し、しかし同時にすべてのことはひとりのキュリオスによって仲介される（Ⅰコリ八・六）。ローマ書においてこの分類は、さらに第三の構成要素によって補われる。すなわちここではひとりの神について、次のように言われる。「すべてのものは、神から出て、神によって保たれ、神に向かっている」（ロマ一一・三六）。ここではキュリオスの執り成す行為の起源としての父と並んで、被造物の生命を創造者と結びつける聖霊についても考えられているのであろうか？　いずれにせよパウロは、ここでストア派の神論の定式を受容したが、同時にそれを、先行する諸章において説明された神の救済計画と、それゆえキュリオスとプネウマの働きにも関連づけた(24)。

他の場面でも、神の霊は、イエスと父との交わりを媒介するもの（Medium）として、また信仰者たちがキリストに与るための仲介者（Vermittler）として前提されているか、あるいは明らかにそのようなものと呼ばれている。パウロによると、イエス・キリストは聖霊の力を通して甦らされ、そして神の子に任命された（ロマ一・四）。また同様に、イエスを死者たちのなかから甦らせた神は、キリスト者たちの内に住む彼の霊を通して、彼らの死すべき身体をも永遠の生命へともたらす（ロマ八・一一）。キリスト者たちに与えられている神の子とする霊（ロマ八・一五）は、イエスを神の子に任命した霊でもある。したがって神の子になることはすべて、聖霊の働きに依拠している（ロマ八・一四）。

諸福音書も、イエスと彼が告知した神との結びつきの起源を、神の霊が彼の内に臨在し、そして働いていることに求めた(25)。ヨハネによるイエスの洗礼伝承によると、これをきっかけとして彼に神の霊が与えられた（マル一・一〇。平行箇所）。イエスが養子として子になるという思想も、これと結びつけられた。しかしルカ福音書にみられるイエスの幼少時代の物語は、イエスが神の子であることの起源を彼の誕生にまで遡って求め、神の子としてのイエスの呼称を神の霊の働きによって根拠づけている。その物語は、イエスの人格はすでにその起源において聖霊の被造物である、と説明している（ルカ一・三五）。ヨハネ福音書もこう証言している。イエスの言葉は「霊と命」であり（ヨハ六・六三以下）、イエス自身が神の霊によって満たされている、そしてその霊は、神の言葉を語る力をイエスに与えている（ヨハ一三・三一以下）、と。ヨハネ福音書の比較的後段で、イエスが地上で働いている間、イエスが「栄光」を受ける前は、聖霊はまだそこに存在しなかったと述べられているが（ヨハ七・三九）、それは、聖霊が後に初めて与えられる信仰者たちにのみ関わることである（ヨハ一四・一六以下。ヨハ一五・二六も参照）。

神の霊がイエスのうちに臨在することを表現している、諸福音書におけるイエスの業と語りについての記述は、イエスと父の密接な結びつきを表明する機能を担っている。それはまさに、イエス自身が霊を引き合いに出さなかったとしても、たしかなことである。しかし、イエスの語りと行為は霊によって引き起こされているとする記述が、イエスのうちにおける神御自身の臨在について描写しているとしても、神の霊と神御自身が分離されているわけではない。むしろその霊の働きのうちに神御自身が臨在する。

子としてのイエスと、父としての神との交わりが明らかに言明されるのは、第三項としての聖霊についても語られるときだけである。なぜなら神の霊はイエスにおける神の臨在の様式（Weise）だからであり、それは、それ以前のすでに預言者たちと被造物全般における神の臨在の場合と同様である。しかし今や神の霊は、永続的贈与――この永続的賜物は、イスラエルの終末論的希望の内容であったし、また特にメシアの聖霊授与の期待において期待されたものである――としての究極的所与性という終末論的な仕方で臨在する。いずれにせよ、聖霊を通してイエスと父との交わりが仲介されることにより、次のことが理解できるようになる。すなわち、神とキュリオスの共属性に対する告白（Ｉコリ八・六）は、聖霊の明白な命名を通して拡大されうるものになった。しかしこれは、イエスの、父に対する子としての関係のなかに、信仰者たちが包含されること（ロマ八・九―一六）を内容とする諸々の定式化において生じた。それはＩコリ一二・四―六において、またⅡコリントの結びの言葉になっている祝福の挨拶においても同様である（一三・一三）。しかし、聖霊は信仰者たちにも与えられ、そして聖霊を通して信仰者たちも、イエスの、父に対する子としての関係にあずかる。キュリオスとその業との関係において、神について語られるところでは、聖霊について、いつも明白に言及される必要はない。他方、聖霊の明白な命名により、信仰者たちが神の聖霊を通して神の臨在に包含されるということが惹き起こされる。なぜなら、聖霊を通してのみ、それゆえ神御自身を通してのみ、信仰者たちは神との交わりを受け取ることができるからである。このような視点は、三一論的な洗礼式文の普及を理解することにも役立つであろう(26)。そのさい事柄に即して、《キュリオス》と神との交わりが《すでに》聖霊によって仲介されていることが、常に前提とされている。つまりだからこそ、パウロがロマ八・九以下で説明しているように、たしかに聖霊の受領により、聖霊の仲介を通して、父に対するイエスの子としての関係にあずかることができるようになる。なぜならイエス自身が子であることは、すでにイエスにおける霊の業を通して根拠づけられているからである。

イエスの業のうちに、また子と父との交わりのうちに神が臨在することに聖霊が含まれていることは、キリスト教の神理解が、父と子の二位一体論だけでなく三位一体論において、その十分に展開された最終的形態を見出したことの基盤である。そのためにたしかに、教会生活における聖霊の働きの経験を指摘してもよいし、パウロとヨハネによれば、キリストと、教会におけるキリストの霊の働きは互いに引き離せないことを指摘してもよいであろう——たとえ、この共属性に関する諸々のパウロ的表象と諸々のヨハネ的表象は、より詳しく考察すると、異なっているとしても。つまり教会における神の霊の特殊な仕方での臨在の源泉は、子と父との交わりを仲介するというその機能のうちに求められるべきである。もしも霊が、子と父との交わりにとってまだ構成的でないとすれば、霊の神性に関するキリスト教の教理は、依然として、子が父の神性に属しているという告白に単に外面的に付加されているにすぎないであろう。

三一論的洗礼式文（マタ二八・一九）は早い時期に成立したが、このことが三一論的神理解の形成に著しく貢献をしたことは、疑いがない。これは特に西方のキリスト教に当てはまる。他方、東方のキリスト教では、三一論的洗礼式文は、四世紀になって初めて、子の十全な神性に関するニカイア信条の言明が霊にまで拡張されることに、決定的な役割を果たした(27)。しかし三一論の形成の生活の座は、第一に洗礼のなかに求められるべきではなく、むしろカテキズム(28)のなかに、それゆえ教会の教理の展開のなかに求められるべきである。教会の教理の出発点は、単に三つの部分から成る定式(29)のうちにではなく、一方において父と子との関係に関する、他方において霊と子との関係に関する新約聖書の諸言明全体のうちにある。ただしその際、新約聖書の諸言明を通してこれらの三つの偉大な存在の関係が解明されているわけではない。その共属性だけが明らかに強調された。しかも、子の、父に対する関係は、すでに新約聖書の諸文書の先在に関する諸言明にもかかわらず、一義的には決定されていなかった。霊を独立した偉大な存在として、一方で父から、他方で子から区別することは、さらに困難であった。しかし特に、キュリオスについての諸言明と霊についての諸言明が、神の一体性（Einheit）に対する一神教的信仰とどのように調和されうるのかは、明らかにされなかった。

三つの問題は互いに関連している。霊が独自な位格的存在として子から区別されないかぎり、霊を、子を満たす父の力として理解することができたし、子を、そこにおいてその霊が表現される父の言葉として理解することができた。逆に、霊を、父と子と並ぶ第三項として位格的に独立させることは、子の位格化の結果とみなされる(30)。これと比べると、キリスト教の三位一体論に対する今日の批判は、ひとりの神を霊として理解する方向へ戻るように要求することができる。その霊は、イエス・キリストにおいて、またイエス・キリストを通して働き、そしてその霊を通してキリストは再び信仰者たちに生けるものとして臨在する(31)。

このような理解は、何よりもパウロを容易に引き合いに出すことができる。なぜなら、パウロの諸々の書簡において、高挙のキリストの働きと霊の働きは、解消しえない一体性を形成しているからである(32)。それは次のことに基づいている。つまり、復活者は、徹底的に神の命の霊に浸透されているので、彼自身が「命を与える霊」と名乗ることができる（Ⅰコリ一五・四五）。パウロは、それゆえ時おり、キュリオスとプネウマを同一視することさえできた（Ⅱコリ三・一七）。しかし、このテキストに直接続く箇所で、プネウマがキュリオスに所属する形で特徴づけられ、「主の霊」（三・一七後半）と言われているので、完全な同一性は排除されている(33)。キュリオスは、復活して高挙されたイエスであり、教団はその再臨を待ち望んでいる。霊はイエスの臨在の形式と力（Form und Kraft）であり、信仰者たちをイエスに結びつける形式と力である(34)。

ヨハネにおいては、子と霊はいっそう厳密に区別されている。その霊は、父がイエスの名において遣わすか（ヨハ一四・二六）、あるいはイエス自身が、天に昇った後に父から遣わす（ヨハ一五・二六、ヨハ一六・七）「別の弁護者（パラクレートス）」である。パラクレートスという名称は、神の前で人間のために弁護する者あるいは執り成す者という意味で理解されうる。その名称は、Ⅰヨハ二・一の高挙のキリストを考慮に入れつつ用いられている。しかしそれはまた、人間における神とその事柄（Sache）に対する弁護という意味でも、あるいはまたイエスが去った後のイエスの事柄に対する弁護という意味でも理解することができる(35)。いずれにせよ霊は、イエスが去った後に初めて到来することができる「別の弁護者」として、明らかにイエス自身から区別されている(36)。

しかしながら二世紀および三世紀の神学では、子と霊の区別は多くの点でまだ依然として不明瞭であった(37)。その諸々の不明瞭性は、一方で、その先在性が、箴八・二二以下を通して、創造者と区別された偉大な存在として確定された知恵との関連づけと関係している。アンティオケアのテオフィロス（ad Autol. II, 15 u.ö.）とエイレナイオス（adv. haer. IV, 20, 1ff.）は、神、言葉、知恵、という三幅対を教えた(38)。しかしその際、テオフィロスは霊を言葉と同一視したが（II, 10）、エイレナイオスは霊を知恵に所属させた（VI, 7, 4も参照）。それに対してユスティノスは箴八・二二以下をロゴスに関係づけ、したがって知恵をロゴスと同一視して（dial 61, 1ff.）、知恵を霊と区別した。アテナゴラス（suppl. 10, 3）とテルトゥリアヌス（adv. Prax. 6f.）は彼に従い、この関連づけは後代の神学に受け入れられていった（Orig. De princ. I, 2f.）。他方で、知恵に対する子および霊の関係の不明瞭性に対応していたのは、次のような問いの不確実性であった。つまりそれは、どのような諸々の特殊な活動が、一方で子に関連づけられ、他方で霊に関連づけられるべきなのかという問いである。すなわち、旧約の預言もイエスの誕生も、霊の働きとして、しかしまたロゴスの働きとして特徴づけられた(39)。霊とロゴスは、神の「両手」として創造に参与した(40)。こうして父なる神、子なる神、そして霊なる神の機能は、しかし特に子なる神と霊なる神の機能は、明白に区別できないように思われた――ただし、エイレナイオスは、預言の霊の啓示、受肉の子の啓示、未来の完成の父の啓示を関連づけることができたにもかかわらず（adv. haer. 20, 5）。オリゲネスは、三位一体の諸位格を区別するための異なる企てを、それらの働きの諸領域に関連づけて試みた。それによると、父なる神はすべてにおいて、したがって各存在するものにおいて働き、子は理性的な被造物においてのみ働き、霊は聖化されたものにおいてのみ、したがって教会においてのみ働く（De princ. I, 3, 5-8）。オリゲネスは明らかに、聖霊が生命のない被造物において働くことに異論を唱えた。「よりよきものへ」の回心が生ずる場合でなければ、聖霊は、理性を与えられた諸々の被造物においても決して働かない。それゆえ彼は、創二・七の、神の息が人間に吹き入れられることに関する言明が、「すべてのものにではなく、聖なるものたちだけに排他的に与えられる恵み」として理解されることを望んだし（De princ. I, 3, 6）、また彼は、地の面が刷新される際の霊の働き（詩一〇四・三〇）を、植物を生かす霊の創造的な働きと関係づけて解釈する代わりに、新しい神の民（I, 3, 7）の基礎づけと関係づけて解釈した(41)。これに対してアタナシオスは、詩三三・六を引き合いに出して、すでに世界の創造において霊と言葉の共同作業が行われていることを強調した（ad Ser. III, 5. vgl. IV, 3）――ただし彼は、神の霊と、神によって創造されて新しくされた人間の霊を厳密に区別したにもかかわらず（ad Ser. I, 9）。霊は子から分離しえないという命題（ebd. I, 9.vgl. 14 und 31）は、必然的に、霊がすでに創造に参与していることを意味する。事実、それは、アタナシオスの継承者においても、つまりカイサリアのバシレイオスやニュッサのグレゴリオスによっても主張された(42)。

アタナシオスとカッパドキアの教父たちは、三つの位格のすべてが神のいずれの活動にも参与していることを、それらの本質の一体性の帰結および条件として強調した。しかしその結果、父、子、霊の諸々の区別と特質を、それらの諸々の作用領域の相違から基礎づけることは不可能になった(43)。では、そもそも神の本質における三性（Dreiheit）を主張するための根拠はなお存在するのだろうか(44)？　モーリス・ワイルズによると、すでにアタナシオスとカッパドキアの教父たちは、神における三性を教会の伝統、聖書の啓示証言、そして特に三一論的洗礼式文に基づいて教えた。しかし彼によるとこの根拠は、今日の神学にとってもはや認めらない。なぜなら、歴史‐批評的釈義によると、神性の三重の形態は、啓示の権威によって明確に表現された言明の形態における啓示の事実であるという主張は、もはや正当化されないからである(45)。

この論証は確固としたものであろうか？　それは、父、子、霊の様々な働き方を認めることが、それらの区別を主張するための唯一の経験的論証基盤となりうるということを前提としている。しかしながらこの前提は自明でなく、聖書の実状にも適合しない(46)。むしろ父と子の区別は、ひとつの同じ出来事、つまり神と到来しつつある神の国についてのイエスの使信において基礎づけられている。そして霊についての語りも、この出来事に関連づけられている。すなわち旧約聖書に基づく神の霊についての表象はよく知られているにもかかわらず、聖霊は、父と子の関係において初めて神の現実の独自な第三の原理として認識可能になる。そのために決定的なのは父からの子の区別である(47)。すでにテルトゥリアヌスと彼に続いたオリゲネスは、子は、父と霊をその都度ひとりの「他者」として自からと区別していることを主張していた(48)。いずれにせよそれは、ヨハネ福音書の叙述において霊をも考慮に入れた確固たる基盤をもつ主張である。父、子、霊の位格的区別のためのこの根拠は、『諸原理について』の説明のように、三つの位格の区別された諸作用領域から出てくるのではなく、父と霊に対する子の内的諸関係によって論証される。一方においては父からの、他方で霊からの子の自己区別は、神性における三重の区別の主張のための基盤として認めることができる。アタナシオスとカッパドキアの教父たちがこの線をそれ以上追求しなかったことは、アリウス派の論争において誰も三つの位格の差異に異論を唱えなかったことから明らかである。論争は、父の神性とそれらの一体性をめぐるものであった。アタナシオスがそれに対して提起した最も重要な論証――父は、子がいなければ、父ではないであろう、それゆえ父は、子のいない父ではなかった（c. Arian 1, 29. vgl. 14 und 34 ; 3, 6）という論証――は、関係を示す呼称としての父の名の意味論のゆえに、たしかに神における《多数性》も言外に含んでいる。しかしそれはアタナシオスが擁護した目的ではなかった。そしてイエスの歴史の諸々の所与性を度外視するならば、そこから次のような結論を引き出す必然性はなくなるであろう。つまりそれは、父は（唯一の）子の父として考えられるべきであり、世界の父とか、多数の子供たち（Kinder）の父として考えられるべきではない、という結論である。子（Sohn）としてのイエスの歴史は、しかも一方において父から自己を区別し、他方において霊から自己を区別した子としてのイエスの歴史は、それゆえ三一論的区別を基礎づけるための出発点であり続ける。その際もちろん、そのような基礎づけは、オリゲネスが論評しているように、ヨハネの証言に基づいてのみ行われることはありえず、イエスの宣教と原始キリスト教のキリスト使信の発展という伝統史全体を考慮に入れなければならない。子の啓示によってのみ、内三一論的（innertrinitarisch）区別と諸関係の認識に、したがって神の内的生命の認識に到達するのであって、世界におけるひとりの神の様々な作用領域を通してその認識に到達するのではない。後になって初めて、すでによく知られた諸々の三一論的区別に、この世界のなかでの神の働きの一体性における諸々の特殊な視点も関連づけられるのである。

父、子、霊の区別と共属性が明らかにされるならば、当然のことながら、聖書の神信仰の、しかしまた哲学的神学の伝統の一神教的性格は、どのようにしてそれと一致することができるのかというより厳しい問いが生じてくる。この問いに対する答えは、子の十全な神性を擁護するアタナシオスの論証と、セラピオーンへの手紙における、霊の十全な神性を擁護する論証において、それらを通してもたらされたというよりは、すでにそこで前提とされていた。子と霊の十全な神性のための論証を導く関心は、キリスト教の神理解の一神教的性格を証明することではなかった。子と霊の十全な神性に対する関心は、むしろこの条件の下でのみ、信仰者は子と霊とを通して神御自身との交わりに至ることができるということに基づいていた(49)。たしかにアタナシオスも、三つの諸原理を教えるのではなく、言葉と霊のうちにも存在する唯一の原理だけを教えると断言したし（c. Arian 3, 15）、究極的には、次のことにより彼は正しかったと言ってよい。すなわち、子と霊のホモウシオス（同一本質）の命題は、その反対者たちが成し遂げたと考えた以上に、神の一体性を擁護することになった。この反対者たちは、存在者の序列においてより低い、被造物の段階を、子と霊に割り当てることを通してのみ、神の一体性を父のモナルキア（単独支配、単一根源）として保持することができると信じていた。しかしながら、三位一体論と一神教の関係は、子と霊の十全な神性への告白によってもなお解明されなかった。それは、次のことにより直ちに明らかになった。すなわち、カイサリアのバシレイオスは一つの神性と三つの位格の関係を、一つの普遍概念とその個々の現実化の関係と対比することができた(50)。ただし彼は、それと結びついている危険性、すなわち神の本質の多数性の表象により一神教が危機にさらされるという危険性と取り組むことはなかった。これに対し直ちにアリウス派の人びとのもとで、それは、三神教、つまり唯一の神ではなく三つの神々についての教説である、との非難が起こった。

子と霊の神性に関するキリスト教的諸言明の展開には、早くから神の一体性に対する聖書の信仰告白を擁護しようとする配慮が伴っていた。この関心はしばしば、特に三一論的教理の形成の初期には、子と霊を父の「モナルキア（単独支配、単一根源）」の下に従属させることを通して考慮された。内容的には、この思想はエイレナイオスにもみられる。彼は、子と霊を、神がすでに創造の際に用いた神の両「手」として論じている（adv. haer. IV, 20, 1; vgl. IV prol.4）。もちろん「モナルキア」(51)という表現をエイレナイオスはまだ用いていなかった。その表現は、テルトゥリアヌスにおいて、また彼の敵対者にとっても重要な役割を演じた。テルトゥリアヌスは彼らを「モナルキア主義者」と呼び、異端とした(52)。なぜなら彼らは、神のモナルキアの思想をあまりに画一的に理解した結果、救済史の過程における父の支配に子と霊が参与することを、そのモナルキアと一つにまとめることができなかったからである(53)。テルトゥリアヌスの「モナルキア主義的」敵対者たちは、二世紀の弁証論者たちによって展開された先在するロゴスの教説のなかに、一神教を危険にさらすものを見出した。それは、神々の二性ないし多数性を打ち立てる危険性であり(54)、最高の起源から「発した諸物（Hervorgängen）」としての「諸々のアイオーン」というグノーシス的諸表象へと回帰する危険性である(55)。テルトゥリアヌスの理解と様態論的モナルキア主義者たちとの相違、いずれにせよ——サベリウスのような——後期の考え方との相違は、アドルフ・フォン・ハルナックが正しく判断したように、「程度の差に」すぎなかった。なぜなら、双方にとって、「神がより多くの位格へと自己展開することは、徹頭徹尾、啓示の歴史によってなお制約されている」(56)からである。ロゴスないし子は父によって「永遠に」生み出される（gezeugt wird）とのオリゲネスの教説を通して初めて、神における、永遠から存在する三性という思想が達成された(57)。しかしオリゲネスにおいても、この表象は、父と比べると「被造物」である子は劣っているとする子の劣等性の認識とまだ結びつけられたままであった(58)。アリウス主義者たちは、「サベリウス主義」と対決するなかでこの劣等性を特に強調した。彼らは、その際、その思想を余りにも粗雑なものにしてしまった。その結果、彼らに反対して、オリゲネスによっても教えられた、ロゴスと父との本質的一体性と、「彼がまだ存在しなかった時を」排除する形で、父が永遠に生み出すこと（Zeugung）が唱えられた。アタナシオスの場合、彼は、子と（霊と）父との等しい神性（ホモウシオス）に関するニカイア信条の言明を擁護しており、実際に、従属主義は乗り越えられている。なぜならアタナシオスは、子と霊を伴わずに、父を父として考えることはできないと主張したからである。因果律の表象と結びつけられた、神の存在の充溢の諸段階は、これと反対に後退していった。しかしそれだけいっそう、今や、何を通して神の一体性は保証されるべきなのかという問いは、焦眉の問題とならざるをえなかった。神の一体性は今なお父の「モナルキア」のうちに存在することができたのか、あるいはそれはまったく別の方法で定式化され、基礎づけられねばならなかったのか？

初期キリスト教の神学は、旧約聖書の一定の諸聖句を暗黙のうちに三一論的なものとして解釈することにより、子および霊の神性に対する告白と旧約聖書の一神教は一致することを証明しようとした。このような方法は、今日の歴史‐批評的釈義の諸観点からみると、的外れであるように思われるかもしれない。しかしそれは、すでにユダヤ的思考のなかで行われていた、このようなテキストの解釈の歴史と関連している。この関連は重要である。それは、子は父と並ぶ先在的位格であるというキリスト教の解釈と、それに対応する、三位一体論に至る途上で形成された霊に関する諸表象は、決して当初からユダヤ教および唯一の神へのその信仰と対立していなかったに違いないことを示している。それは、ヨハネ福音書のロゴス概念および初期キリスト教の弁証論のロゴス論の出発点になった、先在する知恵に関する箴言（八・二二以下）の諸言明においてすでに明らかである。ラビ神学は神の先在する知恵を、これに匹敵する仕方でトーラーと同一視した(59)。しかし知恵は決して、ユダヤ教の思惟において、神と並ぶ、同時にある種の独立した神の出現形式として表象された、唯一の偉大な存在ではなかった。似たような事態は、むしろすでにヤハウェの「名」の申命記的神学のうちにすでにみられる。その名について、神御自身は天におられるのに（申一六・一五）、神は神殿に「住む」と言われている（申一二・五、一一、二一、その他）(60)。ヤハウェの栄光も、エゼキエルと祭司文書以後、ある意味で神御自身と区別された独自で偉大な存在として表象された(61)。それは、終末論的な将来において新しいエルサレムに、そこに永遠に住むために（エゼ四三・四、七）降りてくるであろう。ラビのタルグム（旧約聖書のアラム語訳）は、その後、《栄光（Kabod）》を《内住（Schekina）》と結びつけ(62)、それによって《栄光》を神御自身からさらに明確に区別した。これらすべての表象において、神のこの世における顕現と働きの諸形式を神御自身から区別する傾向が現れている。それは、世界に対する神の超越の表象にも関連している。神の超越がますます強調された結果、世界における神の臨在の仕方は、独立した諸位格へと凝縮されていった。キリスト教神学の展開の初期の段階における、子と霊を神の救済の経綸の担い手としてとらえる諸々のキリスト教的理解は、差し当たり多くの点でこのような諸表象と類似していた。それゆえ両者は、諸天使に関するユダヤ教の諸表象とも結びつけられることができ、また逆に、ユダヤ教の釈義において天使に関係づけられた神の諸顕現に関する旧約聖書の報告は、父、子、霊の三つ組（Trias）に対するキリスト教の告白ための典拠として必要とされた。したがって特に、マムレにおいてアブラハムのところに三人の「男たち」が訪れたという話（創一八・一―一六）とイザヤの召命の幻――それらは、すでにフィロンにおいて、二つのケルビムの間で契約の箱の蓋（Kapporeth 贖いの座）から語る神という表象（出二五・二二）と結びつけられていた――は、古代教会の、三位一体論のための証言聖句において重要な役割を果たした(63)。ここには、永続的意義をもつひとつの事態が隠れている。子と霊に関するキリスト教的諸言明は、すでにユダヤ的思惟を煩わせる諸々の問い、すなわちひとりの神の超越的本質的現実と諸々の出現方法の関係に関する諸々の問いと結びつけられた。これらの問いに対するキリスト教の答えは、子と霊の十全な神性に対するニカイアとコンスタンティノポリスの信仰告白によって与えられたが、それは次のように述べている。すなわち、世界における神の臨在と啓示の諸形式は、超越的な神御自身と本質的にひとつであり、それゆえこの超越的な神は、逆に超越的であると共に、また世界のうちに臨在すると考えられるべきである。

このテーマは、ロゴスの概念において範例的な仕方で展開された。すでにフィロンの場合にそうであったように、二世紀のキリスト教の弁証論において、ロゴスは、創造においても、救済史においても、世界における超越的な神の啓示の本来の担い手である。それゆえユスティノスは、旧約聖書に伝えられている神の諸顕現を完全にロゴスによるものとみなすことができた（Apol 63, Dial 127f.）。そのロゴスがナザレのイエスにおいて肉体を具え、しかも究極的な、もしくは完全な形で顕現したと言明されたとき、その主張は初めてキリスト教特有なものとなった。しかし他方で、まさにロゴスとイエスを同一視したことにより、最終的に、ロゴスは十全な神性を有するとの確信へと導かれた。これはロゴスの宇宙論的機能から生じたものではない、つまり、神から出てきたもの（Hervorgegangenen）は神的起源に対し劣っていることを示唆するロゴスの宇宙論的機能から生じたものではない。ロゴスの十全な神性という意味での神との一体性は、救済を内容として含む、神御自身への参与を仲介するというロゴスの終末論的な啓示の機能から生じた。しかしながら、ロゴス・キリスト論の初めから関心の的になっていたのは、ロゴスは父に由来するがゆえに父と一体性をもつという思想であった。ロゴスが父に由来するということは、キリスト論の一神教的正統性を立証するように思われた。ロゴスの表象はひとりの神という表象から導きだされる。この神は、世界の創造と共に、神と異なるすべてのものの起源を形成する言葉として、神に特有な理性を、自分のうちから生みだした(64)。このような発生（Hervorgang）という表象に、ロゴスは父の「実体」に参与する(65)という、さらに別の表象も結びつけられた。しかしながら、ロゴスの発生によって、次のような二義性は生まれなかったのだろうか？　すなわちそれは、それによりロゴスが父から区別されて、被造物の側に位置づけられることになってしまった、あるいはそれにより一神教が犠牲にされてしまった、という二義性である。被造物および被造世界の創造と区別された子の「永遠」の産出（Zeugung 生み出すこと）という思想は、ここで術語上の境界設定（Abgrenzung）をもたらした。しかしそれにより、すでに実質的な明晰性ももたらされたのだろうか。オリゲネスにおいては、たしかにそれはまだ起こっていなかった。

アタナシオスの場合、父と子の一体性は、父が起源であるという関係とは別の根拠に基礎づけられていた(66)。すなわち、父という名のなかに暗黙のうちに子との関係が含まれている、という論理に基礎づけられていた。しかし、父と子の一体性はどのようにしてより厳密に理解されるようになるのかという問いは、それによってもまだ解明されなかった。カッパドキアの教父たちは、その解明に力を尽くした。彼らは、三つの位格の一体性の証明をそれらの活動の一体性のなかに見出した(67)。それによって彼らは、三神教という非難に対し説得力のある対応ができると考えた。しかしもしも統一的な活動一般の思想が神の諸位格の三性の表象と結びつけられるべきであるとすれば、神的活動の一体性は、すべての共通の活動以前に存在する神の本質の総体的一体性としても考えることができるだろう。その共通の活動は、諸位格とその区別にとっても構成的なものではない。二世紀および三世紀の神学は、父、子、霊の、三つの異なる作用領域の表象を通して、三一論的諸位格の区別を基礎づけようとした。これに対し、四世紀に展開された統一的な神的活動の表象は、異なる諸位格の構成根拠を提示することができない。神的諸位格の多数性という仮定に矛盾しないとしても、それはすでに多数である。三つの位格は一貫して共に働くという表象により、それは排除される。しかしその際、諸位格の三性は、すでに他のところで基礎づけられたものとして前提されていなければならない。三つの位格の相互関係、それらの存在の独立性あるいは非独立性も、それらの共通の働きの統一性からは解明されない。端的に要求されているのは次のことである。つまり、そもそも別の諸々の根拠に基づいて、神におけるそのような多数性が受け入れられるべきであるとすれば、神の諸位格の構成は、そこからそれらの働きの一貫した共通性が、ひとつの、あるいは他の方法で理解できるようになるという具合に、考えられなければならない。存在論的に独立して存在する諸々の主体の総体的共同作業という表象は、それによっても排除されず、その結果、三神教という疑念も、この方法によってはまだ除去することができない。それゆえ、カッパドキアの教父たちも、この疑念にさらに別の方法で対処するように求められていると考えたとしても、驚くに当らない。その別の方法とは、諸位格間の諸関係が、その区別と独立性にとって構成的であるかぎりにおいて、その諸関係を省察することである。

アタナシオスは、すでに個々の諸位格という表象それ自体が、他の諸位格との諸関係を暗に含んでおり、この諸関係なしにその表象が形成されることは決してありえない、という視点を展開した。彼にとって、それは、父と子の諸関係を考える際に、最も説得力をもつものであった。父は、子がいなければ、父として考えることができないということは、彼にとって、子の十全な神性を示すための、決定的な論証となった。この論証は、「セラピオーンへの手紙」において霊に対する父の関係に転用された。ただしここでは、父の名に基づいて同じ明証性をもってこの論証を展開することは不可能であった。父は、その霊を伴わずに考えられないという論証は、父は神であるということに基づいて初めて、その説得力を獲得した。三つの位格の異なる特性の規定を考慮に入れつつ、この論証はカッパドキアの教父たちによって受け継がれた。つまり三つの位格の特質は、それらの諸関係を通して相互に規定されている(68)。しかし三一論的諸位格の特質の規定のためのこの論理的視点は、諸位格の構成に関する存在論的な問いに対する返答のために、豊かな実りをもたらすことはなかったか、あるいはいずれにせよ限定された実りしかもたらさなかった。すなわち、この件に関し、カッパドキアの教父たちは、父は神性の源泉であり原理であるという古い思想に遡ってしまった(69)。それによると、父だけが起源をもたず、子と霊はそれらの神性と、それと同時に父との一体性(70)を父から受け取った。しかしこれは、三一性に関するニカイア公会議以前の諸々の理解のなかで「従属主義」が採った視点であり、子の十全な神性を認めるニカイア信条の定式をめぐる論争において、行く手を阻んだ視点である。たしかにアリウス主義の論証は次のようなものであった。つまり、父だけが起源をもたず、それゆえ最高度の意味においても父だけが神である。父だけが他のすべてのものの起源であり、自らは起源を必要としない。それに対してバシレイオスは、たしかに、神性それ自体は起源をもたないことと、父は生み出されたものではないこと――これは、子が生み出された存在であるのに対し、父の位格の固有な特徴となっている――とを区別した(71)。しかし彼は、そこからさらにアタナシオスのように展開することはなかった。すなわち、相互制約の意味での位格の諸々の相違という関係的制約を父にも適用し、その結果、父が子との関係においてのみ「生み出されなかった」ものとして考えられる、という方向へ向かうことはなかった。むしろ神性の起源と源泉としての父という表象において、父の位格と神性の本質は次のような仕方で再びつなぎ合わされた。つまり、神の本質は起源という仕方で父に、そして父だけに、具わっているものであり、子と霊は、父からそれを受け取るという具合に。このことは、アタナシオスとは逆に、従属主義へと逆戻りすることを意味する。なぜなら、諸位格の特性の相互的規定という視点は、その位格存在（Personsein）の同じく相互的存在論的構成という思想へとさらに広がらずに、むしろ起源の諸関係の意味で解釈されたからである。この起源の諸関係についていては、父が神性の起源および源泉とみなされるとすれば、厳密に考えると、それらの位格存在を構成するものとしての子と霊との関係においてのみ語られうるのである。

したがって、神の本質の一体性における、父、子、霊の一体性は、ニカイアの教義と、子と霊の十全な神性をめぐる論争の過程において、十分に解明されたとは言い難い。カッパドキアの教父たちの一神教的な意図は、ニカイア以前の神学と同様に、何ら疑う余地がない。それが論証によっても果たされるということは、しかし諸々の制限つきでのみ肯定される。それゆえ、後の神学がここで新たに、そしてさらに展開していく諸々の努力を求められていることを知ったその実質的な根拠は、この事態のうちにある。

2　教義学の構成における三位一体論の位置と三一論的諸言明の基礎づけの問題

キリスト教の神論を記述する際に、盛期スコラ以来、次のような方法が貫徹されてきた。つまりそれは、ひとりの神の現存在（Dasein）についての問いから始め、次にこのひとりの神の本質と諸属性を取り扱い、そしてそれに引き続き、初めて三位一体論を取り上げる(72)。この記述様式は、宗教改革の教義学においても維持された。

メランヒトンは、『ロキ・コンムーネス』（一五二一）において神論を完全に除外しようとしたにもかかわらず（CR 21, 84）、『ロキ・テオロギキ』（一五三五）（ib.351）の比較的後の版は、《locus de Deo（神論）》から始まっている。これは、神の現存在と本質に関する短い詳述の後で、三一性について詳細に論じている（最終版（一五五九）、ibd.607-637を参照）。カルヴァンは『キリスト教綱要』（一五三九年版以来）を、ひとりの神についてのみ論ずる神認識に関する章から始めた（CR 29, 279-304）。一五三五年の初版（ib.71f.）の場合と同様に、三位一体論は後段になってようやく取り上げられた。つまり信仰概念の叙述に続く信仰告白の解釈の際に言及された（c.6, 8ff., CR 29, 481-495）。一五五九年の『キリスト教綱要』の最終版において初めて、三位一体論は、全集の第一巻として拡大されている、創造者なる神の認識の教理と結びつけられ、自然、聖書、そして理性に基づく神認識に関する論述に続いて論じられている（Inst. I, 13,CR 30, 89-116）。

たしかにアブラハム・カロフ（カロヴィウス）以来(73)、古プロテスタントの教義学者たちは、キリスト教の神思想は三位一体論によって初めて達成されること、そしてこれなしには不完全なままであることを強調した(74)。啓蒙主義の神学もこの理解を固持した(75)。

しかしながら人びとは、旧約聖書を通じて、最高の存在者（出三・一四）(76)としての神と、この神の諸属性の記述を三位一体論の前に置くことは正当であると感じた。この思想は、神は霊である（ヨハ四・二四）とする新約聖書の概念と結びつけられ、後になるとこれに取って代わられた(77)。いずれにせよ神の諸属性は最高の存在者ないし霊としての神の概念から導きだされ、他方、特別なキリスト教的啓示の内容としての三位一体論は、ひとりの神というそれ自体において完成されている表象に付加され、それにより普遍的神論への付録のような機能を果たすことができた。

中世初期の神学はこれと異なる方法を知っていた。ペトルス・ロンバルドゥスは、彼の神学命題集四巻の第一巻のなかで三一性の神秘を取り扱い、短い序文のあとで、第二章において直ちに《三位一体論と単一論の神秘》に取り組んだ。彼もまた、聖書の三一論的信仰のための《理性と類似性》の論究を、もちろん自然的神認識に関する諸々の詳論をもって始めた。しかしこれは、彼のアウグスティヌスによって規定された見解によると、創造の業における三一性の諸々の足跡から獲得されるのであり、そして次に、人間の魂においてより明瞭に見出される(78)。

ロンバルドゥスと、三一性のアウグスティヌスの心理学的類比によって完全に方向づけられた観察方法に反対して、十二世紀の中頃、ギルベルトゥス・ポレターヌスは、理性には、神の一体性の認識のみが可能であるという理解を擁護した。それどころか彼は、諸位格の三性を、神の一体性から決して引きだしえない純粋な信仰の真理とみなした(79)。ギルベルトゥスは、アウグスティヌスの心理学的類比的三位一体論の助けを借りて、諸位格の三性を神の一体性から導きだそうとする試みを、「サベリウス主義」として拒絶した(80)。この種の諸々の試みは初期スコラにおいて重要な役割を演じた。そしてそれらは、三一性の論述の前に神の一体性の教理を取り扱うという意味で、神論の、後に規範的になった構成の成立史に属する。それゆえ神論の構成の体系的問題は、この複雑な神学史的諸関連を考慮するときに初めて認識できるようになる。後の神学は、最初にひとりの神とその神の諸属性についての教説を、そして次に三位一体論を論ずるという、諸々のテーマの、かつて固定された順番に当然のこととして従ったが、この自明性は、おそらくこの問題に関する意識の欠如に起因していた。神論の構成に関する諸々の決断の背後には、神の一体性と三性の関係に関する根本的問い（Sachfrage）がある。すなわち、その三性は一体性から導きだされるのか？　という問いである。もしもそうだとすれば、神論の構成における神の一体性と三性に関する諸テーマのこの順番は、体系的に正当化されるであろう。もちろんこの順番は、三一論的諸言明の付加による、ひとりの神に関する諸言明の《補足》としても理解されうるであろう。しかしその場合、神の一体性の諸規定は、それ自体において不十分なものとして説明されうるとの条件のもとでのみ、ひとつの体系的関連が明らかになるであろう。さもなければ、神論のこの構成を基礎づける際のその三一論的諸言明は、ひとりの神についての教理への、多かれ少なかれ余分で皮相的な付録のようにみえるにちがいない。しかしもしも神の一体性に関する諸々の詳述が神思想の不十分な諸規定として説明されるとすれば、それと共にすでに、神的生命の内的差異をその一体性から導きだすことはもちろん否定的に理解されているであろう。

神における一体性と多数性の関係のこの問題は、二世紀の弁証家たちのロゴス論以来行われてきたように、ロゴスと霊を父から導きだすことと単純に同一視することはできない。すなわち、この思考過程は、永遠の、非時間的産出（Zeugung）の表象を越えて、三つの等しく神的な諸位格の表象に到達することができた。しかしこれにより、カッパドキアの教父たちの教理は三神論ではないのか？　というアリウス主義の嫌疑に対する彼らの回答において、神の三性における一体性の問題はまったく新しい局面を迎えた。子と霊を父の位格から導きだす方法は、この嫌疑に応えるにはもはや十分ではなかった。なぜなら父は今やそれ自身、神的本質の一体性と異なる、神における三つの位格のひとつに過ぎなかったからである。もしも子および霊と区別された父を神的本質それ自体と同一視するならば、次のような帰結は避けられなかった。つまりそれは、子および霊を最高の神に従属する諸位格として承認するという帰結である（注50を参照）。神的本質の一体性を、バシレイオスと共に、三つの位格を結びつける類的一体性と類比的に考えることも、同じく十分ではないであろう。こうして、ますます三神論の嫌疑をかけられるにちがいなかった。この嫌疑は、三つの神的位格が共に活動することを断言することによっても、晴らされなかった。なぜならそれらの三性の構成は、たしかにすでに、外側に向かう共同の活動に先行していなければならないからである。

この状況において、解決は次の点に求められた。つまり、あらゆる三一論的差異化に対し、それに先立つ神的本質の一体性が主張され、そこでは、その一体性から実質的に区別されたものという表象はすべて排除される――たとえ神における三つの「位格」の区別が、それにより不可解な秘密となってしまうという犠牲を払うとしても――という具合に規定される。アウグスティヌスはその著『三位一体論』においてこの道を進んだ。そのきっかけとなったのは、カッパドキアの教父たちの命題、つまり、三つの神的位格は、外に向かって働くという共通の性質をもつとの命題であった(81)。そこから、神の一体性は被造物の諸々の働きからのみ認識されうるとの結論がでてきた(82)。しかしこの一体性は、いかなる構成ももたない、絶対的に単純なものとして表象される。すなわち、構成といういかなる表象も、神思想それ自体を解体してしまうであろう。なぜならその場合、このような構成の原因も問われなければならず、その結果、その構成されたものは、第一の、そして最高の原因とは考えられなくなってしまうからである(83)。アウグスティヌスは、今や神的本質の端的な一体性の表象に基づき、三一論的教義の諸言明を解釈しようとした。すなわち「諸位格」の三性にもかかわらず、まず第一に問題になりうるのは実体的差異ではない。それゆえアウグスティヌスは「ヒュポスタシス」としての諸位格の区別を批判し、それに反対した。なぜなら《ヒュポスタシス》に相当するラテン語はまさに《スブスタンツィア（実体）》だからである(84)。しかし神における偶有的差異は問題になりえない。なぜなら神のうちには、その不変性のゆえにいかなる偶有性も存在しえないからである。しかしアウグスティヌスは、アタナシオスにならって、カッパドキアの教父たちによってすでに展開された規定つまり関係概念による三一論的区別の規定を受け継いだ。しかも彼はそれを、「諸位格」の諸々の相違は、ただ諸関係によって相互に制約されているという意味で受け継いだ(85)。神的本質における諸関係の主張は、アウグスティヌスによると、神思想から偶有的諸規定を排除することと矛盾しない。なぜなら神における諸関係は何かある可変性の表現ではなく、それらは永遠に存続するからである。これに対し諸々の偶有性は可変的諸規定である。すなわち、神的本質における諸関係は偶有的なものではない(86)。しかしむしろ神の端的に単純な本質（《essentia》）から偶有的諸規定を排除することにより、結果として生ずるのは、むしろ神における関係の区別についても語りえないということではないだろうか？

アウグスティヌスは、神的本質の一体性から三一論的区別を引きだそうとしなかった。彼が、三一性に関する彼の著作のなかで提出し、そして論究した諸々の心理学的類比は、一体性と三性の、ありうる調和――たとえわずかであれ――の表象を提供し、三一論的教義の諸言明に一定の説得力を与えるにすぎない(87)。このような諸々の類比は、外に向かう諸々の神的な働きの共同性という命題にもかかわらず、可能である。なぜなら人間の魂における神の像は、たしかに三つの位格それ自体を模倣するのではなく、共同の働きを模倣するからである。しかし模造は原像から離れたままであり、それゆえアウグスティヌスは、神的霊の一体性から三つの神的位格を導きだすという意味での「心理学的三位一体論」に到達することができなかった。それどころか彼は、三一性のあらゆる心理学的類比は不適切であることを強調した(88)。

ところが『偽ディオニュシオス・ホ・アレオパギテース』は、最後の偉大な新プラトン主義者であったプロクロスの新プラトン的一体性の思弁にならって、神的本質の一体性から三性を導きだそうとした。プラトンの『パルメニデス』(Parm 137c ff. 142c ff.) において展開された二つの理解の統一、つまり超越的一者としての一者の理解と、存在する一者およびすべてのものの一者としての一者の理解の統一は、ディオニュシオスにおいてはプロクロスと異なり、多様性をもつ世界を神的なものに包含することとして直接的に解釈されるのではなく、三一論的に解釈された(89)。出三・一四 (PG 3, 596A, 637A) の意味における存在それ自体として、神は同時に思惟 (869A-C) であり、それ自体として諸理念の総括概念であり、超越的統一——神はこれを通してすべてのものを自らのうちに統合する——と関係づけられる (980)(90)。ここにおいて三性は、一者から発生し、そして一者へ戻るという意味での一者の概念における弁証法から生じた。

数百年後に、これらの諸思想はヨハネス・スコトゥス・エリウゲナにおいて受け入れられ、自らを構成する絶対的根拠《unum multiplex in seipso》としての神という思想へと展開された(91)。十二世紀になると、シャルトルのティエリとリルのアラーヌスは、神的一体性の自己類似性 (Sichselbstgleichheit) の思想における、一体性と類似性の結合を通して、この事態を的確な諸定式で表現した。さらに三百年後、ニコラウス・クザーヌスはこれらの諸定式に遡って考察した(92)。ヴェルナー・バイアヴァルテスと共に(93)われわれは、そのなかに、統一に関するプラトン的-新プラトン的思弁の特にキリスト教的改造と思想的完成を見出すことができる。

カンタベリーのアンセルムスも、その著『モノロギオン』において、論証の構造に関し、神的一体性から三一論的三性を新プラトン的な仕方で霊感によって導きだすこの立場に近づいている。ただし内容的には、アンセルムスの諸思想はむしろアウグスティヌスに基づいている。特に、三一性に関する彼の著書の第九章にみられる《精神（Mens）、知識、愛》の三幅対（Trias）に基づいている(94)。しかしアウグスティヌスは、自分自身を認識し、そして愛する精神を、三一性の遠く隔たった類似の模造としてのみとらえたが、アンセルムスは、この三性を《精神（spiritus）》としての《最高の自然》（Monol. 27）の概念から直接演繹した。彼の論証は、多くの点で、二世紀の初期キリスト教の弁証論のやり方と比較される――それは、霊としての神の概念に基づいて、神に特有な、そして創造の際に現れるロゴスを推論した。しかしアンセルムスはこの一連の思想を、三一論的教義を前提として、創造以前の、神における一体性と三性の関係を考慮しつつ、しかも、その三性が一体性から導きだされ、そしてその一体性によって包摂されたままであるという具合に、展開した。すなわち思考する者、それによって思考されたもの、両者を結合する愛は、《ひとつの》霊である（Monol. 29 u. 53）。そのさい三一性のアウグスティヌス的諸類比は、三性を霊としての《最高の本質》の概念から導きだすための素材を提供した。

サン・ヴィクトールのリカルドゥスは、三一性に関する彼の著作において同様の方法で神における三性を、愛（《caritas》）の思想を包含する《最高善》としての神の概念から導きだした（III, 2 : PL 196, 916f.）。《カリタス》として規定された愛は、しかしある《他者》愛でなければならない――《Nullus autem pro privatio, et proprio sui ipsius amore dicitur proprie charitatem habere. Opportet itaque ut amor in alterum tendat, ut charitas esse queat》（916）。それゆえ《カリタス》は多数の位格を要求する。そしかし神の愛は、ひとりの《神的》位格のうちにのみ、それにとってまったく価値のある相手を見出すことができる。そしてそれゆえ、次のような多数の神的諸位格が仮定されなければならない。つまりそれらは、愛を通して、それらがすべてを、神性さえも共有するという具合に、相互に結ばれている（III, 8 : PL 196, 920 :《utrumque unam eamdemque substatiam communem habere》）。

愛の思想に基づく論証は、霊としての神の概念から神的三性を導きだすことに対して、それは現実に《人格的》対向

（Gegenüber）の思想に通ずるという長所をもっている。神において区別されうる複数の位格性は、霊としての神の概念から出発する論証に、いつも諸々の困難をもたらしてきた(95)。たしかに、アウグスティヌスにとってひとりの神における位格的三性についての教会の教理と結びついていた諸々の困難は、特に、次のことと関連していた。つまり、位格の思想は個別的実体の表象を含むように思われるが、実体ないし自存的存在（Substanz oder Subsistenz）の区別は、神的《本質（essentia）》の一体性と両立しえない（tri. VII, 4, 8ff.; CC 50, 257ff.）。

　リカルドゥスの論証の第二の長所は、その論証における第三の位格としての霊の区別が、自分自身を考え、そして愛する霊についての表象におけるよりも、いっそう明白になっていることにある。リカルドゥスによると、第三の位格は、すなわち愛する者と愛されるもの（Geliebten）を結びつける愛と共にすでに与えられているわけではない。この愛はむしろ共通の本質に対応している。しかし自分自身と同様にひとりの他者を愛する《カリタス》としての愛は、このような愛によって結びつけられている諸位格が、その愛に参与する者として第三の者を欲することを要求する（III, 11; PL 196, 922 und III, 15: ib.925）。このような論証に対する異論、つまり被造物もまた、ふたつの者の愛の交わりに参与するものとして考えられるとの異論は（Thomas v. Aquin S. thol. I, 32, 1ad 2）、もちろんあまりに不当であるというわけではない。

　この愛の思想によって可能になった、三一論的諸位格の人格性およびその交わりのより強力な特徴づけによっても、初期フランシスコ学派の神学がリカルドゥスに従って愛の思想を強調したにもかかわらず、リカルドゥスの論証の影響が、三一論的諸規定を神的本質の霊性から導きだす方法の陰に隠れてしまうことは阻止されなかった。リカルドゥスの論証もアウグスティヌスの思想に根差していた。三一性に関する書物の第九章は、愛する者、愛されるもの、そして愛の三性から始まっている（trin. IX, 2, 2 : 294, 4, vgl. VIII, 10, 14 : 290f.）。しかしアウグスティヌスはすでに次の章で愛から認識へと戻っている。ひとは、知らないことをどのようにして愛しうるのだろうか（3, 3 :《quomodo amat quod nescit ?》296, 1）？

　霊の概念に基づく論証は、それゆえ神の愛の理解にとっても基本的なものとみなされた。

一体性から三性（Dreiheit）を導きだすあらゆる試みに対し、上述のとおり、ギルベルトゥスは「サベリウス主義」（注80を参照）であると非難した。この非難はアウグスティヌスに向けられたものではなく(96)、おそらくカンタベリーのアンセルムスやペトルス・ロンバルドゥスによってなされたアウグスティヌスの思想の用い方に向けられた。すなわちアウグスティヌスの諸々の心理学的類比は、一体性から三性を導きだすことに役立てられるべきではなく、つまり決して三一性の認識に至るためではなく、ただ単に、すでに信じられている三一性を後から具体的に説明するために利用されるべきである。もちろんアウグスティヌスは神の一体性を非常に強く強調しており、その結果、厳密に受けとめると、諸位格の三性のための余地はほとんど残されていなかった。それゆえ、ギルベルトゥスは、神における三性は、神の一体性から導きだしえない純粋な啓示の真理であると主張したかぎりにおいて、決してアウグスティヌスから遠く離れていたわけではなかった（vgl. trin. X, 6f.）。同様に、百年後にトマス・アクィナスが、諸位格の三性は、強制的必然性を伴う理性の諸々の根拠を通して説明されるうることに異論を唱えたとき、彼はアウグスティヌスの理解に近づいた。すなわち、いかなる被造物にも三一性の痕跡がみられるにもかかわらず、諸位格の神的三性をそこから解明することは不可能である(97)。たしかに「プラトン主義の」哲学者たちにもキリスト教の三位一体論に近い諸思想が時おりみられるが、それらはひとりの神における位格的区別の意味で主張されているわけではない(98)。

三位一体論の信仰的性格のこのような強調に直面すると、トマス・アクィナスの『神学大全』において、神論の体系的関連が、三一論的諸言明を霊としてのひとりの神の概念から導きだすことによって特徴づけられていることは、たしかに驚きである。世界の第一原因としての神の表象から演繹されるのは、神の単純性、完全性、無限性、不変性、永遠、一体性という、その大意からすれば否定的な諸属性だけでなく、認識し（I, 14）、意志する（I, 19）本質としてのその霊性である。これに基づいて、再び、神の内部における発生（Hervorgänge）（《processiones》）を考える可能性が基礎づけられる。すなわち、知性において認識されたものの表象の発生（I, 27, 1）について考える可能性と、意志を通してその表象において把握された認識対象へ愛をもって向かうことについて（I, 27, 3）考える可能性である。神の内的諸関係という仮定（I, 28, 4）は、諸々の行為（《actiones》）としての、この神の内部における諸々の出来事の表象に基づいている。そしてまた実在する諸関係としての諸位格の教理（I, 29, 4）も、この表象に基づいている。このようにして世界の第一原因の表象から、三一論的諸位格に関する諸言明に至るまで、論理的に演繹していく鎖が生ずる。しかしこれは、三一性の認識は、純粋に啓示に基づく信仰の認識であるという主張と、どのようにして調和しうるのだろうか？　トマス自身が自らにこう問いかけ(99)、そして次のように答えた。つまり、三一性のような啓示の諸真理の場合には、理性は《合致・適合の諸原理》を提示しうるにすぎない。それらはたしかに当該の事態を説明するが、しかしその際すでにその事態を前提としている(100)。その際に問題になっているのは、三一性を神の自己啓示の解釈として説明する叙述にも結果としてみられるような、《仮説からの》論証である。しかしトマスの場合、それは、（ひとりの神とその諸属性に関する教説における）自然神学と三一論の結合の形式のなかで展開されており、後者は前者から導きだされている。

このようにトマス・アクィナスにおける、ひとりの神の記述と三一性(101)の記述を区別し、それらをこの順番で論ずるという神論の構成は、後代にとって古典的形式となった。神論のこの構成の基本となったのは、神の三つの位格をその一体的本質から導きだすという思想である。この構造にふさわしい表現は、ひとりの神の現存在と本質概念、本質的諸属性、三一性という諸テーマを、この順序で取り上げる、神論の古典的構成のうちに見出される。しかし神の三性をその一体性から導きだすという構成の思想がなければ、三位一体論を神の一体性の記述の後に取り上げるという神論の概要も、その体系的意味を失ってしまう。

西欧の神学において古典的になった神論の構成と、神の一体性に基づく三一論の基礎づけが内容的にどれほど密接に関連しているかということは、ダマスコのヨハネが八世紀の中頃に著した『東方正教会の信仰の記述』と比較することにより、目の当たりにすることができる。この著作もたしかに、ニュッサのグレゴリオス(102)の『大教理教育論』を手本として、ひとりの神、神の本質の理解不可能性（I, 1f.）、神の現存在の証明（I, 3）、から始まっている。そして再度、神の理解不可能性（I, 4）と唯一性（I, 5）が、第一巻の第六章において三位一体論が取り扱われる前に、説明されている。しかし、その説明の対象としてすでに第一章と第二章において、三一論的神の名があげられている。初めから問題になっているのは、《その神の》本質的一体性と理解不可能性、《その神の》現存在と本質である。それゆえ反対に、神的本質の三一論的区分の記述(103)に続いているのは、ひとりの、そしてそれ自体において三一論的に規定されている神的本質の《諸々の属性》に関する諸々の詳述である(I, 9ff.)。もしもこの論証関連に含まれている基礎づけの構造をみるならば、われわれは次のように言うにちがいない。つまり、すでにニュッサのグレゴリオスの場合と同様に、ここでも神の一体性から、つまりその霊性から、三一論的諸規定を導きだす兆しがみられる、と(bes. I, 6 u.7.)。しかしこの兆しは、後に中世のラテン神学において起こったように、神論全体の体系にとって決定的なものとはまだなっていなかった。

宗教改革の神学において、盛期スコラの場合に神論が獲得した体系的閉鎖的まとまりは失われてしまった。なぜならここでは、三一性は啓示に基づいてのみ認識されるという宣言が真剣に受けとめられたからである。今やこれは、三位一体論の諸言明は聖書に基づいて基礎づけられるべきことを意味した。この要求はたしかに一貫してあらゆる教義学的諸言明に対して向けられたが、個別・絶対的に《absolute considerata》神の現存在と神の本質それ自体に関する教説にも向けられた。しかしそれらについての諸言明は、それらが聖書から導きだされたにもかかわらず、神の霊性、一体性、唯一性、単純性、完全、無限性、永遠などに関するスコラ哲学の諸言明と内容的に極めて広範に合致しただけでなく、それによって与えられた思想的諸関連も考慮しつつ提示された(104)。ところが三位一体論の場合には、古プロテスタントの教義学は自らを聖書に基づく教会の教理の諸言明の基礎づけと厳密化に限定した。たしかに後期メランヒトンは、子と霊の三一論的発生を、なおアウグスティヌス的伝統である諸々の心理学的類比の助けを借りて、神的《霊的本質》から導きだした(105)。ところが直ちにルター派の側ではフラキウスとフッターによる決定的反論が、改革派の側ではウルジヌスの決定的反論が、それぞれ起こった(106)。その結果、三位一体論に関する古プロテスタントの記述の大多数においては、神的本質の一体性とその諸々の属性に関する諸言明との一貫した思想的関連はもはや展開されなかった。《個別・絶対的に考えられた》神の本質に関する諸言明はたしかにキリスト教信仰の三一の神と関連づけられるべきであり、三位一体論は同じひとつの神的本質を対象にしているとの宣言は、今や他の観点においてのみ、すなわち《相対的に考えられる》ときにのみ(107)、この状況の下で、神論の諸々のテーマを外見上括弧のなかに入れることができた。かつて、このような関連の表現であった神論の盛期スコラに遡る構成は保持されたにもかかわらず、もはや思想的内的関連は存在しなかった。

三位一体論は、神の絶対的一体性の教理との内的関連を欠いていることにより、批判を受けやすかった。このような批判は、まず十六世紀(108)のソッツィーニ主義者たちと他の反三一論者たちによって、教会の教理の諸々の不合理とみなされるもののゆえに、しかもこの教理に対し批判的な聖書解釈に基づいて提起された。この釈義は、ヨハ八・五八、ヨハ一七・五、特にヨハ一・一以下のような聖句と関連しつつ、いっそう強い影響力を及ぼしていった(109)。アルミニウス主義者たちは、この釈義に、現代の読者にとってもなお印象的な鋭い切れ味を加えた。すなわち彼らは子と霊を父に従属させ、永遠なる本質的三一性という仮定に反対して、神学はひとつの単なる啓示の三一性に満足しなければならないという命題を唱えた後の人びとの先駆者たちとなった(110)。三一論的諸言明に反対する悟性に基づく諸々の論証と、それらに対する聖書的‐釈義的批判に加えて、最後にさらに教会の教えに対する歴史的批判が現れ、この批判は、それらの教えの発生の起源を古代後期のプラトン主義に求めた(111)。これにより、三一論的教義は非聖書的性格をもつとの印象がさらに強められ、したがって十八世紀後期および十九世紀初期の神学が、喜んで、聖書において証言されている啓示の三一性の思想(112)へと退いていったことは、驚くに当らない(113)。その傾向はすでにヨハン・ザロモ・ゼムラーにみられ、彼は、「神の子であること（神の子性）」のより正確な理解は個人の判断に委ねるというアルミニウス主義の提案を弁護した(114)。他方、この傾向となお関連していると思われるのはシュライアマハーの三位一体論の取り扱いであり、それはキリスト論と聖霊論から始まり（Der christliche Glaube,§121, 2, vgl. 97, 2)、信仰論の最後に三一論について包括的に論及している（§§170ff.)。

十七世紀および十八世紀の福音主義神学における三位一体論の衰退に現れたのは、三一論的諸言明と神の一体性の諸表象との内的体系的結合が欠けているという事実であった。古プロテスタント神学それ自体が、三一性を神の一体性から導きだすスコラ的構成を解体することにより、この衰退のプロセスを誘発した。三位一体論は啓示に由来するとの理由で、スコラ的な演繹法が拒否されたとすれば、神の一体性に関するキリスト教の理解も、そこから新たに徹底的に検討されなければならなかった。三一性が神の一体性と両立しうるという証明、さらには三一性なしに、神の一体性の思想を適切に、また首尾一貫して考えることができないという証明を断念することは、決して許されないであろう。アブラハム・カロフはこのような関連をたしかに信仰の要請として主張したが、それを思想的に展開することはなかった。唯一の神は、三位一体論と共にというよりも、むしろ三位一体論なしに考えうるような思いが生じた瞬間に、三位一体論と共に考えることは、ひとりの神の表象にとって余分な付加のように思われるにちがいない――たとえそれが、啓示の神秘として非常に丁寧に扱われるとしても。もっとまずいのは、それが必然的に神の一体性と両立しえないものとして叙述されることである。このような状況においてのみ、聖書の釈義も歴史的批判も、三位一体論の破壊の道具となりうる。新約聖書にはたしかに子と霊の十全な神性のための論拠が見出されるが、展開された三位一体論は見出されないという事実は、後者に対する批判として主張される。なぜならそれは、それ自体において首尾一貫しないもの、また神の一体性と両立しえないものにみえるからである。三位一体論のみが、自らをキリストにおいて啓示する神の一体性の完全な、そしてそれ自体において首尾一貫した叙述であるとすれば、同じ事態は全く別の光のなかで記述される。そのときその事態は、新約聖書の諸々の証言のうちにただ暗示的に、しかし内容的に原始キリスト教の信仰のうちに暗黙のうちに含まれていた事態の体系的理解と完成の結果のようにみえるであろう。

福音主義神学における三位一体論の衰退は、神の一体性の思想とのその不十分な調停の表現と結果であったことは、次のことにより確認される。つまり、キリスト教の神理解とさらに哲学的神理解にとって、それがもつ新たな中心的意味を確かなものにするために必要なのは、三一性を神理解から導きだすことを再発見することだけであった。レッシングは、霊の概念に基づく三一性の基礎づけを、神御自身の意識における神の自己理解の表現として再発見し、それを新たに主張した(115)。ドイツ観念論哲学の、自己意識の哲学に基づいて展開された神論は、レッシングの思想を受け入れ、そして印象的な仕方で改造した。絶対精神というヘーゲルの哲学において、自己自身を意識する精神の思想に基づく三位一体論の革新は、その古典的形態を獲得した。ヘーゲルは、同時代の神学と異なり、キリスト教一般の中心的教義を革新したことを自覚していた(116)。事実、三位一体論なしには、キリストの神性についての教理もそのよりどころを失ってしまう。その場合、イエスは単に神の霊感を与えられたひとりの人間として評価され、教会は、イエスの人格性の印象の下に生じた人間の信仰共同体として評価される。双方とも、たとえばシュライアマハーの『信仰論』において論じられている通りである。ところが三位一体論においては、神とその啓示がキリスト教神学一般の中心に立っている。この中心的機能を意識しつつ、ヘーゲルによる三位一体論の革新にならったのは十九世紀の思弁的神学だけでなかった。シュライアマハーの学派から出てきた調停神学もこの革新を避けられなかった。

しかしシュライアマハーの弟子たちは、三位一体論の基礎としての、子と霊による神の歴史的啓示に固執した。彼らは霊としての神の概念から出発し、そこから思弁的に神の自己意識における神の自己区別の観念へと進むことはなかった。彼らはむしろ子と霊の十全な神性に関する聖書の諸言明のなかに、三一論的神概念を展開する必然性を見出した。そのさい論争されたのは、神の歴史的啓示における父、子、霊という神の三性を越えて、そもそも、神の永遠の本質においても、それに対応する三性の表象へと向かう歩みがさらに貫徹されうるのか、そして貫徹されねばならないのかということであった。アウグスト・トヴェステンとカール・イマーヌエル・ニッチュによると、ニッチュが定式化しているように、すべてのユニテリアン的かつ理神論的傾向に反対して、神思想それ自体における「神のまさにこのような諸々の啓示方法の完全な必然性」を確立するために、このような歩みは必要である(117)。「もしも神が、自らを啓示するような方ではないとすれば、この啓示の三幅対は、……《絶対的》ではない」(118)。他方、フリードリヒ・リュッケは、このような歩みの必然性と釈義的根拠を疑った。なぜなら父なる神、子、そして霊に関する聖書の諸言明は、世界と神の関係のなかにその場をもっているからである。たしかにリュッケも、トヴェステンの「神は、自らを啓示するように、存在する」という命題に同意した。しかし神が自らを愛と正義として啓示するとすれば、「神のなかに、本質の真に内在的相違」はまだみられないことになる。このことは「父、子、霊の区別」には当てはまらない。絶対的なものは「いかなる内在的区別も許さない」(119)。「神が、……御自身を、そしてまず御自身のなかに啓示するにちがいないという痕跡」を、彼は「聖書のどこにも、ヨハネにも他のところにも」(120)見出すことができない。

十九世紀の福音主義神学は、三位一体論に対する多くの重要な貢献にもかかわらず、これらのアポリアを乗り越えられなかった。父、子、霊の神性に関する聖書の諸言明から、神の永遠の本質における神の三一論的区別の表象へと向かうことは、正当にも、リュッケと他の多くの人びとにとって、まったく別の「思弁的」観察方法へと跳躍することのように思われた。なぜなら本質的三一性の諸々の表象は、歴史的啓示の諸事実からは導きだされず、神的本質の単なる諸概念から導きだされるからである――それが神的霊の思想からであれ、あるいは神の愛の思想からであれ。双方の論証方法はたしかにその出発点で聖書の諸言明に基づいていた。つまり、「神は霊である」(ヨハ四・二四)と「神は愛である」(Ⅰヨハ四・八)というヨハネの二つの命題に基づいている――また出三・一四の謎に満ちた言明も参照された。教父学以来、神学的伝統はこれらから神の不変的存在の思想を取りだしたが、これらは、聖書のなかで、神の本質の「定義」のように読むことができる唯一の命題である。しかしこれらの諸言明から三一論的区別を導きだすことは、新約聖書の諸テキストの特性に対する釈義的洞察が進むにつれて、他の種類の論証へと跳躍することであることがますます明白に認識されるようになった。それゆえ十九世紀後半になると、内在的本質的三一性の教理は再び抑圧されるようになった。それは、特にアルブレヒト・リッチュルと彼の学派の形而上学批判の影響を受けていた(121)。神はその啓示において、「実際に神御自身が何であるのか」を伝えるがゆえに、人びとがその必然性に固執するところでも、「神の本質における内的諸関係に関する教会の教理の諸命題は、……神学的談義として」排除される。なぜならそれらは、「まさに時間的な所与の事実のなかで、神の永遠の本質を認識することを目指す代わりに、」歴史的啓示から離れていくからである(122)。

神の本質の概念から三一論的区別を導きだすことと結びついているより深刻な問題は、三一論の思弁的革新に反対する、啓示の歴史性によって基礎づけられたあらゆる留保にもかかわらず、まだまったく触れられていない。それは、特に、神的霊自身の意識におけるその霊の自己区別から三一的区別を導きだすことは、結果として、諸位格の三性を唯一の人格的神の表象に止揚することになるという事実である。したがってひとりの神の概念から三一論的区別を導きだすことは、三位一体論それ自体との矛盾に陥ってしまう。すでに十二世紀にギルベルトゥス・ポレターヌスは、三一論的諸言明の心理学的演繹に到達するために、アウグスティヌスの三位一体論のアナロギーを用いることに対する彼の批判のなかでこのことを認識し、「サベリウス主義」としてそれを拒絶した（注80を参照）。たとえ本質的三一性の思弁的-心理学的諸解釈が、父、子、霊の三性を救済の経綸の異なる諸局面と関連づけ、またそれらに限定しようとする歴史的サベリウス主義と同一でないとしても、三一性の心理学的解釈の場合にも究極的に問題になっているのは、それを非三一論的一神教に還元することである、との「サベリウス主義」に対する非難はまったく正当である。このように考えられた神は、その自己意識における自己区別にもかかわらず、いつも唯一の主体であり続ける。自己意識の諸要因はいかなる独自な主体性も獲得しない。それゆえこのような思惟様式の信奉者たちは、初めから、三一論的教義を通してひとりの神における三つの位格の主張を受け入れることに困難を覚えた。アウグスティヌスはなおこの点で、彼の心理学的諸類比の訴える力の限界を確認していたが、すでにカンタベリーのアンセルムスは反対に、三つの位格に関する教義の言語の適切性を疑っていた(123)。心理学的モデルの内部で、子と霊を、父の位格においてだけでなく、各々それ自体で「自存する」諸関係として証明しようとする試みは(124)、依然として人為的でわざとらしかった。そして問題は再び三位一体論の思弁的革新の基盤の問題に戻ってしまった。ヘーゲルは複数の諸位格をたしかに愛の思想から捉えたが、絶対精神の自己意識の展開として納得させることができず(125)、愛の視点のもとで、神において「解消される」ものとして規定した(126)。しかしイザク・アウグスト・ドルナー——十九世紀後半のプロテスタント神学における本質的三一性の最も重要な擁護者——は、三つの位格の代わりに、ひとりの神の三つの「存在様式」について語る特徴的な提案を行った(127)。

同じく特徴的なのは、ドルナーの提案が、カール・バルトの、内在的ないし本質的三一性に関する教理の印象的な革新に取り入れられたことである(128)。バルトはもちろん三一論をもはや霊としての神の概念から導きだそうとはしなかった。彼はむしろ、それがイエス・キリストにおける神の啓示の表現として理解されることを望んだ。しかし実際には、『教会教義学』は三一論的神思想を、父、子、霊としての神の歴史的啓示の諸々の事実から展開せず、自己啓示という啓示の形式的《概念》——それは、バルトによると、啓示の主体、啓示の客体、そして啓示それ自体を諸要因として包摂しており、この諸要因は同時に互いにひとつである——から展開した(129)。啓示の三一性のこのモデルは、特に神の啓示における神の啓示存在が、主に自分自身への啓示存在として考えられなければならないときは、自分自身を意識する絶対的なもののモデルと構造的に一致するものとして認識されやすい(130)。そのさい啓示する主体は、ただ唯一の主体である。バルトは、まさに三位一体論を「神の啓示における神の主体性」の記述として理解することができた(131)。このような事態においては、ひとりの神における多数の諸位格のための場はまったく存在することができず、せいぜい神のひとつの主体性の異なる「存在様式」のための場が存在するだけである。次の事実によっても、この事態はもはや変わらない。すなわち後にバルトは、父、子、霊の神性に対する聖書の諸証言をそれぞれ取り扱った。それは、神的現実のこの三つの様相の各々が、神の自己啓示のなかに現れるだけでなく、神の永遠の存在に属することを説明するためであった(132)。これらの諸々の考察は、それだけで取り上げるならば、内容的にも神の啓示から出発する三位一体論のための基盤を形成することができるであろう。しかしバルトの三位一体論の関連では、それらの諸々の考察は、ひとりの神の自己啓示の概念に含まれていた存在様式の三性に関する、以前に展開された諸言明が、神御自身における神の永遠の存在にも当てはまるということの基礎づけとしてのみ機能する。

神の愛の思想から三一性を導きだすという試みの結果は、大いに説得力のあるものとはならなかった。たしかにすでにサン・ヴィクトールのリカルドゥスの諸々の説明において際立っていたのは、諸位格の自立性のこの論証の型は、神概念から導きだす場合よりもいっそう多くの余地（可能性）を残していたことである。このことが特に当てはまるのは、ヘーゲルの宗教哲学においても生じたように、多数の位格が愛の関係の《条件》として主張されている場合である(133)。しかしながらその場合、次のことは認識されていない。つまり、その諸位格が愛を通して構成されていること、それらは愛の本質から生ずること、そしてむしろ、愛の関係が思い浮かべられるようになるために、それらがすでに他の仕方で前提される必要はないことである。たしかに、諸位格の発生も愛の表現でありうると考えることもできる。しかしその場合、いつもすでにひとりの主体が前提とされており、その主体は愛の主要な主体と理解され、そして他の諸位格はその産物ということになる。このようにしてここでも再び、ひとりの唯一の神的主体という表象が姿を現す。その場合、他の神的諸位格はその現実性に関してたしかに疑わしいものではないが、しかし最初の位格に従属し、序列は同じではなくなる。特にその一体性は疑わしくなる。すなわち、それらはなお愛と非常に緊密に結ばれているとしても、愛における相互的志向以前にすでに諸位格としてのその現存在が想定されていなければならないように思われる――ただし、位格存在が愛の本質から構成されているものとして、しかも独立した、諸位格においてのみ現れる現実性として考えられている場合を除いて。たいてい、愛は神的諸位格の属性ないし活動として理解され、そして少なくとも、愛の主体としての最初の神的位格は、すでに神的愛の理解のための前提となっている。他方、そこから生じた他の諸位格の場合には、最初の位格に従属するという古くからある諸々の困難と、神的一体性の諸々の三神的危険が生ずる。そのうえ、このような諸表象はIヨハ四・八の言明にも対応しない。つまりそれは、神は《愛する》というだけでなく、神は愛で《ある》と語っている。神は、愛するひとりの主体であるという表象に従うとき、われわれはこの思想に当達していない。相互に愛し合う諸位格の複数性という前提のもとでも、諸位格は依然として他のものを通して、つまり愛を通して、結ばれている。その際、この他のものは、それらと同じ第三のもの、つまり第三の「位格」とは考えられないであろう。

愛の彼岸的主体としての神と、この愛を通してひとつとされる三一論的諸位格の複数性の表象と、ルートヴィヒ・フォイエルバッハは、ヨハネ的な、愛としての神の同一化を対向させて、漁夫の利を占めることができた。つまり、愛はこのような諸々の位格的対立を止揚する、というのである。エーバハルト・ユンゲルはこの批判を詳細に取りあげ、それは、「人間の自己実現の総括」としての「抽象的エロス」の意味での愛の理解を前提としている、と異論を唱えた[134]。しかしフォイエルバッハは愛を、それを通して類が個々人よりも強力なものであることが判明する類の力として理解した[135]。フォイエルバッハに反対して神と愛の一体性を示そうと望む者は、「神」を彼岸的人格として前提してはならない――この人格にとって愛は、活動ないし属性として従属するものである。そうではなく彼は、反対に「三つの位格」を、神御自身である愛の諸々の歴史的な具体的存在様式として理解しなければならない。ところがエーバハルト・ユンゲルは、「神によって表明される愛は、事実、神御自身をその主体としてもたなければならない」（462）という点で、ハインリヒ・ショルツに同意する。このようにして彼は、フォイエルバッハが批判した愛の主体としての神の同一化を再び主張した。ユンゲルは、「三一の神の存在は愛の本質の論理から演繹されてはならない」（433）ことを強調しているにもかかわらず、彼は実際にサン・ヴィクトールのリカルドゥスの論証に非常に近づいている。すなわち「神は、自ら愛する方である。……しかし自ら愛する方は、この愛をすでにいつも受容する「愛されているもの」との関連がなければ、自ら愛することは不可能であるがゆえに、彼の側においてすでにいつも、愛するものと関連づけられていなければならない。つまりそれは《子なる神》である」（509）。ユンゲルは、神の啓示における神の自己肯定というバルトのモデルから愛としての神の思想への移行により、内三位一体的差異という位格的特徴のための、疑いもなくより広い空間を獲得した。しかし彼が、子を、彼が愛の主体と呼ぶ神の自己区別から生じさせることにより、神は、《第一次的に（a parte potiori）》父と同一化され、その結果、神的本質に関して、子および霊と父との同等性は疑わしいものにならざるをえなかった。この疑いは、（かつての、子の永遠の産出というオリゲネスの思想の場合と同様に）、自分自身から愛する神は「いつもすでに」彼の愛の対象としての子と関連づけられているという保証にもかかわらず、残ったままである。同時に、依然として理解できないのは、ヨハネの言葉の正確な意味において、どのようにして神は愛で《あり》、そして愛を《もっている》だけではないのか、ということである。

霊としてであれ、愛としてであれ、ひとりの神の本質概念から三一論的諸位格の複数性を演繹する方法は、いずれも、あちらでは従属説の諸々の困難へと、こちらでは様態論の諸々の困難へと通じている。両者の方法により、三一論的教義の諸々の意図は誤って理解される(136)。愛の思想に基づく論証は、たしかに神的自己意識の思想に基づく演繹よりも、キリスト教的神理解と三位一体論にいっそう近いところに立っている。なぜならそれは、神的生命の一体性における諸位格の複数性に活動の余地を残しているからである。しかしこの複数性は、その他の諸位格の生みの親としてのひとりの神の「主体性」という三位一体論以前の一神教に戻らずに、神的愛の表象に基づいて基礎づけられることはありえない。それは、神的愛の思想のなかにただその統合する一体性を見出すことができるだけである。それゆえ三位一体論の基礎づけは、啓示の出来事において、父、子、霊が出現し、そして互いに関わりあうような方法から出発しなければならない。この点に、聖書の啓示の証言から、あるいは救済の経綸から、三位一体論を基礎づけるように求める諸要求の、内容的な意味での正しさがある。このアプローチに従うならば、三位一体論を神の本質と諸属性の教理に接続させる実質的理由はなくなってしまう。むしろ父、子、聖霊の三一論的啓示の関連のなかで初めて、神の本質と諸属性について適切に語ることができる。たしかに父、子、霊に関するキリスト教の言説は、特に神を父と呼ぶイエスの呼びかけは、いつもすでに神についての暫定的な理解を前提としているが、それは哲学的神学の言説ではなく、宗教の言説、しかも特別な意味でイスラエルに啓示された神の唯一性という特別な意味での言説である。この神理解は、すでにイスラエルおよびその宗教史的環境との対決のプロセスを通して、その結果として生まれたものである。そのプロセスは、第四章において啓示概念を取り扱う際に論究されたとおりである。しかしこのユダヤ教の神理解は、今や父とのイエスの関係においてもう一度暗黙のうちに修正され、この修正の明白な記述はキリスト教の三位一体論のなかに表現された。ひとりの神、その本質、その諸属性についてのキリスト教的諸言明は、父とのイエスの関係のなかで啓示された三一の神と関係づけられる。それゆえそれらは、三位一体論との関連において初めて論究されうる。したがってカール・バルトが『教会教義学』において展開した手続きは正しい。もちろんバルトは、三位一体論にとって神の本質と諸属性の教理がもつ機能をまだ認識できなかった。なぜならバルトは三位一体論を、神の一体性と、神の啓示における神の「主体性」という前三位一体論的思想に従属させたからである——その機能の本質は、次のことにある。つまり、三一論的神の本質と諸属性に関する問いと共に初めて、この神の一体性は主題となるのであり、その結果、父の位格から、あるいは神的本質の一体性から三一性を導きだす諸々の試みと逃れがたく結びついている諸々の過ちは、避けられるのである。

3 神的諸位格の区別と一体性

(a) 出発点としてのイエス・キリストにおける神の啓示と三位一体論の伝統的術語

前項の諸々の論究により、次のような結論へと導かれる。つまり、三位一体論の体系的基礎づけと展開は、キリスト教神学における三位一体論の形成の歴史的過程が、イエスの使信および歴史、そして使徒たちのキリスト告知から始まったように、イエス・キリストにおける神の啓示から出発しなければならない。たしかに中世神学は、彼らのやり方で、またますます断固として、三位一体論の啓示の性格に対する洞察を強調した。それゆえ宗教改革の神学は、正当にも、聖書の証言のみをその記述の源泉として承認した——それにより、神論の構成にとって生じた諸々の耐え難い体系的困難にもかかわらず。シュライアマハーに近い立場をとった十九世紀初期の神学者たちは、たとえば、ニッチュ、トヴェステン、フリードリヒ・リュッケ、さらにカール・ゴットロープ・ブレトシュナイダー、そしてその他の神学者たちは、正当にも、霊としての神概念に基づく思弁的神学による三一論的神思想の更新に反対し、キリスト教的三位一体論はその尺度を聖書の啓示証言に求めなければならないことに固執した(137)。その際いずれにせよトヴェステンとニッチュはウルルシュペルガーを引き合いにだし、啓示の三一性と本質の三一性の分離し難い共属性を強調した(138)。彼らはここで後の多くの神学者たちよりも、神は自らを啓示されるように、その永遠の神性のうちおられることも、より明確に捉えていた。

二十世紀神学のなかで、最初に、この事態を再び完全かつ明確に捉えたのはカール・バルトであった。その際、バルトの特別な功績は、彼がその『教会教義学』のなかでこの洞察から、教義学の構成における三位一体論の位置のための諸々の体系的帰結も引きだしたことである。神論の代わりに教義学のプロレゴメナのなかに三位一体論を組み入れたことは、内容的に満足のゆく解決でありうるのかどうかということについて、われわれは論争するかもしれない(139)。しかしいずれにせよ、啓示概念の論究との関連で、また神の本質と諸属性の教理の前に、それが取り扱われていることは、適切であるとみなされなければならない――もしもそれが、イエス・キリストのうちに自らを啓示したその神は誰か？　という問いに答えなければならないとすれば。この神の本質の特徴に関して意味のある問いが問われうる前に、この問いはすでに答えられていなければならない(140)。

しかしもしもイエス自身の使信のうちにも、新約聖書の諸証言のうちにも、ひとりの神が、父、子、聖霊の三つの位格のうちに実存することを語る明白な文言（定式）が確認されないとすれば、三一論的神思想は、どのようにしてイエス・キリストにおける神の啓示に基づいて基礎づけられるのだろうか？

古プロテスタントの教義学が旧約聖書と新約聖書から広範囲にわたって導きだした、三一論のための聖書証言は、歴史的‐批判的聖書解釈が登場した後は、著しく狭い基盤に基礎づけられなければならなかった。したがってすでにヨハン・ザロモ・ゼムラーは、この関連で引用された聖書記者の多くは「《われわれにとって》不確かであるか、あるいは役に立たなくなった」と判断した(141)。特に彼は、三一性のための聖書証明を新約聖書に限定することを求めた。この要求は、十九世紀初期以来ほぼ普遍的に承認されている(142)。しかし新約聖書においても三一性の明白な主張を証明することは、今や困難になった(143)。

このような定式に最も近いのは、マタ二八・一九の洗礼命令である。特にここでのみ、父、子、聖霊の「唯一の」名前が挙げられており、これに基づいて洗礼が執行された。四世紀の三一論的神学の意味での、三つの位格におけるひとりの神に関する後の表象は、これと結びつくことができたが、人びとはこの神学をその定式それ自体から引きだすことはできなかった。三つのすべてを包括するひとつの名前は疑いもなく神の名前であるにもかかわらず、この定式は、父、子、霊の所属の仕方については何も語っていない。名前の一体性の起源は、主イエスの名前に基づく洗礼のその他の定式のうちにある(使徒八・一六、使徒一九・五)。それは三幅対の定式に拡大されている(『ディダケー』七・一、三を参照)(144)。それは、キリスト教の洗礼の歴史におけるその起源から解釈されなければならない。その際、イエスの名前に基づく洗礼定式が三一論的洗礼定式に拡大されるための諸々の内容的根拠が重視される。もしも個別的に議論されるならば、三一論的洗礼定式は、三一論の展開において卓越的な役割を演じたにもかかわらず、四世紀の神学の意味における三一論的神概念(145)のための豊かな基盤となることはできない。

新約聖書における他の三幅対の諸定式を三位一体論の展開のための十分な基盤とみなすことは、もっとありえない話である。教義学的伝統は、今日では一般に二次的なものと評価されているIヨハ五・七以下(146)の拡大と並んで、特にIIコリ一三・一三(「主イエス・キリストの恵み、神の愛、聖霊の交わりが、あなたがた一同と共にあるように」)を証拠として引き合いにだしてきた。しかしながらここでは、神、キリスト、霊が並列的に名指しされているだけであり、しかもあとの二つは「神」と区別されている。祝福の挨拶はたしかにそれらの結びつきを表現しているが、その三つのすべてについて主張されうる神性については何も語っていない。ロマ一一・三六(「すべてのものは、神から出て、神によって保たれ、神に向かっている」)の場合には、この定式の三つの構成要素がたしかに父、子、霊に関連づけられるとしても、そのことがさらにはっきりするであろう。明らかに問題になっているのは、パウロによって救済史に転用されたストアの定式である(147)。それはIコリ八・六の基礎にもなっており、そこでは第一と第三の構成要素は明らかに父なる神に関連づけられており、第二の構成要素は「万物が彼によって存在し、われわれ自身も彼によって存在するイエス・キリスト」に関連づけられている。ここでは、霊への言及が欠けていること、さらに「神」という名称が父にのみ関連づけられていることにより、三一論的解釈が排除されている。そのうえエフェ四・六では、定式の三つの構成要素のすべてが父にのみ関連づけられている（ヘブ二・一〇も参照）。他方、コロ一・一六は、「万物は御子において、そして御子のために造られた」と、子についてのみ語っている。これらの諸定式のいずれも三一論的神理解を表現してはいない。

同様のことは、古プロテスタント教義学によって三位一体論のための聖書の典拠として引用されたイエスの洗礼についての伝承（マタ三・一六以下、平行箇所）にも当てはまる。つまりたしかに父、子、霊は、イエスの洗礼の出来事において相互に緊密に関連づけられるものとして、名指しされている。しかもこれにより、マタ二八・一九の三一論的洗礼定式の形成が促されたのかもしれない。しかしながら洗礼物語において、イエスは、比較的後の三位一体論の意味での、神性には決してあずかっていないように思われる。三位一体論が形成されたあとで、そこから振り返ってみるときに初めて、イエスの洗礼の伝承は、たとえば養子とする行為とは異なる、あるいは神の選びの決定のうちに先在した「御子」の公布とも異なる、三一性の三つの位格の交わりの実例として理解され、そして要求された。このように後ろを振り返る解釈のなかで、イエスの洗礼は徹底して、神学だけでなくキリスト教芸術の歴史においても、そこで三一性が記述される救済史の古典的諸状況のひとつとして取り扱われたが、それは当然なことであった。

カール・バルトはこの事態に直面して、聖書のなかにたしかに三一性に対する「明白な指示」は存在するが、「旧約聖書ないし新約聖書において三位一体論が端的に語られていることを期待してはならない」と語った(148)。聖書には、子の神性(149)と聖霊の神性(150)について、個々別々に、より明白な諸言明がみられる。しかしこれらの場合にも、父の神性に対して子の神性と霊の神性がどのように関係しているのかを明確に認識することはできない――この父は、新約聖書の諸文書が端的に神について語るときに、自明のこととして理解している方である(151)。

この状態は、子の神性と霊の神性に関する諸言明を父の神性から理解しうることを示唆している。この道をたどったのは、神性の起源と源泉である父から子と霊を導きだしたギリシャの教父学だけでなく、アウグスティヌスの三一性の諸類比にならって、子と霊を父の自己意識と自己肯定の表現として解釈した西方の神学も同様である。双方の場合に問題になっているのは、聖書の異なる諸言明を、聖書においては展開されていない全体的見解へと統合する包括的思弁的諸解釈である。しかしながら、このようなやり方が、聖書の諸証言の多様性（と、またしばしば不一致）と関係しつつ体系的概念を形成するという課題にまったく適合しているかぎりにおいて、これについて異論はないであろう。しかし次のことを考慮するとき、初めて問題が生ずる。つまりそれは、伝統的諸言明の傾向、つまり一方において、子と霊の神性を父の神性に従属させる傾向に直面しつつ、他方においてこれら二つの位格を神性の唯一の主体である父に還元する傾向に直面しつつ、この体系的課題を果たそうとするときである。

十九世紀になると、イエス・キリストにおける神の啓示から三位一体論を基礎づけるべきであるとの要求により、伝統的諸解釈から聖書の啓示の証言へと戻るように促されたが、それと共に三位一体論の基礎づけの諸々の難しさが強化されていった。バルトは、父、子、霊の三性を啓示の《概念》から、より正確に言うと、「神は主として自らを啓示する」という命題から導きだしたことにより、この問題から抜けだす出口を見出したと信じた――この命題から バルトは、文法的分析を通じて、つまり主語、目的語、述語についてのその構成要素の文法的分析を通じて、自らを啓示する神の三つの存在様式を取りだした(152)。しかしながらそれは、聖書の諸文書において内容的に証言されている神の啓示から三位一体論を基礎づけることと同じではない。それは、自己自身を啓示する神の形式的表象から三位一体論を導きだすことである。バルトは三一論的諸言明を、聖書を通して証言された啓示の《諸々の内容》からではなく、自己自身を啓示する神というあの命題において表現された《形式的表象》から展開した。この論証の構造は、実際、カンタベリーのアンセルムス以来展開されたような西方の三位一体論の構造である――この三位一体論が三一性を神の主体性から、つまり神の自己意識に基礎づけられた自己関係から理解しようとしたかぎりにおいて。その際バルトにとって、ヘーゲルのより詳細な定義も規範的なものとなった。その定義は、絶対精神の自己意識をそれ自身で啓示されている存在として規定し、この存在は、その啓示が再び外に向かう可能性を基礎づける(153)。この論証の起源がアウグスティヌスの心理学的三一論的類比に由来することを考えると、異様で皮肉な感じを抱かせる事態が生じて来る。つまり、バルトは、アウグスティヌス的《三位一体の痕跡》(154)に対する彼の批判にもかかわらず、彼自身の教説を事実その最高の形態から、すなわち人間の魂における《三位一体のイマゴ》から展開したのであり、彼が要求したように、イエス・キリストにおける啓示の内容から展開することはなかった。

三位一体論をイエス・キリストにおける啓示の《内容》から基礎づけるという基礎づけは、神の支配の使信との関連のなかで表現された、父とのイエスの関係から出発しなければならない。すなわちイエスの神性に関する新約聖書の諸言明は、イエスが神の子であることを前提としており、それは最終的に、父に対してイエスが子である関係に基礎づけられている(155)。父と彼の使信および彼の業の関係は、復活の出来事によって彼の全権が神によって確認された事実の光に照らして、キリスト教団が、イエスは神の子であるという信仰を告白するための基盤となった。さらに、父との、子としてのイエスの区別と結びつきは、霊を、父と子から区別されているが、父と子の交わりと非常に緊密に結びつけられた第三の形態として理解するための前提となった。たしかにユダヤ教の伝統にとって、神から発する創造的力としての神的霊の表象は、ずっと以前から熟知しているものであった。しかしキリスト教において初めて、イエスは先在する神の子であり、神とは区別されるとする理解の結果として、霊は、特別な、父と区別される形態となった（二九三頁以下を参照）。

もしも三位一体論が、父とのイエスの関係と、その霊とのイエスの関係の解釈であるとすれば、そこから、父、子、霊の間の諸関係を記述するために、この教理の古典的描写が展開した諸々の術語を評価するうえで決定的な意味をもつ諸々の結論が生じてくる。

東方教会の三位一体論は、ほぼヨハネの術語にならって子の「産出（Zeugung）」（ヨハ一・一四、ヨハ三・一六。ルカ三・二二を参照）と父からの霊の「発出（Hervorgang）」（ヨハ一五・二六）を区別したが、中世のラテン神学は子と霊の諸起源を《発出（processiones）》として要約した。したがってラテン神学は、子の産出と霊が息を吹きかけること（Hauchung des Geistes）（ヨハ二〇・二二）として区別された二つの発出（Prozessionen）について語った(156)。永遠の神的本質おけるこれらの《諸々の発出（Prozessionen）》――これらから、結果として子と霊の《諸位格》が生じ、これらの諸位格は、その《諸関係》によって互いに区別される（父性あるいは能動的産出、子性あるいは受動的被産出的存在、息をかけられた受動的存在としての霊）――は、古典的三位一体論によると、子の《諸々の派遣》（ロマ八・三、ガラ四・四、ヨハ三・一七、ヨハ八・一六、その他）と霊（ヨハ一四・二六、ヨハ一五・二六、ヨハ一六・七）の《諸々の派遣》――これらは、救済の経綸における永遠の神と世界の関係に関連している――と慎重に区別されなければならない。すなわち、神的本質のなかで永遠からの「諸々の発出（Hervorgänge）」が起こるが、子と霊の「派遣」は、霊の「賜物」と同様に（使徒二・三八、使徒一〇・四五）、彼らのために誰かが派遣されるか、あるいは彼らに何かが与えられる人びとに関係づけられている(157)。

一方で、産出（Zeugung）と息の吹きかけ（Hauchung）の間の、他方で、派遣と賜物の間の、このような諸々の鋭い区別は、おそらく言語学的・論理学的に正当化されるが、聖書のテキストの釈義からはほとんど正当化されない。霊の息の吹きかけに関して、ヨハ二〇・二二によると、まさに弟子たちが、そのようにして伝達された霊の伝達の受領者たちである。永遠の息の吹きかけについては何も語られていない。もしもまさにこの箇所で、創造の際のアダムへの霊の伝達（創二・七）が想起されるべきであるとすれば(158)、ここで問題になっているのは、被造物の現実との神の関係におけるひとつの行為である。むしろヨハ一五・二六では、父からの霊の《発出（Hervorgang）》と、子を通しての《派遣》の区別が推測される。しかし今日の釈義は二つの用語法を、ヨハ一六・二八との類比で、平行するものと解しており、その結果、問題になっているのはひとつの同じ事態、つまり弟子たちに対する霊の伝達である(159)。

子の「産出（Zeugung）」に関する聖書の諸言明の研究は同様の結論に至っている。イエスの洗礼に関するルカの記事（ルカ三・二二）では、天の声が、詩二・七の言葉（「お前はわたしの子、今日、わたしはお前を生んだ」）を語っている。この「今日」という語は、自らの外に過去ないし未来をもたない神の永遠の今日ではなく(160)、詩篇の言葉の成就としてのイエスの洗礼の出来事に関連している――それは、ルカ四・二一が、イエスの出現によりイザ六一・一以下の約束が成就されたことを宣言しているのと同様である。マルコの記事(一・一一)はイエスを選ばれた神の子と宣言しているのに対し、マタイの場合(三・一七)、洗礼を機会に、イエスが神の子であること――それは彼の誕生に基礎づけられている――が明らかにされる。ルカに保持されている、詩二・七(イザ四二・一の代わりに)による洗礼の声の再現は、おそらくヘブ一・五とヘブ五・五の場合と同様に、イエスが大祭司に就任することを意味する(161)。これは、使徒一三・三三にはもちろんほとんど当てはまらない。なぜならここでは、詩二・七はイエスの復活に関係づけられているからである(162)。いずれにせよ新約聖書における詩篇の言葉の引用の場合に徹底して問題になっているのは、イエス・キリストの歴史的人格における詩篇の言葉の成就である。これによって、永遠の神の子であるとの思想はたしかに排除されていない。しかしそれは、これらの聖句によって基礎づけられない。同じように、ヨハネ福音書がイエスを神の「ひとり子」(ヨハ一・一四、ヨハ一八・三、一六、一八)と呼ぶことを引き合いにだしても、それには不十分である。すなわちたしかにその名称は、イエスは神の「唯一の」(ルカ七・一二、ルカ八・四二、ルカ九・三八を参照)子であることを意味する。しかしそれは、すでに永遠の産出の思想を表現しているわけではない(163)。オリゲネスがこれを箴八・二三と結びつけたとき、初めて、この表象のための十分に聖書的な基盤が明らかにされた(De princ. I, 2, 1-4)。

したがって子の「産出」に関する聖書の諸言明は、ナザレのイエスの歴史的人格と関連しており、それは彼の「派遣」に関する聖書の諸言明の場合と同様である。その際、パウロとヨハネの派遣の言葉において、この世への彼の派遣の思想のための出発点となっているのは、子あるいはロゴスの先在である。古典的三位一体論の理解と対照的に、産出の思想は、したがって先在の表象による派遣の諸言明よりも、子が永遠の神に属していることに近づいているわけではない。しかしそれらはまた、三一論的神論の基礎づけのための何らかの妥当性を獲得しうる前に、父に対する子の関係における諸含意の表現として証明されなければならない。なぜなら派遣の諸言明の基礎となっている先在の思想は、決してまだ父との子の同一本質（Homousie）に関する確信を含んではいないからである。もしも四世紀の三位一体論のこの中心的主張は正しい、とみなされるべきであるとすれば、それは、父に対するイエスの関係の含みもつ含意として証明されなければならない。キリスト教神学の伝承史は、そのさい聖書による証明として挙げられた聖書の個々の諸言明が不十分であるにもかかわらず、キリストの霊の導きの下に、この事態を正しく展開することができた。イエスの位格、父、霊の間の諸関係は、歴史的、救済・経綸的諸関係としてだけでなく、そのなかで同時に神の永遠の本質を特徴づける諸関係として証明されうる。しかしながらこれにより、それらの記述は、発出（Hervorbringung）、産出（Zeugung）、そして息の吹きかけ（Hauchung）という伝統的諸概念に還元される、とは言われていない。

「内在的」神的ロゴスは「経綸的」ロゴスと、したがってイエス・キリストの具体的歴史的人格と「厳密に同一」であるとの洞察を、カール・ラーナーは三位一体論のその記述（Mysterium Salutis, Grundriß heilsgeschichtlicher Dogmatik hg.J.Feiner u.M.Löhrer 2,Einsiedeln1967, 317-401, hier 336）のなかで、内在的三一性と経綸的三一性は同一であるとの命題にまとめあげた（ebd. 328f.）。それに先立つ次の記述も参照。Karl Rahner : Schriften zur Theologie 4, 1960, 115f.「人間としてイエスがそこに存在し、そして行うことが、ロゴスそれ自身を啓示するロゴスの現存在、つまりわれわれのもとにおけるわれわれの救いとしてのロゴスの現存在で《ある》」（Schriften 4, 123）。イエスと彼の霊の経験のうちに、「すでに内在的三一性それ自体が《存在する》」（ebd. 128）。その結果、ラーナーは経綸的「派遣」を内三位一体的（innertrinitarisch）「発出（Hervogänge）」に従属させる伝統的見解の修正を要求した。すなわち、少なくともイエスの場合、位格の派遣は「占有的」であるだけでなく本来的である（Myst Sal 2, 329）。したがって「諸々の派遣」はすべての三一性の議論の「出発点」とならなければならない（347, vgl. 341）。エーバハルト・ユンゲルはこの要求に同意した（Das Verhältnis von „ökonomischer“ und „immanenter“ Trinität, ZThK 72, 1975, 353-364, 362 n.2 = ders.: Entsprechungen,München 1980, 274 n.2）。ここから出てくる結論は、子と霊を通しての神の自己伝達の思想ではなく、父に対するイエスの具体的関係が三一論的－神学的省察の出発点とならねばならないということである。ラーナーは次のようにしてこの結論に近づいた。つまり彼は、父を通しての子の産出という教会の教理における「《(諸)区別(Differenzierung)(en)》」を「《イエスの自己解釈》」の光に照らして考察した。すなわち「イエスはまず自分が、父に向かって対向し、そして子としてわれわれに出会う具体的な存在(Eine)であることを知っている。……」(Myst Sal 2, 357)。しかしながら三位一体論のラーナーの解釈は、父に対するイエスの対向を、父からの彼の自己区別として練り上げることをせず、子を通しての父の「自己伝達」(357f.)の思想を中心思想(371ff.)として選んだ。これと密接に関連しているのは、ラーナーが、唯一の、自己を伝達する神的主体という表象にこだわり、神における三つの主体性に関する仮定を拒否していることである(366, vgl. 343)。ラーナーによると、存在するのは「『内三位一体的』汝であって、相互的汝ではない」(366 Anm.29)。それゆえ彼は、父に対するイエスの具体的関係から始めたにもかかわらず、神の三一論的生命における三つの位格という教会の主張と諸々の難しい関係に陥ってしまった(385ff.)。ラーナーと異なりエーバハルト・ユンゲルは、「《三一性の痕跡》としてのイエス・キリスト」(Gott als Geheimnis der Welt, Tübingen 1977, 470-505)に関する彼の詳論のなかで、神に対するイエスの関係を、「イエスに対する神のひとつの関係の表現」(482)として主題にすることにより、父と子の間の位格的区別を保持した。しかしユンゲルの場合にも、その詳論が、十字架につけられたイエスと神の同一化に集中した結果、父から一面的にでてくる運動の表象の流れ、つまり父から出てくる自己区別という表象の流れが(498)、三位一体論の構造化にとって規範的重要性をもつようになった(508ff. vgl. 520)。

(b) 三一論的諸関係の具体的形態としての、父、子、霊の相互的自己区別

人間的なものすべてと被造物を無限に超える神は、子を通してのみ認識することができる。すなわち「父のほかに子を知る者はなく、子と、子が示そうと思う者のほかには、父を知る者はいません」(マタ一一・二七)。彼を知る者は、父をも知る(ヨハ八・一九)。なぜなら彼は、父へ至る道だからである。つまり「わたしを通らなければ、だれも父のもとに行くことができない」(ヨハ一四・六)。イエスが父について語ったような方法は、父の、しかしまた子の

認識に近づく唯一の道である。なぜなら父を通してのみ、イエスは子として認識されるからである（マタ一一・二七）。

父についてのイエスの発言は、父の支配の接近についての使信と、人びとに対する、他のすべての関心事を、開け染めつつある神の将来に従属させるようにとの呼びかけと、そしてそれを通して彼を神として認めるようにとの呼びかけと関連している。したがってイエスの祈りも、父の名の聖化と、天において隠れた仕方で起こっているように、父の意志が地上で起こることを願いつつ、父の国の到来を求める父への祈りで始まっている（ルカ一一・二以下、マタ六・九以下）。われわれが彼を神として崇敬し、彼の意志に活動の機会をあたえるとき、神の名はわれわれのもとにおいて聖化される。したがって主の祈りの最初の三つの祈願は密接に共属し合っている。

イエスの使信全体は、人間が父の支配を崇敬することにより、人間において父の名が聖とされることを目指している。他のすべては、特にイエスの救いの告知はここから出てくる。これについては後段でさら詳細に検討されるべきであろう。ここでまず問題になっているのは、イエスの派遣全体が父の栄誉と父の支配に仕えていることだけである。共観福音書のイエス伝承から明らかにされうるこの事態は、ヨハネ福音書のイエスの大祭司としての祈り――つまり「わたしは、行うようにとあなたが与えてくださった業をなし遂げて、地上であなたの栄光を現しました」（一七・四）との祈り――のなかで的確に要約されている。人間のもとにおいて父の支配が重んじられるようにすることは、イエスの派遣の最も重要な内容であり、第一の目的である。彼がこの彼の派遣を生きぬくことにより、彼は、父の意志に仕える「子」であることが明らかになる（ヨハ一〇・三六以下を参照）。子という称号は、イエスの使信が父からのものであることを反映しており、この使信の内容が彼自身の人格に反映されている(164)。

ここで前提とされているのは、イエスが父を、彼のために証言する「別の方」として、自分自身から区別していることである。すなわちこれはまたもや、ヨハネ福音書においてみられる通りである（八・一八、五〇）。ヨハネ福音書のキリストは、この線に沿ってこう語っている。父は彼よりも偉大であり（ヨハ一四・二八）、彼自身の言葉は「わたしのものではなく、わたしをお遣わしになった父のものである」（一四・二四）。ここでも再びヨハネは、共観福音書のイエス伝承のなかにもみられる事態を強調している。すなわちイエスは、「善い先生」という呼びかけを、神おひとりのほかに、善い者は誰もいないとの理由で退けている（マル一〇・一八）。彼は自分を神から区別し、自分を被造物として神に従属させている。神の支配の接近に関する彼の使信において、彼はこのことを彼の聴衆から要求している。父への同じような服従は、終末の時を知らないこと（マコ一三・三二、平行個所）と、ゼベダイの息子たちに対する答え、つまり天国で彼らの座る栄光の座を与えるのは彼の権限ではないという答え（マタ二〇・二三、平行個所）、そして最後に、ゲッセマネの祈りにおける父の意志に対する彼自身の意志の服従に表現されている（マコ一四・三六、平行個所）。

聖書のこれらのすべての箇所は、子の十全な（voll）神性に反対する論拠としてソッツィーニ主義者たちによって引用された。古プロテスタントの教義学は、イエスのこれらの言葉は端的に彼の人間性に関係づけられるべきであるとの答えを見出したにすぎなかった(165)。しかしこの回答は、すでに古典的キリスト論の諸規範にしたがっても維持できなかった。なぜならこれらすべての箇所で問題になっているのは、単なるイエスの人間的本性ではなく、イエスの《位格》、したがって人間となったロゴスないし子だからである。古プロテスタントの教義学は、その言い逃れの答えによって、イエス自身がまさに神との彼の自己区別において神の子であることを証明しているという認識を奪われてしまった。ヨハネ福音書によると、イエスの敵の非難は、彼は、自分に属さない権威を不当にわが物とすることによって、自分自身を神としているということであった（ヨハ一〇・三三。ヨハ一九・七を参照）。これに対しイエスは、「わたしは、自分の栄光は求めていない。わたしの栄光を求め、裁きをなさる方がほかにおられる」（ヨハ八・五〇）と答えた。それに応じてイエスは、大祭司の祈りのなかで、父に、彼に子としての栄光を与えてくださるように求め（ヨハ一七・一）、そしてこの願いは、やがて父の遣わす霊によってかなえられている（ヨハ一六・一四）。

イエスは自分自身を父から区別し、自分を父の被造物として父の意志に従わせ、彼が神の支配の告知を通して他のすべて人びとから要求したように、父の神性の要求に活動の機会を差しだす。まさにこのことにおいて、彼は神の子

であり、彼を派遣した父とひとつであることが判明する（ヨハ一〇・三〇）。彼は、彼自身の人格において《同時に他

のすべてのひとのために》、彼の宣教が要求するように、神がその支配のために到来する際に求められる神の第一の

戒め（主権）の要求を尊重しており、この意味で彼は神の子である。なぜなら彼はこのようにして父に栄光を帰しており、これが、彼がこの世に派遣された目的だからである。

《人間》としてのイエスの、父からの自己区別は、最初の人間であるアダム——彼は、神のようになろうとして（創三・五）、まさにそれによって神から切り離されている——と反対に、永遠の神との彼の交わりにとって構成的であるだけではない。イエスは、彼の派遣を通して、また父との彼の独自な関係において、父の神性に栄光を帰している。このようにして彼自身は、父の要求に合い応ずるものとして父に共属しており、その結果、永遠における神は、彼との関係においてのみ父である。これによりイエスは、彼の呼びかけに従い、そして彼の仲介により、父との彼の交わりに参与する他の人びとと区別される。すなわち、ここではいつもすでに、彼は、そのなかで彼らが父に近づきうる存在であることが前提されている。イエスは、神が父であることに対応する存在として、子である。そしてそのなかで永遠なる神は父として啓示され、またいたるところで、子との関係においてのみ父であるがゆえに、子は、父の永遠なる対向者として父の神性にあずかる。こうしてイエスの位格の人間的現実においてひとつの相が現れる。それは、父の神性と永遠に相関関係にあるもの（Korrelat）としてイエスの位格に属し、彼の人間としての誕生に先行する。すなわち彼は永遠なる子である。しかし永遠なる子は、まさにまずイエスの人間的位格におけるひとつの相であり、彼の出現にとって決定的なのは、彼にとってもひとりの神である父からのイエスの自己区別である。それゆえ父からの自己区別は、父とのその関係における永遠なる子にとっても構成的である。

イエスの神理解から永遠なる子の思想へ、したがって神御自身の永遠の本質における父と子の相違への移行は、次のことに依拠しており、またそれを通して起こった。つまり神は、父に対するイエスの関係のなかで父として明らかになり、それゆえに神は、イエスとの関係においてそうであるような仕方でのみ、永遠において父である。それゆ

え神は、子としてのイエスとの永遠の対向（Gegenüber）においても父である。すなわち永遠なる神は、直接に永遠から、時間的被造的現実に――その時間的被造的特性が、永遠なる神御自身の相関者（Korrelat）として永遠になることにより、失われてしまうことなしに――関係づけられているとは考えられないがゆえに、イエスが父の永遠の神性に、同じく父の永遠の相関者として属しているという相は、彼の人間的、被造的現実と区別されなければならない。すなわちこれが神的相と人間的相との区別の根源であり、したがってイエスの位格における二つの「本性（Naturen）」の根源である。ここから生ずる諸々の帰結は、キリスト論においてさらに詳細に検討されるであろう。

もしも今や父からのイエスの自己区別が、永遠なる神御自身においても対向、つまり父に対する子の対向が仮定されなければならないことにとって構成的であるとすれば、そしてもしもこの対向が、父からの子の自己区別として考えることができるとすれば、次のような問いが生じてくる。つまり同様のことが、反対に子に対する父の関係にも当てはまるのではないのか？　その結果、父の側からも、子からの父の自己区別を通して、子との相違が措定されるという具合になるのではないか？　そしてこれに続いて、父と子に対する霊の関係も、このような相互的自己区別に依拠しているのではないか？　との問いも生じてくる。

これらの諸々の問いを吟味する前に、まず熟慮しなければならないのは、父からのイエスの自己区別は、子との神的生命の一体性のうちにある《位格》としての父に当てはまるのみならず、《父を》、イエスが自らをそれと区別する《ひとりの神として》考えていることである。もしもまさにここでイエスがこの父の永遠なる子であるとすれば、そこから、彼は自己区別の行為のなかで父から彼の神性を受け取っているという結論が出てくる。さらに、父の側でも、イエスに対する父の関係において、同様のことが起こっているということがありうるのだろうか？

伝統的に、父は、三一性の三つの位格すべてのなかで唯一起源のないもの（anarchos〔ギ〕）、また子と霊にとって神性の起源および源泉とみなされている(166)。それゆえ三一論的諸位格の「秩序」のなかで(167)、父は第一の地位に位置し、《あらゆる》点でただひとり自ら（《a seipso》）神である(168)。このような諸規定は、三一論的諸位格の諸関係における真の相互性を排除するように思われる。なぜなら父から子と霊へという不可逆的に流れる起源の秩序があるからである。しかしながらアタナシオスはアリウス派の人びとに反対する決定的論拠として、父は、子なしに父ではないと定式化した(169)。しかしこれは、たとえ子の場合と異なるとしても、何らかの仕方で、父の神性も、子に対する父の関係に依存しなければならないことを意味するのではないだろうか？　父は子によって「産出され」たり、「派遣され」たりしない。これらの諸関係は不可逆的なままである。これと異なる点においてのみ、父という名前のうちに表現されている、子に対してその父であるということの相対性を越えて、子に対する父の依存性が具体化され、そしてこれにより三一論的諸関係における真の相互性が基礎づけられるであろう。

マタイ福音書によると、復活したキリストに「天と地におけるあらゆる権能が委ねられている」（マタ二八・一八）。しかも次のような言葉はたしかに復活以前のイエスの言葉とされている。つまり、ルカ一〇・二二（＝マタ一一・二七）によると、すでに復活以前のイエスが「すべてのことは父からわたしに任せられている」と語っている。ヨハネによると、父は、「すべての人が、父を敬うように、子をも敬うようになるために、一切の裁きを子に任せ」（ヨハ五・二二。ヨハ五・二七を参照）た。ルカ一〇・二二の言葉はヨハ五・二三の言葉を越えている。なぜならそれによると、裁きだけでなく、「すべて」が子に委ねられているからである。したがって子は神の支配の《代表》であるだけでなく、彼にその《執行》が委ねられている。彼は支配権の所有者である。復活者は、高挙によりこの支配者の地位に就けられる（フィリ二・九以下。ヘブ二・八を参照）。しかも彼は、隠れた仕方で、すでにこの世における彼の諸々の働きのなかですでに始まっていた。彼に委ねられたのは、「すべての支配、すべての権威や勢力を滅ぼし、父の働きのなかで、父の支配のために準備をすることにより、その支配を実行した。このようにして父の支配は、彼の諸々の働きのなかですでに始まっていた。彼に委ねられたのは、「すべての支配、すべての権威や勢力を滅ぼし、父である神に国を引き渡すことである。彼はすべての敵をご自分の足の下に置くまで、国を支配することになっているからである」（Ⅰコリ一五・二四以下）。彼の敵を彼の足の下に置くのは神であるという事実は、父から発出する霊の働きと関連づけることも可能であり、これが実際に行われたとき、「神がすべてにおいてすべてとなられるために、すべてを彼に服従させた神に子も服従する」（Ⅰコリ一五・二八）。

子の産出（Zeugung）と派遣の区別という意味で、父の支配を子に委ねることと、終末論的完成の際に父にそれを返却することとは、父と子の間の内三位一体的関係ではなく、派遣の領域に組み入れられるであろう。しかしもしも父と子の間の内三位一体的諸関係が、父に対するイエスの歴史的人格の関係および彼に対する父の関係から読み取られうるとすれば、イエスの派遣の遂行は、父に対する彼の関係と、彼に対する父の関係の表現である。したがって父の権威と支配を子に委ねることは、両者の間の内三位一体的諸関係の規定としても理解されるのであり、その際それは、子を通して父に支配が返却される場合と同様である。子への支配の委託と父へのその返却という二つの行為は、最初は別々のようにみえる。つまり前者は子の派遣に、後者は終末論的完成に関連しているという具合にみえる。しかしそれらは決して相互に排他的ではない。むしろそれらは、双方が同時に正しいという具合に貫徹される。すなわち子の支配の本質はたしかに、父の支配を告知し、父の栄光を賛美し、すべてのものを父に従わせることにある。それゆえ子の国は、父への支配の返却と共に終わるのではなく（ルカ一・三三）、すべてのものが父の支配に従い、父がすべての被造物から唯一の神として崇拝されるときに、その支配は完成される。

父から子へ支配が委ねられ、また子から父へその支配が返却されることのなかに、産出の表象には欠けている彼らの関係の相互性を認識することができる。父が子にその支配を委ねることにより、父はその王権のなかで御自身を、子が父の栄光を賛美し、そして彼の派遣の遂行により父の栄光を実現することに委ねる。したがって子からの父の自己区別は、父が子を産み出すことによってのみならず、父が子に「すべてを委ね」、その結果、父の国と父御自身の神性が今や子に依存していることのなかでも起こっている(170)。父の支配つまり父の国は、その神性にとって決して皮相的なものではない。すなわちそれは、父は、彼の国がなくても神でありうるという具合に、皮相的なものではない(171)。世界の現存在はその起源を神の創造的自由のうちにもっており、それゆえ、たとえ神の支配の対象としての世界が、必然的に神の神性に属していないとしても、世界の現存在は、その世界に対する神の支配がなければ、神の神性と両立しえない。それゆえその支配は神の神性に属する。その支配の場は、すでに神の内在的三位一体的生命のうちに、つまり自由に父の支配に従う子と、子にその支配を委ねる父との間の関係の相互性のうちにある(172)。

この事態に基づいて初めて、イエスの十字架の三一論的神学的妥当性についても語ることができるようになる。イエス・キリストの受難は、あたかも神の三一論的生命の永遠の休息とまったく何の関係もないかのように、永遠のロゴスが受け取った人間の本性にのみ関わる出来事ではない。むしろ「イエスの死において、彼の神であり父である方の神性が、危険にさらされている」(173)。たしかに、ヘーゲル以来行われてきたように、一括して十字架における《神の》死について語ることは、正しくない(174)。十字架につけられ、殺され、そして葬られたということは、神の子についてのみ語りうることである。ここでもこのような諸言明の教義学的に正しい解釈は、たしかに神の子自身が、しかし《彼の人間的本性に従って》苦しみ、そして死んだ、と述べている。神の子における神御自身の死について直接的に語ることは、裏返しのキリスト単性論である(175)。しかしイエスは、位格において、したがって永遠の子の位格において、十字架上で苦しみと死に見舞われた、と言わなければならない。その場合もちろんイエスは、これ以上ない辱めとこの死の受容のなかで、父からの自分の自己区別の極端な帰結を引き受け、そしてまさにそのなかで父の子であることが実証された。もしも神は愛であるということが真実であるとすれば、父が彼の子の苦しみに心を動かされないということは考えられない。十字架はイエスの神的全権のみならず、イエスが告知した父の神性をも問いに付す。そのかぎりにおいて、子の苦しみと共に、父の《共苦》について語ることができる(176)。

イエス・キリストの磔刑の出来事において子と共に、父の神性も問いに付されるだけでなく、両者はそのなかで、すべての生命の創造者としてイエスを死者たちから甦らせる霊の働きへと差し向けられる。パウロ以前の定式（ロマ一・四、Ⅰテモ三・一六b）において、イエスの復活は霊の働きであり、この表象は、復活の生命の霊的現実に関するⅠコリ一五・四四以下の詳論の背後にも存在する。ロマ八・一一も、死者たちからの復活の出来事における霊の働きについて語っているが、しかしその場合、父がイエスを甦らせたように、《霊を通して》われわれを甦らせるのは父である。同様に使徒言行録においても、父はイエスの復活の主体であるが（使徒二・二四、その他）、ここには霊への言及は見当たらない。ルカにおいては、パウロの場合と同様に、一方において父に対する、他方において子に対する、霊の位格的独立性はまだほとんど展開されていない。それはヨハネにおいて初めて明確に現れる。すなわち、ヨハネのキリストは、霊を、父が遣わす「他の」弁護者（Parakleten）として自分から区別する（ヨハ一四・一六）。すでに教父学は、霊の位格的独立性に関する彼らの諸見解をこのことに基礎づけた(177)。したがって神の霊は、まず第一にイエスの復活の主体とみなされなければならなかったと言うことができるであろう。しかしこれにより、次のことが排除されるわけではない。つまり、父は、子の派遣においても行動するように、霊を通して行動したが、しかしまさに霊および子の仲介を通して行動したのである。

同様に、イエスの復活は神の子自身の行為として理解されるが、しかしそれはまたもや霊の力を通してである。この出来事において、三一性の三つの位格すべてが共同で働いている。しかしそのさい決定的な重要性は、すべての生命の創造的起源である霊の働きに与えられる。そのかぎりで、父と子は、ここで霊の働きに差し向けられている（angewiesen）と言えるであろう。

父と子が霊にこのように差し向けられていること（Angewiesenheit）は、霊によって子に栄光が帰されることに関するヨハネの諸言明からさらに明確になる。すなわち、子が地上において父に「栄光を帰し」、したがってその神性を明らかにしたように（ヨハ一七・四）、霊は子に栄光を帰するであろう（一六・一四）。父が子にも栄光を与えてくださるようにとの、父に対するイエスの願いは、したがって霊の派遣とその働きによってかなえられる。イエスは、霊によって子であることが明らかになる。これと共に子による父の啓示も、霊を通して完成される。事実、ヨハネによると、父は子を通してのみ認識される（ヨハ一四・六）。霊は、子に栄光を帰することにより、父と、両者の解消しえない交わりにも栄光を帰する。

ここにあるのは自己区別である。それは、霊を父および子と並ぶ特別な位格として構成し、そして霊をこれら両者に関係づける自己区別である。すなわちイエスが、自分自身ではなく父に栄光を帰し、まさにそのようにして父とひとつであること、つまり父の「子」であることが証明されるように、霊も、自分自身ではなく子と、子と共に父に栄光を帰する。まさに、霊が「自分から」語るのでは「なく」（ヨハ一六・一三）、イエスのために証言を行い（一五・二六）、そして彼の教えを思い起こさせることにより（一四・二六）、霊は「真理の霊」（一六・一三）であることが証明される。そのなかで霊は、父と子から区別されたものとして、同時に両者に共属している。

アウグスティヌスは霊を父と子の永遠の交わりと呼んだ。すなわち霊は、父と子を結びつける愛（《カリタス》）である(178)。ここから、霊の位格性は、父と子と並ぶ個別的位格としてではなく、それら相互の交わりである「われわれ」として理解するようにという提案のあったことが理解できる(179)。これに対して正教側から、これでは聖霊の位格が「気化して、見えなくなってしまう」(180)と異論が唱えられた。この批判は正しい。なぜなら霊によって栄光を帰される父と子からの、霊の自己区別は、霊が直ちに父と子の交わりである「われわれ」として理解されると、貫徹されなくなってしまうからである。霊もまさに自分自身にではなく、父との関係における子と、したがって子の業における父にも栄光を帰するのである。

しかしながら、霊を、父と子を結びつける愛として捉えるアウグスティヌスの理解は、より深い真理を含んでいる。諸福音書は、父とイエスの結びつきの起源を、彼が神の霊に満たされたことに求めている(181)。イエスの洗礼に関する諸報告において、子は霊の《受領者》として記述されている。ロマ一・四によると、イエスが子であることはさらに、彼が死者たちから甦る際の、霊の力強い働きに基礎づけられている。そしてルカの誕生物語にも、それに匹敵する構造がみられる。つまりイエスが子であることの起源は、その誕生が霊の働きに遡ることに求められている（ルカ一・三五）。これに対応しているのは、パウロによると、キリスト者たちも霊の受領と、彼らのうちに働く霊の業を通して、子の関係に受け入れられるという事態である（ロマ八・一四以下）。

すでに強調された通り、霊が、父と子の永遠の交わりに属していることの究極的根拠は、それが父と子の交わりの条件と媒体（Medium）であることにある（二九五頁以下参照）。ここから初めて、信仰者たち対する霊の伝達も、父と子の交わりに取り込まれることとして認識されうる。しかし他方で、弁護者の到来に関するヨハネ福音書の諸々の言葉のなかで一番明確に証言されている霊の位格性は、父と子の交わりにおける霊の働きにとってもすでに前提されている。ここで特に興味深いのは、次のようなルカ福音書の報告である。つまりイエスは聖霊を通して父をほめたたえ（ルカ一〇・二一）、彼の賛美の対象は、父が彼に委ねた派遣と全権である（ルカ一〇・二二）、という記事である。したがってイエス自身においても、霊の働きの本質はすでに父の栄光をほめたたえることにあった。これはヨハネにおける記述にも対応しており、それによると、霊は、父との交わりのうちにある子と、父の栄光をほめたたえる（ヨハ一六・一四）。人間の間における父の神性の認識と承認に役立ち、そしてこのようにして神の国の到来に仕えた、したがって父に栄光を帰することを目指したイエスの働き全体が、彼における霊の働きとして理解することができる。しかしこれにより、それは同時に、父の神性に謙遜に服し、このような服従において霊を通して父に栄光を帰し、そしてそのなかで父の子であることが証明される子の働きであることが、排除されるわけではない。

アウグスティヌスは霊を父と子の間の交わりの絆として記述したが、それは正しい。しかしながらわれわれは、霊は両者から、つまり父から、そして子から《発出》するという(182)、これと緊密に関連するアウグスティヌスの思想に従うことはできないであろう。彼は、父と子の関係における、霊に仲介された相互性の解釈を、「起源的諸関係」という術語で記述した。もしもわれわれが、神性のうちにある諸関係はもっぱら起源の諸関係の性格をもつという前提から出発するならば、またもしもわれわれが、霊を通しての父と子の交わりをこの前提から記述しようと試みるならば、このような歩みも理解できるであろう。しかしその結果は、聖書の証言に合致しない。この判決は、霊は《父から》発出するとのヨハネ福音書のキリストの言葉（ヨハ一五・二六）との関連だけで、言い渡されてはならない――それは、《フィリオクエ》に対する正教の批判によって再三再四引用された言葉である。このひとつの言葉よりさらにはるかに困難で、重要なのは、すでに論究されたように、子自身が霊を受け取っている事実である。それは彼の人間本性にのみ帰されてはならない。なぜならイエスは、むしろ位格として、霊の受領者だからである。しかし彼は誰からそれを受け取るのだろうか？　もちろんおそらく父からである。したがって霊は父から発出し、子によって受け取られると言うことができるだけである。これにより、次のことが排除されるわけではない。つまり、子はさらに彼に属する人びとに霊を与える、したがって信仰者たちを父と子の交わりに組み入れるために、霊を派遣することに参与する（ヨハ一六・七。しかしヨハ一四・一六とヨハ一五・二六を参照。つまり、父はイエスの願いに基づいて、また彼の名において、霊を派遣するであろう）。霊の受領を通して信仰者たちは、イエスの子性（子であること）にあずかるようになる。これは、霊をキリストの霊と呼ぶことを正当化するうえで十分な理由となる。霊の伝達は、復活者を通して（ヨハ二〇・二二）、また使徒たちによる、十字架につけられた方の復活についての宣教とその福音に対する信仰を通して起こる（ガラ三・二）。しかしこれらすべては、霊がその起源を父にもち、父から発出することを何ら変えるものではない。

西方のキリスト教神学は、東方のキリスト教界と西方のキリスト教界の間に疎外状況が生まれた際に、命取りとなる役割を演じたこの問いにおいて、三八一年のエキュメニカルなコンスタンティノポリス信条の第三項に一方的に《フィリオクエ》(183)が付加されたことを遺憾に思い、これを非正典的条項として取り下げるだけでなく、父と《子》から霊が発出することに関するアウグスティヌスの教理を、聖霊を通しての父と子の交わり――アウグスティヌスによって正当にも強調されたこの交わり――の神学的に不適切な定式として認識する理由をもっている(184)。その不適切さの本質は、この思想が起源の関係を表す術語によって定式化されたことにある。それは、相当数の東方教会の神学者たちが過剰に反応しつつ主張したように、それで異端であるというわけではまだない。むしろアウグスティヌスの誤った解釈に現れているのは、東方と西方の三一論的神学的術語に共通の負担となった欠陥、つまり父、子、霊の間の諸関係が専ら起源的諸関係として理解されたという欠陥である。このような理解によって、父、子、霊の諸関係における相互性を考慮することができなくなった。相互性の視点は、ダマスコのヨハネによってたしかに《ペリコレーシス》の思想のなかで、つまり三つの位格の「相互参入」の思想のなかで定式化され(185)、そして一般に三一論的一体性の表現として受け入れられた。しかしその影響は、内三位一体的諸関係が一面的に起源的諸関係としてのみ理解されたために、依然として限定的であった。

(c) 三つの位格、しかしただひとりの神

もしも父、子、霊の三一論的諸関係が相互的自己区別の形式をもつとすれば、それらはひとりの唯一の神的主体の異なる存在様式として理解されうるのみならず、諸々の独立した行為の中心の、生命の遂行として理解されなければならない(186)。これらの行為の中心を三つの「意識の中心」と理解しなければならないのかどうかは、人間の自己経験から生じた意識の表象が神的生命に適用できるのかどうか、またそもそもどのような意味で適用できるのかに依拠している。これについては、次章でより詳細に検討されるであろう。しかし他方で、もしも意識の《一体性》が神的生命の一体性と結びつけられているとすれば、われわれはヴァルター・カスパーと共に、そしてカール・ラーナーに反対して、こう言わなければならない。つまり「ひとつの神的意識が三重の様式において自存し（subsistiert）」(187)しかも、三つの位格の各々は、そのなかで他の者たちに他者として関係づけられ、そしてそのようにしてそれらから区別される、と。

三つの位格の間の、相互的自己区別として規定された諸関係は、三位一体論の伝統的術語の意味での起源的諸関係に還元されない。つまり、父は子を「産出」するだけでなく、子に父の国を委ね、そして子からそれを再び返してもらう。子は産出されるだけでなく、父に「服従し」、それによりひとりの神として父に「栄光を帰する」。霊は息を吹きかけるだけでなく、子を「満たし」、子のもとに「休息し」、父に対して彼が「服従」する際に彼に栄光を帰し、そのなかで同時に父御自身に栄光を帰する。そのようにして霊はすべての真理へと導き（ヨハ一六・一三）、神性の諸々の深みを究める（Ⅰコリ二・一〇以下）。

人びとは、諸位格の構成のために、父から子へ、また父から霊へと通ずる起源的諸関係だけを承認するという理由で、父との子および霊の、聖書に証言されている《行動的》諸関係を、それらの同一性にとって構成的ではないものとして取り扱うこと、そしてそのために、産出、発出、あるいは息の吹きかけの諸関係のみを考慮することは、許容できない。あの他の諸関係のいずれも、子と霊にとって、父との彼らの関係において枝葉末節なことではなく、それらはすべて三一論的諸位格とそれらの交わりの特質に属しているからである。それゆえ父、子、霊を結びつけるこの豊かに構造化された諸関係にも、アタナシオス以来、三位一体論の神学が三一論的諸関係について主張していることが当てはまる。つまりそれらは、三つの位格の異なる諸々の特質を構成している。これらの諸位格は、事実、互いに、それを通して互いに区別され、また互いに結びつけられるそれらの諸関係のうちにあるものである。その際、個々の諸位格は、特に西方の三位一体論において試みられたように、個々の諸関係に還元することはできない。それは、今やすでに次のことにより排除されている。つまり、それらの間の諸関係の絡み合った状態は、父からの子の「産出」と父による霊の「吹きかけ」（あるいは「発出」）という「起源的諸関係」に関する古い教理おいて記述されているよりも、もっと複雑であるということによって排除されている。したがって諸位格は、単純に各々の関係と同一ではありえない。それらの各々は、むしろより多くの諸関係の中心点（燃焼点）である。しかしこれと共に次のような問いが出てくる。つまり、ペリコレーシスの諸関係の絡み合った状態はさらに正確に記述されるのかどうか、またそれは、カッパドキアの教理において、端的に子と霊の起源が父にあることにより内的に確立されているようにみえる神的生命の一体性と、どのような関係にあるのかという問いである。

三一論的諸位格の各々の、他の諸位格からの自己区別は、同時に神性と（あるいは）その諸々の属性と関係づけられる。しかもこれは、諸位格の各々の、他のひとつの位格あるいは他の二つの諸位格からの自己区別というテーマであり、その要点である。したがって子は自分から離れ、ただひとり善い方であり（マコ一〇・一八）、したがってただひとりの神である、唯一の神なる父を指し示す。これに対応するのが、その派遣に対する子の献身であり、そのなかで彼は、父の神性に奉仕することにその生涯を捧げた。霊は、子が服従することにおいて父とひとつであり、父の愛の啓示者であることを確認し、そしてほめたたえる。父は子にその霊を委ね、霊を通して信仰者たちの心に彼の愛を注ぎ込むだけでなく（ロマ五・五）、父は子に彼の国を委ね、その結果、今や子は神の力と神の真理（Ⅰコリ一・二四）と呼ばれる。

これらの例は、「自己区別」が三つの位格の各々にとって厳密に同じことを意味しないことを示している。起源的諸関係としての三一論的諸関係の古典的で単純化された理解との関連で、三つの位格は本来の意味で合算できないと言われたが、これは正しい(188)。つまり、それらの合計はそれらの一つ一つよりも大きくはない（Aug. trin. VI, 7, 9）。父、子、しかしその差異は非常に大きく、それは、同種の諸々の個の場合のように、加算されない（trin. VII, 4, 7ff.）。父、子、霊の諸関係の完全な複雑性が考慮されるならば、しかもその際まさに、その相互的自己区別の異なる形式が念頭に置かれるならば、諸位格の異なる構造はさらにはるかに明確に浮かび上がってくる。子が自らをそれと区別する他の位格、すなわち父は、彼にとって唯一の神であること、そして子が父の神性に服従するまさにこのことに、子自身の神性が根拠づけられていること、これらはこの場合にのみ意味をもつ。もちろん霊も、それが子をキュリオスとして認識し、そして告白するように教えることを通して（Ⅰコリ一二・三）、したがって霊は他の位格の、つまり子の神性を承認し、そして告白することを通して、彼自身の神性を証明する。しかし子は、霊の告白において唯一の神ではなく——彼は、父の子としてのみキュリオスである——、霊の業はもっぱら頌栄に尽きるわけでもない。霊は、すでに前もって子に与えられており、永続的かつ法外に、子が働くことができるようにする力を与える。したがって子と父からの霊の自己区別の形式は、父との関係における子の自己区別の形式とは異なっている。子と霊の神性に関し、子と霊からの父の自己区別は、さらに別の形式をとっている。つまり、父は子のなかに自分自身と区別されたひとりの神を認識しているのではなく、父はその支配を子に委ねており、アタナシオスが記したように、それは彼において新たにその支配を所有するためである(189)。彼の愛は、彼が聖霊を通してその愛を信仰者たちの心に注ぎ込むことによっても、減ることはない。しかしながら子と霊に対する父の関係においても、その神性に関する自己区別が語られなければならない。なぜなら父の神性と支配の啓示は、子と霊の業に依拠しているからである。

アタナシオスは、「わたしは道であり、真理であり、命である」（ヨハ一四・六）というヨハネ福音書のキリストの言葉を、あえて極めて文字通りに受け取った結果、彼にとって子はまた父御自身の真理と命とみなされた。こうしてこの言葉は、彼にとってアリウス主義者たちに反論する論拠となった。つまり「もしも子が、彼が産出される前に存在しなかったとすれば、神のなかに真理は必ずしもなかったことになる。しかしそのように語ることは間違いであろう。なぜならもしも父が存在したとすれば、彼のうちにはいつも真理、つまり「わたしは真理である」と語る御子がいた」(190)からである。同じようにアタナシオスによると、子は父の力であり知恵である（c. Arian 1, 11）。それゆえ「子のうちには父の神性がみられる」（c. Arian 3, 5）。父は、子なしに父ではないように（ib 3, 6 ; vgl. 1, 29 und 34）、父は、子なしにその神性をもたない。この大胆な思想によってアタナシオスは、父の神性の周知の理解をその根底から問いに付した。それによると、父の神性はいかなる条件もなく確立しているが、その神性は、派生的な仕方でのみ子と霊に認められる。父の神性の条件はむしろ子のうちにある。すなわち、父が唯一の真の神であることをわれわれに教えてくれるのは子である（c. Arian 3, 9, vgl. 7）。アタナシオスも、知恵の、したがって子の「起源」としての父について語ることができた（1, 19）。しかしそれは、起源から出現した子なしに、父を起源と呼ぶことはできないという意味においてである。しかしもしも父が、次のような意味で、つまり、子と霊の両者はたしかに父に依拠しているが、神性に関しては、父は彼らに依拠していないという意味において、子と霊の神性の起源ないし原理と呼ばれるとすれば、自己区別の相互性と三一論的諸位格の相互性は、それらの神性の同等性と同じように、もはや維持されないことになる。カッパドキアの神学者たちは、時折、神性の起源としての父に関する彼らの諸言明によって、少なくとも、諸位格の同等性を危うくするこのような理解に非常に近づいた(191)。なぜなら、子の観点からのみ父は神性の原理である、と明白に付加されていないからである。この条件が付加されなければ、子と霊は、父と比べると存在論的に劣っていることになる。これがカッパドキアの神学者たちが、アタナシオスと同様に、避けようと努力したことである。

三つの位格の相互性は、ひとつの神性およびその諸属性との、それらの各々の関係も内容として含んでいるとの思想は、アタナシオス以後、さらに追求されることはなかったようである。アウグスティヌスは、三一性に関する、ヴェルチェルリのエウセビオスのもとされている著作を通して、明らかにこの論拠を知っており(192)、しかもこれに反対した。なぜならこのような仕方では、父は御自身を通して知恵をもつのではなく、したがってすでに自ら賢いのではなく、子を通してのみ賢いという結論に至らざるをえないからである(193)。アウグスティヌスはさらなる帰結を鋭く認識していた。つまり、父も、子も、「それ自身で」《ad se》、神と呼ぶことかできなくなる(194)。彼はそのなかに父と子の同じ神性の毀損をみた。つまりもしも父が何ら独自な知恵をもたず、しかも子との関係においてのみその存在を有するとすれば、子はどのようにして父と同じ本質でありうるのだろうか(195)。しかしもしも反対に、子も父に対して相対的にのみその神的本質を有するとすれば、その本質性（Wesenheit）はもはや決して本質性ではなく、何か相対的なものであろう(196)。

ロバート・W・ジェンソンは、次のような重要な洞察を提示している。つまり、アウグスティヌスは、ここでニカイアの教理の不器用な定式化を退けただけでなく、諸位格間の諸関係を、それらの諸特質にとってのみならず、その神性にとっても構成的なものとして記述することにみられるそれらの核心のひとつを捉えそこなった(197)。たしかにアウグスティヌスには、ニカイアの教義それ自体に反対する、あるいはアタナシオスによる解説と弁護に反対する意図はなかった。彼はむしろ、三つの位格のホモウーシオスという中心的な主張のために、より優れた思想的弁明を試みようとした。アウグスティヌスは、ヴェルチェルリのエウセビオスを通して彼に仲介されたアタナシオスの思想のなかにある、位格的諸関係の相互性から本質概念それ自体を新たに定義するための手掛かりに気づかなかった。その代りに彼は、三つの位格の各々が、まず位格的諸関係の仲介を通してではなく、それ自体直接に、ひとつの神性とその諸属性に参与することに固執した(198)。事実、これにより、諸位格の同等性が保証され、神性に関するいかなる劣等性も避けられ、そして同時に神的一体性が支配的視点に高められるように思われた。しかし諸位格の相互的諸関係による神的生命の仲介は、神的本質の、無差別的に考えられた一体性への、諸位格の各々の同一的参与という表象へと平準化されてしまった(199)。その結果、直接残されたのは、神的諸位格の独立性に関しすでにアウグスティヌス自身が感じていた諸々の困難であった(200)。

今や、三一性の三つの位格の相互性と相互的依存性は、その位格的同一性のみならずその神性に関して、それによって父のモナルキー（単独支配、単一根源）が破壊されるという結果に至ることは決してない。まったくその反対である。すなわち子の業（Werk）を通して父の国つまり父のモナルキーは創造において貫徹され、父により全権委任されたものとして子の栄光をたたえ、そしてそのことにおいて父御自身の栄光をたたえる霊の業を通して、それは完成される。子と霊は彼らの業を通して父のモナルキーに仕え、それを実践する。しかし父は、子なしにその国、そのモナルキーをもたず、子と霊を通してのみそれをもつ。このことは啓示の出来事に当てはまるだけでなく、父に対するイエスの歴史的関係に基づいて、三一の神の内的生命のためにも主張することができる。その際またもや、父に対する子の関係における自己区別の視点が基準となる。すなわち子は父に対し、存在論的に劣等であるという意味において従属するのではなく、子は自ら父に服従する。このことにおいて子は自ら永遠に父のモナルキーの場である。このことにおいて子は、聖霊を通して父とひとつである。父のモナルキーは前提ではなく、三つの位格の共同作業の結果である。それは彼らの一体性の印（Siegel）である。

したがってユルゲン・モルトマンと共に、内在的三一性において「構成的水準・地平」と「関係的水準・地平」（Trinität und Reich Gottes, München 1980, 200）を区別することはできない。つまり一方で、父――子の産出と霊の発出を通して（182）、神性の、起源をもたない起源である父――のモナルキーに基づく「三一性の構成」（179ff.）と、他方で、「三一性の生命」（187ff., 191f.）における位格的諸関係のペリコレーシス的な相互性の「三一性の」構成を区別することはできない(201)。むしろ父御自身のモナルキーは三一論的諸関係を通して仲介される。もしもここで「神性の起源」としての父のモナルキーがもはや何の妥当性ももたないとすれば(192)、「神的生命の永遠の循環」における、また三つの位格の「ペリコレーシス的一致(Einigkeit)」における一体性は、どのようにして維持し続けられるのか? モルトマンは、三一論諸関係における相互性の視点の再発見のために、重要な諸々の洞察を提示し、そして貢献した。彼はすでにたいへん見事な表現を用いて、「諸位格それ自体が、その一体性と同様にその差異を構成している」(ebd.)と述べている。しかしながらこれは、特に父御自身のモナルキーに当てはまる。それは三一性の生命と競合することなく、まさに子と霊の生命のうちにその現実性をもっている。

三一論的諸位格の交わりの内容は、それらの共同作業の結果としての父のモナルキーのうちにあり、それゆえ、そしてまさにそれだけの理由で次のように主張される。つまり、三一論的神は、イエスが告知した神、その支配が近づき、そしてすでにイエスの諸々の業のなかに現れ始めている天の父以外の誰でもない、と。アドルフ・v・ハルナックは、次のように述べたが、それは正しい。つまり「子ではなく、父のみが、イエスが告知した福音の内実である」。しかしハルナックは、次のように付け加えられなければ、この確認は不完全であることも知っていた。つまり「これまで、イエスが父を知ったように、父を知った者はひとりもいなかった」(202)と。イエスの人格から切り離して父を認識することはできない。なぜならイエスの出現と彼に対する信仰のうちにのみ、父の支配はすでに開け染めているからである。したがって彼は子である。それゆえ彼を通して、また彼つまり子の栄光を賛美する霊の業を通して、父のモナルキーは今すでに現実となっている。

もしも父、子、霊は、それらがすべて父のモナルキーに貢献することにおいてひとつであるとすれば、「父」という名称を、三一性の最初の位格に加えて、三一の神全体に関連づけることは正しくない。ところが神学の伝統において、このことが起こっている。なぜなら創造における神の業は、父に特有な業ではなく、三一性全体の業とみなされたからである。神をその被造物の父と呼ぶ聖書の諸言明――たとえば、マタ五・一六、四五、四八、マタ六・四以下、一四以下、一八、二六――は、それゆえ第一の位格としての父だけでなく、三一性全体に関連づけられた。イスラエルの神を民の「父」と呼ぶ旧約聖書の諸言明（申三二・六、イザ六三・一六）も、同様に取り扱われた。この目的のために神学は、父という名称の二つの用法を区別した。つまり、神の本質に関する名称として用いる場合《essentialiter》と、三一性の第一の位格を表す名称として用いる場合《personaliter》である。その例はスコラ神学（Thomas v. A.: S.theol. I, 33, 3）にも、古プロテスタントの教義学（Abraham Calov: Systema III, Wittenberg 1659, 169-175; David Hollaz: Examen I, Stargard 1707, 432f. (q 1)、また Sigmund Jakob Baumgarten（Evang.Glaubenslehre I, 2.Aufl. Halle 1764, 455f.）にもみられる。

したがって天の父としての神に関するイエスの諸言明の大部分は、子自身を通しての父としての神の語りかけではないことになる。主の祈りでさえ、イエス・キリストの父に向けられたものではなく、三一性全体に向けられたものであることになる。このようにしてイエスの神告知の一体性は、釈義的には根拠づけられず、また内容的に耐え難い仕方で、分解されてしまった。ソッツィーニ主義者のクレリウスは、聖書のある個所で父としての神の呼称が三一性に関係づけられていることに異論を唱えたが、それはまったく正しい。彼に反対するカロヴィウスの諸々の根拠（a.a.O. 169ff.）は、今日の読者にとって、極めて不自然な印象を与え、もしも外に向かう三一性の業の不可分性という、聖書解釈に持ち込まれた命題を度外視するならば、いかなる説得力ももたない。むしろここで、このルールそれ自体が修正される必要あるということが、判明したのではないだろうか？　創造、和解、そして救済における、父、子、霊の《共同の作業》という根本命題は、それらのこの働きにおける諸位格の《区分可能性》が承認されるならば、まだ断念される必要はない。

父は、そのモナルキーにおいてひとりの神である。つまり、まさに子がそのことを教えている（マコ一〇・一八）。新約聖書の言語用法の研究もこのことを確認している。なぜなら新約聖書では、「神」という語は、ほとんど例外なく、決して三つの位格の神ではなく、父を指しているからである(203)。しかしここから、次のような結論はでてこない。つまり、ひとりの神についての教理を、諸位格の三性（Dreiheit）における神的本質の一体性の教理の代わりに、「父なる神の教理として展開」(204) しなければならないという結論はでてこない。なぜならひとりの神は、聖霊において子を通して父として認識されるからである。もちろんキリスト教神学は、宗教史と旧約聖書における、神を父として捉える認識の予備段階も、イエスによって告知された父なる神をすでに対象としていたという洞察に対して開かれていなければならない。そしてこれはもちろん、父の認識が子の仲介と結びつけられていることを考慮するとき、父としての神の、イエスを通して仲介された認識の、この宗教史的予備段階においても、子はすでに働いている――彼は、受肉において初めて決定的に人間の姿を取ったにもかかわらず――ことを意味する。もしも世界の創造が神的ロゴスに仲介されているとすれば、したがってロゴスはその受肉以前にすでにいたるところで被造物のうちに働いているとすれば、当然のことながら、父としての神の認識の初めも人類における子の働きを通して仲介され、その結果、この点でも子の受肉は人間の創造の完成となる。

ここで明らかになっているのは、父および父のモナルキーに対する子の関係が、それが霊によって仲介されているように、ナザレのイエスの歴史を規定していることだけでなく、その歴史のなかに救済の経綸全体が要約されていることである。三一論的神の一体性についての問いは、それが救済の経綸を取り込まなければ、したがって世界の創造以前のただ内在的三一性を考慮に入れるだけでは、明らかにされない。永遠の本質における神は、その啓示における場合と同様に、その啓示の出来事と異なるものとしてのみならず、それと同一のものとして考えられるので、たとえ究極的には、内在的三一性と経綸的三位一性は徹底的に区別されなければならないとしても、反対に、その啓示とそのなかに要約されている、創造における神の救済的業を度外視するならば、三一論的神の一体性は、表象することができない。父のモナルキーとその認識が子を通して制約されているという事実は、神的本質の一体性に関する問いのなかに世界に対する神的諸関係という経綸を取り込むことを要求している。神の一体性の思想は、父のモナルキーがその内容であるということによってもまだ明らかにされない。もしも父のモナルキーがそれ自体として直接実現されず、子と霊の仲介によってのみ実現されるとすれば、神の支配の一体性はこの仲介の形式のうちにその本質を有するにちがいない。あるいはむしろ、父のモナルキーの本質は、あの仲介を通して自ら初めてその内容的規定を獲得する。

いずれにせよ、父のモナルキーにとって、子と霊による仲介は外面的なものではありえないのである。

4　神の歴史としての世界と神的本質の一体性

カール・バルトは、三位一体論をイエス・キリストにおける神の啓示に基づいて基礎づけることを要求したが、それを内容的に貫徹することはなかった。しかしカール・ラーナーは、内在的三一性と経綸的三一性は同一であるとの命題によりこの基礎づけの問題を取り上げ(205)、そして先鋭化した。この命題は次のことを意味している。つまり、三位一体論の基礎づけは、イエス・キリストにおける神の啓示から《出発し》、そこから神の永遠の本質における三性に遡るだけでなく、三位一体論の貫徹は、再び神の永遠の本質における三性をその歴史的啓示と結びつけなければならない。なぜなら歴史的啓示は、その神性にとって外面的なものとは考えられないからである。

すでにカール・バルトの場合、この事態は、「神の言葉」に関する彼の教説の第二章の構成のなかで表現されており、そこではもちろん三位一体論の展開としてではなく、啓示概念の展開として表現されている。『教会教義学』「神の言葉についての教説」第二章　第八節—第九節（KD I/1, 311-403, §8-9）において、彼は、諸々の啓示思想から三位一体論へと進み、『教会教義学』「神の言葉についての教説」第二章　第一〇節—第一二節（KD I/1, 404-514, §10-12）では、父、子、霊の啓示の働きからその永遠の神性へと戻り、そして『教会教義学』「神の言葉についての教説」第二章　第一三節—第一五節（KD I/2, 1-221, §13-15）では、子の受肉における三一の神の「客観的」啓示を扱い、それに続いて『教会教義学』「神の言葉についての教説」第二章　第一六節—第一八節（KD I/2, 222-504, §16-18）では、聖霊による三一の神の「主観的啓示」を論じている。ここで啓示思想の展開として語られている事柄は、内在的三一性と経綸的三一性の一体性における三一性の記述として読むこともできる。もちろん経綸的三一性の側では、父の業である創造が欠けている。このなかに、バルトのキリスト中心的啓示概念によって——あるいはいずれにせよ『教会教義学』のプロレゴメナにおける彼の理解によって――制約された「ストレット〔フーガなどで主題が重なって入ること〕」を見る者もいるかもしれない。いずれにせよバルトのこの諸々の詳論において、内容からみると、内在的三一性と経綸的三一性の一体性が主張されている。

ラーナーの命題の出発点となったのは、次のような確認である。位格におけるイエス・キリストは神の子であり、したがって受肉は、三一性の他の二つの諸位格と異なり、外的帰属〔三位一体論のそれぞれの属性が三位へ帰続されること〕を通して子にのみ帰されるのではない。人間イエスは神的ロゴスの「現実的シンボル」である。彼の歴史は、「われわれのもとにあるわれわれの救いとしてのロゴスの、ロゴスそれ自身を啓示する現存在で《ある》」(206)。しかし受肉は、三一論的な神の救済史的働きとの関連で、三一論的位格が世界の現実を引き受ける特別な「ケース」とみなされなければならない。たしかに神的ロゴスと人間イエスの実体的合同の「ケース」は唯一無二であり、類例は存在しない。しかしながらそれは、世界の歴史における三一論的神御自身の、救済的経綸全体を包摂する働きと関連している。こうして、ラーナーによる事態の諸定式化を越えて、三一論的諸位格相互の諸関係のなかに創造が取り入れられ、そしてその創造はそれらの関係に参与する。しかしながら創造のうちに直接行為しつつ現臨するのは、子と霊の諸位格のみであり、他方、父は子と霊を通してのみ世界において行為し、したがって世界に対し依然として超越的である。これが、子と霊の世界への「派遣」において表現されている事態である。

しかしながら、子と霊を通して、父も救済の経綸の歴史に関係づけられている。しかも父は、その神性においてさえ、世界の創造を通して、また世界における業のために子と霊を派遣することを通して、自らをその歴史の過程に委ねた。これは、御国が委ねられ、そして返却されるという三一論的諸位格の相互的依存性から明らかになることである。つまりそこでは、子と霊が救済の経綸という仕方で世界とその歴史に関わっている。父の神性が創造の世界における歴史の過程に依拠しているというこの事態は、まずエーバハルト・ユンゲルによって、そしてさらにユルゲン・モルトマンによって強調された。後者はイエスの磔刑においてそれを例証した(207)。もしもそれが子の死であるとすれば、十字架におけるイエスの死により、父御自身の神性が問いに付されてしまう。ユンゲルと共に、父が自らを、十字架につけられた者の復活を通して、死に対抗する神として主張していると語ることは、このことに対応している。父の神性を、子の死に見舞われ、そして問いに付されたものとして叙述する十字架の出来事のこのような諸記述は、次のような前提を含んでいる。つまり、内三位一体的（innertrinitarisch）諸関係において諸位格は、その位格存在に関してのみならず、その神性に関しても相互に依存していること、そしてその際に問題になっているのは、父に対する子と霊の諸関係のみならず、他の二つの諸位格に対する父の関係に関わる相互的諸依存性である(208)。イエスの十字架上の死は、父の神性を疑問に付すことになるという解釈は、救済史の中心的な諸々の出来事、つまりイエスの十字架と復活における三一論的諸関係のこの相互性を指し示している。こうして、ラーナーの諸言明を越えて、今や父の位格も救済史の経過のなかで展開される。しかもそれは、その出来事の進行が、《彼の》神性について、また子の神性について判決を下すという仕方で行われる。受肉を内在的（immanent）三一性から、つまり子の位格性から切り離せないことに関するラーナーの諸言明においては、それはまだ起こっていなかった。この方法を通して初めて、内在的三一性と経綸的三一性の同一性というラーナーの命題は生命に満たされる。なぜなら今や内在的三一性それ自体が、三一的神の神性が、歴史の諸々の出来事のなかで賭けられているからである。

このような諸事情のもとで、内在的三一性と経綸的三一性の結合は、死者たちからのイエスの復活に至るまでのイエスの歴史に限定されたままではありえない。むしろ終末時における、高挙された方を通しての神の世界支配の遂行と、父への御国の返却（Ⅰコリ一五・二八）は、今や、イエスによって告知された天の父なる神の神性に関する、歴史のなかで起こった論争という視点から捉えられる。一九七二年、すでにユルゲン・モルトマンは、三位一体論におけるイエス・キリストの歴史というこの終末論的観点の諸々の帰結を主張していた(209)。そして一九八〇年、彼は、聖霊論を取り入れることによりそれを展開した(210)。彼は次のことを説得力のある仕方で説明した。つまり、霊による子と父の栄光化（Verherrlichung 栄光をたたえること）は、他の二つの三一論的諸位格に対する霊の主体的存在を最も決定的に表現する位格的行為であり、特に、霊のこの頌栄論的活動性は内三位一体的関係として評価されなければならない。なぜならそれは、外に向かってではなく、子と父に向かっているからである(211)。しかし霊による栄光化は、子と父の「一体化（Vereinigung）」と、またヨハ一七・二一によると、人間と神との、そして神における一体化をも引き起こすがゆえに(212)、モルトマンは、終末論における救済史の完成を神御自身における三一論的生命の一体性と結びつけることができた。すなわち「すべてのものが「神のうちに」あり、また「神がすべてのものにおいてすべて」となるとき」、経綸的三一性は内在的三一性へと止揚される」(213)。同様に、ロバート・ジェンソンは内在的三一性をまさに経綸的三一性の終末論的－究極的形態として特徴づけ、霊をその終末論的完成の「原理と源泉」として理解した(214)。

しかし、内在的三一性と経綸的三一性の同一性に関するこの命題の最も困難な諸問題は、それがさらに広範かつ徹底的に展開されるときに、初めて生じてくる。ヴァルター・カスパーは、「この同一視を通して内在的三一性は経綸的三一性に解消されてしまう」(215)という誤解を指摘したが、それは正しい。この同一視により「救済史的三一性からすべての意味とすべての意義が奪われてしまう。なぜなら、神が、永遠から存在するものとして救済史のなかに存在するときにのみ、それは意味と意義をもつからである」。それゆえ救済史的三一性のうちに内在的三一性が見出されるべきである(216)。すなわち神は、その永遠の本質において、自らを歴史的に啓示する方である。

こうして次のような、歴史における神の生成の表象はしりぞけられる。それは、あたかも三一論的神は、歴史の結果として初めて、その終末論的完成においてその現実に到達するかのごとく理解する表象である。すなわち、人間の歴史的経験からみると、イエスによって告知された神の神性は、歴史の終末論的完成と共に初めて究極的に証明されるという具合に記述されている。さらに、神の神性は、内容からみても、彼の国の完成がなければ考えられないかのようであり、したがってその終末論的開始に依存しているかのようである。すなわち、これによって終末論的完成は、三一論的神がいつもすでに、永遠から永遠へと、真の神であることに関する決定の場にすぎなくなってしまう。このこと関して、神の現存在が神の国の終末論的完成に依拠していることにより、何かが変わることはまったくない。ぜひ必要になるのは、この永遠性を理解する際に、神御自身の永遠性にとって終末論的完成がもつ構成的意味を考慮することだけである。復活の出来事は、ナザレのイエスはすでにその地上の歴史において神の永遠の子であったとの認識を根拠づけるだけでなく、その確認の機能を通して、彼がそうであったことを、遡及力をもつ仕方で《決定する》。これとまったく同様に、イエスによって告知された神の神性も、神の国の終末論的完成を通して初めて究極的に、かつ反論しえない仕方で明らかになる。無神論と信仰の争いに最終的に決着がつけられる。しかし同時にそれは、遡及力をもつ仕方であらゆる永遠性に関わる。なぜなら神についての発言は、その概念によると永遠性の思想を含むからである。イエスの復活の現実性も、死者たちの終末論的復活の関連において初めて究極的に、かつ反駁しえない仕方で決定される。その際それは、今やすでに教会が、復活の使信の真理に関するその確信に基づいて引きだす、イエス・キリストの位格に対するあらゆる帰結と共に、決定される。

この出来事に基づいて、神の現存在が、永遠から永遠へと、したがって世界の基礎づけの前でさえ、決定されているとすれば、神の国における歴史の完成という終末論的将来には、したがって三一論的神への信仰の基礎づけのための卓越した機能が認められる。これが、永遠と時間の関係にとって、創造に対する神の関係にとって、創造の行為それ自体の理解にとって、したがってまたあらゆる有限な現実の時間性の問いにとって、何を意味するのかということは、次の二つの章において明らかにされるであろう。しかしいずれにせよイエスの歴史的業という現在のうちに、到来しつつある神の支配が開始していると告げるイエスの告知による、世界の終末論的完成の先取りと、十字架につけられた方の死人たちからの甦りにおける、終末時の死人の甦りの、神の支配に対応する先取りは、神に関する、つまり父、子、聖霊に関するあらゆるキリスト教的主張の基盤である。三一論的神理解を通して展開される啓示の思想は、すでに、たしかにイエス・キリストの人格と歴史における歴史の終りの先取りに依拠している。三一論的神の永遠なる神性は、神の啓示の真理と同様に、さらに歴史のなかでなおその神性の究極的確認へと向かっていく。新約聖書の啓示理解にとって決定的な概念である神秘の概念の、つまり神的救済計画の、救済史的構造に対応しているのは、三位一体論の歴史神学的「経綸的」基盤である。その際いずれにせよ、啓示の三一性の主張は、本質の三一性の、つまり父、子、霊の、永遠から永遠へと至る三一論的交わりの主張を含んでいるとする点で、ヴァルター・カスパーは正しい。この事態によって、教父学における三位一体論の歴史的展開――霊の証言を通しての、子における父の啓示の認識から、神の永遠の本質の一体性における、父、子、霊の永遠のホモウーシオスの教理への展開――の過程は原則として妥当なもののように思われる。

このようにして、次のことも理解できるようになる。つまりこの解釈史の暫定的結果のなかで、したがってニカイア（三二五年）とコンスタンティノポリス（三八一年）の教義と共に、本質の永遠なる三一性の思想はその歴史的基盤から切り離されてしまった。またその思想は、あらゆる歴史的諸事件の基盤としてだけでなく、神の永遠性と不変性のゆえに歴史の過程によって影響されないものとして、したがってあらゆる被造物の認識にとって到達できないものとして考察される傾向があった。もしもひとたび子と霊が、永遠で不変的な父と同じ本質をもつことが認識されたなら、ヘレニズム的哲学的神学の諸条件のもとで、そのように考えられた三一性は、あらゆる被造的‐有限的現実に対して到達しえない距離へと移動しなければならなかった。「《内在的三一性が、経綸的三一性に対して独立し、そして救済経綸的に機能することはますますなくなっていった》」(217)。

この発展の初期の段階はすでにアタナシオスにみられる。子を時間的に生まれた者として父の不変的神性から引き離すことを目的としたアリウス派の論拠に反対して、アタナシオスは、あらゆる生成とあらゆる変化を子と三一性一般の表象から遠ざけようと努力しなければならなかった（c. Arian 1, 35f.）。アタナシオスによると、不死である子にとって、受肉でさえ何の変化ももたらさなかった（1, 48, vgl. 1, 62 und 3, 39）。何らかの意味でひとは神御自身を「成った」ものとしてみなすとことができたことは、彼にとって極端な過ちであるように思われた（1, 63）。イエスに関する聖書の諸言明、つまり彼はあれやこれやのものに「なった」、あるいは何ものかに「された」というイエスに関して主張された諸言明は、ロゴスそれ自体に関係づけられてはならず、イエスの人間的本性にのみ関係づけられるべきである（II, 8）。こうして永遠なる子は、諸福音書がイエスに関して報告しているあらゆる人間的なものから遠ざけられた。アタナシオスは、「神に関する神学的知」の側から、変化、「三性の漸次的発生」を決して認めようとしなかった。すなわち、「しかしそれは宗教にとって何を意味するのか？　つまり、それ自体決して同じままではありえず、時間の経過のなかで初めて完成に至り、そして直ちに、直ちに別のものになってしまう宗教にとって、それは何を意味するのか？　なぜならその宗教はおそらくさらに成長をも維持し、しかも止むことなく……」（I, 17）。

今日の認識によると、三一論的神学の一面化、つまりその聖書的基盤からの切断は、永遠なる三一性とあらゆる歴史的変化との対抗と結びついていた。この状態を修正すべきであるとの要求は不可避である。しかしこれと結びついた問題の重さは、これまで神学が意識していたよりもはるかに重い。内在的三一性と経綸的三一性を一体として考えることは、神思想の発展を前提としている。つまりそれは、神的本質の彼岸性とこの世におけるその臨在だけでなく、神の永遠なる自己同一性と、歴史のプロセスにおけるその真理についての異論、さらに歴史の完成を通してなされるその真理に関する決定を、唯一の思想の一体性へと包摂することを可能にするような神思想の発展である。同時に、ひとりの神における三つの位格の一体性は、新しい仕方で表現されなければならない。神的本質の一体性における、父、子、霊の一体性の問いと、そのように考えられた内在的三一性の一体性の問いは、経綸的三一性と相互に密接に関連している。すなわち、諸位格の三性における神の一体性は、同時に内在的三一性と経綸的三一性の区別と一体性の根拠を自らのうちに含まなければならない。

神学的思惟にとってこれにより示唆された諸課題は、父、子、霊の相互的諸関係に関する本章におけるこれまでの諸々の詳述によっても、まだ解決されていない。しかしそれらは一般的な神学議論においても、これまで解決されなかった。神の「本質と啓示の間の《相互作用》」の命題によっても、内在的三一性と経綸的三一性の一体性の根拠は考えられておらず、その相互的ペリコレーシスにおける三つの位格の「《一致（Einigkeit）》」はその一体性の思想に到達していない(218)。ペリコレーシスは、すでに他の仕方による、三つの位格の一体性の基礎づけを前提としている。それはその一体性を明らかにすることができるだけである。もしもそれがそれ自体として観察されるならば、諸位格の三性は相変わらずいつもその出発点である。三つの位格の、外に向かってと、内に向かっての共同作業は、その一体性の仮定を基礎づけることはできない――反対に、そのなかに、他のところで基礎づけられた本質の一体性の表現が見出されるにもかかわらず。それゆえ伝統的三位一体論においては、諸位格の一体性はそのペリコレーシスからではなく、神性の源としての父の位格からのその由来を通して(219)、あるいは神的自己意識の自己展開から基礎づけられた。諸位格の三性を父あるいは神的本質の一体性から基礎づけるための諸々のこの伝統的な方法は、今日もはや通用しない。なぜならそれらは従属主義かサベリウス主義へと通じているからである。父、子、霊の一体性は、相互的自己区別によって規定されたその救済史的諸関係において、特に創造における父のモナルキーの顕現のためのその共同作業において表明されているというのは、たしかにその通りである（三五五頁以下を参照）。しかしながら三つの位格のこの共同作業とその相互的ペリコレーシスは、神的本質の一体性の表現としても考えられなければならない。そのために、神的本質それ自体の思想が主題として取り上げられなければならない。その論究は、ひとりの神が、歴史の諸々の出来事が神の永遠の本質の同一性ために何かをもたらすという仕方で、超越的に、また救済史の過程のなかに、臨在すると考えられうるのかどうかを実証しなければならない。同じように、アウグスティヌス（注196を参照）がその妥当性を前提としなければならないと信じた存在論的本質概念と対照的に、神的本質の概念は、父、子、霊の間の位格的諸関係の総括概念として考えうるのかどうかが実証されなければならない。

このことと、三一論的三性を神的本質の一体性から導きだす試みを結びつけることはできない。問題になっているのは、父、子、霊の相互的諸関係において啓示された、神的生命と本質それ自体の一体性を考えるという課題だけである。これは、関係のカテゴリーがそれにとって外的なものではないような本質の概念を要求する。しかしそれは、父、子、霊の、啓示の出来事において明らかになった三性を、神性のひとつの本質の概念から導きだすことを決して要求していない。永遠なる神の諸形態として、父、子、霊は、他のあるものから演繹されることはない。それらは、それらと異なる何ものかから生ずることはない。それらの本質の一体性も、それらの諸々の具体的な生命の関係のなかにのみ見出される。

この一体性を主題とすることは、キリスト教神学の関連における神の本質と諸属性の教理の課題である。三一論的神についての教理は、それと共に初めて、その暫定的結論を見出す。この結論は暫定的なままである。なぜなら内在的三一性と経綸的三一性の一体性の諸々の徴のもとで、教義学の残りの全体、つまり創造論、キリスト論、和解論、教会論、そして終末論は、三位一体論に言及するからである。それゆえ必要とされているのは、組織神学のこのまだ手つかずの諸々の部分において、三位一体論との諸関連が繰り返し明確に論及されることである。反対に、三一論的神論は、キリスト教の教義学の内容全体の先取りされた要約である、と言うことができる。しかし暫定的な意味で、イエス・キリストの歴史を通しての、聖書の神の自己啓示のうちに含まれている神理解の記述は、父、子、霊の三性における神の一体性の論究と共に終結する。なぜなら神については、この一体性を越えて何も語りえないからである。残る問いは、神的一体性はどのような具体的性質をもっているのかということだけである。三位一体論でさえ、それに他の何かを「仲間として付け加える」ために、神の一体性の思想を越えていくことはない。つまりそうすることは、偶像崇拝になるであろう。キリスト教界の三一論的信仰において重要なのは、神的一体性のそれ自身において分化した具体的生命だけである。したがって三位一体論は、次のような諸表象と異なり、実際、《具体的一神教》(220)である。つまりそれは、ひとりの神の抽象的彼岸性という表象と、それによってひとりの神が実際に、此岸の世界と多様な有限性の、単なる相関概念となってしまう神的一体性の、神からいかなる多様性をも排除してしまう抽象的表象である。

神的本質の一体性に関するそれ自身において分化している概念に基づいて初めて、三一論的諸位格の表象も最終的に規定される。これまでこの概念は暫定的にのみ導入されてきた（注186を参照）。なぜなら神的本質の概念とその一体性の意味は、まだ明確にされていなかったからである。したがってなにゆえに三一論的諸位格は、唯一の神的主体の諸々の単なる「存在様式」ではなく、自立的な行為の中心であるにもかかわらず、共通の類ないし種の、異なる諸々の個として理解されてはならないのかということは、まだ明らかにされなかった――カイサリアのバシレイオスは、三一論的位格概念を解説する際に、このことを前提としていた（注50を参照）。この問いの取り扱いは、ひとつの神的本質性（Wesenheit）の思想の明確化を前提としているがゆえに、次の章ではさらにもう一度、位格概念と、本質と位格の関係に戻らなければならない。神的救済の経綸の叙述を辿ることにより、初めて、神的生命の一体性の内部における具体的位格的関係を理解するための、神学的省察一般が期待する解明に到達するであろう。

第6章　神的本質の一体性とその諸属性

1　神の卓越性と、神に関する発言の理性的弁明の課題

神について語ろうとするいかなる聡明な試みも——したがってこのような発言はいずれもその諸制約と諸限界を自覚し、自らに対して批判的である——、われわれのすべての概念を越えているがゆえに捉えきれない神の卓越性に対する告白をもって始め、そして終わらなければならない。われわれはこのように始めなければならない。なぜならわれわれが神と名づける卓越した秘密は、語る者とすべての被造物にとっていつもすでに親しいものであり、あらゆる概念的把握以前にわれわれの現存在を取り囲み、そして引き受けてくれるからである。それゆえそれは、いつもすでに、それを思い起こし、概念的に再構成する際の最高の条件である。あらゆる神認識は、神の概念的に捉えきれない卓越性に対する告白と共に終わらなければならない。なぜなら神に関するいかなる言明も、そのなかに、それが語るものについての意識が表現されているかぎりにおいて、自分自身を越えて指差しているからである。神に関するわれわれの発言の理性的弁明の試みは、あの始めとこの終わりの間で動いていく。

神の卓越性があらゆる人間の概念を凌駕しているにもかかわらず、ここから次のような結論が引きだされることは決してない。つまりそれは、神について語るよりも沈黙している方がいっそうよい、そして神についての発言においては、規定されたことは何も考えられていないという結論である(1)。その反対に人類の歴史においては、神と神々

について非常に多くのことが語られ、しかもまさにひとりの神についてたいへん多くのことが語られており、その結果、われわれの日常の言語から「神」という語が消えてしまうならば、はかり知れない損失や貧困化が生ずると想定される(2)。そしてその際、神について考えることがあまりに少なすぎるというよりも、むしろあまりに多すぎるのである。ここで熟慮すべきことは多く、しかも多様であることにより、このテーマの諸次元に対する洞察が増すにつれ、神的本質の概念的に捉えきれない卓越性についての認識はますます深まっていく(3)。

この事態を意識する結果、その概念的な努力を断念することにならないようにしなければならない。神の概念的に捉えきれない卓越性の認識は、むしろまさに概念的思惟の規律との結びつきのなかで明らかになる。おそらく思惟の歴史において概念的な諸々の最大の努力が傾注されたのは、神の認識であった。たしかにそれらの結果は近寄りがたいものであることが、繰り返し証明された。なぜなら概念はたしかに無限なものを考えることはできるが、無限なる仕方で把握することはできないからである。しかしながらこれらの諸々の努力は無駄ではなかった。なぜならそれらは、その終わりを予測することはできないが、その道を進むとき、その目標がすでに手近にあるようなひとつの道における諸段階だからである。聖書伝承によると、神は、神について問う者に、神を探し求める者に、神御自身がその近くにおられることを約束している。つまり「あなたたちがわたしを呼び、来てわたしに祈り求めるなら、わたしは聞く。わたしを尋ね求めるならば見出し、心を尽くしてわたしを求めるなら、わたしに出会うであろう」(エレ二九・一三―一四)。そしてイエスの山上の説教は、「探しなさい。そうすれば、見つかる」(マタ七・七)と確信をもって語っている。この勧告とこの約束は、たしかにまず概念的神認識の探求にだけ当てはまるわけではないが、このような探究をも包括している。神認識の分野における諸々の大きな過ちは、人間の洞察が依然としてこの対象の偉大さに届かず、したがって神について問う際に、その洞察の限界を踏み越えてしまうことを知ることによって起こるのではない。それは、人間がその制約された諸表象を事柄それ自体と混同してしまうところで起こるのである。

たしかに申四・二九には「心を尽くし、魂を尽くして求めるならば、あなたは神に出会うであろう」と約束されている。そして続く三一節には、「あなたの神、主は憐れみ深い神であり、あなたを見捨てることも滅ぼすことも、あなたの先祖に誓われた契約を忘れることもない」と記されている。すべての探求と同様に、神についての探求と問いは、人間が探し求めるものについての知識（Kenntnis）をすでに前提としている。したがって神的現実の真の形態についての哲学的問いも、すでにギリシャにおいて始まったときに、神についての先行する知識、つまり神話の知識を前提としていた――その哲学的問いは、神的なものの真の形態についての問いとして、矛盾に満ちた多様な形態をもつ神話の諸言明に対して批判的に向き合ったにもかかわらず。後に聖書の神も、異なる仕方で、神についての哲学的問いの諸前提のひとつとして取りあげられた。異なる仕方でというのは、ユダヤ人とキリスト者の神は、古代の哲学的神学が神話の神々に対置した神的なもののあの一体性（Einheit）のひとつの形態、しかも具体的形態だからである。それゆえ聖書の神に対する哲学的批判は、古代の神話の神の諸形態に対するものと同じ形式をとることができない。それは、もしもそれがこの事態に気づいていたとすれば、ユダヤ人とキリスト者の神に対し、哲学者たちの「自然神学」が多神教的神話学との対決のなかで行ったような仕方で、その神に対する神性の別の自立的形態を対置することはできない。もちろん、諸々の宗教的神表象にみられる神人同形論を批判するという課題は残ったままである。世界全体の起源としてのひとりの神という思想のための論理的諸条件を定式化するという課題も、依然として残っている。しかしこの批判的省察はキリスト教神学によっても広範に受容されており、その結果、このところでキリスト教神学に対する哲学的神学の原理的反対は不必要になる。ローマ・カトリックの中世以来、このような反対は、たぶん間違いなく神学的思惟の特殊な伝統的制約との関連において生じた。しかし、神学的神論と哲学的神論の異なる出発点と多様なやり方を特徴づけるこの対立も、次のような場合にのみ原理的対立となる。つまり、神学が聖書と教理の権威を引き合いにだし、その引証が当該の教理の真理に関してあらかじめ決定されたこととして誤認されるとき、また他方で、哲学が、宗教的経験と伝承を考慮せずに、哲学的神論の基礎づけの過程を完成することができると考えるときである。十字架の愚かさのそばを軽率に通り過ぎるこの世の知恵というものがたしかに存在する。しかし哲学的神学がこのような対処法に拘束されないことは言うまでもない。

「いまだかつて、神を見た者はいない。父のふところにいる独り子である神、この方が神を示されたのである」（ヨハ一・一八）。「近寄り難い光のなかに住まわれる」（Ⅰテモ六・一六）神は、子を通して認識される（マタ一一・二七を参照）。それゆえ概念で捉えきれない神を認識しようとする者は、子に固着しなければならない。これが、ルターが《啓示された神》と《隠された神》(4)を区別した意味である。《隠された神》（イザ四五・一五を参照）という多層的概念は、罪びとにとって、神の救済の行為においても、またその裁きの行為においても神が隠されていることと並んで、また神の諸々の決定の究めがたいことと並んで、神の本質の理解し難さを含んでいる(5)。しかしながら子における神の啓示によって、さもなければ捉えきれないこの神の本質が明らかにされる。それは、隠された神御自身が啓示されるという仕方で、明らかにされる。《啓示されない神が、今や、啓示される》(6)。このプロセスはもちろん終末において初めて完成される。しかし、ルターが啓示された神と隠された神の二元論を弁護するつもりのなかったことは明らかである。歴史のプロセスと結末がなお未決であるかぎり、ひとつの神的現実のこの二つの観点の間の緊張関係が存在するだけである。世界の出来事に対するその支配と人間の個々の運命において隠された神は、歴史の終わりにおいて初めて、イエス・キリストのうちに啓示された神との同一性のなかで究極的に、そして各人に見分けられるようになる。まさにこのゆえに、神学は神的現実の二つの観点に固執しなければならない――たとえそれらの一体性が容易に見えないとしても、またこの緊張関係が、なかでも神についての神学的発言と哲学的発言の間の緊張関係においても明らかになるとしても。

まさに神の一体性も、歴史的経験の諸矛盾のなかで隠されている。この一体性とは、世界の出来事のなかに働く神とイエス・キリストにおける神の愛の啓示との一体性である。ここで賭けられている、つまり危機にさらされているのは、三一論的神の一体性である。エーバハルト・ユンゲルによると、ルターにとって三一性は、神はむしろイエス・キリストにおいて三一論的神として啓示されているがゆえに、神が隠されていることには属さない(7)。しかし隠された神と啓示された神の区別は、三一論的諸関係それ自体においても行われている。ルターは、ヨハ一四・九の「わたしを見た者は、父を見たのだ」との記述のなかに、隠された神と啓示された神の一体性に対する証言をみた――《Qui enim me videt, inquit Christus, videt et patrem ipsum》（WA 43, 459, 30f.）。ここには、父と子の関係と、隠され神と啓示された神の間の《区別》との関連も暗黙のうちに前提されている。しかし受肉した子が啓示された神であるように、あたかも父は、隠された神と同一視されているわけではない。しかし啓示の出来事において、隠された神はイエス・キリストの父として啓示され、そして隠された神と啓示された神の一体性は、父と子の一体性において明白になる。ルターによると、もしも隠された神と啓示された神の一体性は終末論的栄光の光のなかで初めて究極的に啓示されるとすれば、これは、歴史のプロセスにおいて、三一論的神御自身の一体性がなお隠されていることを意味する。父、子、霊の諸々の三一論的区別は隠されていない。この区別は、まさに啓示の出来事において解明される神的現実を特徴づけている。しかし隠されているのは、このように区別されている神的本質の一体性である。

神学的伝統において、その事態は、一般にこれとは逆に判断されてきた。つまり、ひとりの神の現存在だけでなく本質も、創造の働きから理性的認識に近づきうるものとみなされ、他方、三一論的区別は特殊な啓示を通してのみ認識されるというのである。この意味で、三一性の「秘密」に関する諸言明は、ひとりの神とその諸属性に関する諸言明の後に位置づけられてきた。

ここでは、ダーフィト・ホラーツの神論の記述（一七〇七年）を古プロテスタントの教義学におけるその取扱いの例として挙げることで十分であろう。なぜならここで例証によって証明されうる傾向は、たしかにカロヴィウスとクヴェンシュテットにもみられたが、ホラーツにおいて、つまり古プロテスタントの教義学の後期の段階において特に明白になったからである。ホラーツは《聖なる三位一体の秘密》を《信仰の崇高で険しい（！）条項》として論じたが（Examen theol. I, 401）、《独立した霊的本質》としての《神の記述》は、被造物における諸々の作用から創造者を推論する理性の「自然的神論」（324 obs.3）のうちに見られると共に、たとえそこでは表向き《longe solidius》（ib.obs.4）であるとしても、聖書の啓示の証言にもみられる。内容的には、啓示がひとりの神のあの普遍的知に、諸位格の三性をさらにつけ加えているにすぎない（addit autem mentionem trium personarum Divinitatis, sine qua non est completa Definitio veri DEI, ib.）。ローマ・カトリックの新スコラ学派の神学は、この事態を同様に記述した。マティーアス・ヨーゼフ・シェーベンの場合、自然的神認識は「神のあのあらゆる特徴」に及んでおり、「これがなければ、神は、知覚できるあらゆる事物の第一の、そして最高の原因としては考えられない。しかしそこには明白に、《事実、超自然的啓示それ自体のなかに提示されている神のあらゆる属性》が含まれており、それらのあらゆる属性は《三つの位格すべての力による共同体的本質と本性》という点で神にふさわしいものである」（Handbuch der katholischen Dogmatik II（1875）＝Ges. Schriften IV, 1948, 28 n.64）。シェーベンは、これらの諸属性が神の外的超自然的働きに」（ebd.）特に関連づけられるかぎりにおいてのみ、例外をもうけた。これと対照的に、《神的諸位格の三重性は》、……《相対的》にだけでなく、……《絶対的》に、自然的認識の領域を超えている」（ebd. n.66）。

このような判断形成は、近代のいずれの合理的哲学的神学も戦わねばならなかった諸問題に対する低い評価と、特に諸々の歴史的所与と聖書の諸テキストの解釈における自然的理性の射程に関してあらゆる熟慮が欠けていること示している。聖書の諸証言は、宗教史のテキストとしてではなく、超自然的権威の文書としてのみ論究されている。宗教史のテキストの「自然的理性」による解釈は、その真理はなお未決のままであるとしても、徹頭徹尾、それらのうちに示唆されている神理解に基づいて諸々の結論を提示する。もしも宗教史の視点からみて、キリスト教界における三位一体論の形成への道の出発点はイエス・キリストの使信と歴史にあり、その神学的展開は、復活信仰の光のなかで徹頭徹尾「自然的」理性の諸論証と共になされたとすれば、神的諸位格の三性とそのホモウーシオス（同一本質）についての確信の形成は、その解釈史の結果である、つまり、教父神学の展開のなかでたしかに関係者たちの多様な先入観によってあちらこちらで妨害されたが、事態の論理に基礎づけられたその解釈史の結果である。父、子、霊の三性をひとつの同じ神的本質の表現として理解することは、ますます困難になった。四世紀にニカイア信条とコンスタンティノポリス信条の教義が貫徹されて以来、キリスト教の三一論的神学の中心問題となったのは、三性ではなく、三一論的神の一体性である。これは、キリスト教の神論と、非三一論的一神教――キリスト教は、ユダヤ教およびイスラムとの関係においてこの一神教に出会った――の二者択一との関係にも当てはまる。しかしそれは、三一論的三性と神の一体性の関係を明らかにしようとするキリスト教神学それ自体の諸々の努力にも当てはまる。結果として、父と子と霊の三性に活動の機会を与えるために、神的本質の一体性は、どのように考えられるべきなのだろうか？　これが問題である。神性の起源であり源である父のうちに神の一体性が基礎づけられているとみなす概念も、霊としての神、あるいは愛としての神の一体性の概念から三一性を導きだす試みも、この問いに対する満足しうる答えとはみなされない。

いずれにせよ古代教会の神学は、神を概念で捉えきれないことは、三位一体論の諸言明のみならず、生ける神の本質とその諸属性にも当てはまることをすでに知っていた。アリウス主義者たちにおける、神思想を無起源性の概念に固定することに反対して、ナジアンゾスのグレゴリオスは神的本質の理解不可能性を強調し（or.28, 10）、ニュッサのグレゴリオスはそれを神の無限性に関する彼の教理を通して基礎づけた(8)。つまりもしも神が無限であるとすれば、人間は神の本質を、それは「書き写せない」（adiexitēton〔ギ〕）(9)ものであるがゆえに、最終的に規定しえないとの結論がでてくる。無限性の概念は、三位一体論との関連で特に神の一体性の理解不可能性をも基礎づける。それゆえグレゴリオスは、彼の大教理教育論のなかで三一性の「秘密」について次のように語ることができた。「数えられるものが、しかし数えられないなどということが、どのようにしてありうるのか。別々に観察されるものが、しかし一体性として把握されるなどということが、どのようにしてありうるのか」（3, 1）。しかしながらそこで問題になっているのは、神の無限性から結果として出てくる、神の本質一般の理解不可能性の単なる《ひとつの》適用のケースにすぎない(10)。同様に、ダマスコのヨハネによると、たとえば三一性だけでなく、ひとりの神の本質一般も無限であり、理解できない（fid. orth. I, 5 ; vgl. I, 1f.）。神的諸位格の三性だけでなく、神の一体性と、有限なすべてのものを越える神の超越を描写する諸々の属性も、われわれが神について認識するものに属する。なぜなら神は、御自身についてわれわれをまったく無知の状態にしなかったからである（I, 2）。しかしそれにもかかわらず、われわれは神の本質を知らない。なぜならこれらの諸言明はすべて、「神がどういうお方であるのかということではなく、神がどういうお方でないのかということ」を指し示しているからである。「ある事柄の本質を示そうとする者は、その事柄が何ではないのかではなく、それが何であるのかを語らなければならない」（ebd.）。

ニュッサのグレゴリオスと異なり、神的本質の認識不可能性に関するダマスコのヨハネの理解は、神の無限性からというよりも――アレオパギテースの陽否陰述法的（apophatisch）〔ある事柄については触れないと言いながらも、実際にはそれとなくほのめかす語法、一種の反語〕神学にならって――造られたすべてのものの多種多様性をもって論証した。ローマ・カトリックのスコラ学は、この点で彼に従った。トマス・アクィナスによると、われわれの知性（Intellekt）は神の本質（《divina substantia》）を捉えることができない。なぜなら神の本質はその測り難さ（《immensitas》）を通して、われわれが捉えることができるいかなる概念をも凌駕するからである（c.Gentes I, 14）。それゆえトマスは、『神学大全』のなかで神の現実存在（Dasein）のための論拠を説明した後で、まず神は何ではないのかという視点のもとで、神が何であるのか（Wassein《quid sit》）ということを主に論じた――ただし、両立しないものを除きつつ（《removendo ab eo ea quae ei non convenient》（S.theol. I, 3））。しかしこのようなアポファティシュな神学の方法は、神の無限性の概念に基づくニュッサのグレゴリオスの論拠と比較すると、彼の否定する対象は、すでにいつも他の方法で、つまり肯定的な諸言明を通して彼に与えられねばならないという欠点をもっている。トマスの場合も、またすでにダマスコのヨハネの場合も、この基盤は、神は第一原因であるという思想のうちにある。神をそのすべての作用つまり諸々の被造物から区別する諸々の否定的述語は、世界の第一原因としての神という概念に基づいて基礎づけられる。しかし第一原因であるということから、被造物の諸々の完全性の原因としての神に関する肯定的な諸言明の可能性も生じてくる。したがってダマスコのヨハネは、陽否陰述法的な諸言明を、被造物の諸々の作用のなかにある諸々の完全性の起源を神的原因に求める肯定的で、応答反復的な（kataphatisch）述語によって補った（fid.orth.I, 12）。もちろんそのさい彼は、否定的な神の述語のゆえに神的本質の認識という問いを説得力のある仕方で拒絶した後で、人びとが期待するように、その問いをもう一度取り上げることはなかった（前述参照）。その肯定的諸言明においてダマスコのヨハネは、神の無限性の概念に基づくニュッサのグレゴリオスの論証によって、神の理解不可能性を説得力のある仕方で根拠づけることができただけである。しかし彼は、肯定的な神の述語によって否定的な神の述語を補足することにより、再び偽ディオニュシオス・ホ・アレオパギテースに従っている。後者は、神の諸々の名称に関する彼の著作のなかで、有名な、そして十九世に至るまで基準とみなされた、神の認識の三重の方法を展開した。すなわち、《否定の道（via negationis（aphaireseōs〔ギ〕））》、《卓越の道（via eminentiae（hyperochēs〔ギ〕））》、《原因の道（via causalitas（aitias））》がそれである(11)。後者の二つは相互に緊密に結ばれている。なぜなら諸々の作用から原因へと向かう帰納的推論は、次のような仮定から出発しているからである。つまり、それらの諸作用と共に働いている諸々の完全性は、より高次の原因に固有なものにちがいなく、その結果、それらの完全性は、漸層法的な仕方で（im Modus der Steigerung）言明されており、他方、その原因には否定による被造物の不完全性は認められない。

トマス・アクィナスも、神の本質（Wewenheit）に関する陽否陰述法的な神学の否定的な諸言明を、アレオパギテースの三つの道の図式によると神的原因から言明される積極的属性によって補った。しかしながらトマスにとって、被造物のいかなる認識にとっても神の本質が理解不可能であることは、依然として変わらなかった(12)。なぜなら、世界の第一原因としての神に遡る被造物の諸々の完全性は、神が第一原因であり、また無限であるがゆえに、神的本質においては分割されない一体性という仕方で実現されるからである(13)。これが、トマス・アクィナスの教理の内容的核心、つまり神の諸々の肯定的な名称は類比的にのみ神的本質に当てはまるとの教理の内容的核心である。そしてここに、類比的な述語に関する彼の教理に対して唱えられうるあらゆる異議にもかかわらず、この教理に含まれている真理がある(14)。

神との、諸々の被造物の因果論的関係に基礎づけられた盛期スコラの類比論に反対して、ドゥンス・スコトゥスは、人間の神認識のただひとつの意味しかもたない概念形式に関する彼の命題を展開した。彼は、これにより被造物およびその神認識と、創造者の現実との距離を決して否定したのではなく、われわれの概念的認識と、ただひとつの意味しかもたない概念との結合は、反対に、人間の神認識と無限なる神の距離を表現している。すなわちまさにわれわれは、その固有な本質のうちにおられる神に関する概念をもたないがゆえに、諸々の普遍概念の使用に頼るのである。特に存在概念の場合と同様に、それらは被造的存在と神的存在を区別せずに包括しており、その結果、神の無限な存在とあらゆる有限なものを区別することが可能になる(15)。これによりドゥンス・スコトゥスは、ウィリアム・オッカムによって少し後に展開された見解に近づいた。それによるとわれわれは、抽象的で普遍的な、そして区別する諸々の術語の構成によってのみ神に特有な概念を形成することができる(16)。オッカムによると、神と被造物は現実性（Realität　実在性）という点で無限に相違している(17)。それゆえわれわれの神認識が、区別する諸規定と協力しつつ、ただひとつの意味しかもたない概念に差し向けられていることに特に鋭く現れているのは、無限なる神の現実（Wirklichkeit）からの距離である。普遍的諸規定と区別する諸規定の組み合わせを通して、その対象の固有な現実性に近づく記述に到達することは、依然として概念的認識の課題であるにもかかわらず、概念と現実は別々に現れてくる(18)。このような諸概念の形成と構成は、もはや自然に対象の現実の特性に基づいて説明することはできない。しかしそれは、ずっと後段においてようやく明らかになるように、単純にわれわれの認識能力の本性に基づいて理解することはできない。それは歴史的に広範に制約されており、しかも宗教的言語形成と並んで、特に哲学的言語形成を通して制約されており、その結果、その説明のためには、諸々の論理的研究と概念史的研究が必要になる。

われわれは普遍的諸規定と区別する諸規定の結合を通してのみ神について語ることができるのであり、これは古プロテスタントの神論の方法の特色にもなっている。それは、神の諸属性に関するその諸言明の前に神的本質の普遍的

「記述」（《descriptio Dei》）を置き、そして種々の諸属性はこの神的本質に帰属するとされている。その際、普遍的規定（Bestimmung《conceptus communis》）として用いられているのは、ドゥンス・スコトゥスとオッカムの場合のように、普遍的存在概念ではなく、霊的な実在（《essentia spritualis》）の概念である。さらに区別する規定（《conceptus proprius》）として、無限なものの概念(19)、あるいは後には、ホラーツの場合のように、独立の概念がつけ加わった。ドゥンス・スコトゥスにおける《無限の存在（ens infinitum）》としての神という概念と比較すると、神的本質のこの記述は存在論的に（あるいは形而上学的に）それほどラディカルとは言えない。なぜなら《無限の霊的本質（essentia spiritualis infinita）》としての記述は、神の現実を、それを存在概念それ自体に関係づける代わりに、初めから存在者（《entia spiritualia》）の一定の種に分類しているからである。ここで執拗に迫ってくる諸々の批判的考察については、後段においてさらに詳細に検討されるであろう。しかしより正確に検討する必要があるのは、このような記述にみられる綿密な概念性だけでなく、現存在と本質（それは、《本質（essentia）》であれ、あるいは《実体（substantia）》であれ）の、また本質と諸属性の、すでにそのなかに前提されている諸々の区別である。

認識しようと努力する人間の主体性の表現として理解される概念形成の概念論主義的解釈を考慮すると、また次のような根本的に変化した事態を考慮すると、つまりトマス・アクィナスによる神学的言語と認識の諸条件の論究と比較してみると根本的に変化した事態を考慮すると、彼の主要命題はそのまま存続している。つまり、神に帰される諸々の述語の多数性は、その無限性から結果として生ずる、神の本質の分割されない単一性（Einfachheit）のゆえに、ただ分割されない一体性（Einheit）の様式においてのみ神にふさわしいものでありうる。これが何を意味するのか、それは、神の本質と諸属性の関係を考慮しつつさらに広範に論究されるであろう。しかし今のところ、すでに次のように言うことが許されるであろう。つまりこの思想は、それ自体の仕方で、神の理解不可能性は、神の無限性および神の本質の無限な一体性と関係があることを表現している、と。これは、因果論的帰納的推論の方法から独立した洞察である――たしかにトマス・アクィナスの神論においても、また神の諸々の名称に関する、アレオパギテースに遡る教理の影響史全体においても、因果論的帰納的推論との結びつきがみられた。神について多様な仕方で語られる言明は、一体性の様式においてのみその本質にふさわしくありうるということは確かであり、これは、このような言明の多様性がどのようにして成立するのか、またそれは内容的にどのようにして根拠づけられるのか、ということとは無関係である。しかしながらその有効範囲は、神的本質の一体性との関係における三一論的諸言明にまで広がるのだろうか？　三位一体論においても、理解困難な最大の難問は諸位格の三性における神の一体性と結びついている。ここでも区別（Unterschiedenheit）は分離（Geschiedenheit）として理解されてはならない。もちろん三一性に関して、次のことも明らかである。つまり、あらゆる区別は単純に神的本質の一体性において消滅するわけでなく、むしろ生ける神の一体性は区別における一体性であることは明らかである。これは、神の本質と諸属性の関係にも当てはまるのだろうか？　神の本質と諸属性の関係は、いずれにせよ、まだ解明を必要とする三位一体論との関連のうちにあると推測することができる。

2　神の本質と現存在の区別

神的本質は捉えきれないという命題によって、キリスト教の教父学が、神の《現存在（Dasein 定在）》の認識可能性の主張を妨げられるようなことはなかった。ダマスコのヨハネによると、神の現存在の知識（Kenntnis）は、たとえそれが罪を通して神を拒絶するほどに暗くなっているとしても、生まれつき人間に「植えつけられている」(20)。ニュッサのグレゴリオスも、特に世界の秩序からその知的創始者を推論することによって確かであると信じた神の実存（Existenz）のほかに、神の完全性も、理性的認識にとって近づきうるものとみなし、それゆえ理性は神の一体性を告白するように強いられていると考えた(21)。ダマスコのヨハネは、神的本質の完全性は不信仰者によっても承認されるべきであると考えた。彼は神の無限性の主張をこの完全性から基礎づけ、再び神の一体性をこの完全性から演繹した(22)。神的本質の理解不可能性にもかかわらず、その神性に関する諸々の確かな洞察も、たとえ否定的なものであれ(23)、神の現存在の認識と結ばれていた。

ローマ・カトリックのスコラ学においてトマス・アクィナスは、神が《何》であるのかということに関するあらゆる言明を、世界の第一原因である単なる現存在の証明から演繹するという最も印象的な試みを行った。ただしその際に前提されていたのは、一連の諸原因一般のなかの最初のものであるという仮定である。トマス・アクィナスにとって、第一原因であることからまず神の単一性（Einfachheit）が、次に、神の完全、善、無限性、永遠、そして一体性が生じてきた(24)。

第一原因である現存在の認識から、その区別する諸属性の規定へと至るこの道は、それに続く時代にとって極めて困難なものであることが明らかになった。ウィリアム・オッカムによると、たしかに神の独立性（Unabhängigkeit）と善は、第一原因としての神の現存在と直接結びつけられるが、その唯一性、無限性、全能はそうはいかなかった(25)。オッカムにとって、単一性はもはや神の、区別する述語ではなく、あらゆる事物にふさわしいものである。なぜならわれわれの概念的記述は、普遍的諸規定と特殊な諸規定の構成に依拠しているからである。したがって神の単一性から、トマス・アクィナスの場合のように、それを通して神が被造物と区別される諸属性を演繹的に推論することはもはやできない。このようにして神における本質と実存の、この単一性に基づいて基礎づけられた区別不可能性も、神思想に対するその中心的意義を失った。

それゆえ後期スコラにとって、神の現存在についての知（Wissen）と神の本質の認識は、キリスト教の教父学とさらに盛期スコラの場合よりも、いっそう異なるものとみなされた。ピエール・ド・アイイは、神についての人間の自然的知識に関する使徒の詳論（ロマ一・一九以下）に注目してこう述べた。つまり自然的理性は諸々の洞察を示唆するが、それを明確に証明することはできない。他方、すでに啓示を通して神を信ずる者は、被造的現実の認識に基づいて神に関する多くのことを、つまりさもなければ隠されたままであるものを推論することができる(26)。

ルターも、「神が存在することを知ることと、神が何者であるのか、あるいは誰であるのかを知ることとの間には、大きな相違がある」(WA 19, 207, 11f.) と述べている。理性は、神が存在することを知っているにすぎず、「神は誰であり、真の神は誰であるのかを知らない」(206, 33)。しかしながらルターの場合、この区別は、彼が、アウグスティヌス(そしてキケロも?)と共に、あらゆる理性的論証に先行する、神についての直観的知識、つまり罪人の場合には《理性》によって歪曲されている神について直観的知識を受け入れたことにより、新しい意味を獲得した(27)。さらに彼の意図は、自然的理性に、諸々の属性を通して規定された神の表象に至る能力を認めないというよりも、むしろ《真の》神の認識は自然的理性には閉じられたままであるということにあった(28)。それゆえ神が存在するという知と、神が何であるのか(Wassein)という認識の間のルターによる区別は、後にプロテスタント神学においても再び一般的になったように、現存在の知識の、また現に存在するもの(Daseienden)の本質の諸規定の認識の、方法論的区別および順序と何の苦もなく一致するわけではない(29)。

もちろん古プロテスタントの神学者たちも、現存在の主張にはいつもすでに、現に存在するものとして主張されているものの本質についての、たとえ漠然としているとしても、普遍的なある表象が共に含まれていることを明確に理解していた(30)。あるものの実存(Existenz)(an sit) ついての問いは、事実、その実存が問題となっているあるもの(quid sit) のあらゆる表象から独立しているわけではない(31)。(ひとりの)神が存在することの論拠としての「神証明」もすでに、神が何であるのかについて、すなわち神は世界の第一原因であることについて、いずれにせよ何かが知られていることを前提にしている。第一原因の表象は、すでにその内容についてであること(Wasgehalt) を語っている。その表象は、キリスト教神学が神を世界の創造者として主張するかぎりにおいて、キリスト教神学もそれから逃れられない神の本質についての最小限の概念を含んでいる。他方、第一原因の表象は依然として非常に普遍的であるがゆえに、それは、ある人格的な力としての神の表象がもつ特殊性をまったく含むことができず、まして聖書の神に固有な諸々の特徴を含むことはできない。それゆえ、第一原因の表象から、被造物と異なり、世界と様々な仕方で関わる神に関する諸々のより具体的言明を導きだそうとする試みは問題であり、そのようにして生ずる諸言明は神に関する聖書の証言と内容的に一致する、と主張しようとする試みはさらに問題である。

トマス・アクィナスは、キリスト教の神論（たとえ諸々の条件つきであれ、三位一体論を含めて）のあらゆる言明を第一原因の思想から導きだす試みに、彼の古典的形態を与えた。しかしこの方法は決してトマス・アクィナスに限定されていない。それはアレオパギテースに遡り、ダマスコのヨハネとローマ・カトリックの盛期スコラ学に影響を及ぼし、その諸々の影響は古プロテスタントの神論の記述にもみられる――たとえここでは、神に関する諸言明が形式的に聖書に基づいて基礎づけられているとしても。

ニュッサのグレゴリオスはエウノミオスに反対して、神思想は、起源をもたない起源の思想を通して――したがって第一原因の思想を通して――規定されていると異論を唱え、それを無限性の思想と交換することにより、神に関する諸言明の基礎づけのための異なる方法を展開した。ローマ・カトリックのスコラ学においてドゥンス・スコトゥスは、初めて、無限性は神の他の諸属性のなかのひとつの属性であるのみならず、神概念一般にとって根本的な重要性をもつことを再び強調した。

ドゥンス・スコトゥスはこの思想を、ニュッサのグレゴリオスのように、神論を第一原因の思想に基礎づけることに対する代替案としなかった(32)。しかし無限な存在の思想は、事実上、彼において神論の、因果論による論証に対して独立したアプローチとなっている。なぜなら彼は、《存在》の概念は、われわれの知性が形成する最初の規定された概念一般であるという命題を直ちに受け入れているからである。すなわち存在は、有限なる存在ないし無限な存在として直接明らかになる(33)。このようにドゥンス・スコトゥスにおける無限なものの思想は、われわれの知性の原思想（Urgedanken）としての存在概念に極めて密接に結びついている。

さらに決定的なのは、デカルトが、神思想に対する無限なものの理念の優位性を主張したことである(34)。ドゥンス・スコトゥスと異なり、デカルトにとって、存在ではなく無限なものそれ自体が、他の諸事物のあらゆる認識が依拠する知性の最初の直観であった(35)。もちろんこの最初の直観において無限なものは、それ自体として明白に捉えられず、混乱した表象において捉えられるにすぎない。しかし他のすべての認識内容に対する無限なものの「理念」の優位性は、デカルトによると、すべての有限なものは無限なものの制約を通して考えられることに依拠している。デカルトの次のような理解は、彼によって示唆されているにすぎないこの決定的命題に基づいている。つまりそれは、無限なものの「理念」は完全性の思想を含んでいるという理解である。なぜなら無限なものの「理念」は、無限なものの制約を通して考えられるものすべてよりも、明らかに多くの実在性（Realität）を含んでいるからである。ダマスコのヨハネとさらにフランツ・ザウレッツ(36)が無限性を神の完全性から導きだしたとすれば、デカルトは、有限なる諸対象についてのわれわれの諸表象は無限なものの制約を通して形成されるという彼の思想の帰結として、この論証を逆転させ、それにより、無限なものそれ自体の理念を伝統的神思想と同等に扱うようになった。

デカルトは、次のようにして神の無限性に関するドゥンス・スコトゥスの諸々の詳論を越えていった。つまりデカルトによると――かつてニュッサのグレゴリオスにおいてそうであったように――、神思想を無限なものの理念に基づいて基礎づけることは、神の本質に関する諸言明を第一原因から導きだすことと明らかに対立している。ローマ・カトリックのスコラ学は、ニュッサのグレゴリオスの場合、このような方法の拒絶が、アリウス派の神概念に対する彼の対決と関連していたことをもはや思い起こすことができなかった。デカルトは、他の道を通ってこの方法を拒絶するようになった。彼は哲学的神学の伝統的基礎づけを信用しなかった。なぜならそれは、因果系列への無限の遡及は不可能であるという論証に依拠していたからである(37)。哲学的神学の基礎づけのこのタイプは、すでにオッカム以来、激しく揺さぶられており、その説得力は非常に限定的であると認識されていた。なかでもオッカムは、神の無限性を第一原因から推論することの、信服させるに足る確かさというものにも異論を唱えた。デカルトは、神の無限性の主張に至るまったく新しい道を見出した。つまり彼は、あの直観に含まれている完全性の思想を通して、有限な諸々の対象のあらゆる表象の条件としての無限なものの直観から神思想へと移行した。こうして彼には、神の存在の卓越性も絶対的なものに思われ、したがって《必然的存在》としての神の思想が与えられているように思われた。その結果、デカルトは、神の現存在の主張を神の本質の概念から演繹することにより、存在論的証明を革新することができた(38)。

デカルトの論証は、後世、人びとが《コギト》の確実性を神思想の基礎づけのための根拠として理解したことにより、執拗に誤解され続けた。デカルトは、この誤解にまったく責任がないわけではない。なぜなら第三の省察は、神思想をまず、われわれの精神のうちに存在する理念のひとつとして導入したからである。もちろんその後で、無限なものの理念が、自分自身の自我を含めた有限なる諸々の対象に関するあらゆる表象の条件であることも、明白に述べられている（注35を参照）。《コギト》における我の思想は、したがっていつもすでに無限なものの直観に依拠している。なぜならそれは、世界の諸々の有限な対象と同様に、無限なものの制約を通してのみ形成されうるからである。したがって《コギト スム》は、無限なものの思想の基盤である代わりに、すでにそれを前提としている。デカルトは認識論的主観主義の創設者である、とする近代の哲学史の諸々の記述おいて通常行われているデカルト解釈は、それゆえ誤りである。それによると、ロックにおいて初めて現れ、カントによってようやく完全に形成された理解は、デカルトに遡る。デカルトは、神思想から独立したある主体性を神の現存在の確信の基盤とすることはなかった。そうではなく彼は、神の直観をあらゆるその他の認識の条件として主張する、アウグスティヌスに遡るいわゆる存在論主義(39)の伝統に近いところに立っていた。諸々の省察は《コギト》で始まるが、これは、その後に続くすべてのものにとって実質的で究極的な基礎づけの意味をもたず、有限な諸対象のあらゆる規定の条件である無限なものに関する、デカルトにとって基本的な命題への導入の機能をもつにすぎない。《コギト スム》は、すでに極端な懐疑に対してアウグスティヌスによって展開された論証を受容しているにすぎず(40)、他方、有限なものすべての認識と存在に対する無限なものの優位性に基づいて神思想を基礎づけることにより、初めて、デカルトの独創性の要求を当然のことと思わせるような論証が展開された、と言うことができる。

デカルトにおける哲学的神学の基礎づけは、神は存在するのかどうか、また神は何者なのか、という問いの伝統的な順序を、存在論的証明の更新により逆転させたように思われる。つまり、今や初めに、無限で完全な本質としての神の「理念」が立っているように思われるのであり、現存在はこの本質の概念から出てくる。この点に関してエーバハルト・ユンゲルは、デカルトの場合、人間は自らを神の本質とその現存在の間に置き、それにより神概念を「破壊している」(41)、と機知に富んだ所見を述べている。《コギト》の確かさが神思想から独立して、この論究のための基盤となっているとすれば、その事態についてのこのような記述は妥当であろう。その場合、われわれの外部にある現存在という意味における実在性が、なかでもまずわれわれの精神のひとつの「理念」としてのみ与えられている神の本質にふさわしいのかどうかということは、事実、人間の判断にかかっている。ところがデカルトは、反対に、無限なものの理念としての神の理念は、自我それ自体を含めたあらゆる有限なもののについて考えることができるための条件であること、そしてその理念はその現存在の根拠をそれ自身のうちにもっていることを論証している。このことを真剣に受け止めるならば、ユンゲルの批判はその実質的な根拠を失ってしまう。

存在論的神証明に対するカントの批判も、哲学的神論のデカルトによる新たな基礎づけの基盤には当てはまらない。それが引き合いにだしているのはデカルトではなく、十八世紀における存在論的証明の議論である。その際、《認識の端初（primum cognitum）》としての無限なものの理念によるデカルトの論証は、もはや何の役割も果たしていない。それは、カントが理性の超越論的理想と呼んだ《最も実在的な存在者（ens realissimum）》という理念に改造されてしまった——なぜなら個々の述語の承認と拒絶による、諸々の個物の規定のあらゆる肯定的述語の総体というものがすでに、その基礎になっているからである。それゆえ各個物の表象は、あらゆる実在性（Realität）の総体の制約によって形成される。そのかぎりで、カントにおける超越論的理想の思想はデカルトの無限なものの理念の機能に対応している。しかしカントの場合、超越論的理想はもはや、自我それ自身の思想をも含む対象の認識の《条件》として理解されず、理性のその他の諸々の理念と同様に、悟性の使用とその諸条件の《全体性》を内容とするひとつの最終思想としてのみ理解されている。他方でカントは、われわれが空間と時間のなかで与えられる個物を、空間と時間についてのわれわれの直観のなかで与えられる無限の全体性の制約としてのみ表象しうることをよく知っていた。しかし彼は、無限なものの「理念」は有限なもののあらゆる経験の条件であるとするデカルトの命題のなかで根拠づけられているような《最も実在的な存在者》の表象と、この事態の共属性について論究することはなかった。もしもカントがこれらの諸テーマの共属性を考慮していたならば、彼は、神の思想はあらゆる有限な対象の表象の最終思想ではなく、すでに条件であるのかどうかという問いの前に立たされたであろう(42)。『純粋理性批判』の視野には、不完全なものにすぎないとしても、デカルトの第三省察の論証の地平が入っていた。ただし、超越論的美意識におけるその論証は、デカルトによって主張された基本的事態を、その諸々の神学的含意と取り組むことなしに、前提としていた。

しかしながらデカルトの論証は依然として批判されなければならない。なぜならそれは、まず省察が「無限な」と称したものについての混乱した知覚と無限なものそれ自体の省察概念との区別を際立たせなかったからである(43)。有限なもののすべての経験に対する無限なものの優位性は、無限なものの直観としての省察を通して初めて規定される混乱した直観にのみ当てはまるのであり、無限なものそれ自体のそこから生ずる省察概念には当てはまらない。後者はむしろ反対に、有限なものの把握を否定するときに、すでにそれを前提としている。その否定は、あれやこれやの個々の対象経験だけでなく、有限なものの概念を通しての、あらゆるこの種の対象経験のまとめにも関連している。それゆえ無限なものの明白な表象は、世界経験のなかで捉えられたものが同時に有限な諸対象のあらゆる規定の条件として認識されるにもかかわらず、世界経験を思い起こす視点から、後になって初めて姿を現すことができる。無限なものの元来の混乱した直観は、それゆえデカルトが考えたように(44)まだ決して神の理念ではない――反対に、無限なものの概念により規定される哲学的神思想の視点に立つならば、事実、対象のあらゆる表象の条件である無限なものの根源的直観において、すでに神がわれわれの精神に臨在していると言うことができるにもかかわらず。

デカルトの場合、この視点は、彼が無限なものの思想のなかにあらゆる実在性の完全な総体の思想が含まれているのを見出したことにより、到達された。これに基づいて初めて、現存在もあらゆる実在性の総体に属していると主張する歩みが可能になった。神の現存在の、最も完全な本質の概念に基礎づけられた証明の批判者たちが、特にカントが異論を唱えたのは、この歩みである。しかしその際、自分の自我さえ含む、対象のあらゆる経験の条件である無限なものの直観から最も完全な本質の表象を導きだすデカルトの方法は、もちろん無視された。特に、無限なものの混乱した直観はまだ本質概念と現存在の区別のこちら側に立っているという事態、つまりデカルト自身によってはもちろん明らかにされなかった事態は、無視されてしまった。

あらゆる有限な対象性の条件としての無限なものの直観に基づく、デカルトによる哲学的神学の新たな基礎づけのこの検討から、神認識の過程における神の本質および現存在の把握と理解に関する問いにとって、次のことが明らかになる。つまり神についての本質概念という意味における神の理念として、無限なものの混乱した直観から出発することは、直接、要求されていない。他方、無限性の省察的概念と、神思想とのその結びつきという視点から振り返ると、人間の意識における無限なものの直観の「超越論的」機能は、事実、人間の精神における神の根源的臨在を、したがってこの精神のための神の現存在を証言している――ただしこの現存在は、すでに初めから《神の》現存在として意識されていたわけではない。

したがって今や神認識を遂行する際に、神の《現存在》の経験ないし知識は、他のものと区別された神の《本質》の特性の意識に対してすでに先行しているのではないだろうか？　つまりその場合、神の《現存在》のこのような経験ないし知識は、まだまさに《神の》現存在としてのその神の認識ではない。この問いを解明するためには、本質と現存在の関係に対するより普遍的な熟考が必要になる。

事柄の「本質」（ti estin）についての問いは、いつもすでに、あるもの（etwas）の現存在が与えられていること、しかしまだ、それが《何（Was）》であるのかがまだ規定されておらず、したがって「その」現存在が問題になっていることを前提としている。したがって「本質」についての問いは、本質を実体として定義するアリストテレスの本質概念の規定は拒絶されるにもかかわらず、余分なものとして退けることはできない。存在するものの「何ものであるのか（Wassein）」ということに関する問いを、断念することはできない。なぜなら、さもなければ、経験の諸対象間のあらゆる区別は無用になってしまうからである。諸対象の区別に対する関心は、いつも諸事物が何ものであるのかということに向かっており、したがってそもそもあるものがすでにそこにあることを前提としている――われわれは、例外的にのみ、それが何ものであるのかがまだ問われている、まだ規定されていないそこに存在するもの（Daseiendes）を目の前にすることがあるにもかかわらず。通常、われわれはあるものをいつもすでに「あるものとして（als etwas）」知覚する。しかし何ものであるのかがまだ疑問であるという例外のケースは、その何ものであるのかという点で規定されている対象のあらゆる知覚は、それなしには規定されない、現に存在するもの（Daseienden）の規定として理解されることを示している。これは、それが規定されていないという点で、現に《存在するもの》としてはまだ決して規定されていない。それが何であるのか（Was）という点で規定されている現存在が、初めて明確に現存在として把握される。ここでまず問題になっているのは、そのなかに存在と非存在の相違が初めは暗示的にのみ含まれている無規定的な現にあること（Da）にすぎない。さらに現存在としてはまだ不完全に規定されている、まさにこの無規定的な現にあることは、本質規定の基点になっている。したがって本質の概念は、現に「ある」こと（Dasein）に対して相対的であり、この現に「ある」ことは、それが何ものであるのか（その ti〔ギ〕）ということの把握を通して、この規定された、他のものとは異なるあるもの（Etwas）として把握される(45)。

この概念の解明からひとつの重要な帰結が生ずる。つまりその実存（Existenz）がおそらく可能であるあるもの（etwas）についての単なる思想は、まだいかなる本質概念もまったく形成していない。なぜなら本質の何‐存在（Wassein 何ものであるのか）は、それによって規定される（あるいは、なお規定されるべき）現存在に対し相対的に言明されるからである。たしかに本質概念は、次のような条件の下で、プラトン的「理念」のもつ元来の意味に近い。つまり、その理念は、その本質の、感性的な諸々の知覚のなかで「感知された」形態であるが(46)、理念が具体的な対象のなかに出現することに対する、理念の何 - 存在の独立性（したがってプラトンにおけるいわゆる理念の《chorismos》）は、本質概念においては何ら対応するものをもたない。なぜならまさに本質は、現に存在するものの「何（Was）」を表示し、そしてそれ自体いつもすでに現存在に関係づけられているからである。アリストテレスの形而上学にとって基本となっているこの事態は、アヴィケンナの形而上学において、また十三世紀のローマ・カトリックのスコラ学の存在理解における、彼に従った傾向のなかで、次のことによりぼやけて消えてしまった。つまり人びとは諸事物の被造物としての諸々の本質を、創造者の諸々の思想のうちに先在的に存在する諸々の可能性として考えたのであり、その結果、創造の行為は、可能性としてのみ実存する（existierend）諸々の本質に、現存在をつけ加えること――《actus essendi》――に他ならなくなった(47)。この宇宙論的概念においては、神概念のみが、可能なものとしての諸々の本質は、現存在の付加を通して実存（Existentz）に至るという表象の例外となっていた。第一原因として神は、その現存在を他のいかなるものにも負っていない。したがってその現存在は、その本質につけ加わる規定として考えることはできない(48)。しかしこの問題は、ある事柄の本質についての問いとその本質の命名は、いつもすでにある現存在を前提としていることが忘れられたときに、初めて現れてくる。

このような概念の解明を神の現存在と本質に関する問いに適用することにより、われわれはまず次のような洞察に到達する。つまりこのケースにおいても考慮されなければならないのは、まず、諸々の神思想を通して初めて《神の》現存在として規定される無規定的なDa（そこに・そのとき）が与えられることである。なぜならその何 - 存在（Wassein 何ものであるのか）が問われる、無規定的な現存在するものは、すでに、どこにおいても、一定の本質の現存在として把握されているわけではないからである。本質概念に関する、つまりそこに存在するものの何 - 存在に関する決定がなされた後で初めて、ひとは、いつもすでに問題になっているのはこの本質の現存在である――たとえわれわれは、まだそれをそれ自体として捉えていないとしても――ことを知る。われわれの経験において多くのものは、それが、そのようなものとして「発見」される前に、まずこのように無規定的な仕方でそこに存在する。われわれに臨在する現実は、われわれがそれについて捉え、そして命名することができるものをいつも凌駕していく。まさにこのような仕方で――われわれが明白な宗教的認識から語ることができるように――神も、いつもすでにあらゆる人間の生のうちに臨在している。神は、すでに神として認識されるということがないとしても、人間とその世界のうちに「現に（da）」存在する(49)。神は、規定されない無限なものとしてそこに存在する。その規定されない無限なものは、現実一般に関するわれわれの知覚の原直観（die Urintuition unseres Gewahrseins）を形成している、つまり、われわれがそのなかで他のすべてのものを制約を通して把握する地平を形成している。有限な諸々の対象の把握の条件としての無限なものというデカルトの「理念」は、したがってまだ何-存在の意識ではなく――したがって神の意識でもなく――、むしろ有限な諸対象の意識がますます形成されていくにつれ、それらのすべてを（またそれゆえに世界全体を）越えるものとして意識される何かあるもの一般（etwas überhaupt）についての、規定されていない知覚である。その何かあるものは、われわれの生とわれわれの世界に臨在するものとして、同時に有限なすべての対象を凌駕する。すべての有限な対象を包摂し、しかも同時に凌駕するその何かあるものは、世界のなかに現に存在する（ist da）。それは、世界の諸対象のなかに現に存在し、そしてわれわれ自身の生のなかで働いている。それは「神」と命名されることもありうるし、具体的啓示、宗教的経験、そして世界解釈のプロセスのなかで、そのように命名される。また諸宗教の神々の間における戦いの歴史のなかで、われわれの生のなかに臨在し、規定されずに、しかも働いているあの秘密の規定は進展していく――その秘密はすべてのものを包摂し、時が進むなかで終わりを迎えることもない。

パウル・ティリッヒ（Systematische Theologie I, 1956, 273ff., vgl. 267）とジョン・マコーリー（Principles of Christian Theology, New York 1966, 105ff.）は、「現存在」について語る代わりに、「存在それ自体」（Tillich）としての神、あるいは「聖なる存在」（Macquarrie 105）――それは、いかなる場合にも、《ひとつの》存在（ebd. 106, 108, auch 98; vgl. Tillich

274f., 203f.）として理解されてはならない――について語った。このような仕方で人びとは、実体と人格としての神に関する諸々の伝統的表象への批判を考慮しつつ、神の超越と内在の一体性を表現しようとした（so Macquarrie 109f.）。しかしこの語り方――ハイデガーの存在概念を、存在するものを際立たせるやり方、《存在それ自体》としての神というトマスの思想、そして（ティリッヒにおける）後期シェリングの思想と、ほとんど何の説明もなく結びつけて語るこの語り方――は、思想の流れから見ると依然として不適切である。なぜならそれは、ハイデガーの諸前提も、トマス・アクィナスの諸前提も引き受けず、また存在論へ向かうそれに代わる独自なアプローチも展開していないからである。普遍的実在論がなければ、「存在それ自体」についての発言は、抽象の実体化、最も普遍的な表象の実体化にすぎず、「神（あるいは存在）は《存在し》ないが、《存在させる》」（108）といったマコーリーの命題は、何の明確な意味内容も語っていない。なぜなら諸々の普遍概念ないし抽象的表象は、現存在を保証することができないからである。マコーリー自身がこう告白している。「存在は、そのなかで、あるいはそれを通して、その存在が現れ、またそのなかに存在が臨在する諸々の存在がなければ、無と区別できないであろう」(187)と。したがって今や「神」は、具体的に存在するものにおける抽象的観点にすぎないのだろうか？　もしも――すでに他のすべてのものの起源でありうるために――神が自立的現実として、しかも最高度の自立的現実として考えられなければならないとすれば、たしかに神の存在は有限な存在（Seienden）において明らかになりうるのであるが、それはこの有限な存在から区別されなければならない。これは、神にWassein つまり本質を帰さざるをえないことを意味する。さもなければ「神」は他のものと区別できないであろう。さらにここから、次のような結論が出てくる。つまり、神の存在の存在様態はまだそれによって規定されていないにもかかわらず、論理的矛盾という代価を払ってのみ、他のものと区別された神を「存在するもの（seiend）」（そしてそのかぎりで「存在者（Seiendes）」）として考えることを避けることができる。神は、他のものたちと並ぶひとりの存在者として考えられるときにのみ、事実、有限な本質として表象されるであろう。しかしながら「存在それ自体」としての神という思想はこれを越えられない。真に無限なものが有限なものから区別されるだけでなく、この差異を越えるかぎりにおいて、神の無限性の思想はこれを越えていく。《存在それ自体》としての神についての発言は、普遍的実在論を唱えるアラブ的・キリスト教的アリストテレス主義に基づいてのみ、意味をもつ。その際トマス・アクィナスは、アヴィケンナと異なり、神の本質（《esseintia》）の表象を単純に否定すること（s.o.48）に対し極めて慎重であった。すなわちそれは、神はもはやそもそも他の（有限なもの）から区別されているものとして考えられないことを意味するであろう。したがってそれは、「ひとりの存在者としての」神についての発言のあまりに軽率な拒絶に対し、注意を促している。たしかにそこには依然として、思いがけず神を有限なひとつの事物として表象する危険性がある。神の無限性の概念によってのみ、この事態に適切に対応することができる。この概念は、神を超越的なものとしてのみならず、内在的なものとして考えるマコーリーの関心をも考慮に入れている。

したがって神の現存在は、主に、世界を超えた事態として、世界の彼方にいる現存在として理解することができず、まず世界の現実のなかで自ら働く臨在として理解しなければならない。もしも神の本質が、永遠で、したがって創造された諸事物の無常性を越えたものとして認識されるとすれば、神の現存在は、世界と世界の諸事物の現存在を凌駕したものとして考えられるし、また考えられなければならない。これは、（一方で）救済史的啓示の現実と（他方で）神の永遠の本質の共属性にとって重要なことである。そしてこれは、経綸的三一性と内在的三一性の一体性に関する三位一体論の諸言明に対応する。

もしも無規定的に現臨するDa（「そこに・そのとき」）が、その本質において命名され、他のものと区別されるならば、本質と現存在の関係は第二の観点のもとでも明らかになる。つまり、そのDaは、今やこの規定された本質の規定された現存在である。その際もしもその本質が唯一のDaに限定されず、したがって他の諸々の空間的・時間的局面にも臨在するとすれば、本質とその規定された現存在は別々に現れる。個々の現存在の局面は、時間の継続する間、それが同一であり続けるかぎり、事柄の本質と区別される。事柄の本質はそのなかに《現れる》(50)にすぎない。現存在の局面の総体のみが本質の一体性と再び一致する。

もしも神の本質——そしてそれゆえにその現存在の局面の総体も——が、有限な諸事物とその世界を凌駕しているとすれば（このことは、神の諸属性に関する問いの特徴のなかで、さらにより正確に説明されるべきであろう）、世界と人間の生のなかで働いている神の臨在の個々の諸局面は、それらが《神の》現存在の局面として意識されるかぎり、そのなかに神の本質が《現れる》諸局面となる。

個々の現象は、次のような条件の下で本質から区別される。つまり、たしかに本質は個々の現象のなかに現れるが、その現象とその現存在の総体を通してのみ完全に規定されうる。もしもその諸現象が一連のものとして理解されうるとすれば、その全体性は、その連続する全体の先取りを通して、したがって有限な順序の場合には、その最後の部分の先取りを通してのみ規定される。諸現象のひとつひとつのなかに現れる本質が同一であるように思われるときは、もちろんこの事態は無視されうる。しかしそれは、一連の現象全体を先取りすることによってのみ決定されうる。いずれにせよ、その諸現象の全体のみが、あるいは、あの総体にとって構成的である個々の現象が、本質の《啓示》とみなされうる。

神の現存在は、世界におけるその出現において同時に世界を凌駕するものであることが判明する。世界における神の啓示は神を永遠なる方として啓示する。世界における神の啓示は、時間におけるその出現が世界における神の国の完成を先取りしている子を通して、《永遠なる》子を啓示する。この子との関係において、父は永遠から父としての現存在を有している。したがって子において父はその現存在を有し、子はひとりの神を啓示し、したがって子は、父を啓示することにより、神の本質を啓示する。しかし父は、子によって啓示され、また子においてその現存在を有する神の本質の場に立っているだけではない。むしろ子は父の《現存在》も啓示し、そして父は、子の派遣を通して彼の本質、つまり彼の永遠なる愛を啓示する（ヨハ三・一六）。ひとりの神の本質は、父と子の両者を通して、そして第三のもの、つまり霊におけるその交わりを通して啓示される。この霊は、父から発出し、子によって受け取られ、彼の者たちに与えられる。そのさい霊は、単純に、父と子が参与する神的本質の共通性と同一ではなく、霊は、父から発出し、子によって受け取られることにより、両者の交わりを仲介する。この機能において霊は、父と子と並ぶ神的本質の現存在の第三の形態である(51)。

父、子、霊を——世界における、また世界を越えた、永遠における——神の現存在の諸形態として特徴づけることにより、それらの位格性の最初のさらに詳細な定義が与えられる。自己（Selbst）が自我（Ich）のなかに現れるように、本質は位格のなかにその現存在を有する(52)。もちろんこれにより、まだ、諸事物の現存在と異なる位格的現存在の独自性が語られているわけではない。われわれは、通常、それら自身の規定と関係する生ける本質のみを諸位格と呼ぶ。この点については、また三一論的諸位格の位格性については、さらに後段において論究する予定である。しかしまず確認しておかなければならないのは、父、子、霊の諸位格において問題になっているのは、世界における、また世界を越えた、神の現存在の三重の形態であるということである。ひとりの神はそれらのなかに、規定されずに、また主題とされずに臨在しているのではない。つまりひとりの神は、それらのなかに、あの無制約的な場——それは、範囲の外に締出すこと（「定義」）による各有限な対象の規定にとって条件であり、また個々の、そして全体としての有限な諸対象を凌駕している——に臨在するように、規定されずに、また主題とされずに臨在するのではない。人間の精神がそれに向かってもともと開かれている無限なもののこの場は、まだ《神の》現存在として規定されていなかった。ところが神的本質は、父、子、霊のうちにその現存在の特定の形態を有している——神的本質はその諸形態だけでなく、その形態を有している。なぜならたしかに三つの「諸位格」は、唯一の全体的構成を形成しているからである。しかし父、子、霊としての神の現存在の特定の形態は、内容的にみると、その創造における神の、主題となっていない臨在の無限の場と同一である。これについても、後段においてさらに正確に論ずる予定である。規定されていない、すべてを満たす、そしてすべてを凌駕する秘密——そのなかにすべての事物がはめ込まれている——のなかで、父は、すでにその子を通して、またその霊の力においてそれらの近くにいるのである。

3　神の本質と諸属性、そして行為の概念によるそれらの結合

諸事物の本質は、特定の、他のものから区別されたものとして現存在のなかに現れる。それは、その諸属性を通して他のものから区別される。したがって神は、その力の働きを通して現れ、その働きの諸々の特徴を通してその本質の独自性が認識され、他のものから区別される。それはいわば「名前」に集中している。それゆえ古代の見解によると、名前を知ることにより、その持ち主を支配する力が与えられる。それゆえ神性はその名前についての問いを避け（創三二・二九）、その代わりに、それによってその神性が明らかになるその力に満ちた働きを見るように指示する（出三・一三以下）。しかしモーセに対する神の名の啓示（出六・二以下。しかし創四・二六を参照）は、神性を魔術によって意のままにしようとしてはならないという禁止と結びつけられている。

聖書における神の名は神性の本質を表す定式ではなく、その働きの経験を指し示している。こうして本質についての問いは、神の働きを特徴づける諸属性に関する問いへと差し戻される。すなわち「主は憐れみ深く、恵みに富み、忍耐強く、慈しみは大きい」（詩一〇三・八、一四五・八。出三四・六を参照）。彼は契約の義の神であるが、その怒りの前に、神なき者と罪人は破壊されてしまう永遠の、全能の、聖なる神でもある。このように、その働きのなかに現れる神の属性は多い。このように属性が多数あることは、神的本質の一体性とどのように関係するのだろうか？　属性が多数あるなかで、本質はどのようにしてひとつでありうるのだろうか？

これは神学の歴史に、理由があって、息つく暇も与えなかった問いである。それは、たとえ属性の多数性を現実の多数性とみなし、これを、この諸属性を通して規定される本質に帰そうとしても、この問いを回避することはできない。諸属性を、諸事物それ自体にとって何か皮相的なものとして、つまり諸事物を相互に区別するためのわれわれの意識の手段として評価するときには、もちろん話は別である。その場合、ひとつの事物それ自体としての事物は、言

わば、われわれがそれに添える諸属性の背後に立っている。しかしその場合も、恣意的に、このような諸属性をあれこれの事物に帰することはできない。諸属性はその事物それ自体に認められる。それらはその本質に特有なものである。そのときにのみ、それらはその本質の諸属性である。そしてそのときにのみ、それらを通して特徴づけられた本質が、それらにおいて明らかになりうる。諸属性は、それらに当然与えられる帰責（Zuschreibung）を通して諸事物を区別するのはわれわれであるにもかかわらず、われわれが付け加えたものではない。われわれが諸事物に帰する異なる諸属性間の、われわれによる諸々の区別は、もちろんわれわれの判断する悟性（Verstand）の制約へとはね返ってくるであろう。なぜなら事物はその本質においてただひとつだからである。しかし他方で、事物の本質は、それによって他のものと区別されるその諸属性のうちにのみ存在する。諸属性は、事物の本質がそれらから成る諸要素であり、その事物は、事物のこの諸要素の結合と切り離すことができない(53)。

神的本質は、他のものと区別される何ものか（etwas）に同化される事物ではない。事物の概念にとって本質的なのは、それが有限であることである。しかし神は無限である。ところがわれわれは、その諸属性を通して他のものと区別するある対象について実際に語るように、神に諸々の属性を帰することによって、神について語る。われわれは、その外面的な見かけとその性格を特徴づけ、そしてそれらを他のものから区別する諸属性を、たしかに人間の諸人格にも当てはめて、それらに帰する。人格はもちろんその諸属性に吸収されない。その特徴は、すべての生けるものと同様に、その環境に基づくその有限な場を踏み越えていくことにある。人間の人格の場合、その際に問題になるのは、世界全体へと、そしてそれを越えて無限なものへと大きく手を伸ばす自己超越である。人格はその名前を通して同一化され、その名前は諸属性の総体以上のものである。固有名詞は人格の唯一回性を特徴づけるが、他方、すべての属性は普遍的である。それらは、たとえ他の組み合わせにおいてであれ、他の人びとにも適用することができる。他方、諸々の固有名詞は、名前のもつ魔術的な力に対する古代の信仰に反して、因習的である。そのかぎりにおいて、その名前よりもあるひとの諸属性の方が、その本性について多くのことを認識させる。もしも、あるひとはどのような特徴によって他のひとと区別されるのかと問われるならば、空間的・時間的実存の諸々の判断基準と並んで、その独自な本質を特徴づけている諸属性を頼みとすることは避けられない。神的本質――空間と時間のなかにある身体的現存在に拘束されていることを通して、同じ方法で同一化されることがなく、また他のものと区別される神的本質――の場合、その諸属性を再び取り上げることは、その独自性の規定にとってますます重要になるにちがいない。

神学的伝統は神の諸属性の多数性を神的本質の一体性から現実に区別したが、それはまた諸属性の相互の関係を考慮しつつそのように区別した。あるいは神的本質の一体性が依然として保持されるように、諸属性は、思想的に《ratione》のみ相互に、また神的本質から区別されたものとして捉えられた。しかしながら双方の解決策ともアポリアに突き当たった。神の諸属性を、神的本質から現実に互いに区別されたものとして捉える理解は、諸属性は本質それ自体の諸性質であるという矛盾に行きつく。しかしもしそれらがその本質に帰されるならば、その一体性は解消されてしまうように思われる。それゆえもしも諸属性の多数性が思想的にのみ区別されるものとして理解されるならば、神的本質にとって残るのは、規定されない一体性だけである。

これらの諸々の理解のなかで最初に展開されたのは、東方キリスト教のグレゴリオス・パラマス（一二九八―一三五八）によって、タボル山上でイエスが変貌した際に彼の回りを包んだ光の性質をめぐる論争のなかで展開された議論である(54)。彼によると、神の諸属性は、神の本質から外に向かって光を発する、非創造的「エネルギー」として、本質の一体性から現実に区別されるが、それはすべての被造物からも区別される。パラマスによるとその総括概念は、神の力、神の栄光、あるいは神の国である。この理解は、神的本質の近寄り難さを強調することにより、しかし同時に、あらゆる被造物を凌駕する直観的把握の可能性を強調することにより、推奨された。しかし神の本質から発する非創造的光を神の本質から区別することは、どのようにして可能になるのだろうか？　しかしそれを神の本質と分かちがたく結ばれているものとして主張し、その結果、神から外に向かって発する諸々のエネルギーに基づいて、神について言明された諸属性が、現実に神御自身にふさわしくなるということは、どのようにして可能になるのだろうか(55)？　パラマス主義の反対者は正当にもこう主張した。つまり問題になっているのは、それ自体で独立しておらず、神的本質にふさわしい諸属性なのか、それとも、少なくとも、父、子、霊と並ぶさらなる神的位格という仮定に至るこれとは異なる領域、すなわち神的エネルギーの総括概念としての栄光ないし御国の領域なのかということである。

諸属性と神的本質の一体性の、同様な現実的区別は、それより以前にすでに西方において行われていた。一一四八年のランスの公会議は、ギルベルトゥス・ポレターヌスに帰せられた見解を退けた（DS 745）。なぜならそれは、神的本質の、一体性および分離されない単一性に矛盾するように思われたからである。一四四二年のフィレンツェの公会議は、神には、三つの位格の区別の外に、いかなる他の現実的区別も存在しないことを確認した。《omniaque sunt unum, ubi non obviat rilationis opposition》（DS 1330）。西方において規範となった見解によると、神の諸属性はしたがってお互いからも、また神的本質からも現実には区別されない。それらの多数性は、創造に対する神の諸関係の多数性に依拠している。神の働きの多数性のなかで、それ自体分割されない神的原因の完全性は、多層に分割されたものとして叙述される。このことに基づく神に関する諸言明は、神がすべての多層的影響のひとつの原因であるというかぎりにおいて、たしかに神のうちにある何か現実的なものを指し示している。それゆえトマス・アクィナスは次のように言うことができた。つまり、《単一で単純な神のうちに諸々の完全が先在し、被造物においてそれらは分割され、多数になっている。Quae quidem perfections in Deo praeexistent unite et simpliciter, in creaturis vero recipiuntur divise et multipliciter》（S.theol. I, 13, 4）と。トマスによると、この事態が、神に関するわれわれの肯定的な諸言明が神の完全性を類比的にのみ、そして同時に不明瞭な仕方でのみ記述しうる理由である。《... quod divisim et multipliciter est in effectibus, in causa sit simpliciter et eodem modo》（ib.5.）。しかしこのような観察方法は次のような結果をもたらした。つまり、諸々の属性の多数性は神御自身に属さず、それは、諸々の被造物との諸関係が神御自身の本質に属さないのと同様である。それらは、その本質において自らと関わる者それ自体の特性を特徴づける《現実の関係》をもたない。反対に、被造物の存在は、創造者への依拠により規定され、したがって神とのその関係は《現実の関係》である（S.theol. I, 45, 3 ad 1 ; vgl. 13, 7）。

ローマ・カトリックのスコラ学においては、パラマスの場合と同様に、神の諸属性の諸々の帰責は、神的原因から発する諸々の働きに依拠している。しかしその際ローマ・カトリックのスコラ学で問題になっているのは、パラマス主義のように非創造的な「業」ではなく、神の諸々の創造的働きである。単一性のなかにある神の本質は、神から発するこの多層的な働きの彼方に立っている。したがって「神の単一性の概念は、すべてを支配するあの原理、……具体的なものをすべて飲み込み、あのすべての命題の背後に立っている偶像となる」(K. Barth KD II/1, 370)。

神的本質の一体性を救うために、神の本質と対立する神に帰される諸属性の多数性の起源を、造られた諸事物との、外に向かっての神の諸関係の多数性に求める試みが行われるとすれば、そこから出てくるのは、神的本質についてのまったく抽象的で空疎な表象だけでなく、神思想一般に対し諸々の破壊的帰結をもたらす、神表象における根本的矛盾である――それはさらに深刻な矛盾である。この内的矛盾の本質は、神は「その諸属性から現実に区別されるべきではなく、しかも諸属性の素材を形成する宇宙的諸機能から、諸属性の背後に立つ事物それ自体として区別される」(56)ことにある。そこから、神的諸属性は、有限的な諸関係を神的本質に単に投影したに過ぎないとする理解への道のりは遠くない。その他の場合と同様にここでは、神的本質の表象における内的諸矛盾の確認が、投影仮説の出発点となった。その所見は次のように説明される。つまり、神に帰される諸属性の場合、問題になっているのは、人間の諸々の被制約性とその世界経験が神的本質の表象へと投影されていることである。したがってすでにカントは、ヒュームの論証の影響を受けて、神に帰される諸属性に関して、象徴的神人同形論について語った。そしてフィヒテは、一七九八／九九年の無神論論争において、実体と人格としての神についての諸表象は、有限な諸関係を神の本質に投影したものであると説明した(57)。ルートヴィヒ・フォイエルバッハは、神に関する諸表象の成立のためのこの説明を組織的に改造したにすぎない。その場合、この説明は、シュライアマハー以来、特に、神的諸属性の帰属のための宇宙論的基盤を人間論的に解釈し直していた神学それ自体をも引き合いにだすことができた。もしもスコラ学の宇宙論的証明において、神の諸属性に関する諸言明は、被造物の諸々の作用の諸々の完全性を神的原因に類比的に転用することを通して成立しているとすれば、この論証は今や人間論に基礎づけられていることになる。つまり神の諸属性は、今や、世界の諸対象を越えて指し示し、そしてこれらを包含する依存性という人間の経験から推論される。それらは、もちろん相変わらずアレオパギテースの三つの方法の教理の意味において、制限と増加によって形成された(58)。このような方法を投影論として批判する記述が効力を発揮するのは、次のような瞬間である。つまりそのなかで、(神に帰されている無限性と反対に)有限性の諸々の痕跡と神人同形説的な諸々の特徴が、神に備わっていることされる諸属性に近いがゆえに、結果として生じてくる神概念は、もはやそれ自体において一体的でなく、矛盾に満ちたもののようにみえてくる瞬間である。今や必要なのは、諸々の神表象――これらの神表象は、神人同形説的で有限な諸事物にみられる類比的な諸属性を神の本質に帰している――を生みだす際に、人間の想像力がもつ投影的活動のための心理学的動機を指摘することだけであった。もちろんこのような批判の前提は、相変わらず、神的本質の無限性との関連でこれらの諸々の特徴は不適切であるという仮定であった。しかしながらこの本質に帰される諸属性の正体が投影であることが暴露されるならば、思想に残された唯一の道は、完全な無神論へと至る道だけである。それは、ヘーゲルのもとで訓練されたフォイエルバッハの論証、つまり、本質はその諸属性においてのみ現実的であり、それらがなければ、空疎な思想のままであるとの論証へと至る道である(59)。したがって諸属性がなくなってしまうならば、この諸属性の担い手である神的本質という仮定もなくなってしまう。コートを脱げば、侯爵ではなくなる、というわけである(60)。

神の本質と諸属性の伝統的教理がこのように行き詰まってしまったのはなぜなのか、その本来の理由をさらに正確に検討する必要がある。いかなる形式であれ、その基盤は、神を世界の第一原因とする表象にあった(61)。そのさい神の本質は世界との因果論的関係と区別された。なぜなら神は世界をその本性の必然性からではなく、自由に造りだすからである。しかしながら神のものと認められた諸属性は、神に対する被造物の諸関係に相応する、世界に対する神の諸関係に依拠している。これは、有限なもの及び時間的なものに対し否定的に関わる、無限性と永遠のような否定的諸属性のみならず、全能、全知、遍在のような肯定的諸属性にも当てはまる。後者は、神がその知において展望し、神が支配し、神がそこに臨在する、神と異なる世界に関係づけられるだけでなく、内容的には、同じように否定的に理解される、つまり神の力、知、臨在のあらゆる制約の単なる否定として理解される。憐れみ、義、愛という肯定的諸属性は、最終的に、神的意志の諸属性として、神と区別された被造物の現実にも関わる――この被造物の現実との関連で、神は憐れみ深く、かつ正しく行動し、そして神の愛に満ちた思いやりが示される。しかし他のものとの関係に基づき、神に帰されるあらゆる属性に当てはまるように思われるのは、次のことである。つまり、もしも仮に神的本質が、関係をもたない超越的自己同一性として、世界とのあらゆる関係の前に、またその外にあるものとして考えられるとすれば、それらは神の本質にふさわしくありえないということである。

この理解は、アリストテレスの範疇論を神思想に適用することから生じた。アリストテレスは諸事物の本質（ti hēn einai〔ギ〕）を実体として、つまり変化するあらゆるものの根底に同一的にあるものとして考えた。諸々の実体のみが自立的に存在する。他のものはすべて、それが永続的特徴として記述されようと、あるいは変化する規定として記述されようと、実体「に接している（an）」何ものかにすぎない。アリストテレスによると、諸関係も、神的本質の場合にはしたがって世界との諸関係も、この「諸々の偶有性」に属する。今や神のうちには、実体と偶有性に基づく構成は存在しない(62)。三位一体論は、それが三一論的諸位格にとって構成的な神における諸関係を主張したがゆえに、超自然的信仰の真理として説明されねばならなかった理由のひとつがここにある(63)。しかし世界との諸関係は神的本質にふさわしくない。なぜならそれらは、神の側からみると、現実的なものではなく、思想的諸関係にすぎないからである（前述参照）。しかしながらこのような事態のもとで、創造された諸事物の第一原因としての神に帰される諸属性は、どのようにしてその本質にふさわしいものになることができるのだろうか？　それは、新プラトン的根本命題の前提のもとでのみ可能になる。つまりそれは、諸々の作用のなかに現れる諸々の完全性は、原因に特有なものでなければならない、しかもそれらの作用よりも高次の程度において原因に適していなければならないという根本命題である。しかしこのような回答に説得力があるのは、われわれが原因の概念を、惹起する実体として実体的に理解し、そしてそれを、世界との関連で神的本質にとって外的である因果関係に限定しないときだけである(64)。

近代の思惟は、原因の概念をアリストテレス的形式概念との結びつきから解放し、そしてそれを諸々の状態の規則的連続という意味における因果の関係に限定しただけではない。一般に近代の思惟は、関係を実体概念への組み込みから解き放ち、その「間で」関係が起こる諸々の終点によって限定されている何か独立的なものとして把握してきた。関係が実体の偶有性（Akzidenz）として規定されるかぎり、あの「間（Zwischen）」は統一的実体性（Realität）としては理解されず、《二つの》諸関係から、たとえば、子に対する父の関係と、父に対する子の関係から、構成されたものとして理解される。しかしもしも両者の間の関係が唯一の事態であるとすれば――たとえその事態が、一方の側から、他方の側からとは異なる仕方で記述されるとしても――、実体の概念への関係概念の古い組み入れはまさに逆転される。実体に接する偶有性、したがって実態に組み込まれている代わりに、今や反対に、関係概念が実体の概念の上位に位置づけられた。なぜなら諸々の偶有性との《関連において》のみ、諸々の実体について意味のあるものとして語ることができるからである。

したがってカントの『純粋理性批判』の概念表において、実体‐偶有性の関係は、因果関係と相互作用と並ぶ関係範疇の亜種として出現する(65)。実体と関係の伝統的な組み入れのこの逆転のための諸前提は、デカルトと古典物理学の創始者たちによって開拓された自然の幾何学的な記述のうちに見出される。二つの点の間の線は、まさにひとつであり、点Aから点Bに向かって線を引いても、あるいは点Bから点Aに向かって線を引いても、同じである。近代物理学の幾何学的記述にとって、自然は「純粋な諸関係の典型」とみなされる。なぜならそのどこにおいても、空間的観察がその基礎になっているからである。あらゆる経験は観察と関係づけられ、したがって「空間が含むすべてのものと共に、純粋に形式的ないし現実的諸関係から成るひとつの空間」と関連づけられるがゆえに、自然科学の視点から見ると、われわれの知覚する諸事物は、純粋な諸関係に解消される。「もちろん、事物は徹頭徹尾諸関係から成るが、このような事物は単なる現象でもあるということを聞くと、あっけにとられてしまう」(66)。近代の自然科学によって行われたように、すべての固定し安定したものが諸関係に解消されてしまうことを考慮に入れるならば、われわれは、諸事物を単なる諸現象として捉えるカントの理解を当然のこととみなすことができる。カントは実体の範疇を関係の範疇に従属させたが、これによりカントは、近代の自然科学による古い実体概念の解消の原理を定式化したのである。

ヘーゲルはこの道をさらに進んだ。ヘーゲルによると、自分自身を通して他のものに関係づけられることは、本質の概念に属している。その場合、彼にとって、実体と偶有性の関係は、本質の諸々の関係構造のひとつの単なる特殊なケースとなった。本質が、ある事物の本質あるいはある現象の本質として主に関係づけられる他のものは、現存在である。本質の概念は、その本質が問われる現存在をいつもすでに前提としている。本質ないし事物の諸属性のみならず、その現存在も、その本質概念それ自体にとって特殊である、関係性の相（Aspekt 観点）であることが明らかになる。

本質の概念と、関係の範疇とのその関係に関して、近代的思惟のなかで生じた諸々の変化は、神学に、特に神の本質に関する神学的諸表象に影響を与えずには済まない。もはや神的本質は、世界の彼方にある、関係をもたない同一性として考えることはできない。このような表象はそれ自体において矛盾に満ちていることを、見逃すことができなくなった。なぜなら彼岸性の思想それ自体がすでにひとつの関係を表現しているからである。この事態の承認は、その結果として次のことを意味する必要はなかった――つまり、スピノザ主義のように、神の彼岸性が自然の無限性へと汎神論的に消失していくこと、あるいはヘーゲルの場合のように、神の彼岸性が、世界の産出と止揚のプロセスにおけるひとつの単なる要因（Moment）になること、あるいは最終的に、ホワイトヘッドの形而上学の場合と同様に、世界概念の相関概念になることを意味する必要はなかった。しかしここで神学的思惟に、諸々の伝統的神表象の修正を要求するひとつの課題が課された。神学はこの挑戦から逃れることができない――もしも神学が、伝統的神論に対する現代の批判との、また無神論との精神的対決においてもちこたえようと望むのであれば、そして神学は、神に関するその諸言明において、拘束力のない比喩的言語に戻るべきではないとすれば。

その際、関係概念の実体概念への進入は、神論に問題を投げかけるだけでなく、これまで解けないと思われてきた諸々の難問を解決するチャンスを開示する。神的本質の一体性のための、諸位格間の相互的諸関係によって特徴づけられる三一性についての問いは、これに属する。もしも本質の概念がこのようにすでに関係的なものとして規定されるとすれば、それは、これまで可能と思われていたよりも、三つの位格間の諸関係とより緊密に結びつけられる。しかし他方で、本質概念の関係的構造は、世界との神の諸関係も含んでいる。これらの諸関係は、すでに内在的三一性と経綸的三一性の一体性という根本命題を通して三一論的に神論に取り込まれている。しかし三一論的神の、世界との諸々の関係とその永遠の本質とのこの一体性のこの特性は、依然として不明瞭である。その概念的明確化を目指す第一歩となったのは、神の本質と現存在に関する次のような熟慮である。つまり、三一論的諸位格は、世界における、また全世界の前での、神的本質の現存在の諸形態と呼ばれた。しかし世界におけるその現存在は、世界の前での、また世界を越えたその現存在と、どのような関係にあるのだろうか？　このような問いに対し、次のような条件の下で、おそらく神的《行為（Handeln）》の概念によって答えることができる。つまり、その行為自体は、行為者の存在のひとつの様式であり、しかも自分自身の外側にある存在の意味においてである。その際、行為者はその行為を通して異なるものを生みだすだけでなく、それを通して、その行為者自身は誰であり、またその行為者は何をすることができるのかをも示し、またしかも自らそれについて決定する。もちろん行為の概念は、もしもそれが神に関する発言において単に神人同形説的表象として適用されるべきではないとすれば、解明と批判を必要とする。

神の行為の概念は、神の諸属性の教理に対する新しい神学の最も重要な貢献の核心であり、それは一八九七年に出版されたヘルマン・クレーマーの小さな文書によって提起された(67)。その論証は古プロテスタントの神論に関する批判的熟考から始まっており、クレーマーにとってその問題点は新しい神学によっても克服されないように思われた。すなわち、神学的伝統において神の諸属性に関する諸言明は、たしかに聖書の証言に基づいて正当化されるが、しかし実際には、世界の第一原因としての神の諸機能に基礎づけられている。これに対しクレーマーは、「神は誰であり、またその神はどのような種類の神であるのか」(16) ということに関する解明は、ただ神の歴史的啓示に基づいて獲得されることを真剣に考えようとした。しかしそれは、「われわれは、われわれのための、そしてわれわれにおける神の行為を通してのみ神を知る」(9) ことを意味する。行為は「意味のある自己活動」として理解されるがゆえに、それは、同時に「その本質の諸属性」でもある「その意志と力の諸属性」(16f.) を証言する。「行為する神、目的を措定し、そして実現する神は、その行為と同様に属性なしにはありえない」(16)。

クレーマーによるこの視点の導入は非常に重要であるにもかかわらず、彼の場合、次の問いに関するより厳密な基礎づけは見当たらない。つまりそれは、なぜ行為の目的連関は(68)、単なる因果関係と異なり、行為者に帰されるべき諸属性がそのなかに表現されるという結果をもたらすのか、という問いである。しかしながらこの欠陥は補うことが可能である。クレーマーの主張は正当であることが証明される。なぜなら目的の選択を通して選択者は、その目的を「彼の」目的として肯定することにより、その選ばれた目的と自分自身を同一化するからである。その際、次のことが前提されている。つまり選択者自身の同一性はまだ完結されておらず、将来に関係づけられており、そして将来を――したがって「諸々の目的」を――先取りすることにより構成される――ただし、その規定は、その都度選択された目的を通して部分的に満たされるにすぎないにもかかわらず。この前提が躊躇せずに神に転用されるのかどうかということは、もちろんさらに吟味されなければならないであろう。しかしいずれにせよある目的の選択が、選択された目的に向かって行為する選択者の同一性に関連しており、その結果、彼が、彼の目的の選択と彼の本質におけるその実現を通して特徴づけられることは、したがって彼の行為を通して彼の本質の諸属性が明らかにされることは、間違いない。

神的諸属性の教理を行為の概念に基礎づける新たな根拠づけと、神の諸属性に関する諸言明を、被造物の諸々の作用をその神的原因に関連づけることに基礎づける伝統的な根拠づけとの対立も、クレーマーによって個別的に指摘されているというよりも、示唆されているだけである。その対立の本質は次のことにある。つまり、単なる作用因は、自然必然的原因の場合にのみ、作用から原因へと遡る帰納的推理を受け入れる。なぜならその自然の必然性に基づいて作用する諸原因は、その自然にふさわしい作用を惹き起こしうるにすぎないからである。ところが、聖書の理解の意味における神の創造の行為の場合のように、偶然的に作用する諸原因の場合には、他の諸々の作用も、あるいはいかなる作用も惹き起こされない。その結果、諸々の作用から無造作に原因の本性を逆推理することはできない。しかし人格的行為の場合には、目的の選択とその実現において主体の本質が明らかになり、その結果、行為者は、行為の種類によって特徴づけられる。

しかしこの根拠づけはまだ十分ではない。すなわち、行為者はその行為を通して、おそらく、あまり特有ではない彼の本質のひとつの側面を表明しているにすぎない。これは次のことと関連している。つまり、選択された目的は、多かれ少なかれ任意に交換可能なものであり、その結果、それは行為者の人格にとって特徴的なものではないことになる。この場合、その行為からも、行為する人格の本質を特徴づける諸属性を簡単に読み取ることはできない。クレーマーもこの難点を知っていたように思われる。それゆえ彼は、神的行為の諸属性は本質の諸属性であるとの彼の命題のために、行為の形式的構造を引き合いにだすことと並んで、第二のもっと説得力のある根拠づけを展開した。この第二の根拠づけは、新約聖書に証言されている神的行為の中心的内容、つまりイエス・キリストのうちに啓示された神の愛をよりどころにしている。神の愛について語るということは、神が、「われわれのために、またわれわれとの交わりのなかで存在しようと欲し、また存在することに没頭する」(18) ことを意味する。神の本質の総括概念としての神の愛のなかに、クレーマーは今や次のことが基礎づけられていることをみている。つまり、われわれに対する神の態度は、その本質を実際に認識させるのであり、その結果、神の愛する行為の諸属性は、現実に本質の諸属性である（一八頁以下）。もしも神の愛が神の本質の総括概念であるとすれば、神の愛の啓示のなかに神のあらゆる属性が共に啓示されていることになる。なぜなら神は、徹頭徹尾われわれのためにそこにおられるのであり、それ自身のために手放さずにおくものは何もないからである。つまり「もしも神は、その啓示において、その振舞いにおいて、われわれのために存在するということがすべてであるとすれば、われわれが神の啓示において認識する以外の諸属性は、神に特有なものではなく、特に愛としての神の本質は、次のことを必然的に伴う。つまり、神は、われわれに対する関係を通して措定された各連関のなかで、したがって各属性のなかで、神の本質を実証する（bethätigt 行為に現す）、あるいは各属性のなかに他のすべてのものが共に措定されているのである」（19）。

カール・バルトは、クレーマーのこの論証は、神の愛における神の自由をあまりにもわずかしか考慮せず、神の存在をただひたすらわれわれに対する神の振舞いのなかに探究しようとしている、と異論を唱えた（KD II/1, 317）。それゆえバルトは、自由と愛の緊張関係を神の本質と諸属性に関する彼の教説の根本思想としたのであり、愛の思想のみをその根本思想とすることはなかった。しかしクレーマーは、正当にも、自由を神の愛それ自体のひとつの条件として記述した（a.a.O. 24ff）。自由な贈与として遂行されない愛は、決して、言葉の完全な意味で愛とは言えない。

神の愛――それは、神がその行為を通して神の本質の諸属性に気づかせる根拠である――に関するクレーマーの諸々の詳述は、すでに神に対し行為概念を適用できる可能性を前提としている。しかしながらこの前提は、クレーマーが仮定したように、自明なわけではない。まずそれは、神は愛であるとの命題の三一論的神学的展開と緊張関係にある。行為概念は、父、子、聖霊の三性の代わりに、唯一の神的主体の表象を言外に含むように思われる。さらに主体が自ら措定し、そして実現する諸目的の表象は、目的の選択の時点とその実現の時点の差異を必要とするようにみえ、これを、そこにおいてすべての時が現在である神の永遠性と調和させることは容易ではない。こうしてクレーマーの場合、目的を措定し、そしてそれを実現する神という表象は、かなり神人同形説的な仕方で叙述されている。さらにその表象は、スコラと古プロテスタントの神論の取り扱い方に対するクレーマーの批判から期待されるよりも、いっそうそれに近づいている。つまり目的をもちつつ行為する神の表象は、神が知性と意志を有し、人間の諸人格の場合と同様の仕方で、神の知性の諸表象を神の行為の諸目的にすることを前提としている。この前提は維持されうるのだろうか？　そしてもし維持されるべきでないとしたら、その行為概念から、神との関係において、一体何が生じてくるのだろうか？

4　神の霊性、知、そして意志

神――そもそもその現実を捉えることができるとしての話しであるが――は、自己意識をもって行為し、この意味で「人格的」本質であるという表象は広く行き渡っており、それはほとんど自明のこととされている(69)。たしかに神は、理性的本質として、われわれ人間の現存在の制限を超越していると考えられている。しかし神は、――古プロテスタントの教義学において慣用になっている《神についての記述（descriptio Dei）》を用いると――《無限なる霊的本質（essentia sprituualis infinitia）》として、つまり一般的特性表示（《conceptus communis》）に従うならば《霊的本質（essentia sprituualis）》として理解することができる。それは、神を諸々の被造物の間における霊的本質と結びつけるが、神は無限性によってそれらと区別される(70)。スピノザ、ヒューム、フィヒテ、そしてフォイエルバッハ(71)により、この表象の神人同形説的性格が批判された後で、今日の神学者たちは、自分自身と世界を意識する存在（Wesen）としての人間の霊性との比較をなんとかして避けようとしている。しかしながら人格的神についての発言は、神は「人格存在（Personwesen）の種に属する」(72)と言おうとしているのではないという確信によっても、この問題はまだ解決されない。古プロテスタントと、それ以前の中世のスコラの《霊的本質（essentia sprituualis）》としての神という記述は、まさにこのことを言い表している。そしてそれは、このような普遍的特性表示の論理においてもまったく避けられないことである。たしかに神は、その事柄の本質からしていかなる類概念・種族概念にも分類されないという主張は、内的矛盾を含んでいない(73)。しかし同時にわれわれは、神に関して、諸々の普遍的特徴づけにおいてのみ語ることができることを認めなければならない。その際われわれは、諸々の普遍的特徴づけを、見分けのつく諸々の適性（たとえば「無限な」といった内容）と結びつける。その際、どのような諸々の普遍的特徴が選択されるのか、また《霊的本質（essentia spritualis）》としての神的本質の特徴づけは事柄に即しているのか、そしてもしそうだとすれば、それはどんな意味においてなのか——これは、ここで神学に課されている問いである——ということは、明らかにどうでもよいことではない。すなわち、神学と宗教的発言が用いる言語の諸々の含意の省察を拒否することにより、この問いを回避しようとしてはならない。古プロテスタントの神論は少なくとも次のような長所をもっていた。つまり、その神学は、諸々の漠然とした逃げ口上にひきこもる代わりに、最大のエネルギーを注いでそれに関する思想的弁明を手に入れようと努力した。

位格的神について、その表象にふさわしい内容をもつ発言が、神的意志と行為の原理としての、意識と自己意識を通して規定された「霊的」本質の表象と結びつけられているのかどうかということは、ここでは差し当たり未決のままである。いずれにせよ、神的意志の表象が自らの起源を有し、そして二次的に初めて最高の理性の思想と結びつけられうるということも考えられる。ところが、キリスト教の伝統的神理解においては、後者の表象が基本となった。ここでは、まずこれについて論究することにする。

キリスト教神学の初期の段階では、聖書の神を、肉体をもたない最高の理性として考えることは、まだ自明ではなかった。たしかにパウロ（Iコリ二・一一、IIコリ三・一七）と特にヨハネ（四・二四）を通して、神は《プネウマ》であることが証言された。しかしこれと、中期プラトニズムにおいてよく知られた、そしてすでにフィロンによって受け継がれた《ヌース》としての神という理解が、なんの躊躇もなく結びつけられることはまだなかった。フィロンの場合、この表象を受け入れる規範となったのは、聖書が、神を諸々の被造物と比較しえないことを強調していることであった。それは、民二三・一九に、「神は人ではない」と言われているとおりである(74)。もしも人びとが神の異種性（Andersartigkeit）を非肉体性と理解したとすれば、神の霊性をヌースとして理解するプラトンの理解へと近づくことは、容易であった。しかしキリスト教神学のなかでこの理解を最後まで貫徹したのは、オリゲネスが最初であった。彼の著作『原理論』の第一章全体がこのテーマを取り扱っている。

テルトゥリアヌスと他の初期キリスト教の神学者たちのうちにみられるストアの理解、つまり神的プネウマを、最も上質の、われわれにとって見えない質料(75)としてとらえる理解に反対して、オリゲネスは、神は、ある場所に結びつけられ、延長され、そしてある形態をもつにちがいないと主張した。しかし事実、神は身体ではなく、身体と結びつけられず、それ自身において分割されない霊的本性である（《intellectualis natura simplex ... et tota mens》）。理性（《mens》）として神は、いかなる場にも結びつけられず、延長も、部分も、形態ももたない。神はプネウマである（ヨハ四・二四）とのヨハネの言明も、この意味で解釈されている(76)。オリゲネスの考えによると、神の非肉体性は、神の分割されない単一性と、つまり第一原因であるという含意と極めて緊密に結びついている。他方、神の霊性が、神に対するわれわれの霊の近さを含んでいるということは、物質的世界を越えた神の卓越性に属している。神の霊性を理性として把握しない人びとは、このことに同意しようとしない(77)。このところで認識されるのは、オリゲネスが反対した敵対者たちも、神とすべての被造物の差異を強調したこと、しかし彼らはまさに神と人間の理性の差異を視野に入れていたことである。オリゲネスの論証のアキレスのかかと、つまり弱点はここにある。その結果、身体的な諸々の特徴が帰された神に関する聖書のあらゆる言明は、単に隠喩的なものとして取り扱われることになった。理性的な本質の表現として解釈される諸々の特徴は、それが分割されない一体性の様式における神にのみふさわしいにもかかわらず、文字通り（《proprie》）神的本質を表するものとみなされた(78)。しかしこれにより、人間の理性的本性をも凌駕する神の卓越性は過小評価されていないのだろうか？

古代後期の議論の状況における、理性（《mens》）としての神的霊（《Pneuma》）という理解の強みは、特に、それに対する唯一の選択肢が、何らかの方法による身体的実在性としての神という表象であるように思われたことにあった。ローマ・カトリックの中世(79)と古プロテスタンティズムは、これと結びついた諸々の不合理な帰結、つまり神の分割可能性、構成、延長、そして場による制限、といった不合理な帰結のゆえに、この選択肢を排除した。聖書の霊の概念と非身体的理性の表象との同一化という釈義的諸問題は、たしかにソッツィーニ主義の神学によって再び注目されたが、アブラハム・カロヴィウスによって「はなはだしい誤り」として退けられた。その誤りは、物質的要素としての霊の表象と結びついた諸々の不合理性のゆえに、いかなる詳細な反論も必要としなかった(80)。

実際には、カロヴィウスの敵対者であったヨハン・クレリウスが、この問いとの関連でより優れた聖書解釈を提示した。すなわち聖書の霊概念《ルーアハ》は、理性ないし意識を意味していない。むしろ理性的思惟と判断は「心」《leb》のなかに位置づけられている(81)。ところが《ルーアハ》は、特に風の動きのなかで明らかになる、秘密に満ちた目に見えない自然の力のように記述されている(82)。ヨハネ福音書がプネウマについて次のように語るとき、そのうちに表現されているのは、このような捉え方の背景である。すなわちそこでは、「風は思いのままに吹く。あなたはその音を聞いても、それがどこから来て、どこへ行くかを知らない」(ヨハ三・八)と記されている。人間に予測できないこの力は、旧約聖書ではあらゆる生命の起源とみなされている(詩一〇四・二九、ヨブ三四・一四以下)。それは息のなかで具体的になり、その息は人間を生かし(創二・七)、人間が息を引き取るとき、それを人間に与えた神のもとへ戻っていく(コヘ一二・七)。「ヤハウェの息は創造的生命力である」(83)。すべての被造物と、特に人間における、その生命を与えるという働きの視点から見ると、《ルーアハ》の働きと結びつきうる脱自的諸現象も不可解なものではない。この働きが、「われわれが「精神」と呼ぶもの」つまり考える意識と一致することは「めったにない」(84)。イザ一九・三、二九・二四のような聖句においても、この語はこのような意味で用いられていると考えられる、つまりごく自然に諸々の気分や心情の変動の意味で理解されている。ところが、理解力と洞察も、徹頭徹尾、霊の賜物と働きに属している(イザ一一・二)(85)。

神の霊とその働きに関する新約聖書の諸言明も、このユダヤ教の霊の表象から理解することができる(86)。ここではまだ、この事実について個々に論及する必要はない。新約聖書の諸々の証言においても、霊を、神から発出する生命力として捉える表象が、認識のためのその諸機能と、特に信仰の認識のための諸機能を包摂していることを確認することで、十分である。

したがってヘレニズム世界において、差し当たり、ストアのプネウマ論が霊に関する聖書の発言に近いと感じられたことは、決して驚くべきことではない。ギリシャ語のプネウマも、息ないし呼吸の表象と結びついていたからである(87)。議論の余地のある断片によると(88)、この表象はおそらくすでにアナクシメネスにおいてギリシャ哲学に現れていた。「空気（aeer〔ギ〕）であるわれわれの魂が、われわれを支配し、そして集めるように、息（《pneuma》）と空気は世界秩序全体を包括している」。たとえこの断片において、ずっと後の諸見解、すなわちポセイドニオスの哲学の影響が問題になるとしても(89)、中期ストアがミレトス学派の自然哲学を引き合いにだしている資料として、それは依然として重要である。

キリスト教神学において、《プネウマ》の狭められた理解、つまり理性的魂とその意識に狭められた理解が浸透していった事実は、三世紀におけるプラトン学派の興隆と、キリスト教神学が、ストア的汎神論よりもプラトン主義者たちの超越的神表象を選択したことと関連している。それへと向かう動機づけは、聖書の諸伝承の神理解に基づき徹底的に再構成されている。しかしながら聖書の神は、永遠なるものとして、あらゆる地上的なもののはかなさ（Vergänglichkeit）と対立する（詩一〇二・一二以下、一〇三・一五以下、九〇・二、五以下、イザ四〇・六―八）。この対立は、はかないものの総括概念としての「肉」と神的生命の霊との対立として表現された（イザ三一・三）。これは、感性的－物質的世界のはかなさと、神的ヌースおよび諸理念の永遠性の対立というプラトン的理解に非常に近づいているように思われる。神は身体をもたないとの論証はここからその力を引き出した。しかしながらその選択により、つまり《プネウマ》と《ヌース》の同一化により、神学は聖書の神理解にとって異質な道へと、余りにも神人同形説的な神表象の道へと導かれていった。そのさい神学は、すでに次の事実により警告を受けていたはずである。つまりプロティノスの考えによると、プラトン哲学それ自体は、神概念としての《ヌース》を越えて、一者の思想へと向かう必要があることを知るべきである。なぜなら《ヌース》は、その概念によると、それが認識する他のものに関係づけられており、それゆえそれ自体で究極的一者ではありえないからである(90)。ここには、その根底にすでにあの批判がみられる。つまりそれは、一七九八年、フィヒテが、意識あるいは自己意識のモデルに従った神表象と、実体と実存の概念を神に適用することに向けた批判である。すなわち、もしも最高で、無限なる一体性が考えられるべきであるとすれば、双方が限定し合っている《ヌース》と《ノエートン》の二元性は凌駕されなければならない。事実、アレオパギテースのようなキリスト教の神学者たちと、西方ではヨハネス・エリウゲナのような彼の影響をうけた思想家も、神的本質は《ヌース》であるとの記述と結びついた、あまりに神人同形説的な神表象に近づく危険性を感じていたように思われる。最終的に、神は最高の理性であるという理解を主張することができたのは、教会の偉大な指導者であるアウグスティヌス自身が、いずれにせよその限定された表現力を明白に強調した、彼の諸々の心理学的三一論的類比のゆえではなく、カンタベリーのアンセルムスによるそれらの使用と、特に盛期スコラにおけるアリストテレスの形而上学の影響によるものであった。この理解は、盛期スコラにおいて神的意志の表象によって補足された。なぜなら神は、意志を通してのみ、聖書の創造信仰が要求したように、世界の自由な作用因（動力因）として理解されることができたからである(91)。ところが神における知性と意志の共同作業に関する盛期スコラの諸々の研究は、これらの諸表象の限界を越えようとするあらゆる試みにも関わらず、神表象の神人同形説的特徴をさらに強めてしまった。このようにしてキリスト教の神表象は極度に批判を受けやすくなった。

すでにスピノザは、神の意志と知性の区別に反対していた。彼の判断によると、神的実体は自由と呼ばれる。なぜならそれは自分自身の本性の必然性に基づいてのみ実存し、そして行為するからであり、神は、その知性が御自身に示す諸可能性から若干のものをその意志を通して選択し、そして実現するからではない。もしも知性と意志を神に帰そうとするならば、それらはわれわれのものと完全に区別され、その結果、その名前以外に何も共通なものをもたないようにしなければならない。なぜならわれわれの知性は、それが捉える諸事物の現存在をすでに前提としているのに対し、神の知性は諸事物の原因として考えられなければならなかからである(92)。また神は、諸目的を追求するものとして表象されてはならない。なぜなら、もしそうだとすれば、神はわれわれと同じく、神が追及するものを欠いていることになるからである(93)。それゆえスピノザによると、神の知性と意志については、隠喩的に語ることができるにすぎない。たとえば運動や休息といった、諸々の物質的自然現象にふさわしい表現を神に適用する場合にも、それは隠喩的に表現されているにすぎない(94)。

百年後に、デイヴィド・ヒュームはこの批判をさらに越えていった。スピノザが神的因果関係から論証したとすれば、ヒュームは『自然宗教に関する対話』の第二部において、最高の、世界のこの秩序に責任のある理性という仮定に直接通ずる、世界の秩序に基づく神証明の力を殺いだ後で、神の永遠性の思想から神的理性の表象に対する諸々の異論を展開した。われわれの理性の思惟は、連続する諸々の思考のなかで揺れ動き、不確かで、流動的であり、それらから構成されている。これらの諸々の特徴を取り除くならば、われわれの思惟それ自体の本質が消滅してしまう(95)。その諸々の行為が区別されず、その諸々の思考が連続して起こらないような考える意識というものは、そもそも決して意識ではないであろう。このことは、ヒュームの『自然宗教に関する対話』のなかで、神的理性に関する「神人同形説的な」理解の弁護者であるクレアンテスによっても確認されている(96)。

フィヒテは最終的に、人格的神の表象に対する批判を神的自己意識の仮定に向けた。この神的自己意識は、カントの理性批判の諸々の結論によると、対象意識の一体性の前提として不可欠なものである。自己意識は、いつもすでに自己自身の彼方に、自己意識がそれと区別されるある他のものを前提としているので、それは、「制約および有限性がなければまったく」考えられ「ず」、その結果、「この述語」を添えることにより、われわれは神を「有限なもの」に、つまり人間のような存在にしてしまう(97)。

絶対的自己意識の表象に対するこのような批判は、自己意識は、まさに他のそれ自身において自分自身のもとにあるとの論拠により、ヘーゲルによって退けられた(98)。しかし最高理性という意味における霊としての神の表象をこのように弁護することに対する代償は、一方で三一性が、他方で世界のプロセスが、神的霊——その存在において他のそれ自身のもとにある神的霊――の必然的自己展開として考えられることにあった(99)。他のそれ自身における自分自身との同一性のモデルは、おそらく三一論的諸位格の互いの関係つまりその諸関係の相互性に適用されている。ただしそれは、その自己展開の行為において、第一の位格を通して第二と第三の位格が《措定》されるという意味においてではなく、三一論的諸位格の各々にとって、他の二つの諸位格とそれらに対する諸関係が構成的になっているという意味においてである。ところが世界との関係において実際に問題になっているのは、神によるその現存在（Dasein）と具体的存在（Sosein）の《措定》である。しかし問題になっているのは、世界を創造する主体としての神の自己展開ではなく、父と子と聖霊の共同の働きにおける神の愛の横溢に基づき、被造物から、神と区別された世界を自由に造りだすことである。これについては、次章においてより正確に解説する予定である。ここでまず確認できるのは、次のことだけである。つまり、他のものを仲介して自分自身にもとにあるとの自己意識の構造は、たしかに修正された形式において、三一論的諸位格の間の諸関係に当てはまるが、世界に対する、三つの位格に共通する神的本質の関係を適切に記述することはできない(100)。さらに、われわれの自己意識における自我と自己（Ich und Selbst）の区別は、三一論的諸位格の間の諸関係には転用されない諸含意を含んでいることをよく考えておかなければならない。これと結びついているのは、自己意識についての発言は、これらの諸含意がなくても、なお意味があるのかどうかという問いである。

問題になっているのは、人間の自己意識における自我と自己の相違は、われわれが端的にわれわれ自身と一致していない事実を表現していることである。われわれはまだ、われわれの自己にとって構成的であることを知っているわれわれの規定に至る途上にある。それゆえわれわれは、われわれの同一性に至る途上にあり、まだそれを所有していない――ただしわれわれは、われわれの自我とわれわれの自己の区別にもかかわらず、自己意識のなかで、われわれの自我はわれわれの自己と一致することを知ることにより、その同一性と関係づけられていることを知る(101)。しかしながら三一論的諸位格相互の諸関係の場合には、次のことが仮定されなければならない。つまり、それらには、われわれ人間の有限な自己意識を特徴づける、自己同一性の未完結性がみられないことである。これら三つの位格の個々の同一性は、他の二つの諸位格とのその諸関係を通して仲介されているにもかかわらず、次のことが仮定されなければならない。つまり三一性の永遠の交わりにおいて、三つの位格の各々はまさにこの仲介により、つまり他の二つの諸位格へのその献身により、まったく完全に自分自身と一致している。このことは神的生命の一体性および完全性に属している。しかしながら三一論的諸位格において、ひとつの自己意識について語ることができるのだろうか？それともその自己関係の形式は、われわれの自己意識の諸条件を根本的に凌駕しており、その結果、この表象を神の三一論的生命に適用することは道を誤らせることである、ということになるのだろうか？

カントがそれにより、神に関するわれわれの発言に象徴的神人同形説がみられることを認めざるをえなかったヒュームの批判に関して、その批判の説得力は部分的なものにすぎなかった、と言うことができる。われわれの理性にとって特徴的なのは、論証的思惟と、概念おける諸々の個々の規定を後から要約することであることは、疑うことができない。しかしながら、すでに知覚の領域には、また思惟の領域にも、それ自体において多様な形態の直観的把握という経験も存在する。われわれの場合、おそらくそれは、諸々の個物の論証的処理と区別に依拠している。《原直観（intuitus originarius）》の表象、つまり経験の決して完結しえないプロセスのなかで、われわれと異なり、しかも結ばれているものを直接全体として、またすべての個物においてとらえる原直観の表象は、依然として可能である(102)。神的自己意識の表象のなかにある、以前に論究された問題に注目するならば、このような《原直観》の主体についての問いに答えることは、いっそう難しくなる。しかし主体なしに、《原直観》というものが考えられるのだろうか(103)？

われわれが神的知（Wissen）の思想を理解しようとするならば、ここでも、知に関するわれわれに可能なすべての表象の諸条件が踏み越えられることは明らかである。

神的知性（Intellekt）の表象に対するスピノザの批判に関しても同様のことが当てはまる。われわれ自身の理性はある意味で生産的であるがゆえに、われわれはたしかに創造的知性の表象をつくり出すことができる。それは世界の諸対象を直接生み出しはしないが、意志および行為との結びつきのなかで、自然的および社会的環境の生産的変革へと至りうる諸々の思想（Gedanken）を生みだす。しかしそのさい常に、われわれの理性は、それにあらかじめ与えられている何ものかに差し向けられている。生産的思惟（Denken）は、経験の諸々の事実との取り組みのなかで展開される。行為によるその変換はいつもすでに手許にある世界を変形する。純粋にそれ自体で創造的な思惟という表象は、思惟と行為の相違を止揚するだけでなく、われわれの思惟が経験に拘束されていることの背後へと遡っていくにちがいない。それは、《原直観》の表象と一致するものとして証明されるにちがいなく、そして相変わらず、それはこのような《直観》の主体に依存しているのか、それとも主体は不在なのかという難問（アポリア）にさらされている。

このような諸々の困難を知る者は、スピノザの次のような判断に同意しなければならないであろう。つまり、ある神的知性についての発言は、われわれの救いの「岩」（Ⅱサム二二・三二。同二二・二、その他も参照）、われわれの道の「光」（詩一一九・一〇五、ここでは神の言葉が主語。詩二七・一その他を参照）という神についての発言と同様に、原則として隠喩的である。伝承を尊重する傾向がみられる近代の分析的宗教哲学の、身体への拘束から独立して実存する（existieren）理性(104)の可能性を証明しようとする諸々の努力は、その成果をどのように評価しようとも、神的理性の表象の本来の諸々の困難にほとんど触れていない。それらの難しさは次の点にある。つまり、その神的理性の表象は、人間の理性の、われわれの良く知っている諸現象の、非常に多くの変革を要求するので、その結果、神的理性の表象は隠喩的意味をもちうるにすぎない。もちろんこれは、そのさい問題なっているのは取るに足らない表象か、あるいは恣意的に交換できる表象であるということではない(105)。隠喩的発言の諸々の意図は再構成することができる。もちろんそれはしばしば、通常の言明よりもいっそう強く依拠している、発言のそのつどの状況との関連においての話にすぎない。しかしながら諸々の隠喩的表現法は、たとえば聖書のなかで頻繁にみられる、神を岩と呼ぶ発言のように、核心的な意味を表すものとして繰り返し用いられている。

神の知という表象と、しばしばそれと結びついた全知の思想により、何が考えられているのだろうか？「主はすべてのことを知っておられる。主は、すべてのことがいつ起こるかを知っておられる」（シラ四二・一八以下）。人間に隠されていることも、神の眼には明らかである。このことは将来だけでなく、われわれに隠されたことの他の諸々の次元にも当てはまる。特に、われわれが喜んで隠そうとしたことに当てはまる（箴二四・一二）。詩一三九には、神の臨在の不可避性の古典的表現がみられる。「（主よ、あなたは）座るのも立つのも知り、遠くからわたしの計らいを悟っておられる」（詩一三九・二）。神の臨在から逃れようとする者は、どこにも隠れることができない。もちろん神の被造物には、本来、神から逃れる機会はない（同一三―一六節）。神の臨在、われわれの必要とするものに関する神の「知」（マタ六・三二）、神の「想起」（詩九八・三、ルカ一・五四。ルカ一・七二を参照）は、敬虔な者の慰めである。

したがって「神の知」に関する発言は、神の全被造物はいずれも神から逃れられないことを意味する。神にとってすべてのものは現在であり、神によって神の臨在のうちにしっかりとつかまえられている。このように現在のうちに保持すること（Gegenwärtighalten 現在化）は、必然的に、われわれ人間の意識と知の意味での知であるというわけではない。しかしおそらくその反対に、われわれもわれわれの知を通して、知られていることを現在化させると言うことができるのかもしれない。その場合、直ちに、人間のもとにおけるこのような現在化に対して措定されている狭隘な諸限界が明らかになる。それは思い出と期待に広範に拘束されており、したがって本来むしろそれは、われわれのもとにおいて知られていることの現実的臨在の《代用》である。しかし知覚にとって臨在することでさえ、その《本質》は、われわれにとって多かれ少なかれ依然として隠されたままである。したがってわれわれの意識と知の経験は、「神の知」について語られるときに考えられていることについて、わずかばかりの示唆を提供することができるにすぎない。

しかし、神的意志の表象についてはどうであろうか？　盛期スコラの神論が極めて集中的に取り組んだ、意志と考える意識の相互関係は、まさに、われわれの精神生活の有限性の諸限界に分離し難く拘束されている。すなわちわれわれの意志は、諸々の対象と事態に対し、われわれがあらかじめ意識において捉えた態度をとる。したがってわれわれの意志は、それらについての知覚あるいは少なくともそれらについての表象を前提としている。他方、それによってわれわれの知覚があれこれの対象に向かう注目（Aufmerksamkeit）は、意志によって影響される。しかしながら意志の行為はいつもすでにその対象の表象とそれと共にあらかじめ与えられているものを前提としている。それに対する態度決定つまり意志の決断が結果として様々でありうるとしても、このような諸々の態度決定の可能性も、さらにまた対象だけでなく、そのなかで意志が決定しなければならない状況の諸々の事態によって再び制限される。このようにあらかじめ与えられているものに拘束されているという意味で、《神の》意志について明確に語ることはできない。

神がその行為を通して追求する「諸目的」ついての発言も、転用された意味で、そしていずれにせよわれわれの意志の経験とは異なる意味で理解されなければならない。もしも神が有限な本質として表象されるべきではないとすれば、その経験は類比的に理解されてはならない。すなわち、目的の概念は、意志の対象とその実現の間に差異のあることを前提としている。目的の選択とその実現の間の距離は、そのための諸条件が作られ、したがってその実現のために必要な手段が選択され、そして使用されることを通して、橋渡しされなければならない。ここで再び明らかになるのは、われわれの意志が、それにあらかじめ与えられている諸条件に依存していることである。意志は、望むものを直接実現することはできない。もしもそのようなことが起こるとすれば、意志と完遂との区別もなくなるであろう。しかしそれでは、意志の概念にはなお何が残されるのだろうか？

より普遍的な意味で、生と自己保存への暗い衝動は生への意志ないし力への意志と呼ばれてきた。しかし自己保存と自己拡大を求める努力の根底にあるのは、相変わらず必要性つまり欠乏の状態である。そしてスピノザによると、これゆえに、意志一般の表象を神に転用することは禁じられる。

しかし今なお、意志の表象のための別の出発点が存在する。それは、人間の自己経験のうちには存在せず、したがって一方で意志と、欠乏の感情との関係のうちに存在せず、また他方で意志と、獲得しようとされる目的の表象との関係のうちにも存在しない出発点である。むしろ問題になっているのは、人間に力強く迫ってくる現実の経験である。それは、その差し向けられたダイナミズム（Dynamik）を通して、たとえその「意志する」ものが何であるのかまだ不明瞭であるとしても、「その人から何かを望む」あるいはそうしようとしているように思われる現実である。それは、最も多様な諸文化のなかで繰り返し人間に執拗に迫ってきた経験である(106)。しかもおそらくここに、意志一般の表象の起源が求められる。もしもそうだとすれば、意志の表象は第二次的にのみ人間の自己経験に、つまり彼の生の衝動と彼のその他の諸々の衝動に関係づけられる。また認識と決断の協力のなかで意識される意志の表象は、最終的にこれに基づいて組み立てられるであろう(107)。

それがどうであれ、自分の知っている、あるいは知らない神性の、人間に迫ってくる「意志」ないしデモーニッシュな力の宗教的経験は、いずれにせよ、神性の側における、意志と知性の共同作業に関する何らかの諸表象から独立している。むしろ最初に問題になるのは、未知の力に驚愕するという経験であり、この力は、このような諸経験を、名前によって同一化されている神性に帰することにより、はじめて明確になる。その神的意志は、この神性の「言葉」として明確になり、そのようにして確かなものになる。しかしこれによっても神性の側には、意志と知性の共同作業という表象はまだ存在しない。むしろ大いに問題になるのは、人間に迫ってくる、その本質からして未知のダイナミズムであり、人間に対し言葉で表現された（artikuliert）ときに、初めてその不気味さが消えてゆくダイナミズムである。つまりその場合、少なくとも、ひとは自分がそれと共にいることを知るのである。

旧約聖書には、神の意志に関する統一的概念が欠けている。その代りに一方には、諸々の神的命令と指示の表象が、他方には、「神の意にかなうこと（Wohlgefallen 適意、満足）」を表す様々な名称が出てくる――おそらく後者の起源は、神による犠牲の受け入れにあり（たとえば、レビ一九・五、二二・一九、その他）、そして特にラビ・ユダヤ教において、それらは神的意志一般の名称となることができた（詩一〇三・二一。四〇・九を参照）(108)。ここから、イエス伝承（たとえば、マタ六・一〇、七・二一、一二・五〇、二一・三一、二六・四二、平行個所）、ヨハネ福音書（四・三四、五・三〇、六・三八以下)、そしてその他の新約聖書における、神的意志の表象も解明される。旧約聖書の言語用法に基づいて、神の言葉の表象(詩一〇三・二〇における、言葉と意志の平行関係を参照)との緊密な関係と、しかしまた神の霊――これは、神の適意のなかに表現されているが、さらに神がその適意を差し向ける者にも与えられる(イザ四二・一)――との密接な関係が成立している。

神の意志と霊の関連は、聖書の諸々の表象の意味において、まず神の霊のダイナミズムを一定の意志の方向へと具体化することとして考えられた。言葉も霊(《ルーアッハ》)の明確化として理解することができる(詩三三・六)。この霊は、前述のとおり、理性(《ヌース》)としてではなく、創造者の、生命を与えるダイナミズムとして理解することができる。霊は神の力に満ちた臨在である(詩一三九・七)。こうして聖書の霊の理解の独自性から、次のことも解明される。つまりそれは、同じ詩篇が、同様に、たしかに神の被造物における神の臨在に依拠する神の知――すべてを包括する神の知――について語っていることである。この関連は、伝統的神学的神論が《ヌース》としての神性というギリシャ的表象から展開したものと、非常に異なっている。

オリゲネスは、「神は霊である」(ヨハ四・二四)というヨハネの言明を《ヌース》としての神性というプラトン的(そしてアリストテレス的)表象の意味で解釈することを決断した。この決断はひとつの事実、つまり自由に処理できる唯一の選択肢は、ストア的な霊の教理の意味でこの文を解釈することであるように思われたという事実に基づいていた。しかしストアの霊は、全宇宙を貫徹する身体的な実在性として表象された――たとえそれが、極めて繊細な、そして諸々の多様な差異を保持しつつ全宇宙に浸透する、身体的な実在性であるとしても(109)。それには、プラトン的―アリストテレス的視点からみて、しかしまたストアの汎神論との関連において、キリスト教神学にとっても、とても受け入れがたい諸々の結論が結びついているように思われた。つまりそれは、霊に関する聖書の多くの言明と、ストアのそれに対応する表象は明らかによく似ているにもかかわらず、神に関する聖書の諸言明を、息あるいは風の意味における霊として解釈することを排除しなければならなくなるという諸帰結である。このことに関して教父神学が直面していると考えていたディレンマは、今日、もはや存在しない。ストアの霊の教説に従って展開された現代物理学の諸々の場の理論は(110)、場の諸現象をもはや具象的な（körperhaft）ものとして捉えず、物質に対して自律的で、時間ないし四次元空間（Raumzeit）との諸関係を通してのみ規定されるものとして理解した。場の理論――それは古代のプネウマの教説に由来する――を、霊としての神の表象の解釈にも関係づけることができるのかどうかは、神の永遠性に対する空間および時間の諸関係の論究に広範に依拠している。さらに、物理学の対象である諸々の宇宙的場との区別および関係は、創造論の関連で初めて起こりうる説明を必要としている。しかしいずれにせよ、ここですでにこう言ってよいであろう。つまり、神の霊に関する聖書の諸言明は、《ヌース》としての神についての古典的表象よりも、近代の、マイケル・ファラデーによって初めて考えられた、普遍的な力の場――これとの関連で、あらゆる物質的、粒子的形成物は、第二次的な発現とみなされる――の表象に、非常に近いところに立っている。

ここから、三一論的諸位格と、それらすべてに共通な神的本質の間の関係の新しい理解のための、驚くべき諸可能性が生じてくる。場の自律性は、《ヌース》としての霊の解釈の場合に起こるような、ある主体への所属を必要としない。場として考えられた神性は、三つのすべての三一論的諸位格のうちに同じように現れるものとして考えることができる。ある数の人間でさえ、ひとつの共通精神を通してひとつの生活共同体へと結びつけられる。もちろん各個々人は、人間の生活共同体において共通精神から自由になることができる。各人は共通精神に対して原則として独立したままである。ところが三一論的諸位格は、彼らを結びつける愛の霊に対していかなる独立性ももたず、それらはひとつの神的本質の諸々の発現と諸形態――しかし永遠なる諸形態――にすぎない。そのなかで、このひとりの神は、聖書がそう呼んでいるように、《生ける》神である(111)。これまで述べたことから考えると、これは決して驚くべきことではない。もしも生命を創造する霊が、神の神性、神の本質であるとすれば、神はどのようにして御自身において生ける神ではないと言うことができるのか？　神が生ける神であることに関するキリスト教に特有の理解は、しかし今や、父、子、聖霊の生ける交わりのなかに表現されている。

ダイナミックな場としての神的生命という理解によって、次のように考えることが完全に認められる。つまり三つの位格をひとつにする神的霊を、父から発出し、子によって受け取られ、同時に二つに共通の、そしてまさにそのようにして二つとは異なる、それらの交わりの力の場として考えることがゆるされる。三位一体論の古い問題は、霊の概念が、一方で（ヨハ四・二四によると）、三つの位格すべてに共通の神性の本質を指し、しかし他方で、父と子と並ぶ、第三の三一論的位格を指すことであった。この第三の三一論的位格は、父と子から区別され、そして両者に対向する。つまりこの第三の位格は、父において子に、そして子において父に、栄光を帰する。場としての霊の理解から、この事態を理解するための新たな諸々の視点が生じてくるのだろうか？　場として理解されるならば、霊はいずれにせよ非位格的である。位格としての霊は、父と子と同様に、ひとりの神性の具体的形態としてのみ考えることができる。しかし霊は、父と子に共通な神的生命であるだけでなく、独自な行為の中心として両者に対向する。この行為の中心が理解できるようになるのは、両者が、つまり父と子が、霊の位格に対向するなかでのみ、神的生命の一体性における相互の交わりをもつときであろう。まさに神性の共通の本質が、霊の形態において両者に対しもちろん異なる仕方で(12)対向することにより、それらは霊の一体性を通して共に結びつけられる。もしもこの絆が位格としての霊をも共に包括すべきであるとすれば、そこでは次のことが前提されている。つまり、位格的霊は、自分が父との関係において子に栄光を帰し、また子を通して父に栄光を帰することにより、同時に自分自身が、それによって両者とひとつにされていることを「知る」ということが前提とされている。父の位格と子の位格にとっても自己関係は異なる仕方で特有なものである。これについては本章の最終項においてさらに論究されるであろう。しかしここにはすでに適切なことに、三一論的諸位格はその都度異なる仕方で諸位格として規定されるという見解が現れている。このことは、その都度他の二つの諸位格との諸関係を通して仲介されるその自己関係の諸々の特質にも当てはまる。

神的行為の主体としての《ヌース》という表象は、批判的熟慮の過程で解体されてしまった。しかしもしも霊としての神の生ける本質が、主体としての性質よりも、むしろ力の場としての性質をもつとすれば、神の行為について語ることはどのようにしてなお正当化されるのだろうか？　またひとりの神の諸属性は、どのようにしてその行為から読み取られるべきなのか？

5　神的行為の概念と、神の諸属性に関する教理の構造

行為の概念は行為する主体を要求する。しかし霊としての神的本質に関する諸々の詳論によると、この機能を直接神の本質に割り当てることはできない。神の永遠の本質は、三つの位格と並ぶ、さらにそれ自体で存続する主体ではなく、それらすべてを包括するひとりの主体でもない。その場合、三つの位格は、神の主体存在の単なる諸要因に格下げされてしまうであろう。したがって、三一論的諸位格だけが依然として神的行為の直接的主体である。目的を措定し、そしてそれを実現する振舞いを永遠なる神に帰することは難しいにもかかわらず、神の行為について語ることができるかぎりにおいて、それはまず、その相互の諸関係においてであれ、創造との関係においてであれ、三一論的諸位格の行為であろう。三一性の外に向かう関係、つまり被造世界との関係について、四世紀のカッパドキアの父祖たちは次のように教えた。つまりここでは、三一論的諸位格が共に行為しているのであり、外に向かう行為におけるこの共同性は、ペリコレーシス（三位相互内在性：相互に内在しあうことにおける存在）および父からの起源の一体性――それは父のモナルキアの思想を系譜学的に説明した――と並んで、それらの諸位格にとって、神的本質におけるそれらの一体性の表現とみなされる(113)。第五章の第一節において指摘したとおり、これらの諸々の説明は、アリウス主義者たち（ないしエウノミオス主義者たち）の非難、つまりニカイアの初期の三位一体論は三神論を意味するという批判を、完全に論破することができなかった。彼らの弾劾の理由は次のようなものである――つまりペリコレーシスも、外側に向かっての共同の行為も、すでに多数の諸位格を前提としており、それらを越えていくことはない、子と霊が父に由来することは、たしかに多数の諸位格へと通じており、しかしそれはまたもやそれらを越

えていくことはない、その結果、三つの位格の同一の神性という教会の教理に対し、むしろ三つの神々という印象の方が優遇される、というのである。差し当たり獲得された、神的本質の霊的規定に対する諸々の洞察と、関係の解明――三つの位格すべてと、三つの位格の相互的な諸関係の仲介を通してそれらをひとつにする霊の生命との関係の解明――により次のことが可能になる。つまり、三一論的諸位格をそれらと異なる神的本質から《導きだささずに》、それらのうちにのみその現存在を有する神的霊の、それらすべてを包括し、そして貫徹する運動の諸々の生ける中核（Lebenszentren）として理解することが可能になる。諸位格は、まず第一にその特異性において構成されているのではない――たとえそれが、父を通して生ずるとしても。それらは、ペリコレーシスの交わり及び共同の行為と結びついている。このような表象は三神論に近づくと疑われるかもしれない。三一論的諸位格は、ひとつの神的生命の現存在様式としていつもすでにそのダイナミズムに貫かれている、しかもそれらの相互的諸関係を通してそのダイナミズムに満たされている。このことがさらに明瞭になるのは、愛としての神的生命の特質が問題にされるときである。ここではまず第一に、外に向かっての神的諸位格の共同の行為と、神的本質の一体性におけるその生命の一体性との関係が、明らかにされなければならない。行為の共同性（Gemeinsamkeit 共通の性質、共有）は本質の一体性を基礎づけることも、その代わりとなることもできない。しかし父、子、聖霊の行為の共同性において、それを通して三つの位格がいつもすでに結ばれている「生命および本質の一体性」が明らかになるのである。

そのさい行為の概念は、まず第一に、前項において記述された「意志」の外に向かう活動を指している、つまりそれ自身とは異なる諸々の作用を生みだす活動を指している。行為する者は、行為において、彼の行為が目指す他の者、あるいは他の物のもとにいる。それゆえ神の行為の思想は神御自身における神の存在を世界における神の存在と結びつける、つまり神の内三位一体的生命を経綸的三一性と結びつける。この経綸的三一性は、救済の経綸のうちにあるその諸々の被造物のもとにおける、父、子、霊の活動的臨在に他ならない。そのさい行為の概念は、神の内的生命にとって、その神性の永遠なる自己同一性にとって、神の救済経綸的活動がもつ妥当性を明らかにすることに役立つことができる。なぜなら行為する者は、彼が生み出す他のもののもとで彼の行為を遂行することにより、彼は同時に自分自身と関わるからである。神は、そのように行為する者として神御自身である。

この事態は、今やもちろん行為の目的論的構造と緊密に結びついている。この構造を神に適用することは問題であるように思われる(114)。その理由のひとつは、行為者の側でそれを前提としているようにみえる必要性のゆえであり、もうひとつは、目的の選択と実現の間の時間的差異、つまりまさにその行為によって橋渡しされる差異のゆえである。またその間に、さらなる困難がこれにつけ加わる。それは、ひとりの神は、その行為の、父、子、霊と区別されうる主体として考えられるべきではないという難問である。しかし今やまさにこれゆえに、神的行為の表象の、行為の目的連関と結びついた諸々の困難を解決し、神的行為を、創造との関係における神の「自己実現」として記述することが可能になる。これが、再び神的行為の諸属性に基づいて、神の本質について語ることができるための条件である。個々のケースにおいてどうなっているのかということについては、以下の詳論において明らかにされる。

神的行為の目的連関（Zweckbezogenheit）(115)という表象のための出発点は、ひとりの神的主体の表象のうちではなく、神的な力の諸々の作用としての自然と歴史の諸事実の経験のうちにある。そこに基礎づけられているのはまず神的《活動》の表象であるが、目的に向けられた《行為》の表象はまだである。この後者の思想は、自然と歴史における神的活動の個々の作用の間で知覚されうる諸関連を通して初めて示唆される。自然の出来事の領域では、このような知覚は、被造物の現実の、探求する者の眼にあらわになる秩序に関する驚きのなかで初めて起こる。被造物の現実はこの秩序を通して初めてひとつの世界として、つまり《コスモス（世界・宇宙）》として記述される。それは、人間を繰り返し、コスモスの起源としてのひとつの秩序づける霊の思想へと導く知覚である。聖書の諸々の証言は、この知覚に対し決して心を閉じていない。詩篇の祈る人は、すべてを極めて芸術的に備えた神（詩一三九・一四）を、星々も越えられない秩序を基礎づけた神（詩一四八・六）を、繰り返し賛美している。その秩序には神の知恵が表明されている（詩一〇四・二四）。それゆえ人間は、実際には、その神にふさわしい栄誉を捧げないにもかかわらず、創造の働きから神の本質は知られている、とソロモンの知恵（一三・五）および使徒パウロ（ロマ一・二〇）は想定している。被造物の現実の秩序のなかには、諸々の手段と諸々の目的の間の諸関係が認識されるが、これに対応することは、歴史の経過のなかにもみられる。つまり預言者イザヤは、歴史の経過のなかに働く神の「計画」（イザ五・一九。イザ一四・二四以下を参照）について語った。神のこの計画は、もちろん、神の「業」（五・一二）が完成されるときに初めて、すべての人の目に明らかになるであろう。その時まで、その計画は人間に隠されており、それについての発言は嘲られる（五・一九）。そのうえ、すでに行われつつある「業」は無視される（五・一二）[116]。原始キリスト教も同様に、神の救済計画の認識、つまり神の「神秘」――歴史の経過に対する神の支配（oikonomia〔ギ〕）を主題としている神秘――の認識をまずその完成から期待した。この完成は、イエス・キリストの歴史においてすでに始まっているが、まだ来ていない終末論的な終りの出来事によって初めて終わりを迎える。終りの出来事は、歴史において行為する神だけでなく、世界と人間に対する真理をも啓示するであろう。これはヘブライ的真理概念に対応しており[117]、その結果、真理は時間と対立しない。そこで考えられているのは、諸事物の無時間的自己同一性と、それとわれわれの判断の一致ではなく、出来事のプロセスの終わりにおいて、諸事物の本質として明らかになるものである。それゆえ世界に対する裁き、諸事物と人間の真の性格と価値の啓示は、終りの出来事に属する。

もしもその主体についての問いをまずいったん度外視するならば、ヘブライ的真理概念の歴史的論理は、独自な意味で行為の構造に近い。行為の経過は、最終的に、行為の目標ないし目的によって構造化され、規定される。行為の経過において各部分は、その意図する結果から初めてその意味を受け取る。もちろん歴史の過程において諸々の出来事は互いに偶然的に続いていく。しかし行為の企てにおいて、手段の選択と順序は目標によって確定される。しかもそのようにしてその実現を目指す一連の歩みは、最終的に、求められた目標を惹起する（hervorbringen）であろう。それ自体で受け入れられた各個々の手段との関係において、行為の目標は同じく偶然的なものにみえるかもしれないが、一連の取り入れられた手段はきっと目的を惹起する。それゆえ物語ることを通してのみ再現されうる諸々の偶然的な出来事の連続としての歴史の経過は、行為の合理性とは異なっている(118)、いずれにせよ有限な諸々の主体の行為とは異なっている。これらの主体は、自ら時間の経過のなかにその場をもち、行為の諸目標を措定することによって、目的の選択の時点とは異なる将来を先取りし、また出来事の経過を最小限度部分的にコントロールしようと努める。同様のモデルに従う神的行為の表象は、神を、有限な本質――その現在とは異なる未来を先見し、その行為を通して時間を自由に処理しようと努める有限な本質――のように記述するであろう。他方、歴史の進行は、諸々の被造物からその自主性を奪うにちがいないあらかじめ決定された経過のなかで、変化するであろう。両者は共属しあっている。神的予定および摂理についてのある種の諸見解は、まさにそれゆえに世界の出来事に対する神的支配の、専制政治へと変えられたイメージに行き着く。なぜならそれらは、有限な行為の主体のモデルに従って神を表象しているからである。有限な主体の世界支配は、出来事の経過に対する全体的支配のゆえに常に専制政治を意味しうるだけである。

そもそも、このような本末転倒を起こさずに、神的歴史計画、つまり世界における神的行為の「経綸」について語ることができるのだろうか？　聖書には、少なくとも、歴史の経過が前もって神により確定されているという表象を示唆する諸言明が存在する（たとえば、ロマ八・二八以下）。選びの教理の記述において更に正確に論究されなければならないのは、次のことである。すなわちこれらの諸言明の本来の意図は、現在の救いの出来事が神の永遠のうちに基礎づけられていることを記述することにある。しかしこれは、次のような《時間の初め》になされた決意の表象とは異なっている。つまりそれは、自らの外になお歴史経過としての将来をもつが、あらかじめ出来事の進行を確定している決意の表象である。

神をひとりの行為する主体として表象するとき、どのような問題が起こるのかということが、今やいっそう明らかになった。これにより次のことも明確になる。つまり、なにゆえ、神の行為――世界のなかで起こるだけでなく、その「経綸」を通して世界の全歴史を包括する神の行為――に関する発言を解釈する出発点が、神的主体の表象にではなく、世界の出来事の経過における諸関連の経験に求められるのかということが明確になる。神の「行為」についての発言は、世界の出来事のなかで明らかになる諸関連の起源を神に求めている。その諸関連は、歴史の終わりから初めて解明されるのであり、それゆえこの終末への途上にある人間には、出来事の連続に見られる先取りしえない偶然性のゆえに、依然として隠されたままである。イスラエルはこの偶然性を、神の行為における神の自由の表現として経験した。

それらの共同作業を通してひとりの神の行為が形態をとる、父、子、霊の三つの位格がまず神的行為の主体である。これが、無制約的に行為する唯一の神的主体という表象のもつ全体主義的含意に対するキリスト教の回答の出発点にならなければならない。この世における神の国はたしかに父の国であり、彼のモナルキアは神の絶対的支配である。そして子がこの支配に仕えるだけでなく、聖霊も父と子の栄光を讃えつつこの支配に仕える。しかし父のモナルキアは子に仲介されており、子は、被造物の生命のなかで形態を取ることにより、そのモナルキアの道を準備する。また父のモナルキアは霊に仲介されており、霊は、被造物を父との子の永遠の関係に与らせることにより、被造物が、神を彼らの創造者としてあがめることができるようにする。これが、父、子、霊を通しての、ひとりの神の行為である。それは、この世における神の国の終末論的完成の光のなかで認識することができるようになる事柄である。このようにしてのみ、ひとりの神はひとりの行為する神であり、それ以前に、すでに神は、父、子、霊の交わりのうちにある生ける神である。

この世における父、子、霊の行為は、今や、三一性の三つの位格だけでなく、ひとりの神的本質のものとみなされる。それゆえにのみ、この世における神の行為に基づいて、神のその本質の諸属性について言明することができる。したがってひとりの神は、今や、行為する者、彼の行為の主体のようにみえてくる。しかし神のこの主体存在は、第四のものとして、父、子、霊の諸位格の三性に付加されるのではない。それは、諸位格に先行し、そして三一論的区別のなかで展開されるのではない。それは、この世に向かう行為におけるその生の交わり（Lebensgemeinschaft）の表現である。

父、子、聖霊の業を通して為される世界における神の行為の目標は、二重になっている。すなわち一方で、神と異なる被造物の現実の創造と、その創造者との対向におけるその完成である。他方で、それと同時に、そのなかでの、世界の創造者としてのその神性の啓示である。これに対応しているのが、次の事態である。つまり、選択された目的の実現を通して、すべての行為において、世界のなかで何ものかが惹き起こされ、そして行為する者自身が、その目的の種類に基づいて、またそれを実現する能力があるのか、それともないのかということに基づいて、認識されることである。

諸々の有限な主体の行為においては、主体が、時間における行為の目標ないしその実現に先行し、その目標は主体の必要性に対応している。これらのいずれも、神に転用することはできない。神は、その永遠性においてあらゆるときに同時に臨在し、神の行為の目標――つまり神の被造物の世界に対する神の支配が啓示されること――は、神の永遠の本質における欠乏を満たすことではなく、霊を通しての、父との子の永遠の交わりへと神の被造物を取り込むことだけにある。そのかぎりにおいて、世界における神の行為は、世界との関係における神の永遠の神性の《繰り返し》(119)である。

そのさい行為する神は、世界の初めから、その完成を遠い将来のように待ち受けていない。世界の将来は、神の永遠に最も近い時間の様式であるが、これについては後段においてより詳しく論じられる。世界とその歴史の目標は、その始めの時よりも神に近い。それゆえ世界における神の行為は、本来、明けそめ始めている神の支配の諸々のしるしを伴う世界への神の《到来》(120)である。

行為の目標が行為者に最も近いことは、ある意味で人間の行為にも当てはまる。つまり、行為の遂行の他のすべての必要と状況は、その目標のために、そしてその目標から考えられる。しかし行為する人間は、その努力が向けられる目標をただ主体的に先取りするだけである。その目標はまだ実現されていない。ところが世界へと神が到来するとき、その歴史の目標である神の国は、その将来から、その完成の始まりとしてすでに現実に臨在している。

行為する人間は、その現存在を補うために、その目的を選択し、そして将来を先取りすることにより、その行為を通して自分自身を実現しようとする。一方で、行為において、主体の同一性がすでに前提されている。つまりそれは、措定された目的が達成されるために、行為の過程のなかで持ちこたえられなければならない。しかし他方で、主体の全体性と自足性の欠如を取り除くために、目的が追求される。行為者の同一性を保持することに成功しうるのは、人間が、すでに自分がそれであるものを越えて彼を高める彼の規定の力に基づいて、行為するときだけである。したがって、行為の過程の統一性を保証し、そして支配する、行為する自我（Ich）の能力に基づいて、行為するときではない。自我はまだ自分自身に至る途上にあるので、人間の場合、言葉の厳密な意味で《自己実現》について語ることはできない。すなわち、すなわちそのためには、行為する自我は、すでに彼の行為の初めに、彼の行為の結果であるべき彼の規定と完全な意味で同一でなければならなかった。神的行為の場合にのみ、この条件は与えられている。すなわち、神は、世界へのその到来を通して世界のなかで自分自身を実現する。そのために、父、子、聖霊の交わりにおける神の永遠なる現存在が前提されている。そして、世界を創造したことにより、神の神性とさらにその現存在は、神の支配の臨在におけるその規定の完成に依存しているにもかかわらず、神の永遠なる本質は、世界へのその到来を通しての完成を必要としていない。

自己実現の思想は、プロティノス（Enn VI, 8, 13ff.）以来、神の名称として使用され、議論されてきた《causa sui 自己原因》の概念に対応している(121)。この表現は、頻繁に、いかなる原因も自己自身を生みだせないがゆえに、それ自体において矛盾に満ちているとして拒絶された（たとえば、Thomas von Aquin S.c.gent.I, 22）。もしもいかなる自己関係も認めない原因の概念が前提とされるならば、この判断は当然である。他方、ヘーゲルの場合、《causa sui》としての神の表象は、存在論的神証明——概念生成に基づく現存在の産出としての神証明——の定式となることができた。なぜならここでは、絶対者は精神として、したがって自己省察的なものとして考えられたからである。ここにおいても、プロティノスからスピノザに至るまでのこの概念の前史全体におけるのと同様に、《causa sui》は、絶対的なものの、区別する特異性の表現である。この表象を人間に転用し、すべての人間は「自己実現」を目指さなければならないとする、すでに使い古された主張は、したがって、近代の世俗文化における人間の自己神格化のための特に重要な表現である。

近代神学では、ヘルマン・シェル（Hermann Schell）がこの概念を積極的に受け入れたが、しかもそれは、子と霊の、父の位格からの発出を記述するためであった（Kath. Dogmatik II, Paderborn 1890, 21, 61ff., 79.）。シェルは、このような仕方で、三一の神の内的生命力を、伝統よりもいっそう印象的に主張しようとした。しかし《causa sui》としての神の思想は、内三一論的（innertrinitarisch）諸関係に、何の苦も無く適用できるわけではない。なぜなら父は、子のなかで彼自身とは《異なるもの》を産出するからである。シェルは、三一論的発出を記述する際に、「自己展開」（61ff.）という本書のこの第五章で退けられた表象を用いた。しかしながらこの表象は不適切である。なぜなら父は、子なしに存在しなかったからである。この理由で、《causa sui》の表象を内三一論的諸関係に適用することは、各位格はその他の二つの位格との諸関係において同時に自らを実現するもかかわらず、依然として問題である。ところがこの思想は、内在的（immanent）三一性と経綸的三一性の関係を記述するために、いっそう適しているように思われる。すなわちここには、事実、出発点と結果の一致が存在する。この一致は、世界のプロセスにおける絶対的なものの自己展開の観念論的思想の汎神論的解釈にも反対して、その定式が要求するものである。それによると、神は、世界のプロセスを通して初めて自分自身の完成に至る。しかし三一論的神は、世界とのその関係以前にすでにそれ自身において完結している。そしてこれはまたもや《causa sui》思想の前提である。内在的三一性と経綸的三一性の関係に適用されるとき、その思想は、まさにいかなる神統系譜学でもなく、創造とのその関係における三一論的神の自己同一性の内的ダイナミズムを表現している。

父、子、霊の共同作業を通して、神の将来が被造物の現在のなかに、被造物の世界のなかに、現れ始め、そしてこの神的行為に基づき《諸属性》は、三一論的諸位格の《諸属性》であるだけでなく、それらに共通の神的本質の《諸属性》であると断定される。そのさい問題になっているのは、たとえ明確に区別されるとしても、創造、和解、そして救済における神の働きに共通に認められる諸属性である。これらの諸属性の同一性において、世界の創造、和解、完成のなかで行為する神は《同一》であることが認識される。

神の行為のなかに現れる諸属性は、神の行為と神の永遠の本質を結びつける。しかしながら、諸属性が、神の本質の属性であると断定されるということは、何を意味するのだろうか？　その際いつもすでに、本質の概念――神の啓示の行為に基づき神のものであると認められる諸属性は、《この本質の》諸属性であると言明される――が前提されていないだろうか？　そしてこのような諸属性を通して初めて完全に規定されるこの暫定的本質概念も、すでに諸属性によって特徴づけられ、そしてそれらを通してのみその特異性が表現されていないだろうか？　したがって二種類の仕方で、神の諸属性について語らなければならないように思われる。つまりひとつは、神の行為に基づき神によって言明される諸属性であり、もうひとつは、これらの諸言明それ自体の《対象》を規定する諸属性である。神は、寛大で、憐れみ深く、誠実で、正しく、忍耐深い、と言うとき、「神」という語は、このような諸々の記述の対象を指している。すなわち、神は寛大であるとしても、憐れみ深いとしても、そして誠実であるとしても、他のすべてのものと区別された仕方で、「神」について語られる。しかし「神」についてこれらすべてのことが主張されるということは、何を意味するのだろうか？　それは、「神」という語それ自体を説明する諸々の表現によって確定される、つまり、無限であり、遍在し、全知であり、永遠であり、全能であるといった諸々の表現によって確定される。神のこれらの諸々の特徴は、その行為における神の啓示が、そもそも《神の》啓示として理解されうるために、すでに前提とされている。すなわちこのように記述された神について、神は恵み深く、憐れみ深く、忍耐強く、そして非常に親切であると言われている。

この意味でヘルマン・クレーマーは、一八九七年、「啓示のなかで明らかになる」神の諸属性、つまり、聖、義、好意、知恵、憐れみという諸属性を、神概念と共にすでに前提され、そのうちにすでに「含まれている」諸属性、つまり全能、遍在、全知、不変、永遠という諸属性から区別した（Die christliche Lehre von Eigenschaften Gottes 34ff., 77ff.）。これによりクレーマーは、神論の歴史のなかで頻繁に論じられた問い、つまり神の諸属性を記述する際に生ずる、分類のための諸々の判断基準についての問いを、完全に新しい基盤の上に据えた。それまで一般行われていた諸区分は、たいてい次のようなものであった。つまりそれらは、神御自身の本質にふさわしい諸属性と、世界との関係において神にふさわしい諸属性を区別した(122)。これに対してシュライアマハーは諸属性の新しい区分を、人間と世界の創造、罪、救済、そして完成と、神的因果関係（Ursächlichkeit）との様々な諸関係にしたがって基礎づけた(123)。この区分は、諸属性は、神のひとつの本質の諸属性として言明されるがゆえに、世界との神の《あらゆる》諸関係における神的本質にふさわしくなければならないという原則により、壊れてしまった。属性に関する諸言明の、シュライアマハーによって優遇された分割は、事実、次のような理由によってのみ可能であった。つまり彼は、これらの諸言明をまったく神の本質ではなく、神の活動の様々な領域における神的因果関係にのみ関連づけたからである。クレーマーは「諸属性の活動のための様々な領域を区別することに反対し、正当にも次のように異論を唱えた。「啓示において神の本質全体が実証され、そして明らかにされるのであり」（33）、したがって「各属性のなかに、他のすべての属性が共に置かれている」（32, vgl. 19）。神それ自体に特有な諸属性を、被造物との関係において神にふさわしい諸属性から区別することに反対し、彼は、神の振舞い（Verhalten）と神の本質は分離し難く共属しあっていると主張した。すなわち、神の振舞いは、「神の本質の完全な活動」（19）である。これは、本章の第三節において展開された洞察、つまり本質概念それ自体の関係的構造への洞察に対応している。神的本質それ自体の諸属性と、被造物との関係に基礎づけられた諸属性との間の《存在論的に》考えられた区別の代わりに、クレーマーは、その対象の、帰責の行為における諸属性によってすでに前提とされている概念と、その対象に帰された諸属性それ自体との間の《言語論的》区別を主張した。しかもこの区別との関連でクレーマーは、神のすべての属性はその啓示の行為に基づいて認識されうることに固執した。なぜなら前提とされた神概念は、「その現実的内容」を、「神とはどのような方であるのかをわれわれに開示する」（32）啓示から初めて受け取るからである。

神的本質の概念は、それに帰される諸属性から初めて具体的に規定される。これを度外視するならば、その概念は不完全である。しかしこれにより、「神一般」についての普遍的表象が、すでに、神的啓示の行為に基づく諸属性の帰責の前提となっていることは、何ら変わりがない。このように神に関する聖書の発言においても、たしかに神一般（《elohim、theos》）の表象がすでに前提とされている。それは、ヤハウェは唯一の神である（イザ四三・一〇以下、四四・六）、あるいはイエス・キリストの「父」は「生ける、そして唯一の真の神」（Ⅰテサ一・九）という諸言明にみられる通りである。これに対応して、キリスト教の神論は、父、子、聖霊の交わりにおける三一論的神以外の何ものも唯一の真の神ではないと主張している。こうしてそれは、救いの行為――それは子の出現において頂点に達する――の経綸における神の自己啓示の内容を要約している。この三一論的神が唯一の真の神であるということは、神の本質の諸属性に関する諸言明のうちに表現されている。この属性の諸々の帰責が関係づけられる「神一般」という前概念は、それ自体ですでに、その救済の啓示の経綸において行為する神であるというわけではない。その具体的本質は、その諸属性を帰責することにより初めて把握される。それは、本来、賛美の頌栄の言葉――歴史的行為のなかで証明される神をほめたたえ、そしてあがめる賛美の頌栄の言葉――のなかで捉えられる(124)。

このような諸々の検討は、ひとりの神とその諸属性に関するキリスト教の教説と哲学的神学の関係を規定するうえで重要である。神的なものの真の形態についての哲学的問いは、神に関する発言が、宗教的伝承において神的なものに帰される機能に、つまり世界の起源としての機能にふさわしくあろうとするかぎりにおいて、その神についての発言のための諸条件を定式化することへと行き着く。聖書の神が、世界の創造者、保持者、そして完成者として証言されるべきであるとすれば、神に関するキリスト教の発言も、神に関する内的に首尾一貫した発言のためのこのような最小限の諸条件を満たさなければならない。しかしながら神に関する発言のための、あの最小限の諸条件の総括概念としての哲学的神思想は、神の具体的現実と混同されてはならない。その神思想は、その歴史的行為のなかで自らを啓示する神の本質と同一ではない。しかしそれは「神一般」という前概念に対応しており、これがなければ、諸属性についての言明は、《神の》諸属性として語られず、イエス・キリストの父および三一論的教義の神に対する信仰告白を、ひとりの真の神に対する信仰告白として告白することはできないであろう。神の一体性、不変性、永遠に関する哲学的神学の諸言明は、つまり哲学的神学は、「神一般」に関する表象の省察された形態であり、この「神一般」に関する表象は、神々とそれらの諸々の証明に関するあらゆる宗教的発言において、多かれ少なかれ漠然と前提とされている。普遍妥当性に対するその正当な要求は、このことに基づいている。この要求の背後にあるのは、諸宗教の諸々の神経験に共通なもの、しかし諸々の宗教的神表象のなかに首尾一貫した表現がみられないものである。神一般についての首尾一貫した発言のための諸条件を定式化することによっても、神の具体的現実はまだ記述されていない。この具体的現実には、一定の歴史のなかでその行為を通して実証されるその本質の諸属性が伴っている。

ヘルマン・クレーマーは次のことを指摘したが、それは正しかった。つまり神学は、「神一般」に関する発言の、哲学によって推敲された抽象的諸条件を、神の啓示行為から読み取られる諸属性がそれによって言明される神概念として単純に受け入れてはならない。神概念それ自体は、「その活動的内容を、……次のような主体を通して初めて受け取る。つまりそれは、「唯一の真の神」としてその啓示において活動し、そしてそれによって神とは何を意味するのかをわれわれに開示する主体である」(125)。それゆえキリスト教の神論は、「神」一般に関する首尾一貫した発言の、哲学によって定式化された諸条件との関係において、ひとつの批判的機能も有している。その明白な例を提供しているのは、神の霊性と不変性の、哲学によって定式化された諸々の判断基準の問題性である。キリスト教神学は、もしもそれが、聖書の神の啓示の観点からであるにもかかわらず、哲学的論証それ自体に基づいて議論を展開しているとすれば、そのときにのみ哲学のこのような諸々の主張の力をたしかに殺ぐことができる。このことは、「神」一般の概念に関するその基本的言明にも当てはまる。キリスト教の神論に対するニュッサのグレゴリオスの画期的貢献は、神思想の基本形式は、アリウス主義者である彼の論敵が主張したような第一原因の概念のうちにみられるのではなく、無限なものの思想のうちにみられることを指摘したことにあった（三七五頁を参照）。これにより第一原因の表象が神思想から取り除かれたわけではないが、それはその基本的機能を失い、そして従属的な要因となった。第一原因の思想は、アレオパギテースの影響を受けて、ラテンの盛期スコラに至るまで繰り返し前面に押し出されてきたにもかかわらず、ドゥンス・スコトゥスによって、神論全体に対する神の無限性のもつ基本的重要性の意識が新たに確認された。それは古プロテスタント神学においても影響を与え続けた(126)。前述のとおり、デカルトによる哲学的神論の再構成と共に、それは近代の哲学的神学にとって、また（シュライアマハーの場合には）宗教概念にとって、決定的な意義を獲得した。

今や、神的本質一般に関する、無限なものの思想を通して修正された前概念が本当に聖書の神理解に対応しているのかどうかという問いが出てくる。その際、神の無限性の主張が、神に関する聖書の発言において明白に実証されるということは要求されていない。むしろ問題になっているのは、無限性が、神についての具体的な発言の抽象的最小条件の機能に対応しているという仕方で、神についての聖書の諸言明のうちに暗黙の内に含まれているのかどうかという問いである。

この問いの吟味にとって明白なのは、前項における霊概念の検討の諸々の結果と結びついていることである。特に、ヨハネ福音書の「神は霊である」（ヨハ四・二四）という句は、神それ自体の本質を明確に特徴づけている本当に数少ない聖書の言葉に属する。もしも出三・一四――神学的伝統はこれをこのような本質の言明として理解してきたが、おそらくそれはまったく間違っている――を除くなら、同じくヨハネの「神は愛である」（Ⅰヨハ四・八）という句のみが、神の本質に関する同様に簡潔な言明の例としてあげられる。この句とヨハ四・二四の言明の関係については、なお検討が必要である。しかし今やすでにこう言ってよいであろう。つまり、神は愛であるという句は、イエス・キリストにおける神の自己啓示の出来事全体の要約として、霊としての神という呼称と矛盾せず、しかもこれを越えていく。神の愛の出来事においても、そしてまさにそれにおいて、神の霊に関する旧約聖書の表象の生けるダイナミズムの意味において、神は霊である。

では、次のように主張することは許されるのだろうか？　つまりそれは、神的霊の聖書の表象は無限なものとしての神の思想を言外に含み、その結果、無限なものの思想は、たしかに、そこから神の本質のその他のすべての属性が導きだされる神の本質概念としてではなく(127)、神の諸属性に関するその他のすべての言明が神的本質の特性の具体化として関係づけられる神の本質の前概念として理解される、という主張である。これについては、以下において熟考する予定である。その際まず無限なものの概念は、それと緊密に結びついた諸属性に関する一連の諸言明と共に取り扱われるであろう。これに続くのが、「神の啓示において開示される」諸属性に関する詳論である。その諸属性は、構造的に無限なものの思想とあまり明確に関係づけられておらず、結局、すべてのものは、愛としての神の本質に関するヨハネの他の基本的言明の諸観点として理解される。そのさい最終的に、神は愛であるという言明は、次のような神的本質の具体的形態であることがわかる。つまりそれは、以前に「霊」と呼ばれ、そして無限なものの概念によって描写された神的本質の具体的形態である。

これは、神の諸属性の教理に関するヘルマン・クレーマーによる企てと比較すると、記述の方法論における逆転を意味する。クレーマーは、「形式的」神概念それ自体が、やはり聖書の歴史における神的啓示の行為の観点によって規定されているがゆえに、またそのなかで判明する諸属性のゆえに、「啓示の光に照らされつつ、神概念のうちに含まれている諸属性」（77f.）に、後から初めて取り組んでいる。他方、以下のところで論究の出発点となっているのは諸属性であるが、その理由は、たとえばそれらから「神の啓示のなかで開示される諸属性」が導きだされるからではなく、「神一般」の表象の抽象的普遍的諸要素が、それらのなかで止揚され、そしてそれらのなかで止揚されたものとして開示されるからであり、その結果、神の愛のなかで初めて、神の本質の具体的形態が記述されるからである。

6　神の無限性――その聖性、永遠性、全能性、遍在性

(a)《神の無限性と聖性》

無限性（Unendlichkeit）は、聖書によると神のための名称ではない。しかしそれは、聖書の神の多くの名称のうちに言外に含まれている。特にそれは、永遠、全能、遍在という神に帰される諸属性のうちに明確に含まれている(128)。しかし神は聖であるという信仰告白も、その無限性の思想と緊密に関連しており、しかもあまりに緊密なので、無限性つまり《神の》無限性としての思想は、その説明のために聖性の言明を必要とする。他方、永遠、全能、遍在は、時間、力、そして空間の視点のもとにおける神の無限性の諸々の具体的顕現（Manifestation）として理解される。

無限なもの（das Unendliche）の概念は、第一に、制限のないこと（Schrankenlosigkeit）として定義されるのではない。「なぜなら本来、無限なのは、終りのないものではなく、有限なものに、つまり他のものによって共に規定されているものに、対置されているものだからである」(129)。無限なものの概念のこの《質的》定義は、数学的に無限なものの《量的》定義と区別されるが、前者は常にすでに後者の根底にある。なぜなら有限性の否定の結果として、制限のないことが生ずるのであり、この制限のないことは、一連の有限な諸定義において無制限な（unbegrenzt）継続の形式をとりうる。無限（unendlich）な順序――したがって時間と空間における有限なものの不定な（indefinit）連続――は、無限なものと有限なものの対立を一面的な仕方でのみ、つまり有限な歩みを無制限に付加することによって実現する。しかし無限なものの概念における根本規定は、有限なもの一般との対立である。それゆえ、無限なものの概念は、あらゆる有限なものとの対立における、したがって他の限定されたもの及び移ろいやすいもの（Vergänglichen）を通しての対立における、神的現実の名称となることができた。この点で無限なものの概念は特に神の聖性に接している。なぜなら聖性の根本的意味は、あらゆる世俗的なものからの分離だからである(130)。

ゲルハルト・フォン・ラートが強調したように、聖なるもの、清められたものの神性、それと結びつけられたもの、しかし特に神性それ自体、そしてそれが臨在する場所と時間、これらすべての祭儀的分離は、聖なるものを世俗的なものとの接触による不純化から守るという意味だけでなく、特に、「世俗的なものの世界を、聖なるものによる危機から守る」(131)という意味をもっている。なぜなら聖なるものとの接触は死をもたらすからである（出一九・一二）。それゆえ神の聖性は、第一にその裁きの行為において実証される。聖なるものとの交わりにおける用心深い措置を怠り、聖なるものによって措定された制限を無視する者の死は、「ヤハウェの前に、この聖なる神の前に誰が立つことができようか」（Ⅰサム六・二〇）との嘆きを惹き起こす。それゆえ召命の幻においても、イザヤは聖なる神を見てまず驚き（イザ六・三）、こう言った。「災いだ。わたしは滅ぼされる。わたしは汚れた唇の者。汚れた唇の民のなかに住む者。しかも、わたしの目は、王なる万軍の主を仰ぎ見た」（イザ六・五）。

神が完全に彼岸に留まらず、その神性を人間の世界のなかで明らかにすることにより、今やもちろん、世俗世界は聖なるものによって危機にさらされる。それゆえにのみ祭儀の場と時間は、世俗の生活現実から除外されなければならない。その破壊的力によって生活を危機に陥れる聖なるものの力は、人間の世界に侵入してくるが、それは、この世界をその力の領域に引き入れるためである。ヤハウェはイスラエルの民を、その聖性に参与させるために選んだ。すなわち「あなたたちは聖なる者となりなさい。あなたたちの神、主であるわたしは聖なる者である」（レビ一九・二）と言われている。神的聖性の領域へと《取り入れること》は、同時に《除外》を意味する。選ばれた民は、その神に捧げられた、聖なる民である（申七・六、二六・一六。出一九・六を参照）。その結果、一方で、その民は、外に対しては恐ろしい神の聖性の保護のもとにあり（出一五・一一。イザ一〇・一六を参照）、しかし他方で、民はその行為の点で規則に拘束される、すなわち神の法意志――神と結ばれた人間相互の交わりと、神との交わりを保護するために不可欠な行為の諸規則の総括としての神の法意志（レビ一七―二六章）――に拘束される。同様に新約聖書においても、イエスは彼に属する者たちを実際に「清めた」（ヨハ一七・一七―一九）と言われている。パウロは「召されて聖なる者となった」(ロマ一・七、その他)教団に、イエス・キリストによって聖なる者とされた人々(Ⅰコリ一・二)に語りかけ、神が信仰者たちをまったく聖なる者としてくださるように(Ⅰテサ五・二三)、神に祈っている。

特に、選ぶ神が、選ばれた民を選別した結果、そのメンバーは他の神々のあらゆる崇拝から切り離された。もっぱらヤハウェを崇拝することは、彼の「聖への熱情」(132)が求めていることであり、この「聖への熱情」は十戒の最初の戒めと結びついているだけでなく、他のすべての戒めも包括している。この聖への熱情から出てくる帰結は、選ばれた民が神に属することを避けようとするならば、神の聖性の破壊する働きが、その選ばれた民にも向けられうるということである(ヨシュ二四・一九を参照)。神の聖性は、彼の不実な民にとって裁きの威嚇となった。この意味でイザヤは神を繰り返し「イスラエルの聖なる方」(イザ一・四、五・二四、三〇・一一以下、三一・一以下)と呼んでいる。

しかしまさに神の聖性は、あらゆる裁きの経験を越えて、新たな究極的救いへの希望を基礎づけている。人間の罪にもかかわらず、神はその選びに固執している。まさにここに神の聖性、つまり神の振舞いと人間の振舞いの違いが現れてくる。すなわち「わたしは神であり、人間ではない。お前たちのうちにあって聖なる者。怒りをもって臨みはしない」(ホセ一一・九)(133)。神の聖性があらゆる地上的なもの及び人間的なものと対立することは、まさに神が人間の行為に単純に反応せず、それに拘束されないことにおいて実証される。第二イザヤの場合にも(イザ四〇・二五)聖なるものの無比性(比較を絶すること)は、「イスラエルの聖なる者」という名称が、追放された者たちの救済への希望の保証となっていることに通ずる(イザ四一・一四、四三・三、一四、四七・四、四八・一七、四九・七)。

捕囚後、この希望は世俗的現実全体に拡大されている(134)。イエスの、神の名が聖とされるようにという祈りも、つまり内容的には、神の国の到来を願うそれに続く祈りと極めて緊密に結びついている祈り(カ一一・二)も、これに対応している。イエスの大祭司としての祈りが呼びかけている父(ヨハ一七・一一)の聖性は、信仰者たちが神との交わりを維持することができるようにという祈りの根拠となっている。世界の救いのための子の派遣(ヨハ三・一六以下)は世界を神の聖性の領域に取り込むことを目指している。

神の聖性は、一方でたしかに世俗的世界に対置されているが、他方で世界を聖なる神との交わりに取り込むために、それをつかまえる。まさにこのことにおいて、神の聖性についての聖書の発言と《真に無限なもの》の概念との構造的一致が確認される。有限なものと対置されるにすぎない無限なものの表象は、ヘーゲルが指摘したように、まだ真に無限なものとして考えられていない。なぜならそれは、他のものに対する境界設定によって、すなわち有限なものからの境界設定によって規定されているからである。そのようにして考えられた無限なものは、それ自体まだ他のものに対する何ものかであり、したがって有限である。無限なものが真に無限なのは、それが、有限なものとのその自らの対立を同時に超えるときだけである。この意味で神の聖性は真に無限である。なぜならそれは世俗的なものと対立しているが、しかし同時に世俗的世界へと入り込み、それへと浸透し、そしてそれを聖化するからである。終末論的希望が向かっている更新された世界においては、たしかに神と被造物の差異は止揚されないが、聖なるものと世俗的なものの対立は完全に止揚される（ゼカ一四・二〇以下）。

世界を襲う聖化は、新約聖書の使信によるとイエス・キリストを通して仲介される。その際それは、同時に聖なる神の霊であるがゆえに、聖霊と呼ばれる霊の働き（Ⅰテサ四・七以下。Ⅱテサ二・一三、Ⅰペト一・二を参照）である。真に無限なものの構造は霊の生命のなかにも表れる。つまり、神の本質と同一である霊として（ヨハ四・二四）、霊は世界に対置されるが（イザ三一・三）、しかし同時に霊はあらゆる生命の起源として被造物のうちに働き、被造物を、そのうつろいやすい生を越えて永遠なる神と結びつけることにより、それを聖化する。

霊の特性は、神の聖性のように、有限なものと対置されるだけでなく、同時にこの対立を超越する真の無限なものの構造によって、すでに徹底的に特徴づけられているというわけではない。言葉の聖書的な意味において霊を特徴づけるダイナミズムは、真の無限なものという抽象的な概念の内容をはるかに越えていく。この概念はパラドックス――その概念がそれ自身で解くことができず、思惟にとっての課題および挑戦としてのみ定式化するパラドックス――を含んでいる。すなわちその概念は端的に次のことを意味している。つまり、無限なものは、否定として、有限なものに対する対立として考えられるが、しかし同時にこの対立を自らのうちに含むものとして考えられることを意味している。しかしこれはどのように考えたらよいのだろうか？　真に無限なものという抽象的概念は、これについて何の回答も提示することができない。神の聖性の思想と、霊としての神の本質の理解は、この矛盾の解決にいっそう近づいている。両者はともに次のことを表現している。つまり、超越的神御自身にとって特徴的なのは生命の運動であり、この運動は、彼を彼とは異なるものへと向かわせ、そしてそれを彼自身の生命に与らせようとする。神的霊は、創造的で、生命を与えるという聖書の理解は、それを越えて、神は、御自身とは異なる有限なものの現存在を生みだし、その結果、その聖化は、有限なものと無限なものの差異の除去を意味しないという思想を含んでいる。しかし神の霊の働きにおけるこの差異が《どのようにして》基礎づけられ、また止揚されうるのかということは、霊に関する聖書の発言においては神秘のままである。「風は思いのままに吹く。あなた方はその音を聞いても、それがどこから来て、どこへ行くかを知らない」（ヨハ三・八）。

(b)《神の永遠》

神の霊はあらゆる生命の源であり、したがってそれ自身において限りなく生き生きとしているがゆえに、神の霊は、あらゆる地上的なもの――あらゆる「肉的なもの」――のもろさと対置される（イザ三一・三）。このうつろいやすさ（Vergänglichkeit）との対決は、イスラエルの表象世界においてのみ神的なものを特徴づけているのではない。古代のギリシャ人の場合にも、神々は、まさに不死であるという点で人間と異なるとみなされた。不滅性（Unvergänglichkeit）はまさしく、その根源的な力と共に、神的なものの定義となっている。したがってイスラエルでもこういわれている。つまり「かつてあなたは大地の基を据え、御手をもって天地を造られました。それらが滅びることはあるでしょう。しかし、あなたは永らえられます。すべては衣のように朽ち果てます。着る物のように、あなたが取り替えられると、すべては替えられてしまいます。しかし、あなたが変わることはありません。あなたの歳月は終わることがありません」（詩一〇二・二六―二八）。ギリシャの宇宙崇拝と異なり、天も地も滅びないと考えられてはいない。神のみが存続する、つまり神の恩寵と義（詩一〇三・一七）、好意（詩一〇六・一、その他）、神の真実と誠意（詩一一七・二、一四六・六）、神の栄光（詩一〇四・三一）は存続する。これと同じく、神の現存在も、振り返って考えることができないほど限りなく昔から続いている。「山々が生まれる前から、大地が、人の世が、生み出される前から、世々とこしえに、あなたは神」（詩九〇・二）。「世々とこしえに」とは、本来、振り返って考えることができないほど古い過去から、最も遠い未来まで、という意味である。周知のとおり、ヘブル語において、それが未来に向かってであれ、あるいは反対に過去に向かってであれ、永遠を表す語は、限りのない持続という表現だけある。

しかしこれは、旧約聖書における永遠は、限りのない時として、過程としてのみ考えられることを意味しない。反対に、引用した詩篇の言葉は、たしかに神の変化しない同一性（Selbigkeit）を表現しようとしている。したがってそれは、神の前に時間的な間隔は取るに足らなくなることも意味する。「千年といえども御目には、昨日が今日へと移る夜の一時にすぎません」（詩九〇・四）。なぜ昨日なのだろうか。なぜ今日ではないのだろうか。われわれは持続を現在として考えることに慣れている。しかし昨日は、目の前に完結した時としてあり、しかしそれは忘却の彼方へ沈んだ時としてではなく、なお現在の時としてある。したがってすべての時は全体として、神の目の前にある。まさに千年の時について語られていることは、そのように神の目の前にある非常に長い期間を指しているにすぎない。われわれは同じように、千光年、あるいは任意の各々の時の長さについて語ることもできるであろう。千年というこの記述は、すでに初期ユダヤ教の解釈において、次のような計算をするきっかけとなった。つまりこの聖句に基づき、千年は神の計算の一日に当るという方程式を演繹し、そしてこれを世界の創造の七日間と結びつけた。そして世界の時は全体で七千年続くという結論に到達した(135)。今日の視点からみると、それは遊び半分のようにみえるだけでなく、ほとんど軽薄にみえるであろう。つまり詩篇の千年は、時間の単位として、また可能な時間計算のための合図として考えられておらず、任意の長さで算出されうる時間のための表現として考えられている。すなわちいずれの時も、昨日のように、神の目の前に立っているのである。

詩篇九〇の言葉は、永遠の持続の思想のなかで、限界のない現在を表現することのむずかしさを示している。そこでは、われわれにとってたちまち忘却の彼方へと沈むものが臨在しつつ、なお遠い未来にあるものがすでに目の前にある。同じ思想のまったく別の表現様式を提示したのが、神の住む天という比較的後の表象であった。もともとこの表象はたしかに純粋に空間的に考えられていたが(136)、いつも疑いなく、人間にとって神の王座と支配は近づきがたいことを意味していた。したがって、もしも天を、地上の出来事に関する諸々の決定が下されるところと理解し、そして――神のもとにおいて決定と遂行はひとつであるがゆえに――未来のことが、特に未来の救いの出来事が、すでに現に存在するところ(137)と理解にするように示唆されているとすれば、天の表象は、神の永遠にとってすべての時が現在である、という思想のためのひとつの表現様式となる(138)。黙示文学の見者は、事実、天において、到来しつつある終りの出来事と、アダムとエバが楽園においてみた木のような、原初の記念物もみた（エノ三三・六）。こうして「永遠の王」（二五・五、七）という神の名称は、《エル・オラム》という古い名前と比較すると（創二一・三三。イザ四〇・二八を参照）、また永遠の王としての神についてのエレミヤの発言と比較すると、新しい、しかし少なくとも新しいニュアンスをもつ内容を獲得した。すなわちここでは、特に世界の創造との結びつきのなかで、神の《前》時間性（《Vor》zeitigkeit）が捉えられているが、諸々の黙示文学のテキストでは、神的現在の《各》時間性（《Jeder》zeitigkeit）へとその強調点が移行しているように思われる。しかしすでに第二イザヤは、すべての時間を包括する神の同一性（Selbigkeit）の思想について語った。すなわち「わたしは初めであり、終りである。わたしをおいて神はいない」（イザ四四・六。四八・一二を参照）。「この事を起こし、成し遂げたのは誰か。それは、主なるわたし。初めから世々の人を呼び出すもの。初めであり、後の世と共にいるもの」（イザ四一・四）。

ヨハネ黙示録において、イエス・キリストは、最初の者にして最後の者であり（黙二・八、二一・六、二二・一三）、また生きている者である（黙一・一七）と付け加えられることにより、次のことが表現されている。つまり、すでにその前に同じ定式（黙一・八「わたしはアルファであり、オメガである」）が関係づけられていた父の、すべての時間を包括する生命を、彼が共有していることが表現されている。その他のところでは、パウロにおいてのみ、神の「永遠の」神性（aidios）との関連で、また「ローマの信徒への手紙」の結び――ただしこれは、パウロ以後に記されたもの――において（ロマ一六・二六（aiōnios〔ギ〕）、神は永遠であるという明白な記述がみられる。しかしパウロが神を「滅びることのない」（コマ一・二三）神と呼ぶとき、その内容からみて、違うことが考えられているわけではない。イエスが、死者たちの甦りに関するサドカイ派の人びとの問いに答えて、「『わたしはアブラハムの神、イサクの神、ヤコブの神である』とあるではないか、神は死んだ者の神ではなく、生きている者の神なのだ」（マコ一二・二六以下、平行個所）と語ったとき、神の現在は、未来と同様に過去をも包括していることは明らかである。

初期キリスト教の神学にとって、永遠なる神に対する聖書の信仰は、たしかにプトラニズムを否定するための最も重要なモチーフであった。諸々のイデーと神性の不滅性に関するプラトン的教説（Phaidon 84, Phaidros 247d,Tim 37d ff.）は、キリスト者たちにとって親和性のあるものに思われたにちがいなかった。事実、アウグスティヌスも、哲学の諸学派のなかでプラトン主義者たちほどキリスト者たちに近づいた者はいない、特に、パウロがロマ一・二〇で述べていること、つまり神は彼らにその永遠の力と神性を伝えたとの記事は、彼らに当てはまると考えた(139)。

諸々の理念と、したがって神性も永遠であるとのプラトンの思想は、あらゆる変化と、永遠でいつも同一なものとの対立によって特徴づけられていた（Phaid 97d, 80af.）。これはたしかに、神の永遠に関する聖書の証言のひとつの観点に対応しているが（詩一〇二・二六―二八）、神の同一性（Selbigkeit）はあらゆる時を包摂し、そしてあらゆる時間的なものを臨在させるという思想とは対応しない。プラトン的永遠は時間と関係がない。ティマイオスは、時間を「永遠の動く摸像（コピー）」（Tim 37d5）として記述することにより、その時間を、いずれにせよ永遠と積極的に関係づけたにもかかわらず、プラトンの後期の対話においても、永遠の無時間性（Zeitlosigkeit）は破棄されなかった。すなわち、原像と模像の間には深い溝が残ったままである。永遠の恒常的同一性（das Gleiche）と、天体の円形運動およびこれによって規定されている時間の円形運動との間には、依然として深い溝が残ったままである。プラトンは決して永遠を、連続する時間のなかで分離されたものの《総括概念・典型》として考えることはなかった。

しかしこの方向へと重要な歩みを進めたのが、プロティノスであった。彼は、永遠の概念を生命全体の臨在として規定した。つまり永遠は、「同一のもの（der Selbe）に固執する生である。それはいつも全体を現にもっているからである。つまり、今はこれを、次の時には別のものをといった具合にではなく、すべてのものを同時に、分割されない完全」(140)としてもっているからである。このように理解された永遠は、プロティノスによると時間に対置されるだけでなく、時間それ自体の理解のための前提である。すなわち、われわれの時間経験における分離された瞬間は、次々と関係づけられ、そして時間のひとつの全体に関連づけられる。このことは、プロティノスによると、時間のなかで分離されたものと、永遠という全体性との関連に基づいてのみ理解することができる。そしてこの関連は、時間を体験する魂を通して仲介される。しかし時間のなかでは、生命の全体性との関係は、永遠における場合と異なっている。つまり「完全で無限なもの及び全体の代わりに、いつも次々と無限なものへと向かうことが、生じている」(141)。したがってプロティノスの場合にも、永遠と時間のプラトン的対立が存在する。しかし、永遠の摸像としての時間の教説は、彼において次のように新たに解釈された。つまり時間は、生命の統一性が諸要素へと連続して分離されていくことのように思われ、しかしそのさい時間は、永遠なる全体との関連を通して、連続（Abfolge）として構成されていく。

アウグスティヌスは、絶え間ない連続（Folge）としての時間それ自体が、すでにその永遠との関係を通して制約されていることを無視した。彼にとって時間は神の被造物とみなされ、それにより神の永遠から切り離されたものとみなされた(142)。たしかにアウグスティヌスは、永遠の模像としての時間というプラトン的理解に固執したが、運動の理解にとって時間はすでに前提条件であるというプロティノスの理解と異なり、時間と運動のプラトン的結合の意味においてそうしたのである(143)。それゆえ彼にとって、被造物の世界における身体的・物体的運動の前には、いかなる時間も存在しなかった[144]。したがって神の永遠のなかには、いかなる時間も存在しない。神の永遠は時間の一体性の条件ではなく、時間のうちに臨在すると考えられた。それゆえアウグスティヌスの諸言明において、彼は永遠を単に《不動の（stehend）》現在としてだけでなく、われわれにとってまだ未来であるもの、あるいはすでに過去であるものすべてを《包摂する》現在として考えたにもかかわらず、永遠と時間の対立が支配的になっている[146]。

アウグスティヌスと異なり、ボエティウスは、無限なる生命の同時的で完全な臨在としての永遠という彼の有名な定義において[147]、永遠のプロティノス的思想を受け入れた。カール・バルトは、完全な生命の所有としての永遠のこの積極的な記述を、時間の単なる否定とは異なる、真の持続として評価したが、これは正しい。しかし彼は、神学的伝統がボエティウスのこの言葉を「意識的に実りのあるものにしようとしなかった」[148]ことを嘆いている。シュライアマハーでさえ、神の永遠を他のすべての属性と同様に神の原因性に関係づけることにより、それを「完全に無時間的なもの」として特徴づけた。そして彼は、「神にとって時間それ自体ではなく、時間の諸制限のみが破棄されている」[149]とする諸々の理解に明白に反対した。すでにテーオドーア・ヘーリングはこのような永遠と時間の単なる対置に反対し、正当にも、次のように警告した。つまり、聖書はたしかに一方で変化する時間に対する卓越性を強調しているが、他方で「まったく偏見なく時間に対する神の現実的な関係を前提としている」[150]と。

《ネルソン・パイク》（God and Timelessness, London 1970, 8ff.14）も、永遠と時間の関係に関するボエティウス的理解と、アウグスティヌス及びシュライアマハーの無時間的永遠の相違を捉えそこなった。神の永遠の思想に対する彼の影響力の強い批判の根底に一貫してみられるのは、時間に対してただ対立するものとしての永遠という理解である。その不変化性（43f.）が神の偶然的活動のいかなる可能性も排除し（113ff.）、その結果、神的力と、人格的本質としての神という表象も内容を欠くものとなる（121ff.）ということが当てはまるのは、まったく無時間的な永遠だけである。パイクは、たとえ神は死なず、そして永遠に持続するとしても（49）、神御自身がその生命の各瞬間に、時間の経過においてひとつの「場」（時間的位置118、その他）を占めるという仮定のなかに、そのための唯一の選択肢を認めた。しかしながらこの表象は、もしもそれが、神はその生の各瞬間にわれわれと同様に、その現在と区別される将来に目を向け、そして過去が抜け落ちていくことを意味するとすれば、神を有限な本質にすることになってしまう。その場合、神の現在は双方の側から制限されてしまうだろう。神は自分自身の将来も、またその過去も完全に支配することはできないだろう。これは、聖書の神理解と一致せず、神はすべての事物のひとつの起源としてのみ適切に考えられるという哲学的思想にも矛盾する。もしも神が存在するとすれば、神の全生命と神によって創造されたすべてのものは、神にとって同時に臨在するにちがいない。しかしながらこれにより、時間的に異なるもののいずれの区別も除去されてしまうわけではない。その反対である。すなわち、まさにその「時間的位置」に関して異なるもの《として》、それは永遠なる神にとってそれは臨在する。同じ仕方でそれは、神によって肯定され、「望まれ」、そして生みだされうる。

もしも神の現実が、区別のない同一性としてではなく、それ自身のうちに差異のある一体性として理解されるならば、この事態について語ることも可能である。まさにこのことが三位一体論を要請する。バルトはこのことを適切に強調し、神の三一論的生命におけるひとつの「秩序と順序」について語った。それは「それ以前」と「それ以後」を包含している(151)。もちろん後者は、救済の経綸における三一性の顕現との関連でのみ語りうることであろう。しかしこれは、内在的三一性と経綸的三一性の同一性に関する洞察に対応している。神の永遠はその三一論的相違の力により被造物の全時間を、つまり創造の初めからその終末論的完成に至るまでの時間全体を包含している。バルトは「永遠の時間性」に関する彼の詳論のなかでこれを、前時間性、超時間性、そして後時間性として表現した(152)。子の受肉に関しては、もちろん超時間性よりも「内」時間性について語るのがよいであろう。事実、バルトは後に、神の永遠についての彼の理解を、「時間の主」としての人間イエスに関してのみならず、人間一般の生涯との関連で、この方向へとさらに展開した。神がわれわれに与える現在は、「神のものに《基づいて》、神のものの《なかで》、神のものの《ために》という仕方で《われわれの》現在である」。したがってそれは、過去から未来へ、すなわち神御自身へとゆっくりとした足取りで歩む。すなわちわれわれは、神において「あらゆる時間の源泉、典型、そして根拠」

を相手にする。その結果、バルトは、「神の《現在》それ自体は、わたしの時の《賜物》である」[153]と記すことができた。それはわたしの時間の限界でもあり、またわたしの時間が他の被造物の現存在において限界づけられるだけでなく、神の永遠において限界づけられ、そして神の永遠のうちに「埋め込まれる」[154]ことにより、それはすでにあったものとして無のなかへ沈まずに、神にとって現在のままである。

時間の源泉、典型、そして根拠としての永遠に関するバルトの諸々の詳述は、もちろん哲学的記述による証明と時間それ自体の分析を必要とする[155]。さもなければ、それは、外側から時間の経験的現実にさらされ、そしてそれゆえにあらゆる拘束力を欠く単なる神学的諸保証に留まるであろう。内容からみるとバルトの諸命題は、バルトによって非常に高く評価されたボエティウスの時間の定義の背後に立っているプロティノスの時間の哲学にいっそう近づいている。プロティノス命題は、次のようなものであった。つまり、時間の本質は永遠との関連でのみ理解されうる、なぜなら、さもなければ、ある瞬間から他の瞬間への移行は理解できないままだからである。この事態を理解するために、時間のなかで、その連続する瞬間に与えられる生の全体の直観というものが前提されている。そしてこの全体の同時的臨在は、まさにプロティノスの意味における永遠である。アウグスティヌスの場合、永遠の概念に基づく時間のこの基礎づけは、すでに失われていた。彼は、天体の運動から時間を導きだそうとするプラトン的発想へと後退したからである。アリストテレス的スコラ学はたしかに時間と運動を区別したが、時間を数の概念（Thomas v. A. S. theol. I, 10, 6）にのみ、したがって数える魂に基礎づけた。カントはわれわれの時間的直観における時間の全体の先在性（Priorität）を、空間的直観における類比的事態に対応する（B 39）、ある部分的時間の把握の条件として認識したにもかかわらず（B 48）、最終的にカントは時間を自我の「自己触発（Selbstaffektion）」に基礎づけることができた（Kritik r.V. B 67f.）。カントは、彼によって認められた、時間の各部分に対する全体としての時間の先在性のなかに、永遠の思想の含意をみなかったのだろうか？　それとも彼はそれを意識的に無視したのだろうか？　われわれが自己触発を通して気づく自我の一体性は、いずれにせよ、われわれの直観が部分的諸時間を把握する際に、《無限の》所与の全体としての時間が先行する（そして空間も同様である）ことを説明することができない。カントの時間論を修正した『存在と時間』におけるマルティン・ハイデガーの時間分析に対しても、同様の疑念が生ずる(156)。われわれの時間経験の諸条件に関する現代の再構築の諸限界を批判的に考察することにより、次のように想定することができる。つまり、時間の適切な概念の条件としての、永遠に関するプロティノスの教説は、時間概念の現代的議論によっても決して追い越されていない、と。

カール・バルトは時間と永遠の伝統的対置の修正に特に精力的に取り組んだ。しかし二十世紀の神学のなかでバルトだけがそのようにしたわけではない。永遠は「無時間も、時間の無限性も」意味していないということと関して、広く意見の一致がみられる(157)。しかしながらその場合、たいてい、少なくともバルトにおいて示唆されていた三一論的基礎づけが欠けている。ティリッヒによると、神において「時間の瞬間は互いに分離されていない。……時間の分割された瞬間は永遠においてひとつにまとめられる」(158)。この定式はたしかに、そのなかで自らとだけ同一であるひとりの神の分割されない自己同一性としての永遠という表象を回避している。しかしそれは、諸々の被造物の時間性と永遠なる神の相違も、またそれらを神の永遠なる臨在へと取り込む運動も、表現していない。まさにこれを行うのは、内在的三一性と経綸的三一性の一体性の思想による仲介である。すなわち、もしも内在的三一性の教理がすでにひとりの神の生の全体性――これは神にとって永遠に現在である――における多数性の表象を基礎づけているとすれば、三一論的諸位格の救済の経綸の業に関する教理は、多数の被造物の現存在と、それらを神の栄光に与らせるために神の生命へと引き入れることを基礎づけている。

プロティノスの時間論にはこの三一論的仲介が欠けている。永遠からの時間の出現は、したがってプロティノスによって起源的一体性からの魂の「墜落」として、ただ神話的に捉えられ、そして記述された（Enn III, 7, 11 ; Beierwaltes 294ff.）。神の救済の経綸を主張するキリスト教神学と異なり、プロティノスは、永遠からの時間の出現に永遠の概念それ自体のための、いかなる積極的意味も与えることができなかった。

時間に対置されるだけでなく、同時にそれと積極的に関係づけられ、そして時間を全体として包括する永遠の思想は、真に無限なものの構造、つまり有限なものに対置されるだけでなく、同時にこの対立を包摂する真に無限なものの構造のまさに範例的例証および具体化になっている。他方、時間に対置されるだけでなく無時間的な永遠の表象は、不完全な（schlecht）無限なものに対応する。この不適切な無限なものは、有限なものと対立するなかで、これと比較して異なるにすぎないものとして規定され、したがってそれ自体有限であることが判明する。

時間のプロセスのなかにその現存在を有する被造物と永遠との関係の関連で、永遠を、それとは異なる時間にとって構成的なものとして捉える理解は、どのような諸帰結をもたらすのだろうか？　プロティノスによると、魂は、たとえそれがその生命との一体性を失い、そして連続する時間に捕らわれてしまうとしても、永遠と、したがってその生命の全体性と関連づけられたままである。ただしその魂はそれを獲得しようと無限に努力するだけであり、その結果、失われた全体性は未来的なものとしてのみ再び獲得されうるということになる(159)。生命の、それ自体において完成された全体性としての永遠は、時間の観点からみると、努力して未来から獲得される完成のしるしのなかにのみ現れる。これはプロティノスの重要な洞察であった。それは、彼が善およびその善を求める努力のプラトン的理念と、生命の完結した全体性としての永遠の思想を結合することから生じた。すなわちこのようにして未来は時間の本質にとって構成的なものになる。なぜなら未来からのみ時間的なものにあの全体性が与えられうるからであり、この全体性は時間のプロセスの一体性と継続性を可能にする。時間概念の哲学的論究の歴史において、再びこの洞察に達したのはハイデガーが最初であった。もちろん彼の論究は、現存在の時間性の、もはや神学的‐宇宙論的分析ではなく、純粋に人間学的分析に基づいていた(160)。

キリスト教神学は、プロティノスの時間分析の助けを借りて新約聖書の終末論を神の永遠の理解と結びつける機会を逸した。すなわち、神の支配の到来は、イエスの使信と彼の働きを貫流する力の場ではないのか？　そしてその将来は、時間における神の永遠の開始ではないのか？　神の支配はこの世において義と平和をつくり出し、そして人間の生を、各人が渇望する全体性へと引き入れる。神の支配の将来において、被造物の生命は、神の永遠に与るために更新される。そのなかで永遠は時間と手をつなぐ。それは、時間における永遠それ自体の場であり、世界とのその関係における神の場であり、被造物のためのその将来の開始における神の行為の出発点であり、神的霊の諸々の働きの源泉である。

プロティノスにとって来たるべき全体を探求することは、もちろん終わりのない時間の進行のなかでの空疎な妄想にすぎなかった。もしも彼の時間分析がキリスト者の終末論的信仰のための論拠となるべきであったとすれば、それはその評価を変更する必要があった。この評価の変更はその三一論的解釈において構想された。この三一論的解釈は、プロティノスと異なり、創造と世界の時間の歴史的進行は神の経綸によって包摂されていると理解する。この神の経綸にとって世界史は、神の支配の将来へと通ずる道となる。アウグスティヌスの思考は、その歴史神学的方向性にもかかわらず、この方向に向かわなかった。おそらくそれは、彼の場合、三一性と救済の経綸の関係が十分に展開されないままであったからである(161)。したがって永遠と時間の対立は、依然として彼の時間理解の支配的な視点だった。しかしアウグスティヌスは、別の、しかも非常に影響力のある仕方で、人間の時間体験と永遠の同時的臨在（Gegegenwart）との類比――たとえそれが破れた形においてであれ――を展開した。すなわち、時間の流れのなかで鳴り響き、しかし全体として知覚されるメロディを聞くという例において、また、その一部が音節の連続としてのみ発音されているにもかかわらずわれわれが全体として受け入れる発話の例において、アウグスティヌスは、時間を橋渡しする現在（Gegegenwart）という現象を発見した。この現在においてわれわれは、過去の想起と未来（das Künftige）への期待を通して、持続のなかで自らを現に保つのであり、この持続は、注意（《attention》）がわれわれの魂に臨在するものをいわば過去と未来へと拡張することを通して、可能にされる(162)。すべてが現在であり、また現在であり続ける神的永遠と比べると、たしかにこのような拡張は常に分解と拡散でもある。なぜならわれわれは依然として時間の進行に委ねられており、時間において分離されたものは、部分的にのみ、そして一時的にのみ、同時的一体性として保持されうるからである。しかしながら被造物の生命における、時間を橋渡しする現在と持続の事実は、永遠の予感――たとえそれが遠く隔たったものであるとしても――とそれに対する参与のひとつの形式を仲介する(163)。

時間を橋渡しする現在としての《持続》というアウグスティヌスの発見――その影響史は、アンリ・ベルクソンとマルティン・ハイデガーにまで跡づけられる――は、神の支配の終末論的将来（die Zukunft）を通して時間と永遠の仲介と結びつけられる。時間を橋渡しするすべての持続と、時間の流れにおけるこのような持続のあらゆる経験は、被造物が神の永遠に参与する終末論的将来の先取りとして理解することができる。このようにして、時間における永遠なる神の創造者としての行為は、その被造物の現存在におけるその終末論的将来の開始としてより正確に理解できることがはっきりしてくる。

有限な本質として時間の進行に委ねられている被造物と異なり、永遠なる神の前には、神の臨在と異なるいかなる将来もない。まさにそれゆえにかつてあったことも、神にとっては依然として現在のことである。神は永遠である。なぜなら神は自分の外にいかなる将来ももたず、神御自身と、神と異なるすべてのものの将来だからである。自分の外にいかなる将来ももたず、自ら彼自身の将来であるということは、完全に自由であることに他ならない(164)。そのかぎりにおいて、絶対的将来――父、子、霊の交わりのうちにある絶対的将来――としての永遠なる神は、神御自身と神の被造物の自由な起源である(165)。

(c) 神の遍在と全能

神の永遠の思想を検討することにより、神にとってすべての事物は現在（gegenwärtig）であることが明らかにされた。すなわちそれらは神にとって、それらが過去のものであれ、あるいは未来のものであれ、それ自体において現実的なものであれ、あるいは単に可能なものであれ、神と異なるものとして現在である。過去が永遠なる神にとって依然として現在であるように、未来も神にとってすでに現在である。したがって神の永遠から、結果として神の遍在が出てくる。

すべての事物が《神にとって》現在であり、また現在であり続けることは神の永遠に属する。他方、神の遍在の主張は、神が《それら自身の現存在の場において》も《すべての事物に対して》臨在することを強調している。すなわち神の現在は天と地を満たしている（エレ二三・二四）。

古プロテスタントの教義学者たちは、神の被造物における神の臨在（《adessentiam Dei ad creaturas》）の様態をさらに正確に定義しようとした。すなわち、まず第一に強調されたのは、（ソッツィーニ主義者たちの見解に反対して）問題になっているのは、神的本質それ自体の臨在であって、その諸々の被造物における神の権能（《potential》）とその創造的な力（《virtus》）だけではないことである。なぜなら神の本質とその力は分けることができないからである(166)。もちろん神の臨在は常に、力に満ちた臨在（《adessentia operose》）として理解される。なぜなら被造物の保持と統治はそれと結びついているからである。さらに被造物における神的本質の臨在は、一定の場所に個々に限定されたもの（《circumscriptive》）として、あるいは空間を通して広がったもの（《diffinitive》）あるいは《definitive》）としてではなく、すべてを満たすもの（《repletive》）として考えることができる(168)。

すべてを満たす神の臨在は、神の本質を、天地万物を通して延長されるものとして考えることを意味していない。たしかにスピノザは、延長は神の属性であると主張した(169)。しかしもしも神が延長を有するとすれば、神は身体として実存するか、少なくとも空間的に限定されたものとして実存する（existieren）にちがいない。神の遍在はしかし、神の本質と同一である力（《virtus》）の性格を有している。すなわち、その永遠なる力と神性を通して神は、神の被造物に臨在し、そしてそれゆえに、ひとつの身体の臨在のように、その臨在は、同じ場所における他の諸事物の同時的現存在を排除したりしない(170)。むしろ神の臨在はすべての事物を貫通し、そして包摂する。

神の無際限性《immesitas》のゆえに、神の臨在はあらゆる被造物を凌駕する。すなわち、天も、「天の天」（I列王八・二七）も神を収めることはできない。第三イザヤはこれを壮大なイメージをもって、天は住まいであるだけでなく、神の王座それ自体である、したがって神はそれをはるかに超えているが、それと同時にその足は大地に触れている（イザ六六・一〔天はわたしの王座、地はわが足台〕）と表現した。このように神はその臨在を通してすべての事物を「包摂し」、しかも神は何ものにも包摂されない(171)。神の無際限性と遍在は統一的事態として理解されなければならない(172)。まさにその全被造物を無際限に凌駕するものとして、神はその被造物のなかで最も小さなものにも臨在する。それゆえ神の永遠性の場合と同様に、その遍在においても、内在と超越の諸要素が相互に結合されており、これは真に無限なものの判断基準と一致する。

カール・バルトは、伝統的な仕方で永遠と同様に遍在を、無限なものという「上位概念」に、その起源のゆえに所属させることに抵抗した（KD II/1, 522-527）。なぜなら彼は、《無限なもの》の概念を、有限なものに対立するものとして一面的に捉えたからであり、その結果、遍在によって語られているその被造物における神の内在は、事実、それにふさわしく考慮されなかった。バルトは、「われわれの神の認識を、有限と無限の概念の対立にしばりつけること」（526）に対し警告している。神にとって有限なものとの対立が「決して限界」（525）とならないというバルトの確認は、内容からみて、まさに有限なものに対立するだけでなく、同時にこの対立を越える《真に》無限なものの思想のための最終弁論である。遍在の思想が神の愛の側面に属し、永遠の思想が主に神的自由の側面に属する（522f.）というバルトの主張は、神的諸属性の記述を、自由と愛の、相互に緊張関係にあるとされる両極に、余りにも人為的に配分する表現とみなされるにもかかわらず、次の点でバルトと意見が一致する。つまり、まさに神の遍在は、神を有限なものの世界との関係において、超越するものとしてのみ考える神概念に反対している。

聖書の証言によると、神はその被造物に対し様々な仕方で臨在する。一番よく知られているのは、神は天に「住んでいる」（注136を参照）という表象である。したがって神は、人間には近づくことのできない永遠の臨在の領域におられる（Ⅰテモ六・一六を参照）。すなわち神はそこで王座についておられる（詩一〇三・一九。二・四、三三・一四、一一三・六、一二三・一、その他を参照）。天には神の「住まい」（申二六・一五、Ⅰ列王八・三九、その他）がある。イエスの祈りも、「天に」おられる父に向けられており（マタ六・九）、彼の使信は繰り返し「天の父」を指し示している。しかし神は天に住むがゆえに、人間にどれほど隠されているとしても（マタ六・一八）、神はそこから地上の出来事を見わたし（詩二〇・七、八〇・一五、一〇二・二〇、一一三・六）、彼の目は隠されたものを見通す（マタ六・一八。六・四と六・六も参照）。

神が天に住んでいることに関する聖書の諸言明は、今や特に次のような理由で啓発的である。つまり、それは、天と地を区別しつつ、神は地上の諸々の被造物に、神の臨在のなかで、しかし神と並んで、彼ら自身の現存在のための空間を与えることを言外に含んでいるからである。神の場としての天についての発言は、もちろんそれ自体空間的イメージにすぎない。しかしそれはまさに神と《地上の》被造物の空間との区別を表現している。天が、そこにおいて神がすべての時間的なものに臨在する神の永遠の臨在のための像でもあることを思い起こすならば、このことはさらにいっそう明瞭になる。なぜなら、今日、空間的領域としての天は、もはや古代の人間にとってそうであったように、この世界のあらゆる現実と根本的に対立するわけではないからである。今日の人間にとって、天と共に地もそこに属している宇宙的空間それ自体は、有限な諸事物の領域である。被造物が、単に連続してのみならず、共存して存続することを可能にする被造物のこの宇宙的空間は、神の永遠なる臨在の同時性に依拠しているが、共存する存在（Nebeneinandersein）の同時性のなかに存在する被造物の自立性の領域として、神の永遠なる臨在の同時性とは区別される。神は、このように諸々の被造物に自分と並んで空間を与えることにより、それらにその空間のなかで、しかも各々の場で、自立的に存在することを認め、そのさい同時にそれらのもとに臨在する。なぜなら神は御自身のもとにおられるだけでなく、神がその現存在を認める他のすべてのものの場にもおられるからである。

アイザック・ニュートンは、哲学者ヘンリ・モアにならって物理的空間を神の被造物のもとにおける神の遍在の形式として捉えた。一七〇六年の『光学』のなかで彼は空間を《神の感覚（sensorium Dei）》と呼ぶことにより、この思想を表現した（Opticks 3. ed. London 1721, 344ff.）。これは、ライプニッツにより、この表象は汎神論的であるという嫌疑を受けるきっかけとなり、またサミュエル・クラークを通して、この非難に対しニュートンの思想を弁護するきっかけともなった[173]。クラークによると、《感覚》という表現は、ここでは、神が、被造物を知覚するために空間を必要としているという意味ではなく、むしろ諸事物を各々の場で生み出すための手段として理解されている。絶対的空間は、クラークによると《分割されず》かつ《分割しえない》。そしてそのようなものとして絶対的空間は、神的無際限性（《immensitas》）と一致する[174]。有限な諸事物の創造と、空間におけるその共存を通して初めて分割と分割の可能性が生ずる。このように神はその永遠と無際限性を通して空間と、したがってその被造物の時間も基礎づけている。ニュートンはこれを、彼の『プリンキピア』第二版（1713）（《Philosophiae Naturalis Principia Mathematica》）に付け加えた有名な《Scholium Generale》のなかで定式化した——《existendo semper et ubique, durationem et spatium constituit》（Neudruck Cambridge 1972, II, 761）。ニュートンのこれらの思想は、ニュートンの絶対空間の概念に対するアルベルト・アインシュタインの批判によっても、時代遅れになってはいない。なぜならアインシュタインは、ニュートンとの対立においてのみ理解されるべきではなく、ニュートンにおける空間概念がもつ機能を、四次元空間の場の一般理論に拡大したからである（Vgl. Einsteins Vorwort zum M. Jammer : Das Problem des Raumes (1954), dt. Darmstadt 1960, XI-XV, bes. XV）。しかしニュートンは彼の思想を神学的に、つまり三一論的に展開しなかったので（下記参照）、神の被造物における神の超越と臨在の結合の可能性を十分に解明することができなかった。

神は、その時々の場に現に存在する被造物のもとに臨在するが、この神の臨在は、まず第一に神の霊の創造的臨在という形をとる。この霊を通して神はその被造物を現存在へと呼び出し、そしてその現存在のうちに保持する（詩一〇四・二九以下。ヨブ三三・四を参照）。神の霊は全地を満たし（知恵一・七）、その結果、誰も彼から逃れられない（詩一三九・七）。神の霊による神の臨在の逃れ難さは、神は、神に背を向ける者にさえ臨在し続けることを意味する――たとえ、背を向ける被造物には、神が不在であるようにみえるとしても（イザ五・一九、詩四二・一二、七九・一〇）。神なき者は、彼の行為は気づかれないままであると考える（詩九四・七、一〇・一一、イザ二九・一五）。しかし彼にとって聖なる神の臨在は裁きとなるであろう。反対に、敬虔な者は、神がその「御顔」を彼からそむけず、「隠さない」（詩六九・一八）ことを神に願う。神がその御顔を全被造物の前から隠すならば、彼らは驚くにちがいない（詩一〇四・二九）。なぜなら彼らは、その霊によって、生命を保持する神の近さを指摘されているからである。それゆえ詩人はこう祈る。「御顔をわたしに隠さないでください。わたしはさながら墓穴に下る者です」（詩一四三・七。一〇・一以下、八八・一五、その他を参照）。もちろん有限性は被造物の生命に属し、被造物はその終わりを彼らの生命に対する矛盾として経験する。しかし苦しみと、神によって見捨てられたようにみえる困窮のなかで神性が隠されていることは、神が不在であるとか、無力であることを意味していない（ヨブ一六・一二以下、二三・二、一四・三〇、一九以下）。それは、被造物が彼らと共にある神の道を理解していない――なぜなら彼らは彼ら自身の生命に逆らっているので――ことを意味するにすぎない。しかし神が隠されていることのなかに、すでに被造物のための救いも近づいている（イザ四五・一五）。新約聖書の使信によると、神の隠された意志、つまり神の救いの計画の「神秘」は、うつろいやすさと死を通して最終的に神の被造物の救いを目指している（ロマ一一・二五以下、一六・二五、エフェ一・九以下、コロ一・二六以下）。

超越的神御自身はその霊を通してその被造物に臨在する――しかしその超越性と地上における臨在は、どのようにして互いに一致しうるのだろうか？　天の王座にいます神が、同時に地上に、特に神の「家」（イザ二・三）であるシオンの山（イザ八・一八）に住まわれるという表象との関連で、その問いはいっそう鋭いものになる。エルサレムとその神殿に結びついたこの表象は、神殿建設それ自体との緊密な関連でおそらくすでに早い時期に論争の対象となっていた（Ⅱサム七・六以下）。比較的遅い時代になると、それは、ヤハウェ御自身は天に座しておられるが、その「名」のみが神殿に住んでおられるという緩和された思想になった（申一二・五以下。申二六・一五を参照）。ソロモンの神殿奉献の祈りに関する伝承においても、比較的古い住まいの表象（Ｉ列王八・一二以下）は、名前のみの居住（八・二九）という弱められた表現になり、神殿建設は、天における神の居住を念頭に置きつつ、綿密な正当化を必要とした。神の名の居住に関する申命記の理解と並んで、祭司文書には、それによると神の「栄光」のみが地上に現れるという、おそらく古い表象に手を加えた記事がみられる[175]。そのさい祭司文書も、神の民のもとにおける神の永続的臨在の特別なあり方を受け入れている。祭司文書は、神の民が荒れ野をさすらったとき、彼らに伴った雲の柱と火の柱（出一三・二一以下）というより古い表象を次のように解釈した。つまり神の栄光はそのなかに隠されていたが（出二四・一五以下を参照）、それは、その後、民と共に進むためであった（民九・一五以下を参照）。別の理解によると、神の「天使」（出三二・三四。出三三・二を参照）あるいは神の「御顔」（出三三・一四）が、民を導くためにその前を歩いていった。神の臨在を、名前、栄光、御顔というほとんど実体的で独立した諸実在を用いて描くこのような諸表象においてさえ、神の超越性を維持しようとする努力がみられる。しかしこのようなあらゆる努力にもかかわらず、神の超越と内在の関係について同じような問いが提起される。同様のことは、ラビの諸々の釈義におけるこのような諸表象のさらなる形成にも当てはまる[176]。神の超越と内在の緊張関係と一体性は三位一体論によって初めて根本的に解明された。それは、イエス・キリストにおける神の神性の「居住」（コロ一・一九、二・九）に関する、そのなかに父が「留まる」（ヨハ一四・一〇）神殿としてのイエスの体（ヨハ二・一九）に関する、信仰者たちにおける高挙のキリスト（エフェ三・一七）とキリストの霊（Ｉコリ三・一六、ロマ八・九、一一）の「居住」に関する、新約聖書の諸言明のなかで、もう一度、その問題が完全に明確になった後でのことであった。三位一体論により、「天におられる父」の超越性と、信仰者たちにおける、子と霊を通しての父の臨在を結びつけることが可能になり、その結果、三つの位格のホモウーシオス（同一本質）と、それらの相互内在性（ペリコレーシス）のゆえに、父も、その超越性にもかかわらず、子と霊を通して信仰者たちに臨在し、近くにおられると考えることができるようになった（ヨハ一四・八以下を参照）。このようにして、神の救済の経綸における神の三一的生命は、その遍在の真の無限性であることが判明する。

神の全能にも同様のことが当てはまる。全能と遍在は互に関連し、神の永遠と極めて密接に関連している。神の永遠においてすべての事物は神にとって現在であり、また神は彼らにとって現在であるように、まさにこれにより神の力はすべての事物に及んでいる。神の遍在はすでに神の霊の活力（Dynamik）に満たされている(177)。いかなる偉大な力（Macht）も、その対象がその力にとって現在であることなしに、影響を与えることはできない。それゆえ遍在は全能のひとつの条件である。しかし全能の思想により、神の遍在が神の霊を通してどのような内容を含むのかということがさらに具体化される。そのさい全能の完全な概念は再び真に無限なものの構造に対応し、全能のこの完全な概念も、神の三一的生命を通して初めて実現される。

神が全能であるとは、その力にいかなる限界もなく、したがって無制限でもあるがゆえに、まず第一にその遍在および永遠の持続と同様に、無限であることを意味する。ヨブはこう告白している。「あなたは全能であり、御旨の成就を妨げることはできないと悟りました」（四二・二）。ヨブにとってだけでなく、多様性をもつ世界の創造（ロマ一・二〇を参照）はこのような全能の証明書である。バルクも神に向かって、「ああ、主なる神よ、あなたは大いなる力を振るい、腕を伸ばして天と地を造られました。あなたの御力の及ばないことは何一つありません」（エレ三二・一七）と祈っている。万物の創造者として神は、陶工のように、自分が作った諸々のできそこないの容器を壊す権利も有している（イザ四五・九以下。エレ一八・六以下と、ロマ一〇・一九以下を参照）。神は光だけでなく闇をも造り、幸福だけでなく不幸も造りだす（イザ四五・七。エレ四五・四を参照）。

しかしながら無限界の力という抽象的に理解された表象は、余りにも簡単に、神の支配を専制的支配にふさわしい全能と取り違えてしまうことに通じている。神の力が、その力の及ぶ他者との対立における全能として考えられるとき、この誤った解釈が生じてくる。すなわち全能とは、絶対的に規定することであり、全能によって規定されたものはその恣意に引き渡される、というわけである。規定されることと規定することの対立という意味で一面的にイメージされたこの力(178)は、たとえ専制的支配がそれなりの仕方で全能に近づこうとどれほど努力するとしても、全能の思想には届かない。すなわち規定することは、規定されることとの対立に拘束されたままであり、規定することは、その力のこの対象を自分の外にその自分の活動の前提条件としてもっている。ところが神の力は、その力に前もって与えられている、自分の外にあるいかなる他のものをもたず、それは、その力の及ぶものをそもそも初めて生みだすということによって特徴づけられる。神は、創造者として初めて全能でありうる。それゆえ聖書の諸文書において、神は全能であるとの言明は、例外なく創造の行為への言及と結びつけられている。

しかし神は、創造者としてすでにいつも神の被造物の現存在を望んでおられる。したがってもしも神がその行為において御自身と同一であり続け、そしてそのなかで唯一の方であることが証明されるならば、神の全能が被造物と完全に対立することはありえない。たしかに神の行為は、神の聖なる怒りの表現として破壊と不幸を意味することもありうる。しかしそれは創造者の行為として、あらゆる破滅を越えて、依然としてその被造物の生命へと方向づけられている。同様のことは、神と神の選ばれた民との関係にも当てはまる。すなわちエレミヤにおいて神は、バビロニアによるエルサレムの破壊を告知して、「見よ、わたしは生きとし生けるものの神、主である。わたしの力の及ばないことが、ひとつでもあるだろうか」（エレ三二・二七）と言っている。しかし神の全能の行為の告知はその町の破壊を越えて、エルサレムの更新と、選ばれた民との契約の更新を目指している（エレ三二・三八以下）。

神の全能の有効範囲は、「死者に命を与え、存在していないものを呼び出して存在させる」（ロマ四・一七）アブラハムの神に関する使徒パウロの詳述のなかで言い換えられ、さらに包括的になっている。パウロは死者たちの復活を無からの創造と関連づけている。キリスト教の希望がそこへと向かっている復活の出来事と死者の甦りは、神の創造行為の無際限性に対応している。創造者のみが死者たちを甦らせることができるのであり、そして反対に、死者たちの甦りは、創造者であることが何を意味するのかを具体的に説明する。しかしそれを越えて、全能なる神のこの不十分な特徴づけのなかにも、神の創造の行為は死者たちの甦りにおいて完結されることが含まれている。すなわち、死者たちの甦りは、その被造物の現存在を欲する創造者の意志の無比なる確認である。

神の全能の教理の歴史において、創造の行為との、またそれに基礎づけられた神の全権《potestas》、つまり神の被造物に対する支配のための神の全権との緊密な結びつき(179)はしばしばないがしろにされた。特に神的力の絶対性と、実際に神によって決定された救済の秩序におけるその遂行とのその関係に関する諸々の論究は、そのさい不幸な役割を演じた。

盛期スコラまで、この区別はいかなる中心的神学的妥当性ももたなかった。トマス・アクィナスはこれを、神は、御自分が実際に行わないことを行うことができるのかどうかという問いの枠組のなかで取り扱った。その答えは、神は絶対にその可能性《secundum potentiam absolutam》を知っているが、実際には、神の意志によって措定された正しい秩序に従って行動する《de potentia ordinate》: S.thol.I, 25, 5 ad 1）というものであった。トマスにとって、神の絶対的力による神の行為は、ひとつの抽象的な思惟の可能性にすぎなかった。しかし神の意志およびその力の、神の行為の一定の秩序との結びつきは、アラブのアリストテレス主義の意味において次のように理解された。つまり神には、世界の出来事の一度かぎり存在する秩序に対する自由と、かつて一度措定された救済の秩序に対する自由は、もはや存在しない、と。歴史における神の行為の自由に関する聖書の証言は、このような決定論と対立する。それゆえ十三世紀の終わり以来、若きフランシスコ学派ヴィルヘルム・フォン・ヴァーレ（Wilhelm von Ware）、ドゥンス・スコトゥス、ウィリアム・オッカム）は、神はかつて措定された秩序の外で実際にその秩序にふさわしく行動することができるという理解を展開した。その際、ドゥンス・スコトゥスは、神は、たとえ神がそれに従って行動する一定の秩序が変えられても、常に秩序正しく行動することを強調している。オッカムはこの視点を深めて、聖書によって証言されている神の救済史的行為に、特に新しい契約による古い契約の交代に、これを適用した(180)。しかしながら、この聖書の動機づけにもかかわらず、神の絶対的力とその制限ないし無制限――神の義、善、知恵による、そして論理の規則による制限ないし無制限――についての諸々の論究は、神的全能の抽象的表象へと行き着いた。そこではあたかも抽象的に考えられた神的意志それ自体が、神の具体的本質であるかのようであった。

未来のあらゆる時（alle Zukunft）に、神は、その行為に際し、出来事のある時に基礎づけられた秩序に拘束されないということが強調されたが、そこで問題になっているのは、神的行為の歴史的性格、つまり各歴史的現在に対する未来の開放性である。諸々の歴史的出来事の偶然性のなかで表現されているのは、歴史のなかで行為する神の自由である。しかしこの自由は常に創造者の自由であり、創造者の行為は、あらゆる人間的な先の見通しを凌駕する仕方で、神の創造の完成を目指している。

シュライアマハーの理解も神的行為の歴史性を正しく評価していない。彼の理解によると、神的全能の活動は、そのなかに基礎づけられている「自然連関」と完全に一致する。その結果、それは「有限な存在全体のなかで完全に記述される」（Der christliche Glaube §54）。シュライアマハーは、神の全能が「いわば諸々の自然的原因の補足として」活動しうることを明確に排除している（§54, 1）。たしかにシュライアマハーにおける自然連関は、啓蒙主義の機械的自然科学の意味で考えられてはいない。むしろそこでは世界の「共存するすべての部分」は、互いに相互作用のなかにあると考えられており（§32, 2）、その結果、自然連関の思想は「死せるメカニズム」と「偶然と恣意」を排除する（34, 2）。この世界観のなかには、先行する何ものからも演繹できない新たなものが出現する余地がある（§14 Zus., §93, 3, vgl. 13, 1）。ただしもちろんそれは、常に人類の発展の連関に組み入れられていく。シュライアマハーの場合、神関係は、被造物の現存在の各瞬間になされる神的創造の行為の偶然性によって刻印されておらず、有限な諸事物全体が、「自然連関」全体を根拠づけるひとつの起源に依拠していることによって特徴づけられている。それゆえシュライアマハーは、創造の思想をも保持の思想に従属させた（§38ff.）。そのさい彼は、「神の存在は、被造物なしに考えうるのか、あるいは考えられねばならないのか」（41, 2）という問いには興味がないと説明した。世界全体の偶然性の場合に問題になっているのは、その本質の必然性に基づいて世界を創造する必要のない神的全能の自由である。このような自由がなければ、事実、神思想は世界概念のひとつの相関概念となり、結果として神は世界との関係に依存するものとして表象される。ここでわれわれは、次のようなカール・バルトの批判に同意しなければならないであろう。つまり、「神の可能性と神の行為の区別を廃止することにより、まさに神の行為における神の自由のための理解が破壊されてしまう」。「神の全能は神の《自由な愛》の全能である」(II/1, 597)。もちろんバルトがそれに続けて、神のこの自由な愛は「神の業のいかなる関連およびいかなる秩序とも一致しない」(ebd.)と言うとき、われわれは、神の自由な愛――と、したがって神の全能なる行為――は、その業の関連においてその目標に到達すると言うことができるだろう。これがシュライアマハーの見解のうちにみられる真理の核心である。ただしあの関連は、神的行為の歴史の関連として捉えられなければならない。それは、世界と、たとえどのように考えられたとしても、その自然連関の、それぞれの過去ないし現在に対して神の将来(Zukunft)から、その各々の出来事のなかで偶然的に生ずる歴史である。

世界とその歴史の、世界を形成する諸々の出来事の《可能性》は、その《現実》と同様に神の全能に基礎づけられている。この二つはどのように関連しているのか、人類の記憶の及ばない神の永遠から世界の可能性へと向かう一歩は、そしてそこからその現実へと向かう一歩は、どのように理解されうるのかという問いと共に、創造者の全能としての全能の概念のなかに、複合した問題がみえてくる。そしてそれは、創造の教理の関連のなかで、創造の行為の三一論的構造の主張へと至るさらに詳細な論究を必要とするであろう。

たしかにここで思い起こされるのは、ゴットフリート・ヴィルヘルム・ライプニッツの見解(『神義論』§335)――それによると諸事物の可能性ではなく、その現実のみが神の全能なる意志に依拠している――に対し、イマーヌエル・カントが唱えた異論である(181)。すでに一七五五年、カントは『一般自然史と天の理論』のなかで、「自然が、そこからその可能性に従って、諸々の規定の総括概念のなかでその起源を引きだす」(A149)ひとつの本質としての神について語った。そして一七六三年、諸事物の現存在の根拠としてのみならず、可能性の根拠としての神の思想を目指す「神の現存在の証明のための唯一の可能な証明根拠」に関する彼の文書のなかで、カントは、「他の諸事物の依存性をその現存在にのみ限定する」（A182）人びとを批判した。「これにより、あの最高の自然の、非常に多くの完全性の根拠への偉大な参与が剥奪されてしまう」（ebd.）からである。「これらの諸可能性がその根拠に基礎づけられていないとすれば、その自分にとって異質な根拠に基づき、その独立しているものに、どのような諸限定が措定されるのだろうか？」（ebd.）。神の創造行為は、その悟性の理念のうちにすでに可能なものとして存在する諸事物を助けて、ひとつの現存在を得させるだけでなく、諸事物それ自体の可能性を基礎づけた。こうしてカントは、創造者なる神の思想と分離しがたく結合している全能の概念に、それに当然与えられるべき活動の余地を残すことに貢献した。

神学においては、エーバハルト・ユンゲルが他の諸々の論究に基づき、被造物の世界の神学的理解にとって、現実よりも可能性の方が上位にあることを強調した。しかもそれは次のような意味で言われた。つまり、可能なものと不可能なものの区別――したがって可能なものそれ自体の構成――は、すでに「神の事柄（Gottes Sache）」である（Die Welt als Möglichkeit und Wirklichkeit (1969), in : Unterwegs zur Sache. Theologische Bemerkungen, München 1972, 206-231, 222）。その際ユンゲルは、神はその将来から「可能なものを現実にもたらす」（227）という意味で、可能性を「歴史的に実存する世界の将来性」（226）として記述している。後にユンゲルは、世界の、神に基礎づけられた可能性の思想を、愛としての神に関するキリスト教の言明と結びつけた（Gott als Geheimnis der Welt, Tübingen 1977, 464f.）。これにより暗黙のうちに三位一体論との関係も示唆されているが、このテーマに関するユンゲルの諸々の詳論はこれを明確に際立たせようとはしなかった（470ff.）。「到来における神の存在」（475）としての神の歴史性に関する諸言明は、可能性の概念を神の将来から時間的に解釈することに関しても、このような関連を示唆している（上述参照）。

力――その力が影響を及ぼしている他者をまず生みだす力――としての神的全能の、創造の思想と結びつけられた具体的概念は、なお別の点で三位一体論と結びついている。しかもそれは、その三一論的遂行において初めて終りまで首尾一貫して考えられるようになる。すなわち創造の行為は被造物の《自立的》現存在を目指している。しかしながらその自立性（Selbständigkiet）は、実際には神に対する自立化（Verselbständigkiet）へと移行している。たしかに被造物は、その自立化においても、つまり神からの分離においても、神の遍在と力から逃れられない。すなわち、その生命の源泉から離反する被造物は、取るに足らないもの（Nichtigkeit）になってしまう。そのなかにおいてさえ、被造物に対する創造者の力がなお否定的に確認される。しかし他方で、創造者御自身の創造の意図も被造物と共にだいなしになってしまう。その創造者からの被造物の離反に直面して、創造者には、無効の思いとむなしさだけが残るとすれば、そこには創造者の全能というよりも、むしろ創造意志の無力さが表現されている。創造者の全能は、創造者が、自分を創造者から解放する被造物をも、彼がその振舞いを通して引き渡されているむなしさから救いうることに現れる。被造物の生のなかで、神の神性に対応する神とのあの関係が実現されるために、神が不実な被造物にその力と聖性をもって対向せずに、被造物の場に、そしてその現存在の諸条件の下に自ら臨在することにより、その救いは出来事となる。これは、父との徹底した自己区別のなかで、被造物の場を受け入れる永遠なる子を通して出来事となる。これにより人間は、被造物それ自体の立場において、つまり被造物の自立性を侵害せずに、被造物の自立化を克服することができるようになる。

したがって子の受肉は、被造物が生きるようにと、すでに創造の行為を通して措定された神的意志にそった、神の全能の最高の表現として理解される(182)。すでに世界の創造は、——後段でさらに詳しく論究されるように——ロゴスが永遠において自らを父から区別している事実に基づいている。子が自己区別を通して父の位格からだけでなく、父の神性からも区別され、また神と世界の関係において、神から区別される世界の律法となるために、神の内三位一体的生命から歩み出ることは(183)、子のこの自己区別の線にそっている。子のこのような自己放棄（フィリ二・六以下）は、同時に、それによって生ずる世界と神の関係における三一論的神の神性の自己実現として理解される。父との子の永遠の交わりにおいて、子はすでに永遠の王である父に従属している。神の支配は、世界との神の関係において初めて達成されるのではなく、神の三一論的生命のうちにその根拠をもっている。子は、父のモナルキアへの従属を通して、永遠から由来する者、父の子であり、神性の交わりにおいて父と結ばれている者である。父のモナルキアへのこの従属は、創造者に対する被造物の関係にとっても原則となる。この従属を通して被造物は、神と区別される自立的現存在を獲得することができる。この現存在は、その生命の起源と結びつけられたままである。この従属が被造物の現実一般の起源となることにより、神の全能は、父からの子の自己区別を通して、父による子の産出と派遣の場合と同様に、全能なる愛として実証される。この愛は、霊を通してその完成を見出す。被造物は、この霊のおかげでそれ自身のうちに生命をもつ。この霊は被造物を、神とこの被造物の交わりにとって基本条件となる、また被造物が神の生命に参与することにとって基本条件となる、あらゆる被造物の生命の基準（Gesetz）である父からの子の自己区別に《関わらせ、それを引き受けさせる》。

神の全能は、まさに有限なものにとって構成的な限界（Begrenzung）と区別のうちにある被造物――と諸々の被造物の世界――を欲する。被造物はまさにその限界性において、神によって《永遠に》肯定される。その限界（Grenze）のうちにある被造物のこの肯定は、たとえその有限な特異性への固執に直面するとしても、子を通して「この世」を克服していることを意味している（ヨハ一六・三三）。なぜなら「この世」は、その諸々の制限にかたくなにこだわることの総括概念だからである。この世は、その自己肯定によりその有限性に反抗し、そしてまさにそれによってその虜となる。この世は、有限なものが、まさにその限界のなかで、そしてその限界が受け入れられるなかで、神によって永遠に肯定されていることが証明されることを通して克服されるのである。

神の全能の概念のより正確な論究は、全能は神的愛の力としてのみ考えうるのであり、したがってそれを阻害するものに対する、ある特定の決定機関の自己貫徹として考えられないことを論証してきた。全能なのは、次のような力だけである。つまりそれは、特異性をもつ――したがってまさに諸限界をもつ――「愛に対向するもの」を肯定し、しかも無制限に、はてしなく肯定する力だけであり、その結果、その力はその被造物に、それ自身の限界を受け入れるなかでそれを越えていき、そして自ら無限なものに参与する機会を開示する。

7　神の愛

(a) 愛と三一性

ヨハネ（ヨハ三・一六）もパウロ（ロマ五・五以下。ロマ八・三一―三九も参照）も、イエスの歴史の本質内容を次のような言明によって特徴づけた。つまりそれは、イエスのうちには世界に対する、あるいは信ずる者たちに対する神の愛が現れており、この神の愛はイエスを通して常に人間に向けられているという言明である。これらの諸言明とイエス自身の使信および歴史はどのような関係にあるのだろうか？

明らかにイエス自身は、すでに、彼自身の派遣の意味は次のような神の配慮にあると理解していた。それは、人間に対する神の配慮、そして特に困窮している者たちと見捨てられた者たちに対する神の配慮、つまり神の愛と救いの配慮である。しかも、見捨てられた者たちに対する父の配慮は、まさに彼自身の派遣を通して出来事となっている。それはまず第一に失われた羊の譬え話（マタ一八・一二―一四）のなかに表現されている。この譬え話は、Q資料に伝承され、そしてルカによって（ルカ一五・四―七）別の伝承に基づく他の二つの譬え話と、つまり「無くした銀貨」の譬えと「放蕩息子」の譬え（ルカ一五・八―三二）と結びつけられた。これらすべての譬え話においてイエスは、彼の使信と業が見捨てられた者たち向けられていることを弁護している(184)。それらの譬え話は神を、見捨てられた者たちを探し求める方として、そしてそのなかで判明する父の憐れみ深い愛として描写している。しかしさらにそれらの核心には、見捨てられた者の探求――神の愛を啓示する探求――は、イエス自身の業とその使信を通して遂行されることが含まれている(185)。これらの譬え話は、イエスの振舞いと使信を正当化するものとして神の一般的態度を具体的に説明するだけでなく、イエス自身の派遣と業を父の憐れみ深い愛の出来事と同一視している。そしてキリストの死に対する原始キリスト教の解釈は、イエスのこの自己解釈を彼の死の意味についての問いに拡大し、しかもこの出来事に集中することができた（ロマ五・八）。

すでに旧約聖書において、預言者ホセア（一一・一以下、一四・八）、彼の後で特にエレミヤ（三一・三）、そして申命記（七・八、一〇・一五）は、神の民に対する神の選びの愛について語った。イエスの派遣における彼の自己理解も、まず第一にこの伝承からその価値が認められなければならない。羊飼いが追いかける失われた羊は、たしかに群れのなかの一匹であり、そしてまさに群れ全体に属するがゆえに、それがはぐれてばらばらになると、再び羊飼いが必要になる。自らの派遣を神の憐れみ深い愛の表現として理解するイエスの自己理解の際立つ独自性は、彼の使信全体を特徴づけている終末論的最終的妥当性との結びつきのなかで、初めて見えてくる。なぜなら神の支配の告知された将来は、彼の使信と共にすでに始まっているからである。その際、神の民に対する神の愛に関する旧約聖書の諸言明の場合と同様に、イエスにおいても、彼によって告知された天の父がまず第一に愛の配慮の主体である。このことは、子の派遣において、また死に至る子の献身において表現されたこの世に対する神の愛に関するパウロとヨハネの言明にも当てはまる。

たしかにパウロは、子の派遣に表現されている神の愛（ロマ八・三九。ロマ八・三を参照）を同時にキリスト自身の愛と呼ぶことにより（ロマ八・三五。ガラ二・二〇）、さらに一歩前進した。ここでは神だけでなくキリストも愛する配慮の主体である。ひとつの同じ出来事が二つの異なる主体に帰されている。それらの交わりは出来事の一体性において表現されている。それだけになおさら注目すべきなのは、キリスト（ないし子）が、彼を通して働く神の愛に単純に吸収されず、彼を通して働く神と並んで、また同時に神と共に、愛の行為の主体と呼ばれていることである。

同じように注目すべきなのは、信仰者たちに分け与えられる霊を通して、神の愛が「われわれの心に注がれている」（ロマ五・五）という言明である。もしもここで愛という言葉が神への愛という意味ではなく、神御自身の愛の力に関する言明として理解されるならば(186)、われわれはこう仮定しなければならないであろう。つまり、われわれの心に働きかける神の霊はこの愛の主体であり、その愛がわれわれにおいて、またわれわれを通して働くかぎり、この愛の主体であり続ける。これはもちろん、キリストの和解の死という愛の行為の場合のように一義的に語ることはできない。しかしその場合でさえ、もしもその主体が父であるだけでなく子でもありうるとすれば、キリストにおける神の愛の表象はどのように理解されるべきなのかということは、完全に説明されてはいない。さらに明らかに問題になっているのは、神の霊がわれわれにおけるその主体であるように思われる同じ神的愛である。いずれにせよこれらの諸言明において、父は神的愛の唯一の主体であると無造作に言うことはできない。

同様の事態はヨハネの手紙Ⅰの諸言明からも生ずる。この事態は、「神は愛である」（Ⅰヨハ四・八、一六）という有名な、そして繰り返し強調される句によって表現される。カール・バルトは『教会教義学』の神論においてこの句の起源を直ちに主体としての「神」に求め、「神の《愛》、すなわち愛する者の行為としての神の《行為》」(187)の問題として論じている。ヨハネのテキストでは、そこでの一般的な言語用法にしたがって、父なる神は子と区別され、愛の本来的主体として理解されていたにちがいない（ヨハ三・一六のように）。バルトの解釈は、彼が「神」を唯一の人格と考え、Ⅰヨハ四・八と四・一六が語っている愛は、その人格の「行為」として理解されると主張したことと関連している(188)。ところがレーギン・プレンターは、正当にも次のように論評した。つまり「神は愛である」という句は、神は子を信ずるすべての者を救うために神の一人子として生まれた御子を派遣することによってこの世を愛したという主張よりも、さらに多くのことを語っている。「《神は愛である》。何ゆえ単に、神はわれわれを愛した、となっていないのか？　そのこともたしかに語られている。何ゆえ単に、神はわれわれを非常に愛したので、われわれのために無限の愛を《もつ》、となっていないのか？　何ゆえ単に、神は愛に満ちている、となってないのか？　何ゆえ、神は愛である、と言われているのか？」(189)

レーギン・プレンターは、ヨハネの句が、神のひとつの《属性》だけでなく、神の《存在》ないし本質を愛と呼んでいることを、はっきりと捉えていた。われわれは次の点でも彼に同意しなければならないであろう。つまりこの定式により、服従する人間イエスは、主としてのイエスの尊厳に対する彼の教会の信仰告白を通して、永遠なる子として神御自身の存在のうちに受け入れられていることが認識される(190)。もちろんその際にまず問題になっているのは、神の存在を愛として理解した結果ではなく、その前提である。この思想は、イエスの歴史に基づいて初めて定式化された――たとえそれが、内容からみて、父と子の、そのなかで啓示される交わりの《条件》を述べているとしても。しかし今や特に、どのようにして神的愛の一体性と、父、子、霊の三性の間の関係がより正確に記述されるのかという問いが生じてくる。プレンターはIヨハ四・八と四・一六にならって愛を、父、子、霊の神的《存在》の一体性と呼んだ。すなわちそれらは、共通の属性あるいは性向としての愛を《もつ》だけでなく、それらは、そこには「もはやいかなる分離も残っていない」「自由な諸位格の一体性」(ebd.)のうちにある愛で《ある》。しかしながらこれにより、神的愛と三一論的諸位格の位格性との関係について何が語られているのだろうか？

エーバハルト・ユンゲルは、キリスト教の神表象における愛と神の結合に対するルートヴィヒ・フォイエルバッハの批判と対決するなかで、この問題をより正確に究明しようとした(191)。その批判は、キリスト教が愛に「主体の地位ではなく、述語の地位」だけを認めたことに向けられていた。「愛が実体に、本質それ自体に高められないかぎり、愛の背後に、《愛がなくても》なお《それ自体何ものか》である主体がひそかに隠れている」(192)。この主体に関しフォイエルバッハの論戦において問題になっているのは、神についての伝統的教義学的表象、つまり全権をもって授けられた《無限の霊的本質》という伝統的教義学的表象である。この無限の霊的本質はそれ自体人格、すなわちひとりの人格的神である。ユンゲルは次の点でフォイエルバッハの非難を容認している。つまり、神学はこの非難から、「神の存在はまさに愛によって《定義され》ないという意味において、神と愛を存在論的に区別することに対して用心する」(193)ことを学ぶべきである。しかし、神学が神を「その主体存在を三一論的に遂行する」(194)方として考えるとき、この教えはすでに肝に銘じられているのだろうか？　神を絶対的主体と理解するヘーゲルの教理は、これを行ったのであり、カール・バルトの三位一体論もこの点でそれに従っている。しかしフォイエルバッハの批判はまさに、愛それ自体を本質として、実体として把握する代わりに、愛の本質を主体に所属させることを批判していた。しかしわれわれは、愛の活動の一人の絶対的主体に愛を所属させることに対するフォイエルバッハの批判を認めるとしても、彼と共に、愛のこの本質の神性に異論を唱えてはならないであろう。この点でフォイエルバッハの見解は東方の三位一体論と一致する。それによると、神的本質の一体性は、父、子、霊と並ぶ第四のペルソナではない。それは、ひとつの唯一の主体――父、子、霊をその自己展開の諸契機として自らのうちにまとめ、そして際立たせるひとつの唯一の主体――の意味においてさえ、しかも、父はその子と霊を自己展開の契機として生みだすこの主体であるという意味においてさえ、父、子、霊と並ぶ第四のペルソナではない。それゆえ、神は「永遠に御自身を愛する方」(195)であるということは否定されなければならない――たとえ、事実、永遠から、父は子を、子は父を、霊は子における父と、父における子を愛するとしても。三一論的諸位格の各々は、他の位格を――父は子を、子は父を、霊は交わりのうちにある両者を――愛し、それによって、ユンゲルが人間の間の(196)愛の作用に関する彼の記述において印象的に叙述したように、自分自身を獲得する。しかしながら、愛する者が他者をその他者性において愛する代わりに、他者において自分自身を愛するならば、その愛には、愛する者が、愛される者の応答の愛のなかで新たに自分を贈与されるための条件である完全な献身が欠けている。

三一論的諸位格の相互的愛において愛は、それら相互の諸関係における《諸活動》の名称として理解されるだけでなく、――ユンゲルが、正当にも、ハインリヒ・ショルツとヨーゼフ・ピーパーによる愛の徳の諸々の記述において強調したように――愛は愛する者たちのなかで、また彼らを越えて互いへと向かうなかで強力になり、そして「火」となって彼らを完全に燃焼する「力」として理解される(197)。諸人格は愛を思いのままにすることができない。愛は人格にそれ自身を越えさせ、それによりそれらに自己存在を与える(198)。愛は、愛において互いに結ばれる人格の相互関係を通して啓示される。人格の各々は、他の人格から新たに自分自身を受け取る。しかしその献身は互いに相互的であるがゆえに、そこには、異質な仕方で規定された隷属という意味での一面的依存性は存在しない。各々の我（Ich）の人格性は汝（Du）との対向を通して構成されているが、その場合、人格の構成根拠は他の我としての汝それ自身ではなく、マルティン・ブーバーと共に、我と汝の「間」を支配する秘密のなかに探し求めることができる(199)。しかしこの秘密は、両者を結びつける愛の力、一般的に言うならば我と汝の交わりの霊である。二つないしそれ以上の人格を結びつける霊は、必ずしも常に我と汝の相互的献身として現れる必要はない。しかしこのような結合のあらゆる形式は、最終的に、最も根源的でその最も完全な形態においては、愛する者たちの相互献身のなかに現れる愛の力によって生きていく。このことは特に神の三一論的生命に当てはまる。

三一論的位格相互の諸関係のなかに現れる力としての愛は、Iヨハ四・八および四・一六によると、神的本質と一致する。それは、神的本質の特性である「霊の」、内容の点で具体的な形態である。二つの言明、すなわち「神は霊である」という言明と「神は愛である」という言明は、父、子、聖霊がそれによってひとりの神の交わりと結びつけられている本質の同じ一体性を指し示している(200)。そのさい、「神は愛である」という句は、その「ざわめき」(ヨハ三・八)がすべての被造物を満たし、そしてその力から被造物のすべての生命が生ずる霊は、一体どのような種類のものであるのかを語っている。すなわち、他のものを「存在させる」(201)のが愛の力である。しかも愛は、被造物の生命に現存在を与えることができる。なぜならそれは、永遠において三つの位格の各々が他の二つの位格をそれらにふさわしく「存在させる」ことにより、神の三一論的生命の相互性のなかであらかじめ働いているからである。「霊」は本章の第四節においてダイナミックな場として記述されており、これは愛の力と「火」という神的霊の現実の具体化にも当てはまる。その火は、神的諸位格を熱くさせ、結びつけ、そして神の栄光の光としてそれらから光を放つのである。

そのさい三つの位格を除くならば、霊それ自体は主体でないように愛も主体ではない。愛は神性のひとつの、そして唯一の《本質》としてその《現存在》を、父、子、聖霊のうちにのみもつ(202)。しかし愛は次のような永遠なる力と神性である。つまりそれは、父、子、霊のうちにこれら相互の諸関係を通して生き、そしてこれら三つの位格の相互の交わりのうちにおいてひとりの神の一体性を形成する、永遠なる力と神性である。

三一論的諸位格の各々は、他の二つのうちのひとつに、あるいは双方に、脱自的に（ekstatisch）関係づけられ、そして他の位格的特性との関係のうちにその自己存在をもつ。父は、子とのその関係において子の産出と派遣の遂行においてのみ父であり、子は、彼の父の存在の承認を含む父の派遣に対する服従においてのみ子である。霊は、子において父の栄光をたたえ、そして父によって派遣されたものとして子の栄光をたたえるという仕方でのみ《位格的》に霊として実存する。位格間の関係はその位格存在にとって構成的であることを、すでに関係に関する古代教会の教理は認識していた。遅くとも三つの位格の相互的内住の教理に至るまでのさらなる展開と共に、その相互の関係はもはや論理的なものとしてだけでなく、実存的関係としても考えられた。このような脱自的な内住の相互性のなかで、神的霊の生命は愛として遂行される。さらに、父、子、霊の相互関係が異なっているかぎりにおいて、しかもあまりに異なっており、その結果、その位格存在もその位格的現存在の具体的遂行の関連で異なっているかぎりにおいて、さらに詳細なことが語られる。

父の位格において、現存在へ向かう創造的力としての神的霊の領域が現れる。この力は、そのなかでその力が形態をとる子との関係を通してのみ具体的形態として出現する。子を通して初めて、また子との交わりにおいて初めて、神的秘密はひとりの汝として、父の汝として呼びかけられることが可能になる。この事態は次のようなところではどこでも、子が、つまり神的ロゴスがすでに現実に作用していたことを含意している。つまりそれは、イスラエルにおいて、また諸宗教の世界において、その神的秘密が呼びかけられうるところである。もちろん諸宗教の世界において、しかもイスラエルにおいてさえ、それはまだ破れた仕方で起こっている。なぜならロゴスの充溢はイエスにおいて初めて人間の形態をとったからである。しかし人間のあらゆる神認識と神への呼びかけにおいて、子がすでにその可能性の条件として関わっていることは驚くべきことではない。なぜならキリスト教の教理によると、子はたしかにあらゆる被造物の現存在と本質の仲保者だからである。

子が父から出てくること（Hervorgehen）は、神的愛の根本的遂行である。父の側では、神性の本質である霊の創造的活動性（Dynamik）を通して、しかし子の側では、子が自らを出現し（hervorgegangen）そして派遣されたものとして知り、そしてそのようにして父をその現存在の起源として自らと区別し、そして唯一の神としてあがめることにより、この出来事は起こる。子の側においても、霊はいつもすでにこの出来事に参与している――ただしすべての点において、すでに位格的霊としてというわけではない。神性それ自体の本質はたしかに霊である。それは、ダイナミックな場である。そして子の出現（Hervortreten）におけるその顕現が父の業として記述されることにより、父から霊のダイナミズムが放出され、したがってそれは同時に子によって「賜物」として受け取られ、子を満たし、そして子を通して父へと反射される。霊は、子に対し、そして今や父に対し、双方に共通な神的本質として対向することによって初めて独自な位格として出現する――この神的本質を通して両者は実際に結びつけられるだけでなく、その本質はそれらの区別に直面してなおその一体性を証言し保持する。今やたしかに父については、父は永遠から子を愛していたと言うことができるが、反対に子については、子は父を愛していると言うこともできる。しかしながら、霊が父ないし子の愛の対象であるとは語られていない。このことは、霊は位格として、区別されるふたつの位格を結合する愛の霊として双方に対向するとしても、霊は、それを通して父と子が相互に結びつけられる愛それ自体であるとすれば理解できるようになる。しかし霊は位格として、父と子から区別される。したがって霊は、創造において働くのみならず、信仰者たちの心に「賜物」としても注がれる。

霊（Geist）と愛は、一方で、神性の共通の本質を形成し、他方で、自立した位格としての聖霊（der Heilige Geist）のなかに出現する。神性一般の本質は、父において別の仕方で位格として近づくことができるようになる。これは子を通してのみ起こるのであり、そしてそのかぎりでひとりの神は、父においても、子なしに出現することはない。しかしついでながら、すべての三一論的諸位格のなかで子は、神的本質といちばん明白に異なっている。父も霊も、一定の仕方で、各々それ自体で全体としての神性を代表している。子の場合には、このことがいちばん当てはまらない。なぜなら子は、そもそも父との関係を通してのみ、また父の霊に満たされて、永遠なる神性に参与するからである。

たしかに父も子との関係においてのみ、永遠から存在する。しかし父はそのさい神的本質を、起源としてのその機能において表現するので、父の場合、父における子への依存はあまり明白にならない。それは間接的にのみ、つまり省察を媒介として意識されるようになる。霊においても、神的本質それ自体としての一体性は、もちろん父と子の関係においてのみ、そしてこれら両者との相違においてのみ、自立的形態として明瞭になる。ところが子の位格において、ひとりの神はその神性から出現する。子は、父の形態において神性に対向する。もちろんこれにより、子が神的本質の一体性における父との結合を失うことはない。なぜなら子は、たしかにむしろその出現のなかで、父の派遣に従い、そしてまさに父との自己区別を通して、父と結ばれたままだからである。このようにまさに子において、神的生命の内的ダイナミズムが具体的に霊および愛として表現される。

三一論的諸位格は、したがって神的霊の現実の諸々の具体化として理解される。それらは、永遠なる神性のダイナミックな場の諸々の特異性（個別的な相）である。諸位格に関し、これは次のことを意味する。諸位格は各々自らのために現存在を有するのではない。諸位格は、神性――それらの各々のうちにおいて、またそれらの相互的諸関係のうちにおいて明らかになる、神性――の、それらを凌駕する場との脱自的関係において、現に存在する。しかしその際、各位格性を凌駕する神的本質とのその関連は、他の二つの諸位格との諸関係に仲介されている。すなわち、子は、父との関係を通してのみ永遠なる神性に与り、そのようにして子である。父は、子との関連でのみ父としての同一性を有し、そして彼は（父として）神である。父と子の双方は、霊とのその関係を通してのみその一体性と、したがってその神的本質を有する。霊は、それぞれ異なる父と子の区別と交わりとの関係を通してのみ，異なる位格である。なぜならまだ父から発出するものとしてではなく、父の神的本質の放射としてではなく、それぞれ異なる父と子の対向のなかで初めて、霊は、その完全な位格的自立性を有するからである。

諸人格が他の諸人格に関係づけられ、そしてその際、その自己存在がそれ自身の外側で脱自的に獲得され、そして人格的自己としてのみその現存在を有することは、人間の人格性が三一論的諸位格と共有している事柄である。しかも歴史的には、他の諸位格との諸関係を通して構成される位格概念が人間学に転用されることを通して、人間の人格性のこれらの特徴は、三位一体論の光のなかで初めて発見された(203)。各我は、いつもすでに汝との関係に基づいて生きており、ある社会的文脈との関係に基づいて我として構成されている。これは、三一論的位格概念がその決定的刺激となって生まれた洞察である。すでにこれゆえに、三一論的諸概念は人格に関する近代の理解と何の関係もないという主張は誤りである――この主張は、近代の神学者たちが、ひとりの神における三つの位格つまりヒュポスタシスという教義の見解をやっかいなものとして感じているところで、繰り返し弁明の根拠として引き合いに出された。しかし実際には、人間の人格存在と、父、子、霊の神的位格性の間には、重要な区別が存在する。

　これらの諸々の区別のなかで最も重要なのは、おそらく、人間の人格存在は、神の三一論的生命の場合のように、ひとりあるいは二人の他の人格によって排他的に構成されていないことである。人間の我は、個人として、いかなる特定の他の（人間的）人格との関係からもいつもなお区別されている(204)。ここには、フォイエルバッハが、神と愛の結合に対する彼の批判において想定した、愛と愛する主体の区別が存在する。すなわちこれは、フォイエルバッハによってキリスト教の神表象の根底にあるとされた構造が、依然として人間の人格性の諸限界にとりついたままであることを意味する。そのなかで人格的エクスタシーは、完全に実現されないままである。三一論的諸位格相互の諸関係において、諸位格としてのその現存在（ヒュポスタシスとしてのその存在）は、徹頭徹尾、この特定の相互的諸関係によって満たされており、その結果、それらは、この諸関係の外ではまったく何ものでもない。それゆえ諸位格としてのその現存在は、神的霊の具体的生命以外の何ものでもない神的愛と一致する。それは次の事実と同様である。つまり、これと反対に、神の《ひとつの》霊的現実は、三一論的諸位格の相互的諸関係においてのみその現存在を有し、そしてまさにそのなかで愛として規定される。

　第二の区別はこれと密接に結びついている。すなわち人間の人格性の場合、人格の同一性は他の人格との関係によってすでに完全に、そして排他的に規定されていないので、人間の自己意識において自我と自己（Selbst）は分裂している。もしもわれわれが人間的諸人格として、徹頭徹尾、一定の人格的対向と、これとの一定の関係によって構成されているとすれば、自我と自己の区別のための、したがって自己意識のための、周知の形式の余地は存在しないであろう。ところが三一論的諸位格の場合には、子自身は、徹頭徹尾、父との関係のなかに、父は、徹頭徹尾、子との関係のなかにあり、その結果、両者はそれ自体において、徹頭徹尾、霊の証言のなかにある。しかし霊は、その位格的自立性においても、父と子の一体性の霊以外の何ものでもなく、その場合、父と子は今や霊の働きの《対象》であり、しかしこの対象は、神的生の永遠の交わりにおいていつもすでに実現されている。

したがって神的愛は、その位格的諸顕現と諸関係において区別される神的生命の具体的一体性を形成している。父、子、霊の間の位格的諸区別は、たしかに愛の抽象概念から導きだすことはできない。われわれの認識にとってそれらは、イエス・キリストにおける神の歴史的啓示のなかでのみ近づくことができるものである。しかしそれゆえに、それらと、神的本質におけるそれらの一体性は、それらすべてのなかを脈々と流れる神的愛の具体的現実として、つまり聖霊において子を通して父のモナルキアを完成する神的愛の具体的現実として理解される。

(b)　神の愛の諸属性

出三四・六（詩一〇三・八、一四五・八を参照）が要約し、新約聖書においても証言されているような、神の啓示行為を通して明らかにされる神の諸属性は、一貫して神の愛の諸属性として理解されている。それらは形式の面で、すでに本章の第六節で取り扱った諸属性と区別される。すなわちそれらは、具体的なものに対する抽象的なものという仕方で相互に関係しているのではなく、神的愛の現実性の具体的な諸観点のように相互に関係している。無限性は聖性を通して《神の》無限性として同一化され、永遠、遍在、全能は、神的霊の記述として詳しく論じられ、この霊は、神的愛のうちにその具体的内容規定を見出した。神の、善、憐れみ、恵みと恩寵、さらに義と誠実、知恵と忍耐は、神的愛の思想を越えていくように導くことはなく、愛をその現実の多様な側面から記述している。その際、それらと比べて愛は、ひとつの抽象的集合概念ではなく、これらの観点すべてを結合する具体的現実それ自体である。ここでは、それらについて簡潔に述べるつもりである。

イエスの使信において、彼が父として告知した神は、特にその善によって特徴づけられ、そして他のすべての存在を越えている（マルー〇・一八、平行個所）。こうしてイエスは、ユダヤ教の敬虔において祈り手の神賛美と感謝への呼びかけを基礎づけている思想を受け入れた（詩一〇七・一、一一八・一、その他）。父の善は、被造物が父に祈り求めるときに、父は善きものを与えるだけでなく（マタ七・一一）、功績に関係なくそれを贈る（マタ二〇・一五）ということにおいて証明される。その完全性（マタ五・四八）は、天の父が善人にも悪人にも太陽を昇らせることにある（五・四五）。天の父の配慮は彼のすべての被造物に向けられている（六・三〇）。

父なる神の善に関するイエスの諸言明の中心には、父の創造的かつ保持的働きがある。しかしこれと緊密に結びついているのは、彼の憐れみの表現である彼の救いと赦しの行為である（マタ一八・二三。ルカ一〇・三七を参照）。そのさい憐れみ（eleos）の概念は、比較的後期のキリスト教の言語用法におけるよりもいっそう広い意味をもつ。それはしばしばヘブル語の《ḥesed〔へ〕》のギリシャ語訳であり、したがって神の恵みと恩寵という包括的思想を表している(205)。困窮している者、惨めな者、助けのない者に対する憐れみ深い思いやりは、善とその自由な思いやりの特殊な表現として、それゆえそれとは異なる属性としてではなく、評価されなければならない。ここから、パウロにおいて神の恵み（charis）についての発言が、神の善を表す中心的表現となったこと（ロマ三・二四、四・一六）も理解することができる。すなわちここでも、その背後に、《ḥen〔へ〕》と並んで《ḥesed〔へ〕》がある(206)。

パウロにおいて、今や、神の善、神の恵み、そして恩寵はもはや創造者のひとつの属性としてではなく、子の歴史のなかに、特に、それによりわれわれが父との和解を受け取ったわれわれのための子の死のなかに、働いているように思われる（ロマ五・八―一一）。この出来事のなかで神の「恵み」は、イエス・キリストの服従を通して罪の力と死の力を（五・二〇以下）克服した(207)。これによりパウロは、イエスの告知のなかにすでに含まれていた思想――イエスの使信を通して、また彼の振舞いにおいて、父は人びとに諸々の罪を根絶する憐れみを与えたとする思想（マタ一八・二三。ルカ六・三六、一五・二〇以下も参照）――を、キリストの死とその意味の解釈へと拡大した。その際パウロによると、神の歴史的行為は、神がすべてのものを憐れむことを目指している（ロマ一一・三〇以下。一二・一以下を参照）(208)。

もしも神の憐れみ、恵み、そして恩寵に関する聖書の諸言明がしばしば善の広範な意味をもち、その結果、一般に諸々の名称は相互に限定されないとすれば、神の高次の《正義》という表象は自立的な意味内容をもつ。しかし正義も神の愛のひとつの観点であることが判明する。なぜならすでに旧約聖書の神の正義の思想において問題になっているのは、行為とその結果、罪責と不幸、功績と無事息災が法的に対応しているという単なる同害報復ではなく、神の民に対する神の契約の正義だからである。その内容は「規範ではなく、諸々の行為、しかも救済の諸々の証明」である(209)。マタイにおいては「神の国の義」（六・三三）について語られ、ヨハネ福音書はイエスにその祈りの言葉のなかで「正しい父よ」（一七・二五）と語らせることができたにもかかわらず、ユダヤ教の神理解のこの中心思想が、神に関するイエスの発言においてほとんど役割を果たさなかったように見えることは、説明を要する重要な事態である。その説明は次のようなものとなるであろう。つまり、イエスの使信はまさにイスラエルの神のその民に対する契約への誠実からではなく、創造者なる神の善とその御国の近い将来から出発した。その御国の到来の特徴は、人間の不義を裁くという威嚇にもかかわらず、同様に父なる神とその善にある。これに対しパウロの場合、イスラエルと教会の関係に関する問いと共に、神の義の思想がひとつの中心的役割を果たした。ユダヤ教の伝統の場合と同様にパウロの論証において問題になっているのは、神の契約の義である。神はその選ばれた民をも不服従へと追いやるにもかかわらず（ロマ一一・三〇以下を参照）、その契約への誠実のなかで、神は正しいことが判明する（ロマ三・三―五）。なぜなら神は、神の民のみならず、すべての者を憐れむために（ロマ一一・三二）、イエス・キリストの贖いの死を通して彼の契約の義を創りだすからである（ロマ三・二一―二六）。このすべての者とは、イエス・キリストにおける神の救済の行為それ自体を信仰において受け入れる者すべてという意味である（三・二二、二六）(211)。Ⅱコリ五・二一において、神の義の証明として、キリストの死を通して神との和解を与えられた者たちが要求されるとき、同様の意味で理解されている。その際に問題になっているのは、もはや神とイスラエルの関係だけでなく、神の選ばれた民に対する神の契約の誠実である。パウロが神の救済の行為を通して証明される契約の義の思想を諸民族の世界に拡大したとき、神の義において問題にされているのは、神とその全被造物との関係である(212)。こうしてパウロは、神の契約の義という術語のなかで、内容の面で、創造者なる神の善から語るイエスの告知の方向性をさらに前進させた――この告知は、神の支配の到来のなかで、人間に対する赦しの思いやりであることが判明する。

救済を創造する契約の義という神の義の思想の聖書的な意味は、キリスト教の神学の歴史においてすでにグノーシスとの、特にマルキオンとの対決以来、背後に退いてしまった。すなわち、反グノーシスの立場をとる教父たちにとって問題であったのは、最高の神において義と善は共属することを証明することであった（Irea. adv. haer. III, 25, 2f., Tert. adv. Marc 2, 11）。その際、義は、反対派の場合と同様に、罰する義として理解された（vgl. schon Justin Apol. II, 12, 6 ; Theophilus ad Autol.1, 3）。トマス・アクィナスは、万物の現存在の起源は神の憐れみに遡り、神の義は、それらの秩序と、バランスが取れていることに表現されていると教えた(213)。しかし彼はまたこう言うこともできた。つまり神の義は特に、堕落した者たちの処罰を通して証明され、神の善と憐れみは選ばれた者たちにおいて描写される（S.theol. I, 23, 5 ad 3）、と。神の義を処罰する義と捉える有力な理解のゆえに、ルターにとって、「それを通して神がわれわれを義とする」（《qua nos ex ipso Iustificamur》, WA 56, 172, 4f.）救いを創造する神の義という聖書の意味の発見は、革命的体験となった(214)。しかしながら古プロテスタントの教義学は再び処罰の義の思想に戻ってしまった(215)。しかも近代神学においてさえ、アルブレヒト・リッチュルのおかげで初めてその概念の聖書的意味が再び完全に認識されるようになった。すなわち旧約聖書では、報復の思想は神の義と結びつけられておらず、あるいはそれに基礎づけられていない。そしてこの神の義は、再び

「正しい者たちに直接関係づけられ」ている。新約聖書においても、特にパウロの場合、義はどこにおいても、「信仰者たちの救いを目指す首尾一貫した、神の正しさを立証する振舞い」(216)を意味している。ヘルマン・クレーマーはあまりはっきりと意見を述べなかった。たしかに彼は、神の義の司法的性格に固執したが、その際そこで問題になっているのは、神の「裁き、そしてそれにより救う義」であることを強調した(217)。

これにより、神の憐れみと義の一体性に関するカール・バルトの理解はある仕方で準備された。つまり、バルトは神の義を、神の憐れみからなされる人間に対する要求の表現と解釈した（KD II/2, 432ff.）。このなかにすでに、『教会教義学』において後に現れた、律法を福音の形態および形式として論ずる取り扱いの兆しがみられる（II/2, 564ff., 649ff.）。たしかに神のみが「それに対してわれわれが自らの義を対置する必要のない」（II/2, 647）われわれの義であり続ける。しかしながらバルトにとってそこから「一直線に」、神の義と、政治的「問題および課題」（II/1, 434）との結合が生じた。それは、貧しい者たちと困窮した者たちを特に配慮する（435）神の国のかく乱された秩序を再生（ebd. 427）するという政治的「問題および課題」である。イエスの使信において、貧しい者たちと困窮した者たちへの配慮は、異なる仕方で基礎づけられているが、これは偶然ではない。つまりそれは、世界に対する神の愛に満ちた思いやりへの参与に基づいているのであり、政治的課題として捉えられていない。おそらく新約聖書は、この切迫した複雑な「問題と課題」をバルトよりももっと現実的に評価した。しかしいずれにせよパウロの場合、神の義は、もっぱらイエス・キリストの贖いの死における神御自身の行為と、またそれによって引き起こされた和解と関係している。信仰においてこの和解の行為を受け入れる人びとは、実際、行動において、それに相応しく振る舞うことを要求される（Iコリ一一・二七―三四を参照）。しかしそれは《神の》神性には属さない。そしてこのことを見逃す者は、バルトと共に、神の義を結局再び、判決を下し、そして罰する義として記述するであろう（IV/1, 439ff.）。

神の義と緊密に結びついているのは、神の誠実である。一方の場合も、他方の場合も、問題になっているのは、神の被造物に対する神の、愛に満ちた思いやりにおける永遠なる神の同一性と恒常性である。それゆえ諸々の詩篇は、この二つの概念が典型的な仕方で結合している、神の恩寵と誠実をほめたたえている（詩二五・一〇、二六・三、七七・九、八五・一一、八六・一五、九一・七、一〇八・五、一一五・一、一一七・二、一三八・二）。また《'emet》の代わりに《'emunah》という同系の表現も頻繁にでてくる（詩二七・一三、三六・六、八八・一二、八九・二五、二九、三四、九二・三、九八・三、一〇〇・五）。ヨハネ福音書のプロローグでは、恩寵と誠実（恵みと真理）という同じ結合が、一人子として生まれた子の栄光の記述（ヨハ一・一四：（plērēs charitos kai alētheias〔ギ〕）として用いられている。すなわち子の受肉において、神の契約に対する、しかもヨハネのプロローグの意味では創造に対する、恩寵と誠実が実証され、そして完成されている。内容からみると、ここで問題になっているのは、他のところで、特にパウロの場合に、神の救済の行為における神の義として記述されていること以外の何ものでもない。事実、パウロは、契約の誠実（pistis）と神の義について一気に語っており（ロマ三・三、五）、そしてロマ三・二五でも、神の誠実はキリストの血による和解のうちに表現されている、という具合に理解されている[218]。

キリスト教の神論の歴史において神の誠実に関する聖書の諸言明は、二世紀以来[219]、神の不変性の主張のための諸々の典拠として挙げられてきた。しかしギリシャ的哲学的神学に由来する神の不変性という述語は、無時間性の表象を含んでいるのに対し、神の誠実の思想は、時間と歴史それ自体のプロセスにおけるその恒常性を表現している、特に神の救済の意志に対する、神の契約に対する、また神の約束に対する、しかしまた神の創造の諸秩序に対する固執も表現している。この意味でパウロは「神の賜物と招きとは取り消されない」と書くことができる。民二三・一九は「神は人ではないから……悔いることはない」と述べている。Ｉサム一五・二九では、神の災いの決定に関して同じことが言われている。しかしながらノアの洪水の物語（創六・六以下）とサウルの排斥の物語（Ｉサム一五・一〇以下。Ｉサム一五・三五を参照）においてだけでなく、預言者の諸々のテキストにおいて、繰り返し、悔いについて、したがって神の心境の変化について語られている[220]。その際イスラエルの歴史においてますます明らかになっていったのは、神の悔いの可能性が神の救済の決定に関係せず、神の処罰の義を引き合いにだしていることである。ここには、神の怒りのセルフコントロールによる救いの可能性がある。神の意志のこの方向性は、究極的にイエス・キリストの贖いの死のうちに固定されている[221]。

キリスト教神学の歴史において神の不変性のこの命題は、様々な領域で致命的な影響を及ぼした。アタナシオスは、アリウス論争のなかで、子の生成つまり一人子としての誕生を主張する聖書のあらゆる言明を解釈し直す必要性を感じた。なぜならアリウス派は、子の真の神性に反対する彼らの論拠をそれらに置いたからである(222)。ここから、永遠なる神にとって、受肉にはいかなる変化も結びつけられないというアポリアが必然的に生じた(223)。この出来事が起ころうと、あるいは起こるまいと、永遠なる神にとってなんの違いもなかった。永遠なる神が、子の受難に見舞われるということもありえなかった。さらに神の不変性により、神と人間の関係におけるあらゆる変化は神からではなく、人間からのみ生じうるとの結論が無理やり引きだされた。それゆえ和解は、人間の本性をもつ、人類の代表としての神―人によって捧げられた賠償から始まらねばならなかった（Anselm von Canterbury Med.XI,PL 158, 765 C, vgl. Cur Deus Homo I, 8 ; II, 11）。罪人としての人間に対する神の心構えの変化も、神の不変性のゆえに人間の側の変化から始まらねばならなかった。これはスコラの《gratia creata》の教理の発展のための最も重要なモチーフであった。すなわち魂がその被造的現実のなかで《gratia creata》によって装飾されるときに初めて、不変的神は、それに対し以前とは異なる態度をとることができるのである(224)。近代の初頭、神の不変性の思想はさらに致命的な展開を誘発した。すなわちそれゆえにデカルトは、自然における諸々の変化の原因を専ら被造的諸原因に求めなければならないと考えた。なぜならいったん創造された世界に対する神のいかなる処置も、その不変性と両立しないからである(225)。

神の不変性の表象と異なり、神の誠実の思想は、歴史性も世界の出来事の偶然性も排除せず、反対に神の行為の歴史性と偶然性は、神の永遠と矛盾する必要がない。つまり、もしも永遠と時間は歴史の終末論的完成において初めて一致するとすれば、完成を目指す神の歴史という視点のもとで、神御自身における、つまり内在的三一性と経綸的三一性の関係における、生成のための余地が生ずる。そしてこの枠組のなかで、神について、神御自身は、その子において人間となったとき、それ以前にはなかったものになったと言うこともできる。

神の創造的愛は、まず神の歴史的行為の途上における神の誠実と共に、したがって世界の創造者としての神の義の啓示と共に完成する。なぜなら誠実を通してのみ、持続的なものが生ずるからである。もしも神がその被造物の自立性を欲しているとすれば、その創造者の行為の成功は、決定的にその創造的愛の誠実に、つまり時間の経過におけるその永遠の表現に依拠している。

義と同様に神の忍耐も、神の誠実と緊密に結びつけられている。そのさい忍耐の本質は、特に、忍耐と誠実の双方が時間のなかで動じないこと、つまり諸々の時間の交代における神の同一性と関連しているかぎりにおいて、誠実の本質と近い関係にある。しかしながら誠実と異なり、また義と異なり、神の忍耐はその救済の意図を直接内容としておらず、諸々の被造物の振舞いに関連している。神はその救済の意図のゆえにそれらに耐えるのである。

カール・バルトは忍耐ついてこう語った。「一方が他方に一定の意図をもって時間と空間を与えるところに、一方が他方の応答を待ちつつ、他方のしたいようにさせるところに」（KD II/1, 459）、忍耐は存在する、と。したがって忍耐は、その他者に彼自身の現存在のための空間と、彼の独自性の展開のための時間を与える。もしもその場合に問題になっているのが、無力のままに事物の経過を傍観するやもうえない忍耐ではなく、出来事に十分干渉できるが、それを自制する力強い者の忍耐であるとすれば、そのうえ神の忍耐が、したいようにさせる御自身の諸々の被造物に向けられているとすれば、このような忍耐それ自体がすでに、被造物たちにその独自な現存在を授ける愛のひとつの形態である。したがって神の忍耐は、無関心な寛容でも、変えることのできない諸々の状況を耐え忍ぶ無力な、しかし勇気ある辛抱でもなく、諸々の被造物の現存在を欲する創造者の愛の一要素である。その際その愛は、そのなかでその規定が完成される諸々の被造物の応答を期待している。

古代イスラエルがそれらのなかでイスラエルの神の諸属性を要約的に記述した、確立された諸定式のなかで（出三四・六、詩八六・一五、一〇三・八、一四五・八）(226)、恵み、憐れみ、義と並んで、忍耐も確固とした位置を占めている。神が人間の弱さとその諸々の過ちを大目に見てくれることのなかに、イスラエルは神の選びの愛の本質的観点を認識した。その愛により、民はあらゆる破局と裁きの後で繰り返し新たに始めることができた。しかし彼らは、神の寛容を乱用することは危険であることも知っていた。神の怒りの脅威に直面してのみ、神の忍耐について語ることができるのであり、神の忍耐に対する人間の軽蔑と、人間の悔い改めに対する神の期待は、神の怒りを避けがたいものとする（ロマ二・四以下）。

怒りは神の属性ではない。なぜなら神の行為は一般に怒りによって規定されていないからである。したがって聖書の諸文書において神の怒りは、突発するひとつの情動としても記述される（民一一・一、詩二・一二以下）[227]。神の聖性が侮られるとき、特に神の選びにより神の聖性の周辺に取り込まれた民が、神から離反するとき[228]、神の怒りは「燃え上がる」（出三二・一〇以下、イザ五・二五）。したがって神の怒りにおいて問題になっているのは、不純なものに触れた際に、その聖性が惹き起こす破壊的作用である（注131以下を参照）。神の怒りは、いわば神に対する不誠実の自然法則的な帰結であり（詩七八・七―六〇、士二・一〇―二二）、それは神の憐れみを通して繰り返し中断され、阻止され、あるいはそらされる（詩七八・三八、アモ七・二以下、ホセ一一・八以下）[229]。モーセと預言者たちのとりなし、神の契約の義への訴え、そして神の怒りの前に立たされた民の当惑は、それにより神の恵みの意志が神の怒りの諸々の影響を克服する神の悔いと「セルフコントロール」[230]の動機となっている。すなわち「ひととき、激しく怒って顔をあなたから隠したが、とこしえの慈しみをもってあなたを憐れむと、あなたを贖う主は言われる」（イザ五四・八。詩三〇・六を参照）。神は、繰り返しその民への忍耐に立ち帰る（イザ三〇・一八）。それは、ノアの大洪水の後、それによって人びとに災いをもたらした（創六・六）のと同じ理由で、神が創造の諸秩序を固く保持することを決意し、そして保証している（創八・二一以下）[231]ことと同様である。こうしてテルトゥリアヌスは、忍耐に関する彼の著書のなかですでに創造者による世界の保持を神の忍耐の表現として特徴づけることができた。すなわちそれは、神が「正しい者の上にも、正しくない者の上にも、日の光を注いでいる」（De pat. 2; マタ五・四五参照）ことに表現されている。しかし怒りの抑制は人間の悔い改めを目指している（ロマ二・四。ルカ一三・八を参照）。さらに神の忍耐は、それにより神御自身がその怒りの破滅的諸帰結を止揚するキリストの贖いの死における神の契約に対する誠実さの実証を目指している（ロマ三・二五以下）(232)。たとえ神の赦しの愛が侮られるとしても、神の忍耐は相変わらず、冒瀆者が彼らの諸々の行為をそれに向けて積み上げてゆく最後の審判に影響を及ぼすことがありうる（ロマ九・二二以下。ロマ二・一九、ヘブ一〇・二六―三一を参照）。

神の忍耐は、神の世界支配のためのその機能と共に、それを通して神が世界を基礎づけた知恵に近い関係にある（ヨブ二八・二五以下。箴三・一九以下、知恵八・四を参照）。その知恵は、しかし預言者たちの派遣にも働いていた（ルカ一一・四九）、パウロによると、主の派遣と主の磔刑にも働いていた（Ⅰコリ二・七以下）。この世に隠されている神の知恵は、神の歴史計画（mystērion〔ギ〕）のうちに表現されている（二・七）。この歴史計画は、キリストによって与えられた神の霊を通して（二・一〇、一五）、歴史の結末の先取りのなかで明らかになる。「このようにしてこの神の御心と、神のすでに起こった、そしてまた継続するその遂行を認識するなかで、われわれに、神の知恵の認識が生じてくる」(233)。神の知恵は特に、「われわれとわれわれの罪との関係における……首尾一貫した法則性を越える神の卓越性のなかに」(234)、すなわち罪と災いのメカニズムを越える、神の救済意志と、その実現のための方法の卓越性のなかに現れている。これはまた、パウロが、神の選びの方法に関する彼の詳述の終わりに、突然、神の知恵を称賛し始めた理由である（ロマ一一・三三以下）(235)。そこでは、「神はすべての人を不従順の状態に閉じ込められましたが、それは、すべての人を憐れむためだったのです」（ロマ一一・三二）と言われている

すでに古代イスラエルにおいて、知恵は、宇宙の秩序のみならず、歴史の経過における「時間の決定」とも関係していた(236)。人間には未来を探求できないという事実に直面して、そして特に出来事の経過における行為とその成り行きの諸関連の内的整合性を越えた神の卓越性に直面して、世界の出来事の経過において神の知恵は《隠されている》との印象が強められたにちがいない。歴史の終わりにおいて初めて、歴史の経過の根底にある神の御心が認識されるようになる。その解明の期待は、最後の出来事における、歴史の経過を越えた神の支配の究極的啓示に対する期待と、したがってその神性それ自体の究極的啓示に対する期待と結びついていた(237)。したがって原始キリスト教に

とって、イエスの人格におけるこの最後の出来事の始まりと共に、神の究極的啓示がすでに前もって起こっただけでなく、――それと緊密に関連して――歴史に関する神の御心（エフェ一・九以下）の目標も現れた。それゆえイエス・キリスト自身を、神の知恵（Ⅰコリ一・二四）あるいは神のロゴス(238)の化身として理解することができた。彼において神の憐れみ深い愛は、その目標つまり世界の和解という目標に到達している。したがってカール・バルトの美しい表現を用いると、イエス・キリストは「神の忍耐の《意味》である」（KD IV/1, 487）。歴史の過程に対する愛の力は、神の知恵の支配のなかで実証されるのである。

しかし本当にそうなのだろうか？　キリストの誕生後二千年、人類は、和解されていない世界の像をまだ提供しなかったのだろうか？　キリスト者たちはこれを大きく変化させたのだろうか？　教会自体が世界の諸々の紛争に巻き込まれ、その非寛容と諸々の分裂を通してこれらの紛争をいっそう増殖させ、さらに強化しなかったのだろうか？　キリスト教の愛の神は、世界の経過に対して無力であること、そのうえキリスト者たち自身の生において、またその統一を通して世界のなかでキリストの愛を証言すべき教会の交わりにおいて、無力であることが判明しなかったのだろうか？　事実、これらすべてと共に、聖書の神の啓示の真理は疑問に付されている。本項目の諸々の詳論は、たしかに、聖書の啓示の諸証言に基づいて神に帰されている諸属性を取り扱うことができた。これらの諸属性――善、恵み、憐れみ、義、誠実、忍耐、そして知恵――は、まとめて、「神は愛である」との包括的言明の諸観点として理解されうることが示された。しかしこれにより、この神が、実際にも、世界の永遠で、遍在し、全能である起源と完成者であり、万物を支配し、そして包摂する無限なる方であることが証明されたわけでは決してない。この最後の項目の諸々の説明が一連の聖書の諸証言をほとんど越えようとしなかったことには、理由がないわけではない。ただし第六番目の項目は、神の聖性、永遠、遍在、全能に関する聖書の諸言明を、真に無限なもの――これは、哲学的省察に基づいても、神的諸力に関する諸宗教の諸言明が引き合いにだす諸領域として証明されうる――の諸々の具体化として証明しようとした。

しかしながら、神論一般から、聖書の啓示の神は、愛の神、本当にすべてを貫徹し、そして包括しつつ臨在する方、永遠で全能なる方である――したがって彼が、そして彼のみが真の神である――という証明を期待することができるのだろうか？　聖書の諸々の証言によると、この証明はある教理の論証を通してではなく、歴史における神御自身の行為を通してなされる。原始キリスト教の使信は、たしかに神のこの自己証明は、イエスの歴史において、つまり十字架にかけられた方の復活においてすでになされたという要求を掲げた。しかし原始キリスト教の信信によると、これは最後の出来事の先取りの意味においてのみ言いうることである。この最後の出来事の完成は、依然としてキリストの再臨による神の国の究極的実現において、つまり死者たちの甦りとこの世に対する裁きの結びつきのなかで期待されている。神の国の来たるべき完成のみが、神の神性がすでにイエスの歴史において決定的に啓示されていること、また反対に愛の神は真の神であることを最終的に証明することができる。あの究極的未来への途上において、神に関するキリスト教の使信の真理要求は未解決のままであることを避けられない。神学もこれを変えることはできない。神学は信仰に取って代わることができない。しかし神学は、どの程度まで信仰が、キリスト教の告知の真理要求に対応しつつ、真の理性と自覚的に連携しうるのかを説明しようとすることができる。

(c) 神の一体性

永遠で普遍的な神は――そのような神が存在するとして――本当に「憐れみ深く、恵みに満ち、忍耐強く、善き方」なのだろうか？　愛の神は、本当に全能で、すべてのものに包括的に臨在し、永遠で、したがって真の神なのだろうか？

この問いは、世界の現実において愛の神の神性の証拠が尋ね求められているという仕方で理解することができる。包括的に理解すると、この問いは、歴史のプロセスにおける世界の現実それ自体の経験に向けられている。より限定された意味において、世界の現実と宗教的神告知の関係に関する省察との関連で問題になるのは、あるがままの世界の現実は、少なくとも聖書の神の創造として《考えることができる》のかどうかという問いである。組織神学の以下に続く章はすべて、この問いと取り組まなければならないであろう――それはまず創造論と人間論、しかしまたキリスト論、教会論、そして終末論と続く。なぜなら、あるがままの世界と人間はまだ創造者の愛の意志に対応しておらず、和解と完成を必要としていることは明らかだからである。

しかし冒頭に提起された問いは、より狭い意味においても理解することができる。つまり神の愛に関する諸言明を、神の無限性、聖性、永遠、遍在、全能と思想的に一致させうる可能性に関する問いとして理解することができる。このように捉えることができるとすれば、問題となるのは、神の多数の属性における神の一体性についての問い、特に諸属性と神的愛の思想との関係における神の一体性についての問いである。それらの諸属性は、すでに第六節において、無限なものの思想の具体化として、つまり無限なものを真に無限なものとして考えるという要求の具体化として証明された。この問いは、なお言葉のより狭い意味での神論の枠組に属している。

最初に明らかにされなければならないのは、《神》御自身の《一体性》の思想にふさわしいのはどのような状態なのかということである。そのさい問題になるのは、これまで取り扱われなかったさらにもうひとつの属性なのだろうか？　それは、神的諸属性の教理との関連における神の一体性についての伝統的議論のなかで示唆されてきたことである。しかしながらシュライアマハーは、これに対し正当にも、一体性は決して属性として捉えることはできないとの異論を唱えた。すなわちそれは、「厳密に言うならば、単に一定の数で数えられるような事物の属性ではありえない」(239)。一体性あるいは多数性は決して量ではなく、質のカテゴリーに属する。しかしながら、もしも神は多数のなかのひとりであると言うべきではないとすれば、神の数量的一体性について語ることもできない。それゆえすでに古プロテスタントの教義学は、数量的一体性と超越的一体性を区別して、後者のみを神に当てはめた(240)。すなわち神はひとりであり、それ自体として他のものから区別される。もちろん一体性のこの思想は、神にのみ限定して適用されなければならない。真に無限なものの思想から明らかになるのは、あるものと他のものの区別も、真に無限なものとして考えられるべき神に無制限に当てはめることができないということである。神は、他のもののなかのひとりではないひとりとして、《絶対的なもの》として考えることができる(241)。絶対者はひとりであり同時にすべてである(242)。しかしそれは、ひとつのなかのすべて（これは汎神論である）ではなく、ひとつとすべての相違の彼方において考えられるべきである(243)。したがってそれは、同時にすべてを包括する一者として考えられるべきである。このような諸定式はもちろん論理的諸要請にすぎず、これらの諸要請は、絶対的一体性の思想の分析に基づいて展開されるが、可能なものとしては、つまりそれ自体において首尾一貫したものとしては証明されない。なぜならその推論の際に、いつもすでに多数（量）と普遍という対立概念が関与しているからである。しかしながら、神の一体性を属性としても数としても考えることができないことは明らかである。絶対的一者としての神の思想は、唯一性と共に、さらに、聖なるものの表象のうちにある唯一性と無比性の契機をいつも含んでいる。しかし絶対的一体性の概念における諸々の難点は、その多数との関係と結びついている。一体性それ自体についての単なる省察にとってそれらは依然として解決不可能なものであろう。

聖書の理解によると、神の一体性は神の啓示の行為の前提としてのみならず、一貫してその内容として表象されている。モーセが神の名前について尋ねたとき、それに対してヤハウェは、「わたしはある。わたしはあるという者だ」（出三・一四）と答えた(244)。それは、歴史における神の諸々の働きを通してなされる神の自己同一化を参照せよ、という意味であった。この同一性は存在概念の無時間的同一性ではなく、神の歴史的行為における神の誠実を通して現れる神の真理の自己同一性である。この歴史的行為は、神の熱心な聖性、善、忍耐、義、そして知恵によって特徴づけられている。神の唯一性に対するイスラエルの信仰告白もこれと関係づけられている。すなわち「聞け、イスラエルよ。われらの神、主は唯一の神である」（申六・四）。ヤハウェの《唯一性（Einzigkeit）》は初めから表現されており、それは同時に――イスラエルの宗教史の進展のなかで――自らと並ぶ他の神々に決して耐えられない熱心な聖性の結果でもあった（申六・一五、出二〇・五）。そのかぎりでイスラエルの神の唯一性とその愛の間にひとつの関連が存在する。つまりその関連は、唯一の神性と、神が自らを啓示した人びとによるこの神性の承認に対する、その愛に基礎づけられた要求（さらに、マタ六・三三＝ルカ一二・三一、マタ六・二四＝ルカ一六・一三、を参照）を通して生まれてくる。そのさい神の愛はイスラエルを越え、その被造物全体に向けられている。選ぶ神の義と自己同一性は神の誠実を通して証明される――それは、神によるイスラエルの選びに対する誠実だけでなく、神の選びの行為が、この民の選びという手段を用いて目指している神の全被造物に対する誠実である。神の名の同一性のために（イザ四八・九。イザ四三・二五、エゼ三六・二二以下、を参照）、神は、神に選ばれた者と、しかしまた神の全被造物を、無価値なものに委ねず、世界の和解のために神の子を派遣することにより、神の被造物が神から離反することを克服する。愛による和解の一体性――世界を包括し、そしてそれゆえに神と世界の間の対立を橋渡しする和解の一体性――を通して、世界との関係における神御自身の一体性が実現される。このようにして、神の一体性のまずは抽象的な表象――他の神々および世界の多数性と対置されているにすぎないそれ自身においてバラバラな現実としての神の一体性の表象――が克服される。神の啓示の行為において自らを啓示する神の愛を通して、神の一体性はその他のものとの対立を超越する真に無限なものの一体性として構成される。

もしも神の一体性が、神的愛の働きのなかで初めてその複雑に展開される具体的形態を獲得するとすれば、神的本質のその他の諸属性に関しても、次のことが明らかになる。つまりその諸属性は、神の愛の諸々の現象形式であるか、あるいはその具体的顕現は神の愛の支配のなかで止揚されるというかぎりにおいてのみ、その真の意味で捉えられうる。後者は徹頭徹尾、神の無限性の諸属性に当てはまる。

こうして神の《全能》と《遍在》の論究において、これらの諸概念と結びついた問題は、その三一論的解釈を通して初めて、したがってまた神の愛の表現としてのその解釈を通して解決されることが明らかになった。三位一体論によって初めて、そのさい神と被造物の持続的区別が維持されるという仕方で、父としての神の彼岸性と、被造物のもとでのまた被造物のなかでの神の臨在を、子と霊を通してひとつにすることが可能になる。同様のことは、神の全能の理解にも生じた。その被造物に対する超越的父としての神の力は、子と霊の業を通して初めて完成される。なぜならそれは、そのようにして規定するものと規定されたものの一面的対立から初めて解放され、神の創造意志における神の同一性は目標へと導かれるからである。

神の《永遠性》の理解にも同様のことが当てはまる。すなわち、永遠と時間の対立は子の受肉によって止揚される。父とその御国の未来は子を通して人間のもとに臨在する。その際その未来は、キリストの黄泉への降下の表象が表現しているように、それ自身のうちにあらゆる過去を取り込むだけでなく、人間の現在へと入り込む。そしてその結果、それ自体が過去となり、霊の働きによる現在化と栄光化を必要とするようになる。神の愛の知恵によると、神的救済の行為の経綸における永遠と時間の対立の止揚は、創造者と被造物の対立の和解である。

最後に、同様のことは神の無限性それ自体の基本的言明にも当てはまる。真に無限なものの思想は、つまり無限なものと有限なものを単なる対立としてではなく、この対立を同時に超越する一体性として考えることを要求する真に無限なものの思想は、まず単なる要求、つまり思惟にとって一見逆説と思われる課題を含む。それは、無限なものと有限なもののこのような一体性が——対立する二つの項の間に存在する相違を消すことなく——どのようにしてそれ自体において統一的な思考において考えうるのかという問いに対して、その抽象的論理的形式においてまだいかなる解答も提示していない。この課題は、ヘーゲルが考えたように、概念および推論の論理によっては解決されない。理念における概念と現実性の完成された一体性は、それ自体依然として形而上学的論理学の単なる要請にすぎない。そのさい理念に帰されなければならないダイナミズムは、たしかに論理学の限界を乗り越えていく。それはまったく別の分野において初めて見出される。それは霊のダイナミズム、つまりこの語の旧約聖書の意味での霊のダイナミズムであって、思惟との融合という意味でのそれではない。このダイナミズムは、聖書の神の熱情的聖性のなかでより具体的に明らかになる。真に無限なものの思想を内容で満たし、それにより、その形式に従っても首尾一貫した思想であることを証明するという課題は、ひとつの解決を見出す。ただしそれは、神的愛の思想を通して初めて可能になる。その愛はもちろん神的愛としてのみ無限なのであり、それは、その諸々の生の実践の三一論的豊かさのなかにある無限の愛としてのみ神的愛である。神的愛は、その三一論的具体性――父のみならず、まったく同様に子の（それにより子が父と結びつけられる子の自己区別のなかでの）、そして、自発的に父と子の栄光をたたえる霊の自由のなかでの具体性――のなかで、無限なものと有限なものの緊張関係を、それらの相違を排除せずに含んでいる。それは神とその被造物とのあの一体性であり、この一体性は、神的愛が被造物をその特異性において永遠に肯定し、そしてそれゆえに、たしかに神からのその分離を排除するが神からのその差異は排除しない、ということに基礎づけられている(245)。

愛は、それがその世界関係において神的一体性の具体的形態を実現することにより、同時に、多数の神的属性を神的生命の一体性へと止揚することが判明する。その区別は単純に消えず、神的愛の生命の充溢の契機としてのみその現実性を有する。同様に、本質概念の相対性、本質と属性の相違、そして本質と現象、本質と現存在の異なる相違は、神的愛の三一論的ダイナミズムのうちにその具体的真理を有する。その愛は次のような本質である。つまりそれは、その現象においてのみ、その現存在の諸形態において、すなわち父と子と霊においてあるがままの本質であるような本質である。その本質は、諸属性が現れるときにそれらに自らを徹底的に与え、そして顕現する。神は愛であるがゆえに、かつてその自由において世界を創造した後では、最終的にもはやこの世界を抜きにして御自身の現存在をもとうとせず、世界を変革する完成のプロセスのなかで世界に対向し、また世界のなかに臨在する。

愛の思想は、神の現存在および神の諸属性と神の本質の一体性と、したがってまた内在的三一性と経綸的三一性の一体性を、その固有な構造と基礎づけにおいて考えることを可能にする。ここから明らかになるのは、神的愛の思想は三一論的に構造化されていることが証明され、そしてその結果、神の三一論的生命は神の愛の展開として考えられうることである。他方、愛の思想は、世界との神の関係を神に基礎づけられたものとして考えることを可能にする。

しかしながら三一論的神理解から、どのようにして神の世界関係が考えうるのか、それはまだ明らかにされていない。

しかし、聖書の啓示に基礎づけられた父、子、霊の三性によって神の一体性はどのようにして神学的に維持されうるのかという問題が生じた後で、また神の本質を愛とみなすヨハネの同一化からこの問題の解答が生じた後で、今や、神の世界関係における神的諸位格の機能についての問いが、また内在的三一性と経綸的三一性の関係における神的生命の一体性を仮定する一定の形態についての問いが、再び提起される。この問いの遂行と関係するのが、世界の創造、和解、そして救済という一連の教理による教義学の展開であり、これは本巻以降の課題である。神の愛は、神の国における世界の完成と共に初めてその目標に達するのであり、それと共に神論も終わりに到達する。これによって初めて、真に無限なものとしての神の認識は完成される――この真に無限なものは、有限なものの世界を自らに対向するものとして有するのみならず、そのようにしてそれ自身が有限なものになる。そのかぎりで、キリスト教の教義学はそのあらゆる部分において神論である。神の現実についての問いも、つまり世界における神の現存在――それは無神論的批判によって特に挑戦的な仕方で明らかにされた異論に直面している――についての問いも、もし神が愛として、したがって真に無限なものとして考えられるとすれば、終末論的な世界更新の出来事のなかで初めてその究極的な答えを見出すことができるであろう。創造から終末論的完成に至るまで、世界の歴史のこの目標に至る途上で、三一論的位格――父、子、聖霊――の諸々の特異性もますますはっきりしてくるのであり、その結果、終末論を扱うその終わりに至るまでの組織神学の過程からも、神が愛であるとはどういう意味なのかということについて、より明確で詳細な理解が期待されるであろう。

訳者あとがきに代えて

パネンベルク「小自叙伝」が語りかけるもの

1　はじめに

「自叙伝」と言われる作品には、当然、著者の意識的ないし無意識的「作意」が働いている可能性があります。したがってそこに記されている事柄をそのまま鵜呑みにすることはできません。しかし、たとえそこにフィクションの問題が生じるとしても、それをも含めて、ある自叙伝をその著者の関心および問題意識の表現として読むことができます。

パネンベルクの友人であったユルゲン・モルトマンは、『わが足を広きところに――モルトマン自伝』（蓮見幸恵・蓮見和男訳、新教出版社、二〇一二年）という自叙伝を残しています。わたしはこの自伝に触れたとき、大きなショックを受けました。それまで、この二人のプライベートな関係を知らずに彼らの著作を読んでいたからです。しかもこの自伝の内容から推測すると、二人はお互いの神学の違いを十分に知りながら、しかもその違いを楽しんでいるかのような印象を受けたからです。現代神学を学ぶ難しさを思い知らされました。彼らは、あえて自らの理解を相対化する状況に置いているかのようにさえ見えます。もしそうだとすれば、それを「あれかこれか」といった枠組だけで捉えるのは、あまり生産的でないことになります。

パネンベルクは、残念ながら、本格的自伝を残さずに亡くなりました（二〇一四年九月五日）。間もなく本格的評伝が出版されるとのうわさも聞こえてきません。今のところ残されているのは、これから紹介する「小自叙伝」と、それと類似の内容を含む小論だけです。このわずかな資料から本当に彼の問題意識の核心に触れることができるのかどうかと問われるならば、はなはだ心もとないのですが、やってみる価値はあると考えています。というのは、そのよう試みから、新たな「語りかけ」が聞こえてくるかもしれないからです。もちろんそれを聞くのはこの「わたし」であり、皆さんには同じものから別の声が聞こえてくるはずです。

今回、このような試みを思いついた背景には、訳者の学生時代の経験があります。それは、今から、約四十五年以上も昔の話です。ある講義で聞いた恩師たちの発言です。それは、カトリックの神学者の書いた『三位一体論』の著作をテキストとして、そもそも組織神学とは何かということについて共に考える講義でした。十数名の学生の他に三人の教授たちが加わり、学生の発題を受けて全員で自由に討論するという授業でした。その議論の過程で、ある教授が、組織神学を学ぶ方法について次のようなひとつの譬えを語ったのです。「まず、神学を学ぶには、神学という海に飛び込み、深くもぐり、そして浮かび上がって、自らの手足で泳ぐことが大切だ。先ずもぐらずに、泳ぐことはできない」と。

これはひとつの譬えですので、もちろん様々な解釈が可能です。わたしは折に触れて、この譬えを自己流に解釈し、あれこれと「つぶやいて」きました。

たとえば、パネンベルクの膨大な著作に触れるには、どうすればよいのでしょうか？　K・バルトの著作の場合には、「そのうち金太郎飴のように見えてくるはずだ」と言われました。「そのように見えるまで読め」ということなのでしょう。いずれの神学も、ある根本的主張を含んでいるという意味で、これはすべての神学に当てはまることなのかもしれません。しかし学生にとって、極めて限られた時間のなかで、すべての神学にこのような仕方でアプローチすることは物理的に不可能です。それは自殺行為に等しいチャレンジです。結局、実際には、ある特定のテキストに絞って読み込むほかなくなり、遂には、辞書風の「まとめ」に頼らざるをえなくなります。しかも日本では、今のところ、パネンベルクの神学に「好意的なまとめ」はほとんどみられず、「批判的なまとめ」がわずかにあるだけです。

この状況において、この「小自叙伝」を読むことは、パネンベルクという「海」に飛び込んで、しかも溺れないための、準備体操になるかもしれません。あるいは「水面」に顔を出したときに、自分がはたして十分「もぐる」ことができたのかどうかを確認するきっかけになるかもしれません。ゆっくり読んでみてください。

なお、この訳文の頭についている番号は、最後に、わたしがそこから聞いた「語りかけ」を紹介する際に、説明しやすくするために便宜的に付したものです。原文にはついていません。翻訳のテキストとして用いたのは、"An Autobiographical Sketch"（The Theology of Wolfhart Pannenberg, Carl E. Braaten / Philip Clayton, Editors, Augusburg Publishing Hous, Minneapolis, 1988, p.11-18）です。

2 「小自叙伝」

① わたしの生まれた町シュテッティン（Stettin）は、東ベルリンから二時間弱のところに位置し、かつてはドイツに属していた。この場所は、ドイツではなくポーランドの一部となっており、今では非常に遠くなったように思われる誕生の地を思い起こすと、どうしても悲しみの感情に襲われる。わたしはそこでわずか七年ほど過ごし、その後、わたしの家族は、東に数百マイル離れたシュナイデンムール（Schneidenmuhl）に引っ越した。その地は、当時、ドイツとポーランドの国境に近かった。わたしの父は、わが家がドイツの西の国境に近いアーヘン（Aachen）に引っ越さなければならなくなるまで、さらに四年間、税関の役人として働いた。一九三六年と一九四二年の間、わたしは始めて歴史小説を読み、わたしの想像力は、何時間も中世と近代初期の歴史に浸った。七歳のとき、ピアノのレッスンを受け始め、アーヘンにいる間、音楽がわたしの生活のなかで最も重要な関心事となった。それがあまりに強かったの

で、わたしの父は、わたしが学校の勉強をおろそかにするのではないかと恐れた。わたしは作曲のレッスンの補習も受け、自分で幾つかの小さな作品を書いた。またわたしは、当時はまだ無名であったヘルベルト・フォン・カラヤンの指揮するアーヘン・シンフォニー・オーケストラの演奏を聴くために、足しげく演奏会場にかよった。彼はその当時、常任指揮者であった。しかしまたそれは、戦争が始まった時でもあった。一九四〇年の五月、ドイツ軍が町を通っていった。数週間の後、わたしと父は、住んでいたアパートの屋根にのぼり、英国軍の最初の空襲によって、いたるところ火の海となったアーヘンの町を見た。

② 一九四二年、わが家はベルリンに引っ越した。その次の冬、学校は街から田舎へ疎開させられた。その冬、わたしのクラスはシュレージエンの山で過ごし、わたしはそこでスキーを学び、次の夏には東ポメラニア（Pomerania）のバルト海にいた。次の冬学期にはベルリンに移動し、街はますます空襲に苦しめられるようになった。一九四四年三月初めのある日、わたしの家族は、ベルリンの西郊外にあった自分たちの家を失った。わたしたちはかろうじて逃げ出し、それから数か月、ポメラニアの親戚たちのところに身を寄せた。わたしは、偶然、そこにおいて初めて哲学の本に出会った。それは、公立図書館で、音楽関係の読み物を捜しているときだった。それまで知らなかった――もちろん、わたしの知らなかった――著者の、好奇心をそそるタイトル（The Birth of Tragedy from the Spitit of Music）が目にとまった。それに続く何ヶ月もの間、手に入れることができたニーチェの書物をすべてむさぼり読んだ。その間に、わたしたちはその地域の小さな町で新しい家を手に入れた。わたしの父は最終的に軍隊に召集された。その近くの別の町で、わたしは音楽のレッスンを継続し、学校に通い、そして初めてガールフレンドとデートをした。一九四五年の一月始めまで、静かな冬であった。一月六日、（電車に乗る代わりに）学校から家へ歩いて帰る途中で――それは歩いて数時間かかる距離だった――、途方もない出来事が起こった。わたしは、沈み行く夕日の光のなかに吸い込まれてゆき、永遠の一瞬、わたしを取り囲む光のなかに溶け込んでゆくのを感じた。再び有限な自分の存在に気づいたとき、何が起こったのか分からなかった。しかしそれは、わたしの人生のなかで最も重要な出来事で

あることを確信した。その後、それがわたしにとって何を意味するのかを見つけだすために、多くの歳月を費やした。しかしまず、その数週間後、わたしの母は、ずっと年下の妹たちと共に田舎のその場所を急いで離れなければならなくなった。オーデル川の西にある町ヴォルガスト（Wolgast）にいたソ連軍の素早い侵攻を避け、遠くへ避難するために、他の多くのドイツ市民たちと共に逃げださなければならなかった。わたしは十六歳で兵士となり、訓練を受けたが、疥癬に罹り、戦闘要員とならずに、生きのびることができた。しかしわたしの部隊の戦友たちは、ソ連軍がオーデル川を渡ったのち、数日後に戦死していた。その代りにわたしは、西ドイツの病院に送られ、そこで英国軍の捕虜となり、一九四五年の春を過ごした。夏の初めに解放され、秋の始めに東側に戻った。わたしは家族を取り戻し、さらに二年間学校に通った。ソ連の支配地域にいたわたしたちは、すべての国民と同様に飢えていた。

③　まさにこの二年の間に、わたしは学校においていっそう注意深くなっていた。わたしはカントを読み、そして自分自身の未熟なアイデアを書き始めた。自分の生涯のなかで初めて、――わたしの両親は、一九三〇年代の初期に教会を離れていた――わたしはキリスト教を学ぶことに興味をもち始めた。というのは、ドイツ文学を担当したわたしたちの先生は、キリスト者であったにもかかわらず、わたしがニーチェから受け取ったキリスト教的心性のイメージと合わなかったからである。わたしの諸々の期待に反して、この先生は、明らかにあらゆる形の充実した人間的な生活を楽しみ、そしてそれを高く評価していたからである。キリスト者の精神に関するニーチェの記述によると、先生がそのようなことをするとはとても考えられなかった。わたしは、これについて答えを見つけださなければならないと決意した。しかしまだ、一九四五年、一月六日のあの異常な経験のもつ意味について、なんとかしてそれを解こうともがいていた。こうして一九四七年の春、わたしは、東ベルリンのフンボルト大学の、哲学のコースだけでなく、神学のコースにも登録することにした。まもなくわたしは、キリスト教の探求に心を奪われ、残りの生涯を神学者として生きるしかないと感じていた――わたしは、少なくとも同じ集中力をもって哲学的研究を続けたにもかかわらず。

④　一年半の間、わたしはベルリンで学生として過ごした。そこでわたしは、先生たちから、また友達から、そして最も重要なことであるが、本当に尊敬していたわたしのひとりの叔母から、マルクス主義と真剣に取り組むように誘われた。わたしは、若きマルクスから『資本論』まで、またレーニンとスターリンのすべての書物を読もうとした。初期マルクスのヒューマニズムはまちがいなくわたしに深い印象を与えた。わたしの回りに見られる直接的な証拠にもかかわらず、生活のあらゆる事実に対する説明を提供しているひとつのシステムの知的輝きに、わたしは魅了された。マルクス主義の経済理論に反対する批判的議論の重みを感じ始めるまで、わたしはかなりの時間を必要とした。そしてそのとき初めてわたしは、マルクス主義が政府の抑圧的なシステムを正当化することに役立っているという、マルクス主義のイデオロギー的機能にいっそうはっきりと気づくようになった。この点で、わたしがマルクス主義の思想の魅力から解放された後で、わたしがマルクス主義の文献を広範に読んだことが、わたしのその後の生涯に――一九六〇年代後半の学生運動の間に、そしてその後では、解放の神学の潮流が台頭してきたときに――役立ったことをわたしは疑っていない。

⑤　一九四八年、わたしは一年間ゲッティンゲンに行った。そこでわたしは、フリードリヒ・ゴーガルテンとニコライ・ハルトマンから、その当時最も博学なドイツ哲学を学んだ。これはまったくの偶然であるが、ルターに関するヨアヒム・イーヴァントのセミナーにおいて、わたしに課題として出されたテーマは中世のスコラ主義であり、それはわたしの博士論文と大学教員資格試験のための論文の研究分野となった。ゲッティンゲンでの学びの後、世界教会協議会の奨学金を受けて、バーゼルで一学期を過ごすことができた。バーゼルに行く前に、その時までに出版されていたカール・バルトの『教会教義学』のすべての巻を読んだ。わたしはバルトを大いに称賛し、それをやめることはなかった。しかしすでにバーゼルにおいて、彼の思想には哲学的な厳密さが欠けているように思われ、わたしは不満を覚えていた。哲学の指導教授であったカール・ヤスパースも、哲学の厳密さの点で卓越しているとは言えなかったが、彼には、より多くの直観的証拠とヴィジョンの広がりがみられた。

⑥　一九五〇年の秋、わたしはハイデルベルクで研究を続けた。それは神学の研究を始めて四年目の年であった。いくつかの試みにもかかわらず、組織神学、哲学、そして教会史に加えて、聖書釈義を本気で学び、それに熱中するというわけにはいかなかった。しかしながら、ゲルハルト・フォン・ラートの幾つかの講義に出席した後で、突然、ひらめくものがあった。わたしは新しい世界、古代イスラエルの諸々の伝承と歴史を発見した。なぜならフォン・ラートは、聴衆にそのエキゾチックな魅力を独特な仕方で伝えたからである。すなわち古代イスラエルの精神・心がエキゾチックなものとして提供され、しかし同時にそれは、われわれの現代の経験の世界よりもいっそう現実的なものとして提示されたからである。このようにして旧約聖書が、ラートの審美的技術を通して、数えきれないほどの学生たちの心のなかに生き生きとよみがえった。この経験に基づき、最終的に新約聖書も、わたしにとって意味のあるものとなり始めた。《歴史》は、あの時代のハイデルベルクの聖書釈義のコード名であった。わたしの耳には、それはカール・レーヴットの歴史哲学の講義のように響いた。ハイデルベルクの組織神学には、残念ながら、その新しいアジェンダ（協議事項）に対応する準備がまだできていなかった、あるいはわたしたち学生たちにはそのように思われた。こうして学生たちのあるグループは、自分たちのために、フォン・ラートの釈義のヴィジョンに基づいた組織神学はどのようなものになるのかを見出そうとした。これが、いわゆるハイデルベルク・サークルが活動し始めたいきさつである。しかし「歴史としての啓示」の観点から神学を考えるわたしたちの新しいアプローチが書物としてまとめられたのは、一九六一年のことであり、すでに十年の歳月が過ぎていた。わたしたちは、それは、自分たちが議論してきたあまり挑発的でない諸問題のひとつであると考えていた。

⑦　その間に、わたしたちの大部分はハイデルベルクを離れていた。わたしはドゥンス・スコトゥスに関する博士論文を一九五三年に仕上げていた。エトムント・シュリンクは、アカデミックな研究を続けるようにわたしを励ましてくれた。組織神学を教えるために、わたしは別の学術論文、つまり大学教員資格取得のための論文を提出しなければならなかった。その焦点は、再び中世研究の領域に絞られた。しかしその主題である「類比の教理」は、カール・

バルトの思想に真剣に取り組もうとしていた初期の試み以来、わたしにとって重要なテーマになっていた。一九五五年、類比概念の批判的歴史の第一草稿は教授会によって受理された——この主題は、シュリンクがわたしに、研究し、そして書くように勧めてくれたものである。わたしは講師となり、ハイデルベルクでわたしが提供した最初の幾つかの講義との関連で、その企画について研究を続けた。哲学と神学の双方における類比の概念史は、一九六〇年代の初期まで、わたしの研究の主要な焦点であり続けた。啓示概念を修正するようにとのハイデルベルク・サークルによる慎み深い提案が、あらゆる方面から予期せぬ抵抗と論駁に出会ったとき、わたしは出版計画の優先順位を再び調整することを決心した。類比の概念史が出版されることは決してなかった。しかしそのための準備は、わたしの専門教育のコースにおいて非常に貴重なものであり続けた。なぜならそれによりわたしは、ソクラテス以前から現代に至るまでの思想の歴史に精通することができたからである。

⑧　また一九五五年には、ハイデルベルク大学の礼拝堂で按手礼を受けた——この礼拝堂において教授会のメンバーは、交代で説教をした。その前の年、わたしは、英国とフランスの言語と文学のコースに属していた学生と結婚した。彼女に出会ったのは、ハイデルベルクに着いた最初の冬である。わたしの妻は、その後ずっと、わたしが研究に集中し、そしてそれを進めることができるような環境と生活スタイルを造りだすことに彼女の生涯とエネルギーを捧げてくれた。彼女がいなければ、わたしは決して感情の面での安定と規律を獲得することはできなかったであろう。それらは、詳細な知的ヴィジョンを作りだすうえで不可欠なものであり、特にそれ以来、ヴィジョンそれ自体が詳細な研究のなかでのみ形成されるようになっていった。

⑨　ハイデルベルクの教授陣のなかで、わたしが今もなお感謝しているのはゲルハルト・フォン・ラートとハンス・フォン・カンペンハウゼンである。カンペンハウゼンは、キリスト教の教父神学、つまり信仰と理性の二またに分かれてない神学へのわたしの熱中と称賛に火をつけた。そしてもうひとり、エトムント・シュリンクの名を挙げておきたい。彼は、わたしの博士論文作成の最終段階でわたしに助言と、組織神学のなかで研究を続ける勇気を与えて

くれた。わたしは、ルター派の信仰の幾分狭い限界と思われた内容を前提として、神学の課題を考えることはできないと考えたにもかかわらず、シュリンクは、様々な仕方で、しかも重要な手段を通して、わたしの思想に影響を与えた。特にエキュメニカルな対話と、他の諸学問との対話、特に自然科学との対話を紹介してくれた。

⑩ ハイデルベルクでのわたしの講義は、繰り返し中世神学史に捧げられた。わたしの残された人生をその特定の分野の研究に捧げることはむずかしくなかった。そのコースは特にプロテスタント神学の近代史とも関連していた。しかしわたしは、ルター派の宗教改革に関わるコースも担当しなければならなかった。近代神学の発展におけるヘーゲルの思想の重要性を、しかし主に神学へのチャレンジとしてのそれ（ヘーゲルの思想の重要性）を認識するようになったのは、まさにこの関連においてであった。わたしは決してヘーゲル主義者にならなかった。しかしわたしはこう決心した。つまり神学は、少なくともヘーゲルの哲学と同じく洗練されたレベルで展開されなければならず、その目的のために、わたしは彼の諸々の著作を注意深く、そして繰り返し研究した。わたしの諸々の出版物もこのことを証言しており、その結果、わたしはヘーゲル主義者であるとの凝り固まった偏見が現れ、それはわたしの思想のもっと重要な哲学的ルーツを事実上覆い隠してしまった。

⑪ 一九五八年、わたしはヴッパータールのセミナリーにおいて組織神学の教授となった。そこでわたしは、三年間、ユルゲン・モルトマンと共に教えた。わたしの厳密に組織神学的なプロジェクト、つまり人間学とキリスト論を研究し始めたのは、この期間であった。しかし、キリスト教神学の全体と倫理学も取り扱うという課題に直面しなければならなくなったのは、一九六一年にマインツ大学に招聘されてからのことであった。それは極端に過酷な課題であり、諸々のテーマの全範囲がひとつの神学図式に当てはまり始めるまで、多くの歳月を要した。わたしの経験では、最も扱いにくい困難な主題は神論であった。わたしたちは、十分な確信をもってあえて神論を展開することができる前に、他のすべての分野の、つまり神学だけでなく哲学の体系的考察・評価を、そして自然科学および社会科学との対話の体系的考察・評価をまず獲得しなければならないことを、わたしは間もなく確信した。事実、一九八〇年代の

初期になって初めて、この領域において足元が固まったという感じをもち始めた。たしかにわたしは、ずっと以前に、つまり一九六八年に、神の思想に関する省察をまとめ、それを出版していた。特にそれは、未来の力としての神についての省察であった。しかしそれは、他の諸分野の省察からの大胆な外挿法（未知の事柄を既知の事柄から推測する方法）を用いて行われた。すなわちイエスの宣言からと、ヴィルヘルム・ディルタイによる経験の歴史性の分析からの外挿法という観点から行われた。神の思想をそれ自体として取り扱った議論に関する書物を出版したのは一九八八年の春のことであり、それは形而上学に関する小さな書物と、わたしの『組織神学』の第一巻のなかで行われた。いずれにせよ、神の教理に関して決定するまで、神学における他のすべては不安定なままである。

⑫　この序論において、出版されたわたしの書物を広範に取り扱う必要はない。またわたしが、なぜ『組織神学』全三巻のテーマとしてキリスト論、人間学、そして神学的方法論に焦点を当てたのかを説明する必要はさらにない。わたしの考えでは、組織神学を生みだすことができる前に、諸々の必要な段階があった。もちろんもっと広範な取扱いを受けるに足る、そしてわたしが絶対に欠くことができないと考えた他の多くの主題がある。同じことは、原則として形而上学にも当てはまる。長い間、幾人かのアメリカの友人たちは、わたしの神学的アプローチに含まれる形而上学的諸含意をより詳細に論ずるようにしきりに促してきた。この方面での最初の努力の結果は、一九六五年の「存在論と終末論」のコースで提供された。一九六三年、シカゴ大学の客員教授として初めてアメリカに行ったとき、プロセス神学と出会い、それはこのような冒険的企画の重要な誘因となった。形而上学的伝統に対するカントによる批判の妥当性はどのように評価されるべきなのか、そして特にその批判の諸限界は何なのかという問いと折り合うことができるまで、形而上学的問いを再検討することはとても不可能であると感じていた。わたしの考えでは、ホワイトヘッドは、カントを十分真剣に受け止めていなかった。わたしの理解のなかでカントの批判の諸限界が明らかになったのは、ようやく一九八〇年代の初めになってからのことである。同時に、人間学の書物を書きながら、次のことをさらに確信するようになった。つまり、自分を意識する主体性の原理は、ドイツ観念論の伝統全体のケースにみられ

たように、形而上学のあらゆる議論の最終的基盤として受けとめられる必要はなかった。

⑬ アメリカの神学と文化の経験、一九六六年にはハーバード大学の客員教授として、一九六七年の始めと一九七五年にはクレアモント大学の客員教授として教えたとき、またほとんど一年おきにアメリカでおこなった講演旅行を通して、深められ、そして拡大された経験は、わたしの哲学思想に貢献したというだけでなく、他の多くの点で、特に文化的遺産と伝統の観点から、また教会の相互作用から、キリスト教のエキュメニカルな状況を理解するという点で、重要であった。アメリカでの経験のインパクトは、世界教会協議会への参与と共に、単に自分自身の教派的伝統だけでなく、キリスト教共同体全体に関わる神学者として自分の仕事を捉えることを助けてくれた。わたしは、もちろんわたしの思想がルター派の信仰に根差していること、そしてドイツ・プロテスタントの神学の歴史と深く結びついていることを知っている。しかしわたしは、両者においてあまりに狭すぎると思われることを自由に批判することができるとも感じている。ときどきわたしは、ヨーロッパの学問的スタイルで神学を続けていると非難されてきた。たとえそれがひとつの罪であるとしても、わたしはこのような罪を告白することに良心の咎めを感じていない。わたしたちの時代の神学者は、誰もが、神学にたずさわりながら（in doing theology）、グローバルなキリスト教共同体のことを考えるべきである。しかしわたしたち各人は、彼あるいは彼女自身の文脈のなかでそれを行わなければならない。そのときわたしたちは、その文脈の特殊性に捉われずに、普遍的真理を要求しうるのは何であるのかを探求し、それを表現しようとする。教会の歴史において、福音によって征服された文化は、いずれも、キリスト教の伝統が累積していくプロセスの一要素に変えられてきた。このようにして現代のキリスト者は、ギリシャ・ローマの古代の諸々の文化的栄光を受け継いできた。そしてわたしたちのキリスト教文化は、その記憶を生き生きと保つうえで重要である。同じような仕方で、ヨーロッパのキリスト教文化は、どこにおいてもキリスト教界の遺産の一部であり続けるであろう。

3 「小自叙伝」が語りかけるもの

以上が「小自叙伝」の概要です。次に、これを翻訳しながら聞こえてきた「語りかけ」を、各段落の順序に従ってメモ風に記してみます。ひとつの素朴な反応として読んでみてください。パネンベルクの神学への関心が深まるきっかけになることを期待しています。

七歳（一九三五年）からピアノのレッスンを受け、「当時はまだ無名であったヘルベルト・フォン・カラヤンの指揮するアーヘン・シンフォニー・オーケストラの演奏を聴くために、足しげく演奏会場にかよった」と語るパネンベルク。彼にとって、そもそも音楽はどのような意味をもっていたのでしょうか？　このように問うのは、この後に続く②の記述によると、彼はその後もずっとピアノのレッスンを受けているからです。そしてさらに、この音楽への傾倒が、哲学への関心を呼び起こしているからです。「パネンベルクの音楽論」あるいは「パネンベルクの芸術論」といったテーマを想定することは、そもそも無理なのでしょうか？　彼はモーツアルトに魂を奪われることはなかったのでしょうか？

①の記述は、音楽の話に続いて、「一九四〇年の五月、ドイツ軍が町を通っていった。数週間後、わたしと父は住んでいたアパートの屋根にのぼり、英国軍の最初の空襲によって、いたるところ火の海に包まれたアーヘンの町を見た」と結ばれています。そこには、何の特別な感情表現もみられません。これはどう理解すればよいのでしょうか？　あたかも音楽の世界が、戦争というあまりにつらく残酷な現実から距離をおくことを可能にしているかのようです。これもわたしの勝手な想像にすぎないのでしょうか？

②に記された戦争関連の深刻な記憶にも、特別な感情表現はでてきません。それどころか、それに続いて、一種の自然神秘主義的体験が、深い感動をもって記されています。彼はこう語ります。「一九四五年の一月始めまで、静かな冬であった。一月六日、（電車に乗る代わりに）学校から家へ歩いて戻る途中で――それは歩いて数時間かかる距離だった――、途方もない出来事が起こった。わたしは、沈み行く夕日の光のなかに吸い込まれてゆき、永遠の一瞬、わたしを取り囲む光のなかに溶け込んでゆくのを感じた。再び有限な自分の存在に気づいたとき、何が起こったのか分からなかった。しかしそれは、わたしの人生のなかで最も重要な出来事であることを確信した。そのあと、それがわたしにとって何を意味するのかを見つけだすために、多くの歳月を費やした」と。

パネンベルクは一九二八年十月二日に生まれていますので、この神秘体験は十七歳のときに起こったことになります。ところがその後の記述によると、彼は十六歳で兵士となっており、この神秘体験の記録と入営の日時がうまくかみ合いません。したがって別の資料に基づき、正確な日時と内容を確認する必要がでてきます。しかしいずれにせよ、この体験が彼の体験のなかで最も重要な出来事であり、その意味を把握するまでに多くの歳月を要したと述べているので、わたしたちもこの「意味の把握の過程」を丁寧に辿る必要があります。しかし今のところ、この過程を直接明確に語る一次資料は見当たらず、その確認はかなり忍耐のいる作業になりそうです。仮に、「パネンベルクの神学と神秘主義」といった切り口もありうるのかもしれません。なお、日本人であるわたしには、この神秘体験が春や秋ではなく、冬に起こったことも、何か意味があるような気がしているのですが、これもわたしのまったくの思い過ごしでしょうか？

またこの神秘体験の前に、パネンベルクは、ピアノのレッスンを続けていたこと、そしてそれとの関連で、入手可能なニーチェの著作をむさぼり読んだことが語られています。彼がニーチェの書物を通してキリスト教に近づいたことも、興味深い事実です。明らかに批判的な視点をもちつつ、キリスト教に関わるようになったと想像されるからです。

そしてもうひとつ、どうしてもパネンベルクに聞いてみたいのは、そもそもこの戦争を、その時点で、どのように感じ、受けとめ、そして後に、どのように消化したのかということです。このように問うのは、この時代を経験し、後に神学者になった人びとの著作には、ほとんど例外なく、何らかの形でその戦争体験が反映されているからです。

③には、カントを中心とした哲学書を読みながらも、あの一九四五年一月六日の神秘体験の解明に心を惹かれ、次第にキリスト教に関心を寄せてゆく様子が描かれています。ただし、パネンベルクの証言によると、両親はすでに一九三〇年代に教会を離れていたと記されているので、彼は家庭において特別な宗教教育は受けなかったと推測されます。もしそうだとすれば、彼にとってキリスト教は、初めから心理的に身近なものではなく、そこへ飛び込むためには、心理的に相当の準備期間と勇気を必要としたと想像されます。すでにニーチェの影響を受けたキリスト教観は、生の喜びを享受するドイツ文学の教師の存在によって打ち破られており、一九四七年の春には、フンボルト大学において哲学のコースと神学のコースの双方に登録しています。そこで起こった心境の変化について、彼はこう述べています。

「キリスト教の探求に心を奪われ、残りの生涯を神学者として生きるしかないと感じていた——わたしは、少なくとも同じ集中力をもって哲学的研究を続けたにもかかわらず」。これは、パネンベルクにとって、神学研究と哲学研究は車の両輪のような関係にあり、両者は区別されても、決して分離されないことを示唆しています。したがって、パネンベルク神学の研究を志す者も、この緊張関係に耐えなければなりません。それにしても、共産圏に住みながら、神学者としてしか生きられないと考えたという回想は、彼の心理的葛藤の複雑さと深刻さを想像させます。

④の記述には、マルクス主義との関わりについて、興味深い事実が語られています。彼はマルクスの書物との取り組みについて、こう語っています。「初期マルクスのヒューマニズムはまちがいなくわたしに深い印象を与えた。わたしの回りに見られる直接的証拠にもかかわらず、生活のあらゆる事実に対する説明を提供しているひとつのシステムの知的輝きに、わたしは魅了された。マルクス主義の経済理論に反対する批判的議論の重みを感じ始めるま

で、わたしはかなりの時間を必要とした。そしてそのとき初めてわたしは、マルクス主義が政府の抑圧的なシステムを正当化することに役立っているという、マルクス主義のイデオロギー的機能にいっそうはっきりと気づくようになった」と。この回想から、彼がマルクスの思想にどれほど深く傾倒したのかということが分かります。しかもそのあとに、「わたしがマルクス主義の文献を広範に読んだことが、わたしのその後の生涯に――一九六〇年代後半の学生運動の間、その後では、解放の神学の潮流が台頭したときに――役立ったことをわたしは疑っていない」と述べています。少なくともわたしは、この思いをまったく知らずに彼の著作を読んでいました。なぜマルクス主義について、賛成にせよ、反対にせよ、熱く語らないのか不思議な感じを抱いていました。この回想によると、彼は、学生運動および解放の神学の背後にあるマルクス主義の影響力とその問題点を見抜き、マルクス主義に代わる理論――「生活のあらゆる事実に対する説明を提供する」理論――の構築を目指していたのです。そしてこのように、「あらゆる事実」を説明する必要性を感じていたとすれば、彼の神学がやがてあのように包括的なものになるのは当然なのかもしれません。

⑤の回想には、博士論文のテーマが決まった経緯と、バルト神学への深い尊敬の念が語られています。日本では、この二つの点について詳しく紹介した書物はほとんど見当たりません。「初期パネンベルクとスコラ主義」、「パネンベルク神学の成立とバルト神学」といったテーマには、まだまだ掘り下げる余地が残されているようです。

⑥には、フォン・ラートの講義に出席し、強い感銘を受け、「フォン・ラートの釈義のヴィジョンに基づいた組織神学」つまり「歴史としての啓示」に基づく組織神学を構想するに至った経緯が記されています。しかしその思いが『歴史としての啓示』（一九六一年）として一冊の書物にまとめられたのは、「ハイデルベルク・サークル」と呼ばれた学生グループが活動し始めてから、十年後のことでした。なお、この関連でカール・レーヴィットの名前が出てくるのも印象的です。彼は、「歴史としての啓示」の発想とまったく異なる理解を展開していたからです。

⑦の記述には、博士論文と大学教員資格取得のための論文の提出の経緯と、一九六〇年代初期までの研究テーマ

が紹介されています。日本では、パネンベルクの神学に関する議論は、専ら、一九六一年に出版された『啓示としての歴史』以後の著作を巡って行われてきましたが、それに加えて、この時期の彼の研究にも改めて光を当てる必要があるようです。まず、二つの論文を書く際に彼を励まし、そのテーマの選択に大きな影響を与えたエトムント・シュリンクとの関係、そして次に、その論文で取り上げられた「類比概念」の研究内容を丁寧に検討する必要があります。彼はこの時期の研究について、こう述べています。「哲学と神学の双方における類比の概念史は、一九六〇年代の初期までわたしの研究の主要な焦点であり続けた。……類比の概念史が出版されることは決してなかった。しかしそのための準備は、わたしの専門教育のコースにおいて非常に貴重なものであり続けた。なぜならそれによりわたしは、ソクラテス以前から現代に至るまでの思想の歴史に精通することができたからである」と。「類比の概念史」に関する文献の、一日も早い邦訳・出版と、それを巡る議論の展開が期待されるところです。

⑧の回想には、一九九五年に按手礼を受けた話と、妻となった女性との出会い、そして彼女への感謝の思いが率直に語られています。

それにしてもパネンベルクは、なぜ、この時期に按手礼を受けたのでしょうか？　なぜ神学者であることだけで満足できなかったのでしょうか？　実存にも関わることだけに、その事情を明確に語る一次資料はないのかもしれませんが、いつの日か、このことについても詳しく語る評伝に出会いたいものです。

⑨には、ハイデルベルク大学の三人の教授の名前が挙げられています。ゲルハルト・フォン・ラート、ハンス・フォン・カンペンハウゼン、そしてエトムント・シュリンクです。これまでフォン・ラートとの関係については論じられても、カンペンハウゼン及びシュリンクとの関係についてはほとんど言及されませんでした。カンペンハウゼンについては、「キリスト教の教父神学、つまり信仰と理性の二またに分かれない神学へのわたしの熱中と称賛に火をつけた」と述べ、シュリンクについては、すでに⑦において紹介した、論文作成に関わる助言と、組織神学の研究を継続する意欲への励ましについて語ると共に、さらに、「特にエキュメニカルな対話と、他の諸学問との対話、特

に自然科学との対話を紹介してくれた」と語っています。

「歴史としての啓示」、「信仰と理性の問題」、「エキュメニズムの現代的展開」、「諸学問との対話」、これらはいずれもパネンベルクの神学を語る際に「欠くことのできないテーマ」です。そしてそれらのテーマを論ずる際には、三人の教授との出会いがあったことを忘れてはなりません。

⑩の記述には、パネンベルクが講義において繰り返し「中世神学史」を講じ、初めは、このなかの特定の分野の研究をライフ・ワークにしようとしていたこと、しかし「ルター派の宗教改革に関するコース」も担当しなければならなくなり、その関連でヘーゲルの著作を徹底的に研究したことが記されています。そのためしばしば、パネンベルクはヘーゲル主義者ではないかと疑われましたが、彼はきっぱりと「わたしは決してヘーゲル主義者とならなかった」と述べています。いずれせよ、「パネンベルク神学とヘーゲル哲学」、「パネンベルク神学とカント哲学」といった論考がもっと現れてきてもおかしくなく、それらは、彼の意図に沿ってさらに深く掘り下げられるべきテーマです。なおこの段落にも「中世神学」への強い関心が示されており、すでに述べたとおり、「パネンベルク神学とスコラ主義」あるいは「パネンベルク神学と中世神学」といったテーマを巡る議論が期待されます。

⑪の回想には、一九八八年に『組織神学Ⅰ』が出版されるまでに味わった神学的な「産みの苦しみ」について語られています。彼はこう述べています。「諸々のテーマの全範囲がひとつの神学図式に当てはまり始めるまでに、多くの歳月を要した。わたしの経験では、最も扱いにくかった困難な主題は、神論であった。われわれは、十分な確信をもってあえて神論を展開することができる前に、他のすべての分野の、つまり神学だけでなく哲学の体系的考察・評価、そして自然科学および社会科学との対話の体系的考察・評価をまず獲得しなければならないことを、わたしは間もなく確信した」と。

パネンベルクの神学を学ぼうとする際に、まず当惑するのは、その扱う範囲の広さです。彼は、なぜこれほどまでに広範な分野に手を広げるのでしょうか？ ⑪の回想は一つのヒントを与えてくれます。彼自身が、自分にとって最大の問題は「神論」であったと述べているからです。もしそうだとすれば、この角度から改めて彼の神学全体を読み解く必要がでてきます。また「すべてのものを規定する現実としての神」という彼の定義は、あの光の体験と何か関係があるのでしょうか？　それともまったく関係がないのでしょうか？　こう問うのは、あの光の体験は、自らの、そして全世界の有限性の発見でもあったと想像されるからです。そしてその光は、「創世記」第一章のあの光と重ね合わせて、象徴的に解釈することも十分に可能だからです。

また、その扱う範囲が広すぎるという印象を与える点では、かつての同僚であったモルトマンの神学も同様です。彼らが親しい関係にあったことを思い起こすと、両者の間に、このことについても何らかの共通認識があったと推測されますが、実際にはどうだったのでしょうか？

⑫には、一九六〇年代にアメリカにおいてプロセス神学に出会い、彼の「神学的アプローチの含む形而上学的含意」について詳しく論ずるように求められたこと、そして一九八〇年代に入ってようやくカントの批判哲学の諸限界を十分に感得しえたことなどが記されています。パネンベルクにとって哲学と神学は、区別することはできても分離できないものであり、改めて「パネンベルクにおける神学と形而上学」といった議論があってもまったくおかしくありません。しかもカント哲学の克服のために、これほど時間がかかった理由について、彼の思索の流れに沿って詳細に検討する必要があるようです。

⑬では、⑫の記述に続き、「アメリカの神学と文化の経験」、「アメリカの教会のエキュメニカルな状況」、「世界教会協議会への参与」、「キリスト教共同体全体の神学者という自己理解」、「パネンベルクの神学はヨーロッパの学問的伝統の枠組のなかで展開されているのではないかという批判と、それに対する彼の答え」などが紹介されています。かつて、パネンベルクを日本に招くという企画があったそうですが、もしそれが実現していたならば、彼は一体何を語ったのでしょうか？　「あなたの神学によって、日本におけるキリスト教の伝道と教会形成に励むことは難しい」という批判に対し、彼はどのように答えたのでしょうか？　世界を歩いたモルトマンや、エキュメニズムに関心をも

つ人びとから、日本の状況、現代のアジアの状況、アフリカの状況などについて、どのような情報をえていたのでしょうか？ 世界を歩く必要性を感じなかったのでしょうか？ いずれにせよ、「パネンベルク神学とエキュメニズム」、「パネンベルク神学とグローバリズム」、「パネンベルク神学における戦争と平和」といったテーマはさらに検討されるべきテーマです。

以上が、パネンベルクの「小自叙伝」を読みながら、わたしの耳に聞こえてきた「語りかけ」と、わたしの「つぶやき」です。彼の著作がすべて日本語に翻訳され、さらに本格的な評伝が現れるのはまだまだ先のことでしょう。しかしそのための地道な作業は、世界史の文脈のなかで「わたしたちの神学」を意義あるものとするためにも、そしてすべてが「相対化」の荒波に呑み込まれようとしている今日、「現場で、明るく生き抜く」ためにも、必要な作業ではないかと考えています。

パネンベルク著『組織神学』全三巻は、出版直後からその邦訳が期待されており、事実、何度かそのための企画も検討されたと聞いています。しかしなぜか、今日までそれは実現されませんでした。いずれ誰かが翻訳する際に、その参考になればと考えて、訳出しておいたのが拙訳「パネンベルク『組織神学』（I―1）」（東北学院大学論集『人文学と神学』第九号、二〇一五年一一月）でした。それは退職の前の年のことであり、これでパネンベルクの著書の翻訳は終わったと考えていました。ところが、この翻訳に目を留め、電話をくださったのが新教出版社の社長小林望氏です。翌年の一月に、翻訳出版の依頼を受けました。

突然の申し出に戸惑い、「十年はかかりますよ」というのが、その時のわたしの返事でした。退職した後はまったく別のこと（ユンゲル著『世界の秘密としての神』の共訳・出版）を考えていたからです。とりあえず一年待ってもらい、改めて返事をすることにしましたが、案の定、この一年の間に、転居等で体調を崩し、しかも予定していた書物の共訳・出版の準備作業が、共訳者のひとりの突然の辞退により、出口なしといった状況に陥りました。

しかしそれから半年後、思わぬ展開がありました。たいへん嬉しいことに、濱崎正孝氏が第二巻の翻訳を引き受けてくださることになったのです。そこで早速、二〇一八年一月に、正式に翻訳を引き受ける旨の返事をしました。最初に話があってから二年半、ようやく出版の運びとなりました。小林社長をはじめこの企画に関わってくださったすべての方々に感謝を申し上げます。第三巻については、しばらくお待ちいただくことになりそうですが、何とかすべてを完成させたいと願っています。

二〇一九年九月　仙台にて

佐々木勝彦

聖書個所索引

本文のページは立体で、注のページはイタリックで示した。

旧約聖書

創世記

出エジプト記

レビ記

民数記

申命記

ヨシュア記

士師記

サムエル記上

サムエル記下

列王記上

エズラ記

ネヘミヤ記

ヨブ記

詩　編

箴　言

コヘレトの言葉

イザヤ書

エレミヤ書

エゼキエル書

ダニエル書

ホセア書

ヨエル書

アモス書

ハバクク書

ゼカリヤ書

マラキ書

新約聖書

マタイ福音書

マルコ福音書

ルカ福音書

ヨハネ福音書

使徒言行録

ローマ書

人名索引

本文のページは立体で、注のページはイタリックで示した。
欧文表記は原則として底本を踏襲した。
「ルター派」なども「ルター」で拾った。

あ

い

132
イェシュケ（Jaeschke, W.） ***118***
イェディン（Jedin, H.） 46, ***6***
イェルザレム（Jerusalem, J. Fr. W.） 138
イグナティオス、アンティオキアの（Ignatios v. Antiochien） 26, 238, 262, 275, 282, 283

う

ヴァーゲンハンマー（Wagenhammer, H.） ***38***
ヴァールデンブルク（Waardenburg, J.） 162, ***48***
ヴァイシェーデル（Weischedel, W） ***37***
ヴァイス（Weiß, J.） 275
ヴァグナー（Wagner, F.） ***41***, ***44***, ***47***, ***49***, ***50***, ***51***, ***52***, ***54***, ***55***, ***115***, ***126***
ヴァルデンフェルス（Waldenfels, H.） ***65***, ***68***, ***69***
ヴァールマン（Wallmann, J.） ***1***, ***6***, ***9***, ***18***
ヴィルヘルム・フォン・ヴァーレ（Wilhelm v. Ware） 464
ヴァレンティノス（Valentin） ***85***
ヴァロ（Varro, M. T.） 98, ***21***
ヴィーデングレン（Widengren, G.） ***56***, ***57***
ヴィーラント（Wieland, W.） ***64***
ヴィッティヒ（Wittich, Chr.） 51
ヴィトゲンシュタイン（Wittgenstein, L.） ***14***
ヴィルケンス（Wilckens, U.） ***3***, ***18***, ***57***, ***62***, ***63***, ***64***, ***68***, ***81***, ***96***, ***128***, ***131***, ***132***, ***133***
ヴィルシンク（Wirsching, J.） ***11***
ウィルソン（Wilson, J. A.） ***49***
ヴィンケンティウス、レランスの（Vinzenz v. Lerin） 28, 29, 31
ヴィンデルバント（Windelband, W.） ***45***
ヴェーダー（Weder, H.） ***128***
ヴェート（Weth, R.） ***99***
ウェーバー（Weber, F.） ***133***
ウェーバー（Weber, M.） 178, 179, 181, ***53***
ヴェスターマン（Westermann, Cl.） ***116***
ヴェッター（Wetter, F.） ***93***
ヴェルヒ（Welch, C.） ***37***
ヴェルメシュ（Vermes, G.） ***80***
ヴェンツ（Wenz, G.） ***54***, ***55***
ヴェンデブルク（Wendebourg, D.） ***105***
ヴォッバーミン（Wobbermin, G.） ***43***
クリスティアン・ヴォルフ　103
ヴォルフ（Wolff、H. W.） ***48***, ***74***, ***79***, ***116***, ***122***, ***133***
ヴォルフソン（Wolfson, H. H.） ***115***
ウルジヌス（Ursinus, Z.） 319
ウルルシュペルガー（Urlsperger, J.） 330, ***92***, ***93***

え

エイケン（Aiken, H. D.） ***117***
エイブラハム（Abraham, W. J.） 260, 261, ***71***, ***73***
エイヤー（Ayer, A. J.） ***14***
エイレナイオス（Irenäus） 37, 241, 242, 244, 299, 300, 303, ***64***, ***82***, ***115***, ***126***
エイングハンホフ（Oeing-Hanhoff, L.） ***116***
エウセビオス、ヴェルチェルリの（Euseb v. Vercelli） 354
エウセビオス、カイサリアの（Euseb v. Caesarea） 27, 98
エウノミオス（Eunomius） 383, 425
エーデルマン（Edelmann, H.） ***11***
エーベリンク（Ebeling, G.） 127, 265, 266, 267, 271, 279, 280, ***2***, ***18***, ***35***, ***72***, ***73***, ***78***, ***114***, ***120***
エーレンベルク（Ehrenberg, H.） 121
エクルズ（Eccels, J. C.） ***118***
エピスコピウス（Episcopius, S.） ***92***
エラスムス（Erasmusu, D.） 47, ***7***
エリアーデ（Eliade, M.） 205, 206, ***56***, ***57***, ***58***, ***122***
エリクソン（Erikson, E.） 111, ***51***

エルツェ（Elze, M.）　***2***
エレミアス（Jeremias, J.）　***79***, ***80***, ***127***, ***128***, ***132***, ***133***
エンゲルラント（Engelland, H.）　***7***

お

オグデン（Ogden, Sch. M.）　***36***
オッカム（Ockham）　43, 106, 378, 379, 381, 384, 464, ***25***, ***26***, ***108***, ***109***, ***110***, ***127***
オッテン（Otten, H.）　***48***
オット（Ott, H.）　***19***
オットー（Otto, E.）　***53***
オットー（Otto, W. F.）　210, ***58***
オットー（Otto, R.）　84, 132, 155, 156, 157, 159, 190, 192, ***37***, ***45***, ***122***
オリゲネス（Origenes）　26, 27, 37, 242, 243, 245, 300, 301, 302, 304, 307, 327, 336, 411, 422, ***63***, ***64***, ***77***, ***82***, ***83***, ***84***, ***85***, ***86***, ***87***, ***115***
オルソン（Olson, R.）　***104***, ***106***
オルブライト（Albright, W. F.）　***61***

か

ガイゼルマン（Geiselmann, J. R.）　46, ***6***
ガイヤー（Geyer, B.）　***2***
カジェタン（Cajetan）　***67***
カスパー（Kasper, W.）　350, 362, 364, ***22***, ***32***, ***34***, ***95***, ***97***, ***100***, ***101***, ***102***, ***104***, ***105***, ***106***, ***108***
ガダマー（Gadamer, H. G.）　***20***, ***132***
ガッサンディ（Gassandi）　***26***
カッシーラー（Cassirer, E.）　***109***, ***115***
カテルス（Caterus）　***23***, ***26***
ガノツィー（Ganoczy, A.）　***100***
カフタン（Kaftan, J.）　***93***
カムラー（Kamlah, W.）　***12***
カラヤン（Karajan, H. v.）　502, 510
カリクストゥス（Calixt）　35, 49, ***1***, ***2***, ***6***, ***9***, ***18***
ガリレイ（Galilei）　51, ***8***
カルヴァン（Calvin, J.）　49, 50, 92, 179, 310, ***7***, ***8***, ***19***, ***67***, ***98***
カルナップ（Carnap, R.）　***13***
カロヴィウス→カロフ
カロフ（Calov, A.）　45, 49, 53, 54, 137, 310, 321, 357, 373, 412, ***35***, ***87***, ***91***, ***98***, ***109***, ***115***, ***116***, ***120***, ***121***, ***134***
カンティモリ（Cantimori, D.）　***92***
カント（Kant, I.）　103, 104, 105, 108, 109, 110, 112, 123, 143, 147, 148, 246, 249, 386, 387, 400, 403, 404, 417, 451, 466, 503, 508, 512, 515, 516, ***24***, ***28***, ***36***, ***37***, ***66***, ***107***, ***113***, ***114***, ***115***, ***118***, ***127***, ***134***
カンバーテル（Kambartel, F.）　***17***
カンペンハウゼン（Campenhausen, H. v.）　506, 514

き

キース（Kees, H.）　163
キケロ（Cicero）　125, 127, 138, 139, 141, 167, 382, ***34***, ***38***, ***39***
ギトン（Guitton, J.）　***123***
キャンベル（Campbell, J. I.）　***16***
キュング（Küng, H.）　111, ***22***, ***28***, ***31***
ギヨーム、オーヴェルヌの（Wilhelm v. Aubergne）　***116***
キルケゴール（Kierkegaard, S.）　***27***, ***28***
ギルゲンゾーン（Girgensohn, K.）　***35***
ギルベルトゥス・ポレターヌス（Gilbert Porreta）　99, 311, 316, 317, 324, 399, ***22***, ***88***
キンボール（Kimball, K. C.）　***44***

く

クヴェンシュテット（Quenstedt, J. A.）　49, 53, 54, 373, ***3***, ***4***, ***5***, ***7***, ***8***, ***9***
クーレン（Kuhlen, R.）　***134***
クーン（Kuhn, J. E.）　***106***
クザーヌス（Nikolaus v. Cues）　140, 141, 167, 314, ***26***, ***134***

クス（Kuss, O.） ***131***
クセノファネス（Xenophanes） 96, ***132***
クニーリム（Knierim, R.） ***74***
クラーク（Clarke, S.） 103, 108, 114, 459, ***27***, ***29***, ***126***
クラーマー（Kramer, W.） ***81***, ***82***
グライナー（Greiner, F.） ***36***
グライフェ（Greive, W.） ***11***
クライン（Klein, G.） ***69***, ***77***, ***78***
クランツ（Kranz, W.） ***116***
グリーン（Green, T. H.） ***29***
クリシュテラー（Kristeller, P. D.） ***40***
グリフィン（Griffin, D. R.） ***118***
グリルマイアー（Grillmeier, A.） ***84***
クルジウス（Crusius, Chr.） 137
クルマン（Cullmann, O.） 255, 256
グルントマン（Grundmann, W.） ***97***
クレアンテス（Cleanthes） 415
クレイグ（Craig, W. L.） ***25***, ***27***
クレイトン（Clayton, J.） ***24***, ***25***, ***27***
クレーマー（Cremer, H.） 405, 406, 407, 408, 434, 435, 437, 439, 484, ***7***, ***115***, ***121***, ***132***, ***133***
グレゴリオス、ナジアンゾスの（Gregor v. Nazianz） 18, 375, ***86***, ***87***, ***88***, ***98***, ***103***, ***119***
グレゴリオス、ニュッサの（Gregor v. Nyssa） 300, 318, 319, 375, 376, 377, 380, 383, 384, 437, ***86***, ***87***, ***91***, ***103***, ***107***, ***110***, ***119***
クレッチュマー（Kretschmar, G.） ***82***, ***83***, ***86***, ***95***
クレメンス（Klemens v. Alexandrien） 17, 18, 19, 241
クレモナ（Cremona） ***90***
クレリウス（Crellius, J.） 357, 412, ***116***, ***125***, ***127***
グローゼ（Grose, T. H.） ***29***
クワイン（Quine, W. v. O.） ***15***
グンネヴェーク（Gunneweg, A. H. J.） ***77***

け

ケース（Kees, H.） ***48***
ケーゼマン（Käsemann, E.） ***3***, ***62***
ケーニヒ（König, J. F.） ***92***
ケーニヒ（König, J. Kr.） ***5***
ゲープハルト（Gebhardt, C.） ***117***
ゲーベル（Goebel, H. Th.） ***78***
ケーラー（Köhler, L.） ***119***
ケーラー（Kähler, M.） 41, 58, 252, 255, ***11***, ***68***
ゲシュトリッヒ（Gestrich, Chr.） ***30***
ケスラー（Keßler, M.） ***65***
ケッカーマン（Keckermann, B.） 19, 20, ***92***
ケップフ（Köpf, U.） ***1***, ***3***, ***4***, ***5***, ***15***, ***18***
ケッペン（Köppen, Fr.） ***66***
ケニー（Kenny, A.） ***23***, ***24***, ***25***, ***26***
ケプラー（Kepler, J.） 51, ***8***
ケムニッツ（Chemnitz, M.） 48, ***1***, ***7***
ケリー（Kelly, J. N. D.） ***82***, ***84***, ***86***, ***87***
クレッシェンシュタイナー（Kerschensteiner, J.） ***116***
ゲルハルト（Gerhard, J.） 19, 35, 44, 49, 91, ***1***, ***6***, ***7***, ***10***, ***18***, ***121***, ***125***, ***126***
ケルン（Kern, W.） ***59***

こ

ゴイション（Goichon, A.M.） ***112***
コイレ（Koyré, A.） ***111***
ゴーガルテン（Gagarten, Fr.） 119, 504
コッホ（Koch, K.） 257, ***48***, ***70***, ***74***, ***75***, ***77***, ***122***
コルンネール（Cornehl, P.） ***32***, ***69***
コンガール（Congar, Y.） ***97***, ***99***, ***100***, ***101***

さ

ザイドル（Seidl, H.） ***23***, ***24***, ***25***
ザイボルト（Seybold, M.） ***64***
ザウター（Sauter, G.） ***1***, ***2***, ***13***
ザカリアス・フォン・リンゲンタール

（Zacharias v. Lingenthal, C. E.） ***2***
ザック（Sack, K. H.） ***66***
サベリウス（Sabellius） 303, 304, 311, 316, 324, 366
サルトリウス（Sartorius, E.） ***94***
サンバーグ（Thumberg, L.） ***135***

し

ジークフリート（Siegfried, Th.） ***96***
ジェイムズ（James, W.） 84, 153, 159, ***36***, ***46***
シェーベン（Scheeben, M. J.） 374, ***120***
シェーラー（Scheler, M.） ***51***
シェダー（Schäder, E.） 61
シェヒター（Schechter, S.） ***85***
シェフチク（Scheffczyk, L.） ***89***
ジェフナー（Jeffner, A.） ***16***, ***43***
シェリング（Schelling, Fr. W. J.） 182, 248, 249, 392, ***42***, ***55***, ***67***
シェル（Schell, H.） 433
シェルザー（Scherzer, J. A.） ***1***
ジェンソン（Jenson, R. W.） 354, ***86***, ***102***, ***103***, ***104***, ***105***, ***119***
ジジウーラス（Zizioulas, J.） ***102***
シモン（Simon, R.） 52, ***8***
シュヴァイツァー（Schweizer, E.） ***81***, ***116***
シュヴァルツ（Schwarz, C.） 144, 150, ***40***, ***42***
シュヴァルツ（Schwarz, R.） ***36***
シュヴェーベル（Schwöbel, Chr.） ***115***
シュールマン（Schürmann, H.） ***79***
シュスラー（Schüssler, H.） ***6***
シュタウデンマイアー（Staudenmaier, F. A.） ***106***
シュッテ（Schütte, H.-W.） ***45***
シュッフェンハウアー（Schuffenhauer, W.） ***94***, ***128***
シュテークミュラー（Stegmüller, W.） ***14***
シュテーベ（Stoebe, H. J.） ***131***
シュテーリン（Stählin, G.） ***96***
シュテファン（Stephan, H.） ***93***
シュテンツェル（Stenzel, J.） ***112***
シュトゥールマッハー（Stuhlmacher, P.） ***131***
シュトックマイアー（Stockmeier, P.） ***64***
シュトラウス（Strauß, D. F.） ***92***, ***113***
シュトラウス（Strauß, G.） ***64***
シュトラウス（Strauß, L.） ***117***
シュトレンク（Streng, F. J.） ***44***
シュナイダー（Schneider, H. J.） ***49***
シュナッケンブルク（Schnackenburg, R.） ***79***, ***96***
シュニトラー（Snidler, L.） ***79***
シュパルディング（Spalting, J. J.） 138
シュプレット（Splett, J.） ***94***, ***125***
シュペーナー（Spener, Ph. J.） ***9***
シュペーマン（Spaemann, R.） ***45***, ***49***
シュマウス（Schmaus, M.） ***6***, ***89***, ***96***
シュミット（Schmidt, E. A.） ***125***
シュミット（Schmidt, F. S.） ***12***
シュミット（Schmidt, M. A.） ***22***, ***88***, ***90***
シュミット（Schmidt, P. W.） 162, ***46***
シュミットハルス（Schmithals, W.） ***62***
シュラーゲ（Schrage, H.） ***57***, ***80***
シュラーゲ（Schrage, W.） ***79***, ***80***
シュラーデ（Schrade, H.） 200
シュライアマハー（Schleiermacher, Fr. D. E.） 23, 24, 56, 57, 58, 59, 60, 61, 62, 84, 92, 111, 114, 115, 116, 117, 118, 119, 120, 122, 143, 146, 147, 148, 149, 151, 154, 155, 156, 157, 158, 159, 172, 182, 183, 184, 221, 247, 250, 320, 322, 329, 400, 435, 438, 449, 465, 466, 492, ***6***, ***10***, ***11***, ***16***, ***27***, ***30***, ***31***, ***33***, ***36***, ***37***, ***40***, ***41***, ***44***, ***45***, ***46***, ***49***, ***50***, ***55***, ***56***, ***59***, ***113***, ***114***, ***120***, ***121***, ***124***, ***133***
シュリック（Schlick, M.） ***13***
シュリューター（Schlüter, D.） ***24***
シュリンク（Schlink, E.） 505, 506, 507, 514, ***2***, ***121***
シュルテ（Schulte, H.） ***61***

シュレンク（Schrenk, G.） ***119***
ショルダー（Scholder, K.） ***7, 8***
ショルツ（Scholz, H.） 171, 327, 474, ***10, 49, 129***
シラー（Schiller, Fr.） ***114***
ジルソン（Gilson, E.） ***26, 111, 112, 123***
シントラー（Schindler, A.） ***88, 89***

す

スアレス（Suarez, F.） ***111***
スウィンバーン（Swinburne, R.） ***118***
スヴラン（Souverain, M.） ***92***
スカエヴォラ（Scaevola, P. M.） 98, ***21***
スターリン（Stalin, J.） 504
スタニロアエ（Staniloae, D.） ***87, 100, 102, 113***
ステッド（Stead, Chr.） ***110, 115***
スネル（Snell, B.） ***20***
スピノザ（Spinoz, B. de） 52, 404, 409, 414, 415, 417, 418, 420, 433, 456, ***8, 27, 115, 116, 119, 125***
スペンサー（Spencer, Ph. J.） 59
スミス（Smith, W. C.） 140, ***38, 39, 47***
スレンツカ（Slenczka, R.） ***101***

せ

セータース（Seters, J. van） ***48***
ゼーデルブローム（Söderblom, N.） 156, 159, 162, ***37, 45, 46, 48, 122***
ゼーベルク（Seeberg, R.） ***68, 84***
ゼケレシュ（Szekeres, A.） ***31***
ゼックラー（Seckler, M.） ***6, 41, 60, 65***
セネカ（Seneca） ***134***
ゼムラー（Semler, J. S.） 52, 53, 55, 56, 57, 62, 118, 147, 246, 320, 330, ***8, 9, 10, 38, 88, 92, 95***

そ

ソクラテス（Sokrates） 95, 96, 506, 514
ソッツィーニ（Sozzini, F.） 49, 50, 53, 56, 320, 340, 357, 412, 456, ***7, 8, 92, 125, 127***

た

ターレス、ミレトスの（Thales v. Milet） ***20***
ダウニング（Downing, F. G.） ***64, 71***
タティアノス（Tatian） 26, ***86***
ダルフェルト（Dalferth, I. U.） ***15, 16, 17, 110***
ダレス（Dulles, A.） ***69***
ダンハウアー（Dannhauer, J. K.） ***1***

つ

ツィンマリ（Zimmerli, W.） ***60, 61, 69, 74, 131***
ツヴィングリ（Zwingli, H.） ***40***

て

ディーレ（Dihle, A.） ***119***
ティエリ、シャルトルの（Thierry v. Chartres） 314, ***134***
ディオニュシオス・アレオパギテース、偽（Dionysios Areopagita, Pseudo-） 314, 376, 377, 379, 383, 401, 414, 438, ***107, 116, 127, 134***
デイリー（Daly, M.） ***80***
ティリッヒ（Tillich, P.） 391, 392, 452, ***37, 44, 54, 55, 124***
ディルタイ（Dilthey, W.） 72, 508, ***55***
ティンダル（Tindal, M.） 54, 55, ***29***
テオフィロス、アンティオケアの（Theoph. v. Ant.） 299, ***86, 126***
デカルト（Descartes, R.） 53, 102, 103, 104, 106, 107, 108, 109, 111, 123, 130, 131, 158, 383, 384, 385, 386, 387, 388, 391, 403, 438, 486, ***22, 23, 24, 26, 33, 36, 110, 111, 125, 133***
デッカー（Decker, B.） ***90***
デッカー（Daecke, S. M.） ***13***
デュプレ（Dupré, W.） 161, 162, ***45, 46, 47,***

へ

ほ

ま

み

む

め

も

や

ゆ

よ

ら

り

る

れ

ろ

わ

注

第１章の注

（1） U. ケップフの指摘は正しい。U. Köpf: Die Anfänge der theologischen Wissenschaftstheorie im 13. Jahrhundert, 1974, 247ff. bes. 252f. 特にトマス・アクィナスの場合、神学的認識の源泉としての神的霊感の視点が「神学的学問論全体を貫徹している」（111. vgl. 147, 252f.）。

（2） R. D. Preus（The Theology of Post-Reformation Lutheranism. A Study of Theological Prolegomena, St. Louis / London 1970, 114）は、J. ゲルハルトが Junius（De Theologiae Verae Ortu, Natura, Formis, Partibus et Modo Illius, Leyden 1594）に依拠していることを気づかせてくれた。この主題に関する Dannhauer（1649）と Scherzer（1679）の間の論争については、C. H. Ratschow: Lutherische Dogmatik zwischen Orthodoxie und Aufklärung I, 1964, 49 を参照。

（3） J. Wallmann（Der Theologiebegriff bei Johann Gerhard und Georg Calixt, 1961, 53f.）は、このようなゲルハルトの見解（im Prooemium von 1625 zum ersten Band seiner Loci）を、次のようなバルトの所見に反対して弁護した。バルトによると、M. ケムニッツによって主張されている見解、つまりキリスト教の教理の対象は神と諸々の神的な事柄であるとの見解と比べると、ゲルハルトにおいては、神学の理解における人間中心的な方向転換が準備されている。これに対しヴァルマンは次のように述べている。「神学の主体としての人間についての発言」は、ゲルハルトの場合、「まだ自然神学の基盤から展開されていない」（53）。しかしバルトの批判のポイントは次の点にある。つまり、たとえ後になって初めて起こったとしても、ゲルハルト以後の時代のルター派正統主義のいわゆる分析的方法論の枠組における自然神学の人間中心的機能は、神学の対象の規定におけるあの方向転換の結果として理解されうることである。もちろんゲルハルトは神学の目標を人間の至福の外に、さらに神の栄光のうちにもみていた（拙著 Wissenschaftstheorie und Theologie, 1973, 236f. を参照）。しかし彼は、ドゥンス・スコトゥスと共に神御自身を神学の形式的対象として規定することはなかった。

（4） これについては、拙著 Wissenschaftstheorie und Theologie, 1973, 230−240 を参照。

（5） G. Sauter（TRE9, 1982, 45（Dogmatik I））の判断も参照。しかもザウターは、分析的方法の導入により「教義学者は教義学の内的中心に」なったと考えている。

（6） Duns Scotus Ord. Prol. p. 5 q1−5, Ed. Vat. I, 1950, 207ff.（n. 314ff.）, bes. 211f.（n. 324）.

（7） Ebd. 217f.（n. 332−333）.

（8） Duns Scotus（ebd. 215ff.（n. 330−331））自身の熟考を参照。

（9） 特に B. Geyer: Facultas theologica. Eine bedeutungsgeschichtliche Untersuchung, in: ZKG75, 1964, 133−145. は、このことを印象的な仕方で指摘した。G. エーベリンクによる、資料の充実した項目：Theologie I Begriffsgeschichtlich, in RGG6, 1962, 757f. も参照。古プロテスタント神学のなかで、特に神学概念について論じているのは G. カリクストゥスである。彼は、大学における神学の具体的な制度化との関連でこれに言及している。

（10） Duns Scotus Ord. Prol. p. 3 q1−3, Ed. Vat. I, 135f.（n. 200f.）.

（11） 拙著 Wissenschaftstheorie und Theologie 249−255 を参照。

（12） Ebd. 255−266 の詳論を参照。

（13） G. Sauter: Dogmatik I, in: TRE 9, 1982, 41−77, 42f.

（14） 以下の内容については、M. Elze: Der Begriff des Dogmas in der Alten Kirche, ZThK 61, 1964, 421−438, sowie TRE9, 1982, 26−34（Dogma I, U. Wickert）を参照。

（15） Novella 131 de ecclesiasticis titulis:《quattuor synodorum dogmata sicut sanctas scripturas accipimus》（C. E. Zachariae a Lingenthal: Imp. Justiniani PP. A. Novellae quae vocantur sive Constitutiones quae extra codicem supersunt ordine chronologico digestae II, Leipzig 1881, 267, Nr. 151）.

（16） M. Elze a. a. O. 435f.

（17） Ebd. 438.

（18）「教会の聖なる職務」に関するローマ・カトリック教会と福音ルーテル教会の共同宣言の解説（„Das geistliche Amt in der Kirche“, 1981, 40）にみられる、カトリックの位置に関する記述を参照。

（19） その模範的な例として、J. ハバーマスに対する A. Beckermann: Die realistischen Voraussetzungen der Konsenstheorie von J. Habermas, in: Zeitschrift f. Allgem. Wissenschaftsththeorie 3, 1972, 63−80 の批判を参照。ベッカーマンは次のことを指摘した。つまり判断者の意見の一致のなかに、諸々の事態との、諸々の主張において要求されている一致のための判断基準をみいだそうとするハバーマスの試みは、循環的論証を越えることができない。なぜならハバーマスは、内容的な意見の一致を単なる慣習的な意見の一致から区別することができるようにするために、「権限のある」判断という概念を引き合いに出さなければならないからである。

（20） E. Schlink: Theologie der lutherischen Bekenntnisschriften, 3. Aufl. 1948, 43−47, sowie 280f. を参照。

（21） これについては、E. Schlink a. a. O. 23−35 の詳論を参照。また拙著 Was ist eine dogmatische Aussage? in: Grundfragen systematischer Theologie I, 1967, 159−180, bes. 159ff. も参照。

(22) K. Rahner und K. Lehmann in: Mysterium Salutis I, 1965, 668ff. Das letzte Zitat 672. この批判は、福音主義の釈義の諸々の判断をよりどころにすることもできる。それは、特に E. Käsemann によって際立つ仕方で定式化されている（Begründet der neutestamentliche Kanon die Einheit der Kirche? in: Evangelische Thologie 11, 1951/52, 13−21）。

(23) これについては、拙著 Was ist eine dogmatische Aussage? in: Grundfragen syste-matischer Thologie I, 1967, 159−180, bes. 164f., sowie 166ff. を参照。聖書の統一性については、歴史−批評的研究の諸々の成果の光に照らして、せいぜいこのような中心的内容に関して語ることができるだけであり、あらゆる個々の言明の矛盾のない一致の意味において語ることができるわけではない。

(24) K. Barth: Kirchliche Dogmatik I/1, 1932, 284. これについては、拙著 Grundfragen systematischer Theologie I, 1967, 180 を参照。

(25) ここでは、次のことが暫定的に仮定されている。つまり教義学的本文のなかに包含されている諸々の断言文は、（信仰告白という）参与のそれと結びついた諸々の遂行的発言は別として、断言文として、したがってその認識論的要求に応じて真剣に取り扱われる。

(26) これについては、拙著 Wissenschaftstheorie und Theologie, 1973, 407f. を参照。

(27) この箇所の釈義については、U. Wilckens: Der Brief an die Römer II, 1980, 35−37 を参照。

(28) 教父の神学命題論集と《神学》の対象としての聖書の関係に関する 13 世紀の神学の熟考については、U. Köpf a. a. O. 113ff. を参照。たとえばトマス・アクィナス（S. thol. I, 1a 8 ad 2）の場合、聖書は、キリスト教の教理の本来的権威の基盤として、教父たちの権威と明確に区別されている。聖書に基づいて提示されるべき信仰箇条の概念については、S. theol. II/2, 1a 7 und ebd. a 9 ad 1 を参照。そのかぎりで、たとえば、J. A. Quenstedt: Theologia didactico-polemica sive systema theologicum parsI, c. 5（Leipzig 1715, 348ff.）にみられるような、諸々の信仰箇条に関する古プロテスタントの教理はこれと一致する。しかしそれは、聖書それ自体におけるそれらの信仰箇条の公布を主張し、古代教会の諸信条におけるそれらの要約の完全性を否定した。さらにそれは、特にトマス・アクィナス（S. theol. II/2, 1a10）のようなスコラ学者たちによって主張された《Summus Pontifex》、つまり教皇が信仰告白の新しい本文を確定する（《nova editio symboli》）権限に異論を唱えた（Quenstedt 1. c. 356f.）。Nic. Hunnius（Epitome Credendorum（1625）1702 以後の、諸々の信仰箇条の基礎的なものと基礎的でないものを区別することについては、R. D. Preus a. a. O.（前掲注 2）143−154 を参照。

(29) 「positiv」な神学と「gelehrt」な神学の区別については、拙著 Wissenschafts-theorie und Theologie, 1973, 241ff. を 参 照。J. A. Quenstedt: Theologia didactico-

polemica, Leipzig 1715, 13, These 21 においては、反対に positiv な神学と gelehrt（„didaktisch“）な神学は同一視され、そしてそれらは „katechetisch“ な神学（12 These17）と明確に区別されている。聖書の内容の要約的論究と記述としての教義学については、拙著 Wissenschaftstheorie und Theologie 407f. を参照。

(30) J. F. Buddeus : Isagoge historico-theologica ad theologiam universam singulasque eius partes, Leipzig 1727, 303. 組織神学の概念はすでに比較的早い時期に用いられていたことが実証されている。たとえば J. A. クヴェンシュテットは、《theologia didactica》という彼の愛する表題の代わりにこの概念を用いている。

(31) これは、トマス・アクィナスの、アリストテレスの意味における演繹的原理の学としての神学の記述に当てはまる――もちろんそこでは、信仰箇条が明白な理性の諸原理の位置を占めている（S. theol. I, 1 a 2）。これはまた、諸々の目的概念に基づく実践的学問としてのその記述にも当てはまる（拙著 Wissenschaftstheorie und Theologie 226－240 を参照）。

(32) 13 世紀におけるこの問題の討論については、U. Köpf A. a. O. 174ff., 178ff. を参照。

(33) たとえば、J. Gerhard : Loci theologici, 476（hg. F. Frank, Leipzig 1885, 212）を参照。J. A. クヴェンシュテットの詳述については、J. Bauer : Die Vernunft zwischen Ontologie und Evangelium. Eine Untersuchung zur Theologie Johann Andreas Quenstedts, Gütersloh 1962, 111－119 を参照。

(34) B. Lohse : Ratio und Fides : Eine Untersuchung über die ratio in der Theologie Luthers, 1958, 104ff. B. Hägglund : Theologie und Philosophie bei Luther und in der occamistischen Tradition. Luthers Stellung zur Theorie von der doppelten Wahrheit, Lund 1955, 90ff. 94ff.

(35) B. Lohse a. a. O. 116. は、ルターにおける真理の統一性に言及し、これについては WA 26, 286, 32f.（„Was nicht widder schrifft und glauben ist, das ist auch widder keine folge“）を参照するように指示している。1517 年の Disputatio contra scholasticam theologiam（WA1, 226, 21ff.）における三段論法による演繹法に反対する諸々の厳格な定式化は、たしかに「特定のケースでは」（117）つまり信仰箇条の場合には、論理の法則の止揚について語るきっかけを Lohse に与えている――彼は、ルターが他の諸関連で自ら三段論法を用いて論証していることを指摘しているにもかかわらず。したがってもちろんルターの神学的論証のうちには、二重真理の仮定があると言えるであろう。しかしルターによって拒否された理性の使用の歴史的特色によりいっそう注目するならば、おそらくこのような印象は消えていくであろう。

(36) Thomas von Aquin S. theol. I, 32, 1 ad 2:《ratio ... quae radici iam positae ostendat congruere consequentes effectus.》トマスはその例として興味深い仕方で、「現象を

救うための」軌道を外れた運行形式と軌道というプトレマイオスの天文学的仮定を挙げている。つまり近代の仮定概念の前史に属する記述形式をあげている。

(37) 真理の整合説について、また真理基準としての整合性に対する真理概念の関係について、および真理概念における対応と合意に対する整合性の関係については、62f. と 34f. を参照。

(38) J. Bauer a. a. O. 113 zu J. A. Quenstedt.

(39) たしかにトマスは後に、他のすべての信仰箇条は神の存在のなかに含まれているという具合に、信仰箇条は(理性の諸原理と類比的に)互いにひとつの体系的秩序のなかにあると述べて(S. theol. II/2, 1 a 7)、このやり方を正当化している。しかし、彼の神学概念によると、神学の学問性は啓示された諸原理に基づくのに対し、彼によるこの関連の再構成が、理性の神証明の結果としての神の存在から出発していることにみられる緊張関係は、これによっても解消されない。Summa contra Gentiles, I, 9 のアクィナスの方法論的詳説も参照。ここでは、目的措定が明らかに弁証論的であるかぎりにおいて、他の事態が生じている。しかし、ドゥンス・スコトゥスは、ここでトマス・アクィナスの神学概念のなかにある緊張に気づき、鋭く指摘している。彼は、神の存在のうちにあらゆる神学的真理が包含されているという見解に、したがってわれわれは信仰のあらゆる言明を自然的理性を通して認識することができるという見解――《et ita totam theologiam naturaliter acquirere》(Ord. prol. p. 3 q. 1－3, Ed. Vat. I, 1950, 107, n. 159)――に異論を唱えている。ドゥンス・スコトゥス自身は、これに対し、次のような見解を支持した。つまりそれは、堕罪の状態にある人間の神学的認識は神をそれ自体において対象とすることができなく、普遍的存在概念が、有限な存在と無限な存在の根本的差異を乗り越えるかぎりにおいて、この普遍的存在概念に基づいてのみ神を対象とする、との見解である(ebd. Nr. 168 p. 110f.)。

(40) U. Köpf a. a. O. 194－198 : Das Verifikationsproblem, vgl. auch 207f., 209. 上記注 30 に引用されている J. F. ブッデウスの言明も参照。それは、キリスト教の教理の真理の理論的証明《probare》と論証的確認《confirmare》という課題を組織神学に負わせている。

(41) このかぎりで、神学の学問性の特徴として、神学の「中心内容に即していること」(K. Barth, Kirchliche Dogmatik I/1, 1932, 7)を求めることはたしかに正しい。しかしそれらが満たされうるための判断基準は挙げられていない。

(42) L. B. Puntel : Wahrheitstheorien in der neueren Philosophie, Darmstadt 1978. は、種々の真理論の概観を提供している。今日、特にハバーマスによって主張されている真理の合意説については 142－164 を、整合説については ebd. 172－204, 211ff. を参照。その他の諸々の真理論の基点である対応説に関しては(つまり真理概念の意味論的解釈に関しては)ebd. 9 を参照。以下(S. 58ff., bes. 62f.)の詳

述も参照。

（43） これについては、K. Heim : Das Gewißheitsproblem in der systematischen Theologie bis zu Schleiermacher, Leipzig 1911, 19ff. und 24ff. による、依然として読む価値のある詳論を参照。彼は、初期フランシスコ派とトマス・アクィナスにおける問題の異なる解決法について論じている。もちろんハイムは、最高善としての神との関係を通して信仰に関する意見の一致に至るという動機を考慮することはなかった。これについては、特に M. Seckler : Instinkt und Glaubenswille nach Thomas von Aquin, Mainz 1961, 98ff. を参照。108ff. und schon 93ff. も参照。

（44） その典拠として、J. Finkenzeller : Offenbarung und Theologie nach der Lehre des Johannes Duns Skotus, Münster 1961, 94ff., bes. 99f. を参照。

（45） Ebd. 51f.

（46） Ebd. 53.

（47） Ebd. 54ff. 詳細については、H. Schüssler : Der Primat der Heiligen Schrift als theologisches und kanonistisches Problem im Spätmittelalter, Wiesbaden 1977, 61－158. bes. 109ff. を参照。

（48） B. Hägglund : Die Heilige Schrift und ihre Deutung in der Theologie Johann Gerhards. Eine Untersuchung über das altlutherische Schriftverständnis, Lund 1951, 64ff.

（49） J. Wallmann : Der Theologiebegriff bei Johann Gerhard und Georg Calixt, 1961, 5Anm. 2.

（50） ゲルハルトにおけるこの傾向と神学概念の諸々の含意との格闘については、Wallmann a. a. O. 47ff. を参照。

（51） この記述形式の例としては、たとえば、J. Kr. König : Theologia positiva acroama-tica（1664）, De Theologiae Praecognitis52,57ff. を参照。

（52） R. D. Preus : The Theology of Post-Reformation Lutheranism. A Study of Theological Prolegomena, 1970, 255ff. 注 47 において挙げられた H. Schüssler の著作、特に中世における聖書の充足性の観念の前史に言及している箇所（73ff.）を参照。

（53） H. Jedin, Geschichte des Konzils von Trient II, 1957, 42－82 ; J. R. Geiselmann : Das Konzil von Trient über das Verhältnis der Heiligen Schrift und der nichtgeschriebenen Tradition, in : M. Schmaus（Hg.）: Die mündliche Überlieferng, 1957, 123 －206. Geiselmann の見解の包括的かつ結論的記述は、彼の書物（Die Heilige Schrift und die Tradition, 1962, bes. 91ff., 158ff.）にみられる。カトリック神学におけるこの問いに関する議論については、P. Lengsfeld : Tradition und Heilige Schrift -- ihr Verhältnis, in : Mysterium Salutis（hg. J. Feiner / M. Löhrer）I, 1965, 463 －496, bes. 468ff. も参照。

（54） これについては、J. Ratzinger, in : Das Zweite Vatikanische Konzil II（LThK, Ergänzungsband）Freiburg 1967, 573a の注も参照。

（55） F. Beisser : Claritas scripturae bei Marin Luther, 1966, bes. 75－130. は、ルターの見解の包括的解釈を提示している。エラスムスに反対するルターにおいて特に問題になっているのは、各人のうちに確立されている人格的な信仰の確かさという「内的明晰性」ではなく、教会の宣教職がそれへと招かれている聖書解釈における聖書のいわゆる「外的明晰性」である（88ff. 92）。外的明晰性に属するのは、普遍妥当的説得力をもって（《communis ... sensus iudicio》：WA18, 656, 39f.）聖書の内容を貫徹する「外的決定」（WA18, 652f.）である。拙著 Grundfragen systematischer Theologie I, 1967, 64f. und 163f. における詳論も参照。

（56） J. A. Quenstedt a. a. O. 169.

（57） Ebd. 200f. クヴェンシュテットは、そのなかで 1609 年のソッツィーニ派の Rakower Katechismus の解釈原則におおむね同意している。これについては、K. Scholder : Ursprünge und Probleme der Bibelkritik im 17. Jahrhundert, 1966, 47f. を参照。ただし、理性との一致（《sana ratio》）に対するソッツィーニ派の要求と、聖書の諸言明に基づく諸々の結論が、啓示された教理に共属しているということに対するソッツィーニ派の拒絶だけは、批判されている。ソッツィーニ派の教義批判とって矛盾の原理がもつ意味については、ebd. 50 を参照。

（58） Quenstedt. a. a. O. 210, vgl. 186ff.

（59） M. Chemnitz : Examen Concilii Tridentini（1578）hg. E. Preuss 1861, 67 n. 6.

（60） J. Ratzinger a. a. O.（前掲注 54）520 もこう述べている。

（61） H. Engelland : Melanchthon, Glaube und Handeln1931, 179－188.

（62） B. Hägglund a. a. O.（前掲注 48）118ff., bes. zu Gerhards Loci II, 217ff.

（63） Ebd. 71ff. und bes. 77, vgl. 86.

（64） A. Polanus : Syntagma theologiae Christianae 1624 I, 16（zit. bei H. Heppe u. E. Bizer : Die Dogmatik der evangelisch-reformierten Kirche, 1958, 11）.

（65） H. Cremer RE IX, 3. Aufl. 1901, 191（Art. Inspiration）. R. D. Preus a. a. O. 273－295 も参照。

（66） J. A. Quenstedt : Theologia didactico-polemica sive systema theologicum, Leipzig 1715, 102;《Si enim unicus Scripturae versiculus, cessante immediato Spiritus S. influxu, conscriptus est, promptum erit Satana idem de toto capite, de integro libro, de universo denique codice Biblico excipere, et per consequens, omnem Scripturae auctoriatem elevare.》Ebd. 100f. も参照。

（67） B. ヘグルントは、J. ゲルハルトにおける聖霊の《内的証明》に関する彼の諸詳論のなかで、このことを強調している（op. cit.（前掲注 48）90ff., 94ff.）。R. D. Preus a. a. O. 302f. も同様である。

（68） Calvin Inst. rel. chr., I9, 3:《... ita suae quam in scripturis expressit veritati inhaerere spiritum sanctum, ut vim tum demum suam proferat atque exserat ubi sua constat verbo

reverentia ac dignitas.》カルヴァンは、言葉と霊の関係が相互的であることを強調している。《Mutuo enim quodam nexu Dominus verbi spiritusque sui certitudinem inter se copulavit; ut solida verbi religio animis nostris insidat, ubi affulget spiritus qui nos illic（!）Dei faciem contemplari faciat.》

（69） Quenstedt a. a. O. 110（Ic. 4p. 2q. 4）は、M. フラキウスを証人として引き合いに出しつつこう述べている。これについては、R. D. Preus a. a. O. 288ff. を、また適応理論のいっそうの展開については、G. Hornig: Die Anfänge der historisch-kritischen Theologie. Johann Salomo Semlers Schriftverständnis und seine Stellung zu Luther, 1961, 211ff. を参照。

（70） K. Scholder: Ursprünge und Probleme der Bibelkritik im 17. Jahrhundert. Ein Beitrag zur Entstehung der historisch-kritischen Theologie, 1966, 68f.（ケプラーについて）und 73（ガリレイについて）.

（71） Scholder a. a. O. 149ff.

（72） スピノザも彼の『神学的－政治的論文』（1670）の第二章で、神の啓示の受領者の理解能力に対するその啓示の適応を、彼の聖書解釈の基本原則とした（第七章も参照）。彼はこの視点をすでに奇跡信仰の批判にも適用している（第六章）。

（73） E. Bizer: Die reformierte Orthodoxie und der Cartesianismus, ZThK55, 1958, 306－372, bes. 367f.

（74） シモンについては、P. Hazard: Die Krise des europäischen Geistes（frz. 1935）dt. 1939, 215－234 を参照。

（75） G. Hornig: Die Anfänge der historisch-kritischen Theologie. Johann Salomo Semlers Schriftverständnis und seine Stellung zu Luther, 1961, 70 における引用文。

（76） B. de Spinoza: Theologisch-politischer Traktat（1670）, deutsch von C. Gebhard 5. Aufl. 1955（Philos. Bibl. 93）, 135, 14f., vgl. 140, 15ff., 150, 2ff.（Kap. 7）.

（77） これについては、拙著 Die Krise des Schriftprinzips, in: Grundfragen systematischer Theologie I, 1967, 11－21 を参照。

（78） ドゥンス・スコトゥスにおける判断基準の教理の解体については、J. Finkenzeller（前掲注 44）38ff. を、聖書の霊感に対する信仰の条件としての聖書の諸言明の不謬性については、42f. を参照。古プロテスタントの教義学において、判断基準の教理は従属的役割を演じていたにすぎなかった。なぜなら信憑性の諸々の判断基準は、聖霊の証言と異なって《fides humana》にすぎず、完全な確実性を根拠づけることは不可能だからである（R. D. Preus a. a. O. 300f., vgl. J. A. Quenstedt a. a.. 140ff.）。ソッツィーニ主義の見解については、Scholder 45ff. を参照。

（79） G. Hornig a. a. O. 76. ゼムラーにおける神の言葉と聖書の区別については、ebd, 84－115 を、また神の言葉の宣教はもとも口頭によるものであったことを強調する立場については、ebd. 64f. を参照。

（80） R. D. Preus a. a. O. 216−226.

（81） In der zweiten, polemischen Abteilung des Kapitels heißt in q. 3ekth. 5:《Est enim haec informatio divina, qua fiunt Theologi, operatio gratiae》Spiritus S.《non praecise》inhabitantis,《sed potius》assistentis,《quam gratiam assistentem certo modo etiam habent irregeniti et impii. In illis vero, qui re et nomine Theologi sunt, i. e. qui non tatum habitu Theologico, ut sic, instructi, sed simul renati sunt, sive fideles et pii, in illis Theologia non tantum a Spiritu S. sed etiam cum Spiritu S. est, et cum gratiosa ejus inhabitatione conjuncta》（a. a. O. 23）.

（82） R. D. Preus a. a. O. 228−232. もちろんプロイスは、ノイマンをより古いルター派の教義学の反対者に含めた点で誤っている。C. H. Ratschow（Lutherische Dogmatik zwischen Reformation und Aufklärung I, 1964）は、クヴェンシュテットとホラーツのうちにすでに神学と個人的信仰の区別がみられ、ブッデウスによって初めて敬虔主義的な意味でそれが修正されたことを、典拠を挙げて証明した（37, Belege 56f.）。信仰と神学の関係に関する Ph. J. シュペーナーの詳論については、E. Hirsch : Geschichte der neuern evangelischen Theologie II, 1951, 107f., 111ff. を参照。シュペーナーの場合、神学的認識にとって信仰が必然的なものであることは、もちろんまだ次のことを意味していなかった。つまり「信仰それ自体の、観念のなかで捉えられた精神的内容の発生において、宗教的経験が本質的契機となる」（115）ことを意味していなかった。この点でシュペーナーはまだ聖書神学者であった。

（83） E. Hirsch a. a. O. 200ff., bes. 202f.

（84） J. Fr. Buddei Compendium Institutionum theologiae dogmaticae, Leibzig 1724, I, 148−56（p42ff.）. たしかにブッデウスは、《doctrina》としての概念の客観的な意味での神学は、《irregenitis》にも近づきうることを認めている（I, 150）。しかし 48 の注のなかでこう述べている。《 ... habitus ille docendi, et alios in rebus divinis erudiendi, absque fide ... non nisi improprie theologia vocatur.》クヴェンシュテットの対応する諸々の定式化と比べてみると、その変化はわずかであるにもかかわらず、強調点は明らかに移行していた。

（85） Ebd. I, 1 17, vgl.21Anm.

（86） J. S. Semler : Versuch einer freiern theologischen Lehrart, Halle 1777, 97.

（87） ブッデウスの教義学の第一章の表題は《De religione et theologia》である。彼は、自然宗教と、旧約聖書の族長以来の神の諸啓示の歴史に関する詳細な記述の後で初めて、特にキリストの啓示（27ff.）と信仰箇条（33ff.）に関する詳細な記述の後で初めて、神学の概念（37ff.）に取り組んでいる。

（88） Semler a. a. O. 188（59）.「学問的」神学という彼の概念のためにゼムラーは Georg Calixt（188）を引き合いに出している。これについては、J. Wallmann : Der

Theologiebegriff bei Johann Gerhard und Georg Calixt, 1961, 95ff., 107ff. und bes. 113ff. を参照。

(89) この神認識にいっそう近いのは、宗教について「小理屈をこねる」私的神学である。「考える人間であれば誰でもそれに対する実際的な権利をもち」、しかもそれは次のような一つの視点に基づいている。つまりそれは、「考えるすべての人間によって異なり、各自にとって独自な視点」(a. a. O. 181) である。T. Rendtorff: Kirche und Theologie. Die systematische Funktion des Kirchenbegriffs in der neueren Theologie, 1966, 36ff の詳論を参照。

(90) Semler a. a. O. 196ff., bes. 200f., auch 204. Chr. Matt. Pfaff, Institutiones theologiae dogmaticae et moralis, Tübingen 1719, 32 (Prol. art. 27, 1) においてすで行われている《artculi fundamentales》の概念の相対化を参照。そこにはこう記されている:《Articuli fundamentales non sunt iidem omnibus sed pro varia revelationis mensura oeconomiarumque divinarum ratione, pro varia et hominum capacitate animique dispositione varia varri singulis sunt.》

(91) Ebd. 184, 204 u, ö. 179, 202 の「諸々の表象様式 (Vorstellungsarten)」という表現も参照。プファフに関しては、E. Hirsch: Geschichte der neuern evangelischen Theologie II, 1951, 336ff., bes. 350 を参照。

(92) Semler a. a. O. 192.

(93) K. G. Bretschneider: Handbuch der Dogmatik der evangelisch-lutherischen Kicrhe I, 3. Aufl. 1828, 16 (5aEnde) und 24f. (7). ブレトシュナイダーは、明らかにゼムラーを引き合いに出している。後者と共に「われわれの教会の教義学の取り扱いにおいて新たな章」(12S. 70) が始まった。

(94) Ebd. 26.

(95) Ebd. 61ff. (11). 聖書に基づく吟味については 62f. を参照。

(96) A. a. O. 61,

(97) Ebd. 146−253. 興味深いのは、205f の聖霊の《testimonium internum》に対するブレトシュナイダーの懐疑的な詳論である。

(98) F. Schleiermacher: Der christliche Glaube (1821) 2. Ausg. 1830, 19. Kurze Darstellung des theologischen Studiums 1811, 56 3 (= Schleiermachers kurze Darstellung des theologischen Studiums, Krit. Ausg. von H. Scholz, Leibzig 1935, 74) を参照。

(99) 教義学における「聖書のただ……批判的な使用」に反対するシュライアマハーの論評:Der christliche Glaube, 2. Ausg. 1830,131, 2 を参照。

(100) Ebd.15.

(101) Ebd.19, 1 und 25 Zusatz (sowie schon19, 3). Kurze Darstellung (1811) 58f.,10−16 (H. Scholz 78f.) も参照。

（102） Der christliche Glaube, 1830,25 Zusatz.

（103） Ebd.27, 4. これについては、128, 3 も参照。ここでシュライアマハーはこう述べている。彼は、「信仰のこれまでの発展全体を念頭に置き、この信仰それ自体を、救済を必要とする心情のなかで、ただ何らかの報知や学問を手段として生ずるものとして前提としてきた。しかし聖書は、同じ信仰を個人に言明するものとしてのみ挙げてきた」。「教理は、それが聖書に含まれているがゆえに、キリスト教に属さなければならないるかのように思われてはならない。「なぜならむしろ教理は、キリスト教に属するがゆえにのみ、聖書に含まれているからである」。

（104） J. ミュラーによると信仰は、「宗教の対象に関するあらゆる知がそこから流れ出る《源泉》」（Dogmatische Abhandlungen, 1870, 34）である。主体的な信仰の行為をまず基礎づける知についての問いは、これによって切り取られてしまう。ミュラーによると、聖書の権威もそのように理解されてはならない。もしもそのように理解されるならば、それは「単なる法的権威」（ebd. 44）にすぎなくなるであろう。同様に、M. ケーラーは後にこう述べている。「《神学的前提》は信仰であり」、しかもそれは「自己観察によって歴史を越えたものへと方向づけられている」（Die Wissenschaft der christlichen Lehre, 1883, 2, Aufl. 1893, 15f.）認識の前提と確証として機能する信仰である。ケーラーの見解については、J. Wirsching : Gott in der Geschichte. Studien zur theologiegeschichtlichen Stellung und systematischen Grundlegung der Theologie Martin Kählers, 1963, 57ff., 67ff の詳論を参照。

（105） その範例的で、しかも理論的に高水準な著作は、F. H. R. v. Frank : System der christlichen Gewißheit I, Erlangen 1870, 277f.（31）, 283ff.（32）, 114ff.（17）. である。フランクの論証の諸基盤については、H. Edelmann : Subjektivität und Erfahrung. Der Ansatz der theologischen Systembildung von Franz Hermann Reinhold v. Frank im Zusammenhang des „Erlanger Kreises“, Diss, München 1980 の詳細な分析を参照。

（106） I. A. Dorner : System der Christlichen Glaubenslehre I(1879）2. Aufl. 1886,1. ドルナーは、「キリスト教の経験はすべての教義学的言明の前提とみなされる」（ebd. 4）という見解をシュライアマハーの永続的功績として高く評価している。

（107） Ebd.12, 146ff. vgl.11, 4f., 139ff.

（108） A. Ritschl : Die christliche Lehre von der Rechtfertigung und Versöhnung III（1874）, 3. Aufl. 1888, 3 und 5 sowie 7f.

（109） W. Greive : Der Grund des Glaubens. Die Christologie Wilhelm Herrmnanns, 1976 を参照。

（110） R. Bultmann : Kirche und Lehre im Neuen Testament, in Glauben und Verstehen I, 1933, 157 ; Theologie des Neuen Testaments, 1953, 475, vgl. 578f.

（111） K. Barth : Die christliche Dogmatik im Entwurf, 1927,7, 83ff. この対置において

まず問題になるのは、教義学の《対象》であり、しかし同時にその基礎づけ、つまり神の言葉が「われわれにとって現実である」その「仕方」、「あるいはそれがわれわれにとって認識される現実として与えられる」その「方法」である（83)。

（112） Ebd. 108, sowie 105 und 106.

（113） Kirchliche Dogmatik I/1, 1932, 16. 今やこの言明は、それは切り離された個人ではなく、教義学を遂行する教会であるということによって基礎づけられる。これにより、1927 年の定式のうちにあった問題は明らかに回避されている。この定式によれば、「敢行」つまり神の言葉の現実を考慮する《petitio principii》が教義学の始めにくるのである（前注を参照）。

（114） Die chrisliche Dogmatik im Entwurf, 1927, 87.

（115） これは、W. W. Bartley : The Retreat to Commitment, 1962 のドイツ語訳（1962）の表題である。この書物は、ここで指摘した視点から、20 世紀半ばのプロテスタント神学の状況を明快に分析している。これについては、拙著 Wissenchaftstheorie und Theologie, 1973, 45ff. を参照。

（116） 拙著 Was ist eine dogmatische Aussage? Grundfragen systematischer Theologie I, 1967, 159−180, bes. 172f. において論じられている、教義学的言明の普遍性に関する詳論を参照。

（117） これについては、W. Kamlah : Wissenshaft, Wahrheit, Existenz, 1960, 56ff., bes. 65 und 66f., sowie 69ff の啓発的な詳論と比較せよ。

（118） カール・ヤスパースによる定式化。

（119） カンタベリーのアンセルムスの神学的方法論に関するここで示唆されている見解は、彼の著作の多くの解釈者と共に、K. Barth : Fides quaerens intellectum. Anselms Beweis der Existenz Gottes im Zusammenhang seines theologischen Programms, 1931 に反対して、たとえば、F. S. シュミットによって主張されている（LThK2. Aufl. 1, 1957, 592−594)。彼は、アンセルムス全集（原典批判を行った校訂版）の編集者である。P. Mazzarella : Il pensiero speculativo di S. Anselmo d'Aosta, Padua 1962, 103−169 も参照。

（120） この議論については、特に、L. B. Puntel 版を参照。以下の二つの注における引用も参照。

（121） N. レッシャーの真理の整合説については、L. B. Puntel : Wahr-heitstheorien in der neueren Philosophie, 1978, 182−204 を参照。また、真理概念と真理の判断基準の分離に対する疑念について論じている 203f. も参照（174ff の B. ブランシャードに関する項も参照。彼は、すでに 1939 年に、次の命題を提示していた。つまり、整合性は、それがさらにその真理概念に属するときにのみ、真理の判断基準となることができる)。

（122） N. Rescher : Truth as Ideal Coherence（1985）, deutsch in : Der Wahrheitsbegriff,

hrsg. von L. B. Puntel, Darmstadt 1987, 284－297.

(123) 拙著 Was ist Wahrheit? in : Grundfragen systematischer Theologie I, 1967, 202－222, bes205ff. を参照。

(124) 拙著 Über historische und theologische Hermeneutik, a. a. O. 123－125, bes. 143f. を参照。

(125) これについては、拙著 Was ist eine dogmatische Aussage? Grundfragen systematischer Theologie I, 1967, 159－180, 174ff. における、教義学的諸言明の先取り的かつ頌栄的性格に関する詳論を参照。

(126) 拙著 Wissenschaftstheorie und Theologie, 1973, 334－346 を参照。このテーマは G. ザウターとの対話においてひとつの役割を演じていた。彼は、仮説の概念を、主要な信仰的諸言明と区別して、神学的諸言明に限定しようとした（W. Pannenberg / G. Sauter / S. M. Daecke / H. N. Janowski : Grundlagen der Theologie -- ein Diskurs（Urban-Bücher T 603）Stuttgart 1974, 70ff.）。G. Sauter : Überlegungen zu einem weiteren Gesprächsgang über „Theologie und Wissenschaftstheorie", in : Evangelische Theologie 40, 1980, 161 －168, bes. 162f. sowie meine„ Antwort" ebd. 168ff., bes. 170－173 も参照。

(127) 通例、狭義の仮説概念は、たしかにその真理性が根本的に論じられるが、他の事態を記述したり説明したりするために「想定される」仮定のために用いられる。古代の言語用法（これについては、A. Szabo in Hist. WBPhilos. 3, 1974, 1260f. を参照）がそうであり、N. Rescher ebd. 1266 の短い詳論も同意見である。仮説の概念はいわゆる論理実証主義の言語分析によって拡大された。R. Carnap 1928 は次のような諸言明をすべて仮説と呼んだ。それは、その真実ないし虚偽を決定する「諸々の体験」というものが考えられるがゆえにたしかに「客観的」であるが、そこにおいてこのような基礎づけないし再吟味がこれまで起こっていない諸言明である（Scheinprobleme in der Philosophie, Neudruck hg. von G. Patzig, 1966, 52, vgl. 50）。「基礎づけられた」諸命題が依拠し、そしてさらに他のものがそれに基づいて吟味される「諸々の体験」は、観察の諸命題において固執される諸々の感覚的知覚である。M. Schlick（Über das Fundament der Erkenntnis, in : Erkenntnis 4, 1934, 79－99）によると、このような「諸確認」は、《決して仮説ではない》（ebd. 98）「唯一の統合的諸命題」である。したがってシュリックによると、カルナップと異なり、この基盤に《還元される》諸命題も、「諸確認」に依拠するがゆえに仮説的なままである。しかもシュリックはその諸確認それ自体を、その定式化の時点においてのみ仮説から区別されうるとみなした。つまりそれらは、その時点の後で、強制的な確実性をもたない単なる仮説となる。こうしてシュリックは、経験的確実性を次のような諸命題に基礎づけることを批判した。つまりそれは、後に、特にこのような基本的諸命題における一般的術語の不

可欠性へと向かう諸命題である（W. Stegmüller: Metaphysik, Skepsis, Wissenschaft, 2. Aufl. 1969, 279－307 を参照）。ここから明らかになるのは、A. J. エイヤーの著書（Language, Truth and Logic, 1945, 2d. ed. 93f.: „Empirical propositions are one and all hypotheses“）においてすでに起こっているように、仮説の概念は、あらゆる経験の諸命題一般へと拡大されうるということである。L. Wittgenstein: Tractatus logico-philosophicus, 1921. は、内容からみると、すでにこのことに言及していた。しかもその記述は主張命題の断言的機能と結びつけられていた。すなわち「命題は、それが真実である《とき》、その状態を《示す》。そしてその命題は、そのような状態である《ことを》《語る》」（4. 022）。経験的な諸々の主張命題における仮説的要因と断言的要因の結合は、C. J. ルイスによっても明らかにされている（An Analysis of Knowledge and Valuation, 1946, 22f.）。

（128） W. ヨストは、ひとはキリスト教信仰にただ「無制約的に、あるいはいかなる場合にも決して仮説的な制約を設けずに関わる」ことができる（Fundamentaltheologie. Theologische Grundlagen- und Methodenprobleme, 1974, 253）と書いたが、それは《信仰的行為》の記述としてはたしかに適切である。しかしながら、信仰がそれらと結ばれている諸々の命題と主張を考慮に入れるならば、話はちがってくる。これらもたしかに断言的意味をもつが、同時にそのうちに仮説的構造をもっている（受容者たちにとって、あるいは省察の観点において）。この点に関しヨストの諸々の定式は不明瞭なままである。すなわち一方で、神学は《信仰という前提から》出発すると述べている（ebd. 240）。しかし他方で、神学はこの「信仰という前提」を「公開討論会」において正当化することはできない、とされている（252）。この基本的前提において、一定の諸命題とその真理が問題になっているのかどうか、それは依然として不明瞭である。なぜならヨストは、神学者は「それらのなかでキリストにおける神の啓示を解釈しつつ展開する彼のすべての命題を、暫定的なものとして、また将来実証されることを念頭に置きつつ定式化されたものとして理解している」（253）、と書いているからである。本当に彼のすべての命題を？教会の教理と聖書のすべての命題も？もしもそのように考えられているとすれば、われわれは、このような諸命題がなければ、「キリスト御自身における神の証言の真理」（ebd.）を認めることができないという困難が生じてくる。すなわち信仰のうちにある「基本的前提」と、これらの諸命題の「いずれも」、暫定的で、修正されうるものとみなされなければならないこととは、どのように関係するのだろうか。ヨストは、このような問いを自らに提起したとき、それに対する答えをまったくもっていなかった。これについては、後段で、信仰の確実性に関する問いとの関連でさらに詳細に論究される必要があるだろう。しかしもしもヨストの詳論が、あの暫定性は神学者自身の諸命題にのみ妥当し、聖書と教会の信仰の認識の諸命題には妥当しないという具合に理解される

べきであるとすれば、確実性の問題にまつわる伝統的な諸々のアポリアが生じてくる。そしてヨストが、「キリスト教信仰の場合、イエス・キリストにおける神の啓示のうちに、その信仰を要求し、そしてそれを担う根拠が与えられているとの確信は、それ自体この信仰の行為である」(ebd. 253) と書いたとき、彼はそれらのアポリアを主観主義的な意味に解消してしまったのではないかと疑う必要がある。いずれにせよここでは、信仰の自己基礎づけの論証は危険なものであるとは考えられていない。

(129) それゆえ教義学と倫理学の区別は、新たに K. Barth (KD I/2, 1938, 875-890) との関連でしばしば主張されるように (W. Joest : Dogmatik 1, Die Wirklichkeit Gottes, 1984, 20 の場合も同様である)「労働節約的」に根拠づけられるだけでなく、中心となる事柄にも根拠づけられる。すなわち倫理学は、行為の主体としての人間に語りかけるのに対し、教義学は、たとえ創造あるいは教会について語っているとしても、神とその行為に目を向けている。

第2章の注

(1) I. U. Dalferth : Existenz Gottes und christlicher Glaube. Skizzen zu einer eschatologischen Ontologie, 1984, 88ff. は、W. V. O. クワインの、諸々の主張に関する「存在論的関与」という命題 (From a Logical Point of View, 1953, 2nd, ed. 1961, HTB 566, 12ff.) との関連でこう述べているが、それは正しい。

(2) K. Rahner : Grundkurs des Glaubens, 1976, 56.

(3) J. Track (Sprachkritische Untersuchungen zum christlichen Reden von Gott, 1977) は、神についての発言を「宗教的経験」(242, vgl. 185f., 311, 314) に基礎づけることを要求している。I. U. Dalferth (Reilgiöse Reden von Gott, 1981) も、「キリスト教信仰の発言の経験的基礎」(393-494) について語っている。ダルフェルトはこの基盤をイエス・キリストによる「神の語りかけの経験」(446, vgl. 469ff., 489) のうちにみている。

(4) ルターにおける信仰と経験の緊張に満ちた関係については、P. Althaus : Die Theologie Martin Luthers, 1962, 58-65 と U. Köpf in TRE 10, 1982, 114f. を参照。

(5) B. Lauret (Schulderfahrung und Gottesfrage bei Nietzsche und Freud, 1977) は、ニーチェとフロイトにおける無神論にとって、罪責意識の心理学的批判が基本的重要性をもったことを実証した。

(6) H. D. Lewis : Our Experience of God, London (Allen and Unwin) 1959, Fontana ed. 21315, 1970, 120, 128.

(7) I. T. Ramsey : Religious Language. An Empirical Placing of Theological Phrases, London (Macmillan) 1957, paperback ed. 1963, 28f., vgl. 25f. 後の句は、ラムジーがゲシュタルト心理学に基づいてることを示している。この本の序は哲学的言語分

析による挑戦に言及している（bes. 15）。

（8） Ebd. 40f.

（9） Ebd. 41.

（10） ラムジーによると「神」は、そのなかで、諸々の知覚から演繹されない参与の（48）、宗教的経験と結びついた全体性が表現されるキーワード（51）である。シュライアマハーの場合、神思想は宗教的経験に関する省察に属する。『宗教論』（1799）の見解によると、神思想は、人間が宗教的経験のなかで行為するものとして経験する（129）「宇宙」の、多くのなかのひとつの可能な解釈を表している。『信仰論』（1821, 2. Ausg. 1830）では、「神」という語は、依存感情に関する「直接的省察」のための表現とみなされている、つまり「われわれがこの自分たちの存在を」そこへと「押し戻す」（4. 4）ものとみなされている。

（11） I. U. Dalferth : Religiöse Rede von Gott, 1981, 432f. も参照。これは特に、R. W. Hepburn : Christianity and Paradoxy 1958. と J. I. Campbell : The Language of Religion, 1971 を引き合いに出している。

（12） J. Hick : Religious Faith as Experiencing -- As, in : G. N. A. Vesey（ed）: Talk of God. Royal Institute of Philosophy Lectures II, 1967/68, London 1969, 20−35, 25. ヒックも、その詳細な記述により知覚の形態的性格を引き合いに出している。しかし彼の考えによると、この知覚は、《社会的諸産物》としてその時々の言語世界に属する《諸概念》の形式における経験内容の同一化と再び結びつけられている。A. Jeffner : The Study of Religious Language, London（SCM）1972, 112ff. は、ヒックのこの記述を F. Ferrě（Language, Logic and God, London 1961）の、個々の経験の解釈にとって枠となる形而上学的諸概念の重要性に関する見解とひとつにまとめている。

（13） I. U. Dalferth : Religöse Rede von Gott, 1981, 454−466 はこう述べている。ダルフェルトが、明確に表現されている「歴史的諸言明のうちに」（467）、つまりイエスとその重要性に関する諸言明のうちに、どのようにしてキリスト教の語りかけの経験の「知覚のレベル」を見出しうるのかは、依然として不明瞭である（vgl. 486ff.）。しかしこのような歴史的諸言明は単純に諸々の知覚ではなく、それらを解釈し加工するという本当に広く展開された諸段階を含んでいる。J. トラックは、彼が超越的対向の「人格的性格」をそれに帰する「開示状況」における宗教的経験と、現存在の方向づけと行為の方向づけの諸関連への、このような諸経験に関する了解を可能にする組み入れの宗教的経験を、いっそう鋭く区別している（a. a. O. 254f.）。しかし彼は、「直接的経験」を神経験として把握する際に、すでに問題になっているのはひとつの解釈であることも認めている（284f.）。

（14） したがって「神」という言葉の機能を、ある対象の名称ではなく、単に一定の人生観と行為の方向性を判定する表現の機能とする記述は、宗教言語におい

て考えられていることを誤解していることが証明される。このテーマに関する H. ブラウン、P. ヴァン・ビューレン、そして F. カンバーテルの諸々の貢献について言及している I. U. Dalferth : Existenz Gottes und christlicher Glaube. Skizzen zu einer eschatologischen Ontologie, München 1984, 88ff. を参照。「神」という語を共範疇的表現として理解しようとする F. カンバーテルの提案（ZEE 15, 1971, 32－35）については、特に J. Track a. a. O. 219ff., 224, 229, 252ff. を参照。

（15） これについては、J. Track 175ff.、特に 185ff. と I. U. Dalferth : Religöse Rede von Gott, 1981, 571－583 を参照。

（16） M. Durrant : The Logical Status of “God”, London 1973, 15 u. 49.

（17） I. U. Dalferth : Religöse Rede von Gott, 1981, 574ff.

（18） A. a. O. 576.

（19） Dalferth ebd.

（20） Dalferth a. a. O. 563, vgl. 566, 568f., 580, 582.

（21） それゆえ、イエス・キリストにおける「神の語りかけの経験」に関するダルフェルトの詳述のなかに、「神」という語によって与えられる世界関連がまったくなくなっていることは決して偶然ではないであろう。ダルフェルト自身がこう異論を唱えている。つまり「イエスを《神の》語りかけとして経験することができるためには、わたしにとって「神」は空疎な表現であってはならない」。しかし彼はこの異論を「不確実なもの」とみなしている。なぜならそのさい「神」という語は、ただひとつの個体を表す「厳格な指名」（Designator）としてではなく、一般的特徴づけとして理解されているからである（600）。そのさいダルフェルトは次のことを見落としている。つまり、厳格な指名者としての「神」という語の理解は、すでに神の唯一性（と、そのなかに含まれている世界関係）を前提にしている。しかしこのような含意がなければ、イエス・キリストにおける「神の語りかけの経験」に関する発言はそれ自体空疎で取るに足らないものになる。

（22） I. T. Ramsey : Religious Language, 53, vgl. 83（創造の思想について）und 48（《諸々のキーワード》と知覚の関係について）は、結局、「宗教的参与」を、その全体性のゆえに「諸々のキーワード」と結びつけられる《全》宇宙への《全体的》参与」として記述している――これらのキーワードは、そこから応答が生じてくるあの洞察を基礎づけている（41）。

（23） Grundkurs des Glaubens, 1976, 57. Vgl. auch T. Rendtorff : Gott -- ein Wort unserer Sprache? Ein theologischer Essay, 1972, 18ff. S. 28 の誤った用法にもかかわらず、レントルフにおける「神」という語は現実全体のための《名称》（J. Track a. a. O. 303, Anm. 64）として理解されず、S. 31 にはっきりと述べられているように、この全体つまり世界の「主体」として理解される。レントルフはこの詳論において E. Jüngel : Gott -- als Wort unserer Sprache（Unterwegs zur Sache, Theologische

Bemerkungen, 1972, 80－104）を批判的に引用している。彼は、G. Ebeling（Gott und Wort, 1966, 60f.）の、Jüngel（84）によって異議を唱えられた見解を、彼なりのやり方で受け入れ、彼のやり方で説明している——この見解によれば、神はすでに福音の告知に先立って「現実の秘密」である。そのさいレントルフは、エーベリンクが「言語性」つまり「言葉状況（Wortsituation）としての人間の根本状況」（57）に集中していることをたしかに度外視している。しかしながらその他の点で、彼の詳述は、エーベリンクの詳述——世界と人間についての問いをそれ自身のうちに含む「全体、つまり最初のものと最後のものについての問いとしての、神についての良心に関わる問いについての詳述」（Wort und Glaube I, 1960, 434）——と広範に一致する。この最後に挙げた個所で、エーベリンクはもちろんこの関連の言語的媒介（「出会いという仕方」）も強調している。言葉と言語（Wort und Sprache）において肝要なのは「単なる」言葉ではなく、言語それ自体による言葉と事柄の区別もそれに属する、現実を開示する機能における言語であるということについて了解があるかぎり、これらのことについてさらに論争する必要はない。

（24） これは、引用された論文におけるユンゲルの論証を規定している視点である（a. a. O. 84f.）。ユンゲル自身は「世界の秘密としての神」（1977）という表題のもとで神思想に関する彼の広範囲にわたる研究を行った。そのさい彼はたしかに秘密という概念を、神的発言の表現として理解されうる表現法として取り扱った（338ff.）。

（25） ただしG. カリクストゥスだけは、ゲルハルトから出発した概念形成と異なり、自然神学の概念をキリスト教の神学概念から排除した。これについては、J. Wallmann : Der Theologiebegriff bei Johann Gerhard und Georg Calixt, 1961, 97ff. を参照。

（26） Vgl. U. Köpf : Die Anfänge der thologischen Wissenschaftstheorie im 13. Jahrhundert, 1974, 231ff. Anm. 34. しかしわれわれの神認識の現在の形（《theologia nostra》）としての《theologia viatorum》——それは一方で原初状態の神認識と異なり、他方で祝福された者［聖者］達の神認識と異なる——の上位概念は、ドゥンス・スコトゥスに由来する。彼は《theologia nostra》を神御自身による神認識および祝福された者たちの神認識と区別した。Lectura in Librum Primum Sententiarum prol. pars 2 q 1－3, Opera Omnia ed. Vat. vol. 16, 1960, 31f.（n. 87 und 88）, cf. Ordinatio prol. p. 3 q 1－3, ed. Vat. 1, 1950, 110f.（n. 168）, 114（n. 171）, sowie 137（n. 204ff.）.

（27） この箇所の釈義についてはU. Wilckens : Der Brief an die Römer 1, 1978, 95ff. 105ff. を、また影響史については116ff. を参照。さらに特に、G. Bornkamm: Die Offenbarung des Zornes Gottes, in : Das Ende des Gesetzes, Paulusstudien, 1952, 9－34,

18ff. を参照。

(28) Summa theol, II/2, 2 a 3 ad 1 :《... quia natura hominis dependet a superiori natura, ad, ejus perfectionem non sufficit cognitio naturalis, sed requiritur quaedam supernaturalis (vgl. I3 a 8).

(29) WA 56, 176, 26ff. (zu Röm 1, 20). これに続いて WA 56, 177. はこう述べている。つまりこの知識は、神の直接的な力、義、不死性、善を含み、そして消し難い(《inobscurabilis》)——ただしそこから生ずる神崇拝が、誤って偶像たちに捧げられるにもかかわらず。ルターのおそらくもっと後期の諸々の発言は、この意味で理解される。それらによると、理性はたしかに「神はひとりである」ことを知っているが、神がどのような方であるのかを知らない(WA19, 207, 3ff., vgl. die bei P. Althaus : Die Theologie Martin Luthers, 1962, 27ff. gesammelten Belege). B. Lohse : Ratio und Fides. Eine Untersuchung über die ratio in der Theologie Luthers, 1958, 45ff., 59ff. も参照。

(30) W. Niesel : Die Theologie Calvins, 2. Aufl. München 1957, 39−52. カルヴァンが、人間に破壊しがたく刻み込まれている《sensus divinitatis》(Inst. I3, bes. I, 3, 3)と、被造物が創造者の存在と栄光を証ししていることを強調したにもかかわらず、それが人間の今の状態において言葉の完全な意味での神認識に至ることに異論を唱えるとき、次のことが考慮されている。つまりカルヴァンによると、それに対応する神崇拝との結びつきのなかでのみ、このようなことが語られうる。すなわち《Neque enim Deum, proprie loquendo, cognosci dicemus ubi nulla est religio nec pietas》(Inst. I, 2, 1).

(31) メランヒトンは、彼の Loci praecipui theologici von 1559 のなかで、彼が《MENS AETERNA CAUSSA BONI IN NATURA》と要約しつつ再現しているプラトン的《descriptio Dei》を、たとえ聖書の啓示に由来する諸言明が付加される(《addendum est》)としても、《verae et eruditae sunt et ex firmis demonstrationibus natae》な思想と呼んだ(CR 21, 610)。メランヒトンにおける神証明の取り扱いと、改革派の神学に対する彼の影響については、J. Platt : Reformed Thought and Scholasticism. The Arguments for the Existince of God in Dutch Theology 1575−1650, Leiden 1982, bes. 3−46 und 49ff. (zu Ursinus) を参照。

(32) G. Bornkamm a. a. O. 19.

(33) DS 3004, vgl. 3026.

(34) DS 3004. E. Jüngel (Das Dilemma der natürlichen Theologie und die Wahrheit ihres Problems, in : Entsprechungen : Gott - Wahrheit - Mensch. Theologische Erörterungen, 1980, 158−177, 169) のようなこのテーマの非常に聡明な観察者が、よりにもよってこの《posse》を自然神学の「比較的批判的な概念」とみなしていている。H. オットは、第一バチカン公会議のテキストを解釈するなかでさらに進んでこ

う述べている。自然的神認識の場合に問題なのは、たしかに原理的に与えられているが、「人類の現在の状況では」罪のゆえに事実上実現不可能な可能性である（Die Lehre des I. Vatikanischen Konzils. Ein evangelischer Kommentar, Basel 1963, 48）。この解釈は、使徒パウロがロマ 1・21（gnontes ton theon［ギリシャ語］）において強調している神の知識の事実性を排除しているがゆえに、公会議の定式よりもさらにパウロから離れている。

（35） SVF（Stoicorum Veterum Fragmenta）II, 1009. パナイティオスについては、M. Pohlenz : Die Stoa. Geschichte einer geistigen Bewegung, Göttingen 1959, I, 191 －207 を、神学の三つのタイプに関する彼の教説については、ebd. 198 と II, 100 を参照。

（36） このテーマの古典的記述を提示したのは、F. Heinimann : Nomos und Physis, Herkunft und Bedeutung einer Anthithese im griechischen Denken des 5. Jahrhunderts, Basel 1945, Nachdruck 197, bes. 110－162. である。

（37） W. Jaeger : Die Theologie der frühen griechischen Denker, Stuttgart 1953. アリストテレスの見解に関する論究については ebd. 13f. と 221Anm. 17 を、イェーガー自身の視点については、綱領的に記されている 17f. を、アナクシマンドロスにすでにみられる《アルケー（arche）》の概念については ebd. 38f. を、その機能については 44 を、それぞれ参照。

（38） B. スネルは、ヘロドトスがそのエジプト旅行の際に、その地域の神々のなかに自明のこととしてアポロ、ディオニュソス、アルテミスを再発見したことは、特にギリシャ的であると強調した（Die Entdeckung des Geistes, 3. Aufl. 1955, 44）。スネルよると、このなかに表現されているのは、ギリシャの神々は「世界の自然秩序に」属し、そしてそれゆえに「国境や一定の集団に拘束されない」ということである（45）。

（39） 創始者の機能については、Snell 51f. に言及されている例、つまりアテナがアキレウスの心境の変化の創始者のように思われるイリアスからの例（Erster Gesang 194－222）を参照。わたしは 1959 年に、《アルケー》についての哲学的問いをこの事態の単純な「逆転」と理解した（vgl. Grundfragen syst. Theologie I, 1967, 300f.）。その結果、今や諸々の成果から（神的）原因が推論された。しかしながら古いテキストから形式的な帰納的推論を読みとることはできない。

（40） U. Hölscher（Anaximander und die Anfänger der Philosophie, Hermes 81, 1953, Nachdruck in : H. G. Gadamer（Hrsg.）: Um die Begriffswelt der Vorsokratiker, Darmdstadt 1968, 95－176）は、ミレトス派の自然哲学の、ギリシャの諸伝承のなかでそのときまで実証されなかった宇宙進化論的問題設定と古代オリエントの諸観念を関連づけたように思われる（特に、ミレトスのターレスについて論じている 129－136 を参照）。

（41） W. Jaeger a. a. O. 40－44. と Anm. 233ff の大きな注を参照。「神的なもの」

の概念については235を、特にアナクシマンドロスについては、さらにU. Hölscher a. a. O. 174f. も参照。

(42) これについては特に、前掲注40で引かれているU. Hölscherを参照。

(43) より詳細な議論については、拙著 Grundfragen systematischer Theologie I, 1967, 302－308を参照。

(44) プラトンは彼の『法律』(893b-899c) のなかで、神々の存在に信仰を基礎づけることに関するこの論証を用いている。しかし以前に、それは魂の不死性のための証拠として展開された (Phaidros 245 c 5－246 a 2)。アリストテレスはこの事態を次のように記述しようと努力した。つまり、魂の自己運動という彼にとって無意味と思われるプラトンの思想が、そのさい無用になるという具合に (Met. 1071 b3－1072 b 13, vgl. Phys. 256 a 13－260 a 10)。

(45) これについては拙著 Die Aufnahme des philosophischen Gottesbegriffs als dogmatisches Problem der frühchristlichen Theologie, in: Grundfragen sys. Theologie I, 1967, 312ff. を参照。

(46) これが、自らを哲学の言語においても理解することをキリスト教信仰に「強いた」根拠であった。E. Jüngel: Das Dilemma der natürlichen Theologie und die Wahrheit ihres Problems (in: Entsprechungen; Gott - Wahrheit - Mensch. Theologische Erörterungen, 1980, 158－177, 162) はこのことに言及していない。しかしユンゲルも語っているこのような強制力が、批判的習得それ自体の「プロセス」から生ずることはほとんど不可能である (Jüngel 162)。

(47) これについては拙著 Grundfragen syst. Theologie I, 1967, 310f., 326ff., 341ff. を参照。ユンゲルは正当にも、たとえ「哲学のレベル」それ自体におけるものであれ、「哲学的神認識の異論」の必然性の起源を自然と創造という概念の「変換可能性」の疑わしさに求めた (a. a. O. 164)。注45において引用した拙論の発言のなかで問題にしているのは、歴史的世界理解と非歴史的世界理解の相違である。

(48) Grundfragen I, 309f. におけるわたしの所見を参照。ユンゲルは、彼の注46で引用されているわたしとの対決のなかで、このパウロの言明と取り組んでおらず、またそれと共に与えられ、そしてキリスト教が古い自然神学を受容する際に決定的意味をもった内容問題を取り扱っていない。

(49) M. Pohlenz: Die Stoa I, 1959, 262f. アウグスティヌスは De Civ. Dei IV, 27. においてスカエヴォラに言及し、さらにテレンティウス・ヴァロと対決している。

(50) De Civ. Dei VIII, 1:《Porro si sapientia Deus est, per quem facta sunt omnia, sicut divina auctoritas veritasque monstravit, verus philosophus est amator Dei.》Vgl. VIII, 11

(51) 拙論 Christentum und Platonismus. Die kritische Platonrezeption Augustins in ihrer Bedeutung für das gegenwärtige christliche Denken, ZKG. 96, 1985, 147 －161, bes. 152ff. を参照。

(52)　De Civ. Dei VIII, 10, 2 によると、プラトン主義者たちのように、ひとりの神を宇宙の原因として、また真理の光と至福の源泉として教えるすべての哲学者は、キリスト者たちと同意見である（《nobiscum sentiunt》）。

(53)　M. A. Schmidt: Gottheit und Trinitaet nach dem Kommentar des Gilbert Porreta zu Boethius De Trinitate, Basel 1956.

(54)　Vgl. W. Kasper: Der Gott Jesu Christi, Mainz 1982, 102. そのさい問題になっているのは、第二次世界大戦後の最初の 20 年間に、特に H. de Lubac: Surnaturel. Études historiques, Paris 1946. との関連で生じた所謂新神学に関する諸々の対立の結果である。これについての短い概要を提供しているのは、H. Küng, Existiert Gott? Antwort auf die Gottesfrage der Neuzeit, 1978, 570－575. である。

(55)　De verit. 13, 1 ad 1: Sic igitur dicendum est, quod intelligentiae humanae secundum quemlibet statum est naturale aliquo modo cognoscere Deum, sed in sou principio, id est in statu viae, est ei naturale quod cognoscat Deum per creaturas sensibiles. たしかに至福を得ようとする人間の努力には、いつもすでに神についての混乱した知」（sub quadam confusione）が伴っており、そこでは神は神《として》知られていない（S. theol. I, 2 a 1 ad 1）。

(56)　これが《ens necessarium》という神の呼称の正確な意味である。ユンゲルは、「神はぜひとも必要か」という問いに関する彼の詳論（Gott als Geheimnis der Welt, Tübingen 1977, 16－43）のなかで、この概念の意味を神の「この世的」必然性と区別しなかった（19ff.）、したがってこの世界の存在のための原因としての神の存在の必然性と区別しなかった（vgl. bes. 36f.）。《ens necessarium》としての神という概念は（まさにデカルトとライプニッツにおいても）その内容として神の世界関係を含まず、また「人間の res cogitans のための」（Jüngel 156）神の必然性も含まない。むしろそれは、神は絶対的に存在し、そして存在しないこともできるという可能性に屈しないことを、すなわち、神の存在はその本質概念と分離できないことを意味しているだけである。《ens necessarium》の概念の意味を理解した者は、神は「必然性以上のものである」（30）というユンゲルの命題を、この概念の批判的論究に対する貢献として評価することはできない。しかしユンゲルの命題は、世界との関係における神の自由を表す表現として意味がある。事実、神は、単に世界にとってその存在の必然的に前提されうる起源ではない。神は創造者として世界の自由な起源であり、世界に対し和解と救済の神としても自由に向きあっている。しかしそれゆえに世界にとって神の必然性は否定されるべきではなかった。世界が神を必要とすることは世界の被造性に属している。世界にとっての神の必然性に異論を唱える者は、世界の被造性に異論を唱えていることになる。このことは、神が世界の創造者および保持者として世界によって認識されるのかどうか、そしてその枠組のなかで世界の理解にとって神の存在の仮定

が「必然的」ではないような世界の理解が存在するのかどうかという問いに左右されずに、妥当性をもつ。神学は、もしもそれが創造論を犠牲にしようとするのでなければ、近代において実際に展開されたこのような世界理解は欠陥をもつと言わねばならないであろう。

(57) R. Descartes : Meditationes de prima philosophia (1641), V, 7ff. これについては D. Henrich : Der ontologische Gottesbeweis. Sein Problem und seine Geschichte in der Neuzeit、Tübingen 1960, 10－22 を参照。ヘンリッヒは、存在論的神証明のデカルトによる新たな基礎づけとその影響にとって、《ens necessarium》としての神思想、したがって神の本質概念と神の存在の分離しがたい共属性としての神思想は、決定的に重要であったことを指摘している。このことを念頭に置くと、ユンゲルがデカルトについてちょうど次のように主張しているとしても、それは非常に説得力があるわけではない。つまり、デカルトは神への確信を「破壊した」、なぜなら彼のアプローチは「神の本質についての確信を……神の存在の確信から……根本的に区別することを」(a. a. O. 163) 必要としたからである。

(58) この命題は、デカルトによって第三省察 (III, 26ff.) においてすでに展開されていた。

(59) G. W. Leibniz : Monadologie (1714) Nr. 44f., vgl. 38. Theodizee I, 7 (Werke hg. H. Herring II/1, 1985, 216－218) を、さらに D. Henrich a. a. O. 45ff. bes. 46f. を参照。

(60) Monadologie 45.

(61) Anselm von Canterbury : Proslogion (1077/78).

(62) Med. III, 28 und 30.

(63) カテルスへの返答のなかで (S. 153f.)、der um sämtliche Einwände und Erwiderungen erweiterten Ausgabe der Meditationen Amsterdam 1685, deustsch in PhB 27m105. これについては Henrich a. a. O. 12ff. を参照。

(64) D. Henrich a. a. O. 52ff の詳論を参照。

(65) Ebd. 55ff.

(66) バウムガルテンについては Henrich 62－68 を、《ens necessarium》の彼の評価については 64 を、それぞれ参照。

(67) これについては、W. L. Rowe : The Cosmological Argument, Princeton und London 1975, 222－248, bes 235f. を参照。

(68) A. Kenny : The Five Ways. St. Thomas Aquinas' Proofs of God's Existence, London 1969, 69. これに対しては、惹起されない必然的なものはアリストテレス的かつトマス的存在論の枠組のなかでは「純粋に非物質的実体」でありうるにすぎないという、トマスの神証明に関する H. ザイドルの注釈付き版の所見を参照 (H. Seidl: Die Gottesbeweise in der „Summe gegen die Heiden“ und der „Summe der Theologie“, PhB 330, Hamburg 1982, 152f.)。

(69)　これについてD. ヘンリッヒは、バウムガルテンの場合、「ens necessariumの概念は補足的に存在論的証明に依存するものとされている」と述べている。「バウムガルテンの形而上学を注意深く読み、そして第一の存在論的証明（すなわち最も完全な存在の思想に基づく証明 — W. P.）を誤った推論とみなす者は、『必然的存在』ということで本来何が考えられうるのかをさらに問わなければならない」（a. a. O. 66）。

(70)　Vgl. nochmals Monadologie Nr. 45.

(71)　G. W. F. Hegel: Vorlesungen über die Beweise vom Dasein Gottes, PhB 64, 1966, 140.

(72)　I. Kant: Kritik der reinen Vernunft（1781）A 586, vgl. A 606.

(73)　A 608. Kant（Der einzig mögliche Beweisgrund zu einer Demonstration des Daseins Gottes, 1763（A）, 194ff;, 199f., 204f.）の宇宙論的証明に関する詳論を参照。これらは、『純粋理性批判』における宇宙論的神証明の評価を解明するのに役立つ。この論文のなかでカントは、諸事物の偶然性から出発して、他の諸事物に依存しないひとつの起源を推論することを、「良い証明」（194）とみなした。また彼はさらに一歩進めて、「この独立した事物は《絶対的に必然的（schlechterdings notwendig）》である」（ebd.）ことに「同意」しようとした。しかしそれは、「デカルトの」証明の場合のように「まったく諸概念に」基づくその絶対的完全性と統一性を推論するものではなかった。ある注（A. a. O. 196）のなかでカントはこう付記している。つまり「必然的なものの存在（die Existenz des notwendigen Wesens）を前提することはまったく不必要である。なぜならそれはすでに無限なものの概念から出てくるからである」。当時、カント自身はまだアプリオリな神証明は可能であると考えていたので、あの「前提」において問題になっているのは、存在論的証明のための出発点の客観性を保証することであることに気づいていなかった。もちろんカントは、宇宙論的証明が「このうえなく厳密な実証を可能にするとは決して」（204）考えていなかった。なぜならそれにより、すべてのものの間で最も完全で可能なものの存在（das Dasein）ではなく、われわれの感覚に提示されるもの全体の、何かある捉え難い偉大な創始者」（199f.）を推論することが可能になるからである。

(74)　これについてはJ. Clayton in TRE 13, 1984, 732f.（Art. Gottesbeweise II）を参照。さらにA. Kenny: The Five Ways. St. Thomas Aquinas' Proofs of God's Existence, London 1969における批判的な、そして個々の証明の歴史を考慮した分析を参照。ケニーの異論に対する弁明はH. ザイドルの補遺（注68に挙げた版の補遺S. 136－161）にみられる。

(75)　D. Schlüter（Hist. Wörterbuch der Philosophie, 3, 1974, 821）によると、プラトンは「後の段階的証明の創始者」となった。すなわち『饗宴』（Symp. 210e－

211c）における「美それ自体」の理念への登攀の記述を通して、また『国家』（504 a 5−509 b 10）における理念のなかの理念である善の教理を通して。さらにAristotels Met. 993 b 26−31も参照。

（76） 前掲注44を参照。

（77） S. thol. I, 2 a 3 resp. 証明それ自体に関しては、A. Kenny a. a. O. 6−33. とH. Seidl a. a. O. 142f. における彼の解釈の諸々の修正を参照。

（78） これについてはScG I, 13.（章の終りに向かって） を参照。さらにこれについては、W. L. Craig : The Cosmological Argument from Plato to Leibniz, New York（Harper）1980, 175−181の詳述を参照。ScG I13においてトマスは、作用因の系列における無限遡及の不可能性のために、Arist. Met. 994 a 5−8を証拠として引き合いに出している —— しかしこの箇所では、諸事物の《存在》の原因が問題になっているわけではない。作用因の系列に関するこのように理解された論証の事実上の起源はアラビアの哲学に求められるであろう。しかもすでにal-Farabi（R. Hammond : The Philosophy Of Alfarabi And its Influence On Medieval Thought, New York（Hobson）1947, 19ff.）に求められるであろう。

（79）トマスの《tertia via》の若干のより新しい諸解釈は、《de contingen-tia mundi》に関し後にライプニッツによって展開された論証との相違を非常に鋭く強調した結果、双方を同じ証明タイプに分類できるのかどうかが疑わしくなった。特にA. Kenny 46−69とW. L. Craig, 181ff. を、さらにTRE 13, 1984, 748. におけるJ. クレイトンの判断も参照。そして次のような指摘は正しい。つまり、ライプニッツの証明は十分な理由の原理に基づいているのに対し、トマスの論証の根底には、他の四つの道の場合と同様に、因果律がある（vgl. bes. ScGI, 15）。さらに必然的なものの概念はここですでにその引き起こされた存在を排除しているわけでなく、その結果、この論証の場合にも、いかなる原因にもよらない必然的なものにおいて初めて終結する遡及の問題が生ずる。この論証はマイモニデス（Craig 182, vgl. 142−149）にその最も近い類例がみられるが、それはさらにibn-Sinaとal-Farabiに遡ることができる（ebd. 88ff., vgl. R. Hammond 20f.）。あらゆる相違にもかかわらずライプニッツによって提案された論証が同じタイプの変種とみなすことができるのかどうか、それは特に次の問いによって左右される。つまり、「可能な」と「必然的な」という概念が、論理的ないし物理的必然性の意味で理解できるのかどうかという問いである（Kenny 48ff.）。H. ザイドルは正当にも、このような二者択一に反対した（a. a. O. 152f.）。それゆえわれわれは、あらゆる特異性にもかかわらず、トマスの《tertia via》をアラビアの哲学からキリスト教のスコラを越えて近代に至るまで追跡された証明類型のひとつの変種と判断することができる

（80） W. Ockham : OrdinatioI d 2 q 10（OperaIV St. Bonaventure N. Y. 1970, 354,

17ff.). これについては Ph. Boehner: Collected Articles on Ockham ed. E. Buytaert, St. Bonaventure 1958, 399−420 と、さらに E. Gilson / Ph. Boehner: Christliche Philosophie von ihren Anfängen bis Nikolaus von Cues, 3. Aufl. 1954, 617f. における短い要約も参照。

(81) これについては、拙論 „Gott und die Natur“ in: Theologie und Philosophie 58, 1983, 481−500, bes. 485f. と、さらに I. Newton, Princ. IDef. 3 を参照。デカルトは、この本文のなかで主張されている結論をまだ引きだしていなかった。なぜなら彼は慣性をまだ《vis insita》として捉えていなかったからである。またニュートンによってもこの結論は引きだされなかった。なぜなら彼は（デカルトと同様に）すべての変化を物体（Körper）の諸々の機械的相互作用に還元しなかったからである。しかしながらニュートンの慣性の概念が、すべての力の原因は物体にあるとする発想と結びつけられるやいなや、この結論が出てきた。慣性の原理の導入の諸々の結果に反対して、トマスの「第一の道」を弁護しようとする若干のトマス的試みについては、Kenny a. a. O. 29ff. を参照。

(82) これについては、W. Philipp: Das Werden der Aufklärung in theologiegechichtlicher Sicht, Göttingen 1957, 21−73 を参照。

(83) G. W. Leibniz: Discours den Métaphysique 1（PhB 260, 1958, 2f.).

(84) G. W. Leibniz: Principes de la Nature et de la Grace fondés en raison 1714, 8ff.（PhB 253, 1956, 15ff.). ここでは、必然的存在（8）の概念からその完全性が導きだされている（9)。

(85) Descartes Med. III, bes. 41f. 無限なものの思想が論証の基盤とになっているにもかかわらず、Nr. 28 では《perfectum》の思想が直ちにそれと結びつけられている。

(86) Descartes Meditationen, PhB 27, 96（140 der Ausgabe der Meditationen von 1685). デカルトは、このようにして、「現在の時点でわたしはどのような理由で保持されているのか」、すなわち「いかなる原因の連鎖もなしに保持されているのか」ということが直接知られるようになる、と付け加えている。

(87) Med. III, 27.

(88) 第二の異論に対する応答のなかで（PhB 27, 121 -- Meditationen 1685, S. 179)。Vgl. 111ff.（163ff.). ガッサンディは、絶対的完全性の理念は、有限な諸事物の完全性の組み合わせ及び増大から生じうると主張した（Fünfte Einwände S. 412ff., PhB 27269ff.)。デカルトは、「あらゆる創造された完全性を強める」われわれの能力によって、「あるより大きな事物の理念が、つまり神の理念がわれわれのうちに住んでいる」（518, PhB 27, 336）ことが認識されると説明した。しかしすでにカテルスは、個々の理念（と、したがってさらに神の理念）の形式は、まさに、宇宙をただひとつの概念で捉えきれないわれわれの悟性の不完全性のうちに基礎

づけられていることを示唆していた（Erste Einwände S. 120, PhB 27, 83）。

（89） S. Clarke : A Demonstration of the Being and Attributes of God, London 1705. これについては、W. L. Rowe : The Cosmological Argument, Princeton und London 1975, 60−248. における詳細な分析を参照。

（90） W. L. Craig : The Cosmological Argument from Plato to Leibniz, 1980, 276. は、このところに存在する、トマスにおける《tertia via》との相違を強調しているが、これは正しい。この相違は、ライプニッツの論証は、因果律ではなく充足理由律に依拠していることと疑いもなく関連している。クレイグが挙げている第三の相違はそれほど明白ではない（277）。

（91） G. W. F. Hegel : Encyclopädie der phiolsophischen Wissenchaften im Grundrisse（1817）2. Ausg. 1827,50 Anm.《theologia naturalis》の一面性に対する批判、つまり、それは神概念それ自体だけをそのテーマとしており、「神と人間の関係」をそのテーマとしていないとの批判を参照（Begriff der Religion hrsg. G. Lasson PhB 59, 1925, 156）。

（92） これは F. J. ヤコービの批判、つまりスピノザの教説に関する彼の手紙（1785）のなかで取り上げられている神証明に対する批判であった。

（93） Vorlesungen über die Beweise vom Dasein Gottes hrsg. G. Lasson PhB 64, 1966, 103. Vgl. Wissenschaft der Logik II（PhB 57）62, と、さらに Hegel : Vorlesungen über die Philosophie der Religion I（Begriff der Religion）hrsg. G. Lasson PhB 59, 207ff. を参照。

（94） Begriff der Religion 68f.

（95） G. W. F. Hegel : Religionsphilosophie I Hrsg. K.-H. Ilting（Die Vorlesung von 1821）, Neapel 1978, 273ff., 417ff., 505ff.

（96） これについては、J. Clayton TRE13, 1984, 762. による確認を参照。

（97） J. G. Fichte : Über den Grund unseres Glaubens an eine göttliche Weltregierung, Philos. Journal 8, 1978, 1−20, bes. 15ff. Vgl. Gerichtliche Verantwortungsschrift gegen die Anklage des Atheismus（1799）in : H. Lindau（Hrsg.）: Die Schriften zu J. G. Fichtes Atheismus-Streit, München 1912, 196−271, 221ff., bes. 226, auch 227ff. における無神論の非難に対する法的弁明書を参照。

（98） Augustinus : De Libero arb. II, 12, vgl. 15.

（99） J. G. Fichte, Die Wissenschaftslehre（1804）PhB 284, 1975, 266f., vgl. schon75.

（100） J. G. Fichte, Darstellung der Wissenchaftslehre 1801/1802, PhB 302, 1977, 86, vgl. 219ff.

（101） D. F. Schleiermacher : Der christliche Glaube, 1821,4.

（102） S. Kierkegaard : Die Krankheit zum Tode, 1849. 特に、自己自身に関わる無限なものとの関係としての精神の概念規定を参照（SV XI, 127）。神の存在（Dasein）

を証明する試みに対する『哲学的断片』（1844）の批判にもかかわらず（SV IV, 207ff.）、人間を神との関連によって構成されているものとするキルケゴールの記述も、人間学的「神証明」に数え入れなければならないであろう。

（103） K. Rahner : Hörer des Wortes. Zur Grundlegung einer Religionsphilosophie（1940）, 2. Aufl. 1963, 83f., vgl. auch 119ff.

（104） H. Küng : Existiert Gott? Antwort auf die Gottesfrage der Neuzeit, München 1978., 490－528. これについては、Anthropologie in theologischer Perspektive, 1983, 224ff のなかの拙稿を参照。

（105） この意味で人間の自己超越ないし世界開放性はわたしによっても神開放性として解釈されている（Was ist der Mensch? 1962, 12f.）。そして「自由の無神論に反対して」（Grundfragen syst. Theologie I, 1967, 353ff.）、神は人間の自由の根拠であるとの命題が展開されている（Gottesgedanke und menschliche Freiheit, 1972, 25ff., 38－47, 73ff.）。

（106） J. Hick : Arguments for the Existence of God, London（Macmillan）1970, 46ff の判断も参照。そのさいヒックは、宇宙的論証の最強の形式であるライプニッツの偶然性の証明についてはっきりと論ずることは決してなかった。しかし彼はトマスの論証を、世界経験を知的に理解する可能性に対する欲求の表現と理解した（bes. 43f.）。

（107） I. Kant : Kritik der reinen Vernunft, 1781, A 640.

（108） ヘーゲルによると、存在論的証明は、有限な諸事物から出発する神証明と異なり、このことを表現している。神の存在が有限な諸事物から推論されるというその形式における誤りは、ここでは消えている。神の概念と存在の統一性は、ヘーゲルによると、人間の思惟のなかで初めて実現されるのではなく、絶対的理念それ自体の啓示およびわれわれのためのそのような啓示のなかで実現される（Vorlesungen über die Philosophie der Religion III. Die absolute Religion, PhB 63, 37ff., 53ff.）。ヘーゲルはすでにその論理学において存在論的証明を神の行動による神の自己証明として解釈していた。つまり、「生ける神としての神、さらに絶対的精神としての神は、その《行為》においてのみ認識される。人間は早い段階で神をその《諸々の業》において認識するように指示されている。そしてこれらの業から初めて《諸々の規定》が生ずるのであり、それらは神の《諸属性》と呼ばれ、神の《存在》もそのなかに含まれている。このように神の諸々の業の、すなわち神御自身の概念的認識は、神の《概念》をその《存在》において捉え、またその存在を神の概念において捉える」（Logik II, PhB 57, 354f.）。この意味において存在論的証明が神の自己証明として理解されるとすれば、それはもちろん、人間の思惟が自ら遂行しうる証明であることをやめる。なぜなら《ens necessarium》についてのわれわれの概念は、神の本質に対応するその完全な具体性においてでは

なく、ただ抽象的にのみ考えられうるにすぎないからである。Anselms の《id quo maius cogitari nequit》という定式に関する E. Jüngel（Gott als Geheimnis der Welt, Tübingen 1977, 197f.）の諸々の所見も参照。

（109） この問いに関する一般的論究の詳細については、拙論:„Christliche Theologie und philosophische Kritik“, in : Gottesgedanke und menschliche Freiheit, 1972, 48 − 77. を参照。

（110） たとえば、D. Hollaz : Examen Theologicum acroamaticum, Stargard 1707, 292f. ルターとメランヒトンもすでにロマ 1・18−20 の解釈を、ロマ 2・14 によると異邦人に生まれつき特有の神の律法についての知識と結びつけた。J. Platt : Reformed Thought and Scholasticism, Leiden 1982, 10ff. を参照。

（111） Herbert von Cherbury : De veritate（1624）2. Ausg. London 1645, 224., sowie ders. : De Causis Errorum Una Cum Tractatu de Religione Laici, London 1645, 152ff.

（112） D. Hollaz a. a. O. 307. M. Tindal : Christianity as old as the Creation, London 1730, 394f. において、S. クラークによって主張されているこの命題の批判を参照。

（113） J. F. Buddeus, Compendium Institutionum Theologiae Dogmaticae, Leibzig 1724, 15（I 16）und 16（17）.

（114） M. Tindal a. a. O. 392:「《その本性と特性が常に許すことにある》不変なる神が、悔い改める罪人たちをいつも等しく許そうとするわけではなく、また彼らがそれを知り、そして満足することを等しく望むわけではないと想定すること、これ以上にショックなことはたしかにありえない」。

（115） Buddeus ebd. 16（17）, vgl. S. Clarke : The Being and Attributes of God, London 1705, 197.

（116） J. F. Buddeus a. a. O. 19ff.（23 und 24）. 歴史の経過のなかで、諸国民（ユダヤ人たちの場合にも）の諸宗教における根源神認識は諸々の迷信によって歪曲されているという理解は、理神論者たちにも共有された。Vgl. Tindal a. a. O. Kap. 8（85−103）.

（117） Hume : The Philosophical Works ed. T. H. Green and T. H. Grose, London 1882ff. vol. 4, 309ff., bes. 310ff.（「その多神教は人間の最初の宗教であった」）und 315f.

（118） Ebd. 311:「人間の思想の自然的発展によると、大勢の無知な人びとは、自然の枠組全体に秩序を授けたあの完全な存在へと彼らの構想を広げる前に、上位の諸力についてある従属的で親しい観念をまず抱くことはたしかであると思われる。……知性は、劣っているものから優れたものへと徐々に登っていく。つまり不完全なものから抽象化しつつ、それは完全の思想を作りだす」。

（119） Ebd.:「宇宙の秩序と枠組により、正確に吟味するならば、このような論証が可能になることをわたしは認めているにもかかわらず、次のように考えることはできない。つまり、このような考察が、人類が宗教に関するその最初の粗野な

諸観念を形成する際に、人類に影響を与えた、と」。

（120） Ebd. 331:「したがって、最初は人生における特定の善と病の直接的創始者にすぎないと考えられたある限定的神性が、最終的に宇宙の至高の創造者および改造者として表現されるべきであるということは、どれほどより自然なことなのだろうか。……こうしてアブラハム、イサク、そしてヤコブの神は至高の神性つまりユダヤ人のエホバとなった」。

（121） F. Schleiermacher: Über die Religion. Reden an die Gebildeten unter ihren Verächtern, 1799, 248.

（122） わたしの見るところでは、„Geschichtliche(n) Studien zur christlichen Lehre von Gott“（1865）のなかに「自然神学」という見出し語は出てこない。リッチュルの主要著作である„Die christliche Lehre von der Rechtfertigung und Versöhnung“（3. Bde. 1870－1874）では、それは3. Bd. der 2. Aufl.（1883）のわずかの箇所に出てくるだけである。したがってH. J. Birkner: Natürliche Theologie und Offenbarungstheologie. Ein theologiegeschichtlicher Überblick（NZ syst. Th. 3. 1961, 279－295）が、リッチュルに関する彼の詳述（289－291）を主にその本文のなかで挙げられている論難書に基礎づけたことは理解できる。

（123） Die christliche Vollkommenheit. Theologie und Metaphysik, Göttingen 1902, 42.

（124） A. a. O. 35, vgl. 34f. それゆえリッチュルによると、精神と自然世界の区別に対する無関心は非宗教的である。なぜなら宗教の神は人間の精神にまさに自然を越えるその卓越性を保証するからである（vgl. 33f.）。したがってリッチュルの見解によると、全体として形而上学的である（36, 39f.）宇宙論的、目的論的、かつ存在論的神証明と異なり、「カントの道徳的論証はキリスト教的世界観の明らかな影響下にある」（40）。

（125） Die christliche Lehre von der Rechtfertigung und Versöhnung III, 2. Aufl. 1883, 5.

（126） Theologie und Metaphysik a. a. O. 31f., Zitat 32.

（127） それゆえ「神に関する彼の一般的教説は、まさにメランヒトンの場合と同様に、自然神学である」（a. a. O. 92）というのがリッチュルの判断である。メランヒトンについてはRechtfertigung und Versöhnung III, 2. Aufl. 4も参照。そこでは、人間の原初状態に関する教説は「神についての自然的ないし一般的理性的認識」の基盤と判断されており、「それは神のキリスト教的認識に対し無関心である」。その際、神についての自然的認識と自然神学は区別されていない。

（128） そのうえシュライアマハーは彼の『信仰論』のなかで再び自然宗教と自然的神学を区別して、一神教的宗教に基づいて抽象化された共通性の視点から自然的神認識について書いた。その際そこで問題になっているのは、「自然宗教というよりも、より厳密に言うと自然的信仰論である」（10 Zusatz）。

（129） Chr. Gestrich: Die unbewältigte natürliche Theologie, in: ZThK 68, 1971, 82 －

120, 108.

(130) 注 122 に挙げられている H. J. ビルクナーの論文の功績は次のことを指摘したことにある。つまりそれは、自然神学の概念がシュライアマハーからリッチュルを越えてバルトへと順々に伝達され、そして拡大する独自な過程で、同時にその都度の先駆者の見解が取りこまれていることを指摘したことである。近代における形而上学の概念史もこの過程と同様の独自性を示している。ここでも概念の内容は著者から著者へと変化しており、「自然神学」の場合のように、境界設定の機能が残っていただけである。すなわち双方の表現が、—— 一方で神学の場合であれ、他方で哲学の場合であれ——あるべきでないものを表示している。「自然神学」の概念の場合に、この概念を自己区別の道具として空疎化し、そして機能化したのは、もちろんリッチュルが初めてである。彼によって初めてその語は、ビルクナーが言うように、「異端の名称」になった (a. a. O. 288)。しかも彼は、すべての「具体的歴史的現象」(289) と切り離すなかでこのことを行った。

(131) A. Szekeres : Karl Barth und die natürliche Theologie, in : Evangelische Theologie 24, 1964, 229−242, 230f.

(132) K. Barth : Der Römerbrief. 2. Ausg. 1922, 213−255.

(133) K. Barth : Das Wort in der Theologie von Schleiermacher bis Ritschl, in : Die Theologie und die Kirche, Ges. Vorträge 2, 1928, 190.

(134) K. Barth : Die christliche Dogmatik im Entwurf, 1927, 86, vgl. 82−87.

(135) Ebd. 135f. たしかにこれらの諸概念はバルトにとってすでに「疑わしい」ものであった。しかし彼はまだ、それらにおいても啓示の「真理の唯一の全体性」が扱われうると考えていた (136)。ここではすでに啓示の《統一性》がバルトの関心の焦点になっている。それゆえ彼にとって、ここでも「特別の「自然的」啓示ではなく、唯一の、そして同一的啓示それ自体」が存在することが、自然神学、啓示、そして宗教の古い諸概念の積極的評価の前提となっているように思われる (148)。この関連で注目に値するのは、1940 年の時点でも、第一バチカン公会議の神学的認識論に反対するバルトの主な非難の本質が、それらが「神思想を分解し、「一般的神の存在のために神の現実的業と行為を抽象化」してしまう (KD II/1, 91f.) ことにあったことである。

(136) Schicksal und Idee in der Theologie, in : Theologische Fragen und Antworten, Ges. Vorträge 3, 1957, 54−92, bes. 85ff., Zitate 86 und 87.

(137) KD I/1, 1932, 128−136. bes134.

(138) K. Barth : Nein! Antwort an Emil Brunner, 1934, 1ff.

(139) H. Küng (Existiert Gott? Antwort auf die Gottesfrage der Neuzeit, 1978, 578ff.) は、そのなかにあらゆる自然神学の比較的初期の拒絶の「秘密の訂正」を認めた (bes. zu KD IV/3. 1. H. 1959, 107, 122 und 157f.)。しかし A. ゼケレシュは、バ

ルトの場合、「彼の諸々の根源的神学的意図の交替は《まったく》問題に」なりえないという判断を下したが（a. a. O. 240)、それはおそらく正しい。すなわち「もともと」バルトは「神が自然のなかでも御自身を啓示されたことを決して否認しなかった。彼は、この啓示が自然的なもの、すなわち自然それ自体に質として内在しているものであることを常に否定した」(237. mit H. U. v. Balthasar: Karl Barth. Darstellung und Deutung seiner Theologie, Köln 1951, 155)。事実、KD II/1, 133において、世界創造との関連で神の啓示が問題とされており、キリストの啓示に基づいてそれは人間の責任とされているように、創造のあの「光」もそれ自体《外側から》、キリストの啓示から特徴づけられている。

（140） バルトは、すでに彼の『ローマ書』第二版のなかで、彼の宗教の解釈のためにフォイエルバッハを引き合いに出していた。つまり「フォイエルバッハは先鋭的な意味で正しい」(220)―― 「先鋭的な意味で」と言うのは、バルトによると、宗教において自らの無限性を求める努力を客観化するのは《罪人》だからである。

（141） H. J. Birkner a. a. O. 294. この判断は、特に W. Kasper: Der Gott Jesu Christi, Mainz 1982, 104. に受け継がれている。

（142） フォイエルバッハに関する講義（1926年。Die Theologie und die Kirche, Ges. Vorträge 2, 1928, 212−239, Zitat 237)。最初の異論は、「死の思想」の著者と不死性の観念の批判者に対してほとんど保持できないであろう（これについては、P. Cornehl: Feuerbach und die Naturphilosophie, in: NZsystTh 11, 1969, 37−93, bes. 50ff., しかし67も参照)。第二の異論も現実に納得できるものではない。つまりフォイエルバッハは、ヘーゲルの悪論を先鋭化しつつ、個人のエゴイズムをすべての悪の根とみなしており、彼はまったくアウグスティヌスの罪論の伝統のなかにいる。しかしもちろんアウグスティヌスもヘーゲルも個性それ自体を悪とは判断しなかった。

（143） Barth a. a. O. 237f. バルトの神学史におけるフォイエルバッハに関する記述の要約のなかで（Die protestantische Theologie im 19. Jahrhudert. Ihre Vorgeschichte und ihre Geschichte, 2. Aufl. 1952, 484−489)、この異論は中心に移動しており（489)、それは正しい。

（144） Die protestantische Theologie etc. 489.

（145） フォイエルバッハに関する講義（1926年）:「フォイエルバッハの結論は、次のような交差点であることを否定できる人はいるのだろうか。つまりそれは、そのなかであのすべての線が、絶えまなく、そして極度に厳密な意味で出会っているように思われる交差点である」(Die Thologie und die Kirche, Ges. Vorträge 2, 1928, 228)

（146） Die christliche Dogmatik im Entwurf, 1972, 92. S. 108 と KD I/1, 220 を参照。

この最後の箇所で出会う特徴づけはとてももちこたえられない。それは、「人間主体を神によるその規定の創造者にしようとする」諸々の見解を「直接的デカルト主義」と決めつける特徴づけである。バルトもまた、デカルトは第三省察のなかで正反対のことを教えたことを知るべきであった。

(147) バルトの説明：「シュライアマハーの視点からフォイエルバッハに反駁することは、contradictio in adjecto である」(Die christliche Dogmatik im Entwurf 303) を参照。

(148) 1927年のバルトが、「説教の敢為」は「委託」に基づいており、それゆえフォイエルバッハの意味での「人間化」は問題になりえないと考えていた (Die christliche Dogmatik im Entwurf 61f.) とすれば、それはあまり説得力がない。なぜなら、あの委託は、フォイエルバッハの宗教論の前提のもとではもはや《神の》委託として主張されることはありえないからである。

(149) ユンゲルもそのなかに、たしかに自然神学それ自体の真理ではないが、その問題の真理を見ている (Entsprechungen, 1980, 175ff.)。

(150) その際、バロック時代と啓蒙主義の自然神学も一般に、「それが方法論的に《まず第一に》、いずれにせよ《すでに起こった》神の啓示の出来事を合理的に証明すること」ができると強く主張することはなかった (E. Jüngel a. a. O. 176. はそのなかに「自然神学の神学的欺瞞」をみた)。つまり理神論者たちは、神の歴史的啓示の真の内容を自然宗教の内容に還元するかぎりで、おそらくこのような要求をした。通例、啓示の真理は自然的神認識に対するある補足的なものと理解された。その補足的なものの「合理性」は徹底的に独自な仕方で証明されなければならず、それはもちろんあの自然的知識を前提としていた。《praeambula ad articulos fidei》としての自然的神認識のこの機能に対しても、そのために神の存在の独立した認識の状態が要求されるかぎりにおいて、今日、「異論が唱えられて」(Jüngel 177) いる。先に挙げた本文の続きを参照。

(151) E. Jüngel a. a. O. 176. 拙論 Wissenschaftstheorie und Theologie, 1973, 335ff の詳論と、D. Tracy : Blessed Rage for Order. The New Pluralism in Theology, New York Seabury 1975, 43−63 を参照。

(152) E. Jüngel a. a. O. 177. はこれを拒否する。しかし彼は、神の啓示が問題になる前に、このような枠概念の定式可能性と、古い《praeambula ad articulos fidei》の意味で神の存在を証明することができるとの要求を区別していない。その際ユンゲルは正当にも次のような見解を拒否する。つまりそれは、「啓示に基づき言語へと到来しつつある神の諸規定」は、このような枠概念と「矛盾してはならない」という見解である。それらは、すでにキリスト教の教父学のなかで様々な仕方で起こったように、どうしてもそうするかもしれないが、このような反論の権利は、ただあの枠概念の理解をめぐる議論に基づいて証明されなければならない。

(153)　Tertullian : De testimonio aimae, MPL 1, 607－618. 特にアウグスティヌスの文書から更なる典拠を挙げ、それを神の存在のための「人間学的論証」を支持するものとして要約しているのは、W. Kasper : Der Gott Jesu Christi, 1982, 136f. である。

(154)　Summa theol. I, 2 a 1ad 1.

(155)　アルベルトゥス・マグヌスはバシレイオスとパウロ（ロマ 2・15）を引き合いに出して、自然法の生得的知識を教えた（Summa de bono, Opera omnia 28, Münster 1951, 504, p. 263, 19ff.）。彼はこの知識の位置を《良心》のなかに確認し、そして神崇拝の義務もこの内容に数え入れた（vgl. Nr525 p. 274, 59ff.）。

(156)　MPL. 178, 814ff.

(157)　WA 56, 176, 26－177. 若きルターにおける《良心》（Synderesis あるいは Syntheresis）の概念の使用については、E. Hirsch : Lutherstudien I, Gütersloh 1954, 109－128 を参照。ヒルシュは、ルターにおいてこの概念は理性と意志の相違を越えていることを指摘している（110f.）。ルターの比較的後期の文書における、他の術語によるこの思想の保持については、122ff. を参照。

(158)　CR 21, 116f.（lex naturae ... quam deus insculpsit cuiusque animo）．メランヒトンはすぐこの後にストアの《koinai ennoiai》の教説と Cicero leg. I, 5, 15ff. を引き合いに出している。これとこの後の記述については J. Platt a. a. O. 10－13 を参照。

(159)　Ebd. 117f.

(160)　WA 56, 177, 14ff. WA 56, 177 の、偶像崇拝に通ずる誤った推論の記述も参照。《良心》の諸原理に基づく誤った推論の形式は、すでにアルベルトゥス・マグヌスによる、誤りを犯す良心の教説のなかにみられる（E. Hirsch a. a. O. 28ff.）。Vgl. auch Thomas von Aquin De ver. 17, a 1 ad 1 を参照。

(161)　Melanchthons Werke ed. Stupperich V, 71, 29 – 72, 4:《Quamquam enim, ut postea dicit（sc. Paulus）, mens ratiocinatur aliquid de Deo ex consideratione mirabilium eius operum in universa natura rerum, tamen hunc syllogismum ratio non haberet, nisi etiam Deus quandam notitiam *kai polepsyn*〔ギ〕indidisset mentibus nonstris. Ex illa mirabilia spectacula rerum in natura sunt signa, quae commone faciunt mentes, ut de Deo cogitent ac illam *polepsyn*〔ギ〕excitent.》この箇所について、J. Platt a. a. O. 17 によると、メランヒトンはここで双方の認識方法を結びつける統一的概念に成功していると述べているが、それは正しい。

(162)　1535 年以来、それはもはや律法との関連ではなく、創造に関する章のなかで起こった（CR 21, 641ff.）。

(163)　Cicero : De natura Deorum II, 12（《omnibus enim innatum est et in animo quasi insculptum esse deos》）, Tusc I, 13, 30. D. Hollaz（Examen theologicum acroamticum, Stargart 1707, 293）の場合、双方の箇所が引用されている。キケロの場合にも、すでに双方の認識方法がみられる。つまり《ut deos esse natura opinamur,

qualesque sint ratione cognoscimus》(Tusc. I, 36).

(164) J. Musäus (Inrtoductio in theologiam, Jena 1679) は《notitia insita》という概念の代わりに、世界の感性的に知覚された諸事物を通して《自然神学》へと通じる《lumen naturae》(ebd. 41) の概念を好んだ。ムゼウスは、《lumen naturae》をアリストテレスの活動的知性の教説を通して解釈したので、彼が独立した notitia insita を決して認めず、結局、《cognitio aquisita》der《theologia rationalis》にのみ同意したことは明らかである。

(165) D. Hollaz a. a. O. 294. すでに A. カロフも同様に述べていた (Systema locorum theologicorum t 2, Wittenberg 1655, 80f.)。K. Girgensohn : Die Religion, ihre psychischen Formen und ihre Zentralidee, Leibzig 1903, 17−32. における、生得的神認識と習得的神認識の関係に関する古ルター派の教義学者の諸言明と、33ff の同様の思想の近代における主唱者たちに関する興味深い概観を参照。ギルゲンゾーンはこれらの理解をすべて拒絶している。なぜなら彼はそれらを「生得的自然宗教」と誤解しているからである (42ff.)。

(166) その代わりに、今やこう説明されている。つまり、自然の光によってたしかに、神は存在し (《aliquod Numen》)、神は当然最も崇められるべきことが認識される。しかしそのことから、命じられた神崇拝の形式に関して、何かがみてとられるわけではない (Hollaz 307)。こうしてルター派の教義学は、次のようなルターの見解からはるかに遠ざかっていった。つまり人間は、自らを、自らの願望に従って自らの諸々の欲求対象と同一視する代わりに、その裸の状態で (《nudam》)、彼らによって認識された永遠の力と神性を尊敬し、そして崇敬しなければならなかった (WA 56, 177, 8ff.)。しかしもしも人間が、要求された神崇拝の方法について知らないままに放置されていたとすれば、人間は神について考えず、そして神に栄光を帰することはなかったのであり、パウロもまた、このことを批判することはできなかった (ロマ 1・21)。

(167) G. Ebeling : Theologische Erwägungen über das Gewissen, in : Wort und Glaube I, 1960, 434 :「……良心において問題なのは律法である。なぜならそれは、究極的に妥当するものについての問いだからである。それゆえ現実全体としての世界についての問いは、良心に関わる問いである。それは、人間自身についての問いが良心に出会う問いであるのと同様である。しかしこれら二つはまたもや次のことと分離できない。つまり、ラディカルな意味での問いとしての神は、最初と最後すなわち全体についての問いであるように思われる。神が良心の問いとして出会うところにおいてのみ、人間と世界は良心の問いとして問われる」。G. Ebeling : Dogmatik des christlichen Glaubens I, 1979, 107 を参照。

(168) これについては、拙著 Anthropologie in theologischer Perspektive, 1983, 286−303, bes. 287ff の詳細な立証を参照。

（169） Ebd. 299f.

（170） Ebd. 241ff. bes. 243. また、子供の成育の初期にみられる共生的生の統一性に関する記述（219ff.）も参照。

（171） J. レヴィンガーによる諸研究を参照しつつ展開されているシュライアマハーの感情概念（ebd. 244f.）の批判的分析を参照。

（172） R. Schwarz : Fides, Spes und Caritas beim jungen Luther, Berlin 1962, 134ff. zur ersten Psalmenvorlesung 1513－1515.

（173） 詩 4・7 に関する WA 5, 119（Operationes in Psalmos 1519）。これについては E. Hirsch a. a. O. 116f. を参照。ヒルシュも、ここでなお第二回詩篇講義（1518）から同様の句を引用している。

（174） BSELK 560, 15－17（WA 30/1, 133）. 神についての発言の基礎づけに関する現代の神学的議論のなかで、Schubert M. Ogden（The Reality of God and other essays, New York, Harper 1963, 22ff.）は、たとえルターに対する明白な関連づけはないとしても、人間学的現象としての信仰について非常によく似た見解を提示した。

（175） Ebd. 647, 43－46（WA 30/1, 183）.

（176） Meditationen. Erste Einwände, a. a. O.（PhB 27）86, Descartes Erwiderung ebd. 102.

（177） K. Rahner : Grundkurs des Glaubens, 1976, 46, vgl. 32f. この事態をラーナーと共に「超越論的」あるいはまったく《超越論的経験》――これは、木製の鉄製品のような、カントと関連する語感を抱かせるにちがいない表現である――と呼ぶかどうか（31f.）は、それほど重要ではないであろう。たしかにここで問題なのは経験一般の可能性の条件であって、しかし同時にカントの諸々の範疇と理性の理念の場合のように、その内容を構成する原理ではない。ラーナーにおける「超越論的」という概念の問題性については、F. Greiner : Die Menschlichkeit der Offenbarung. Die tranzendentale Grundlegung der Theologie bei Karl Rahner, München 1978 を参照。D. Tracy a. a. O. 55f の見解、つまり「超越論的」という概念は以前に「形而上学的」と呼ばれていたものを適切に表す表現であるとの見解を、わたしはすでに挙げた諸々の理由から共有することができない――たとえわたしが神学にとって形而上学が必然的であることを強調し、また形而上学の人間学的基礎づけの近代の問題状況を通して哲学に与えられている必然性に関し、どれほどトレイシーに同意しているとしても。

（178） Ebd. 32 u. ö.

（179） E. Troeltsh : Zur Frage des religiösen Apriori（1909）, Ges. Schriften Bd. 2, 1922, 754ff. und : Empirismus und Platonismus in der Religonsphilosophie. Zur Erinnerung an William James（1912）ebd. 364－385, bes. 370f. これらの論文の第一論文にお

いてトレルチはカントにおけるアプリオリ的なものの超越論的論理学的機能との諸々の相違を整理した。彼は Psychologie und Erkenntnistheorie in der Religionswissenschaft, 1905 という著作のなかで宗教的アプリオリの命題を導入した。

（180） R. Otto : Kantisch-Fries'sche Religonsphilosophie und ihre Anwendung auf die Theologie（1909）, Tübingen 1921, 113ff. N. ゼーデルブロームはオットーの聖なるもの理解にとって道しるべとなることができた。これについては C. Welch : Protestant Thought in the Nineteenth Century 2, 1985, New Haven und London 120f. を参照。

（181） Ebd. 83.

（182） その基礎づけについては、拙著 Anthropologie in der thologischer Perspektive, 1983, 243f. を参照。

（183） A. Nygren : Die Gültigkeit der religösen Erfahrung, 1922, 72f..

（184） 拙著 Die Frage nach Gott, in : Grundfragen systematischer Theologie I, 1967, 361−386 を参照。その実行については、特に P. Tillich : Syst. Theologie I（1951）dt. 6. Aufl. 1980, 74ff. を参照。

（185） K. Rahner : Geist in Welt（1939）3. Aufl. hrsg. von J. B. Metz 1964, 71 u. ö., ders. : Hörer des Wortes（1941）2. Aufl. hrsg. von J. B. Metz 1963, 51ff.

（186） K. ラーナーに対する P. アイヒャーの批判（Die anthropologische Wende. Karl Rahners philosophischer Weg vom Wesen des Menschen zur personalen Existenz, Freiburg（Schweiz）1970, 331f.）はすでにそうである。もちろんこの批判はラーナーの神学の一部に当てはまるにすぎない。それは、そのなかで W. Weischedel（Der Gott der Philosophen, DarmstadtI, 1971, 27, 30f. ; II, 1972, 153ff., 78ff.）が哲学的神学のあらゆる内容を消滅させてしまう根本的な不確かさの原理にとってはるかに破壊的である。これと共にもちろん「どこからという不確かさ」（II, 206ff.）に関するヴァイシェーデル自身の諸々の熟考も、いつもすでに時代遅れなものとなる。E. Jüngel : Gott als Geheimnis der Welt, Tüubingen 1977, 334ff. も参照。

（187） 神と、良心における神に関する（主題とならない）知識から生ずる善への希求に関するルターの諸々の詳述を参照（WA 3, 238 zu Ps. 42, ebd. 535 zu Ps. 77, dazu E. Hrisch a. a. O. 111f.）。

（188） この意味で特にバルトは、すでに1920年、タンバッハでの講演で正当にも、答えは問いにすでに先行していることを強調している（Der Christ in der Gesellschaft, abgedruckt bei J. Moltmann（Hrsg.）: Anfänge der dialektischen Theologie I, 1962, 4）。P. Tillich : Systematische Theologie II, 1958, 19ff. も参照。

（189） 自然宗教は第二次的抽象化の産物であるとのシュライアマハーの洞察と、19世紀後半における宗教学の発展から、すでに N. ゼーデルブロームは、教義学における自然神学の古い機能を宗教史と取り換えることを要求していた（N. Söderblom : Natürliche Theologie und allgemeine Religionsgeschichte, 1913, bes. 58ff.）。

その際もちろん彼は、「宗教的アプリオリ」を弁護することに反対し、《notitia innata》の教理における真理契機を考慮せず、あるいはむしろそれを —— 後の宗教現象学者たちのように ——《notitia acquisita》と混同した。彼は、宗教史のなかに諸々の多様性とその抗争ではなく、カール・ハーゼと共に「諸々の宗教現象における共通なもの」を探し求めた（78f.）。しかしその結果、彼は、歴史的観察により宗教史のプロセスにおける神の神性の啓示の理解に特に貢献することはなかった。

第 3 章の注

（1） これについては R. D. Preus : The Theology of Post-Reformation Lutheranism. A Study of Theological Prolegomena, St. Louis - London（Concordia）1970, 207 – 215 を参照。改革派におけるこのテーマの展開については、K. Barth : KD I/2, 1938, 310ff. を、本題については 17, 1（神学における宗教の問題）ebd. 305 – 324 を参照。

（2） J. S. Semler : Versuch einer freiern theologischen Lehrart, Hall 1777, 253（III, 175）:「現代の人びとに、現代の宗教と信心の諸々の根本的真理を十分に紹介すること」が現代の《教師》の最終目標である。

（3） Wagenhammer : Das Wesen des Christentums. Eine begriffsgeschichtliche Untersuchung, Mainz（Grünewald）1973, 177ff., 181ff., 189ff., 200ff. ヴァーゲンハンマーはこう指摘している。つまり、「真のキリスト教の本質」（《essentia(m) veri christianismi》）という表現はすでに Chr. M. プファフのものにも現れており（174）、彼の場合、それは基本条項の教理と結びついている（176）。ルター派正統主義のこの教理の形成は、宗教とキリスト教の本質に関する啓蒙主義の教義学の諸々の問いにとって、Wagenhammer（69）が認めているよりもさらに重要であろう。

（4） Cicero : De natura deorum II, 8. Vgl. Augustinus : De civ. Dei X, 1, 3. この語義の優位性と、ラテン世界の世俗の著述家たち及び教会の著述家たちからのもっと広範な典拠については、W. C. Smith : The Meaning and End of Religon. A New Approach to the Religious Traditions of Mankind（1962）Mentor Book 575, New York 1964, 24 を参照。この書物の第二章全体が、ラテン文献における宗教の概念の概念史（その諸々の起源から 19 世紀まで）となっている。なお、本書の原稿ができ上がった後に出版された著作としては、E. Feil:《Religio》. Die Geschichte eines neuzeitlichen Grundbegriffs vom Frühchristentum bis zur Reformation, 1986. がある。

（5） Cicero a. a. O. II, 71,, 117. ここでは、神々に心からの崇拝を捧げる宗教と対比しつつ、迷信は、神々に対する何の根拠もない恐れ（《timor inanis deorum》）によって特徴づけられている。

（6） ヤコ 1・26 以下、使徒 26・5。1. Clem 45, 7 und 62, 1 も参照。この語の両義性（vgl. ThWBNT 3, 1938, 156f.）はコロ 2・18 にみられる。

(7) ヨハ9・31とⅠテモ2・10も、このことを示している。その他の言語用法については、ThWBNT 3, 124ff. を参照。アウグスティヌスはこの表現を、《eusebeia》というより広範な概念と同様に、ラテン語の《pietas》と同等ものとみなした(ep. 167, 3 u. ö.)。

(8) Cicero : De nat. deor. I, 3, vgl. I, 14. ここでは、《pietas, sanctitas, religio》が緊密に関連づけて記されており、I, 117. では、I, 45. と同様に、《pietas》は、宗教を迷信から区別する目印となっている。Augustin De civ. DeiX, 1, 1 も参照。

(9) Cicero a. a. O. I, 61:《caerimonias religionesque》; vgl. II, 5 und III, 5 sowie De leg. I, 43. E. Feil a. a. O. 46f. も参照。

(10) Augustin : De vera rel. 5:《sic enim creditur et docetur, quod est humanae salutis caput, non aliam esse Philosophiam, id est, Sapientiae studium, et aliam Religonem, cum ii quorum Doctrinam non approbamus, nec Sacramenta nobiscum communicant.》Vgl. schon Laktanz De ira Dei 7, 6 und 8, 7 über《religio》und《sapientia》. Weitere Belege bei E. Feil a. a. O. 60−64.

(11) Augustinus. a. a. O. 3.

(12) Ebd. 10, 19f. ; vgl. aber Retr. I, 13:《... res ipsa quae nunc Christiana religio nuncupatur, erat et apud Antiquos, nec defuit ab initio generis humani, quousque ipse Christus venire in carne, unde vera Religio quae iam erat coepit appellari Chritiana.》

(13) De vera rel. 7, 13:《Huius Religionis sectandae caput est Historia et Prophetia dispensationis temporalis divinae Providentiae pro salute generis humani in aeternam vitam reformandi atque reparandi.》

(14) W. C. Smith : The Meaning and End of religion, 1964, 27, 32f., 50f.

(15) アベラルドゥスにおいてすでにそうであるよう、宗教は、それが神に神のものを帰すかぎりにおいて、義の徳に分類される。E. Heck : Der Begriff religio bei Thomas von Aquin, München 1971, 55ff. bes. 70ff. vgl. 30ff. を参照。

(16) De docta ignorantia III, 1.

(17) De Pace Fidei I, vgl. auch III: すべての宗教が唯一の宗教に遡ることに普遍的に同意することより、宗教の多種多様性のゆえに相互に迫害することを止めるのは、神の計画である。《omnem religionum diversitatem communi omnium hominum consensu in unicam concorditer ruduci.》術語の《religio》は同書第一章に頻繁に出てくる。

(18) Ebd VI:《Una est igitur religio et cultus (!) ominium intellectu vigentium, quae in omni diversitate rituum praesupponitur.》

(19) この方向への傾斜は、極めて稀であるが、もちろんルネサンスにおいて初めて現れてくる。たとえばマルシリオ・フィチーノは、彼の書物《De christiana religione》1474の最初の章のなかで、動物に対し人間を際立たせている自然的宗

教に単純に言及しており、そしてついでにキリスト教の真理のための論証を次のことに根拠づけた。つまりそれは、キリストと彼の弟子たちの誠実さ、異邦人とイスラム教徒のもとでさえ受け入れられた、彼の奇蹟行為に基礎づけられたイエスの権威、そして特に、古代ギリシャの女預言者たちと預言者たちである（Opera Omnia ed. P. D. Kristeller I, Turin 1959, fol. 1−81）。

（20） D. Hollaz : Examen theologicum acroamaticum, Stargard 1707, 39:《Vera Religio est, quae verbo divino est conformis.》《falsa religio》の概念は、誤った神々の崇拝だけでなく、真の神の誤った崇拝にも関連づけられている（ebd. 83）。これは宗教改革時代の言語用法に対応している：Vgl. H. Zwinglis《De vera et falsa religione commentarius》, 1525（CR 90, 1914, 590−912, bes. 674, 21ff., sowie zur《religio vel pietas 668, 30ff., 669, 17f.》）. ホラーツは《Religio Pontificia》（44f.）をも誤った宗教に入れている――彼の考えによるとそれは、《veritas residua》をたくさん含んでおり、その結果、彼によると真の宗教である《Relgio Lutherana》の信仰者たちとまったく同じように、そのメンバーも、救いに与ることができるにもかかわらず。

（21） J. W. Baier : Compendium Thologiae positivae（1686）3. ed Jena 1694, Nachdruck von E. Preuss, Berlin 1864, 10f.（Prol. I 7b）:《 ... sapeintia praecedit, religio sequitur : quia prius est, Deum scire, consequens colere.》7 の 本 文（《actus mentis et voluntatis circa Deum occupati, quibus recte agnoscitur et colitur Deus》）において、神認識に対する《religio》という表現の適用は、たしかに限定的に解釈されているが、放棄されてはいない。宗教に対する神認識の先行については、K. Barth KD I/2, 312 に引用されている F. Burmann（Synopsis Theologiae, 1678）の定式も参照。

（22） J. F. Buddeus : Compendium Institutionum Theologiae Dogmaticae, Leipzig 1724, I 4（p. 8）.

（23） Ebd. I 17（p. 15f.）, vgl. schon Hollaz a. a. O. 307.

（24） Über die Religion, 1799, 37.

（25） Ebd. 123ff., bes. 128ff.

（26） F. Schleiermacher : Der christliche Glaube（1821）2, Ausg. 1830,4, 4.

（27） これについては、R. Leuze : Theologie und Religonsgeschichte. Der Weg Otto Pfleiderers, München 1980ff, 180ff. を、C. シュヴァルツについては、ed. 62f. を参照。プフライデラーは、彼の Religionsphilosophie auf geschichtlicher Grundlage, 1878 のなかで、この批判を考慮に入れようとした（185ff. bes. 188）。ヘーゲルについては、Vorlesungen über die Philosophie der Religion III（hg. G. Lasson）PhB 63, 1966, 5 と . Encyclopädie der philosophischen Wissenschaften, 3. Aufl. 1830（PhB 33）564 を参照。

（28） L. A. Dorner : System der Christlichen Glaubenslehre I(1879）2. Aufl. 1886, 157,

162. ここでは、リープナー、ローテ、マルテンセンが引き合いにだされ、シュライアマハー（160f.）と、さらに覚醒神学、エアランゲンの主観主義、特にリプシウス（24f.）がはっきりと批判されている。もちろんリプシウスも、神表象が宗教意識に対してもつ基本的な意義を、シュライアマハーよりもいっそう強く強調した（vgl. Lehrbuch der evangelisch-protestantischen Dogmatik（1876）2. Aufl. Braunschweig 1879, 39 und 42f.（43 und 49））。

（29） E. Troeltsch : Die Selbständigkeit der Religion in : ZThk 5, 1895, 361 －436, bes. 382 und 396f., 宗教心理学と、宗教史に対するその関係については、370 頁を参照。後にトレルチは、ここではまだ宗教心理学に帰されていた、この宗教意識の「真理内容」に関する決定を認識論的に基礎づけようとした。本書第 2 章の注 179 を参照。

（30）「神学的宗教概念の人間学的媒介」に関する現在の議論の状況については、M. Seckler : Der theologische Begriff der Religion, in : Handbuch der Fundamentaltheologie 1, 1985, 173－194, bes. 186ff. を参照。F. Wagner（Was ist Religion? Studien zu ihrem Begriff und Thema in Geschichte und Gegen wart, Gütersloh 1986）にとって、それは「宗教の根本的アポリア」である。「それは、宗教的人間の自己理解を引き合いにだすという仕方で、神性を示唆することができるだけである」（322, vgl. 379, 384f., 392f., 442f., 546, 573f.）。しかしながら問題となっているのは、宗教それ自体のアポリアではなく、おそらく近代の宗教《理論》の「根本的アポリア」である（これについては、以下の段落を参照）。ヴァグナーの書物の主要な欠陥は、この区別が欠如していることである。

（31） K. Barth : Die Christliche Dogmatik im Entwurf, 1927, 302f. バルトの KD I/2,17, 1 の詳論も、「啓示と宗教の関係の逆転」に徹底的に反対している（318, vgl. schon 309 und 311）。

（32） KD I /2, 318. 以下の問いについては、同頁を参照。

（33） Buddeus a. a. O. 20f.（I, 1 24, vgl. auch23）.

（34） F. Schleiermacher : Über die Religion, 1799, 310（„Religion der Religionen“）, 301（「偉大な理念は、……有限なものはすべて、神性につながるために諸々の高次の仲介を必要とするということである」）、291ff., bes, 294f.（キリスト教の論争的性格）。

（35） Ders. : Der christliche Glaube（1821）2, Ausg. 1830,11, sowie überhaupt 7- 14. ユダヤ教との違いについては、8, 4 を参照。そこでは、選びの表象がユダヤの民（「アブラハムの種族」）に限定されており、ここには「呪物崇拝との類似性がみられる。これと比べると、またイスラムの諸々の信仰表象の「きわめて感性的内容」と比べると、キリスト教は「一神教の、歴史のなかに現れた最も純粋な形態」であることが判明する。

(36)　G. W. F. Hegel : Vorlesungen über die Philosophie der Religion III, hg, G. Lasson PhB63, 1966, 5 und 19ff.

(37)　前掲注 27 で挙げられている R. Leuze を参照。

(38)　O. Pfleiderer : Die Religion, ihr Wesen und ihre Geschichte, Bd. 2 : Die Geschichte der Religion, Leipzig 1869, 40ff., 54ff.. Vgl. auch R. H. Lipsius : Lehrbuch der evangelisch-protestantischen Dogmatik（1876）, 2. Aufl. Braunschweig 1879, 97（120）. 先駆となったのは C. Schwarz : Das Wesen der Religion, Halle 1847 であった。

(39)　O. Pfleiderer, im ersten Band des zit. Werkes : Das Wesen der Religion, 1869, 3f.. vgl. dieDurchführung 5－158, bes. 68ff., sowie159－410, bes. 159ff. A. E. Biedermann : Christliche Dogmatik I（1869）, 2. Aufl. 1884,69ff.（S. 193 －242）und81ff.（243 －327）. 宗教の内的本質に関しては、再び神における形而上学的根」（81－104）と神の啓示（105－117）が区別されている。他方リプシウスは、直ちに宗教の心理学的記述と「教義学的記述」を対比した（a. a. O. 41ff.）。したがって彼は、神とその啓示における宗教の客観的基礎づけは、信仰の視点にのみ基づいていると考えた。

(40)　Lipsius a. a. O. 32. ここでは、正当にも次のように指摘されている。つまり A. リッチュルは、宗教を自然世界に対する人間の内面的自立性のための条件として記述しており、彼も内容的には同様に論じていた。Vgl. auch R. H. Lipsius : Dogmatische Beiträge zur Vertheidigung und Erläuterung meines Lehrbuchs, Leibzig 1878, 11f.

(41)　O. Pfleiderer Bd. 2, 29 gegen Hegel, sowie S. 40 gegen Schelling.

(42)　A. E. Biedermann a. a. O. 69（193）und83（243f.）.

(43)　Vgl. Lipsius18 mit Pfleiderers Ausführungen Bd. 1, 68ff.

(44)　Lipsius23（27）, Pfleiderer Bd. 1, 159f.

(45)　Pfleiderer Bd. 2, 488. R. Leuze a. a. O. 173ff. によって提起された批判は、高次の神を信ずるひとつの原宗教というミュラーによって規定された表象を示唆している――その影響は、プフライデラーによる宗教史のプロセスの記述にみられる不一致の源泉となったが（vgl. auch ebd. 56ff.）、上述の事態の解明にも貢献している。これに対して、Leuze a. a. O. 174 において主張された、自由と依存の関係の心理学的概念と存在論的概念の緊張関係は、形而上学的心理学という基盤においては生じないであろう。

(46)　O. Pfleiderer : Religionsphilosophie auf geschichtlicher Grundlage, 3. Aufl. 1896, 326f. Vgl. die Kritik von R. Leuze a. a. O. 380f.

(47)　Pfleiderer a. a. O. 340f. この著書の第一版におけるプフライデラーの宗教概念については、Leuze 185f. を参照。

(48)　Leuze 253, 299. Leuze 301ff. においてロイツェが指摘しているように、これ

によってビーダーマンの批判を招いた。

(49) Leuze 260−262. このような見解は、第三版においても基本となっている。

(50) プフライデラーは同時代の宗教史的研究を包括的に吸収しており、それはR. Leuze（188−247, 260ff.）によって印象的な仕方で証明されている。

(51) A. E. Biedermann : Pfleiderers Religionsphilosophie, in : Protestantische Kirchenzeitung Berlin 1878, bes. 1103. Vgl. Leuze 302. プフライデラーの宗教哲学にみられる、宗教心理学と宗教史の収斂に関する言外に含まれた体系化は、残念ながら、ロイツェによって、特にこの著作の第三版を考慮しつつ、十分に評価されることはなかった。

(52) 前掲注44以下を参照。この事態は、後にG. ヴォッバーミンによって「宗教心理学的循環」として特徴づけられている（Die religionspsychologische Methode in Relgion-wissenschaft und Theologie, Leipzig 1913, 405ff.）。ヴォッバーミンは、この循環を普遍的なものとして特徴づけることにより、たしかに主観主義に門戸を開いた。

(53) E. Troeltsch : Die Absolutheit des Christentums und die Religionsgeschichte, Tübingen（1902）2. Aufl. 1912, 25−41.

(54) Ebd. 27, vgl. 54ff. bes. 57f.

(55) 内容の同質性と目標については、ebd. 56f., 60 sowie（in Anwendung auf die Religionsthematik）68ff. を参照。E. Troeltsch : Geschichte und Metaphysik, ZThK 8, 1898, 1−69 bes. 40も参照。絶対的なものの、歴史を越える超越性については、絶対性に関する著作の57f., 69f., 80, 98ff. も参照。

(56) Die Absolutheit des Christentums und die Religionsgeschichte, 89ff., vgl. Geschichte und Metaphysik, ZThk 8, 1898, 35.

(57) E. Troeltsch : Die Selbständigkeit der Religion, in ZThK 5, 1895, 361 −436, bes. 390ff., 392 und 396. 絶対性に関する著作は、この問いをさらに展開することはなかった（vgl. nur 2. Aufl. 56f.）。後にトレルチは価値心理学的術語をひかえ、「魂のうちに現臨する絶対的なものとの自己関係」を「宗教的現象の核」として捉え、これについてのみ語った（Ges. Schriften II, 1922, 370）。

(58) ZThK 5, 1895, 406f.

(59) E. Troeltsch : Psychologie und Erkenntnistheorie in der Religonswissenschaft, 1905, これについては前掲注129および179を参照。

(60) Empirismus und Platonismus in der Religionsphilosophie, in : Ges. Schriften II, 364−385, bes. 380.

(61) 「宗教」の普遍的に承認された統一的定義が欠けているなかで、宗教的と呼ばれうる諸現象の「家族間の類似性」を確認することで満足するように提案されてきた（so A. Jeffner : The Study of Religious Language, London, SCM, 1972, 9）。し

かしながらそれは、このすべての現象のために宗教の概念を用いることを正当化するには不十分である。そのためには、諸々の類似性のなかで明らかになる共通なものを命名する必要がある。「諸々の本質的特徴」をまとめることに限定するという場合にも、同様のことが当てはまる（W. Trillhaas : Religionsphilosophie, Berlin 1972, 30ff.）。このような諸々の本質的特徴は、それらがそれらの本質概念に属するということが証明されるときにのみ、宗教の諸々の本質的特徴とみなすことができる。宗教の統一的概念に代わりに、宗教的経験の「諸々の状況」に戻ること（I. T. Ramsey : Religious Language. An Empirical Placing of Theological Phrases, 1957, Macmillan Paperback 129, 15ff.）もできない（ちなみに、それはまったくラムジーの意図ではなかった）。むしろ宗教的経験の「諸々の状況」に戻ることは、他の状況からこのような諸々の状況を区切る際の判断基準として、すでに宗教の統一概念を前提としている。われわれは、宗教の概念の規定に至るという意味でのみ、このような諸々の状況から出発することができる。ラムジーの場合、この境界設定は「発現（disclosure）」（26ff.）のモチーフを通じて起こっている。しかしまさに、ラムジーによって挙げられた「発現」の諸々の非宗教的例によって、このモチーフが、諸々の宗教的状況を他の諸々の状況から区分する判断基準として、はたして十分なのかどうかは疑わしくなるように思われる。宗教に特有なものは、「発現」に応答する、「全体的《関与》」（31）としての参与の記述によって初めて捉えられる。しかしその際、宗教に特有なものは、人間学的にのみ規定される。宗教的参与は「《全（whole）宇宙》に対する「《全体的（total）》関与」として理解することができるとの説明（41）は、たしかにシュライアマハーの宇宙の概念を思い起こさせるが、「宗教的」と呼ばれる態度の対象規定としては、依然としてあまりに非特殊的（一般的）である。F. Wagner : Was ist Religion?　1986, 16, 19f., 24, 335f. は、宗教的真理は人間的普遍妥当性を要求するという宗教的真理の諸要求にとって、普遍的宗教概念のもつ重要性を強調しているが、それは正しい。

（62）　F. Schleiermacher : Über die Religion. Reden an die Gebildeten unter ihren Verächtern, 1799. は、宗教の「本質」に関する章の最後に（123ff.）、神思想を最初は付録の形で取り扱っている。その本質の出現は宗教的幻想の「方向性」に依拠している（128f.）。

（63）　このような論証の新しい例としては、F. Ferré : Basic Modern Philosophy of Religion（Allen & Unwin）1968, 46. が挙げられる。次も参照、E. Durkheim : Die elementaren Formen des religösen Lebens（1912）dt. 1981, 54ff. この論証の批判については、本書 159 頁以下を参照。

（64）　F. J. Streng : Unterstanding Religious Life（1969）2. ed. 1976, 5ff. は、P. Tillich（Religion as a Dimension in Man's Spiritual Life, in : K. C. Kimball（ed））: Theology of

Culture, Oxford UP 1959）のこの命題を引き合いにだし、さらにそれを「宗教は究極的変容の手段である」（7）という命題へと導いている。

（65） So F. Ferrė a. a. O. 69.

（66） 最後に挙げた見解は、デュルケーム以来、特に宗教社会学に影響を及ぼした。しかしそれはさらに広範に主張され、ごく最近、R. Spaemann（Einsprüche. Christliche Reden, Einsiedeln 1977, 51−64）のような批評家に反対して、H. Lübbe: Religion nach der Aufklärung, Graz etc. 1986, 219−255. によって擁護されている。

（67） P. Berger: The Sacred Canopy. Elements of a Sociological Theory of Religion, Garden City（Doubleday）1967, 175−178, bes. 177f.

（68） R. Otto: Das Heilige（1917）Neuaufl. 1947, 10.

（69） Ebd. 11. シュライアマハーの論証に対する批判については、拙著 Anthropologie 246 Anm. 33 も参照。

（70） F. Schleiermacher: Über die Religion, 1799, 55f., vgl. 67.

（71） オットーにとってシュライアマハーの „Reden" の宗教理解がもつ重要性については、H.-W. Schütte: Religion und Christentum in der Theologie Rudolf Ottos, Berlin, 1969, 22−33 を参照。

（72） N. Söderblom: Das Werden des Gottesglaubens. Untersuchungen über die Anfänge der Religion, Leibzig（J. C. Hinrichs）1915, 2. Aufl1926, 181. デュルケームは、あらゆる宗教的信仰内容に「共通な特徴としての」聖なるものの概念をすでに1912年に宗教の概念の「定義」に用いていた（Les formes ėlėmentaires de la vie religieuse, Paris 1912, 50ff.）。すでにそれ以前に、W. ヴィンデルバントは聖なるものの概念——もちろんなお、論理的、倫理的、審美的生活を規定する諸価値と諸規範の総括概念の意味での、聖なるものの概念——を宗教哲学の基本概念として取り扱っていた（Das Heilge. Skizze zur Religionsphilosophie, 1902, in: Präludien 2, Tübingen[5] 1914, 295−332, bes. 305）。

（73） オットによると宗教的弁証学は、自然主義と反対に自然を、「神的なものを指し示し、そして自分自身を越えて指し示するもの」として取り扱っている（Naturalistische und religiöse Weltansicht, 1904, 3. Aufl. 1929, 280）。

（74） F. Schleiermacher a. a. O. 53.

（75） 聖なるものの概念による宗教概念の規定に対するW. デュプレの批判（Religion in Primitive Cultures. A Study in Ethnophilosophy, Mouton etc. 1975, 137f.）も参照。ところがデュプレは、諸々の普遍的意味連関の理解に基づく神秘的意識の傾向を主張している（138）。聖なるものは、そのなかでそれが経験される諸々の意味連関から分離されてはならない（139）。その際それは、いつも「文化的起源のダイナミックス」（139f., vgl. 246ff. sowie 255f.）と結びついている。R. Röhricht: Zum Problem der religiösen Erfahrung, in: Wissenschaft und Praxis in Kirche

und Gesellschaft 63, 1974, 289ff., bes. 292f. も参照。

（76） 次の事実はこれと関連しているであろう。つまり、『宗教論』第一版におけるシュライアマハーの宗教的直観の概念は混乱しており、多義的なままである。第二講は次のような印象を呼び起こす。つまりそこで問題になっているのは、普通の知覚の対象でもある個々の有限なものである。しかし今やそれは、宇宙の、無限で全体的なもの（bes. 56ff.）の現臨の媒体として経験される。したがって問題になっているのは「直接的知覚」（58）である。第五講が論じている「諸々の直観」は個々の実定的諸宗教の「中心的直観」（259f., vgl. 264, 281ff.）であり、むしろ普遍的な《諸表象》である。たとえばそれは、「ひとつの普遍的直接的懲罰のイデー」（287）、あるいは――キリスト教の場合には――「有限なものはすべて、神性と関わるために諸々の高次の仲介を必要とすること」（301）である。ひとはどのようにして最初の意味での宗教的直観から第二の意味でのそれに到達するのか、シュライアマハーはこれを解明することはなかった。

（77） F. ハイラーは、近代の宗教学が「力の概念の発見により」経験した「革命」について語っている（Erscheinungsformen und Wesen der Religion, Stuttgart 1961, 33）。R. R. マレット以来の、宗教学における「力の概念」の歴史については、W. Dupré : Religion and Primitive Cultures, 1975, 46ff. を参照。

（78） G. van der Leeuw : Phänomenologie der Religion（1933）2. Aufl. Tübingen 1956, 155（17）.

（79） W. デュプレは、諸々の原始宗教の経験における「人格的なものと力動的なもの間における原始的一致」（a. a. O. 279）について語っている。

（80） F. Heiler a. a. O. 4.

（81） Tiele-Söderbloms Kompendium der Religionsgeschichte, 5. Aufl. Berlin 1920, 5.

（82） W. James : Die religiöse Erfahrung in ihrer Mannigfaltigkeit, dt. von G. Wobbermin, Leibzig 1907, 27. G. ランツコフスキーは、彼の Einführung in die Religionswissenschaft, Darmstadt, 1980 のなかで、神性と人間の「実存的相互関係」としての宗教の普遍的記述を擁護した。そのさい彼は、宗教の最初の対象は神性ではなく聖なるものであるとの命題に反対し（23）、元来の仏教に適用できないがゆえに、このような定義は狭すぎるとの異論にも反対している（24）。彼は、P. ヴィルヘルム・シュミットと共に、原始仏教の哲学としての性格を指摘することにより、後者の異論に出会った。この判断にとって決定打となったのは、仏教がそこから由来するインドの宗教史が、神的諸力の経験により徹底的に刻印されていたという事実であった。

（83） G. van der Leeuw : Phänomenologie der Religion 2. Aufl. 1956, 3.

（84） F. Heiler a. a. O. 561f.

（85） Ebd. 17.

（86） So W. C. Smith : The Meaning and End of Religion（1962）, Mentor Book 575, 1964, 109－138, 141. スミスは「宗教的」という形容詞の使用に固執しようとしているが（176）、名詞を「具象化」（117, 120）、また観客のパースペクティヴの表現として判断している。つまり「参与者は神に関心をもっている。そして観察者は宗教に関心をもってきた」（119）。

（87） この普遍的傾向、つまり宗教の概念と歴史的に結ばれている、全人類を包摂する傾向を、W. C. スミスも受け入れようとしている。ただし彼はそれを神学のテーマとして受け入れようとしている―― Toward a World Theology. Faith and the Comparative History of Religion, London und Basingstoke 1981, 50ff. 彼は、宗教の概念に人間が関与することを排除しようとしているのではなく、宗教を人間に対する単なる補足（《addendum》）とみなす理解に反対している（51）。

（88） G. Lanczkowski a. a. O. 23. による論証を、さらに F. Wagner（前掲注61）を参照。

（89） ここでわたしは、内容的に、U. Tworuschka: Kann man Religonen bewerten? Probleme aus der Sicht der Religonswissenschaft（in : U. Tworuschka / D. Zilleßen（Hrsg.）: Thema Weltreligionen, Ein Diskussions- und Arbeitsbuch für Religions-pädagogen und Religionswissenchaftler, Farnkfurt u. München 1977, 42 －53 bes. 46） にまったく同意する。しかしながらトゥヴォルシュカは Wissenschaftstheorie und Theologie, 1973, 304ff. におけるわたしの諸々の詳論の意味を、あたかもキリスト教以外の諸宗教の諸研究に、初めからキリスト教的－一神教的尺度が適用されるべきであると主張しているかのごとく、誤解している。実際に、すべてのものを規定する現実としての神についての（一神教的に理解された）名目上の概念に対する省察は、その個所では、次のような証明に役立っているにすぎない。つまりそれは、神自身の神性と異なる判断基準が主張されずに、神に関する諸言明を、その神の崇拝者たちが出会う諸々の世界経験に基づいて検討することが可能であることの証明である。このように、神自身の神性と異なる基準が主張されることは宗教的に耐え難い、ということが前提とされている。しかし神に関する諸言明は、それらが原則として神の力の領域に分類されうる諸々の出来事の経験に基づいて判断されるならば、それらの独自な諸含意に基づいて判断されることになる。このことは、神理解の多神教的形式にも同じように適用される。ただしここでは、神の力の領域は、他の諸々の神性によって限定されているがゆえに、いっそう狭くなる。

（90） Religion in Primitive Cultures, 1975, 246ff., 255, 263f.（mythicity）, 270ff.（《unio mythica》 als „initial reality of primitive religion“ : 272）. デュプレのこの詳論と W. C. スミスの次のような確認は一致する。つまりそれは、ヨーロッパの宗教学は、世俗的世界との関係における特別な補足的生活領域としての宗教について

語ることに慣れているが、これは正しくないとの確認である（Towards a World Theology, 1981, 51ff.）。

（91） W. Dupré ebd. 279. E. Hornung : Der Eine und die Vielen. Ägyptische Gottesvorstellungen, Darmstadt 1971. bes. 42ff. auch 142f., 183ff., 249. についての詳論も参照。

（92） N. Söderblom : Das Werden des Gottesglaubens, 2. Aufl. 1926, 159f.

（93） J. Waardenburg : Religionen und Religion, Berlin 1986, 24. この箇所では、「方向づけ」の概念は、まず第一に他の諸宗教の間における宗教のひとつの特徴としてのみ挙げられている。他方、それに続く箇所では、「方向づけの体系」は宗教一般の概念の暫定的定式として導入されている（34ff.）。宗教と意味意識の共属性に関しては、拙論「意味経験、宗教、そして神への問い」（in : Theologie und Philosophie 59, 1984, 178－190 と，「終末論と意味経験」に関する、それ以前に書いた詳論（in : KuD 19, 1973, 39－52, bes. 48f. sowie Wissenschatstheorie und Theologie, 1973, 314f.）を参照。

（94） H. Kees : Der Götterglaube im alten Aegypeten（1941）2. Aufl. Belin 1956.

（95） So E. Hornung : Der Eine und Die Vielen, Darmstadt 1971, bes. etwa 142 und die Polemik gegen Kees 220ff.

（96） Ebd. 232f.

（97） Ebd. 180, vgl. 239.

（98） ホセ 2・4－17 については、H. W. Wolff im biblischen Kommentar zum AT XIV/1, Neukirchen 2. Aufl. 1965, 37－55, bes. 40ff. を参照。

（99） G. v. Rad, Theologie des Alten Testaments I, 1957, 140ff の概説を参照。

（100） 創 14・17－20 については、Karatepe-Inschrift（ANET 500b）と比較参照。これによると、EL はたしかに天と地の創造者としてではなく、しかしいずれにせよ地の創造者と呼ばれている。H. Otten : Die Religionen des alten Kleinasien, Handbuch der Orientalistik VIII/1, 1964, 92ff. fes. 117 も参照。イスラエルの初期の歴史における特異な父なる神への信仰に関する A. アルトの命題に対する批判については、J. van Seters : The Religion of the Patriarchs in Genesis, in : Biblica 61m1980m220－233, を参照。

（101） 出 20・3 については、G. v. Rad : Theoloie des Alten Testaments I, 1957, 203ff., bes. 209 211 を参照。

（102） イザ 41・28 以下、43・10、44・6 以下、46・9 以下。Vgl. R. Rendtorff : Die theologische Stellung des Schöpfungsglaubens bei Deuterojesaja, in : ZThK 51, 1954, 3－13, sowie bes. K. Koch : Die Profeten II, 1980, 135－140.

（103） 1967 年、わたしは宗教史の神学のこのような概念を提示した。Erwägungen zu einer Theologie der Religionsgeschichte, in : Grundfragen systematischer Theologie I,

1967, 252−295 を参照。

（104） これは、宗教史の神学の、先に挙げた注のなかで示した梗概にも当てはまる。しかしそれは、諸々の宗教的主張の真理要求の吟味に関する Wissenschaftstheorie und Theologie, 1973, 300−303 のなかで議論されたわたしの諸々の方法論的考察に、同じように当てはまるわけではない。これについては、上記の注 89 を参照。特に最後に挙げた書物の諸々の詳論は、一神教的神信仰も、またその他の神信仰も、前提としていない。しかしそれは、このような諸々の真理要求の吟味のためのひとつの判断基準を定式化している。

（105） J. A. Wilson in : Frankfort / Wilson / Jacobsen / Irwin : The Intellectual Adventure of Ancient Man,（1946）Chicago 1965, 31 −121, 33f. dt. ohne den Beitrag von Irwin unter dem Titel : Frühlicht des Geistes. Wandlungen des Weltbildes im Alten Orient, Stuttgart 1954, 37−136, 39f.

（106） H. Lübbe : Religion nach der Aufklärung, Graz etc. 1986. リュッベは、219ff. において宗教の機能的理論に対する批判と対峙しており、その議論は詳細である。特に、R. Spaemann : Einsprüche. Christliche Reden, Einsiedeln 1977, 51ff. 58 と、ders. : Die Frage nach der Bedeutung des Wortes „Gott“, in : IKZ „Communio“1, 1972, 54−72, 57. と対決している。Vgl. auch Hans J. Schneider : Ist Gott ein Placebo? Eine Anmerkung Robert Spaemann und Hermann Lübbe, in : ZEE 25, 1981, 145−147.

（107） 以下の記述については、拙論 Typen des Atheismus und theologische Bedeutung, in : Grundfragen systematischer Theologie I, 1967, 347−360, bes. 348ff.（フォイエルバッハについて）, 353ff.（ニーチェについて）を参照。さらに F. Wagner : Was ist Religon? 1986, 90−106 を参照。Wagner（102）は、ニーチェに関する彼の詳論のなかで、キリスト教的−宗教的に規定された諸価値の、ニーチェによると生に敵対する性格を強調しているが、それは正しい。しかしこれは、最高価値としての神という解釈の無神論的意味を何ら変えるものではない。なぜならハイデガーが徹頭徹尾正しく捉えたように、神の存在の起源は価値づける意志にあるからである。

（108） これについては、Wagner 206ff. における記述と論究を参照。特にナルシシズムのテーマについては、296ff. を参照。

（109） H. Scholz : Religionsphilosophie, Berlin 1921, 130f., 172.

（110） F. Heiler : Erscheinungsformen und Wesen der Religion, 1961, 17.

（111） C. H. Ratschow : Methodik der Religionswissenschaft（1973）364ff. については、F. Wagner a. a. O. 318ff の詳論を参照。

（112） F. Wagner 322, 379, 384f., 443, 546.

（113） いずれにせよ『宗教論』の第一版において、神思想が必然的構成要素ないし宗教の基礎とみなされなかったとき、シュライアマハーはそのかぎりにおいて

たしかにフォイエルバッハの宗教批判にひとつの出発点を提供した。それゆえフォイエルバッハは、「《神》は人間の存在の説明にとって《決して必然的》構成概念では《ない》」（F. Wagner a. a. O. 94）という彼の理解と共に、次のような仕方でシュライアマハーを引き合いにだすことができた。つまり彼が目指したのは、シュライアマハーと反対に、宗教それ自体が余分なものであることを証明することである。なぜなら彼は、ヘーゲルの弟子として—— シュライアマハーと異なり——、正当にも、神思想を宗教の概念にとって基本的なものと判断したからである。いずれにせよ『宗教論』においても、シュライアマハーにとって内容のない宗教は考えられなかった。その結果、彼にとって、宗教それ自体の譲渡不可能性の命題と共に、「宗教の対象と内容の気化（蒸発）に対して、基礎づけられた仕方で対抗することができるための」（Wagner 85 に反対して）「処理可能な手段」が与えられた。シュライアマハーの宗教の概念にとって宗教の諸々の内容はどうでもよいものとみなされ、そしてそれらは「恣意的な交換可能性」（73）によって特徴づけられる（vgl. 67）とする見解は、たしかに『宗教論』に当てはまらなく、それは、第五講における個人の宗教の形成に関するシュライアマハーの諸々の詳論が示している通りである。またそのような見解は、宗教史の過程（8）と救済の必然性（86ff.）に関する詳論を含む『信仰論』には、ますます当てはまらない。

（114）　これについては、拙論 Religion und menschliche Natur（わたしが編者である Sind wir von Natur aus religös? Düsseldorf 1986, 9−24）を、そしてより詳細なものとしては拙著 Anthropologie in theologischer Perspektive, Göttingen 1983, 460f., sowie 345ff. を参照。

（115）　Anthropologie in theologischer Perspektive, 1983, 459f.

（116）　Ebd. 32ff., 40ff., 57ff. F. Wagner（a. a. O. 500）は、わたしに対してプレスナーの脱中心性の概念を「誤って解釈している」との容疑をかけた。プレスナーがこの概念において自己意識の事態を念頭に置いていたことは、しかしながらわたしによっても強調された（s. a. Wagner 502）。もちろんわたしはこの事態を、志向的意識の優位性に関するシェーラーの理解の光に照らして、プレスナーの立場を批判的に論究する過程で、プレスナーとは異なる仕方で規定した（Anthropologie 60f.）。内容批判と誤った解釈は、もっと適切に区別されなければならない。ヴァグナーの根拠のない誹謗（502）、つまりわたしは、脱中心性の根本構造（わたしはこれを「強調」した）は「自己と関係づけられた自己意識という構造契機をいつもすでに含んでいる」ということを「熟考」しなかったとの誹謗は、わたしの諸々の詳論がまさにこの理解に反対していることを無視している。すなわちひとは、自己意識を志向的意識に対して二次的なもの、そしてこれによって演繹されたものとして記述するわたしの試みをたしかに批判することができるが、その

際わたしによって批判された理解を自明なことと想定するのはおそらく無意味である。しかしまさにヴァグナーは、首尾一貫してこのことを行っている（vgl. 506f.）。子供の社会化の過程における、他人による自己-法廷の形成を、ヴァグナーは「はねかえり」（507）と表現できるにすぎない。なぜなら彼は、自己を意識する自我の、先行する存在をすでに想定しているからである。

(117)　Anthropologie in theologischer Perspektive, 1983, 217-235. F. ヴァグナーは、信頼の自己関連というN. ルーマンの命題をエリクソンの「基本的信頼」（a. a. O. 293）の概念に適用しているが、この適用は、基本的信頼のことを正しく評価していない。もちろんエリクソンによる諸々の詳論は、子供がその最初の関係者ともつ共生的生の一体性と、すでに環境との自己区別を前提とする本来の信頼する行為を区別すべきである（Anthropologie etc. 220ff., および本書128頁以下）。ナルシスティックな願望の世界への逆行であるとの嫌疑に逆らって、基本的信頼の仮定を守るために、この区別は重要である。

(118)　M. Scheler: Vom Ewigen im Menschen（Ges. Werke 5, Bern 1954, 249ff., bes. 255）. 諸々の宗教的行為の「明証性（Evidenz）」の背後に遡ることが不可能であることと、それらのなかで把握された神的現実に関するシェーラーの諸言明（ebd. 130, 154f. 257）の、納得のゆくその根拠は、この仮定のなかにある。そのかぎりにおいてシェーラーの宗教哲学は、宗教の真理の主張のための基盤としての、宗教的資質と諸々の宗教的行為の組み合わせの一例となる——この組み合わせについては、次の段落において論究される。

(119)　F. ヴァグナーは、人間学的にのみ記述された宗教の、場合によっては幻想的な性格に関するわたしの諸々の詳論（a. a. O. 498.）をこのように解釈している。ヴァグナーは、ここで必要な区別を行っていない。なぜなら彼は、あらゆる意識的行為に、いつもすでに準備のできた行為の主体を想定しているからである（vgl. auch 144）。しかしながらすべての幻想が「想定」（Setzung）」に依存しているわけではない。後者のようなことが起こるのは、それが、このような想定を行う際に、まだ幻想に陥っていない決定機関（Instanz）の産物として主張されるときだけである。その他の点では不当にも、ヴァグナーは循環的性格を、宗教——それが幻想であろうとなかろうと——は人間の現存在の構造における必然的要素であるとの理解に帰している（143f., vgl. auch 521f.）。なぜならむしろその理解は、一定の、ここでもわずかに言及されている文化史的、前歴史的、そして発達心理学的知見に基づいているからである。

(120)　これに対応してわたしは、Wissenschaftstheorie und Thelogie, 1973, 424f. において「宗教史」の基盤としての人間学に基礎神学的地位を与えた。これはもちろん方法論的優位性の意味をもつにすぎず、人間学が《内容的の面で》神学の基礎として理解されるという意味ではない（vgl. ebd. 419 および本書66頁以下、そし

て Pannenberg（Hrsg.）: Sind wir von Natur aus religös? Düsseldorf 1986, 134ff., bes. 165f.）。

（121） F. ヴァグナーは、真に絶対的なものの思想は、その他のあうゆる意識の内容が意識の主観性に結びつけられているという限界を克服すると考えているようである（a. a. O. 576ff., vgl. 444）。しかし、宗教的意識の神は、人間に対し自由に対向する方として信じられているにもかかわらず、ヴァグナーによると、その神は依然として主観的制約に結びつけられているとすれば、ではしかし、なぜ主観的制約から絶対的なものの思想が読み取られるべきなのだろうか？ ヴァグナー自身が「絶対的なものは絶対的なものの思想としてのみ考えうること」（587）を認めている。たしかに、ヴァグナーが保証しているように（ebd.）、その概念的制約は「絶対的なものそれ自体の自己解釈に基づいている」ことが主張されているが、ヴァグナーが考えているように、「明らかにされて」（ebd.）はいない。そのうえ絶対的なものの思想は、宗教の神よりも決定的に人間の思惟の省察連関に組み入れられたままである。なぜなら絶対的なものは哲学的思想だからである。そこにおいては、他のあらゆる哲学的思想の場合と同様に、思惟する主体に基づく相対性というものが常に共に考えられなければならない。他方、志向的意識としての宗教的意識にとって、神についてのその発言の主観性に基づく省察は、依然として外面的なものにとどまっている。ヴァグナーが、絶対的なものの自己解釈として考えうる絶対的なものの思想を宗教的意識の主観性に対立させるとき、彼はヘーゲルの宗教の概念に到達していない。彼の宗教の概念にとって、宗教的「高揚」は常に二重の側面をもっていた。すなわち、有限な意識がその有限性を越えて、無限なものと絶対的なものへと高められること、そして同時に、宗教的意識のこの主観的動きに対応しつつ、絶対的なものを通してそれが高められることである（vgl. G. W. F. Hegel: Vorlesungen über die Beweise vom Dasein Gottes. Hrsg. G. Lasson, PhB 64, 1966, 77f., 宗教哲学の第一部における文化の概念に関する詳論も参照。Begriff der Religion. Hrsg. G. Lasson PhB 59, 158ff.）。これに対しヴァグナーは、一面的に絶対的なものの思想から出てくる運動に有利になるように、人間によって遂行される宗教的高揚を除外している。これはヘーゲル化するバルト主義である。

（122）「宗教史の神学に関する考察」（Grundfrgen systematischer Theologie I, 1967, 252－295）のなかで、わたしは、人間の現存在の構造のなかにいつもすでに前提されている神の秘密の現実の「取扱い」について語った（283f.）。わたしの学問論的研究以来、いっそう強く強調されたのは、この取り扱いは、世界の経験のなかで、またその諸々の含意との対決のなかで起こっていることである。その際、世界経験の諸々の含意は、神に関する人間のはっきりしない知（Wissen）――それは、世界の現実を規定する諸々の力の経験において初めて神についてのはっき

りした知となる――と結びついている。

(123) この名目上の定義については、拙著 Wissenschaftstheorie und Theologie, 1973, 304f. を参照。

(124) Ebd. 302,

(125) U. トゥヴォルシュカがわたしについて次のように仮定しているのは誤解である。つまりわたしによって提案された尺度は「誤認の余地なくユダヤ - キリスト教的伝統から出てきており」、それゆえ宗教学的判断形成の普遍的判断基準としては役に立たない、というのである(Kann Man Religionen bewerten? Probleme aus der Sicht der Religionswissenschaf, in : U. Twourschka / D. Zilleßen (Hrsg.) : Thema Weltreligionen, Frankfurt und München 1977, 43－53, bes. 46)。たしかにわたしは、その判断基準についてたいてい一神教的神思想の例をあげて説明した。すなわちすべてを規定する現実としてのひとりの神の思想という最小限の定義から解釈した。しかしながらそれは、形式的には同じ仕方で、一定の、神性に帰せられうる「力」についてのいかなる主張にも適用される。ところがトゥヴォルシュカによって挙げられている諸々の評価基準(49ff.)は、依然として、それらはその都度の神思想にとって皮相的なものであるとの異論にさらされている。しかもそれは「内的宗教的判断基準」(49ff.)にも当てはまる――それは、諸々の判断基準が神の形態に基づいてではなく、宗教的伝統の「独自な理論」に基づいて方向づけられるかぎりにおいて(50)の話である。トゥヴォルシュカは、これにより神思想それ自体が、宗教的意識の単なる措定として取り扱われるがゆえに、止揚されてしまうことをはっきりと捉えていなかった。

(126) M. Weber : Wirtschaft und Gesellschaft (1922), 5. Aufl. 1976, 255.

(127) E. Otto : Aegypten. Der Weg des Pharaonenreiches Stuttgart 1953, 160f.

(128) Ebd. 166., bes. 169. U. Tworuschka (a. a. O. 47) は、信じられている神は、その崇拝者たちに、神がそのようなものとして信じられている力として実際に証明されるのかどうかという問題提起は、「方法論的に疑わしいものとして、そして次のような理由で実際には貫徹できないものとして」しりぞけられると考えている。前者については、彼は誤って、適用された判断基準はキリスト教的－西洋的諸前提に依拠していると主張しているからであり(これについては注125を参照)、しかし後者については、懇願されたが、実際には起こらなかったとき、古代人の示した諸反応についてわれわれは何も知らないからである。わたしが語ったのは、古代の諸宗教における祈願の高まりについてではなく、経験された現実における、ある神と結びついた諸々の期待である。これについてトゥヴォルシュカは簡潔に「神々が力をもたないときは、それらは放棄され、他の、もっと力をもつ神々がその座に就く」(ebd.)と述べている。しかしまさにこれは、宗教的信仰の真理についての問いの取り扱いのための出発点として、わたしがより正確

な研究と解明にとって必要なものとみなした、神に帰せられた力の証明ないし（このケースの場合のように）非証明というテーマである。信仰の諸表象と現実経験は、宗教現象学の方法で研究する宗教学者が想定するように、初めからいつもすでに「矛盾のないもの」ではなかった。むしろ歴史は、現実の宗教的解釈のために戦う多くの実例を残している。神々は力もつ、あるいは力をもたないという判断は、もしも宗教史の過程を理解しようとするならば、解明を必要とするこのような諸々の対立の結果にすぎない。

（129）　以下の論述については、拙著 Wissenschaftstheorie und Theologie, 1973, 314ff の詳論と、その際に前提とされている意味の概念に関する詳論 ebd. 206－224 を参照。そこで展開された見解、つまりすべての有限な経験の意味内容は、経験の諸関連および事柄の諸関連のひとつの文脈に結びつけられている（文脈的意味概念）との見解、したがって個々の経験とその諸々の内容に帰される意味は、最終的にひとつの包括的意味の地平――たとえそれが個々の経験において主題とならないとしても――に依拠しているとの見解は、F. Wagner a. a. O. 471 によって批判された。ヴァグナーは、個々の意味のみが存在しうるのであり、意味の全体は、「概念的措定という恩寵によってのみ存在するがゆえに」（474）存在しえないと主張する。しかしヴァグナーは、その批判において、経験された個々の意味における意味の文脈（したがってまた経験の規定されない意味の全体という最終的文脈）の《含意》というわたしによって主張された事態と取り組んでいない。たしかに個々の意味はまずただ個々の経験に与えられる。たとえいずれの個々の意味もひとつの文脈に依拠しているということが本当だとしても、個々の意味の経験の際の文脈は依然としてはっきりせず、したがって規定されないままであり、しかしそこに共にあるということになる。したがって解釈によってのみ、その文脈は、経験された個々の意味の条件として再構成される。意味の解釈という活動の本質はこのなかにある。それは、解釈されるべき個々の経験のうちに含まれている意味の文脈をとらえることができるが、それを逸したり、歪曲することもできる。そのかぎりにおいて、――P. ティリッヒと共に――説明しつつ意味を解釈するという解釈学的努力には（そしてこの意味で「意味形式」にも）、含意という仕方で存在する意味内容がいつもすでに先行していると言うことができる。このことは、ティリッヒによると、宗教がそこに向かっているあらゆる意味の形式の根拠としての「無制約的意味」（vgl. dazu G. Wenz: Subjekt und Sein. Die Entwicklung der Theologie Paul Tillichs, München 1979, 120ff.）に当てはまるだけでなく、後からの解釈を通して初めて明らかにされる、解釈によって主題として把握された個々の意味（個別的意味付け）のうちにあるすべての意味連関にも当てはまる。もちろんこれはまた、そして特に次のようなあり方（Weise）に当てはまる。つまり、たとえ主題としてではなく、したがって曖昧であるとしても、意

味の地平としての個々の経験のなかに存在する、意味の全体性の統一的根拠として、曖昧な意味の根拠が個々の経験のなかに共に与えられているあり方に当てはまる。ティリッヒは、曖昧な意味内容はいかなる意味形式によっても手に入れられず、あるいは決して追い越されえないと主張しているが（Religionsphilosophie 1925, Ges. Werke I, 319 ; vgl. dazu G. Wenz 120ff.）、それは正しい。無制約的なものの概念に基づく彼のそのための基礎づけは、依然として論駁の余地がある（vgl. Wagners Kritik a. a. O. 382ff.）。明白な意味の諸解釈による、個々の諸経験のなかに主題とならずに存在する意味の全体性の入手不可能性（手に入れることができないこと）と、それを基礎づけている無制約的意味の入手不可能性は、むしろまず第一に不明瞭で主題とならない所与性に、さらに経験の未完結性という時間性に基づいている。ティリッヒが、ディルタイに依存していなかったとしても、彼の解釈学の文脈的意味概念に内容的に近づいていることは、正当にもWenz 124ff. によって強調されている。ディルタイが「精神的生」とその経験に限定していることを越えて、この意味概念を存在論的に活用していることについては、拙論 Sinnerfahrung, Religion und Gottesfrage, in : Theologie und Philosophie 59, 1984, 178－190, bes. 180ff. を参照。ヴァグナーの批判のなかで触れられている全体のカテゴリーという問題については、その際には挙げられていなかった論文：Die Bedeutung der Kategorien„Teil“ und „Ganzes“ für die Wissenchaftstheorie der Theologie, in : Theologie und Philosophie 53, 1978, 481－497, bes. 490f. を比較参照。

（130） Über die Religon, 1799, 53.

（131） A. a. O. 293ff. キリスト教の「論争的・攻撃的」性格は、シュライアマハーによると、他の宗教に対してだけではないが、しかしまさにそれに向けられている。その場合、シュライアマハーはまずイエスの時代のユダヤ教のことを考えていたと思われる。

（132） G. W. F. Hegel : Glauben und Wissen, 1802, zitiert nach PhB 62b, 1962, 89f.

（133） G. W. F. Hegel : Differenz des Fichte'schen und Schelling'schen Systems der Philosophie, 1801, zitiert nach PhB 62a, 1962, 32.「対立するもののこの統合のない直観は、経験的に、自覚されずに、与えられている」(31)。

（134） ヘーゲルは『論理学』のなかで、このような一連の諸々の形而上学的概念を「絶対的なものの（諸）定義」として提示しようとした（G. W. F. Hegel, Wissenschaft der Logik I, hg. von G. Lasson, Phb 56, 1967, 59）。この提示に対応しているのは、たとえ論理的系列の硬直した「適用」という意味ではないとしても、その最後に絶対的宗教が立っている一連の宗教的類型としての宗教史の記述である。もちろんこのような類型の連続は現実の宗教の歴史を正当に評価していない。なぜなら歴史の具体的プロセスにおいて、諸々の多様な文化と宗教は、順々にではなく、たとえ無関係にではあれ、あるいは種々の組み合わせによって互いに結

びついた形においてであれ、広範に並んで見出されるからである。諸々の多様な文化と宗教は、並列的に、時おり何世紀にもわたって、ひとつの唯一の類型に基づいて集約されることのないそれ自身の歴史を有している。そのさい相当数のものは、他のものにおいても同様に観察されるいくつかの発展段階を進んで行く。宗教史の統一性は、ひとつ類型の系列という意味で諸宗教が連続していくことによって成就されるのではなく、諸文化の諸々の増大する接触、衝突、そして相互作用から結果として生じてくる。したがって今日、たとえシュライアマハーに反対してヘーゲルが、宗教意識にとって神表象が有する優位性を強調したことは依然としてたいへん重要であるとしても、ヘーゲルの宗教史のイメージを受け入れることはもはや不可能である。

(135) Vgl. Über die Religion, 259ff. そのかぎりにおいて、諸々の宗教的「見解」には、真理についての諸要求が結びついている。少なくとも、他の諸宗教による、有限なものにおける無限なものの臨在についての記述は不十分であるというキリスト教の「批判」との関連で、シュライアマハーも、諸々の宗教的真理要求の間の衝突の可能性を視野に入れていた。

(136) これについては、古代イスラエルの歴史神学と M. Eliade: Der Mythos der ewigen Wiederkeher, Düsseldorf 1953 における神話の原初への方向づけとの対立——それもちろんより詳細な研究を必要としている——を参照。神話概念とその歴史については、拙論 Christentum und Mythos (1971) in: Grundfragen systematischer Theologie II, 1980, 13–65 も参照。

(137) これについての個々の証明は、„Christentum und Mythos", Grundfragen systematischer Theologie II, 1980, 31–56 und 57ff. に見出される。

(138) 拙論 „Erwägungen zu einer Theologie der Religionsgeschichte", in: Grundfragen systematischer Theologie I, 1967, 1967, 252–295, bes. 288ff.

(139) G. W. F. Hegel: Religionsphilosophie, Band I: Die Vorlesung von 1821, Hrsg. K. H. Ilting, Napoli 1978, 65, 9 und 69, 20 (im Original jeweils gesperrt).

(140) Ausgabe der Religionsphilosophie Vorlesungen 1840 bei Ilting 68. 1821 年の講義では、「それ自体引き離された個……消滅しつつある、過ぎ去りつつある個」(76, 3 und 6) としての主体の知の問題が取り上げられている。

(141) Vgl. a. a. O. 71, 20ff., 77, 14 und zum Begriff der Andacht 111, 19ff.

(142) A. a. O. 79f.

(143) Vgl. a. a. O. 685ff.

(144) G. van der Leeuw: Phänomenologie der Religion (1933), 2. Aufl. 1956 の最初の三章。その後に第四章「世界」、第五章「諸形態」が続いている。G. ヴィーデングレンの批判的所見 (Einige Bemerkungen über die Methoden der Phänomenologie der Religion, 1968, in: G. Lanczkowski (Hrsg.): Selbstverständnis und Wesen der

Religionswissenschaft, Darmstadt 1974, 257－271）は、その著作の体系化に反対している。

（145） Van der Leeuw a. a. O. 208ff.

（146） A. a. O. 383. この強調に関わったのは、文字をもたない諸国民の諸宗教に基づくファン・デル・レーウの方向づけの一面性であり、G. ヴィーデングレンはこの一面性に異論を唱えた。

（147） これについては拙論 „Erwägungen zu einer Theologie der Religionsgeschichte", in Grundfragen systematischer Theologie I, 1967, 252－295, bes. 257ff., 260f. を参照。そこにおいて、その機能のこの積極的な評価と結びついているのは、宗教現象学――それは、諸々の典型的な構造を分かりやすく説明するために、起源のまったく異なる諸々の資料を引き合いにだす（259f.）――が優遇している、諸々の資料の歴史的文脈からの抽象に対する批判である。同様の批判は、宗教学の場合、特に1960年のマールブルク会議においてなされた。しかしその前に発表されたR. Pettazoni in Numen 1, 1954, 1－7 を参照。またマールブルク会議を回顧しているU. Bianchi（Numen 8, 1961, 64－78）と G. Widengren 1968（注144に引用された論文）の詳論も参照。

（148） ドゥンス・スコトゥスの批判的確証――形而上学は、神についてその具体的現実においてではなく、その特殊なテーマの普遍的視点のもとでのみ、つまり普遍的存在概念の普遍的視点のもとでのみ論ずることができるだけである（Ord. I d. 3 q 1－2 C, Ed, Vat. III, 1954, p. 38ff.）、という問題提起――は、形而上学の主題の他の諸々の理解にも《必要に応じて変更を加えて》当てはまる。

（149） これについては、U. Wilckens : Der Brief an die Römer 1, Neukirchen 1978, 116, vgl. 97ff. を参照。

（150） ファン・デル・レーウは、正当にもこう述べている。人びとが崇拝しているのは、「自然でも、自然的対象でもなく、それらのうちに明らかにされる（啓示される）力である」（Phänomenologie der Religion, 2. Aufl. 1956. 38.）。

（151） M. エリアーデは、諸国民の諸宗教における天の最高の存在の種々の形式を概観した後で、次のことを確認している。つまりわれわれは「その起源を天のヒェロファニーに求めることはできない。それらはそれ以上である。それらは「形態」であり、それは、天の諸々の事象から、あるいは人間の経験から演繹できない存在様式を前提としている」（Die Religonen und das Heilige. Elemente der Religionsgeschichte, Salzburg 1954, 143, vgl. 61－146, bes. 81f.）。

（152） H. Schrade : Der verborgene Gott. Gottesbild und Gottesvorstellung in Israel und im Alten Orient, Stuttgart 1949,, bes. Das erste Kapitel zum Bildglauben im antiken Vorderasien und Ägypten.

（153） これについては、K.-H. Bernhardt : Gott und Bild, Berlin 1956, 17－68 を参照。

さらに、RGG I 3. Aufl., 1270のなかで、E. レーマンに関連する確認で終わっているC. H. ラーチョウによる項目も参照。すなわち、「いずれにせよ祭儀に像がないことは、決して価値規準とならない」(1270)。

(154) K.-H. Bernhardt a. a. O. 69−109.

(155) W. Dupré (Religion in Primitive Cultures. A Study in Ethnophilosophy, Mouton etc. 1975) は、R. R. Marett (1909) と J. G. Frazer 以来広まっていた理解——宗教は魔術から発展したとの理解——を「観念論的ドグマ」として退け」(147, vgl. 146f.)。そして彼は、反対に魔術を宗教の堕落形式として特徴づけている。「そこでは、象徴的なものの世界に対する高圧的ないし強制的態度が注目された」(143);「……魔術は、究極的原初と終末の無制約的臨在を、諸々の対象、定式、儀式、そして制度を自由に処理する可能性へと逆転しようと試みる」(ebd.)。宗教の起源は魔術にあるという仮定が、高次の神の信仰は初期の時代にまで遡るという実証と鋭く対立しているなかで、デュプレは、レヴィ・ブリュール以来大いに議論された「魔術による一致」——それは原始的な人びとをその社会と結びつけた——の代わりに、「神秘的一致」について語ることにより、この衝突を回避することに成功している (268ff.)。

(156) So auch W. Dupré a. a. O. 146f.

(157) 神話のこの機能については、拙著: Christentum und Mythos, in : Grundfragen systematischer Theologie II, 1980, 13−65, bes. 15ff. を参照。

(158) M. Eliade : Mythos der ewigen Wiederkehr, 1953.

(159) 以下の要約の個々の証明については、前掲注157で引かれている論文の31ff., 37ff. を参照。

(160) M. Eliade a. a. O. 162f. は、神話による将来の抑圧に対応する、終末論による歴史の破棄について語っている。

第4章の注

(1) W. F. Otto : Theophania. Der Geist altgriechischen Religion, Hamburg 1956 (rde 15) 29f.: ギリシャの神々は「……いかなる権威的啓示も必要としなかった」。なぜなら「彼らは、すべての存在と出来事のなかで証言されているからである。偉大な人びとのいた世紀にも、ほんのわずかの諸現象を除いて、不信仰者はまったく存在しなかった」(29) ことは明らかである。

(2) Vgl. M. P. Nilsson : Geschichte der griechischen Religion 1, 1941, 32f., ferner auch a. a. O. 47f., 49. — Hesiod における神人同形論化と神々の神話の関係に関する論評。ついでながらニルソンは、祭儀における神々の諸形態の発展を考慮に入れている (206)。

(3) ジェイムズ・バーの非常に注目された項目：Revelation Through History in the

Old Testament and in Modern Theology, in : Interpretation 17, 1963, 193−205. バーによる批判は、ここで特に歴史を通しての神の啓示という思想に関連している。しかし後になると、バーは「神に関する知識の人間的源泉を指す一般的用語として」啓示概念一般を使用することにも反対した（The Concepts of History and Revelation, in : Old and New in Interpretation, London SCM 1966, 65−102, Zitat 88）。バーの論証については、以下においてさらに詳しく論じられる。

(4)　バルトの神の言葉の教説は、告知の言葉を聖書の証言に遡って捉え、さらに神の啓示の言葉であるイエスに遡ることにより、このことを完全に適切に記述した。しかしこのような事態によって、イエスにおいて問題になっているのは神の啓示であるという主張が正しいこと、つまりこのような後ろ向きの参照指示と結びついた主張の真理性は、まだ実証されていない。

(5)　神学的な啓示概念に対するジェイムズ・バーの批判の根底にあるのは、この前提である。前掲注 3 で引かれている論考 „Old and New in Interpretation“, 1966, 89f. und 92 を参照。啓示の代わりに「コミュニケーション」について語るという彼の提案は、「すでに知られているものから」も諸々のコミュニケーションが存在しうるということによって特に根拠づけられている（87）。

(6)　I. T. Ramsey : Religious Language, London（Macmillan MP 129）1963, 26ff.

(7)　F. D. E. Schleiermacher : Ueber die Religion, 1799, 118（Seitenzahl der Urausgabe）.

(8)　本書第 2 章 83 頁以下を参照。

(9)　これについては、拙論（『歴史の証言における啓示と「諸啓示」』）のより詳細な記述を参照 , in : W. Kern / H. J. Pottmeyer / M. Seckler : Handbuch der Fundamentaltheologie 2 : Traktat Offenbarung, Freiburg 1958, 84ff., bes. 85ff.

(10)　卜占の二つの基本形式の区別はストアに遡り（Cic. De divin. I, 11 ; II, 26）、そしてそれは、プラトンによる、神的霊感と人間の「しるしの解釈」の対置のうちにすでにあらかじめ形成されていた（Phaidr 244 a 5-d5）。

(11)　Thomas von Aquin S. theol. II - II, q 95 a 8 c.

(12)　旧約聖書は、諸々のしるしを神的派遣の確認として取り扱うことにまだ比較的問題を感じていなかった。出エジプト伝承において、奇跡を引き起こすモーセの」（出 4・2 以下）とアロンの杖（出 7・9 以下）は、彼らの派遣の確認に明らかに役立っている。モーセと同様にギデオンは、彼に与えられている委託が実際に神に由来するものであることを証明するために、神からひとつのしるしを求めている（士 6・17 以下）。しかしここでは、そのしるしはまず他者の前での確認ではなく、すでに自己確認に役立っている。これは、イザヤが、アハズ王に神に懇願するように求めたしるしにも当てはまる（イザ 7・11）。神を試みたくないという理由で示された王の拒否は、イザヤによって彼の信仰の現れとして評価されず、むしろ神に真剣に応答する心構えが欠如していることの現れ、つまりイザ

ヤを通じて彼に告知された使信に真剣に関わる心構えが欠如していることの現れとみなされた。しかしイエスは、まさにこの理由で、彼に対して示されたしるしの要求を拒否した。すなわちイエスは、彼の使信の聴衆たちから、彼らが、たとえ証明する「しるし」がなくても、イスラエルの神の呼びかけに耳を傾けることを期待した。それゆえしるしの要求は、イエスの使信に対して、その呼びかけを回避することを意味する。

(13)　使徒言行録とパウロにおける、抜粋された伝承と結びついていたこの定式の類型論的再受容については、K. H. Rengstorf in : ThWNT VII, 238ff., 258f. を参照。この定式に対するヨハネの批判（ヨハ 4・48）については、ebd. 242ff. を参照。

(14)　イエスの業におけるしるしの機能をめぐる釈義的な議論については、注 9 において言及された拙著（S. 88 Anm. 8）を参照

(15)　M. ゼックラーは、『基本神学の手引き』（2, 1985, 60−83, bes. 67ff.）のなかで P. Eicher（Offenbarung. Prinzip neuzeitlicher Theologie, 1977, 21ff., 43ff.）との関連で，啓示に関する経験概念と省察概念を区別した。この区別は、今日「啓示」という言語で表示されている諸現象の、一見混乱させる多層性を解明することに役立つ、特に、疑いもなくゼックラーの意味での省察概念である神学的啓示概念を、「啓示」と呼ばれている直接的諸体験から区別し、際立たせることに大いに役立つ。しかし省察は、最初に体系的 - 神学的概念形成のレベルで始まるわけではない。「光に照らされる」という体験と、特に、その内容を他の人に伝達することはすでに省察と結びついている。特にこれは、啓示体験を、すでにその他のところで知っている、創始者としての神性に帰することに当てはまる。

(16)　W. プロクシュは、その語のヘブライ語の概念に関する彼の論考（ThNT 4, 1942, 90）において、《dabar》は、言語の行為よりも言葉の内容つまり事物の「概念」を指すことをすでに指摘していた。G. v. Rad : Theologie des ATII, 1960, 94f. も参照。他の人びとと並んでプロクシュも強調した、《dabar》と結びついた力動性も、表示された事柄それ自体に特有な、その事柄から出てくる力動性として理解されなければならない。

(17)　Ｉサム 3・21 によると、神によって発せられた言」（3・7 を参照）を通して神御自身も預言者に「明らかにされる」（glh）。ここでは術語的にも、神御自身と披瀝・暴露（覆いを取り除くこと）の関係の間接性が表現されている。披瀝・暴露は、直接そのまま、神によって伝えられた内容、つまり《dabar》と関連している（9・15 も参照）。しかしこの内容と共に、同時にその伝達の創始者としての神も受領者に「明らかにされる」。

(18)　Zimmerli : Ezechiel 1, Neukirchen 1969, 35f., vgl. 18ff. エレミヤも、預言者はヤハウェの前で開かれる王の会議のなかに立ち、この状況において神の委託を受け取ることを前提としており、K. Baltzer : Die Biographie der Propheten, Neukirchen

1975, 114f. zu Jer 23, 21 und 15, 19. は、このことを強調している。

(19) J. Barr: Old and New in Interpretation, London 1966, 82 und 89f. はこのことを指摘しており、それは正しかった。啓示の概念に対する彼の批判と、「コミュニケーション」に関する発言を優遇する姿勢は、「啓示」に関する、自らを啓示する人格に関する、前もっての知識を排除するという理解によって制約されているように思われる。このような啓示概念が聖書の諸々の証言を正しく取り扱っていないことは、確かである。しかしながらそれにより、いかなる啓示概念も不適切であるか、あるいはなくても済むものであるということが証明されるわけではない。

(20) 前述の84頁以下と、聖書の記事との関連で、前出の注9において引用された拙著(93f.)を参照。

(21) R. Rendtroff: Die Offenbarungsvorstellungen im Alten Israel, in Offenbarung als Geschichte (Hrsg. W. Pannenberg) 1961, 32f. in Auseinandersetzung mit W. Zimmerli: Ich bin Jahwe, in: W. F. Albright u. a.: Geschichte und Altes Testament, Tübingen 1953, 179－209. いずれにせよツィンマリも、レントルフによって強調された事態にたまたま言及していた(194)。

(22) Vgl. G. v. Rad: Theologie des Alten Testments I, München 1957, 181－187. この事態は、R. バルテルムスの言語分析によりいっそう正確に規定されている(HYH. Bedeutung und Funktion eines hebräischen Allerweltswortes, S. Ottilien 1982, 232)。つまりそれは、将来と関連する、等級分けする言明と実存的言明の組み合わせとして規定されている。バルテルムスは「わたしは、いつもあるであろう者となるであろう」と翻訳している。Vgl. auch 234f., sowie W. H. Schmidt: Exodus (BKAT II, 3) Neukirchen 1983, 177f.

(23) これについては、W. Zimmerli: Erkenntnis Gottes nach dem Buche Ezechiel, Zürich 154 を参照。

(24) 覆いをとること、内面に出現すること、気づかせること、という啓示の異なる術語については、Rendtorff in: Offenbarung als Geschichte, 1961, 23ff. を参照。

(25) 若きサムエルに関するⅠサム3・7の記事が、彼はまだヤハウェを「知らなかった」という意味であるとすれば、それは、もちろん、彼はまだイスラエルの神についてまったく何も聞いていなかったという意味ではなく、この神はまだ、預言的な「覆いをとる」という仕方で彼に出会っていなかったという意味である。

(26) これはすでに „Offenbarung als Geschichte“, 1961 において強調されている(100, vgl. 137f.)。

(27) apokalyptesthai / apokalypsis と並んで phaneroun / phanerosis と phainesthai の一連の派生語、たとえば emphanixein(ヨハ14・21)、deloun が用いられている。術語のこの多様性はすでに H. Schulte: Der Begriff der Offenbarung im Neuen Testament, 1949 によって記述されていた。

(28) パウロの言語用法によると、II コリ 12・1、7 が語っている「主の諸々の啓示」は、終末論的に明らかにされうる「秘密」のあらかじめの技瀝・暴露（露にすること）と、言葉のより広い意味での啓示の諸体験の中間に位置する。ガラ 1・12 は明らかに啓示体験の類型に数えられる。

(29) キリスト論的集中はヨハネ黙示録の冒頭（1・1）の特徴となっている。それは、その後に続くすべての内容を、神によって《イエス・キリスト》に開示された、終末の出来事の「啓示」と呼んでおり、この啓示は、イエス・キリストにより天使を通してその「僕」であるヨハネにさらに伝えられる。

(30) ローマの信徒への手紙の「基盤」であり、ロマ 1・17 の解説であるロマ 3・21 については、U. Wilckens: Der Brief an die Römer 1（EKK VI/1）Neukirchen 1978, 199f.; vgl. 101ff. を参照。

(31) 新約聖書の証言全体を貫き、そしてイエス自身の告知と結びついているこのテーマについては、U. Wilckens: Das Offenbarungsverständnis in der Geschichte des Urchristentums, in: Offenbarung als Geschichte, Göttingen 1961, 42−90 を参照。ヴィルケンスは、その当時、黙示文学的啓示概念との関係における新約諸文書の啓示の明白な術語を、もちろんまだ研究していなかった。

(32) U. Wilckens a. a. O. 68:「終末論的将来をラディカルに現在化するグノーシスの傾向と対照的に、将来の期待に対して開かれていることは、パウロにとって、キリストの運命が担う hyper hēmōn〔ギ〕という救済史の中心的性格を《恵み》としてしっかり保持することを意味した」。

(33) ロマ 11・25 も参照。mystērion〔ギ〕という表現は、神の救済計画を表す黙示文学的術語であることを、G. ボルンカムはすでに指摘していた（ThWNT 4, 820−823）。

(34) これについては、U. Wilckens: Der Brief an die Römer 3（EKK VI/3）Neukirchen 1982, 147ff. を参照。

(35) わたしは、「諸々の預言文書」において問題になっているのは旧約聖書の諸々の預言文書ではなく、新約聖書の「聖なる諸文書の、発生過程で理解された正典」であるという W. Schmithals、D. Lührmann、E. Käsemann、そして U. Wiclkens（a. a. O. 150）らの仮説に、説得力があるとは思わない。ロマ 3・21 は、明らかに、イエス・キリストを通して現れた神の義の啓示に対する「律法と預言者たち」の「証言」に言及している（1・2、15・4 も参照）。それゆえ、ロマ 16・25 − 27 では、まったく別の「預言文書」——この名称がそれを指すことはめったにない——のことが考えられているとの仮定には、非常に重要な諸々の根拠が挙げられなければならないであろう。エフェ 3・5 をその平行個所として引き合にだすことはできない。なぜならたしかにそこでは、神の救済計画が霊を通して明らかにされる「聖なる使徒たちと預言者たちに」ついて、その他のとこ

ろでもよく用いられている原始キリスト教の語り口で語られているが、ロマ16・25の場合のように、諸々の預言的文書は話題になっていないからである。このような表現を原始キリスト教の諸文書に関連づけるための最も重要な根拠は、事実、ロマ16・26によると、諸々の預言的文書がイエス・キリストにおいて起こった啓示を「今や」全世界に公示することにあるように思われる。しかしイエス・キリストが現れた後に、ようやく「今や」旧約聖書の諸々の預言文書は、彼を目指す預言としてのその機能において認識されるようになるのではないだろうか？――その際それらの文書は、反対にキリストの出来事を「啓示」として認識することができるようにすることによって。すでにオリゲネスはその文章をこのように理解（de princ. IV, 1, 6）しており、この事実は、彼がテキストの位置を問題のある仕方で拡大しているということと無関係である。イエス・キリストにおける啓示と旧約聖書の預言の、オリゲネスによってこの言明から取りだされた相互関係は、初代教会の神学における預言の証明の機能に正確に対応している。

(36)　U. Wilckens a. a. O. 150 Anm. 708. ここでは、その文にみられる二つの分詞構文の難解な関連について論じられている。

(37)　マタ11・27（ルカ10・22）の、子だけが父を知っており、子が望む者に父を啓示するという句は、たしかに子を啓示の仲介者と呼んでいるが（ヨハ17・6も参照)、彼自身を父の啓示としては説明していない。ここでの子の機能は、黙示文学の見者の啓示の受領における天使の機能に最も近い。イエス・キリストが、神から受け取った「啓示」をさらに与えるという表象は、ヨハネ黙示録の冒頭の句にもみられる（1・1)。黙示文学の啓示の仲介者としての天使たちの機能との平行関係は、特に目を引く。

(38)　おそらく関係詞ho〔ギ〕の起源は、hos〔ギ〕よりも古い。

(39)　これについては、R. Latourelle : L'idée de révélation chez les pères de léglse（Sciences ecclésiastiques 11, 1959, 297 −344 と His. Wörterbuch der Philos. 6, 1984, 1105−1130, bes. 1106ff の諸々の典拠も参照。Handbuch der Dogmengeschichte I/1a, 1971 の記述は、啓示の術語とその言語用法の諸々の特徴を、残念ながら余りにわずかしか論じていない。

(40)　ロマ1・19以下のパウロの動機は、内容的には緊密な関係にあるにもかかわらず、それと区別される。つまり彼によると、神の神性と力は創造の諸々の業のうちに啓示されている。教父学におけるこの思想のさらなる発展については、Handbuch der Dogmengeschichte 1/1a, 1971, 32f. und 90ff. を参照。

(41)　しかしながらディオグネートスの手紙はまだこの基盤にしっかりと固着していた。その詳論によると、目に見えない神は次のようにして「御自身を明らかにされた」(《heauton epedeixen : 8, 5》)。つまり神は、御子に、初めからしっかりと準備された彼の救済計画を伝達しており、したがってそれは御子によって「覆

いがとられ」、顕わにされることができ」(8, 11)。ここには、啓示の対象としての神の救済計画という黙示文学的 - 原始キリスト教的思想がまだ保持されており、そしてそれにより仲介される神認識は間接的なものである。F. G. Downing : Has Christianit a Revelation? London 1964, 135 によると、ディオグネートスの手紙は「初めて啓示の神学のようなもの」を提供している。

(42) これについては、Irenäus „ Erweis der apostolischen Verkündigung“ II, 3, 86 を参照。

(43) Origenes De princ. I, 3, 4:《Ominis enim scientia de parte revelante filio in spiritu sancto cognoscitur.》

(44) これについては、U. Wilckens : Der Brief an die Römer 3, 1982, 150 Anm. 708 を参照。

(45) より詳細な典拠については P. Stockmeier : „Offenbarung“ in der frühen Kirche, in : Handbuch der Dogmengeschichte I/1a, 1971, 48f. ; 62f. ; 67ff. を参照。

(46) 御子のみが父を知り、彼が望む者に父を啓示するということは、テルトゥリアヌスに次のような結論を出させるきっかけとなった。つまり御子がこの啓示を使徒たちに伝えたのであり、しかも彼らに委託された教理という形態においてそのようにした(de praesc. haer. 21, 2, 4, CCSL 1, 202f.)。

(47) W. Wieland : Offenbarung bei Augustinus, Mainz 1978 は、アウグスティヌスにとってこの思想が大きな意味をもっていたことを強調し、そして多くの典拠を挙げて証明した(bes. 263−313, 320−352, 366−370)。

(48) アウグスティヌスにおける教会と聖書の権威の関係については、G. Strauß : Schriftgebrauch, Schriftauslegung und Schriftbeweis bei Augustin, Tübingen 1959, 48−53, 63−68 を参照。彼の権威の思想の諸々の基盤と、特に、《auctoritas》と《ratio》との対立については、K. H. Lücke : „Auctoritas“ bei Augustin, Stuttgart 1968 の優れた研究を参照。

(49) S. theol. I, 1, 1resp.:《Unde necessarium fuit homini ad salute quod ei nota fierent quaedam per revelationem divinam, quae rationem humanam excedunt.》

(50) S. theol. I, 1, 8ad 2:《 ... arugumentari ex autoritate est maxime proprium huius doctrinae, eo quod principia huius doctrinae per reverationem habentur ; et sic oportet quod credatur auctoritati eorum quibus revelatio facta est ... Auctoritatibus autem canonicae Scripturae utiur proprie et ex necessitate arquendo ... Innititur enim fides nostra revelationi Apostolis et Prophetis factae qui canonicos libros scripserunt, non autem revelationi, si qua fuit aliis doctoribus facta.》

(51) これに関するさらなる典拠については、U. Horst : Das Offenbarungsverständnis der Hochscholastik, in : Handbuch der Dogmengeschichte I/1a, 1971, 133ff., 167 を参照。しかしさらに、M. Seybold ebd. 102 Anm. 53. によって引用された、ロマ 1・

20に関するアベラルドゥスの所見——昔、聖書なしに理性に啓示された神的自然は、今や世界に、「書かれた律法により」啓示されている（revelatum est mundo per legem scriptam : PL 178 802）——も参照。

（52） これに関する典拠については、H. Waldenfels : Die Offenbarung von der Reformation bis zur Gegenwart, Handbuch der Dogmengeschichte I/1b, 1977, 20－52を参照。

（53） メランヒトンによると、教会の教理の基盤としての啓示において問題になっているのは、預言者たちと使徒たちの諸文書から取り出されている《sententiae a Deo traditae（CR 21, 604）》である。Hist. WB Philos. 6, 1984, 1114fの啓示の項目に挙げられている詳細な典拠も参照。

（54） C. L. Nitzsch:《De revelatione religionis externa eademque publica prolusione academicae,》Leipzig 1808, 5, vgl. 8.

（55） これについては、M. Seckler : Aufklärung und Offenbarung, in : Christlicher Glaube in moderner Gesellschaft, Hg. F. Böckle u. a. 21, 1980, 8－78, bes. 49－54を参照。またH. J. フェアヴァイエンの序文（フィヒテの啓示に関する文書の新版への序：Phb 354, 1983）も参照。さらにM. Kessler : Kritik aller Offenbarung. Untersuchungen zu einem Froschungsprogramm J. G. Fichtes und zur Entstehung und Wirkung seines „Versuchs" von 1792, Mainz 1986も参照。

（56） C. L. Nizsch a. a. O. Vgl. Fichtes Offenbarungsschrift 9（Phb 354, 81）:「もしもそれがわれわれに未知なるものを含むべきでないとすれば、それは一体何を含むことができるのか？それは、疑いもなくまさに、実践理性がわれわれを《アプリオリに》そこへと導くもの、つまり道徳律法と、その諸々の要請である」。もちろんその場合、彼の戒めは「端的に神の命令として、さらに原理から演繹されずに」知られるのである（82）。

（57） Nitzsch a. a. O. 18, 93ff., bes. 178ff.（181f.:「奇跡について」, 182f.:「諸々の預言について」）.

（58） Fichte a. a. O. 79もちろんフィヒテは、その多くはおそらく「直接的な……理性の諸要求の具体的記述」であるとみなすことができたと述べた（a. a. O. 79f.）。ここに、啓示の素材と形式の間のニッチュの区別との結合点がある、と言ってよいであろう。これについては、M. Kessler a. a. O. 263ff.を参照。

（59） Nitzsch a. a. O. 183, vgl. 180f.

（60） A. a. O. 181 : Intercedere debet effectus eorum internus et moralis, qui quidem apud testes statim ab ipsis illis factis profiscetur, apud posteros autem ab eorum fructibus externis.

（61） A. a. O. 186f.:《... ad removendam illam Naturalistorum dubitationem nihil nobis reliquum esse videtur quam ut aliam sequamur notionem, secundum quam Revelationis perfectio non pendeat a tali Scripturae perfectione, eamque non desideret, imo ne admittat

quidem.》

(62) A. a. O. 44:《Neque existimandum est, intenam aliquid habuisse, quod non iam fuerit in externa, ne cab ea proficisci.》その基礎づけとして ニッチュはヨハ 14・26 を指摘している。内容については 35−70 頁全体と 106ff. を参照。

(63) A. D. Chr. Twesten : Vorlesungen über die Dogmatik der evngelisch-lutherischen Kirche I, Hamburg 1826 400. Vgl. auch K. G. Bretschneider : Systematische Entwicklung aller in der Dogmatik vorkommenden Begriffe I, 3. Aufl. Leipzig 1825, 166ff.（28）. ブレトシュナイダーの概念規定については、C. I. Nitzsch : System der christlichen Lehre（1829）3 Aufl. Bonn 1837, 67f の批判を参照。

(64) Fr. Köppen（Über Offenbarung in Bezieung auf Kantische und Fichtesche Philosophie, Lübeck u. Leipzig 1802）によると、神の存在（Dasein）という仮定の主観的必要性（86）は、「諸々の客観的根拠」（87）を通してのみ、神は実際に存在する（existiert）（90）との確信に到達することができる。またその主観的必要性は、一般の「自然の仕組み」と並んで「自然の通常の進行の外部に」（89）諸々の特別な出来事を仮定する口実を与える。そしてこの諸々の出来事は、後の人びとに「歴史の諸事実」として伝承される（92, vgl. 99f.）。

(65) Twesten a. a. O. 363−379.

(66) K. H. Sack : Christliche Apologetik. Versuch eines Handbuchs, Hamburg 1829. は、この点で自らをフィヒテと区別している（73f., bes. 74 Anm.）。

(67) A. a, O. 77ff.

(68) A. a. O. 80−88, hier 81.

(69) Plotin Enn. III, 7, 5 によると、永遠とは、「あるがままの御自身を現する（《ho aiōn theos emphainōn kai prophainōn heauton hoios esti〔ギ〕》）」のことである。しかしこの出現は時間と歴史のなかでは起こらない。プロクロスが説明したように、世界の諸々の影響のなかで起こる神的原因の啓示は、むしろ破れたものにすぎない（Element. theol. 29, vgl. 125, 140）。これに反してフィロンは、神はいずれにせよあるがままに現れる《肉体のない》魂であると信じている（Somn I, 232）。以下の注は、トマスのためのこの思想の例証となっている。プロティノスについては、W. Beierwaltes : Plotin über Ewigkeit und Zeit, Frakfurt（1967）2. Aufl. 1981, 195f. を参照。

(70) 教父学における自己啓示のこのような表象として、Ign Magn 8, 2 と並んで、Orig, c. Kelsum VII, 42 の諸言明が挙げられる。中世のスコラ哲学においては、たとえばボナヴェントゥーラは、神は御自身を啓示するために、すべてのことを為す（《ad sui manifestationem》: II. Sent 16, 1, 1 ; Werke II, 394 b）と述べている。もちろんこれはまだ、自己啓示は啓示の唯一の形式であるということを意味していない。トマス・アクィナスも、至福という目標を考慮に入れつつ、神の自己啓示

について語った:《Dominus enim dilectori suo promittit manifestationem sui ipsius, in quo vita aeterna consistet》（De car 13）。トマスによると、神の本質の啓示は、身体から解放された魂たちが将来神を見ることにかぎられている――ただし、モーセとパウロを襲った恍惚の経験はその例外である（De ver. 13, 2）。ところが預言者の啓示」（De ver. 12, 7ff.）神の本質について何も認識させない（ebd. 6 ; S. theol. II-II, 173, 1）。われわれの信仰がそれに基づく使徒たちと預言者たちに与えられた啓示」（S. th. I, 1, 8, 2 ; vgl., I, 1, 1）、祝福されたものに約束されている自己啓示と区別されなければならない（vgl. S. th. II–II, 174, 6 und 121, 4, 2:《perfectio autem divinae revelationis erit in patria》）。ヘブ 11・1 との関連で信仰は、《prima inchoatio rerum sperandarum in nobis》と呼ばれているにもかかわらず（II-II, 4, 1）、トマスは、信仰のための神の最初の自己啓示については語っていない。なぜならおそらくこの信仰は、まさに《argumentum non apparentium》（ebd.）を意味するからである。トマスの解釈者たちのなかでカジェタンは、あらゆる啓示は自己啓示であるとの理解に近づいている（《Deus dicens seipsum》: Belege in Handbuch der Dogmengeschichte I/1a, 28）。さらにメランヒトン《Loci praecipui theologici（1559）CR21, 608 i. U. zu 604f. と Calvin Inst. I, 5, 1（CR 30, 41）も参照。啓示の終末論的関連については、Luther WA3, 2625ff. も参照。

（71） F. W. Schelling: System des transzendentalen Idealismus（1800）, Hamburg 1957, 270 もちろんここでは、神は「御自身を」直接啓示するのではなく、歴史の開かれたプロセスにおける個々人の自由な行為の仲介を通して、諸々の個々の行為の「統合の根拠」として啓示される（267）。

（72） F. W. J. Schelling: Über das Wesen der menschlichen Freiheit（1809）, WW7, Stuttgart 1860, 347.

（73） G. W. F. Hegel: Phänomenologie des Geistes（Hg. J. Hoffmeister）: Hamburg 6. Aufl. 1952, 528f., vgl. Encyclopädie der philosophischen Wissenschaften 3. Ausg. Heidelberg 1830,564, sowie Vorlesungen über die Philosophie der Religion（hg. G. Lasson）Hamburg 1966, III. Teil, 3ff., bes. 5 sowie ders.: Religionsphilosophie. Die Vorlesung von 1821, hg. K. H. Ilting, Neapel 1978, 491f., 495.

（74） K. Barth: KD I/1, 311ff. これについて、またマルハイネケの啓示概念とバルトの関係については、Offenbarung als Geschichte（Hrs. W. Pannenberg 1961）5. Aufl. 1982, 9f. を参照。

（75） F. W. J. Schelling: System des transzendentalen Idealismus（1800）, Hamburg 1957, 272.

（76） Ders.: Über das Wesen der menschlichen Freiheit（1809）, WW7, Stuttgart1860, 401f. vgl. 373, 377（der Mensch als der „höchste Gipfel der Offenbarung“）. 神の「自己啓示」の「自由」については、394 頁も参照。

（77） Vgl. aber Encycl.383f.

（78） R. Rothe : Offenbarung（Theologische Studien und Kritiken 31, Band I, 1858, 3－49），nachdem Abdruck in ders. : Zur Dogmatik, Gotha 1863, 55－120, hier 59.

（79） A. a. O., vgl. C. I. Nitzsch : System der christlichen Lehre（1829）3. Aufl. 1837, 57f.（23.）

（80） R. Rothe a. a. O. 60.

（81） A. a. O. 61

（82） Ebd. 66.

（83） Ebd. 68.

（84） Ebd. 74,

（85） R. Seeberg : Offenbarung und Inspiration, Berlin 1908. 特に L. Ihmels : Das Wesen der Offenbarung, in ders. : Centralfragen der Dogmatik, Leipzig 1911, 55－80 を参照。

（86） J. S. v. Drey : Die Apologetik als wissenschaftliche Nachweisung der Göttlichkiet des Christentums in seiner Erscheinung I, Mainz（1837）2. Aufl. 1844, 117f. ドライとメーラー以来の、第二バチカン公会議の《神の言葉》の教会憲章における救済史的啓示論の前史については、特に、H. Waldenfels : Offenbarung. Das Zweite Vatikanische Konzil auf dem Hintergrund der neueren Theologie, München 1969を参照。

（87） わたしの理解に対するヴァルデンフェルスの批判はこのことを誤解した（a. a. O. 164ff.）。これについては、ThLZ 101, 1976 50ff., bes. 52f. におけるわたしの論評を参照。J. P. Mackey : The Problems of Religious Faith, Dublin 1972 も、わたしがどこでも主張していない理解をわたしのものであると信じた。それは、「神は、言葉のコミュニケーションによって直接人間と話し合うことはない」（124）とする理解である。わたしは端的に、このような言葉の受領が神の直接的《自己啓示》として理解されることに異論を唱えたのである。

（88） L. Ihmels a. a. O. 64f.

（89） J. P. Mackey a. a. O. 122 も、Latourelle に反対してそのように判断している。

（90） R. Rothe a. a. O. 166.

（91） M. Kähler : Offenbarung, in : PRE 3. Aufl. 14（Leipzig 1904）339－347, hier 346.

（92） K. Barth : KD I/1, 1932, 114－124, bes. 122.

（93） Ebd. 148－168.

（94） バルトは『教会教義学』（KD I/1, 128－194）の 5. 2 において「神の発言としての神の言葉」を、続く 5. 3 において「神の行為としての神の発言」を取り扱っている。5 の命題の定式化において、人間に対する発言としての「神の発言」の思想は、行為の思想に対して明白に上位にあるものとみなされている（128）。

（95） Offenbarung als Geschichte, in Verbindung mit R. Rendtorff, U. Wilckens, T. Rendtorff hrsg. von W. Pannenberg. Göttingen 1961（5. Aufl. 1982）.

（96）　その時までに公刊されていた若干の批判を取り上げて対決した第二版（1963）の結び（132－148）において、すでにわたしは、議論をこの種の二者択一に固定することに反対した（136 Anm. 11、G. クラインに対して）。

（97）　アイヒャーは、ツィンマリとレントルフとの論争――これは第二版の結びにおいて、公平に対決しようとする数少ないもののひとつとして称賛された（134）――を考慮に入れつつ、「歴史としての啓示」をめぐる議論に関する彼の批判的報告のなかで、「その釈義的批判が言葉のある体系的理解によって導かれていること」に注目している（Offenbarung. Prinzip neuzeitlicher Theologie, München 1977, 436）。「言葉の神学」の側からの、その他の諸反応に対するアイヒャーの批判も参照。それらの反応は、「結局、自分自身の立場を繰り返しているだけで、問題それ自体の新しい受容」によって特徴づけられることはなかった（435）。こうして、いずれにせよドイツ福音主義神学においては、60年代の終わり以来、このテーマのより広範な議論は阻止されてしまった。ところがカトリック神学においては、第二バチカン公会議の救済史的啓示論が、啓示概念のより新しい歴史とその実質問題に関する一連の研究を促した。それらのなかで、アイヒャーおよびヴァルデンフェルスと並んで、さらに A. Dulles : Was ist Offenbarung?（1969）dt. Freiburg 1970 が強調されるべきである。

（98）　Offenbarung als Geschichte, 103ff.（These 4）. ヘーゲル哲学との対決のために、特に彼の論理学との対決のために、先取りの範疇を導入したことがどれほど決定的な諸々の帰結をもたらしたのかということについては、1970年のわたしの講演（「ヘーゲル哲学におけるキリスト教の重要性」）において示唆されている（現在は Gottesgedanke und menschliche Freiheit, Göttingen 1972, 78－113, bes. 111ff. に所収）。しかしもしも純粋に現在的な終末論がヘーゲルの哲学を特徴づけていたことを熟慮するならば（これについては、P. Cornehl : Die Zukunft der Versöhnung. Eschatologie und Emanzipation in der Aufklärung, bei Hegel und in der Hegelschen Schule, Göttingen 1971 を参照）、その諸々の出来事の重要性を理解する鍵としての歴史の終わりという終末論的な主題の立て方を際立たせていることに、すでにひとつの修正をみることができる（Offenbarung als Geschichte 95ff.）。

（99）　J. Barr : Revelation through History in the Old Testament and in Modern Theology, in : Interpretation 17, 1963, 193－205. バーは、奇妙なことに、前掲の神学者たちとわたしの他に、バルトとブルトマンも《歴史を通しての啓示》の概念の擁護者たちに数えている（195）。

（100）　A. a. O. 201.

（101）　J. Barr : The Concepts of History and Revelation, in : Old and New in Interpretation, London 1966, 65－102, bes, 81 ; From some points of view what is related is rather a story than a history.「歴史」という術語の欠如については、a. a. O. 69 を

参照。双方の論拠はすでに、注99に引用された論文198f. にみもみられる。

（102） ここで問題になっているのは「歴史」の概念であるということを、わたしはすでにGrundfragen syst. Theologie II, 1980. において強調した。Klaus Koch : Die Profeten 1, 1978, 157ff. und bes. 167も同様である。コッホは、イザ5・19と並んで特にイザ28・21を挙げている。そこでは、《ma'asä〔へ〕》という表現が未来形で用いられている。アモスについては、84ffの彼の詳論も参照。エレミヤについては第二版（1980）の77ff. を、第二イザヤについては第二版の151ff. を、それぞれ参照。

（103） K. Koch : Die Profeten 1, 1978, 15, 158 u. ö. TRE 12, 1984, 569－586の「歴史II」の項目においてコッホは、「超歴史」について語っているが、それには鍵括弧がついている。

（104） K. Koch : Die Profeten 1, 166 zu Jesajaの詳論を参照。

（105） ジェイムズ・バーによると、最近十年の間に公刊された神学関係の幾つかの書物において、歴史概念の中心的神学的カテゴリーとなっているのは「物語-概念」である。これについては、D. Ritschl / H. Jones : „Story“ als Rohmaterial der Theologie（Th. Ex. 192）, München 1976, sowie D. Ritschl : Zur Logik der Theologie, München 1984, 14－51, 56－60 und passim. を参照。

（106） それゆえ政治的かつ経済的な諸事実の単なる歴史に対して、次のような命題が定式化されてきた。つまりそれは、人類の歴史の諸文化がそれに基づいて生きてきた諸伝承の生成と再編のプロセスは、歴史的記述のテーマとならなければならないとする命題である。したがって歴史は、この包括的な意味において「伝承史」として取り扱われなければならない。

（107） これは、たしかに近代の世俗的歴史理解との徹底的な諸々の対決を要求する。その際《第一に》問題になるのは、人間はたしかに情報を紹介する主体とみなされるが、その経過の統一性を構成する歴史の行為主体とみなすことはできないということである。こうして、ランケおよびドロイゼンにとってもなお、そこで歴史の神学の必然性が姿を現す場所が開かれる。これと緊密な関連において《第二に》問題になるのは、たとえばH. リュッベによって範例的な仕方でなされたように、歴史的のプロセスを理解するために、行為概念の役割を限定的に規定することである。《第三に》歴史――つまり個々人と諸々の社会の同一性の形成のプロセスの諸記述としての歴史――の構造の諸基盤は、（《第四に》）宗教と文化の関係規定との関連で、解明される必要がある。さらにこれと関連する問いは、歴史の統一性についての問い、つまり歴史的な意味内容の構成と、歴史的方法の諸原則についての問いである（TRE 12, 1984, 667f. ebd. 658－674. における詳細な拙論、さらにAnthropologie in theologischer Perspektive, Göttingen 1983, 472－501. における、「人間と歴史」に関する詳細な拙論も参照）。

(108)　Old and New in Interpretation, 1966, 88.:「しかし聖書においては「啓示」におおよそ対応する術語の使用は、限定的であると共に特殊であった。……このように聖書には、神についての人間の知識の源泉、あるいは神から人へのすべての真のコミュニケーションを表す一般的用語として「啓示」という語を用いるための根拠はほとんど見当たらない」。バーはそのために F. G. Downing : Has Christianity a Revelation ?　London 1964, 20－125 も引き合いにだしている。しかしダウニングは、宗教的言語を、関与の表現であるがゆえに（179ff., bes. 183）遂行的なもの（179）として一面的に理解したために、神の認識に関する旧約聖書の諸言明を、理論的知識を排除しつつ「服従すること」として、同じく一面的に解釈した（37ff., 42f., vgl. 66ff., zu Paulus u. 124ff.)。より適切な記述であれば、それは、この服従を神の真の認識の結果として、また含意として表現したにちがいない。

(109)　A. a. O. 89f., 87 und 98.

(110)　A. a. O. 87. これと並んでバーは、「コミュニケーション」を術語として選んだ理由として、神学においてこの表現は術語として重荷を負わされておらず、むしろ諸々の言語学的なつながりをもたらすことを挙げている。

(111)　注 99 で引用された論考の p. 201 を参照。

(112)　B. Mitchell und M. Wiles : Does Christianity need a Revelation?　A Discussion, in : Theology 83, 1980, 103－114, bes. 104f.

(113)　A. a. O. 104（communication）und 109.

(114)　W. J. Abraham : Divine Revelation and the Limits of Historical Criticism, London（OUP）1982.

(115)　A. a. O. 21.「神が創造と歴史において為したことについて、また創造と歴史において行為する神の諸々の意図と目的についてわれわれが何らかの確信をもつことができるのは、ただ神が彼の言葉を語ったからである」。

(116)　Theology 83, 1980, 112.

(117)　Abraham a. a. O. 22.

(118)　本書第 2 章 84 頁以下を参照。

(119)　Abraham a. a. O. 44－66.

(120)　KD I/1, 120.

(121)　A. a. O. 121f.

(122)　それは最初に I/1, 141. に現れる。

(123)　Apc 19, 12f. in KD I/1, 142 の解釈が、それについて語っている。

(124)　バルトは、KD I/1, 171 においてたしかに、I/1, 122 に引用された参照聖句を振り返りつつ、「新約聖書において神秘という言葉がもつ意味」を引き合いにだしているが、彼はまったくそれに縛られずに定義した。つまり、「神秘とは神の

覆い（Verhüllung）――そのなかで神は、まさに自らをわれわれに露にすること（覆いを取り除くこと）により、われわれに立ち向かって来られる――である」（ebd）。これはたしかに、彼なりの仕方で提示された深い意味をもつ思想であるが、10年後にG. Bornkamm（ThWBNT 3, 809−834）によって明らかにされたような新約聖書の神秘概念の内容ではない。われわれは、バルトは後にボルンカムによって発見された諸関連をまだ知らなかったとして、彼を非難することはできない。しかしながら、バルトが、新約聖書におけるその概念の意味を参照しているにもかかわらず、聖書の諸言明の分析により「神秘」についての彼の定義を正当化するための労苦を惜しんだことは、驚きである。

（125） E. Jüngel : Gottes Sein ist im Werden. Verantwortliche Rede vom Sein bei Karl Barth（1966）. 3. Aufl. 1976. 12ff., bes. 27.

（126） Jüngel : Gott als Geheimnis der Welt : zur Begründung der Theologie des Gekreutigten im Streit zwischen Theismus und Atheismus, Tüingen 1977, 211. Vgl. auch 309.

（127） A. a. O. 12.

（128） Ebd.

（129） A. a. O. 393.

（130） G. Ebeling : Dogmatik des christlichen Glaubens I, Tübingen 1979, 250.

（131） Ebd. 253.

（132） Ebd. 251f.

（133） Ebeling a. a. O. 250f. では、それは直接言及されていない。「終末論的普遍性へと至る特徴」がどのようにして旧約聖書の啓示の歴史の関連から生じてくるのかということは、主題とされていない。

（134） エーベリンクの場合、これに対応しているのは、《啓示された神》と《隠された神》の区別（254−257）と、神の言葉の概念における律法と福音の、それと対応する区別（261, vgl. Bd. III, 249−295）である。

（135） A. a. O. 253.

（136） A. a. O. 250.

（137） Ebd. 257.

（138） R. Rothe : Zur Dogmatik, Gotha 1863, 166 ; vgl. die Ausführungen ebd157−161 zu den unterschiedlichen biblischen Vorstellungen vom Worte Gottes.

（139） Ebeling a. a. O. I, 257f.

（140） A. a. O. 260.

（141） これは、このテーマに関するエーベリンクの比較的初期の諸研究において前面に出てきている神の言葉の理解であり、„Wort Gottes und Hermeneutik“（1959）においても同様である：Wort und Glaube1, 1960, 319−348. bes. 326ff., 342ff., sowie :

Theologie und Verkündigung, Tübingen 1962, 73f. R. Bultmann: Der Begriff des Wort Gottes im Neuen Testament, in: Glauben und Verstehen 1, 1934, 268−293, bes. 279f. も参照。ブルトマンによっても強調されたケリュグマの語りかけのキリスト論的規定は、エーベリンクによって „Theologie und Verkündigung“ 74ff のなかで、イエスに基づくという意味において厳密化された。そこから、エーベリンクが Dogmatik（I, 258f.）における神の言葉の四重の形態の教理のために、バルトの神の言葉の三重の形態を受容して、それを拡充したことも理解できるようになる。

（142） Ebeling Dogmatik I, 260.

（143） B. Mitchell und W. J. Abraham（前掲注 112 以下参照）.

（144） これについては、L. Dürr: Die Wertung des göttlichen Wortes im Alten Testament und im antiken Orient, 1938 を参照。詩 33・9（「主が仰せになると、そのように成り、主が命じられると、そのように立つ」）のような、神の言葉の力強い働きのまさに特に印象深い旧約の諸定式の近くに、あるいは言葉による創造の表象の近くに、物質に直接諸々の影響を与える、言葉の力の諸々の魔術的理解がみられる。

（145） E. Jüngel: Gott als Geheimnis der Welt, Tübingen 1977, 216 もちろんユンゲルは、数頁後に（219）、この期待は「直接的ではなく」「信仰のような何ものかが存在するとの前提」を含んでいると記している。したがってもしも、語る神の期待の主張にとってすでに信仰が「前提」であるとすれば、ユンゲルはどのようにして次のように、つまりこの期待と共に始めるのであって、信仰というその前提と共に始めるのではない、と主張できるのだろうか？　それともあの期待と共に始めることは、信仰の《表現》にすぎないのだろうか？　しかし信仰の前提はどのようにして基礎づけられるのだろうか？もしもこの問いが、再び、語る神の期待のみを参照するように指示されるならば、議論は論理的循環に陥ってしまう。なぜならたしかに信仰はあの期待の《前提》とみなされているからである。《究極的に》信仰はその存在根拠を「神の言葉」のうちに有するということについては、もしもこの表現のより正確な解明が行われるならば、わたしにも異論はない。しかし神学的根拠づけという論証の関連においては、存在根拠がすでにその認識の出発点でもあるということはありえない。存在の秩序と認識の秩序がいつも一致するとはかぎらないということは、アリストテレス以来、周知のことである。この場合にもそうであるということは、まさにユンゲルによってなされた彼の次のような命題の説明において明らかである。つまり、われわれは「（よく）知っている人を知らない人のように扱うことはできない、それはただ、彼が（まだ）知らない他の人びとに、彼を知らせようとするからである。われわれは知っている人を、われわれがその人を知っている者として表象しなければならない。そしてまず第一にこのことに属しているのは、彼が知っている人である《という

こと》である」(a. a. O. 217)。この例の場合、ユンゲルの「知人」はたしかにまだ、(名前、職業、住所などによって) 思い浮かべられる者としてではなく、しかしいずれにせよ他の人びとの間にいるひとりの人間として、《彼が思い浮かべられるべき人にとっても》感覚的にいま臨在し、そしていずれにせよ疑いもなく存在する。しかし神についての神学的発言の場合には、まさにこのことが始めから起こっていない。それゆえ神学は、神を「人が神を知るものとして、思い浮かべる」ようになるまで、非常に長い道のりを進まなければならない。

(146) Offenbahrung als Geschichte, 5. Aufl. 1982, 91 (These 1).

(147) H. G. Pöhlmann : Abriß der Dogmatik (1973), 3. Aufl. 1980, 53. は、神の自己啓示の間接性に関する命題に対し、出 3・14 以下を指示しているが、それ以上の注釈はなく、したがって彼は明らかに、ここでは、直接的自己啓示の事態は明白であると考えている。ペールマンは『歴史としての啓示」(13) における、この箇所についての諸々の詳述を取り上げていない。R. クニーリムも、神の名の伝達を決定的な啓示の行為とみなし、したがって「歴史としての啓示」という命題に異論を唱えているにもかかわらず、「旧約聖書における啓示」というテーマに関する彼の詳論のなかで、出 3・14 と 6・7 に関するレントルフの詳論とも取り組まなかった (Probleme biblischer Theologie, Festschrift G. v. Rad, Hrsg. H. W. Wolff, München 1971, 206−235, bes. 221, vgl. 233.)。名前の紹介が「ヤハウェの諸々の行為からヤハウェを知ること」に先行していることについては、ツィンマリと R. レントルフの間の議論 (in der Ev. Theol. 22, 1962) においてもまったく議論の余地がなかった。しかし問題となったのは、ヤハウェの神性におけるヤハウェの同一性の認識に対してこの事態がもつ妥当性であった。すなわち、出六・七はすでに将来の歴史的経験を指し示しており (vgl. Offenbarung als Geschichte 13)、このような指示はすでに出 3・14 のうちに含まれていた。

(148) 前掲注 21 以下参照。

(149) Offenbarung als Geschichte, 95 (These 2).

(150) J. モルトマンは、正当にも、聖書の諸文書のなかで証言された啓示の出来事にとって聖書の諸々の約束がもつ根本的な重要性を強調した (Theologie der Hoffnung, München 1964, 74ff. u. ö.)。しかしながら諸々の約束の基本的妥当性によって、次のことが変えられるわけではない。つまり、諸々の約束の歴史的成就が初めて約束の信用性と、約束する神の神性を証明するのであって、その際、歴史の諸経験による約束の内容の修正も考慮される。約束に対する前もっての信仰は、一方で、約束する神と共にすでになされた諸経験を前提とし、他方で、諸々の約束も成就されるということに根拠づけられた先取りに基づいている。諸々の約束それ自体は、せいぜい、その真理がまだ疑わしい卜占的啓示体験の意味で「諸啓示」と呼ぶことができるだけである。

（151） K. Koch : Geschichte II, TRE 12, 1984, 574.

（152） K. Koch : Die Profeten 2, Stuttgart 1980, 110 ; vgl. schon Bd. 1, 1987, 157ff.

（153） イスラエルの裁きの預言の成就に直面して、第二イザヤは、すでに彼の時代においてこのような認識は可能であると考えた。Koch 2, 140, vgl. 127ff.

（154） 『歴史としての啓示』（1961）のなかで R. レントルフはこう述べた。出エジプトの出来事によるヤハウェの自己証明は、比較的後の預言によって、また詩篇のそれと似た諸々の表現のなかで、「もはやヤハウェの唯一の、そして究極的自己開示とは理解されなかった」（27）。その神性の究極的啓示は、捕囚時代以来、「終末論的な偉大で重要なこと」（ebd.）になった。ところが、Offenbarung und Geschichte -- Partikularismus und Universalismus im Offenbarungsverständnis Israels（Offenbarung im jüdischen und christlichen Glaubensverständnis, hrsg. Jac. Petuchowski u. W. Strolz, Freiburg 1981, 37－49）においては、神の基本的自己証明はイスラエルの歴史の初めに、つまり出エジプトと土地の取得のなかで起こった、と述べられている（47）。レントルフはそのために、ホセ 13・4、申 4・34－39（43）と並んで、詩 76・2、77・15 以下を参照するように指示している（a. a. O. 41）。彼が彼の比較的初期の理解を、「われわれは当時旧約聖書全体を終末論的に解釈していた」（44）との所見によって特徴づけているとすれば、それは次のようなかぎりにおいて正しくない。つまり、『歴史としての啓示』は、徹頭徹尾、イスラエルの基礎づけの歴史の、初めの規範的な機能を考慮に入れていたのであり（91f., 96）、しかし同時に、預言のなかで遂行され、また黙示文学のなかにその継続を見出した、終末論への方向転換にも注意を払っていたかぎりにおいて。この方向転換の射程は今日レントルフによって些細なこととして扱われている。たしかに、事実、第二イザヤは次のことを強調している。つまり、神は御自身を、「《唯一の神》としてすでに実証《した》」、そしてその将来の行為を通して、御自身を同一の方として啓示するであろう（a. a. O. 46）。しかし「初めからのことを思い出すな。昔のことを思いめぐらすな。見よ、新しいことをわたしは行う。……」（イザ 43・18）とも言われている。エレミヤ 16・14 以下には、「人々はもう、「イスラエルの人々をエジプトから導き上られた主は生きておられる」とは言わず、主の名をその新しい救いの行為と結びつけるであろう、との明白な預言の言葉がみられる。

（155） イザ 40・5。詩 98・2 以下参照。これについては、R. Rendtorff in : Offenbarung als Geschichte 29ff., sowie 39 und 98ff.（These 3）を参照。

（156） Offenbarung als Geschichte 103ff.（These 4）.

（157） 前掲注 34 以下参照。

（158） 終末論的待望は、原始キリスト教にとってイスラエルの預言の持続的結果であったし、またイエス・キリストの出現のための、原始キリスト教の預言の証

明の一般的前提であった。キリスト教の歴史のなかで終末論的待望の地平が色あせるところでは、旧約聖書も、キリスト教信仰に対するその基本的重要性を一様に失ってしまう。反対に、キリスト教における終末論的意識の持続性は、そのユダヤ的諸起源の永続的妥当性とキリスト教会における旧約聖書の重要性を保証する（vgl. Offenbarung als Geschichte 107f., These 5)。「歴史としての啓示」という啓示理解が、いわゆる代替理論を主張しているというのは、おそらく正しくない――それによると、神は、「キリスト教会がイスラエルに代わって登場したかぎりにおいて、イスラエルの神である」（と R. レントルフは述べる。前掲注 154 で引かれた論考、1981, 39)。むしろイスラエルの預言と共に、またそこから生じた終末論的待望と共に、イスラエルの信仰史は、全体としてキリスト告白とキリスト教の神理解にとって断念しえない基盤であり続ける――たとえそれが、今や、終末論の観点と、イエス・キリストにおいて先立って出来事となった終末論的啓示の観点から読まれるとしても。

（159） この問いは、わたしに対して I. Berten（Geschichte, Offenbarung, Glaube, Paris 1969, dt. München 1970, 77ff., 98ff.）によって提起されたものであり、それはさらに P. Eicher（Offenbarung. Prinzip neuzeitlicher Theologie, München 1977, 460ff.）によって繰り返された。これについてはこう言われている。つまりここで問題になっているのは、あれこれの神学者の神学に対する問いだけなく、聖書の啓示の証言それ自体の真理を問う問いである。終末論がなければ、より正確に言うと、終末史的終末論がなければ、キリスト論もありえないであろう。そしてもしも原始キリスト教のキリスト論の発生の終末論的前提を後から省略してしまうならば、教会のキリスト論的かつ三一論的教理に関する諸言明は、なお形式的権威にのみ基づいて受け入れることができる、もはや証明できない諸々の主張になってしまうであろう。他方、もちろんユダヤの預言から生じた終末論的意識の普遍妥当性は、その後の経験の地平においても問われなければならない。すなわちそれは、キリスト教にとって構成的な、ユダヤ的起源とヘレニズム的ロゴスの結合から生ずる――その結合は、イエス・キリストのうちに終末論的救済の将来が臨在しているという意識のうちに根差している。Offenbarung als Geschichte 109ff. を参照――ここではもちろん、福音がヘレニズムの精神世界に入り込んでいることが、あまりに一面的に「グノーシス」という見出し語と結びつけられている。さらに、A. J. Friedlander und W. Pannenberg : Der christliche Glaube und seine jüdisch-christliche Herkunft, EKD-Texte 15 Hannover 1986, 13ff., bes. 17ff. を参照。

（160） Offenbarung als Geschichte 98ff.

（161） A, a, O, 99, イエス・キリストにおけるその「成就」の光に照らして、あるいはイスラエルの神に対する信仰という前提の下で初めて、同様のことが旧約聖書の啓示史にも当てはまる（イスラエルの神の神性は、たしかにイエス・キリス

トの歴史において先取りする仕方で起こった終末論的啓示の対象である)。この両面からの基礎づけの関連は、『歴史としての啓示』(100) においては、必要であったほどに展開されず、たしかに次のように指摘されているだけである。つまり、神を啓示する諸々の出来事は、その重要性——この重要性に応じて、それらは「諸々の事実の言語」を通して神の神性を証言する——を「もちろんむき出しの事実としてではなく、その伝承史的文脈のうちに」有している。

(162) このテーマは『歴史としての啓示』(100) において言及されているが (「福音は霊の領域に属する」)、このテーマに関する議論のなかで現れた多くの誤解を避けるには、明らかに余りに不十分である。

(163) これは、ebd. 102 の、信仰と懐疑の関係に関する示唆と、105 f の、キリスト啓示の預言的構造から出てくる「あらゆるキリスト教的生の様式の暫定性」(106) にもかかわらず、妥当する。

(164) A. a. O. 112 (These 7).

(165) 申 18・21 以下。エレ 28・9 を参照。G. Klein (Theologie des Wortes Gottes und die Hypothese der Universalgeschichte, München 1964) は、「告知されたものの的中に、解釈学的に、また全体的に準拠すること」(14) に反対する彼の論駁のなかで、預言の言葉に関する旧約聖書のこのような諸言明を「旧約聖書の言葉の価値の切り下げである」として考慮しなかった (vgl. 14f.)。預言の言葉 (Dabar) の概念については、bes. K. Koch : Die Profeten I, Stuttgart 1970, 164f. を参照。預言の言葉 (Dabar) はどこにおいてもある出来事の後からの《解釈》の機能をもたないことを、Koch 166 は、R. Rendtorff : Geschichte und Wort im Alten Testament, Ev. Thol. 22, 1962, 621−649, bes. 631 und 638 (成就の判断基準を適用する際の問題については、ebe. 643ff.) と同様に、強調している。預言の言葉の、将来の出来事の預言 (Voraussage : コッホの場合は Hervorsage というドイツ語が用いられている) としての基本的機能と、警告あるいは叱責、慰めの言葉、改心の要求 (H, W. ヴォルフ .) のような他の付加的諸機能が結びついていることを、われわれは否定していない。しかしこれらの付加的諸機能は、いつもすでに言葉の、歴史に影響を与える力に対する信仰に依拠している。

(166) ロマ 16・25 − 27 に関するオリゲネスの解釈については、注 35f. を参照。A. H. J. Gunneweg (Vom Verstehen des Alten Testaments. Eine Hermeneutik, Göttingen 1977, 176 und 196ff.) と共に、新約聖書の預言の証明を単純に「不可能である」と説明し、そして初期の教会にとって旧約聖書のもつ意味を、「その助けによってキリスト証言が今や定式化される言語と、その言語によって言語的に定式化された《諸々の内容》を提供する」(197) ことに還元するとすれば、われわれは初期のキリスト教にとって基本的であった、旧約聖書とのこのような関わりに対する請求権を放棄してしまうことになる。もしも今日の神学が、旧約聖書の言葉と

原始キリスト教のその使用との間にみられる相違を、かつて可能であったよりも鋭く認識することが可能であるとしても、このような使用の権利についての問いは答えを必要としている。単なる「言語的関連」(197) と言うだけでは、まだ真理についての問いに対する答えになっていない。

(167) G. クラインは「ケリュグマの発言が《……についての》発言へと過小評価され、そしてあの「単なる」言葉へと歪められていく変質過程のうちに」「新約聖書の言葉の価値の切り下げ」を見出した——その「単なる」言葉は、形式化された情報の担い手として、まず啓示とその一定の信仰との間に距離をつくり出す。そしてこの信仰は、絶望的な状況のなかでこの距離を解消しようと努めるにちがいない」(a. a. O. 19)。Klein (a. a. O. Anm 17) は、彼にとって適切と思われる理解として Bultmann : Glauben und Verstehen 1, 279ff. を挙げている。そこにおいて神の言葉は、公認を必要としない「純粋な語りかけ」(284, vgl. 282) として特徴づけられており、それは伝達と同じ語りかけである (292)。Glauben und Verstehen, 3, 19ff., bes. 30f. も参照。

(168) H. Th. Goebel : Wort Gottes als Auftrag, Neukirchen 172, 201. はこの点を正しく捉えている。

(169) 以下については特に G. Ebeling : Gott und Wort, 1966 (= Wort und Glaube 2, Tübingen 1969, 396−432), im Text zitiert mit Seitenzahlen der Erstpublikation. を参照。彼の諸々の考」(Wort Gottes und Hermeneutik, 1959, Wort und Glaube 1, Tübingen 1960, 319−348) の以前の形態においては、エーベリンクは、まだ「伝達 (Mitteilung)」としての「言葉の出来事」という人格的に考えられた性格と、「言明 (Aussage)」としてのその意味内容という対置から出発していた (342)。これについては、拙論の批判 (Anthropologie in theologischer Perspektkive, Göttingen 1983, 381) を参照。

(170) G. Ebeling : Theologische Erwägungen über das Gewissen, in : Wort und Glaube 1, 1960. 429−446, bes. 434f.

(171) これについては、Anthropologie in theologischer Perspektkive, Göttingen 1983, 362ff. を参照。

(172) 言語の事実が神証明の根拠となることは、不可能である。エーベリンクの諸々の詳論も、恐らくそのように理解することはできない。むしろ世界と人間の現存在の全体を念頭に置きつつ、神について語るという前提の下では、この関連が、言語の出来事においても、したがって言葉の本質において明らかになるということが肝心である。

(173) これについては、Anthropologie in theologischer Perspektkive, Göttingen 1983, 372ff. を参照

(174) G. von Rad : Theoloigie des Alten Testment II, 1960, 93ff. も、力強く働きかけ

る神の言葉に関する預言者の表象の神話的-魔術的背景について語った。

(175) これについては、J. Jeremias: Die Reue Gottes. Aspekte alttestamentlicher Gottes-vorstellung, Neukirchen 1975, bes. 75ff., vgl. 40ff. を参照。

(176) この表象のなかでJ. Hermissonは、知恵と預言者の歴史神学の関連を指摘した: Weisheit und Geschichte, in: Probleme biblischer Theologie (Festschrift G. v. Rad, Hrsg. H. W. Wolff), München 1971, 136–154, bes. 152f.。

(177) ヨハネ福音書のプロローグには、フィロンのロゴス概念との関連が、直接的依存という意味ではほとんどみられないが、共通の諸々の前段階への依存という意味ではみられる(R. E. Brown: The Gospel according to John 1–12, New York 1966, 520)。それらの前段階において、ユダヤ教の知恵の表象はロゴスの概念と結びつけられている。ロゴスに関するプロローグの諸々の詳論の内容は、箴8・22以下、シラ24章、Sap Sal 7 (ebed. 522f. und 532f., vgl. R. Schnackenburg: Das Johannesevangelium I, Freiburg 1979, 210ff., 213, 217f., 233, 244f., sowie 257ff.) に最も近い。Schnackenburg 268f. においても、知恵の概念の代わりにロゴス概念が現れているという事実によって、ヨハネのプロローグは、グノーシスの諸表象よりも、フィロンの哲学的かつ霊感的ロゴス概念の前史と結びつけられている。

(178) 「恵みと真実」の結びつきの旧約的背景については、Schnackenburg a. a. O. 248f. と bes. R. E. Brown a. a. O. 14f. mit Verweis auf Ex 34, 6, sowie Ps 25, 10; 51, 7; 86, 15 を参照。

(179) 前掲注137の詳論を参照。

第5章の注

(1) これについては、J. Jeremias: Abba. Studien zur neutestamentlichen Thologie und Zeitgeschichte, Göttingen 1966, 15–67, bes33ff., 38ff. を参照。さらに R. Hamerton-Kelly: God the Father. Theology and Patriarchy in the Teaching of Jesus, Philadelphia 1979, 70–81 を参照。

(2) H. Schürmann (1964) によって主張された、イエスの終末論と神思想の間の緊張関係については、W. Schrage: Theologie und Christologie bei Paulus und Jesus auf dem Hintergrund der modernen Philosophie, in: Ev. Theol. 36, 1976, 121–154, bes. 135ff. を参照。父なる神は、「イエスにとって、神の国の接近と将来なしに考えることはできない」(136)。

(3) これについては R. Hamerton-Kelly a. a. O. 38–51. bes. 39ff. を参照。詩103・13、申1・31、8・5、32・6、そしてエレ3・4もこれに属する。母の子供への愛の象徴は、特にイザ49・15、66・10以下にみられる。

(4) E. Rivkin: A Hidden Revolution, Nashville 1978, 310. と J. Pawlikowski: Christ in the Light of the Christian-Jewish Dialogue, New York 1982, 88.

(5)　次の情報はL. Snidlerの指摘によるものである。つまり、アッバという語りかけの形式はタルムード伝承のなかに散発的にみられ、彼の理解によるとこの伝承は紀元前一世紀の諸々の出来事に遡る（Bab. Talmud《Taan》23b, vgl. Geza Vermes: Jesus the Jew, London, 1973, 210f.）。したがって、イエスの父への語りかけに類似するものが存在しないことに関するJ. Jeremias（Abba, Göttingen 1966, 59 u. 62f.）の諸々の説明は、条件つきで理解されなければならない。H. Merklein: Jesu Botschaft von der Gottesherrschaft. Eine Skizze, Stuttgart 1983, 84も参照。彼はエレミアスの命題を限定的に受け入れているが、次のことはイエスに特有なことであると確信している。つまり、その他のところではめったにみられないアッバという神への語りかけは、「イエスに典型的な神の名称」（ebd.）であった。

(6)　この詳細については、R. Hamerton-Kelly a. a. O. 55ff. を参照。

(7)　S. Freud: Der Mann Mose und die monotheistische Religion（1937/1939）, Ges. Werke XVI, 103−246, bes. 135ff., 148ff., 233ff. モーセは殺害されたという架空の前提により、フロイトは、イスラエルの宗教史を、個人の生涯においてエディプスコンプレックスが規則的に現れるという彼の主張と結びつけようとした（ebd. 176−198）。イスラエルの神が「性から完全に切り離されている」（226）ことは、衝動の抑圧の表現として記述されている。

(8)　M. Daly: Beyond God the Father: toward a philosophy of women's liberation, Boston 1973.

(9)　これは、父なる神への呼びかけに対し、母なるものへの呼びかけに味方するようにとの要求にも当てはまる。

(10)　H. Braun: Jesus, 2 Aufl. Stuttgart 1969, 160f. Vgl. auch schon ders.: Die Problematik einer Theologie des Neuen Testaments, in: Ges. Studien zum Neuen Testament und seiner Umwelt, Tübingen 1962, 325−341.

(11)　H. Braun, Jesus, 162ff.

(12)　これについては、W. Schrage in dem Anm. 2. zit. Art.（Ev. Theol. 36, 1976）144ff. を参照。

(13)　So Schrage ebd.. 143.

(14)　H. Schrage a. a. O. 139も、たしかにこれを神に対するイエスの服従の典拠として強調したが、このテキストにおいては、この事態の裏面が問題になっている。つまり、イエスは彼自身の使信を第一の戒めの権威と結びつけたのである。

(15)　H. Merklein（Jesu Botschaft von der Gottesherrschaft, Stuttgart 1983）によると、イエスの「直接的な」御子意識を「釈義的に証明することはほとんどできない（89）。しかしながら「この復活後の称号に至る本来の根は、父としての神に対する」イエスの関係の独自性のなかにあったと推論される（M. Hengel: Der Sohn Gottes, Tübingen 1975, 99）。

（16） J. Jeremias（Abba, Göttingen 1966, 47－54）はこの言葉をイエス自身に遡らせ、ヨハネによる彼の洗礼の際に彼に与えられた啓示つまり父の名の啓示の表現と理解した。これに対し、H. メルクラインは、P. Hoffmann : Studien zur Thelogie der Logienquelle, Münster 1972, 118－142を引き合いにだして、これを「Q教団の解釈」（60 Anm. 4）として判断しているF. Hahn : Christologische Hoheitstitel. Ihre Geschichte im frühen Christentum, Göttingen 1963, 319－330, bes. 328－330も参照。

（17）「子（息子）」という名称と「神の子（息子）」という名称の関係については、F. Hahn a. a. O. 329ff. を参照。M. ヘンゲルはイエスの神の子性の思想と、「子（息子）」（a. a. O. 99）というイエスの呼称の間に、ハーンよりも比較的緊密な関係をみた。

（18） これについては、F. Hahn 251－259、287ff. とW. Kramer : Christos, Kyrios, Gottessohn. Untesuchungen zu Gebrauch und Bedeutung der christologischen Bezeichnungen bei Paulus und den vorpaulinischen Gemeinden, Zürich und Stuttgart 1963, 10fff. を参照。

（19） これについては、さらにM. Hengel 108ff. を参照。

（20） この「派遣の定式」の分析については、W. Kramer a. a. O. 108－112とebd. 112ffの詳論も参照。後者は、ローマ8・32の「（御子をさえ惜しまずに死に）渡された方」に関する類似の言明に言及している。クラーマーは、特に知恵の表象の伝統との結びつきのなかで、諸々の類似の派遣の言明を確証している（118 zu Sap Sal 9, 9f.）。

（21） M. Hengel a. a. O. 109.

（22） これについては、F. Hahn a. a. O. 112－132を参照。ハーンは「主」という、イエス伝承のなかで証言されているイエスの呼称との関連を主張しているが、W. クラーマーは、種々の伝承群に根差す《二つの異なる表象複合体》（100）について語っている。

（23） Hahn a. a. O. 117f.

（24） U. Wilckens : Der Brief an die Römer 2, Neukirchen 1980, 272ff.

（25） E. Schweizer : Heiliger Geist, Stuttgart und Berlin 1978, 74f. イエスの諸々の力ある行為を神の霊の諸々の働きと理解したマルコ福音書（マル3・29以下）、およびイエスの悪魔払いの行為を霊の働きと同一視したマタイ福音書（マタ12・28。ただしこれはルカ11・20と異なる）と並んで、特にルカ福音書は、イエスは神の霊に満たされていたと描写している（ルカ4・1、4・14。10・21を参照）。しかしマタ12・28も、ナザレにおけるイエスの最初の説教に関するルカの諸報告（ルカ4・18。そこではイザ61・1「主なる神の霊がわたしをとらえた」が引用されている）も、イエス自身の歴史的登場と発言に遡るとは考えられない（a. a. O. 69ff.）。

(26) 次のような言明はこれに反対していない。つまり、三一論的洗礼式文の最も初期の証拠文書（マタ 28・19。ディダケー 7、Justin Ap I, 61）は、聖霊を、父と子の結合のなかにある天の偉大な存在として理解しており、洗礼によって授けられた霊として理解していない。G. Kretschmar : Die Geschichte des Taufgottesdienstes in der alten Kirche, in : Leiturgia V, Kassel 1966, 1−342, 33 を参照。Justin Ap I, 61 によると、聖霊への言及は、いずれにせよ、それが受洗者に光明を与えるという関連でなされている。そしてプリスキリアヌスが霊を第三の証人（父および子と並んで。ヨハ 8・17 を参照）と呼ぶとき（G. Kretschmar : Studien zur frühchristlichen Trinitätstheologie, Tübingen 1956, 214f.）、いずれにせよ問題になっているのは、信仰者たちにおいて弁護者として、イエスが御子であることを証しする霊である。

(27) これについては、G. Kretschmar : Studien zur frühchristlichen Trinitätstheologie, Tübingen 1956, 215ff., 131 を参照。

(28) Kretschmar a. a. O. 216. M. Wiles : Reflections on the Origins of the Doctrine of the Trinity（Working Papers in Doctrine, London 1976, 10f.）は、Justin（Apol I, 6, 13, 61）、Irenäus（Epid 6, 7）そして Origenes（Hom. Ex. VIII, 4）における三一論的洗礼定式の影響をより高く評価している。

(29) J. N. D. Kelly : Altchristliche Glaubensbekenntinisse. Geschichte und Theologie（3. ed. London 1972）, Göttingen 1972, 14−35, bes. 26ff.（二位一体的諸定式と三一論的諸定式について）の、原始キリスト教におけるキリスト教信仰の諸々の形式的要約の概観を参照。同じ著者の Early Christian Doctrines（1958）2. ed. London 1960, 88ff. も参照。

(30) G. W. H. Lampe : God as Spirit. The Bampton Lectures 1976, Oxford 1977, 210. vgl. 132f.

(31) これはランペの諸々の詳論の傾向である。bes. 118 を参照。

(32) これは印象的な仕方で、J. Hermann : Kyrios und Pneuma. Studien zur Christologie der paulinischen Hauptbriefe, München 1961. によって記述されている。

(33) W. Kramer : Christos, Kyrios, Gottessohn, Zürich und Stuttgart 1963, 163ff. は、ブセットに反対して、説得力のある仕方でこう述べている。

(34) G. W. H. ランペも、パウロがキュリオスとプネウマの完全な同一性を決して主張しなかったことを認めている。彼は「パウロの失敗 —— 霊と臨在するキリストの同一化を完成することに失敗したこと」を認めている（a. a. O. 118）。この失敗により、霊を、父および子と並ぶ「第三のもの」として理解することが可能になる。

(35) Brown : The Gospel according to John XIII-XXI, New York 1970, 1135−1143, の補遺 5 を参照。「霊は、それがイエスの派遣を継続するかぎりにおいて、「別の弁護者」である」（ebd. 644）(ただしその概念の意味は、I ヨハ 2・1 におけるそれと

異なっている）。霊が「この世」を、イエスがそれを有罪とするがゆえに、非難することを通して（ヨハ16・8以下）、また霊が信仰者たちを「あらゆる真理」（16・13）へと導くことを通して、このことは起こる（a. a. O. 709−717）。

（36） ヨハネが霊の働きとイエスの働きの類似性を強調しているにもかかわらず、このことは真実である（R. E. Brown a. a. O. 114）。G. W. H. Lampe（a. a. O. 91ff.）の場合、この類似性に関し、すでにヨハネ福音書の、使徒以後の成立状況から生じた区別が完全に見過ごされている（これについてはBrown 1141ff. を参照）。

（37） M. Wiles : Some Reflections on the Origins of the Doctrine of the Trinity, in : Working Papers on Doctrine, London 1976, 1−17, bes. 10の指摘は正しい。

（38） これについては、G. Kretschmar : Studien zur frühchristlichen Trinitätstheologie, Tübingen 1956, 27−61を参照。

（39） 典拠については、M. Wiles a. a. O. 5を参照。

（40） G. Kretschmar a. a. O. 34ff. を参照（zu Iren. adv. haer. IV, 20, 1, sowie zu IV Prol. 4, V6, 1 und 28, 4 u. ö. Theoph ad Autol. II, 18も参照）。

（41） 創2・7を救済論に限定する解釈については、W.-D. Hauschild : Gottes Geist und der Mensch. Studien zur frühchristlichen Pneumatologie, München 1972, 89ff. を参照。この見解がフィロンに由来することに関して、また自然的霊感主義の諸々のグノーシス的仮定を予防しようとするその動機に関しては、Exkurs 256−272を、オリゲネスの三一論的神学における聖霊論の位置に関しては、135ff. を参照。

（42） 典拠については、M. Wiles a. a. O. 13を参照。ワイルズは次のように述べている。つまり「聖霊と創造の業との結びつきは特に重要である。なぜなら神的活動のその領域から聖霊を排除する議論は、エウノミオスとマケドニアの人びとの双方によって、その完全な神性に反対してなされていたものだからである」。

（43） M. Wiles 11ff. は、2世紀および3世紀の論証とこの見解が対立することを強調しているが、それは正しい。

（44） M. Wiles a. a. O. 14.「もしもわれわれに対する三位一体の活動のなかにいかなる区別もないとすれば、そもそもわれわれはどのようにして諸々の区別についての知識をもちうるのか？」

（45） Ebd. 14f.（「明白に命題的形式で与えられた啓示の事実」）. ワイルズによると、このような理解は、「聖書批判がわれわれをそこへと導いた啓示の本性に関する全思想との衝突」（15）のなかにみられる。われわれは「命題的啓示」（6）の表象のこのような拒否に同意しなければならないであろう。

（46） ワイルズはL. ホジソンの解釈、つまり三位一体論を「神的活動の諸々の特殊な顕現」に対する省察の結果とみなす解釈に反対している（1f. ; vgl. 14 und L. Hodgson : The doctrine of the Trinity, London 1944, 25）。L. ホジソンは、個々別々に三一論的諸位格のひとつを指し示す三つの異なる諸活動について語らずに、その

諸々の特殊な顕現が三位一体の個々の位格にではなく、「イエス・キリストの誕生、宣教、十字架、復活、そして昇天と、教会に対する聖霊の賜物という中心」に至る唯一の神的活動について語っている。ホジソンによると、この事態全体は、「聖霊を通じて父と子が互いに自らを与える相互贈与」（68）としての神的生命を含んでいる。もちろんこれについての、より詳細な説明は行われていないままである。

（47） これは、G. W. H. ランペの論争によって間接的に確認される。それによると、霊は、ロゴスの「位格化」によって初めて神性における「第三のもの」となった（a. a. O. 210）。

（48） Tert. adv. Praxean 9:《ecce enim dico alium esse patrem et alium filium et alium spiritum ... non tamen diversitate alium filium a patre, sed distributione, nec divisione alium, sed distinctione, quia non sint idem pater et filius, vel mondulo alius ab alio ... sicut ipse profitetur》: quia pater maior me est（Joh 14, 28）...《sic et pater alius a filio, dum filio maior, dum alius qui generat, alius qui generatur, dum alius qui mittit, alius qui mittitur, dum alius facit, alius per quem fit. Bene, quod et dominus usus hoc verbo in persona paracleti non divisionem significavit, sed dispositionem: rogabo enim, inquit, patrem, et „alium“ advocatum mittet vobis, spritum veritas（Joh14, 16）, sic alium a se paracletum, quomodo et nos a patre alium filium, ut terium gradum ostenderet in paracleto, sicut nos secundum in filio propter oikonomiae observationem.》— Ori. Hom. Num. 12, 1:《Alius enim a patre filius et non idem filius, qui et pater, sicut et ipse in evangeliis dicit: „alius est, qui de me testimonium dicit, pater. “Et rursus tertium puto videri puteum posse cognitionem Spiritus Sancti. Alius enim et ipse est a patre et filio, sicut et de ipso nihilominus in evangeliis dicitur: „mittet vobis pater alium paracletum, spiritum veritatis. “Est ergo haec trium distinctio personarum in Patre et Fililo et Spiritu sancto ... Sed horum ... unus est fons; una enim substantia est et natura Trinitatis》（GCS Origenes 7, Leibzig 1921, 95, 5−13）.

（49） Athan. c. Arian II, 41, 43, 67 und 70（vgl. auch I, 49 und II, 24）. 霊の神性については、ad SerapI, 24 を参照。

（50） Basilius ep. 38, 2f. J. N. D. Kelly（Early Christian Doctrines, London 1958, 2. ed. 1960）は、いずれにせよカッパドキアの教父たちの諸々の一神教的意図に関して、すでにアリウス派の敵対者たちによってなされていた「三神主義」という非難に対して彼らを擁護し（267f.）、神的自然と諸位格の関係のこの解釈を「不幸」と呼んでいる。三神主義という非難については、K. Holl: Amphilochius von Ikonium in seinem Verhältnis zu den großen Kappadoziern, Tübingen und Leipzig 1904, 142ff., 173f. und 218ff. と R. Seeberg: Lehrbuch der Dogmengeschichte II(3. Aufl. 1923) 132ff. も参照。

(51) これについては、A. Grillmeier: Jesus der Christus im Glauben der Kirche I, Freiburg 1979, 242 と特に T. Verhoeven: Monarchia dans Tertullien, Adversus Praxean', in: Vig, Christ. 5, 1951, 43−48 の詳論を参照。

(52) Tert. adv. Praxean 10.

(53) これに反してテルトゥリアヌスは、支配の一体性（《unicum imperium》, ad. Prax. 3）は、父がその支配を子に委ねる、つまり霊を派遣し、そして終末の出来事において御国を父に返還する子に委ねる（ib. 4）ことによって、妨げられないことを見出した。テルトゥリアヌスにとってこれは《oikonomiae sacramentum, quae unitatem in trinitatem disponit》（ib. 2）である。

(54) Ter. adv. Praxean 13, vgl. Hippolyt c. Noetum11, vgl. 14.

(55) Ter. adv. Praxean 8. テルトゥリアヌスは、この非難に対し次のように答える。つまり、ヴァレンティノスの諸々のアイオーンは、それらがそこから出てきた父を知らず、父から分離されている。他方、子のみが父を知り、父とひとつである。それは、光線が太陽とひとつであり、川がその源泉とひとつであるのと同様である。

(56) A. v. Harnack art. Monarchianismus, in: PRE 3, Aufl. Bd. 13, Leipzig 1903, 332.

(57) De princ I, 2, 4:《Est namque ita aeterna ac sempiterna generatio, sicut splendor generatur ex luce》（vgl. I, 2, 7）. それゆえオリゲネスによると、ロゴスもしくは知恵がまだなかったときは、時間が存在しなかった（I, 2, 9）。この関連でオリゲネスはすでに、のちにアタナシオスによって提示された論拠、つまり父は、子がいなければ、父ではありえないという論拠を定式化していた（I, 2, 10:《 ... pater non potest quis si filius not sit ... 》）。

(58) M. ワイルズは、「永遠の産」（Zeugung）」の概念に関する彼の論説のなかで次のことを指摘しているが、それは正しい。つまり、オリゲネスの場合、この言明は子に限定されず、すべての霊的被造物に妥当する（Eternal Generation, in: Working Papers in Doctrine, London 1976, 18−27, bes. 22f. zu de princ I, 2, 10; I, 4, 3 und III, 5, 3）。「第二の神」（c. Cels., 39）として、子は、諸々の被造物にその第一のものとして分類されうる（ib. V, 37; vgl. auch IV, 4, 1）。

(59) Solomon Schechter: Aspects of Rabbinic Theology（1909）, NewYork 1961, 127ff.

(60) G. フォン・ラートによると、名前の実在的臨在（dingliche Gegenwart）のこの表象はほぼ「ひとつの位格」の概念に近づいている（ Deuteronomiumstudien, Göttingen 1947, 26）。Vgl. auch ders.: Theologie des Alten Testaments 1, München 1957, 186.

(61) これについては、フォン・ラートの、P の「栄光の神学」の記述 in: Deuteronomium Studien 26ff. を参照。

(62) 諸々の典拠については、ThWBNT II, 1935, 248f. を参照。

(63) これについては、G. Kretschmar: Studien zur frühchristlichen Trinitätstheologie, Tübingen 1956, 64f., 82ff., 86ff., また Hab 3, 2 についての解釈を行っている 92f. も参照。

(64) logos endiathetos〔ギ〕と logos prophorikos〔ギ〕の表象については、Theoph. v. Ant. ad Autol. II, 10 を、同様に Tatian or. 5, 1ff. Tert. adv. Praxean 5 を参照。

(65) Tert, adv, Praxean 2:《unius autem subsutantiae……quia unus deus, ex quo et gradus isti et formae et species in nomine patris et filii et spritiu sancti deputantur》vgl. 4:《filium non aliunde deduco, sed de substantia patris》, sowie 9:《pater enim tota substantia est, filius vero derivatio totius et portio》. Ebd. 43 も参照。神的諸位格における実体の一体性に関するオリゲネスの同様の理解については、実体の一体性の「種的な理解」という帰結について論じた J. N. D. Kelly: Early Christian Doctorines 130f. bes. 235 を参照。

(66) アタナシオスが、父から受け取った神性の本性に子が参与することを論証しているかぎりで（c. Arian I, 26−28; II, 59f.）、彼はテルトゥリアヌスやオリゲネスによって表現された思想を越えることはなかった。Kelly a. a. O. 244f. におけるさらなる例証を参照。

(67) これについては、J. N. D. Kelly a. a. O. 266f. を参照。さらに前掲書（55）に引用されたテルトゥリアヌスの詳論を参照。ロバート・W. ジェンソンは、彼の思想に富んだ著書 The Triune Identity, Philadelphia 1982, 113f のなかで、ニュッサのグレゴリオスの思想を指摘した、つまり神の神性それ自体は、そのなかで父、子、霊が互いに結ばれている共通の活動のうちにあることを指摘した（c. Eun. 2, 149 und Ablabius 124f.）。この視点は、事実、もしもそれらの共通の活動の「光線」の一体性が、諸位格の相互的諸関係に基づいて形成されるとすれば、三つの位格と、神的本質の一体性の関係に関する問いにおいて、諸々の困難を解決するひとつの出発点となりうるであろう。ジェンソンは、ナジアンゾスのグレゴリオスの場合、（父と子の関係のために）太陽と光線の比喩を改造する際に、唯一の光線を生みだす（or. 31, 14 MPG 36, 148f.）三つの太陽の表象が示唆されていると考えた（ebd.）。しかしながら彼らは、この歩みを思想的にさらに展開することはなかった。さらにグレゴリオスは、父から出てくる諸位格の独立性が十分に考慮されていないとの理由で、この比喩の改造に取りかかろうとした（K. Holl: Amphilochius von Ikonium, 1904, 175 zu MPG 36, 169 B）。

(68) Basilius ep. 38, 7（MPG 32, 338 B – 339 A）, Amphilochius von Ikonium fgt. 15（MPG 39, 112）, Gregor v. Nazianz, or. 29. 16（MPG 36, 96 A）und or. 31, 9（MPG 36, 141 C）.

(69) Basilius c. Eun. II, 17（MPG 29, 605）, ep. 38, 7（MPG 32, 337 C）; Gregor v.

Nazianz or. 2（MPG 35, 445 BC）, auch or. 29, 2（MPG 36, 76 B）, or. 31, 14（ib. 148f.）, bes. auch Gregor Nyss. adv. Maced. 13（MPG 45, 1317 A）. カッパドキアの三位一体論の整合性との関連で、この思想がもつ問題性については、K. Holl: Amphilochius von Ikonium usw., 1904 146ff. を参照。太陽と光線の共属性というなお周知のイメージと並ぶ、神性の「源泉」としての父のイメージについては、Ter. adv. Prax. 8, sowie 22 und 29, sowie Origenes in Johann II, 3（MPG 14, 109 D）und De pric. I, 3, 7（60）:《unus deitatis fons》, sowie auch das Fragment seines Kommentars zum Hebräerbrief bei C. H. E. Lommatzch（ed）: Origenes Opera Omnia 5, Berlin 1835, 297 を参照。

（70） Gregor von Nazianz or. 40, 43（MPG 36, 420 B）によると、父は、他の二つの位格にとって彼らの存在の根拠であるだけでなく、父と彼らが一つの存在であることの根拠でもある。「この主張は、pater〔ギ〕は、ousia〔ギ〕から区別されうる自存者であるとの命題と論理的に一致せず、ナジアンゾスのグレゴリオスはこのことをバシレイオスと同様に意識していなかった」（Holl a. a. O. 174）。一致しないその本質は次のことにある。つまり、神性の源泉および起源としての父は、他の二つの諸位格と同様に、神的 ousia〔ギ〕から区別されえないことにある。

（71） アリウス主義との対決にとってこの区別がもつ意味については、Holl 135f. を参照。J. N. D. Kelly: Early Christian Doctrines（1958）2. ed. New York und London 1960, 244. は、アタナシオスにおいてすでにこの区別が準備されていたこと（244）を指摘している。

（72） 同じ手順は、今日も教義学の諸々のギリシャ的－正教的記述にもみられる。たとえば、D. Staniloae: Orthodoxe Dogmatik, Gütersloh 1985 を挙げることができる。この手続きが批判を必要としているとの意識は、K. ラーナーによって決定的にとぎすまされた（Bemerkungen zum dogmatischen Trakt „De Trinitate“, in: Schriften zur Theologie 4, 1961, 103－133, bes. 110ff., 133）。

（73） A. Calov: Systema Locorum Theologicorum t. 2: De Cognitione, Nominibus, Natura et Attributis DEI, Wittenberg 1655 c. III（De descriptione Dei）:《Conceptus proprius exprimitur in Dei descriptione tum absoluto termino infiniti ... tum relative, quod esstntia divina trium sit personarum, vel in tribus subsistat personis ... Qui vero non addunt mentionem trium Personarum in descriptione Dei, eam nequaquam genuinam aut completam sistunt, quum sine iisdem nondum constet, quisnam sit verus Deus》（182）.

（74） D. Hollaz: Examen theologicum acroamaticum I（Stargard 1707）Neudruck Darmstadt 1971, 324. も参照。

（75） S. J. バウムガルテンは彼の „Evangelischen Glaubenslehre“（2 Aufl. Halle 1764）のなかで三位一体論を「神のより詳細な啓示の本質的根本真理」と呼んだ。「それが、啓示された救済秩序の諸々の本質的部分を混乱させずに、また廃棄せずに

……除去されたり、見知らぬものとされたり、吟味されなかったり、あるいは徹底的に異議を唱えられたり、そして否定されたりすることはありえない」（I, 425）。J. S. ゼムラーもこれに対応して、彼の „Versuch einer freiern theologischen Lehrart“（Halle 1777）のなかで、三位一体論（288d, und ausführlicher 290－304）を固く保持していた。ただし、彼には純然たる啓示の三一性への明らかな愛着がみられる（300）。

（76） Hollaz a. a. O. 325

（77） Semler a. a. O. 271. なぜなら彼には、旧約聖書における神の記述は不完全なものと考えられたからである（vgl. 263ff.）。

（78） Petrus Lombardus : Sententiarum Libri Quatour, Paris 1841, 15ff. und 19ff.《imago Trinitatis in anima》（I d. 3n, p. 20f,） は、Augustin De trin. X, 12. との関連で《memoria, intelligentia, amor》として記述され、神における《諸位格》の三重性（nach De trin. XV, 20ff.）との相違も強調されている。しかしペトルス・ロンバルドゥスは、《mens, notitia ejus, amor》（nach De trin. XI , 4）の三つをすぐれたものとみなしたように思われる。なぜならそれは父の優位と、子をもうける（Zeugung）という子に対する関係をより適切に表現しているからである《mens quasi parens : d. 3 n. 18, Sp. 22f.》。

（79） ギルベルトゥスについては、M. A. Schmidt : Gottheit und Trinitaet, nach dem Kommentar des Gilbert Porreta zu Boethius De Trinitate, Basel 1956, 59, vgl. 10 を参照。これについては、Gilbert PL 64, 1264 C ff. über die Begründung des Seins der geschaffenen Dinge in der göttlichen Essenz 1269 A ff. を参照。

（80） PL 64, 1279 Cf.

（81） Gregor v. Naz. or. 31, 9 ; Gregor v. Nyssa Ex comm. not（MPG 45, 180）, auch Ambrosius De fide IV, 90（CSEL 78, 187f.）und De spir s. II, 59（MPL 16, 786）. これについては、Augustinus trin. I, 4, 7（CCL50, 1968, 36）:《inseparabiliter operentur》und IV, 21, 30（CCL 50, 202f.）を参照。

（82） Vgl. A. Schindler : Wort und Analogie in Augustinus Trinitätslehre, Tübingen 1965, 127.

（83） これについては、拙著 Grundfragen syst. Theologie I, 1967, 302ff. bes. 306 を参照。

（84） Augustin trin. VII, 5f.（CCL 50, 260ff.）. VIII, 1（268）を参照。

（85） Trin, VIII, 1 :《ea dici proprie in illa trinitate distincte ad singulas personas pertinentia quae relative dicuntur ad invicem ... 》（268）, vgl. V, 5（210f.）. Gregor von Nazianz or. 29（PG 36, 73ff.）を参照。Augustin trin. V, 6, 7（212, 47－49）によると、「生まれない」（ingenitus）という父の名称も、関係の否定であるがゆえに、関係表現としての名称として評価される。

（86） De trin. V, 4, 5f.（209f.）.

（87） A. Schindler は、「あたかもわれわれは、われわれのうちに指摘された諸類比をみることができ、しかし神における三一性を信ずることができるだけのように思われる」（a. a. O. 215）と述べている。しかしいずれにせよ、M. シュマウスの記述（Die psychologische Trinitätslehre des hl. Augustinus, Münster 1927）と異なり、アウグスティヌスは「心理学的三位一体論ではなく、三一論的心理学を獲得しようとした」（211, vgl. 229ff.）と考えられている。

（88） Bes, De trin. 23, 43（CCL 50 A 520f.）. これについては、Schindler a. a. O. 216 を参照。

（89） De div. nom I. 5（PG3, 593 B）.

（90） 解釈については、W. Beierwaltes : Denken des Einen. Studien zur neuplatonischen Philosophie und ihrer Wirkungsgeschichte, Frankfurt 1985, 211ff. を、またプロクロスについては ed. 205ff. を、それぞれ参照。

（91） De divisione naturae III, Nr. 17（PL122, 674 C）. Vgl. W. Beierwaltes a. a. O. 337－367, bes. 347ff., 355. L. Scheffczyk : Die Grundzüge der Trinitätslehre des Johannes Scotus Eriugena, in : J. Auer / H. Volk : Theologie in Geschichte und Gegenwart（Festschrift M. Schmaus）, München 1957, 497－518 はこの事態を取り扱っていない。

（92） Beierwaltes 368ff. すでにアウグスティヌスはこう述べている:《quod pater et filius et spiritus sanctus》unius substantiae《inseparabili aequlitate divinam insinuent unitatem》（De trin. I, 4, 7 ; CCL 50, 35, 4－6）.

（93） Ebd. 383.

（94） Augustinus De trin. IX, 2ff.（CCL 50, 294ff.）. ここでアウグスティヌスは、愛が、愛する者、愛される者、そして愛の三重性を含むかぎりにおいて、愛から出発する（2）。しかし愛は、愛されうる者の認識を要求し、他者のすべての認識は、すでに自己認識を前提としている。その結果、他者への愛にも自己愛が先行する（3）。このようにしてアウグスティヌスは、《mens, notitia》そして《amor》の三重性に到達する（4）。アンセルムスは、反対に、有限な諸事物の起源としての、《summa natura》に固有な言葉から、思想として発言に先行する《内的言葉》へと進み（Monologion 9f., Werke ed. F. S. Schmitt I, 24f. vgl. Augustinus De trin, IX, 7, 12 ; CCL 50, 304, 4ff.）、そしてそこから愛に至る。この愛をもって、《summus spiritus》は、それと本質を同じくする言葉において、つまり子において御自身を愛する（Monol. 49ff.）。

（95） アンセルムスによると、父、子、霊を「諸位格の」共通の関係によって要約することは許されない。《Non enim putandae sunt tres personae, quia omnes plures personae sic subsistunt separatim ab invicem, ut tot necesse sit esse substantias quot sunt personae ... Quare in summa essentia sicut non sunt plures substantiae, ita nec plures

personae》(Monol. 79, p85, 18−22)。そしてその章は、突然次のような容認で終わっている。つまり父、子、霊という《三つとは何か》との問いに、何か答えなければならないが、この必然性のゆえに、以前には退けられた概念が用いられることになるであろう(a. a. O. 86, 12−14)。

(96) M. A. Schmidt : Gottheit und Trinitaet, 1956, 110f. はそう述べている。なぜなら彼は、すでにアウグスティヌス自身が「心理学的三位一体論」を展開していたと仮定しているからである。

(97) Thomas von Aquin : Expositio super librum Boethii de Trinitate ed. B. Decker, Leiden 1955, q 1, 4 ad 1:《Ad primum ergo dicendum quod ea, quae in creaturis sunt plura, in deo sunt unum secundum rem. Et ideo quamvis in quolibet ente creato inveniatur aliqua trinitas, ex hoc tamen non potest necessario concludi quod in deo sint aliqua tria nisi secundum rationem, et haec pluralitas non sufficit ad personarum distinctiomen》(76, 22−26). それゆえその項目の《responsio》では、こう述べられている。《Dicendum quod deum esse trinum et unum est solum creditum, et nullo modo potest demonstrative probari ...」(76, 10f.). トマスはすでに彼の神学命題論集注解のなかで同じ理解を主張していた(I d 2 q a 4, Opera Omnia 7, Paris1882, 40 b)。

(98) S. thol. I, 32, 1 ad 1.

(99) S. thol. I. 32, 1, arg. 2:《Augustinus vero procedit ad manifestandum Trinitatem Personarum ex processione Verbi et amoris in mente nostra : quam viam supra secuti sumus.》これについては、q. 27, 1 と 3 を参照。この論証に対する答えのなかで、トマスはアウグスティヌスの解釈ではなく、ただ次のことに言及している。つまり、《Similitudo autem intellectus nostri non sufficienter probat aliquid de Deo propter hoc quod intellectus non univoce invenitur in Deo et in nobis》(ad 2). 後者はまたもや、被造物の諸々の作用はただ多様な破れのなかで、神的原因——それは、分割されない一体性と単純性のなかにある——のうちに包含されているものを反映するにすぎないことに根拠づけられている(I, 13, 4 c und 5 c, vgl. ebd. I, 12, 4 resp. und 13, 12 ad 2)。これは神の一体性——この神の一体性は、種々の実体に基づく構成だけでなく、神的本質のための実体と偶然的諸規定から成る構成をも排除する(trin. V, 4, 5f. ; CCL 50, 209ff.)——のアウグスティヌスの理解と一致する。たしかにアウグスティヌスはこのような諸々の構成に、神の単純性のゆえにではなく、神の不変性のゆえに異論を唱えた。しかしながらこれは彼にとって単純性を含意していた(vgl. De civ. Dei VIII, 6, sowie Ⅺ, 10, 1)。

(100) S. theol. I, 32, 1 ad 2:《Alio modo inducitur ratio, non quae sufficienter probet radicem, sed quae radici iam positae ostendat congruere consequentes effectus ... Trinitate posita, congruunt huiusmodi rationes ; non tamen ita quod per has》rationes《sufficienter probetur》Trinitas Personarum.

（101） すでにクレモナの Summa とヘイルズのアレクサンダー名で出版された《Summa Theologica》がそれに先行していた。アレクサンダーの Summa の場合、神論を《inquisitiones de substantiae divinae unitae》と《de pluralitate Divinae Trinitas》（vol. I, Quaracchi 1924, 39- 412 und 413−488）の二つに分ける根拠とされる、神の本性から三一性を導きだす展」（Herleitung）は、まだトマスの場合ほどに明確に確認できない。いずれにせよ第一の《inquisitio》は、神の意志に関する論考で終わっており（n. 266ff., pp. 360ff.）、その後に、Richard von St. Victor に基づく演繹、つまり《generatio Filii》を《caritas》の思想から導きだすことが続いている（q. 1 tit. 1, c. 1n. 295 p. 416 b und bes. q. 1, tit. 2 c. 5, resp. n. 311, p. 453a）。したがって Alexander の Summa は、トマスの場合、認識に焦点を合わせたそのドミニコ派的形態がみられる概念の、神の愛の思想に集中するフランシスコ派版を示唆している。

（102） Gregor v. Nyssa : Oratio Catechetica Magna, PG 45, 9−106. その弁論は、ユダヤ教の一神教に対する三一論的神概念の弁明で始まる。ユダヤ人たちも神を理性のない存」（alogon〔ギ〕, c. 1, PG 45, 13 A）とは考えていない。しかし理性は、それを所有する者のその都度の本性に一致しなければならない。ここからその結果として出てくるのは、神的ロゴスの永遠性である。神的ロゴスは、不変的であるがゆえに永遠なるものとして自存しなければならない（13 C）。同様の方法で、われわれのもとで確認されうる事態の類比的転用により（analogikōs〔ギ〕）、われわれは、唯一の神における第三の位格としての霊の概念に到達する（c. 2, 17）。この関連でニュッサのグレゴリオスには、三一性に関するアウグスティヌスの著作の場合と同様に、類似の諸々の考察がみられる。すなわちわれわれは、われわれの魂のうちに神的理性と神的霊の確実な理解のための基盤を有するが、われわれは、この事態を神的本質にふさわしい形式で表現することができないのである（MPG 45, 18 CD）。

（103） これらの詳論において（de fide orth. I, 6 und 7）、ダマスコのヨハネは、特に前注において要約されたニュッサのグレゴリオスの諸々の説明に、一部はそのまま従っている。

（104） これについては、C. H. Ratschow : Lutherische Dogmatik zwischen Reformation und Aufklärung II, Gütersloh 1966, 59−81. における概観を参照。たとえば A. カロフは、《essentia spiritualis infinita》としての《descriptio Dei》から推論された属性論を叙述している。すなわち、Illa consequuntur vel essentiam, vel infinitatem, vel spritualitatem（Systema 2, 223）.

（105） Loci theol. 1559:《At pater aeternus sese intuens gignit cogitationem sui, quae est imago ipsius ... Haec igitur imago est secunda persona ... Ut autem Filius nascitur cogitatione, ita Spritus sanctus procedit a voluntate Patris et Filii》（CR 21, 615f.）. メラ

ンヒトンに非常に近い弟子たちの他に、若干の改革派の神学者たちも、メランヒトンの理解に従った。17 世紀初期では特に、B. Keckermann（Systema ss. thol. 1611（I, 2））の名前が挙げられる。

（106） 次の文献における例証を参照。C. H. Ratschow a. a. O. 90f. Heppe und E. Bizer : Dogmatik der evangelisch-reformierten Kirche, Neukirchen 1958, 92ff.

（107） J. F. König : Theologia positiva acroamatica（1664）, Paris Prima,32.

（108） D. Cantimori : Italienische Haeretiker der Spätrenaissence, Basel 1949, 33f.（zu Servet）, 166ff. 231ff. zu L. Sozzini und F. Sozzini.

（109） これについては、D. F. Strauß : Die christliche Glaubenslehre 1, Tübingen und Stuttgart 1840, 467−475, bes. 472f, における、ソッツィーニ主義の論証に関する論究を参照。

（110） Ebd. 476−480, bes. Zu S. Episcopius und Phil. van Limborch, Theologia christiana（1689）.

（111） Matthieu Souverain : Le Platonisme dévoilé Köln 1700, deutsch 1782 von J. F. Chr. Löffler（Versuch über den Platonismus der Kirchenväter）, 2 Ausg. 1792 mit Löfflers „Kurze Darstellung der Entstehungsart der Dreieinigkeitslehre".

（112） 教会論の《trinitas oeconomica》と《trinitas essentialis》との区別は Joh. Urlsperger（Vier Versuche einer genaueren Bestimmung des Geheimisses Gottes des Vaters und Christi, 1769 −1774 ; Kurzgefaßtes System meines Vortrages von Gottes Dreieinigkeit, 1777）に遡る。

（113） たとえば、K. G. Bretschneider : Handbuch der Dogmatik der evangelisch-lutherischen Kirche1（1814）3. Aufl. Leipzig1828, 544ff. を参照。

（114） J. S. Semler : Versuch einer freiern theologischen Lehrart, Halle 1777, 298ff., bes. 301f.

（115） G. E. Lessing : Die Erziehung des Menschengeschlechts（1780）73. Vgl. auch ders. : „Das Christentums der Vernunft"1−12. すでに A. D. Chr. トヴェステンは、レッシングが、アウグスティヌスおよびスコラ学のそれに対応する諸々の教理に言及せずに、本質的にはそれに同意していたことを強調していた（Vorlesungen über die Dogmatik der Ev. -Luth. Kirche II/1, Hamburg 1837, 209 Anm.）。

（116） ヘーゲルが 1827 年の宗教哲学の講義において、「教義学からキリスト教の諸々の根本教理が大部分消えてしまった」ことに言及したとき、特に三位一体論のことが考えられていた。「今や本質的に正統的なのは、たとえ唯一ではないとしても、主として哲学である。常に有効であった諸命題、つまりキリスト教の諸々の根本真理は、哲学によって維持され、そして保持される」（Vorlesungen über die Philosophie der ReligionIII Hg. G. Lasson, PhB 63, Hamburg 1925, 26f., vgl. I（PhB 59）45ff. und 41 —— ここでは、霊としての神が最高存在の表象においての

みならず、「《三一の神》として理解される」べきことが強調されている)。

(117) C. I. Nitzsch : Über die wesentliche Dreieinigkeit Gottes, in : Theologische Studien und Kritiken 1841, 295–345, 305.

(118) Ebd. 306. Vgl. A. D. Chr. Twesten : Vorlesungen über die Dogmatik der Ev. -Luth. Kirche II/1, Hamburg 1837, 203. vgl. 199 mit Verweis auf Urlsperger.

(119) Fr. Lücke : Fragen und Bedenken über die immanente Wesentrinität, oder trinitarische Selbstuntescheidung Gottes, in Theologische Studien und Kritiken 1840, 63–112, 108.

(120) Ebd. 94, vgl. 99——神の自己認識と自己意識から三一論的諸区別を導きだすことに関して。

(121) F. A. B. Nitzsch / H. Stephan : Lehrbuch der evangelischen Dogmatik 3. Aufl. Tübingen 1912, 487ff. und 490ff. über die Stellungnahme der einzelnen Dogmatiker zur Trinitätslehre. における概観を参照。

(122) J. Kaftan : Dogmatik (1897), 3. Aufl. Tübingen 1901, 228f.

(123) 前掲注95を参照。

(124) Thomas v. Aquin S. theol. I, 29, 4 resp.:《Relatio autem in divinis non est sicut accidens inhaberens subiecto, sed ipsa divina essentia. Unde est subsistens, sicut essentia divina subsistit.》この論証の人為的虚構は次のような仮定にある。つまりそれは、神性に関する諸言明における他の偶然的諸規定と同様に、その関係が神的本質と区別し難く重なり合っているにもかかわらず、神への適用の際には、関係づけられたものの、《関係》と結ばれた対置は存続しているとの仮定である。トマス自身の場合には、他の箇所でこう言われている。つまり、諸関係は神的本質と現実には区別されない(I, 39, 1:《Ex quo sequitur quod in Deo non sit aliud essentia quam persona, secundum rem》)と。神的本質との関連において、諸関係と諸位格は思想的に(《ratione tantum》)のみ区別されうる。対立する関係の構成要素との関係においてのみ、その都度真の区別が存在する(《Comparata autem ad oppositam, relationem habet virtute oppositionis realem distinctionem》)。トマスはこれにより諸位格の真の区別(《quod personae realiter ab invicem didtinguantur》)を根拠づけることができると信じた。しかしもしも神的本質との関係における関係の諸表現が、他のすべての偶然的諸帰責と同様に、思想的にのみ区別されうるとすれば、これは、それらの間に存在する諸々の対立にも当てはまる。それゆえトマスの場合、諸位格の自立性を自存する諸関係として考えうるように思わせることに成功しなかった。ドゥンス・スコトゥスが、その相互的諸関係の基盤として神的諸位格の「絶対的構成」という代替的表象に好意を寄せたことには、理由がある(これについては, F. Wetter : Die Trinitätslehre des Johannes Duns Scotus, Münster 1967, 283–342 zur Kommentierung von I. Sent. d. 26 durch den《doctor subtilis》を参照)。

（125） G. W. Hegel: Vorlesungen über die Philosophie der Religion hg. G. Lsson, III, 57 und 60f.（MS）. これについては特に、Vorlesungen von 1824（71）und 1827（75）の詳論を参照。

（126） Vorlesung von 1824ではこう述べられている。「神的一体性において位格性は解消されたものとして措定されている」（a. a. O. 72）。J. Splett: Die Trintätslehre G. W. F. Hegels, Freiburg 1965, 148ff. は、ヘーゲルにおける「愛と、他者としての他者の止揚」（150）について語っているが、それは正しい。

（127） I. A. Dorner: System der christlichen Glaubenslehre I（1879）2. Aufl. 1886, 431 und 433, sowie schon 415ff.

（128） K. Barth: Kirchliche Dogmatik I/1, 1932, 378. ドルナーとバルトの関係については、拙論 Grundfragen systematischer Theologie II, 1980, 96－111（Die Subjektivität Gottes und die Trinitätslehre）, bes. 99f. を参照。

（129） KD I/1, 332ff. und 312ff.

（130） KD I/1, 502ff. は、ヘーゲルと異なりバルトの場合に、もちろんいつも受肉の出来事に関係づけて考えられている神の啓示における神の自己関係について語っている（注128に引用されている論文102頁を参照）。

（131） K. Barth Werke V/4, 253f.（an E. Thurneysen）.

（132） KD I/1,10－12

（133） 前掲注125に引用されている、宗教哲学に関する諸講義の諸命題を参照。19世紀における愛の思想に基づく三一性の根拠づけは、特にE. Sartorius（Die Lehre von der heiligen Liebe I, 1840）によって展開されたが、J. Müller（Die christliche Lehre von der Sünde, 1838, 3. Aufl. Breslau 1849, Band 2, 182ff.）によっても、神の、世界との関係の前提として主張された。それは、K. Th. A. Liebner: Die christliche Dogmatik aus dem christologischen Prinzip dargestellt I, Göttingen 1849, 127ff. にもみられ、ここでは、それ以前の諸見解に対する詳細な批判が展開され（201ff., bes. 233－269）、三一論的諸関係における「相互性」が強調されている（265f.）。Liebner（132f.）の例にならって、I. A. Dorner（System der christlichen Glaubenslehre I, 409ff.）はそれを「三一性の倫理的演繹」として神的自己意識（405ff.:„ Die logischeTrinität“）からの推論と結びつけた（427）。

（134） E. Jüngel: Gott als Geheimnis der Welt, Tübingen 1977, 457－470. この書物の464頁では、L. Feuerbach: Das Wesen des Christentums（1841）hg. W. Schuffenhauer（Werke 5）Berlin 1973, 410f., 436. に言及している。

（135） Feuerbach a. a. O. 35ff. これが、フォイエルバッハが《主体》つまり神よりも《述語》つまり愛に与えた優位性の意味である（435f.）。これに対しユンゲルの標語である「エロス」と「自己実現」は、個人つまり主体に基づく方向性を踏み越えてない。フォイエルバッハは、この主体を類の発現（Manifestation にすぎ

ないものとして評価しようとしている。

（136） Kasper : Der Gott Jesu Christi, Mainz 1982, 326も両方の演繹を拒絶している。もちろんそれは決して内的な諸々の根拠からではなく、三一性は《mysterium stricte dictum》（326）だからである。三一論的諸言明は、抽象的理性的諸原理に基づいて演繹することはできず、子と霊の啓示に基礎づけられていることは、まったくその通りである（マタ11・27、ヨハ1・18、Ⅰコリ2・11に関してKasper a. a. O. および327:「われわれは、歴史における神の諸々の言葉と行為に基づいてのみ、三重の神を認識する」)。しかしながら三一性の神秘を指摘することにより、聖書の啓示証言に基づいて三一論的教理の諸言明を基礎づけるという義務を拒絶することは許されない。さもなければ、イエス・キリストのうちに啓示された救いの神秘に関する聖書の証言（Ⅰテモ3・19、ロマ16・25）の代わりに、神秘の非聖書的概念が登場してくるであろう。

（137） A. D. Chr. Twesten : Vorlesungen über die Dogmatik der Ev-Luth. Kirche II/1, Hamburg 1837, 198f. は、明確にこのように述べている。彼によると、三一論の起源は「救済の独自なキリスト教的意識にあり」（182）、「思弁の三一性は、躊躇なく、キリスト教の三一性であるとはまだ言えない」（196）。

（138） 前掲注118以下参照。

（139） W. Kasper : Der Gott Jesu Christi, Mainz 1982, 379の理解によると、KD I/1,8－12におけるバルトのこのやり方は、自然神学の彼による拒絶と結びついている。

（140） W. カスパー自身は、「父が、子と霊に神の唯一の本質をさらに贈与するという仕方で、神の唯一の本質を所有する」（a. a. O. 381）かぎりにおいて、唯一の神の本質と諸属性に関する諸言明を、「三一性の起源と源泉である」父と結びつけようとした。しかし父は、子なしにも、キリスト教信仰の意味において神なのだろうか？父は、子とのその関係においてのみ、また子の啓示を通して（Mt 11, 27）神として認識されるのだろうか？

（141） J. S. Semler : Versuch einer freiern theologischen Lehrart, Halle 1777, 295.

（142） K. G. Bretschneider : Handbuch der Dogmatik der ev-luth. KircheI（1814）3. Aufl. Leipzig 1828, 476－484. その結論は「旧約聖書はこの教理に関してわれわれに何ら確実なことを残していない」（483）となっている。

（143） A. a. O. 484ff.

（144） これについては、次の文献を参照。G. Kretschmar : Der Heilige Geist in der Geschichte. Grundzüge frühchristlicher Pneumatologie, in. W. Kasper（Hg.）: Gegenwart des Geistes. Aspekte der Pneumatologie, Freiburg 1979, 92－130, bes. 128f., L. Abramowski : Die Entstehung der dreigliedringen Taufformel – ein Versuch in : ZThk 81, 1984, 417－446, bes. 438ff.

（145） K. G. Bretschneider a. a. O. 484. 488f. は、このことを正しく捉えていた。

（146） いわゆるComma Johanneumは、「なぜなら証言するのは、三つである（天では、父、ロゴス、聖霊が証言し、これら三つはひとつである。そして地上では）、霊、水、血が証言する」という意味である。これについては、R. Schnackenburg : Die Johannesbriefe, 2. Aufl. Freiburg 1963, 37ff. を参照。

（147） U. Wilckens : Der Brief an die Römer II, Neukirchen 1980, 272ff.

（148） KD I/1, 1932, 330f.

（149） このような諸言明は特にヨハネ諸文書にみられる。したがってトマスは「わたしの主、わたしの神よ」（ヨハ20・28）と告白し、Ⅰヨハネの手紙では、イエス・キリストについて「この方こそ、真実の神、永遠の命です」（Ⅰヨハ5・20）と言われている。第三に、初めに神のもとにあっただけでなく、神御自身であったロゴスに関するヨハネのプロローグの言明（ヨハ1・1）がこれに加えられる。古プロテスタントの神学は、これらの言葉にさらに使徒言行録の独特な言明を加えた。そこでは、「神（kyriou）は」教会を「御子の血によって御自分のものとなさった」（使徒20・28）と記されている——これについては、G. Stählin : Die Apostelgeschichte, NTD 5, Göttingen 1962, 269f. を参照。またⅠテモ3・16の言葉も加えられており、そこでは、「肉において現れ」という語法の主体として「神」という語が二次的に付加されている。イエス・キリストに対するキュリオス称号の適用は、一貫して彼の完全な神性を含意していると言うことができるであろう。前掲289頁以下、注22−24を参照。

（150）「父のもとから出る」（ヨハ15・26）聖霊も、それ自体神的本性であることは、原始キリスト教においてまったく疑われえなかった。その位格的独立性についての問いは、比較的後に初めて提起された。そしてそれにより父の神性とのその関係についての問いも新たに提起された。Ⅰコリ2・10では直接的に霊の神性が含意されているが、Ⅰコリ3・16（6・19を参照）と使徒5・4においても同様である。

（151） これについては、K. Rahner : „Gott“ als erste trinitarische Person im Neuen Testament, in : Zeitschrift f. kath. Theologie 66, 1942, 71−88を参照。新約聖書において「神」という語が「ほとんど独占的に第一の神的位格つまり父のことを意味している」事実のゆえに、M. Schmaus（Katholische Dogmatik I, 3. Aufl. 1948, 334, vgl. 337）は、ひとりの神の本質と諸属性に関する諸言明を父の位格との関連で取り扱おうとした。

（152） KD I/1, 323ff.「三位一体論はこの命題ないしそれが表示することの分析である」（325）。バルトはそれを三位一体論の「根」と呼んでいる（324）。さらに次の文献を参照。K. Barth : Christliche Dogmatik, München 1927, 127f. と、KD I/1, 312f. におけるこの方法の弁明——これは、当時すでにTh. Siegfried（Das Wort und die Existenz, 1928, 52）によって発表されていた批判に反論している。バルト

はたしかに「三一性の教義の真理をこのような定式の一般的真理から演繹すること」（KD I/1, 312）など「もちろん」考えていないと断言している。事実、彼はこの定式を、個々に根拠づけることなく、聖書の啓示の証言の要約として理解した。しかしこの定式からの演繹は、すなわちその「分析」（325）による演繹は、三位一体論を展開する際にも、事実、教会の教義学を基礎づける展開ための基準となり続けた。

（153） バルトの三位一体論と、ヘーゲルから出発した思弁的神学との関連については、拙論 Grundfragen syst. Theologie II, 1980, 96－111（Die Subjektiviät Gottes und die Trinitätslehre）, bes. 101f. を参照。

（154） KD I/1, 352－367.

（155） W. Kasper : Der Gott Jesu Christi, Mainz 1982, 298 und 371 も同様である。また J. Moltmann（Trintiät und Reich Gottes, München 1980, 81－91）も三位一体論を子としてのイエスの歴史に基づいて基礎づけており、それは正しい。しかしながらその場合、父とその到来しつつある御国についてのイエスの告知が出発点となるべきであった（vgl. a. a. O. 90）。そしてそれは、子の派遣に関する、そこから初めて正当化されうる諸言明から、これらの諸言明をもって始めているモルトマンの場合に起こっているよりもさらに明確に区別されるべきであった（81）。共観福音書の伝承における、子の称号とイエスの洗礼との結びつきも（81ff.）、イエスは子の称号をまだ自分のために自ら要求しなかったとする釈義家たちのほとんど共通の判断を念頭に置きつつ、父なる神についてのイエスの告知に基づいて正当化されなければならない。

（156） 東方と西方の術語の違いと、ギリシャ語の ekporeusis と比較してラテン語の《prcessio》の意味の範囲がより広いこととの関連については、Y. Congar : Der Heilige Geist（Paris 1979 －80）dt. Freiburg 1982, 385f. と W. Kasper a. a. O. 267f. を参照。産出と発出（Zeugung und Hervorgang）の区別は、東方ではすでに Johannes von Damaskus（de fide orth. I, 8 ; MPG 94, 816 C）によって強調された。西方の言語用法については、Thomas v. Aquin S. theol. I, 27 を参照 —— 三位一体論の、以下において簡潔に紹介される基礎概念の要約および解説については、W. Kasper a. a. O. 337－347 を参照。

（157） Vgl. Thomas v. Aquin S. theol. I, 43, 2.

（158） R. E. Brown : The Gospel according to John XIII-XXI, New York 1970, 1022f.

（159） R. E. Brown a. a. O. 689 und 724f,

（160） D. Hollaz : Examen theologicum acroamaticum I, Stargard 1707, 463f.

（161） W. Grundmann : Das Evangelium nach Lukas（Berlin 1961）8. Aufl. 1978, 107 mit G. Friedrich（ZThK 53, 1956, 265－311, 281ff.）.

（162） これについては、J. Roloff : Die Apostelgeschichte, Göttingen 1981, 206f. を参照。

ロロフは、ルカ3・22のテキストにおいて、イエスの洗礼と結びつけられている詩2・7の引用を、「確かに二次的なもの」とみなし、内容的にロマ1・4と類比的に、使徒13・33と同様にヘブ1・5を、イエスが復活において天に即位したことと関連させて解釈した。つまり「高挙により、神はイエスを仮の子としたのである」(207)。

(163) R. E. Brown : The Gospel According to John I-XII (Anchor Bible 29) New York 1966, 13f.「《Monogenès》〔ギ〕は、イエスの性質、彼の独自性を記述しているのであって、三一論的神学において彼の「発出(procession)」と呼ばれていることを記述しているのではない」(13)。

(164) 前述288頁以下、特に、子の名称の起源に関する注15に引用されたM.ヘンゲルの判断を参照。復活後の教団はイエスの神の子性(神の子であること)の起源を死者たちからの彼の甦りに求めた(ロマ1・4)。ただしそれは、復活以前の彼の働きを神が確認したという意味においてである。他方、イエスの洗礼は、彼の神の子性の宣言として伝承されており(マル1・11および並行個所)、しかも彼のその後の公的活動と関連づけられた。したがっていずれにせよ子という称号は、到来しつつある父の国に関するイエスの使信との関連でイエスの業と関連づけられている。

(165) D. Hollaz : Examen theologicum acroamaticum I, Stargard 1707, 456ff.

(166) Joh. von Damaskus de fide orth. I, 8, MPG 94, 808ff. 前掲注69以下、特にGregor von Nazianz or. 40, 43 (MPG 36, 420 B) を参照。

(167) Thomas von Aquin S. theol. I, 22, 3. によると、問題になっているのは、事柄の自然のうちに基礎づけられた秩序(《ordo naturae》)、しかも起源にふさわしい(《secudum originem》)秩序である。この視点は古プロテスタントの教義学(たとえば、A. Calov : Systema locorum theologicorum III, Wittenberg 1659, 153ff.)においても引き継がれ、帰属(Appropriation 三位一体論において、それぞれの属性が三位へ帰着すること)の教理に影響を与えた。つまりこの秩序のゆえに、神の最初の業、すなわち創造は父に帰属させられた(194f.)。

(168) A. Calov:《 ... a seipso est, quia a nullo alio. Atque ita etiam dicitur autotheos〔ギ〕; non quod solus pater sit SEIPSO DEUS ... sed quod solus sit A SEIPSO DEUS, ac autousian〔ギ〕illam, per quam Jehovah est, non habeat ab alio, uti Filius et Spiritus Sanctus (a. a. O. III, 192). カルヴァンはこう主張した。: et filium, quatenus Deus est, fatemur ex se ipso esse, sublato personae respectu; quatenus velo filius est, dicimus esse ex patre (Inst. I, 13, 25, CR30, 2, 113). こうして父への依存は位格的関係に限定され、神性への参与に関係づけられることもなかった。

(169) Athanasius c. Arian I, 29. 14, 34, 3, 6 も参照。

(170) 19世紀以来、三一論的神学において「自己区別」概念が用いられるように

なったが、それは、ほとんど一貫してまったく一面的に神性の第二と第三の位格が父を通して生まれるという意味であった。その表現は、父に対する子の自己区別に由来していたが、別の意味で用いられるようになった。つまり、他の者から自分を区別する者は、それによって同時に自分自身を、自分をそれから区別する他の者に《依拠する》者として規定する、という意味で。

(171) バルトは神の支配の概念を、神の本質と、したがって神の神性と同じ意味をもつものとして説明したが(KD I/1, 369、vgl. II/1, 519)これは正しい。アタナシオスも神の王権を、永遠に神にふさわしい、しかも父にも(c. Arian, 21)、また子にも(詩 44・7 以下との関連で I, 46 と II, 13)ふさわしい諸属性に数えた。

(172) これについては、J. Moltmann: Trinität und Reich Gottes, München 1980, 108f. を参照。「したがって神の国は、ひとつの神的主体から他の主体へと移行し、それによってその形態を変える」(109)。モルトマンは、したがって神の支配がすでに神の内三位一体的生命に、つまり《opera ad intra》に数えられていることを強調しているが、これは正しい。したがって三一性が神の支配に《先》(ebd.)行するとの命題は、もちろん誤解を引き起こす。

(173) J. Moltmann: Der gekreuzigte Gott. Das Kreuz Christi als Grund und Kritik christlicher Theologie, München 1972, 144 mit Bezugnahme auf R. Weth, Ev. Theol. 31, 1971, 227ff.

(174) G. W. F. Hegel: Vorlesungen über die Philosophie der Religon III, hg. G. Lasson (PhB 63) 157ff. vgl. schon ders: Glauben und Wissen (1802/3) PhB 62 b, 123f. Hegel のこの思想と、ニーチェの、神は死んだという言葉(Die fröhliche Wissenschaft Aph 125, vgl. 343)とのその関係について多くの文献が現れたが、ここでは、E. Jüngel(Gott als Geheimnis der Welt, Tübingen 1977, 83−132)の綿密な解釈と Chr. Link: Hegels Wort„ Gott selbst ist tot“, Zürich 1974 だけを挙げておく。

(175) ヘーゲルは明白に、「死ぬのはこの人間ではなく、《神的なもの》であり、まさにこれによりそれは人間となる」(Jenaer Realphilosophie hg. J. Hoffmeister PhB 67, 268)と語っている。これについては、E. Jüngel a. a. O. 102 und bes. auch 126f.(1528 年のルターの言説と「和協信条」が引用されている(SDVIII, BSELK 1030f.))を参照。

(176) J. Moltmann: Der gekreuzigte Gott, 1972, 188, 230ff の主張は、したがって正しい。すでに彼以前に、E. Jüngel: Vom Tod des lebendigen Gottes(1968), jezt in ders: Unterwegs zur Sache, München 1972, 105−125, bes. 117ff.. ユンゲルによると、神はまさにイエスの死において、死に対抗して彼の神性を主張している、つまりイエスの復活の出来事において彼の神性を主張している(119)。

(177) 前掲注 36 と 46 を参照。

(178) De trin. VI, 5, 7:《ipsa communio consubstantialis et coaeterna》(CCL 50, 235,

17f.), vgl. XV, 19, 37 (513, 140ff.). さらなる例証については、Y. Congar : Der Heilige Geist, Freiburg1982, 383f. を参照。

(179) H. Mühlen : Der Heilige Geist als Person. Beitrag zur Frage nach der dem Heiligen Geist eigentümlichen Funktion in der Trinität, bei der Inkarnation und im Gnadenbund (1963). 3. Aufl. 1966, 157ff.

(180) Dumitru Staniloae : Orthodoxe Dogmatik, Gütersloh 1984, 285. J. Moltmann : Trinität und Reich Gottes, München 1980, 185 Anm. 69 の批判的見解も参照。

(181) これについては、以下の部分と、前述の 295 頁以下を参照。

(182) その繋がりは特に trin. V, 11, 12 にみられる。霊は父と子に共通している――父の霊として、しかしまたキリストの霊として――ので、霊はそれらの間の交わりを表している。このことは、霊がそれらの共通の賜物(donum)であることに表現されている:《Ergo spiritus sanctus ineffabilis quaedam patris filiique communio ... 》(CCL 50, 219, 29f.)。アウグスティヌスを繰り返し父と子からの霊の共通の発出の命題へと導いたのは、《賜物》としての霊の理解である (trin. XV, 18, 32−19, 1f. ローマ 5・5 とⅠヨハ 4・13 との関連で)。なぜなら父と子はこの賜物の授与者だからである(XV, 26, 47 (CCL 50, 528, 90−101) vgl. schon 26, 46, (524f.) und IV, 20, 29 (199, 101ff.))。アウグスティヌスによると、霊は賜物であることのなかで初めて、他の二つの諸位格との、霊と結びついた関係が認識されうるのであって、父の霊と子の霊という名称においてそれが認識されるのではない。つまり、《Sed ipsa relatio non apparet in hoc nomine ; apparet autem cum dicitur》donum dei : V, 11, 12 (219, 23f.)。しかしながら奇妙なことに、子は、この賜物の主な受領者として記述されず、父と共に授与者としてのみ記述されている(IV, 20, 29 (199f.)、V, 14, 15 (222f.))。アウグスティヌスは、イエスの人間本性との関連で(XV, 26, 46 ; CCL 50, 526, 45f.)、しかもイエスの誕生との関連で(526, 54ff. ; 527, 59f.)、イエスを通しての霊の受領について語っている。彼は、イエスが三十歳のときに洗礼を受け、その際に初めて霊を受領したことを《abusurdissimum》として否定した(527, 60)。霊の派遣の場合と異なり、霊の受領を、イエスの位格の代わりにイエスの人間本性に関係づけることにより、アウグスティヌスは、子と霊の関係の規定に関わる聖書の諸言明のかなりの部分を曖昧にしてしまった。

(183) これについては、Y. Congar : Der Heilige Geist, Paris 1979/80, dt. Freiburg 1982, 366−368, 361−413(《filioque》に関する非常に詳細な説明), 435−453 を参照。W. Kasper : Der Gott Jesu Christi, Mainz 1982, 269ff. も参照。彼によると、霊の二重の発出(utroque procedens)は、西方の第四ラテラノ公会議(1215、DS 805)によって偶然的に言及され、そしてリヨンの公会議(1274)において教義の上で拘束なものと説明され、これと対立する東方正教会の理解の、丁重でしかも

厳しい批判と結びつけられた（DS 850, vgl. 853）。これについては、A. Ganoczy: Formale und inhaltliche Aspekte der mittelalterlichen Konzilien als Zeichen kirchlichen Ringens um ein universales Glaubensbekenntnis, in: K. Lehmann / W. Pannenberg（Hrsg.）: Glaubensbekenntnis und Kichengemeinschaft, Freiburg / Göttingen 1982, 49－79, bes. 60ff. und 70f. zur Relativierung der Verbindlichkeit des Konzils von Lyon durch Papst Paul VI.（AAS 1974, 620－625） を参照。

（184） ニカイア－コンスタンティノポリスの信仰告白のテキストに《filioque》を挿入することは教会法的に不当であるが、これに関し、最近の数十年間の西方神学における諸々の貢献のなかで目立っているのは、コンセンサスが拡大していることである。カトリックの他の神学者たちと並んでY. コンガールも、《filioque》を省くことにより元来のテキスト本文の復元を弁護しようとした（a. a. O. 451）。そのための前提は、もちろん東方正教会側が、「filioqueは、それが正しく理解されるならば、それ自体異端的なものをもたないこと」（ebd.）を認めることである。W. カスパーは、もしも《filioque》が異端的でないとすれば、「何ゆえ西方教会はその信仰告白伝承を断念しなければならないのかをもはや理解できない」（a. a. O. 272）と判断することにより、より慎重な姿勢を示している。福音主義の側では、宗教改革の教会は、信仰告白の西方において標準となった形式を受け入れ、バルトは明確に《filioque》と東方正教会の理解の棄却を弁護した（KD I/1, 500－511）。なぜなら彼は、そのなかに神の自己啓示のキリスト論的仲介が表現されていると考えたからである（502f, 507f.）。しかしながらバルトの場合にも、三一性を神の啓示における神の唯一の主体性の表現として捉える理解の結果、子は、父から発する霊の最初の受領者であると主張されることはなかった。すでに19世紀の福音主義神学において、《filioque》に対する疑念はもち論大きくなっていた。なぜならギリシャ的理解に反対する明白な聖書的根拠は存在しないからである（A. D. Chr. Twesten: Vorlesungen über die Dogmatik der Evangelisch-Lutherischen Kirche II/1, Hamburg 1837, 239ff., 245）。トヴェステンも、フィレンツェ公会議の統一定義（霊は父と子から発出する《tamquam ab uno principio et unica spiratione》（DS 1300））はギリシャ人の疑念をまったく考慮していないとみていた（244）。《filioque》に関する現代の議論については、特にR. Slenczka: Das Filioque in der neueren ökumenischen Diskussion, 注183に引用されている次の文献„Glaubensbekenntnis und Kirchengemienschaft“, 1982, 80－99, bes. zur ostkirchlichen Diskussion über den Verständigungsvorschlag von V. V. Bolotov 1892（83f., 89ff.）を参照。国際古カトリック司教会議はすでに1970年に、そして英国国教会は1978年に、コンスタンティノポリス信条の信仰告白のテキストから、両者とも主として教会法上の諸々の根拠から、付加部分を削除するように勧告した。信仰と職制に関する周知の研究においても、同様の勧告が表明された（Geist Gottes — Geist Christi,

Hrsg. L. Vischer. Frankfurt 1981）。これに対応して、ニカイアーコンスタンティノポリスの信仰告白の解釈に関する、信仰と教会憲法委員会の新しい研究は、この原テキストから出発している（Ein Gott, ein Geist. Zur Auslegung des apostlischen Glaubens heute, Hrsg. H. G. Link, Frankfurt 1987, 6 und 119）。J. モルトマンは正当にも、これによっても神学的問いはまだ解明されていないことを強調した（Trinität und Reich Gottes, 1980, 197f.）。彼によって提案された定式、つまり霊は、《子の父から発出し、父と子から形態を受領する》（203）という定式は、霊は、聖書の諸々の証言によると、子によっても《受領され》、そして父に対する子の服従を仲介することを、アウグスティヌス的伝統と同様にわずかしか考慮していない。「子の父から」霊が発出するという定式における子との関係は、問題の解明に対するひとつの貢献として歓迎されるが、子もすでに霊の最初の受領者であり、そしてそのようにして初めて信仰者たちへの霊の派遣の仲介者（Mittler）であるという視点を通して、補足されなければならない。

（185） De fide orth. I, 8.

（186） D. Staniloae a. a. O. 267. は「互いに完全に透明で見通しうる」三つの「主体」について語っている。J. モルトマンはこのような理解に近づいている。ただし彼は、三つの三一論的諸位格は「後になって初めて相互関係のなかに入ってくる三つの異なる個としては理解されていない」ことを強調している（Trinität und Reich Gottes 191）。W. Kasper（Der Gott Jesu Christi, 1982, 352）も明らかに「三つの主体」について語っている。三つの位格について語る代わりに、三つの《同一性》について語るという R. W. Jenson（The Triune Identity, Philadelphia 1982, 108ff.）の提案は、主体概念に固執することを強いる相互的自己区別の契機を考慮していない。

（187） A. a. O. 352. W. カスパーによると、「ラーナーは」、神的意識の一体性から、神のうちに「三つの意識－行為の中心」は存在しえないという結論を「余りに早く」引きだしている。いずれにせよラーナー自身はこう言っているだけである。つまり「……三つの意識存在は存在せず、ひとつの意識存在が三重の仕方で自存する。父と子と霊によって各々独自な仕方で所有されている、神におけるひとつのリアルな意識のみが存在する」（Myst. Sal. 2, 387）。B. ロナガンにならってラーナーは、この一体性にもかかわらず「神的「諸位格」の各々は他の二つの位格を「意識的に」もっている」（ebd. Anm. 29）ことを明言している。しかしながら、神において主体と客体の区別がまったく生じてならないとすれば、三つの位格の相互的自己区別が十分に考慮されうるのかどうかは、依然として疑問である。

（188） これについては、W. Kasper A. a. O. 345f. を参照。

（189） Athanasius c. Arian, 36（PG 26, 401 C）:「父は子にすべてのものを与えたので、父は子においてすべてのものを新たに所有する」。

(190) Athanasius c. Arian. I, 20. これについては、J. Zizioulas : Verité et communion, in : L'ètre ecclesial Paris 1981, 75−110, bes. 73f. を参照。

(191) これは、特に Gregor von Nazianz or. 40 (MPG 36, 420 B) に当てはまる。ただし彼は、ここで源泉と流れのイメージを適用しなかった (i. U. etwa zu Gregor Nyss. adv. Maced, MPG 45, 1317 A)。なぜならこのイメージは、父から発出した諸位格の自立的存在を表現していないからである (or 31, MPG 36, 169f.)。しかしながら、父を、神性の、起源をもたない唯一の原理とする理解に対して、疑念は向けられていない。これについては、前掲注 70 に引用された K. Holl の判断を参照。

(192) Vgl. die CCL. 50, 228 zu Zeile 20f. angeführten Belege.

(193) Aug. trin. VI, 1, 2 (CCL. 50, 229, 26ff.).

(194) A. a. O. VI, 2, 3:《Si haec ita sunt, iam ergo nec deus est pater sine filio nec filius deus sine patre, sed ambo simul deus》(230, 17f.).

(195) A. a. O. VII1, 2:《Quomodo ergo》eiusdem essentiae《filius cuius pater quandoquidem ad se ipsum nec essentia est, nec comnino est ad se ipsum sed etiam esse ad filium illi est?》(246, 71−74).

(196) A. a. O.《Restat itaque ut etiam essentia filius relative dicatur ad patrem. Ex quo conficitur inopinatissimus sensus ut ipsa essentia non sit essentia,, vel certe cum dicitur essentia, non essentia sed relativum indicetur (247, 96−99).

(197) 「ニカイア信条に関するアウグスティヌスの記述は正確である。しかし彼がニカイアの教理の不幸な結果とみなしているものは、実際には教理全体の独創的な目的であった。三一論的弁証法の独創的な点は、諸関係を……神において構成的なものとしていることにある」(R. W. Jenson : The Triune Identity, Philadelphia 1982 119)。ジェンソンがアウグスティヌスに対する彼の批判と結びつけている三一論のカッパドキア的解釈に関する肯定的な判断を、もちろんわたしはまったく無制限に共有することはできない。すなわちアウグスティヌスを正しく評価するためには、カッパドキアの教父たちの諸解釈において、神性の一体性の問題が依然として解決されなかったことを、われわれは知らねばならない (前述 302ff. ; 308f. (原典) を参照)。さらにカッパドキアの教父たちは、三一論的諸位格の関係における相互性をアタナシオスよりも厳密に捉えることができなかった。特に彼らはアタナシオスを越えて、それを相互的自己決定として解釈しなかった。ニュッサのグレゴリオスの、われわれに向けられた唯一の光における三つの位格の共同の働きという図像的な思想 (《Quod non sunt tres dii》124f., MPG 45, 133B sowie c. Eun.149, MPG 45, 416 B) —— ジェンソンは正当にも、これをカッパドキア神学の頂点として称賛している (113) —— はまず第一に、三つの位格の内的諸関係ではなく、外側に向かう神の働きの一体性に関連しており、さらに

従属説の痕跡を残している。これについては、K. Holl : Amphilochius von Ikonium in seinem Verhältnis zu den großssen Kappadozieren, Tübingen / Leibzig 1904, 218ff. を参照。

（198） Augustin trin. V, 8, 9:《Quidquid ergo ad se ipsum dicitur deus et de singulis personis ter dicitur patre et filio et spritu sancto, et simul de ipsa trinitate non pluraliter sed singulariter dicitur》（216, 35−37）.

（199） R. W. Jenson a. a. O. 120.「神の業と、したがって神を特徴づける、力、知恵などと関連する諸々の同一性の《相互的構造》が、抽象的で単純な神的本質の諸々の同一性という主張におだてられて、《同一的所有》とみなされている」。

（200） 注 198 に挙げた、三一性に関するアウグスティヌスの著作からの引用に続くのは、次の有名な命題である。《Dictum est tamen》tres personae《non ut illud diceretur, sed ne taceretur》（trin. V, 9, 10 ; 217, 10f.）．事実、この命題は、教義の言語の不適切性というよりも、むしろアウグスティヌスによる解釈の諸限界を確認している。

（201） モルトマンの三一論の記述における、これに基づく諸々の緊張関係については、R. Olson : Trinity and Eschatology : The Historical Being of God in Jürgen Moltmann and Wolfhart Pannenberg, in : Scottisch Journal of Theology 36（1983）213−227, bes. 224f. を参照。

（202） A. v. Harnack : Das Wesen des Chritentums（1900），Leipzig 1902, 91.

（203） これは、K. ラーナーの研究：„Gott“ als erste trinitarische Person im Neutestament, in : Zeitschrift f. kath. Theol. 66, 1942, 71−88 の成果である。

（204） W. Kasper : Der Gott Jesu Chrsti, Mainz 1982, 187. ここからカスパーはさらに、父を「《三一性の起源、源泉、内的一体性の根拠》」として記述した（364, vgl. 381）。しかしながらその際、父としての神の表象は、いつもすでに子との関係によって制約されていることが無視されていないだろうか？

（205） K. Rahner : Bemerkungen zum dogmatischen Traktat„ De Trinitae“（1960），in : Schriften zur Theologie IV, Einsiedeln 1960, 103−133. bes. 115ff.

（206） A. a. O. 123.

（207） E. Jüngel : Vom Tod des lebendigen Gottes（1968），in ders. : Unterwegs zur Sache. Theologische Bemerkungen, Tübingen 1972, 105−125, hier 119. Vgl. ders. : Gott als Geheimnis der Welt. Tübingen 1977, 132ff. 248ff. 270 −306. J. Moltmann : Der gekreuzgite Gott, München 1972, 184−204, 222−236.

（208） 1977 年、わたしはこの意味で、神的経綸の一定の業を、他の二つの位格の参与に関わりなく、三一性の個々の諸位格に帰属させること —— それはさらに、三一性の内的諸関係において、神的諸属性のみならず神性それ自体を、ひとつの位格を通して他の諸位格のひとつないし二つの位格に所属させることへと向かっ

ている —— を越えて、帰属論（三一論においてそれぞれの属性を三位へ帰着させる説）ないし属性論を拡大することを支持した。（Der Gott der Geschichte. Der trinitarische Gott und die Wahrheit der Geschichte, jetzt in : Grundfragen syst. Theologie II, 1980, 112－128, hier 124f.）。わたしはそれにより、アウグスティヌスによりその時代に拒否されたが（前掲注 191 以下を参照）、アタナシオスによって開拓された理解、つまり三一的諸関係の相互性の理解を更新し、さらに拡大しようとした。ユンゲルと J. モルトマンによる諸々の努力も、内容からみて同じ方向に向かっている。

（209） J. Moltmann : Der gekreuzigte Gott, München 1972, 243－255, bes. 254.

（210） Ders. : Trinität und Reich Gottes, München 1980, 137－143, bes. 140ff.

（211） A. a. O. 141 und 143.

（212） A. a. O. 141.

（213） A. a. O. 178.

（214） R. W. Jenson : The Triune Identity, Philadelphia 1982, 141f. もちろんジェンソンは、内的三位一体的諸関係の相互性の強調にもかかわらず（142）、三一論的神概念をまだアウグスティヌス的－ヘーゲル的意識的三一性と結びつけ、それにより三一論的神の一体性をまだ主体性として考えていた（144f.）。

（215） W. Kasper : Der Gott Jesu Christi, Mainz 1982, 335.

（216） Ebd. しかしながらカスパーが、続いて、「内在的三一性を経綸的三一性から一種の外挿法によって導きだすことは」（ebd.）できないと説明していることは、理解できない。いずれにせよ教理史の発展においても経綸的三一性から内在的三一性へと導いた基礎づけの関連が、「演繹」という術語によって正しく特徴づけられるのかどうかということについては、議論の余地があるだろう。すなわち、このような基礎づけの関連が存在することに異論を唱えることは難しく、それは神学によって強調されるべきである。なぜならそのなかに三一論的教義の諸定式のための唯一可能な、正当化の理由づけがあるからである。

（217） W. Kasper a. a. O. 318. D. Wendebourg : Geist oder Energie. Zur Frage der innergöttlichen Verankerung des christlichen Lebens in der byzantinischen Theologie, München 1980, bes. 182ff. zu Athanasius sowie 44ff. zur Endgestalt der von den Vätern des 4 Jahrhunderts ausgehenden Tendenz bei G. Palamas. による諸々の詳論も参照。

（218） J. Moltmann : Trinität und Reich Gottes, 1980, 177 uns 191. における対応する諸々の詳述は、次のような諸々の困難を表現している。つまりそれらは、三一論一般が、神的救済の経綸の関連における、三一論的諸関係の具体的位格的性格の再発見によって直面した諸々の困難である。

（219） 前掲注 69 以下を参照。モルトマンも、三一性の「構成」（a. a. O. 182f.）に関する彼の諸々の詳述において、三つの位格の一体性をその相互的交わりに基

づいて基礎づけるという彼の要求に反して、この思想に遡ってしまった（167f.）。これに対する批判については、前掲注201に引用されているR. オルソンの論文を参照。

（220） W. Kasper : Der Gott Jesu Christi, Mainz 1982, 358は、J. E. クーンとF. A. シュタウデンマイアーを引き合いにだしている。バルトは、「三位一体論をもつ教会は、反三位一体論者たちに対しまさに神の《一体性》の認識と、したがって《一神教》を弁護してきた」（KD I/1, 370）と主張したが、これは正しい。自らを啓示する唯一の主体としての神という表象による、この「キリスト教的一神教」（371）というバルトの解釈に対し、モルトマンは異論を唱えた（Trinität und Reich Gottes, München 1980, 154ff., vgl. schon 28ff.）。彼は、「神の主体性と三位一体論」（Kerygma u. Dogma 23, 1977, 25－40 : jetzt in : Grundfragen syst. Theologie II, 1980, 96－111, bes. 109ff.）に関するわたしの諸々の詳述と同意見であり、彼の異論は正しい。しかしこれにより、Moltmann a. a. O.（144ff., 156. vgl. schon ders. : Der gekreuzigte Gott, 1972, 236ff.）において生じているように、一神教一般の概念を放棄し、しかもそれを神学的論争の対象にすることが正当化されることは決してない。術語の決定に関するモルトマンの誤りが認識されるに違いない。モルトマンも神の一体性それ自体を拒否しようとはしていない（vgl. nur Trinität und Reich Gottes 166ff., 193f.）。それゆえ、W. カスパーも彼の諸々の発言のなかで「三神論的危険」を知覚しているにもかかわらず（a. a. O. 360 Anm. 183）、わたしは、モルトマンの見解は三神論であるとの非難に同意することはできない（vgl. schon meine Grundfragen systematischer Theologie II, 110, Anm. 34）。モルトマンが実際に拒絶しているのは三一論的一神教ではなく、19世紀に「神主義（Theismus）」の名のもとに主張されたような《抽象的》一神教である。これにより神の一体性それ自体が侵害されているわけではない。ただし次のことは別の問題である。つまり、モルトマンが、一方で三一論的ペリコレーシスに関する、他方で神性の起源としての父に基づく三一性の「構成」に関する彼の諸々の詳述において、三一論的神の一体性を概念的に、異論の余地なく定式化することに成功しているかどうかという問題は別である。

第6章の注

（1） ひとは神について何も知ることができないという抽象的命題に対し、ヘーゲルは次のように異論を唱えたが、それは正しい。つまり、この抽象的命題は神の思想からあらゆる内容的規定を奪い（Begriff der Religion hrsg. G. Lasson PhB59, 40f.）、さらに、実際に、有限な自我を絶対的なものとする立場を表現している（137ff.）。「したがって、神とその諸々の規定は自我の外にあるがゆえに、自我は、それ自体存在するもののあらゆる認識を断念し、神について何も知ろうとしな

いと主張することにより、この立場が、《謙遜》として登場しようとするならば、この謙遜は……むしろ高慢である」(137)。「自我は謙遜であるふりをするが、それは虚栄心と無価値という高慢に陥ってしまう」(138)。

(2) 本書第2章81頁以下を参照。

(3) カントによると、卓越とは「《あらゆる比較を越えた大きな》もののこと」(Kritik der Urteilskraft A 80)、「単にそれ自身とだけ等しい偉大なもの」(A 83)である。無限なものの理念とのその関連を通して、卓越は「感覚のすべての尺度」(A 91)に勝り、それゆえ自然におけるすべての所与を越えている(A 108, vgl. 103)。神学的諸含意については、H.-G. Redmann : Gott und Welt. Die Schöpfungstheologie der vorkritischen Periode Kants, 1962, 55ff. を参照。

(4) ユンゲルはこれを強調したが、それは正しい(Quae supura nos, nihil ad nos (1972), in : Entsprechungen. Theologische Erörterungen, München 1980, 202 −251, bes. 229ff.)。

(5) これについては、H. Bandt : Luthers Lehre vom verborgenen Gott, Berlin 1958, 99ff. を参照。

(6) WA43, 459, 24f., vgl. TR, 5658a. ルターはすでに《De servo arbitrio》1525の終わりで、《deus absconditus》と《deus revelatus》の対立の、《lumen gloriae》による《解消》を指摘していた。WA18, 785, 20ff. H. バントは、この対立が歴史的順序へとますます強く変形していくことについて語った。もちろん終末論的完成の此岸では、《deus revelatus》と《deus absconditus》の統一は、現在のあらゆる経験を越えて神の将来へと向かう信仰にのみ近づきうるものである。

(7) A. a. O. 227, 237f., 246f.

(8) E. Mühlenberg : Die Unendlichkeit Gottes bei Gregor von Nyssa. Gregors Kritik am Gottesbegriff der klassischen Metaphysik, Göttingen 1965, 100 −118, bes. 102f. zu Contra EunomiumIII, 1,103 (Jaeger II, 38, 17ff.).

(9) Ebd. 141f. zu Contra Eunomiun I, 368f. (Jaeger I, 135f.) und II, 69 (246, 14−16). Mühlenbergが詳細に指摘したとおり(147−165)、この思想のなかにグレゴリオスの認識神秘主義のための出発点がある。この認識神秘主義は神認識への登攀を、それ自体まさに神の無限性にあずかる終わりなき一本の道として記述している。

(10) Vgl. Mühlenberg 133f. 特に、無限なものの概念は、三つの異なる本質から成る構成という仮定を禁止している。神の無限性はこの本質の単一性(Einfachheit)を含意している(122−126)。

(11) De div. nom, VII, 3 (MPG 3, 871f.). アレオパギテースはプラトン学派の哲学に基づいてこの図式を引き継いだ。この図式は、すでに2世紀のアルビノスの『プラトン学説教程』のうちにみられる。

(12) S. theol. I, 12, 7. トマスは、言葉のより狭い意味での把握とより広い意味での

把握を区別している。厳密な意味で、それは、その諸原理に基づく、ある事柄の完全な認識を意味している（《... illud comprehenditur quod perfecte cognoscitur; perfecte autem cognoscitur quod tantum cognoscitur quantum est cognoscibile》）。この意味で神は、その無限性のゆえに、創造されたいかなる知性にとっても依然として理解しがたいままである。しかしトマスは次のように付け加えている。つまり、ひとは言葉のより広い意味で、無理解に反対して理解することについて語ることができる（ib. ad 1:《Alio modo „comprehensio" largius sumitur secundum quod comprehensio insecutioni opponitur.》

（13） Thomas v. A., S. theol. I, 13, 4 resp.:《Quae quidem perfectiones in Deo praeexistunt unite et simpliciter; in creaturis vero recipiuntur divise et multipliciter.》続く項目で、トマスはこの事態の起源を神と被造物の間の因果関係に求めた。《... quod divisim et multipliciter est in effectibus, in causa sit simpliciter et eodem modo》（I, 13, 5, resp.）.

（14） このような諸々の異論は、わたしの未公刊の「大学教員資格取得のための論文」（ハイデルベルク大学）『類比と啓示』（masch. 1955）において、詳細に展開されており、またRGG 3, Aufl. 1,（1957, 350－353, bes. 351f.）の、わたしが担当した「類比」の項目にその概要がまとめられている。特にスコラの諸々の努力は、類比的叙述を、一義的言明方法ないし概念形式と、多義的言明方法ないし概念形式の間の、独立した第三のものとして捉えることに成功しなかった（so Thomas v. A., S. theol. I, 13, 5 u. ö）。これに反してすでにドゥンス・スコトゥスは、あらゆる類比的叙述はすでに一義的基盤を要求し、そしてそれを前提としているとの説得力のある異論を唱えていた（bes. Ord. I, 8, 1 a 3, Opera Omnia ed. Vat. vol. IV, 1956, 191 n 83; vgl. auch 183 a, 67, sowie ferner Ord I, 3, 1, vol. III, 1954, 18－29, bes. 20n, 30）。類比的《概念》の理論に対するこの批判は、修正された形でウィリアム・オッカムと中世後期の多くの神学者たちによって引き継がれた。それは今日まで論駁されていない。トマス的類比論の弁護のために今日の言語哲学の基盤に基づいてよく主張される視点、つまり概念の一義性は、同等と差異を包含するより根源的な言語形式と比較すると、二次的であるとの視点（たとえば、W. Kasper: Der Gott Jesu Christi, Mainz 1982, 125）は、類比的《概念》と類比的《言葉の意味》を混同している。たしかに日常の言語用法における、言葉の諸々の意味の部分的な不明瞭さ、したがって可塑性と歴史的可変性は、言葉を概念的にある一義的意味に固定することに比べ、言語哲学的には基礎的なものである。しかし論証するためのあらゆる認識的努力にとって、言語の概念化は不可欠であり、諸概念は一義的でなければならない。知（Wissen）の拡大の道具としての類比概念の応用と彫琢の歴史において、類比的諸関係が観察されるにもかかわらず、一義的共通性の核という仮定も決定的なものであった。今や、神学における概念の

類比的ないし一義的諸形式に関する論究において問題なのは、論証的に展開されうる神認識の可能性であり、したがって日常言語の歴史的生における言葉の諸々の意味の最初の不明瞭さを指摘することは、ほとんど役に立たない。しかし類比的叙述の問いは、アリストテレス的盛期スコラにおいても、次のような理由においてのみ非常に重要な意味を獲得した。つまり人びとは、アリストテレス的認識論の基盤に基づき、すべての用語法は感性の経験から出発し、そしてそのなかにその唯一の源泉をもち、それゆえ神についてのあらゆる発言は諸々の言葉の転義的用法に依拠していることを仮定したからである。もしも人間の言語の発生と発展がすでに初めから宗教的主題設定によって共に規定されていたとすれば、ここで疑問が生じてくる（Anthropologie in theologischer Perspective, Göttingen 1983, 345ff., 364f., 372f. を参照）。その場合、人間の言語と世界経験は、神話的意識のうちにその共通の原形態をもっていたことを考慮に入れなければならないであろう。それは、E. カッシーラーが彼の象徴形式の哲学（1923－1929, 2. Aufl. 1954）のなかで（特に、神話的思惟を扱った第 2 巻と、第 3 巻第 1 部第 2 章の特に 71－107 において）指摘したとおりである。純粋に世俗的に考えられた世界経験に基づくわれわれの諸々の言葉が、神についての発言に類比的に転用されることに関する問いは、こうして基礎神学的意義を著しく失ってしまう。

（15） Duns Scotus : Ord. I, 3, 1, Opera ed. Vat. III, 1954, 38 n. 56:《Tertio dico quod Deus non cognoscitur naturaliter a viatore in particulari et proprie, hoc est sub ratione huius essentiae ut haec et in se.》われわれの一義的諸概念は神の特徴を含んでいない。Ib. 39n. 57:《Univocatio enim non est nisi in generalibus rationibus.》を参照。存在概念の一義性については、ebd. 18 n. 26f. を参照。

（16） Wilhelm Ockham : Scriptum in librum Primum Sententiarum（Ordinatio I）prol. q. 2（Opera ISt. Bonaventure N. Y. 1967, 117, 14ff. : Sexta councl.）. この事態はすでに、F. Bruckmüller : Die Gotteslehre Wilhelms von Ockham 1911. において正しく記述されていた（32ff.）。

（17） Ord. I d 8 q 1（Opera III, 1977, 178, 1）; vgl. M. C. Menges : The Concept of Univocity Regarding the Predication of God und Creature According to William Ockham, New York 1952, 81ff.

（18） この歩みは、諸々の最高の普遍概念、特に存在概念の一義性についてのドゥンス・スコトゥスによる解釈においてすでに準備されていた。しかしそれは、ウィリアム・オッカムの概念論主義的認識論において初めて完全に遂行された。さらにドゥンス・スコトゥスは、無限性は、存在の概念それ自体に《modus intrinsecus》なものとして特有なものであり、帰属により初めて付加されるものではないと考えた（Ord. I, 3, 1, Opera I, p. 40 n. 58）。

（19） たとえば、A. Calov : Systema locorum theologicorum t. 2 : De cognitione, nomini-

bus, natura et attributis Dei, Wittenberg 1655, 176ff. 古ルター派の教義学におけるこの方法の発展については、C. H. Ratschow : Lutherische Dogmatik zwischen Reformation und Aufklärung II, Gütersloh 1966, 61ff. を参照。

(20) Joh. Damasc. De fide orth. I, 3 ; vgl. ebd. cap. 1.

(21) Gregor Nyss. or. catech. praef. 2.

(22) A. a. O. I, 5.

(23) A. a. O. I, 4.

(24) S. thol, 3－11. これらの諸属性は、もちろん被造物の諸々の作用との相違（Verschiedenheit）に従ってのみ、神的本質を特徴づける。したがってそれらは、神的本質がそれ自体においてどのようになっているのかではなく、むしろ、それがどのようになっていないのかを語る（I, 3:《potius quomodo non sit》)。

(25) Wilhelm von Ockham : Scriptum in librum Primum Sententiarum（Ordinatio）q. 2 prol.（Opera IV, St. Bonaventure N. Y. 1970, 357, 9, zu Einheit（Gottes.）. Vgl. schon F. Bruckmüller : Die Gotteslehre Wilhelms von Ockham, München 1911, 43ff.

(26) Petrus de Ailliaco : Quaestiones super libros sententiarum cum quibusdam in fine adiunctis, Straßburg 1490（Nachdruck Frankfurt 1968）zu I, Sent. q. 2 a. 2X:《Hic dico tertio quod licet potuissent hoc aliqua naturali ratione persuadere, non tamen evidenter probare, similiter habitu revelationem quod deus est credenti deum esse multa possunt ex cognitione creaturarum concludi de deo quae aliter non concluderentur.》

(27) 本書第 2 章 92 頁注 29 の前後、および 125 頁以下を参照。

(28) これについては、P. Althaus ; Die Theologie Martin Luthers, Gütersloh 1962, 27ff. を参照。

(29) Vgl. C. H. Ratschow : Lutherische Dogmatik zwischen Reformation und Aufklärung II, 1966, 45ff. sowie ders. : Gott existiert, Berlin 1966, 27ff.

(30) C. H. Ratschow : Gott existiert, 1966, 41f.

(31) Joh. Duns Scotus : Ord. I d. 3 p. 1q. 1－2:《Numquam enim cognosco de aliquo, si est‘, nisi habeam aliquem conceptum illius extremi de quo cognosco ‚esse‘》(vol. III p. 6 n. 11). 神思想との関連における存在の主張の問題性に関する最近の諸議論については、I. K. Dalferth : Religiöse Rede von Gott, 1981, 547 und 678, sowie M. Durrant : The Logical Status of ‚God‘, London 1973 und Chr. Stead : Divine Substance, Oxford 1977, 7－11 und 267ff. を参照。このテーマに関する最近の諸々の貢献は、たいていドゥンス・スコトゥスと異なり、また哲学的神学のデカルトから出発した伝統と異なり、神の現存在についての問いにとって、無限なものの思想がもつ妥当性と取り組んでいない。

(32) ドゥンス・スコトゥスによると、ひとつの《actu》infinete《quod nos》の実存（Existenz）は証明を必要とする。彼は、そのすべての形式のうちに最初のも

のの無限性を含む第一原因の思想の助けを借りて、その証明を行った。Ord. Id. 2 p. 1 q. 1（Opera Vat. II, 1950, 148−215）bes. n. 145−215（213−215）.

(33) ドゥンス・スコトゥスにおける、ただひとつの意味しかもたない存在の概念については、特に Ord. I d. 3 p. 1q1−2B（Opera ed Vat. III, 1954, 18ff.）を、存在概念の様態としての無限性（《modum intrinsicum illius entitatis》）については、ebd. D p. 40n. 58 を、知性の第一対象としての存在については、ib. q. 3, p. 68−123, bes. p. 80f. n. 129 und p. 85−87（n. 137−139）, sowie vor allem p. 1−2, p. 48ff. und p. 54f. n. 80f. を参照。

(34) デカルトにとってこの思想がもつ重要性は、E. ジルソンとの関連で特に A. Koyré : Descartes und die Scholastik, Bonn 1923, 18−28. によって強調されている。

(35) Med. 3, n. 28:《 ... manifeste intelligo plus realitatis esse in subsutantia infinita, quam in finita, ac proinde priorem quodammodo in me esse perceptionem infiniti quam finiti, hoc est Dei, quam mei ipsius.》

(36) F. Suarez : Opera Omnia I, Paris 1886, 47 n. 5f. : スアレスは、「無限な」という表現を、神を越えて、それより大きなものが考えられえないことを指す名称として理解した（《hanc ipsam negationem per infinitatem significari intelligo》）。その結果、彼にとって、神の完全性に基づく神の無限性の証明は「容易である（《facile》）」ように思われた。

(37) 本書第 2 章 107 頁注 86 の前後、および Med. 3, 55 を参照。

(38) 《ens perfectissimum》と《ens necessarium》という概念による二つのアプローチの関係については、D. Henrich : Der ontologische Gottesbeweis. Sein Problem und seine Geschichte in der Neuzeit, Tübingen 1960, 10−22, bes. 14ff. における論究を参照。しかしながらデカルトの解釈は、ヘンリッヒの要約的記述を越えて、二つの概念の起源を無限なものについてのデカルトの思想に求めなければならない。

(39) J. ラトゥールはこの見出し語に関する彼の小論文（LThK 2. Aufl. 7, 1962, 1161−1164）のなかで、19 世紀のカトリック哲学の存在論主義と呼ばれる傾向は、アウグスティヌスとボナヴェントゥーラだけを引き合いにだすことができたことを強調している。

(40) Augustin c. Acad. III, 11, 24 und Soli II, 1, 1. Vgl. A. Koyré a. a. O. 63f.

(41) E. Jüngel : Gott als Geheimnis der Welt, Tübingen 1977, 143f. vgl. 146 −167 und bes. 164f.

(42) 拙論 Die Erneuerung der Metaphysik und Gottesgedanken, Göttingen 1988, 25ff. を参照。

(43) 本書第 2 章 130 頁以下を参照。

(44) これは、存在論主義の諸理解（前掲注 39）に対する異論にもなっている。

(45) この事態は、「あるべきであったもの」（to ti hēn einai〔ギ〕: Met 983 a 27f.）

としての本質（ousia）というアリストテレスの定義のうちに暗黙裡に含まれている。それはヘーゲルによって、彼の論理学の第一巻と第二巻の関係のなかで初めて表現され、そして特に現存在の省察としての本質という定義を通して説明された（Logik II, PhB 57, 7ff.）。この定義の完全な展開は、本質の出現としての「実存」（ebd. 101ff.）のうちにみられる。それは本質との一体性における現実（169ff. vgl. Encycl.142）として論じられる。ヘーゲルの存在の論理学は、もちろんこの現存在を、その本質に対する省察によって初めて規定される、まだ規定されていないDaとして取り扱わず、それ自身においてすでに規定されている現存在として、つまり実存に対し本質の現存在としてあらかじめ規定されている現存在として取り扱っている。

（46） これについては、J. Stenzel: Studien zur Entwicklung der platonischen Dialektik von Sokrates zu Aristoteles（1917）, 3. Aufl. Darmstadt 1961, 13ff., 86f. を参照。

（47） Thomas von Aquin: S. c. Gentes II, 54 und 55; vgl. S. theol. I, 3, 4. これについては、M.-D. Roland-Gosselin: La, De ente et essentia 'de S. Thomas d'Aquin, Paris 1926, 189ff の詳論を参照。アヴィケンナにおけるこの思想の起源については、Metaphysica sive prima philosophia in ders.: Opera latina, Venetiis 1508, fol. 99rb:《... omne habens quidditatem causatum est, et cetra alia excepto „necesse esse" (d. i. Gott）habent quidditates quae sunt per se possibiles esse, quibus non accidit esse nisi extrinsecus; primus igitur non habet quidditatem, sed super habentia quiddiates fluit esse ab eo》（Tract. 8 c. 4）. これに対しゴイション（A. M. Goichon）は、正当にも、アヴィケンナの決定論的体系において諸々の被造物のこのような偶然性は、《論理的》偶然性としてのみ理解できる、と異論を唱えている。すなわち、諸事物はそれ自体で必然的なもののではない（La philosophie d' Avicenne, et son influence en Europe médiévale, Paris 1951, 22ff.）。トマスはこの理解を、形相（Form）が存在を与えるというアリストテレスの原理によって調停しようとした（S. theol. I, 104, 1）。これについては、Roland-Gosselin a. a. O. und von E. Gilson: L'être l'essence, Paris 1948, 96ff の詳論を参照。

（48） それゆえアヴィケンナは神を、「何」（Washeit）のない（《quidditas》のない）純粋な存在と考えた（前注参照）。トマスは、神の単一性から出発したため、神における《esse》と《essential》の相違にのみ異論を唱えた。《Deus igitur non habet essentiam quae not sit suum esse》（c. Gentes I, 22; vgl. S. theol. I, 3, 4）。

（49） C. H. ラーチョウによると、神の実存に関する古プロテスタントの教義学の諸言明も、主に、世界における神の現存在を表現するという意味をもっていた（Gott existiert. Eine dogmatische Studie, Berlin 1966, 36ff., 47, 62ff.）。もちろん ラーチョウは、《神の》現存在として規定された現存在と、その無規定性における現存在を区別していない。

(50)　現象の概念については、拙論 in: Erscheinung als Ankunft des Zukünftigen, in: Theologie und Reich Gottes, Gütersloh 1971, 79−91 を参照。

(51)　三つの三一論的諸位格と神的本質の一体性との関係に対する、現存在と本質の区別の適用については、C. H. Ratschow: Gott existiert, Berlin 1966. 49 を参照。

(52)　後者については、Anthropologie in theologischer Perspektive, Göttingen 1983, 217−235, bes. 233f. を参照。

(53)　本質と諸属性の関係におけるこの弁証法については、G. W. F. Hegel: Wissenschaft der Logik II（PhB 57）105−114: Das Ding und seine Eigenschaften. を参照。

(54)　これについては、H. G. Beck: Kirche und theologische Literatur im byzantinischen Reich, München 1959, 322−332 を参照。

(55)　今日の正教会の神学がグレゴリオス・パラマス主義の影響に従っているかぎりにおいて、D. スタニロアエの場合と同様に、「神は、その都度ひとつの特別な業においてのみ、またただ特別な仕方で働いているようにみえるにもかかわらず、神は同時に各々の業のうちに完全に含まれていること」が喜んで強調されている。「神の本質にしたがって、すべての業のうちに《ひとりの》神が働いておられる」ことは、彼のすべての業に当てはまる（Orthodoxe Dogmatik, Gütersloh 1985, 137）。しかしその際ひとはどのようにして、神の《創造されない》業について語りうるのだろうか（ebd.）？　この表象は、それ自体で矛盾に満ちているのではないだろうか？　三一論的諸位格の場合と同様に、非創造性によって本質の一体性が与えられるであろう。しかしもしこのような本質の一体性はあるべきではないとすれば、したがってまた三つの位格と並ぶ神における第四のものはあるべきではないとすれば、諸々の作用と原因の、本質的相違というものが仮定されなければならない。

(56)　D. F. Strauß: Die christliche Glaubenslehre in ihrer geschichtlichen Entwicklung und im Kamp mit der modernen Wissenschaft dargestellt, 1. Bd. Tübingen 1840, 542f. なお、G. W. F. Hegel: Encyclopädie der philosophischen Wissenschaften（1817）3 Aufl. 1830,36c. を参照。

(57)　I. Kant: Prolegomena zu einer jeden künftigen Metaphysik, die als Wissenschaft wird auftreten können（1783）57, A173 −175. zu D. Hume: Dialogues Concerning Natural Religion（1779）part 4. J. G. Fichte: Über den Grund unseres Glaubens an eine göttliche Weltregierung（1798）, zit. nach H. Lindau（Hrsg.）: Die Schriften zu J. G. Fichtes Atheismusstreit, München 1912, 32ff. これについては、フィヒテの法的弁明書における詳論（ebd. 225−228（1799））も参照。

(58)　F. Schleiermacher: Der christliche Glaube（1821）2 Aufl. 1830,50. バルトは、そのなかに根拠もなく、フォイエルバッハの投影論による神論の破壊のための前提条件をみたわけではない（KD II/1, 380f.）。神の諸属性が絶対依存の感情の異な

る諸観点に基づいて基礎づけられていることにより、シュライアマハーの、人間学的基盤に基づく神の諸属性の教理において、諸々の作用から原因を推論する帰納的推論が導入されていることを、エーベリンクは詳細に指摘した。G. Ebeling: Schlermachers Lehre von den göttlichen Eigenscaften（1968）, in: Wort und Glaube 2, Tübingen 1969, 305−342, bes. 318ff.

（59） Feuerbach: Das Wesen des Christentums（1841）:「主体の必然性は述語の必然性のなかにのみある」（L. Feuerbach Gesammelte Werke 5, Berlin 1973, 55）。「主体の否定は、無宗教、たしかに無神論に当てはまる。しかし述語の否定はそうはいかない。しかしいかなる諸規定ももたないもの、それはわたしにいかなる影響も与えず、いかなる影響も与えないもの、それはわたしにとっていかなる現存在でもない。すべての規定が否定されることは、本質それ自体が否定されることである」（ebd. 49, vgl. auch 62）。

（60） シラーの戯曲のなかで、船板を越えようとする際に紫の衣を引っぱられたヴェリンナは、フィエスコに言った、「紫の衣が脱げてしまった。もうわたしは大公をやめなければならない」（Die verschwörung des Fiesco zu Genua 5, 16）と。

（61） これは、スコラ学に劣らず近代の神学に妥当する。シュライアマハーについては、上（58）に引用されているエーベリンクの研究を参照。カントにおいても、世界に対する神の関係は、神人同形論的な諸属性の帰責の象徴的用法のための基盤となっており、それは原因の概念によって規定されている（Prolegomena58, A. 176ff.）。これについては、E. Jüngel: Gott als Geheimnis der Welt, Tübingen 1977, 358−363 を参照。

（62） 神の単一性（Einfachheit）のゆえに、各構成は、したがって実体と偶有性の構成も、神の本質から排除されている（vgl. z. B. Thomas von Aquin S. thol. I, 3, 6）。もしかすると、このような構成の、神とは異なる根拠が仮定されるかもしれない。これは第一原因としての神の思想に矛盾するので、プラトンはすでに神の思想からあらゆる構成を排除していた（Staat B 382 e）。そして初期キリスト教神学は、弁証家たち以来、この理解に従った。これについては、たとえば、拙論 Grundfragen systematischer Theologie I, 1967, 332ff. を参照。

（63） アウグスティヌスは、諸関係は偶然ではないということによって、このことをもちろん正当化した（De trin. V. 5. 6:《tamen relativum non est accidens, quia non est mutabile》, CC 50, 211, 22f.）。しかし Arist. Met. 1088 a 22ff. を参照。アウグスティヌスと異なり、トマスはアリストテレス流に関係を偶然と判断した（S. theol. I, 28, 2）。その結果、彼にとって位格的諸関係の相違が、神的本質の一体性において完全に消えてしまうことがないのは（vgl. 40. 1）、ただ次のような理由による。つまり、被造物の領域における諸関係の出現と異なり、自存する（subsistierend）諸関係の表象は諸々の偶然として展開されるからである（40, 2 ad

4)。

(64) これについては、H. Dolch: Kausalität im Verständnis des Theologen und der Begründer neuzeitlicher Physik, Freiburg 1954 を参照。また E. Cassirer: Subustanzbegriff und Funktionsbegriff (1910), Neudruck Darmstadt 1969, 255ff. も参照。

(65) I. Kant: Kritik der reinen Vernunft (1781) 2. Aufl. 1787 (B) 106.

(66) Ebd. 340f. Vgl. G. Martin: Immanuel Kant, Kölin 1951, 167.

(67) H. Cremer: Die christliche Lehre von der Eigenschaften Gottes, Güthersloh 1897. 本書における引用頁数は、この書物に基づいている。

(68) 行為の意図をもたない単なる振舞い、状態、そして活動存在と異なる行為の概念にとって、目的の連関のもつ構成的意義については、Anthropologie in theologischer Perspektive, Göttingen 1983, 353ff. を参照。また最近のものでは、Chr. Schwöbel: Die Rede vom Handeln Gottes im christlichen Glauben. Beiträge zu einem systematisch-theologischen Rekonstruktionsversuch, in: Marburger Jahrbuch zur Theologie I, hrg. W. Härle und R. Preul, Marburg 1987, 56-81, bes. 71ff. と R. Preul: Problemskizze zur Rede vom Handeln Gottes, ebd. 3-11, bes. 6 (d) も参照。行為の志向性と、諸属性を行為者に帰することの関係については、特に、T. F. Tracy: God, Action, and Embodiment, Grand Rapids 1984, 21-44, vgl. 19 を参照。

(69) たとえば、Fr. Mildenberger: Gotteslehre. Eine dogmatische Untersuchung, Tübingen 1975, 148-151 を参照。しかし K. Barth KD II/1, 611-621 も。

(70) A. Calov: Systema Locorum Theologicorum t. 2: De Cognitione, Nominibus, Natura et Attributis Dei, Wittenberg 1655 c. III, 176ff.

(71) これにはついては、以下の注 92-97 を参照。

(72) W. Joest: Die Wirklichkeit Gottes (Dogmatik Bd. 1, Göttingen 1984):「『神は人格である』との命題を主張する者は、それにより、神は『ひとりの人格』である、神は人格存在という類に属している、と言おうとしているわけではない」(156)。

(73) 《Deus non est in genere》: Thomas von Aquin s. theol. I3, 5, und c. Gentes I25.

(74) たとえば、H. H. Wolfson: Philo II, 94ff. キリスト教弁証学とエイレナイオスにおけるこの思想の受容については、Grundfragen systematischer Theologie I, 1967, 318ff. を参照。比較的後の著者たちについては Chr. Stead: Divine Substance, Oxford 1977, 168ff. を参照。

(75) Tert, adv. 7; この理解の普及については、A. v. Harnack: Lehrbuch der DogmengeschichteI, 5. Aufl. Tübingen 1931, 574 Anm. 6: 更に Stead a. a. O. 175ff., 178ff. を参照。

(76) Origenes De Princ. I, 1, 3f. und 6.

(77) Ib. I, 1, 5 und 7《et nolunt hoc intellgi, qoud propinquitas quaedam sit menti ad Deum. cuius ipsa mens intellectualis imago sit, et per hoc possit aliquid de deitatis sentire

natura, maxime si expurgatior ac segregatior sit a materia corporali.》

(78) この理解の比較的後期の古典的形式については、Thomas von Aquin S. thol. I, 13, 3 を参照。アレオパギテースにおける神の理性（《Logos》あるいは《ratio》）の強調については、De div. Nom. VII, 2（MPG 3, 887）を参照。

(79) その例証はトマスの諸々の詳述（S. theol. I, 3, 1:《Utrum Deus sit corpus》）と、特に c. GentesI, 20. にみられる。

(80) A. Calov : Systema Locorum Theologicorum t. 2 : De Cognitione Nominibus, Natura et Attributis Dei Wittenberg 1655 c. III q. 4（205ff., 206）gegen Joh. Crellius : De Deo eiusque Attributis, Irenopoli（Amsterdam）1656（Bibliotheca Fratrum Polonorum IV）c. 15p. 37,

(81) H. W. Wolff : Anthropologie des Alten Testaments. München 1973, 68ff. und 78ff.

(82) Ebd. 57ff. Vgl. auch Westermann : Theologie des AT, Göttingen 1978, 64 Exkurs. 霊と預言者の関係については、特に G. v. Rad : Theologie des Alten TestamentsII, München 1960, 68f. を参照。

(83) Wolff 61, vgl. 58ff.

(84) Ebd. 67.

(85) これについては、E. Schweizer : Heilger Geist, Stuttgart 1978, 32f. bes. 33 を参照。「しかし決して単純に悟性のことが考えられているのではなく、神の認識が、あるいは神に規定された道の認識が贈る『霊』のことが考えられている」。ヨブ 32・8 などを参照。

(86) これについては、E. Schweizer a. a. O. 68−168 und 170f の詳論を参照。

(87) これについては、L. Oeing-Hanhoff im Hist. Wörterbuch der Philosophie 3, 1974, 155. zum Stichwort Geist の諸見解を参照。G. Verbeke ebd. 157−162. による詳述も参照。

(88) この断片 B の真正性をめぐる討論については、J. Kerschensteiner : Kosmos. Quellenkritische Untersuchungen zu den Vorsokratikern, München 1962, 66−83 を参照。W. クランツと並んで、特に W. イェーガーと R. モンドルフォはその真正性を擁護している。ケルシェンシュタイナー自身は最終的に K. ラインハルトを通して真正性に異論を唱えている。

(89) So K. Reinhardt : Kosmos und Sympathie, München 1926, 209−213.

(90) Plotin Enn. VI, 9, 2 ; vgl. III, 8, 9, sowie V, 1, 4.

(91) これについては、拙論 Gottesidee des hohen Mittelalters in : A. Schaefer（Hg.）: Der Gottesgdanke im Abendland, Stuttgart 1964, 21−34, bes. 25ff. オーヴェルヌのギヨームについては、De universo I, 1, 27（Opera Omnia, Orléans 1674, I, 623b-624a）を参照。

(92) Baruch de Spinoza : Ethica Ordine Geometrico demonstrata（1677）Iprop. 17

corr. 2 und Scholium: ... si ad aeternam Dei essentiam, intellectus scilicet, et voluntas pertinent, aliud sane per utrumque hoc attributum intelligendum est, quam hoc vuglo volent homines ... toto coelo differe deberent, nec in ulla re, praeterquam, in nomine, convenire possent ... Quod sic demonstrabo. Si intellectus ad divinam naturam pertinet, non poterit, uti noster intellectus, posterior（ut plerisque placet）, vel simul natura esse cum rebus intellectis, quandoquidem Deus omnibus rebus prior est causalitate（Hg. C. Gebhardt p. 62, 31－63, 7）. 神における意志と知性の区別を拒否したモーシェ・ベン・マイモニデスとスピノザの関係については、Leo Strauss: Die Religionkritik Spinozas als Grundlage seiner Bibelkritik（1930）Neudruck Darmstadt 1981, 134f. を参照。

（93） Spinoza（Appendix zum ersten Teil des Werks）:《Deinde haec doctrina Dei perfectionem tollit: Nam si Deus propter finem agit, aliquid necessario appetite quod caret》（C. Gebhardt 80, 22f.）.

（94） Ebd. I Prop. 32. corr. 2（Gebhardt 73, 4ff.）.

（95） D. Hume: Dialogues Concerning Natural Religion, ed. H. D. Aiken（1948）London 1977: „Our thought is fluctuating, uncertain, fleeting, successive, and compounded; and were we to remove these circumstances, we absolutely annihilate its essense, and it would in such a case be an abuse of terms to apply to it the name of thought or reason“（30. am Schluß des dritten Teils; vgl. zur Charakteristik des teleologischen Gottesbeweises als einzig diskutabler Rectfertigung für die Annahme einer uns ähnlichen göttlichen Vernunft ebd. 17）。

（96） Ebd. Part 4: „A mind whose acts and sentiments and ideas are not distinct and successive, one that is wholly simple and totally immutable, is a mind who has no thought, no reason, no will, no sentiment, no love, no hatred; or, in a word it is no mind at all. It is an abuse of terms to give it that appellation ... “（32）。

（97） J. G. Fichte: Über den Grund unseres Glaubens an eine göttliche Weltregierung（1798）, zit. nach H. Lindau: Die Schriften zu J. G. Fichtes Atheismus-Streit, Müenchen 1912, 34（S. 16f. der Originalpublkation im Philosophischen Journal）. Nur in Rücksicht dieser Schranken hat Fichte, wie er ein Jahr später in seiner „Gerichtlichen Verantwortungsschrift“betonte, „das Bewustsein geleugnet“(ebd. 227). 人格的神の表象に対するフィヒテの批判については、F. Wagner: Der Gedanke der Persönlichkeit Gottes bei Fichte und Hegel, Gütersloh 1971, 28－96, bes. 59f. und 78, 92ff. も参照。

（98） G. W. F. Hegel: Vorlesungen über die Philosophie der Religion III. Die absolute Religion, hg. G. Lasson（PhB 63）, Hamburg 1929, 60f.（MS）und 71f.（Vorlesung 1824）sowie 81（Vorlesugn 1827）, dazu F. Wagner a. a. O. 241ff., 251f.

（99） これについては、拙論 Die Bedeutung des Christentums in der Philosophie Hegels

（Gottesgdanke und menschliche Freiheit, Göttingen 1972. 78－113）98ff. を参照。

（100） ヘーゲルの霊概念とキリスト教の三位一体論の関係に関するさらに詳しい論究については、次のものを参照。拙論 Der Geist und sein Anders, in : Hegels Logik der Philosophie. Religion und Philosophie in der Theorie des absouten Geistes, hg. D. Henrich und R. -P. Horstmann Stuttgart 1984, 151－159. W. Jaeschke（Die Vernunft in der Religoin, Studien zur Grundelgung der Religonsphilosophie Hegels, Stuttgart 1986）は、たしかに、キリスト教の諸教義の意味との一致が欠けているとの視点のもとで、ヘーゲルの宗教哲学と三一性の解釈に対する批判を些細なこととして分類した（302f., 322f.）。しかしながらヘーゲルがまさにこの宗教の内容を概念に基づいて捉えるように要求していることを念頭に置くと、神学的批判に反対する哲学にこのような免疫性を原理的に付与することは、依然として問題である。

（101） 拙著 Anthropologie in theologischer Perspektive, Göttingen 1983, 185－235, bes. 194ff., 214ff., 233ff. を参照。

（102） 《intuitus originarius》については、I. Kant : Kritik der reinen Vernunft（1781）2. Ausg. 1787（B）72, vgl. B 138f. を参照。これについてはさらに、《intellectus archetyus》（B 723）という類似の表象と比較すべきであり、A. G. Baumgarten : Metaphysica（1779）, 7. ed. Halle 1972, 863－889 を参照。

（103） カントによると、随伴する自己意識は対象意識の一体性の条件であるにもかかわらず（Kritik r. Vern. B. 131ff.）、明らかにすでに自己意識なしに、ある対象意識が存在する。これについては、D. R. Griffin : The Question of Animal Awareness, New York 1976 を参照。人間の意識は、初めてこれを越えて自己意識と結びつけられている。これについては、J. C. Eccels : Animal Consciousness and Human Self-consciousness, in : Experientia 38, 1982, 1384－1391, bes. 1386f. を参照。しかし人間の成長においても、自己意識が現れる前に、すでに対象意識が存在する。

（104） R. Swinburne : The Coherence of Theism, Oxford 1977, 102 －125 gegen T. Penelhum : Survival and Disembodied Existence. London 1970 ; vgl. dort bes59－78.

（105） 特にユンゲルは、神学的視点から隠喩的発言の論理を繰り返し取り扱った。Metaphorische Wahrheit. Erwägungen zur theologischer Relevanz der Metapher als Beitrag zur Hermenutik einer narrativen Theologie, in P. Ricoeur / E. Jüngel : Metapher. Zur Hermneutik religiöser Sprache, Tv. Theologie Sonderheft 1974, 71－122, sowie ders : Gott als Geheimnis der Welt, Tübingen 1977, bes. 394－408. もちろんわれわれは、「神」という語は、その本性からして非隠喩的名称であることに固執しなければならないであろう。この語は、それが諸々の偶像に適用されるときに、初めて隠喩となる。

（106） この事態の古典的記述については、G. van der Leeuw : Phänomenologie der

Religion, 2. Aufl. Tübingen 1956,17 : Macht und Wille gestaltet im Namen（155－170），sowie schon9 : Wille und Gestalt（77－86）を参照。

（107） このテーマに関しては、A. Dihle : Die Vorstellung vom Willen in der Antike（1982）Göttingen 1985 の諸々の研究が啓発的である。ディーレは、ギリシャの思想では、ユダヤ教およびキリスト教との対決のなかで初めて意志に関するより正確な表象が形成されたことを指摘している。

（108） G. Schrenk im ThWBNT 3, Stuttgart 1938, 54（テレーマ〔ギ〕について）による証明を参照。

（109） M. Pohlenz : Die Stoa. Geschichte einer geistigen Bewegung, Göttingen, 1959, I, 73f., II, 42f.

（110） プネウマに関するストアの教理とのその関連については、M. Jammer in : Hist. Wörterbuch der Philosophie 2, 1972, 923－926（Feld, Feldtheorie）を参照。

（111） L. Köhler : Theologie des Alten Testments（1936），2. Aufl. Tübingen 1948, 35f.

（112） 異なっているその理由は、霊が父から発出し、たとえ霊が子を通して他の者に伝達（派遣）されるとしても、子が霊を受け取るからである。

（113） ニュッサのグレゴリオスによると、まさに「神」という語は、父から、子と霊を通して被造物に近づく神的行為のひとつの運動を《指し示している》(Quod non sint tres dii, MPG 45, 128 AC)。これはナジアンゾスのグレゴリオスの擬態語（視覚的印象を言語音に模写した語）に対応する。それによると、父、子、霊は、被造物たちのところにやってくる唯一の光線（mia tou phōtos synkrasis〔ギ〕）を形成している（or. 31, 14 ; MPG 36, 149A)。これについては、R. W. Jenson : The Triune Identity, Philadelphia 1982 113f. を参照。もちろんニュッサのグレゴリオスは、アリウス主義者の敵対者たちに対し、業の一体性によっても、《実体》の一体性はまだ言明されていないことを容認しなければならなかった(MGP 45, 128－130)。

（114） 前述 408 頁以下を参照。また、神における知性と意志の区別に対するスピノザの批判に関する詳述（407）を参照。この構造は、T. Penelhum（前掲注 104）40ff の意味における《基本的な諸々の行為》にも当てはまる。

（115） 人間にとって神の知恵が隠されていることに関する旧約聖書の知恵文学の諸言明を参照。それによると、知恵は、神によって被造物のうちに埋め込まれた「意味」、その「神的創造の秘密」を叙述するにもかかわらず、その知恵は人間の理解から遠ざかっていく（G. v. Rad : Weisheit in Israel, Neukirchen 1970, 193f., 194ff. ; vgl. auch das Kapitel „Grenzen der Weisheit“ ebd. 131－148)。

（116） 本書第 4 章 236 頁以下を参照。

（117） これについては、拙論の詳述：Was ist Wahrheit? in : Grundfragen systematischer Theologie I, Göttingen 1967, 202－222 を参照。

（118） H. Lübbe : Geschichtsbegriff und Geschichtsinteresse, Basel 1977. はこの区別を強調した。

（119）E. Jüngel（Gottes Sein ist im Werde, Tübingen 1965, 28, vgl. 25 Anm. 43）は、K. Barth（KD I/1, 315）における神の自己反復の思想の意義を指摘した。しかし注目すべきなのは、「神の反復」という表現が、ここでは世界における神の自己啓示に適用されていることであり、それが父と子の内三位一体的関係に適用されていないことである。後者は、次のことを通して排除されている。つまり、父は、子がいなければ、「反復」されうる、それ自身に閉じ込められた偉大なものでは決してないということを通して、排除されている。

（120） これについては、モルトマンによる、神の将来の《adventus》（Richtungen der Eschatologie, in : Zukunft der Schöpfung, München 1977, 26ff., bes. 35ff.）としての特性描写を参照。さらに以下のものも参照。E. Jüngel : Gott als Geheimnis der Welt, Tübingen 1977, 225 u. ö., bes. 513. H. J. Iwand : Die Gegenwart des Kommenden, 1955, 37（bei J. Moltmann zit. a. a. O. 49）. 終末論、神、創造に関する拙論 Theologie und Reich Gottes（1969）, Gütersloh 1971, 9－29, bes. 18ff. und 21, sowie a. a. O. 79－91 über „Erscheinung als Ankunft des Zukünftigen".

（121） これについては、P. ハドートによる項目 Hist. Wörterbuch der Philosophie I, 1971, 976f. を参照。

（122） C. H. Ratschow : Lutherische Dogmatik zwischen Reformation und Aufklärung 2, 1966, 73f. ここには、A. カロフと D. ホラーツにおける、内在的なものと外在的なものという神の諸属性の区分の例が引用されている。これと類比的に理解されるのが、神の絶対的諸属性と相対的諸属性の区別、あるいは神の間接的諸属性と直接的諸属性の区別であり、これらは古改革派の教義学において好まれた（H. Heppe / E. Bizer : Die Dogmatik der ev. -reformierten Kirche, Neukichen 1958, 56ff.）。K. Barth KD II/1, 377ff. bes. 383. は、新しい神学の諸例をまとめている。ローマ・カトリックの教義学においても、一方で、神の存在それ自体の視点もとで、また他方で，世界との関係の視点のもとで、諸属性の区分が行われている。たとえば、M. J. Scheeben : Handbuch der Katholischen Dogmatik 2（Ges. Schriften IV）3. Aufl. Freiburg 1948, 51ff.（70）を参照。

（123） Fr. Schleiermacher : Der christliche Glaube, 2. Ausg. 1830,50, 3.50 の要旨は、明白にこう述べている。つまり、「われわれが神に与えている諸属性は、……特に神のうちにある何ものかを指しているのではなく、絶対依存の感情を神に関連づけるその方法における何か特別なものを指している」。ここから生ずるのは、属性論のシュライアマハーに特有な配分、つまりそれを教義学全体にわたって論ずるという方法である。エーベリンクはこのやり方を積極的に評価したが、疑わしい前提以上のことは論じていない（Schleiermachers Lehre von den göttlichen

Eigenschaften, in : Wort und Glaube 2, Tübingen 1969, 305−342, 327ff., bes. 332f.)。

(124) 教義学の神論にとって頌詠がもつ意味については、以下のものを参照。E. Schlink : Die Struktur der dogmatischen Aussage als ökumenisches Problem (1957), in ders. : Der kommende Christus und die kirchlichen Traditionen, Göttingen 1961, 24−79, bes. 26ff., 33, sowie ders. : Ökumenische Dogmatik, Göttingen 1983, 725ff.

(125) H. Cremer : Die christliche Lehre von den Eigenschaften Gottes, Gütersloh 1897, 32. この主体を除くと、神概念から生ずるのは「全能、遍在などに関するまったく抽象的な諸言明、すべて解決できない諸問題のままに終わってしまう諸言明だけ」(ebd.) である。残念ながらクレーマーは、ここで主張された事態を一つ一つ、哲学的神学の伝統と対決しつつ吟味し、そして証明することはなかった。

(126) それゆえA. カロフは、無限性は、他の諸属性の詳細な規定として機能するだけでなく、《per se conceptus quidditativus Dei》(Systema Locorum Theologicorum t. 2, Wittenberg 1655 c. IIIq7, 215ff.) であることを強調した。ここで退けられた理解は、のちに特にシュライアマハーによって再び主張された (Der christliche Glaube 56, 2)。シュライアマハーは無限性を、一体性と同様に「すべての神的諸属性のなかのひとつの属性」、属性概念を形成するための「カノン (基準)」と呼んだ。シュライアマハーのこの立場は、彼が神の諸属性 (愛を例外として) に関する諸言明を神の本質に関する諸言明として理解しようとしなかった (前掲注123) こととの関連で捉えられなければならない。しかしこれは、諸属性の帰責の内的論理と、またその頌詠におけるその起源と一致しない (前掲注124)。

(127) これに対してH. クレーマーは、われわれは神についていかなる適切な概念も所有していないというもっともな論拠をもって反対した (a. a. O. 31)。しかしこれは古プロテスタントの教義学者たちも知っていたことであった。彼らは、少なくとも神の「内在的」諸属性を《無限なる聖霊の本質》としての《神の記述》の構成要素から導きだそうとした (たとえば、A. Calov a. a. O. c4, 221ff.)。付加的な諸要因を導入しなければ、厳密な意味での導出 (Herleitung) は不可能であるにもかかわらず、神に帰される諸属性の内的関連を確認しようとする努力は、クレーマーが認めているよりも依然としてもっと重要である。なぜならこのようにしてのみ、多数の属性をもつ神の一体性の主張が正当化されうるからである。

(128) J. ゲルハルトは、神の永遠性と測定不可能性 (Unermeßlichkeit 無際限) を神の無限性 (Unendlichkeit) の亜種として規定することができた (Loci thelo. II, 171)。シュライアマハーによると、有限なすべてのものと区別される神的原因性の完全な表現は、「永遠と遍在のうちに初めてまとめて」みられる (Der christliche Glaube51, 2)。

(129) Fr. Schleiermacher : Der christliche Glaube56, 2. この概念規定は、ヘーゲル (Wissenschaft der Logik I, PhB56, 125ff.) の概念規定と一致する。より正確には、

「有限なものの否定としての」（125）無限なものの概念の第一の、単純な定義と一致する。有限であるということは、他のものと区別される何ものかであること、したがってその存在の規定が他のものとの区別を通して構成されることを意味する（ebd. 104ff.: あるもの（Etwas）と他のものとの関係が、あるものそれ自体の「内在的規定」（104）として捉えられるかぎりにおいて、このあるものは有限なものとして定義される）。ヘーゲルはここから次のような有名ない命題を展開している。つまり、無限なものは、それが有限なものとの対立として《のみ》考えられ《ない》ときに、初めて真に無限なもの（126, 132ff.）として定義される。なぜなら、さもなければ、それは、他のものと対向する何ものかとして、したがって有限なものとして表象されるからである。

（130） G. v. Rad : Theologie des Alten Testaments I, München 1957, 204f.. 特に、O. Procksch in ThWBNT I（1933）Stuttgart 1957, 88ff., bes. 92ff. も参照。聖なるものの範疇のこの基本的重要性は、すでに N. Söderblom : Das Werden des Gottesglaubens. Untersuchungen über die Anfänge der Religion（1915）2. Aufl. Leipzig 1926, 162. によって、R. Otto（Das Heilige, 1917）の場合よりもさらに強く強調されている（180f. も参照）。さらに M. Eliade : Die Religionen und cas Heilige, Salzburg 1954, 19ff. も参照。

（131） G. v. Rad a. a. O. 204.

（132） A. a. O. 204ff., vgl. Ex20, 5.

（133） これについては、H. W. Wolff : Hosea（Bibl. Kommentar zum AT XIV/1）, Neukichen 1965, 261ff. を参照。

（134） これについては、G. v. Rad a. a. O. 206 の諸々の見事な詳論と比較されたい。それらは、特にゼカ 14・20 以下との関連で、「ヤハウェの聖性の、浸透する内在的意志」について論じている。ヤハウェのその歴史的行為におけるその自己栄光化についての発言と、歴史におけるヤハウェの自己聖化に関するエゼキエルの表現方法（エゼ 20・41 その他）の平行性に関するフォン・ラートの諸所見は重要である。すなわち、これに基づき、そのなかで「神の栄光が地上全体を満たす」将来——これについては、民 14・21 だけでなく、黙示文学の資料と新約聖書においても語られている——を待ち望む終末論的期待は、被造物全体が神の聖性に取り込まれる希望の表現として記述されている。

（135） K. Koch : Sabbatstruktur der Geschichte, in : ZAW95, 1983, 403−429, bes. 422ff.

（136） G. v. Rad in ThWBNT 5, 1954, 503f.

（137） Ebd. 507f. ここでは、天におけるヤハウェの言葉の臨在の表象（詩 119・89。エゼ 2・1 以下及びイザ 34・4 も参照）と、地上に到来しつつある最後の出来事を、すでに天において現臨するものとして見ているゼカリヤの夜の幻（ゼカ 1・7−6、8）について論じられている。

（138） これについては、拙論 Zeit und Ewigkeit in der religiösen Erfahrung Israels und des Christentums, in : Grundfragen systematischer Theologie II, Göttingen 1980, 188 − 206, bes. 199ff. を参照。

（139） De civ. Dei VIII, 5 und 6.

（140） Enn. III, 7, 3. W. Beierwaltes 訳：Plotin über Ewigkeit und Zeit, Frankfuurt 1967, 3. Aufl. 1981, 99. なお、この箇所の注釈については ebd. 162−168 も参照。プラトンおよびアリストテレスとの関係におけるプロティノスの時間理解の重要性については、また時間理解のより広範な歴史については、「存在と時間」に関する拙論（in : Der Gottesgedanke und die Ernuerung der Metaphysik, Göttingen 1988, 52−65, bes. 56ff.）を挙げておきたい。

（141） Enn. III, 7, 11（Beierwaltes 129 und 171ff.）.

（142） これについては、E. Gilson : Introduction à l'étude de Saint Augustin, Paris 1929, 242−252. : La création et le temps. を参照。特に De Gen. c. Manich. I, 2:《ante principium temporis non erat tempus. Deus enim fecit et tempora – mundum quippe fecit Deus, et sic cum ipsa creatura, quam Deus fecit tempora esse coeperunt.》を参照。J. Guitton : le temps et l éternité chez Plotin et Saint Augustin（1955）, Paris 4. éd. 1971, 175−222 も参照。

（143） アウグスティヌスは、宇宙の循環のうちに《aeternitatis quaedam imitation》 in der《vicissitudo temporum》が基礎づけられていると考えた（Enn. in Ps 9, 6, Mauriner Ausg. Vercellis 1809, 63 D）。プロティノスにおける時間と運動の区別については、Enn. III, 7, 8. と、Beierwaltes 217ff. も参照。

（144）《Ubi enim nulla creatura est, cuius mutabilibus motibtus tempora peragantur, tempora omnino esse non possunt》（De civ. Dei XII, 15, 2）. Vgl. ib. XI, 6:《 ... recte discernuntur aeternitas et tempus quod tempus sine aliqua mobili mutabilitate non est, in aeternitate autem nulla mutatio est.》

（145） Conf. XI, 11, 13. Vgl. Enn. in Ps 71, 8:《 ... et hoc vere habendum est aeternum, quod nullo tempore variatur》（Mauriner Ausg. II, 991 D）. De civ. Dei XII, 2 も参照。ここでは、出 3・14 に基づいて、神は変化しない存在と呼ばれている。

（146） Enn. in Ps 121, 6:《 ... ipse unus dies nec ortum habet, nec occasum, nec in choatur ab hesterno, nec excluditur a crastino, sed stat semper ille dies》（III, 771f.）, ib. Ps 101, sermo 2, 10:《 ... aeternitas ipsa Dei substantia est, quae nihil habet multabile, ibi nihil est praeteritum, quasi iam non sit, nihil est futurum quasi nondum sit》（III, 401 BC）. さらに Conf. XI, 13, 16 を参照。

（147） Boethius De cons. phil. V, 6, 4:《Aeternitas igitur est interminabilis vitae tota simul et perfecta possessio.》これについては、注 140 のプロティノスの引用を参照。

（148） K. Barth KD II/1, 688. バルトはここで Thomas von Aquin S. theol. I, 10, 1 を批

判的に横目でみている。

（149） F. Schleiermacher : Der christliche Glaube52, 1 und 2.

（150） Th. Häring : Der christliche Glaube, Stuttgart 1906, 329. ヘーリンクは、時間と永遠の間の緊張関係を永遠の神学的概念に取り入れるという課題を断念している。

（151） KD II/1, 693f.

（152） Ebd. 698－722.

（153） KD III/2, 1948, 639f.「時間の主、イエス」に関する諸々の詳論（ebd. 524－616）は、これらの諸言明のためのキリスト論的基盤となっている（これについては、669f. も参照）。

（154） KD III/2, 690, vgl. 685f.

（155） 時の経験から永遠の概念に近づくというバルトによって拒絶されたアプローチ（vgl. Thomas von Aquin S. theol. I, 10, 1）は、ボエティウスに基づいて方向づけられたバルト自身の命題が正しいとすれば、もちろん「時間概念の否定」（KD II/1, 689）としてではなく、その可能性の条件として、不可欠である。その命題によると、永遠が時間の根拠であり源泉であるかぎりにおいて、神の《possessio vitae》は永遠の概念を解くための鍵である。

（156） これについては、拙論 in : Der Gottesgedanke und Erneuerung der Meatphysik, Göttingen 1988, 60ff. を参照。

（157） P. Tillich : Syst. Theologie I（1951）dt. 1955, 322（in späteren Ausgaben 315）. Vgl. schon P. Althaus : Die letzten Dinge（1922）4, Aufl. Gütersloh 1933, 318f. und ders. : Die christliche Wahrheit（1947）3. Aufl. Gütersloh 1952, 276f.

（158） P. Tillich a. a O. 322（spätere Auflagen 315）und 324. ティリッヒは珍しい仕方で、永遠の観点からみた「あらゆる現実的なものの同時性」（322）の表象に異論を唱えている。なぜならそれにより、時間それ自体の諸時制が廃止されてしまうからである。しかし伝統的な永遠の表象にとって、同時性は、異なるものの要約・概観の地平にのみ固執している――その際、その諸々の構成的相違は維持されたままである。その事態は、ティリッヒによって「類比」として引き合いにだされた経験においても明らかである。それは、「想起された過去と先取りされた未来の一体性」（323, später 316）としての、時間の橋渡しをする現在の経験である。この類比のアウグスティヌス的背景については、Der Gottesgedanke und die Erneuerung der Metaphysik, 1988, 58ff. を参照。

（159） Plotin Enn. III, 7, 11. については、Beierwaltes 272f. を参照。

（160） 詳細については、Der Gottesgedanke und die Erneuerung der Metaphysik, Göttingen 1988, 57ff. を参照。

（161） これについては、拙論におけるアウグスティヌスの三位一体論に関する諸見解（in : Christentum und Platonismus. Die kritische Platonrezeption Augustins in ihrer

Bedeutung für das gegenwärtige christliche Denken, in: ZKG 96, 1985, 147－161, bes. 159f.）を参照。

（162） Conf. XI, 26, 33:《distentio animi》. 時間における持続のこの経験に対する《attention》の機能については、Conf. XI, 28, 38 を参照。

（163） E. A. Schmidt（Zeit und Geschichte bei Augustin, Hedelberg 1985）の論証とのわたしの対決（in: Der Gottesgedanke und die Erneuerung der Metaphysik, Göttingen 1988, 58ff.）を参照。

（164） アリストテレスはこうして、自由を、あるものがそのために存在する目的が自分自身と同一であること（Met. 982b 25f.）と定義した。人間においては、たしかに彼自身の未来であることが、自由の本質を構成している。しかし人間は、自分自身の未来をまさに自分自身のうちにもたず、それは人間の現在の彼方にある。それゆえ人間はその未来から見ると、彼の自由の起源ではない。J. Splett: Konturen der Freiheit. Zum chrislichen Sprechen vom Menschen, Frankfurt 1974, 70 Anm. 3 を参照――この箇所はアリストテレスの命題と、トマスの《自己原因》の概念によるによるその再現（in Met. lect. 3n58 und S. c. gents III, 112:《liber enim est qui sui causa est.》）に言及している。

（165） 神はまさに永遠なる方として同時に自由であるとの P. Althaus（Die christliche Wahrheit, 3. Aufl. Gütersloh 1952, 276）と K. Barth（KD II/1, 685ff.）の主張は、神の将来性から初めて納得のいくものとなる。

（166） Joh. Gerhard: Loci theologici（1610－1625）III, 122:《 ... Deus non tantum virtute et efficacia, nec tantum visione et sapientia, sed etiam tota et individua sua essentia sit omnibus rebus praesens; neque enim tetantum potentia et scientia, sed etiam essentia essentia est immensus et infinitus.》ソッツィーニ主義者たちの理解は、聖書によると、神は天におり、悪しきものたちと不純な諸事物のもとにはおられないことを引き合いにだしている（J. Crellius: Liber de Deo eiusque attributis（Bibliotheca Fratrum Polonorum IV）Amsterdam 1656 c. 27, p. 92b)。ソッツィーニ主義者たちに反対する正統主義の論証については、たとえば、B. D. Hollaz: Examen thol. acroam. I, Stargard 1707, 392f. を参照。そこでも遍在の定義は、《adessentia ad creturas》となっている。

（167） Hollaz: a. a. O. 393f.

（168） J. Gerhard a. a. O., Vgl. Thomas von Aquin S. theol. I, 8, 2.

（169） B. de Spinoza: Ethica II prop, 2:《Extensio attributum Dei est, sive Deus est res extensa》. スピノザは、《cogitation》(ib. prop. 1）について同様のことを主張した。その結果、デカルトによって区別された二つの実体（《res extensa と res cognitas》）は、ひとつの、そして唯一の実体としての神の属性となった。

（170） Thomas v. Aquin: S. c. Gentes I, 68 und S. theol. I, 8, 2.

（171） このイメージを通して、すでに初期キリスト教の神学は、神の被造物との関係において神の内在と超越の一体性を表現していた。たとえば、Aristides Apol. I, 4 :《Dico tamen deum ... rab nullo comprehensum esse sed ipsum omnia comprhendere ...》を参照。さらにフィロン、ユスティノス、アンティオケアのテオフィロス、エイレナイオスの例証については、Grundfragen systematischer Theologie I, 331 n 121 を参照。

（172） 古プロテスタントの教義学においては、これと反対に、《immensitas》は神御自身に属する、絶対的ないし「内在的」諸属性に数えられ、他方、遍在については世界との関係において初め語られた（D. Hollaz, a. a. O. 355－357 und 391f.）。

（173） これについては、拙論 Gott und die Natur. Zur Geschichte der Auseinandersetzungen zwischen Theologie und Naturwissenschaft, in : Theologie und Philosophie 58, 1983, 481－500, bes. 493ff. を参照。

（174） クラークとライプニッツの往復書簡集は、G. W. Leibinz : Die phiolophischen Schriften, hg. G. J. Gerhardt, Band VII（1890）に復元されている。対立の中核点を明確にしているクラークによって引用された定式は、p. 368. 3 にみられる。すなわち「《無限の空間》は、《ひとつ》であり、絶対的に、かつ《本質的に分割不可能》である」。それを《分割されている》と仮定することは、《術語の矛盾》である。なぜなら《分割それ自体》のなかに《空間》が存在するに違いないからである。それは、《分割されている》が、同時に《分割されていない》と仮定している」。したがってクラークによると、《限りのない》空間は、神御自身の、部分のない無際限」（《immensitas》）と同一である（368 n. 3）。この論証は、プロティノスのものに似ている。つまりそれは、永遠を時間の条件と仮定しており、もしもこの仮定がなければ、ある時点から他の時点への移行は理解できないままである、ということになる。

（175） Vgl. G. v. Rad : Theologie des Alten TestamentsI, München 1957, 233－240.

（176） A. a. O. 296f.

（177） K. Barth KD II/1, 519.「神の臨在はそれ自身のうちに《支配》を含む。神は、支配せずにどのようにして臨在するのか？　そして神の支配はそれ自身のうちに《栄光》を含む。御自身の栄光を讃えずに、御自身において壮麗であらずに、どのようにして神は支配するのか？」このテキストにおいて、この言明を越えて強調されるべきなのは、遍在は全能なる支配の《条件》であることである。

（178） 神の全能に関するこの表象との対立については、F. Wagner : Die Wirkichkeit Gottes als Geist, in : Evang. Kommentare 10, 1977, 81ff. を参照。もちろんヴァグナーは、彼の批判によって、全能の思想一般に言及していると考えている。ここで明らかに起こっている、神概念の「その反対への」明白な「転倒」については、K. Barth KD II /1, 589 も参照。

(179) バルトは正当にも、神の力は「単に《potential》としてだけでなく、常に同時に《potestas》として理解される」(KD II/1, 591) ことを強調している。神の力と支配の緊密な関係を強調したことは、ソッツィーニ主義の神論の功績であった (Joh. Crellius : Liber de Deo eiusque attributis, Irenopoli (Amsterdam) 1656 c. 22sq.). 最高の本質は、まさにその包括的全権と支配のゆえに「神」と呼ばれる。:《Ens supremum ob potestatem et imperium Deum appellari ciontendimus.》神の外に何ものかが実存するや否や、それなしには神が神でなくなるその力のゆえに、またその支配力のゆえに、それは真実である。:《propter illam potestaem, quae potentiae isti necessario adhaeret, et in qua imperandi ius qua ita continetur, ut si modo res ulla extra Deum existat, in eam Deus non possit nom summum imperium habere》(ib. p. 55b ; vgl. schon 32 9. バルトによっても、神の《本質》、神の神性は、その支配と同一である (KD I/1, 369, vgl. 323f.)。そのかぎりでバルトは、A. リッチュルが、神の意志に基礎づけられた「道徳的世界秩序」との不完全な関連のゆえに、非常に厳しく非難したソッツィーニ主義の理解と同意見である (Rechtfertigung und VersöhnungIII, 4. Aufl. 1895,31 p. 227)。リッチュルはまた、神の意志と神の正義の結合に関する古プロテスタントの教理も批判した。なぜならそれは、「ソッツィーニ主義の世界観から十分に遠く離れていなかった」(254) からであり、彼はそれに対し、神の本質的規定としての愛——御子との関連における、またこの世界のなかでの神の国との関係における神の本質既定としての愛——に関する彼の教理を展開した (34 ib. 256ff.)。神の全能に関する諸々の伝統的理解の欠陥は、神の愛の思想とのその仲介の欠如のなかにあることを、リッチュルは的確に認識した。しかし彼は、神の愛の思想と全能の思想を統合することに成功しなかった。なぜなら彼は、神の愛を、目的に向けて構造化された人格的行為 (262ff.) としてあまりにも神人同形論的に理解したからである。これに反対して、バルトは神御自身の全能を「神の《自由な愛》の全能」として理解しようとした (後述参照)。

(180) これについては、K. Bannach : Die Lehre von der doppelten Macht bei Wilhelm von Ockham. Problemgeschichtliche Voraussetzungen und Bedeutung, Wiesbaden 1975, bes. 248−275 を参照。

(181) これについては、H.-G. Redmann : Gott und Welt. Die Schöpfungstheologie der vorkritischen Periode Kants, Göttingen 1962, 73−105 を参照。

(182) 受肉と創造のこの内的関連は、すでにアタナシオスによって、ロゴスの受肉に関する彼の文書 (ca. 320) において、またカンタベリーのアンセルムスによって、《Cur Deus Homo》の第二巻の冒頭において再び強調された。

(183) これについては、Ps. Dionysios Areopagita De Div. Nom 4, 13《ekstasis tou theou》(PG 3, 712 AB) の詳論を参照。

（184） J. Jeremias : Die Gleichnisse Jesu（1947），4 Aufl. Göttingen 1956, 107－127. bes. 107 を参照。

（185） J. Jeremias : Neutestamentliche Theologie I : Die Verkündigung Jesu（1971）2. Aufl. 1973, 121 im Anschluß an E. Fuchs（Die Frage nach dem historischen Jesus, ZThK 53, 1956, 219f.）:「イエスはその苛立たせる行為において、神の愛を実現することを要求する」。H. ヴェーダーはさらに明確にこう記している。「見捨てられた者に対する神の探索は《イエスの生》において出来事となった」（ルカ 15・8－10 については Die Gleichinisse Jesu als Metaphern, 1978, 3. Aufl. 1984, 251. Vgl. ebd. 174f. und 261）。

（186） これについては、U. Wilckens : Der Brief an die Römer I, Neukirchen 1978, 292ff. を参照。ヴィルケンスは、属格は主語の属格として理解されるべきことを強調している。

（187） KD II/1, 309.

（188） Vgl. a. a. O. 319f. しかしながら、バルトが後に多くの関連で（KD IV/2, 1955, 860ff.）もう 1 度、I ヨハ 4・8 および I ヨハ 4・16 と、キリスト教の神理解にとってこれらの言葉がもつ意味を取り扱ったことに、しから非常に厳密な仕方でそれを行ったことに言及しないままで放置することは許されない。すなわち、今や、ヨハ 10・17 と 14・31 に記されているように（860）、それにより子が父を愛する愛が問題であることが明確に強調されており、それは最終的にキリストにおける神の愛に関する模範的で正確な定式にまとめられている。つまり、「彼は、……その本質において……今やまさに、子を愛する父、父を愛する子であり、そのような者として、（《父、子、霊》である神として）このような愛の交わりと相互性のなかで、自ら動く方、生ける方、永遠に愛し、そしてそのような者として愛に向かって動く神である」（862）。KD IV/2 における諸々の詳述により、父、子、霊の三性との関係における神的愛の一体性についての問いがまったく新たに投げかけられたにもかかわらず、もちろんバルトはこの関連で、彼の以前の諸言明を明確に修正することはなかった。

（189） R. Prenter : Der Gott, der Liebe ist. Das Verhältnis der Gotteslehre zur Chritologie, in : ThLZ96, 1971, 401－413, Zitat 403.

（190） Ebd. 406 :「服従する人間イエスの存在は、彼は主であるとする信仰告白がそうしようとしているように、神の存在が愛として理解されるときにのみ、神御自身の存在に受け入れられる」。

（191） E. Jüngel : Gott als Geheimnis der Welt, Tübingen 1977, 430－453（Der Gott, der Liebe ist. Zur Idnezität von Gott und Liebe）.

（192） L. Feuerbach : Das Wesen des Christentums Bd. 1（Ges. Werke, 5, hg. W. Schuffenhauer）Berlin 1956, 106 und 107.

（193） E. Jüngel a. a.. 432.

（194） Ebd. 433.

（195） Ebd. 451. 数頁前で、「愛する父と愛される子の対向」について、こう言われている。「したがって神は御自身を愛する方である」(448)。さらにユンゲル自身がこう付け加えている。父と子の対向において、神は「まだ《愛それ自体》ではない」と。しかし続けて彼は、世界への子の派遣によって初めて、「神は愛である」（ebd.）という同一視する言明はゆるされる、と述べている。もしそうだとすれば、したがってこの言明は、さらに、世界の現存在から独立している神の永遠の本質を特徴づけてはいないだろうか？　あるいは神の永遠の本質は、世界への子の派遣において初めて現実になる――したがって世界の現存在に依存している――のだろうか？　内在的三位一体と経綸的三位一体は一体として考えられるべきであると確信している点で、わたしはエーバハルト・ユンゲルと同意見である。しかしそれは、父、子、霊の永遠の交わりは、世界の自由な起源として、したがって救済の経綸における三一論的神の「自己実現」としても考えられるという具合に起こらなければならない。ユンゲルもこのことを理解していたようである（vgl. a. a. O. 48)。他方、あの箇所（448）に現れた、彼の諸々の発言の両義性はおそらく偶然ではなく、神が、三一論的諸位格の交わりにおいてのみならず、神の本質のそれらを包摂する一体性において、自らを贈与する愛の主体として考えられるときに出てくる問題が表現されている。このような主体性は、三つの位格の《外に向かう》共通の活動においてのみ、事実、三一論的神に特有なものである。しかしこれは、神がすでに《あらかじめ》父、子、霊の永遠の交わりにおいて愛それ自体であること妨げない。

（196） A. a. O. 439ff.

（197） A. a. o. 445ff. ――H. Scholz：Eros und Caritas. Die platonische Liebe und die Liebe im Sinne des Christentums, Halle 1929, 67 と J. Pieper : Über die Liebe, München 1972, 182 について。

（198） 自己存在の概念、自我とのその関係と、自我の人格存在にとってのその意味については、拙著 Anthropologie in theologischer Perspektive, Göttingen 1983, Kap. 4 und 5（151−235, bes. 194ff., 227ff.）を参照。

（199） M. Buber : Das dialogische Prinzip（1954）3. Aufl. これについては Theunissen : Der Andere. Studien zur Sozialontologie der Gegenwart, Berlin 1965, 278ff. および拙論 in : Anthropologie in theologischer Perspektive, 1983, 173ff., とりわけ 175−177 を参照。

（200） K. Barth KD IV/2, 860 と E. Jüngel : Gott als Geheimnis der Welt, Tübingen 1977, 449 も参照。ユンゲルの場合、この最も痛ましい分離のなかで、「神が、《ひとりの》そして《生ける》神であることを止めず、神はまさにそのようにして最高の神である」かぎりにおいて、特に子の死が問題とされている。

(201)　これが、J. Macquarrie : Principles of Christian Theology, New York 1966, 311. und schon 183f. による、神の愛の解釈である。「存在させる」という表現は、それ自体で受け止めると、もちろん両義的である。なぜならそれに、他者が自分自身に没頭すること、ひとは彼に何の興味ももたないことも意味しうるからである。マコーリーの場合には、それはもちろんその存在に特有な勢力、つまり存在者を生みだし、それ自身として「存在させる」Dynamik を指している（99f.）。Prenter a. a. O. 412 も、存在を「存在させる、存在者の力」と呼んでいる。しかし抽象的な存在概念それ自体には、このような力は認められない。それはむしろ言葉の聖書的な意味での《霊》の Dynamik の特性である。それは、スコラの、より正確にはトマス的形而上学の内部においてのみ存在概念と結びつけられた。この形而上学は、神的第一原因を、自己自身を通して存在する者ないし《ipsum esse subsistens》（S. theol. I, 11, 4）と考えた。他方、他のすべてのものは、それから現存在（《actus essendi》）を受け取る。――「存在させる」という用語法は、原文のなかでは、存在の独立した Dynamik の意味ではなく、霊の Dynamik を分かち合い、そしてより正確に詳述する愛の本質の記述としてのみ引用されている。

(202)　ユンゲルはもちろん、神の愛の思想は、本質と実存（Existenz）を区別する必要がないと考えている（a. a. O. 410）。もちろんユンゲルはその際、「まさに愛の出来事における《自由な》主体それ自身」としての神という表象を基本とした（410）。この表象に反対して、三一論的教義の主張に固執し、神的本質において一体である三つのヒュポスタシス――父、子、霊――について語るならば、事柄は違ってみえてくる。なぜなら本質は、そのなかに本質が「自存する」それらのヒュポスタシスから独立した現存在（Dasein）ではないからである。

(203)　これについては、Anthropologie in theologischer Perspektive, Göttingen1983, 229f. und die dort angegebene Literatur, bes. M. Mühlen : Sein und Person nach Johannes Duns Scotus. Beitrag zur Grundlegugung einer Metaphysik der Pesron, Werl 1954, 4ff., 82ff. f., 90ff. を参照。

(204)　これは、人間が究極的な深みにおいてまず神との関係を通して構成されていること（Anthropologie in theol. Perspektive 217ff.）、またそれにより他の人びととの人格的諸関係において規定されていることに基づいている。しかし神との関係は、神への信頼の開放性においても、また神に対する閉鎖性においても、実現されうる（vgl. Mühlen 95ff., 100ff.）。このアンビバレントな状態は、人間が神の霊を通して父とのイエスの子としての関係に参与することに到達するところで、初めて止揚される（ロマ 8・14 以下）。

(205)　Bultmann in ThWBNT 2, 1935, 479f.《ḥesed〔ヘ〕》の翻訳の問題については、ebd. 476f. を参照。多くの例から、特に、印象的な出 34・6 以下の定式が強調されている（詩 103・17、その他を参照）。さらに詩 89・15、89・3、100・

5、108・5も強調されている。この語はしばしば《'emet〔へ〕》ないし《'emunah〔へ〕》と結びつけられている。H. J. Stoebe: Die Bedeutung des Wortes HÄSÄD im Alten Testament, 1952も参照。

(206) W. ツィンマリは、ThWBNT 9, 1973, 366−377の《charis》の旧約に関する項目において、それにより、《ḥen〔へ〕》の代わりに《ḥesed〔へ〕》がヤハウェの「契約に対する好意・恩寵」を表す名称となった意味の移行を指摘した(373ff.)。

(207) これについては、U. Wilckens: Der Brief an die Römer 1. Neukirchen 1978, 324ff.を参照。ローマ1・5に関してebd. 66を参照。

(208) Ebd. Bd. 3, 1982, 2f.(vgl. Bd. 2, 1980, 262f.).

(209) G. v. Rad: Theologie des Alten Testaments I, München 1957, 370. vgl. den ganzen Abschnitt 368−380. 神の義の救済的性格は非常に明白であり、フォン・ラートによると、罰する義の思想は「付加物における矛盾」である(375)。P. Stuhlmacher: Gerechtigkeit Gottes bei Paulus, Göttingen 1965, 113−145. における旧約の言語用法に関する諸々の詳述は、正当にも、神の義を内容とする「告知の出来事」が文化に根差していることを強調した(129)。付け加えておきたいのは、この告知の出来事が、神の救済の行為に基礎づけられていること(Stuhlmacher 115 mit Koch)、そしてそれを参照するように指示されていることだけである。黙示文学に関するシュトゥールマッハーの諸々の詳述(145−175)は特に重要である。

(210) 神の支配の、救済を創造する力の意味におけるこの表現の解釈については、P. Stuhlmacher a. a. O. 188−191を参照。シュトゥールマッハーは、マタ6・33において問題になっているのは、福音書記者が彼の目の前にある伝承に付け加えた付加であることを強調したが(188)、より古いイエス伝承にはこの思想が欠けていることの意味については、論じなかった。神の支配への切望に関する、格言資料に由来する用法には、ルカの場合(12・31)、「そしてその義により」という付加がないようにみえる。シュトゥールマッハーはこの付加を、義の思想のマタイに特徴的な強調の表現と解釈している。

(211) これについては、U. Wilckens: Der Brief an die Römer I, Neukirchen 1978, 184−202. と、これに続く「神の義」(202−233)の概念に関する補説を参照。ヴィルケンスはO. クスと共に、ロマ3・21 − 26においてパウロは、キリストの贖いの死(194ff.)——それは結果として、信仰者の義認をもたらす——における「神の義の行為啓示」(188)を目指していることを強調している。ロマ3・1−5についてはA. a. O. 163ff.も参照。

(212) 創造と義認論のこの関係は、特にP. Stuhlmacher a. a. O. 225ff. bes. 227. によって強調されている。209ff.と、ロマ10・3に関する91ff., 98ff.の詳論も参照。

(213) S. theol. I, 21, 4:《... quidquid in rebus creatis facit, secundum convenientem ordinem et proportionem facit, in quo consistit ratio iustitiae ... Opus autem divinae

iustitiae semper praesupponit opus misercordiae, et in eo fundatur. Creaturae enim non debetur aliquid, nisi propter aliquid in ea praeexistens, vel praeconsideratum.》

（214） H. Bornkamm : Iustitia dei in der Scholastik und bei Luther, in : Archiv für Reformationsgschichte 39, 1942, 1－46,

（215） H. Cremer : Die christliche Lehre von den Eigenschaften Gottes, Gütersloh 1897, 48ff. 52ff., の批判的な諸々の詳述と、A. Ritschl : Geschichtliche Studien zur christlichen Lehre von Gott, in : Ges. Aufsätze NF, Leibzig 1896, 25－176, bes. 161ff. を参照。

（216） A. Ritschl : Rechtfertigung und Versöhnung II（1874），2Aufl. 1882, 108f. und 118. Vgl. Bd III, 2. Aufl. 1883, 296ff.

（217） H. Cremer a. a. O. 56., vgl. den ganzen Abschnitt 46－67.

（218） 特に、K. Barth : Der Römerbrief, 2. Ausg. 1922, 79f. この箇所の pistis を神の誠実と解する解釈は、今日、大多数の解釈によって拒否されているにもかかわらず（U. Wiclkens : Der Brief an die Römer 1, 1978, 194）、内容的にはたしかにパウロの神学に対応している。

（219） これについては、拙論 Die Aufnahme des philosophischen Gottesbegriffs als dogmatisches Problem der frühchristlichen Theologie（1959），Grundfragen systematisher Theologie 1, Göttingen 1967, 296－346, bes. 327ff. vgl. 304f を参照。無限なものに年齢がなく、死と腐敗から自由であることに関する、アナクシマンドロスのものとされている第二および第三の断片の諸言明はすでに、第一の起源の不変性を含意している（vgl. W. Jaeger : Die Theologie der frühen griechischen Denker, Stuttgart 1953, 39）。U. ヘルシャーによると、「有限と無限の対比」はアナクシマンドロスにとって基本的なものであった（Anaximander und die Anfange der Philosophie（1953）. in : Um die Begriffswelt der Vorsokratiker, hrsg. H. G. Gadamer Darmstasd 1968, 95－176, 118）。クセノファネスは明らかに神に一切の運動を認めなかった。

（220） Vgl. J. Jeremias : Die Reue Gottes. Aspekte alttestamentlicher Gottesvorschtelllung, Neukirche 1975

（221） J. Jeremias a. a. O. 119ff.

（222） Athan. c. Arian. II, 53ff., vgl. schon I, 35ff., 60ff. 神は受肉によっても「いかなる成長も」受け入れることができなかった（I, 48）。神御自身に生成を帰することは、アタナシオスにとってまったく馬鹿げたことに思われた（I, 63）。子は「その身体的出現においてもいかなる変化」も経験しない（II, 6）。アタナシオスによると、神の誠実に関する聖書の諸言明は、この神の不変性を証言している（II 6, und 10）。

（223） 第 5 章を参照。

（224） J. Auer : Die Entwicklung der Gnadenlehre in der HochscholastikI : Das Wesen der

Gnade, 1942.

(225) R. Descartes : Le Monde (1630), Oeuveres de Descartes éd. Adam / Tannery XI, Paris 1967, 35z. 5ff. これについては、拙論「神と自然」in : Theologie und Philosophie 58, 1983, 481－500, bes. 485f. を参照。

(226) H. W. ヴォルフは、ヨエ 2・3 に関する彼の注解書において、ここでヨハ 4・2 およびネヘ 9・17 においても受け入れられ、そして変更を加えられた「古い信仰告白定式」について語っている (Bibl. Kommentar AT XIV/2, Neukirchen 1969, 58)。ヨエル書とヨナ書における変更点は、ヤハウェには、威嚇の災いを悔いる用意があるとの指摘との結合にあり、ネヘミアの場合には、赦しの用意が優先されていることにある。

(227) F. Weber : Vom Zorne Gottes, 1862, 11.

(228) J. Fichtner in ThWBNT 5, 1954, 403f., 409. ここには「生ける神の手に落ちることは、恐ろしいことでする (ヘブ 10・31) ということが当てはまる。

(229) Ebd. 406ff. アモスがその民に告知しなければならなかったように、もちろんヤハウェの忍耐には終りがありうる (アモ 7・8, 8・2)。

(230) 出 32・14。前掲注 220 で挙げられている J. エレミアスの研究、特に 43ff., 52ff., 59ff., 75ff.

(231) これについては、G. v. Rad : Das erste Buch Mose Kap. 1－12 (ATD 2), Göttingen 1949, 100f. を参照。

(232) U. Wilckens : Der Brief an die Römer 1, Neukirchen 1978, 196f.

(233) H. Cremer : Die christliche Lehre von den Eigenschaften Gottes, Gütersloh 1897, 67.

(234) Ebd. 72.

(235) U. Wilckens : Der Brief an die Römer 2, Neukirchen 1980, 270ff.

(236) G. v. Rad : Weisheit in Israel, Neukirchen 1970, 337－363.

(237) 本書 232 頁以下を参照。

(238) 本書 238 頁以下、241 頁以下を参照。

(239) Fr. Schleiermacher : Der christliche Glaube (1821), 2. Ausg. 1830,56, 2. シュライアマハーはこれを次のように説明している。「それは、手の二重である属性ではなく、二つの手をもつ人間の属性、しかし猿なら四つの手をもつ猿の属性である。同じようにそれは、《ひとりの》神によってのみ支配される世界のひとつの属性でもありうるが、しかし《ひとり》にすぎない神の属性ではない」。事実、古代以来の哲学の歴史において、世界の一体性は、神的起源の一体性のための決定的論拠であった。前掲注 219 と拙論 Grundfragen systematischer Theologie I, 1967, 296ff., bes. 302f. を参照。この論拠はトマスによっても挙げられている (S. theol. I, 11, 3)。彼の場合、これは三つの論拠のなかの最後のものであり、第二の

ものは神の一体性を神の無限性から演繹している。なぜならより多くの現実的な無限なものは、相互に限定され、したがって互いにその無限性を否定しなければならないからである。トマスの三つの論拠のなかで最も弱いのは、神の単純性から出発する、最初に挙げられているものである。

(240) D. Hollaz: Examen theologicum acroamaticum I, Stargard 1707, 337:《Numerus praedicamentalis est Quantitas discreta, non conveniens Deo; sed numerus transcendentalis est differentia rerum singularium.》A. Calov: Systema Locorum theol. II, 287.

(241) Seneca (ep. 52, 1) の場合には、あらゆる比較を越えたある完全なものを指す「絶対」という名称は、Tertullian (adv. Marc 2, 5) によって初めて神に適用されている。教父のさらなる例証については、R. Kuhlen im Hist. Wörterbuch der Philosophie 1, Basel 1971, 13f. を参照。この意味での概念が比較的頻繁にみられるのは、アンセルムスの Monologion である。《unitas absoluta》としての神の一体性については、Nicolaus Cusanus: De docta ignorantia, 5, 14:《Est igitur unitas absoluta, cui nihil opponitur, ipsa absoluta maximitas, quae est Deus benedictus》を参照。

(242) クザーヌスは、最も大きなものの思想に関するこの言明に到達していた。すなわち《Maximum itaque absolutum unum est, quod est Omnia》(de docta ign. I, 2, 1)。しかしそれは、もしも多数の一要素でない一体性というものが考えられるべき――その場合、一体性と全体は一致しなければならない――であるとすれば、一体性、多数、そして全体の関係からも直接生じてくる (vgl. I. Kant, Kritik der reinen Vernunft B 111)。I. A. ドルナーは、神的一体性の主張と結びつけられる問題と関わった数少ない人物に属していた。ドルナーは、絶対的一体性、したがって神の唯一性は、「何らかの仕方で」他のすべてのものの可能性の根拠を含んでいるにちがいない, との結論に達した (System der christlichen Glaubesnslehre I (1879), 2. Aufl. Berlin,19, 1, 220)。

(243) それゆえ、プロティノスにおける一者も「すべてのなかの部分ではない」。Vgl. W. Beierwaltes: Denken des Einen. Studien zur neuplatonischen Philosophie und ihrer Wirkungsgeschichte, Frankfurt1985, 41f. プロティノスによると、絶対的一者はまさにそれ自体《apeiron》であり、「何ものか－ではない (nicht-Etwas)」。より正確には、絶対的一者は真に無限なものとして、何ものかであると同時に(単に)何ものかでない、と言うことができるであろう。これは、「区別において一つにされたもの」(Beierwaltes 214) としての神的一体性というアレオパギテースの思想のさらなる展開に対応しているであろう。バイアーヴァルテスはこのなかですでにクザーヌスの《coincidentia oppositorum》が構想されているとみなした。ところがシャルトルのティエリにおける《unitas》からの《aequalitas》の演繹 (ebd. 369ff.) は、わたしには、一者に対する、または存在する一者と、存在

を越えた一者との関係に対する、外側からの省察という性格をもつように思われる――それは、プラトン的なパルメニデスの二つの仮説の第一番目において展開されたものである（194f.）。これは三一論の教義の同一本質にも当てはまる。すなわちそれは、シャルトルの学派のなかで試みられたように（vgl. auch 382ff.）一者の概念から展開されず、父との、子としてのイエスとの歴史的関係の記述に基づいてのみ展開されるであろう。

（244） これについては、前述の第 4 章の第 2 節、特に注 22 を参照。

（245） Maximus Confessor, Opusc, theol. polem. 8, PG 91, 97A ; vgl. auch PG 91, 877A, 1113 BC und 1385 BC. これについては、L. Thumberg : Microcosm and Mediator. The Theological Anthropology of Maximus the Confessor, Lund 1965, 32ff. を参照。

訳者

佐々木勝彦（ささき・かつひこ）

1944年生まれ。東北学院大学、東京神学大学で学ぶ。東北学院大学文学部キリスト教学科教授、同大学キリスト教文化研究所所長等を歴任。同大名誉教授。著書は『日本人の宗教意識とキリスト教』、『共感する神』、『わたしはどこへ行くのか』他、訳書はパネンベルク『人間学』、同『組織神学入門』他多数。

組織神学 第一巻

2019年10月1日　第1版第1刷発行

著　者……ヴォルフハルト・パネンベルク
訳　者……佐々木勝彦

発行者……小林　望
発　行……株式会社新教出版社
〒162-0814東京都新宿区新小川町9-1
電話（代表）03（3260）6148

印刷・製本……モリモト印刷株式会社

ISBN 978-4-400-31038-9　C1016